Nikolai Tolstoy

Die Verratenen von Jalta

Nikolai Tolstoy

Die Verratenen von JALTA

Englands Schuld
vor der Geschichte

Langen Müller

Aus dem Englischen von Elke Jessett
Titel der englischen Originalausgabe: »The Victims of Yalta«

2. Auflage 1980

Verlagsredaktion: Katerina Horbatsch
Umschlaggestaltung: Christel Aumann, München
Satz: VerlagsSatz Kort GmbH, München
Druck und Binden: Mohndruck, Gütersloh
Printed in Germany 1980
ISBN 3-7844-1719-1

Den Opfern zum Gedenken

Inhalt

Vorwort 11
Einleitung 21
1. Die Russen im Dritten Reich 31
2. Russische Kriegsgefangene in britischer Hand: Die Kontroverse beginnt 55
3. Die »Tolstoi«-Konferenz – Eden in Moskau 83
4. Das britische und amerikanische Abkommen in Jalta 103
5. Das Gesetz über die Alliierten Streitkräfte – Das Foreign Office im Widerstreit mit der Gesetzlichkeit 135
6. Vom Paradies ins Fegefeuer 151
7. Die Kosaken und die Konferenz 207
8. Von Lienz zur Lubjanka: Die Heimkehr der Kosakenoffiziere 243
9. Das Ende des Kosakenvolkes 273
10. Das 15. Kosaken-Kavallerie-Korps 307
11. Zwischenspiel: Ein ungelöstes Rätsel 343
12. General Wlassows Ende 385
13. Massenrepatriierungen in Italien, Deutschland und Norwegen 421
14. Der Widerstand der Soldaten 447
15. Die endgültigen Operationen 491
16. Nationale Kontraste: Repatriierungsmaßnahmen in Frankreich, Schweden und Liechtenstein 521
17. Sowjetische Maßnahmen und Beweggründe 553
18. Juristische und staatspolitische Aspekte 575
Nachwort 605
Anhang 611
Register 669
Zeittafel 677

Doch weil so schnell nach diesem blut'gen Schlage
Ihr von dem Zug nach Polen, ihr aus England
Hierhergekommen seid, so ordnet an,
Daß diese Leichen hoch auf einer Bühne
Vor aller Augen werden ausgestellt,
Und laßt der Welt, die noch nicht weiß, mich sagen,
Wie all dies geschah: so sollt ihr hören
Von Taten, fleischlich, blutig, unnatürlich,
Zufälligen Gerichten, blindem Mord;
Von Toden, durch Gewalt und List bewirkt,
Und Plänen, die verfehlt zurückgefallen
Auf der Erfinder Haupt: dies alles kann ich
Mit Wahrheit melden.

Hamlet, V. 2

(In der Schlegel/Tieckschen Übersetzung, Verlag Lambert Schneider, Berlin).

Vorwort

Dieses Buch erzählt die Geschichte einer Tragödie, die in den Annalen des 20. Jahrhunderts ihresgleichen sucht. Neben der Vernichtung des europäischen Judentums durch eine entmenschte Staats- und Parteimaschinerie gibt es wohl kein bewegenderes Drama als den Leidensweg der zwei Millionen osteuropäischer Menschen, die im Zweiten Weltkrieg an der Seite der deutschen Wehrmacht gegen Stalinismus und kommunistische Zwangsherrschaft kämpften: Von den deutschen Besatzungsherren miserabel ausgerüstet und bewaffnet, eher ausgebeutet als unterstützt, gerieten sie 1945 in die Hände der westlichen Siegerarmeen und wurden von den Alliierten an die sowjetischen Behörden ausgeliefert – und damit oft in den sicheren Tod.

Kann man sich Tragischeres denken als das Martyrium dieser doppelt und dreifach betrogenen Dissidenten? Wer es miterlebt hat, wird es sein Leben lang nicht mehr aus dem Gedächtnis tilgen können: die Todesgesänge der tanzenden Kosaken an den Lagerfeuern der alliierten Kriegsgefangenencamps in Österreich, ihre reihenweisen, stumm-gespenstischen Selbstmordaktionen, ihre verzweifelten Fluchtversuche vor dem Auftauchen der sowjetischen Abholkommandos. Welch ein Sujet für einen Dichter, welch ein Thema für den Historiker!

Doch seltsam: Die Geschichte der »patriotischen Verräter«, wie sie ein britischer Autor einmal nannte, blieb für die Nachkriegsöffentlichkeit tabu. Ein paar hellhörige Schriftsteller nahmen sich des Themas an, so Jürgen Thorwald in seinem 1952 erschienenen Buch *Wen sie verderben wollen* und Nicholas Bethell mit der Arbeit *Das letzte Geheimnis* (1974), doch der Erfolg blieb ihnen versagt. Die Öffentlichkeit, namentlich in den angelsächsischen Ländern, verschloß sich dem widrigen Stoff, sprengt er doch alle Klischees und Denkgewohnheiten, auf die sich eine kurzatmige Nachwelt eingespielt hat. Russen in den Uniformen der Wehrmacht Adolf Hitlers im Kampf gegen die Sowjetunion, Diplomaten des freiheitlichen

England als Zutreiber sowjetischer Unfreiheit – das paßte nicht in die Vorstellungen über den Zweiten Weltkrieg, in denen nur Platz ist für Gute und Böse, will sagen: für Antifaschisten und Faschisten. Da mochte man nichts hören über eine Macht zwischen den ideologischen Kriegsfronten, gar eine, deren bloße Existenz daran erinnerte, daß man noch selber eine unbewältigte Vergangenheit aufzuarbeiten hatte.

Wer es gleichwohl noch einmal wagte, das zugefrorene Gewissen der Welt aufzutauen, mußte schon über eine gehörige Portion an Zivilcourage, Geduld und detektivischem Spürsinn verfügen, wollte er sich allen Widerständen zum Trotz durchsetzen. Graf Nikolai Tolstoy, unser Autor, scheint solche Gaben zu besitzen. Anders ist sein erstaunlicher Erfolg im Frühjahr dieses Jahres nicht zu erklären: Mit einem massiven Aufgebot jahrelang gesammelter Zeugnisse und Dokumente hat er sich in der britischen Öffentlichkeit Gehör verschafft und eine Gewissenserforschung in Gang gesetzt, die manchen Skeptiker mit dem allzu langen Prozeß britischer Wahrheitsfindung wieder aussöhnen wird.

Kein Autor aber schien dazu berufener als Nikolai Tolstoy, der britische Staatsbürger mit dem russischen Namen. Familientradition und eigene Neigungen verbinden den gelernten Historiker mit der Geschichte der Russen, ihrer Hoffnungen und Enttäuschungen, ihrer Leiden und Träume. Die Tolstois, ursprünglich im 14. Jahrhundert aus Deutschland nach Tschernigow eingewandert, sind gleichsam von Natur aus sachverständig: Peter Andrejewitsch Tolstoi, der erste Graf, war der Intimus und Geheimkanzlist Peters des Großen, der russische Innenminister Dimitri Andrejewitsch Tolstoi, einer der ersten Oberherrn der gefürchteten Ochrana, gehört ebenso zur Familie wie der unsterbliche Lew Nikolajewitsch Tolstoi, mit dem der britische Graf freilich nur auf Umwegen verwandt ist (sein Großvater war ein Vetter des Dichters). Die russische Oktoberrevolution vertrieb den Vater des Autors nach England, wo auch Nikolai Tolstoy geboren wurde. Doch das leidenschaftliche Interesse für Rußland blieb. Noch heute versteht sich der 42jährige Graf als kompromißloser Monarchist und als »halb britisch, halb russisch«; seine beiden Töchter, mit denen er samt Ehefrau Geor-

gina auf einem Landsitz im Südwesten Londons lebt, tragen nicht zufällig die Namen Alexandra und Anastasia – nach der Frau und einer Tochter des letzten Zaren.
Ein so engagierter Mann mußte früher oder später auf den beklemmenden Untergang der antistalinistischen Befreiungsarmee stoßen, der sich jedem Russen außerhalb der Sowjetunion schmerzlich eingebrannt hat, wo immer er auch leben mag. 1972 erhielt Tolstoy von einem amerikanischen Freund den Tip, die britische Regierung sei dabei, die bis dahin geheimen Akten über die gewaltsame Repatriierungsaktion freizugeben. Als er dort gar las, die Rückführung der russischen Emigranten sei von England auf einer Konferenz der Alliierten zugesagt worden, die den Kodenamen »Tolstoy« getragen habe, kannte der Geschichtsbewußte seine Pflicht. Er begann zu recherchieren, sicherte sich Aktenstücke und Zeugenaussagen und folgte den Spuren derer, die allen Anlaß sahen, sich in Schweigen zu hüllen.
Was er dabei fand, war »eines der schändlichsten Kapitel in unserer Geschichte«, wie es der britische Ostexperte Edward Crankshaw später umschrieb: Englands Regierung und deren Diplomaten hatten in dem Irrglauben, durch »gute Taten« Josef Stalin zu einer konstruktiven Mitarbeit an der geplanten Friedensordnung Europas zu gewinnen, die in ihre Hände geratenen sowjetischen Kriegsgefangenen an die Sowjetbehörden ausgeliefert, wohl wissend, daß es für sie Tod und Unfreiheit bedeuten würde. Wie hieß es doch so klassisch in einem Memorandum, das ausgerechnet der Rechtsberater des Foreign Office, Sir Patrick Dean, verfaßt hatte: »Wir kümmern uns nicht darum, daß sie möglicherweise erschossen oder härter bestraft werden als unter britischem Recht.«
Wer will es dem Autor verdenken, daß er solchen Zynismus, dem sogar zaristische Emigranten, die nie in der Sowjetunion gelebt hatten, zum Opfer fielen, mit harten Worten geißelt und auf die Bestrafung der Verantwortlichen drängt? Er hat außer dem inzwischen verstorbenen Anthony Eden, späteren Lord Avon, dem Hauptverantwortlichen der Repatriierungsaktion, vier hohe Beamte ausgemacht, die heute noch leben (»dekoriert, aber mit Blut an ihren Händen«) und die er vor ein Kriegsverbrechertribunal gestellt sehen

will, angeklagt einer Tat, die »unnötig, illegal und unmenschlich« war.
Doch der deutsche Leser wird gut daran tun, sich gegen ein eventuell aufkommendes Gefühl der Schadenfreude zu wappnen. Er sollte nie vergessen, daß dieses Buch Produkt und Reflex einer innerbritischen Debatte ist, in der geklärt werden soll, wie es zu der Repatriierungspolitik von 1945 kam und wer dafür die Verantwortung trägt. Allein dies bewegt den Autor. Das erklärt, warum er sich nicht mit der Vorgeschichte der unglücklichen Dissidentenbewegung beschäftigt und nahezu ganz die verhängnisvolle Rolle unerörtert läßt, die die deutsche Besatzungspolitik im Zweiten Weltkrieg dabei gespielt hat. Auch britischer Machtzynismus befreit uns nicht von der Erkenntnis, daß die Deutschen an dem Untergang der russischen Antistalinisten durch einen Horrorbeitrag besonderer Art beteiligt waren. Erst ihre Mitschuld gibt der osteuropäischen Tragödie ihre weltgeschichtliche Dimension.
Denn was waren die russischen Dissidenten anderes als Opfer und Statisten in einem jahrhundertalten Kampf um Vorherrschaft und Einfluß, in dem die Machtinteressen der Staaten ebenso mitwirkten wie die Ideologien der Zeit? Schicksal und Gestalt Rußlands standen spätestens seit dem Krimkrieg des vorigen Jahrhunderts auf der Tagesordnung der europäischen Politik, und der Kreuzfahrer und Imperialisten gab es genug, denen dieses Rußland zu groß und zu autokratisch war und die nach Wegen suchten, mit Hilfe innerrussischer Kräfte das Riesenreich zu verkleinern, es gleichsam für die Umwelt handlicher zu machen.
Es mag Zufall, mag nur eine Fußnote voll historischer Ironie sein, daß dies alles einmal Gedankengut deutscher und britischer Liberaler war. Was die Nationalsozialisten auf ihre so horrible Art verwirklichten, war ursprünglich ein liberales Programm, entstanden in der Umgebung des britischen Premierministers Lord Palmerston und seiner preußischen Bewunderer. Im Zeichen des Fortschritts wollten sie Rußland zerstückeln, seinen Völkerschaften mehr Freiheit geben und seine Kerngebiete auf die Nachbarn verteilen – nachzulesen in einem Memorandum des preußischen Gesandten Josias von Bunsen, der im März 1854 seinem Außenminister allen Ernstes

vorschlug, Österreich bis zur Krim zu erweitern, das Baltikum einschließlich Petersburg zwischen Preußen und Schweden aufzuteilen und das restliche Gebiet in ein Klein- und ein Großrußland zu spalten.

»Pläne von kindlicher Nacktheit« nannte das Bismarck, der noch einen Sinn dafür hatte, daß sich an der Zukunft versündigt, wer die Strukturen der gewachsenen Staatenordnung mutwillig zerschlägt. Doch die Zertrümmerung Rußlands blieb das Programm des Fortschritts, das immer seltsamere Koalitionen und Bruderschaften gebar; britische Diplomaten, deutsche Liberale und Sozialdemokraten, preußische Militärs und Agrarzöllner formulierten schon an einer Expansionspolitik, die die Absprengung russischer Randgebiete wie das Baltikum, die Ukraine und den Kaukasus vorsah. Als der deutsche Generalstab Ende der achtziger Jahre den Präventivkrieg gegen Rußland anstrebte, da gab es nirgendwo leidenschaftlichere Zustimmung als im liberal-sozialistischen Lager. Wie klagten doch die Linken, als Bismarck dem Generalstab durch eine handfeste Intervention den »gesunden Krieg« verdarb, den auch das liberale »Berliner Tageblatt« so emphatisch gefordert hatte, wie sehnten sie sich nach dem »besten Resultat« für den Fortschritt, das sich schon Karl Marx 1870 von einem deutsch-russischen Krieg erhofft hatte (dies den Romantikern ins Gedächtnis, die immer Progressivität mit Friedensliebe verwechseln)!

Der Erste Weltkrieg gab ihnen endlich die Chance, mit Hilfe der deutschen Kriegsmaschine einen Teil ihres Programms zu verwirklichen. Es war kein Zufall, daß vor allem Liberale wie Paul Rohrbach und Sozialisten wie Parvus Helphand der noch recht schwerfälligen Rußlandpolitik Berlins die zündenden Stichworte lieferten. Das »Berliner Tageblatt«, wieder allen voran, forderte schon im August 1914, Rußland von der Ostsee und dem Schwarzen Meer abzudrängen, der spätere Pazifist Hellmut von Gerlach rief in der linken »Welt am Montag« als erster zur Befreiung aller nichtrussischen Völkerschaften des Zarenreiches auf. Und Helphand, der radikalste unter ihnen und schon in enger Verbindung mit den Bolschewiki, entwarf gleich ein ganzes Programm: Der russische Staat der Zukunft, schrieb er 1915, könne »nur durch vollkommene Zertrümmerung des Zarismus und die Zerteilung Rußlands in kleinere Staaten seine Ziele erreichen«; auch nach dem Krieg werde »die russische Gefahr bestehenbleiben, solange das russische Reich nicht in einzelne Teile zerlegt« sei.

Ein Programm war entstanden, das der phantasielose Reichskanzler von Bethmann Hollweg nur allzu bereitwillig akzeptierte. Die Weisheit Bismarcks war vergessen, die deutsche Politik auf die Zertrümmerung des russischen Einheitsstaates ausgerichtet. Zum Ziel deutscher Ostpolitik erklärte Bethmann Hollweg, Rußland müsse »von der deutschen Grenze nach Möglichkeit abgedrängt und seine Herrschaft über die nichtrussischen Vasallenvölker gebrochen werden«. Deutsche Politiker und Agenten suchten den Kontakt mit den Führern ukrainischer, kaukasischer und baltischer Autonomiebewegungen, die von Rußland losbrechen wollten – Beginn einer Politik der Versprechungen und Illusionen, die im Grunde schon vorzeichnete, was später die russischen Stalin-Gegner im Zweiten Weltkrieg erleben mußten.

Nirgendwo konnten deutsche Geld- und Materiallieferungen den nichtrussischen Autonomiebewegungen populäre Unterstützung sichern; selbst der ukrainische Marionettenstaat des Hetman Skoropadskyj scheiterte an der deutsch-österreichischen Besatzungsmacht und der herandrängenden Roten Armee. So blieb als einziges und fragwürdigstes Ergebnis deutscher Revolutionierungsarbeit die Hilfestellung, die der deutsche Generalstab bei der Machtergreifung Lenins in Rußland leistete. Die bolschewistische Oktoberrevolution aber veränderte auch die Qualität der deutschen Ostpolitik; sie verlor nach dem Untergang des Zarismus ihr liberal-sozialistisches Element und erstarrte zu einem Instrument konservativer Kolonial- und Infiltrationspolitik.

Die autonomistischen Politiker, nun verstärkt durch die zarentreue Emigration, setzten jedoch weiterhin auf die deutsche Karte und gerieten immer mehr in den Sog der nationalsozialistischen Bewegung Adolf Hitlers, die eine aktive Politik zur Befreiung der Völker Rußlands vom Joch des Bolschewismus versprach. Die Emigranten aus dem ehemaligen Zarenreich erkannten nicht, daß sie sich einer noch weit aggressiveren Variante deutschen Herrenmenschentums verschrieben, als es einst die Militärs und Agenten des Kaisers verkörpert hatten. Ihnen gingen erst die Augen auf, als Hitlers Wehrmacht 1941 in die Sowjetunion einrückte.

Denn statt des baltischen NS-Ideologen Rosenberg, ihres Ermunterers und Hauptgesprächspartners, dessen Politik noch am ehesten dem alten Aufteilungsprogramm der Liberalen entsprach, bestimmten jetzt die volksbiologischen Sauberkeitsfanatiker der SS im deutschbesetzten Osteuropa, die ein jahrelang anerzogener Slawenhaß antrieb, wie er sich etwa in der SS-Broschüre *Der Untermensch* niederschlug: »Der Untermensch, jene biologisch scheinbar völlig gleichgeartete Naturschöpfung mit Händen, Füßen und einer Art von Gehirn, mit Augen und Mund, ist doch eine ganz andere, eine furchtbare Kreatur, ist nur ein Wurf zum Menschen hin, mit menschenähnlichen Gesichtszügen – geistig, seelisch jedoch tiefer stehend als jedes Tier.« Entsprechend waren die Zukunftspläne der neuen nationalsozialistischen Herren Rußlands. Sie wollten den russischen »Riesenkuchen«, wie Hitler das nannte, ausschlachten, die Völker des Ostens dezimieren und den derart freigewordenen Raum mit Deutschen besiedeln.

Es gab bereits einen »Generalplan Ost«, in dem Volkstumsexperten des SS-Reichssicherheitshauptamtes die Zukunft des deutschbeherrschten Ostens niedergeschrieben hatten. Man muß das alles einmal genau lesen, um ganz glauben zu können, was da Menschen mit Verstand entworfen hatten: Deutsche sollten den Osten bis zu der Linie Leningrad-Ladogasee-Waldaihöhen-Brjansk-Dnjeprbogen besiedeln, 31 Millionen »Fremdvölkische« sollten ausgesiedelt und weitere 14 Millionen innerhalb von 30 Jahren eingedeutscht werden. Dann würden deutsche Einwanderer kommen, zunächst 840000 »Sofortsiedler«, dann eine zweite Welle deutscher Umsiedler in Stärke von 1,1 Millionen. In einer Denkschrift für den SS-Chef Himmler skizzierte der Agrarprofessor Meyer-Hetling, wie der deutsche Herrenmensch in Zukunft den Osten im Griff behalten werde: Aus der östlichen Landmasse werden sogenannte Siedlungsmarken herausgeschnitten und der Hoheitsgewalt der SS unterstellt; sie dirigiert die Markensiedler in die vorgesehenen Räume und verleiht ihnen Lehen verschiedener Art, »Zeitlehen«,

»Erblehen« und »Eigentum besonderen Rechts«. Die »Markhauptleute« der SS beaufsichtigen die Siedlungsmarken, deren Bevölkerung nach 25jähriger Pionierarbeit zur Hälfte aus Deutschen bestehen muß.

Phantasien? Keineswegs. Der Alltag der deutschen Besatzungspolitik ließ keinen Zweifel daran, daß dies alles so ernst gemeint war, wie es in den Papieren des Reichssicherheitshauptamtes stand. Von Hitlers berüchtigtem Kommissarbefehl bis zur barbarischen Ausbeutung der wirtschaftlichen Reserven in den besetzten Gebieten, vom Massenmord an den Juden ganz zu schweigen, erhärtete jede neue Maßnahme der deutschen Herren, daß Rußland nach der Vertreibung des sowjetischen Herrschaftsapparates einem neuen Kolonialsystem anheimgefallen war. Man denke nur an die unmenschliche Behandlung der sowjetischen Kriegsgefangenen! Schon die Statistik spricht für sich: Von den 5,1 Millionen Sowjetsoldaten, die bis zum Mai 1944 in deutsche Gefangenschaft geraten waren, starben 1,9 Millionen einen sogenannten normalen Tod (will sagen: sie verhungerten einfach) und wurden 473000 meist von SD-Kommandos ermordet.

Und doch gab es gerade unter diesen Geschundenen Tausende von Menschen, die die Zusammenarbeit mit den Deutschen suchten. War es bloßer Opportunismus, der sie leitete, etwa der Drang, endlich dem Dreck und Elend der Lager zu entkommen, oder verband sich Höheres damit, ein politisches Ziel, eine allgemeine Hoffnung? Kein Zweifel: Ihre führenden Männer, verdiente Sowjetgenerale wie Wlassow und Malyschkin, rechneten sich eine ernsthafte Chance aus, mit Hilfe der Deutschen Rußland vom Bolschewismus freizukämpfen oder freizuhalten. Allein die Deutschen konnten damals helfen: Sie hatten die Waffen, sie hielten große Teile der Sowjetunion besetzt, ihre Siegesaussichten waren so gering, daß sie ein Interesse an der politisch-militärischen Mobilisierung der russischen Massen gegen den Stalinismus haben mußten.

Aber waren die Deutschen, die Apostel der Untermenschen-Doktrin, beweglich genug, ihren neuen Helfern die Konzessionen zu gewähren, ohne die kein ehrenhafter Russe in den Pakt einwilligen würde? Wlassow und seine Freunde hofften es. Je schlechter – dies war ihre Kalkulation – der Krieg für die Deutschen stand, desto mehr müßten sie die Russen als gleichberechtigte Partner akzeptieren. Zudem wußten die Russen, daß hinter der Einheitsfassade des totalitären Deutschland sehr unterschiedliche Kräfte agierten, die nicht alle der Ausplünderungspolitik des Regimes zustimmten; es gab im Heer und in der Wehrmachtführung Offiziere, die schon längst Wlassow als Bundesgenossen akzeptiert hatten. Selbst Himmler mußte schließlich seinen Frieden mit den russischen Antistalinisten machen und immer mehr Russen in Uniformen der Waffen-SS stecken.

Solche Entwicklungen mögen sowjetische Dissidenten aller Richtungen ermuntert haben, sich mit den Deutschen einzulassen. Eine russische Befreiungsarmee entstand (zumindest auf dem Papier), eine Art russische Exilregierung wurde gebildet. Doch die Hoffnungen und Illusionen der russischen Antistalinisten zerrannen. Die deutschen Konzessionen kamen, wenn überhaupt, zu spät, die russische Befreiungsarmee erhielt nie eine echte Chance, gegen die Rote Armee ihr Gewicht in die Waagschale zu werfen. Am Ende blieb Wlassow und seinen Kommandeuren nur noch die verzweifelte Hoffnung, daß sich wenigstens der Zusammenbruch Hitler-Deutschlands so langsam vollziehen werde, daß die russische Befreiungsarmee sich zwischen den abziehenden deutschen Verbänden und den heranrückenden Truppen der Roten Armee als eine eigene, eine dritte Macht etablieren könne – auch dies nichts als eine Illusion.

Was folgte, ist Gegenstand und Thema dieses Buches. Die Führer der westlichen Alliierten, ratlos und ohne jede Kenntnis der Dissidentenbewegung, waren nur darauf erpicht, das lästige Problem loszuwerden, das ihre ohnehin schon strapazierten Beziehungen mit Moskau zu belasten drohte. Mit einem Federstrich der Diplomatie wurden Tausende von Menschen sowjetischer Rankünе ausgeliefert – in klarer Verletzung jener Menschenrechte, deretwegen die westlichen Demokratien gegen Hitler in den Krieg gezogen waren.

So enthält Nikolai Tolstoys dramatischer Bericht zugleich eine Botschaft der Warnung. Auch Demokratien, so lernen wir, können

Menschenrechte kaltlächelnd auf dem Altar dessen opfern, was man so gerne Realpolitik nennt. Die Warnung wird jeder verstehen, der in den letzten Jahren beobachtet hat, daß die Entspannungspolitik der Staaten nicht selten dazu neigt, tagespolitischen Vorteile zuliebe die einfachen und doch ewigen Fragen von Wahrheit und Menschenrecht aus dem Blick zu verlieren. Passen wir auf, daß nicht erst wieder ein neuer Tolstoy kommen muß, um Opportunismus und Gleichgültigkeit der Mächtigen zu entlarven.

Großhansdorf, Juli 1978

Heinz Höhne

Einleitung

Seit einigen Jahren ist immer breiteren Kreisen bekannt geworden, daß die Alliierten in den Jahren 1944–1947 über zwei Millionen Osteuropäer an Stalin auslieferten, die ein grausames Schicksal erwartete. Zunächst wußten fast ausschließlich Emigrantenkreise davon, die unmittelbaren Anteil an dieser Tragödie hatten. In letzter Zeit sind jedoch einige sorgfältig recherchierte Studien zu diesem Thema in englischer Sprache erschienen.[1]

Trotz einer Reihe wissenschaftlich fundierter und gut recherchierter Veröffentlichungen ist bisher nur ein Bruchteil der Geschichte an die Öffentlichkeit gedrungen. Einer der Gründe hierfür ist darin zu suchen, daß ein großer Teil des wichtigsten Materials bis vor kurzem unzugänglich war. Aufgrund des britischen Gesetzes, demnach Staatspapiere dreißig Jahre lang geheim bleiben, werden diese Dokumente erst allmählich Jahr für Jahr freigegeben, mit dem Ergebnis, daß vor der Veröffentlichung des vorliegenden Buches keinem Historiker die Unterlagen zur Verfügung standen, die sich auf die Potsdamer Konferenz vom Juli 1945 bis Ende des Jahres 1946 beziehen. Diese Unterlagen sind jedoch das Beweismaterial für die Hälfte des uns beschäftigenden Zeitabschnitts und daher für ein volles Verständnis der Ereignisse unerläßlich. Viele der überlebenden Beteiligten, von denen eine Reihe in jener Zeit Schlüsselpositionen bekleideten, waren bislang noch nicht befragt worden; in vielen Fällen dürfte ihre Aussage die bislang gängige Beurteilung des Geschehens beeinflussen.

Am besten läßt sich der Umfang der Arbeit, die noch zu tun blieb, veranschaulichen, wenn wir feststellen, daß über drei Viertel des im vorliegenden Buch enthaltenen Materials zum erstenmal im Druck vorliegt: die Umstände, die dazu führten, daß so viele Russen in deutsche Hände fielen; die Repatriierungsaktionen, die von Norwegen, Nordafrika, Frankreich, Belgien, Holland und den neutralen Staaten durchgeführt wurden; die Frage der britischen und amerikanischen Verletzung der Genfer Konvention; die sowjetische Seite des Geschehens, für die das NKWD und der SMERSCH ver-

antwortlich waren; das Schicksal der ausgelieferten Russen – dies alles sind Aspekte, die im folgenden zum erstenmal detailliert beschrieben werden.
Ein wichtiges Kapitel dieses Buches wird jene düstere Episode untersuchen, die erstaunlicherweise bisher von allen Historikern nicht beachtet wurde: Tausende zaristischer Flüchtlinge, die nie in der Sowjetunion gelebt hatten, 1919 als Verbündete der Briten und Amerikaner aus ihrem Land geflüchtet waren und daher auch nicht unter das Jalta-Abkommen fielen, wurden in Österreich an den SMERSCH ausgeliefert. Die Vorkehrungen hierfür waren so geheim, daß selbst heute noch Sondermaßnahmen getroffen werden, um das Beweismaterial nicht an die Öffentlichkeit dringen zu lassen.
Die Geschichte der Zwangsrepatriierung ist bis heute eine aktuelle Streitfrage. Lord Avon, der als Anthony Eden für die Initiative dieser Politik verantwortlich war, hat dem Autor zwar mehrfach geschrieben, um seine Maßnahmen zu rechtfertigen, es jedoch konsequent abgelehnt, auf spezifische Fragen über entscheidende Streitpunkte zu antworten. Nur ein Beamter des Foreign Office, der über die Vorgänge in den Jahren 1944–1945 genauestens informiert war, fand sich zu einem Gespräch mit dem Verfasser bereit, um ihm dann lediglich zu erklären, er habe eine Gedächtnisstörung erlitten, die genau mit diesem Zeitabschnitt zusammenfiele! Alle übrigen lehnten es ab, befragt zu werden. Den Vorwand für dieses Schweigen konnte der Autor erst später ermitteln. Und zwar sei für die Anordnung von Maßnahmen der Außenminister verantwortlich, während die Beamten lediglich für deren Ausführung zuständig seien. Was immer man über die allgemeine Anwendbarkeit dieses Arguments denken mag, für dieses besondere Kapitel der Geschichte kann es jedenfalls kaum als Rechtfertigung dienen.
In die Mitte der Periode der Zwangsrepatriierung fielen die englischen Parlamentswahlen im Juli 1945. Anthony Eden wurde als Außenminister von Ernest Bevin abgelöst, der einen vollständigen Bericht über die bisher getroffenen Maßnahmen anforderte, um sich ein eigenes Urteil darüber zu bilden, ob sie fortgesetzt werden sollten. Dieser Bericht erklärte, daß »in keinem Fall gewaltsame

Mittel eingesetzt worden seien«, um die Russen zur Heimkehr zu bewegen. Aufgrund dieser unwahren Behauptung stimmte Bevin zögernd der Fortführung der Aktion für weitere achtzehn Monate zu und übte auch erfolgreichen Druck auf die Amerikaner aus, die gleichen Maßnahmen zu übernehmen. Bisher sind die Aktivitäten anonymer Beamter weitgehend unbeachtet geblieben, da sich das Interesse fast ausschließlich auf die Politiker und ihre Entscheidungen gerichtet hat. Doch der vollständige Bericht über die Ereignisse enthüllt die Macht dieser schattenhaften Gestalten sowie den Gebrauch, den sie von ihr machten.

Es ist kein Zufall, daß diese Ereignisse innerhalb der Öffentlichkeit im Westen so lange unbekannt geblieben sind. Alexander Solschenizyn vertritt die Auffassung, daß, da die »öffentliche Meinung« diese Maßnahmen »weder verhindert hat, noch bereit war, sie anzuprangern und Erklärungen zu fordern . . . das *gesamte* britische Volk eine Sünde begangen hat . . .«[2] Dies ist wohl kaum gerecht, denn 1945 kannten kaum einige Hundert Engländer das volle Ausmaß der Ereignisse, noch war sich die Bevölkerung dessen bewußt, was in ihrem Namen geschah. Allein George Orwells einsame Stimme klagte vergeblich, es scheine sich hier um einen Komplott der Presse zu handeln, diese schreckliche Geschichte zu verheimlichen. Dies sei, wie er meinte, zum Teil zurückzuführen auf die »zersetzende Wirkung des russischen *Mythos* auf das englische Geistesleben«, das heißt, auf die herrschende Meinung der britischen Linken, daß Stalins Rußland eine wirklich freie und gerechte Gesellschaft sei.[3]

Orwells Kritik war zweifellos berechtigt. Britische Reporter, einerlei ob unter Druck ihrer Chefredakteure oder nicht, zögerten, dem Sowjetsystem abträgliche Nachrichten zu veröffentlichen, wenn auch nur wenige so weit gingen wie A. J. Cummings, der in seinem Artikel im *News Chronicle* (3. 10. 1944) erklärte, daß »mit Ausnahme eines einzigen Mannes all diese Russen . . . es kaum erwarten können . . . in ihre Heimat zurückzukehren.«

Neben dem weitverbreiteten »Onkel Joe«-Kult spielten auch andere Einflüsse eine Rolle. Als viele verzweifelte Russen, die in englischen Lagern interniert waren, Selbstmord verübten, bemerkte Patrick Dean vom Foreign Office, daß diese Nachricht, wenn sie bekannt werde, »politische Unannehmlichkeiten heraufbeschwören könne«, und drängte daher darauf, das Foreign Office solle mit der Presseabteilung sprechen, »alles zu tun, was möglich ist, um Öffentlichkeit zu vermeiden«[4], »was unter Umständen peinlich sein könnte.«[5] Dies bezog sich natürlich auf die Vorstellung, daß weite Kreise der britischen Öffentlichkeit sich der Anwendung brutaler Maßnahmen bei der Repatriierung der Russen, insbesondere der Frauen und Kinder, offen widersetzt hätten. Dies gab ein anderer Beamter, John Galsworthy, offen zu, als zur Sprache kam, welche Russen nicht repatriiert werden sollten. »Ich bin der Meinung, daß uns jegliche Publizität dienlich ist, die die sowjetische Forderung erlangt . . . Eine aufgeklärte öffentliche Meinung kann unsere Position stärken, wenn wir uns weigern, diese unglücklichen Menschen den Russen zu übergeben.«[6]

Doch solch eine Offenheit war die Ausnahme – und verfolgte einen bestimmten Zweck. Die generelle Meinung des Foreign Office, die bei verschiedenen Gelegenheiten in den Jahren 1944–1945 zum Ausdruck kam, ging dahin, die Aktionen vor der britischen Öffentlichkeit sorgfältig geheimzuhalten, damit es keinen »Skandal gibt und kein Gerede über ein unrechtmäßiges Vorgehen, das die Menschen unter Vorspiegelung falscher Tatsachen in ihre Repatriierung in die UdSSR einwilligen ließ etc.« Das sollte »um jeden Preis vermieden werden.«[7]

Dies steht in sonderbarem Gegensatz dazu, was die Apologeten der Entscheidungen des Foreign Office heute behaupten. In einer englischen Oberhausdebatte über dieses Thema am 17. März 1976 behauptete Lord Hankey, die Regierung »hätte sich bei dem Versuch, die Russen, die sich der Repatriierung widersetzten, zurückzuhalten, einem überwältigenden Sturm der Kritik ausgesetzt, da dies die Auslieferung der von der Roten Armee befreiten britischen Kriegsgefangenen in Frage gestellt hätte.[8]

Dies führt zum wesentlichen Punkt – hätte Stalin in Betracht gezogen, diese befreiten britischen und amerikanischen Kriegsgefangenen als Geiseln zu behalten, um die Repatriierung der Millionen Sowjetbürger, die in westlichen Lagern interniert waren, zu erzwingen? Diese Überlegung wird im vorliegenden Buch eingehend untersucht werden. Hier sei nur festgestellt – es gibt keinerlei Beweis dafür, daß irgend jemand im Foreign Office zu jener Zeit solch eine Möglichkeit fürchtete. Sicherlich hätte Stalin die Bestimmungen des Jalta-Abkommens weniger bereitwillig erfüllen können, doch die schlimmste Vorstellung des Foreign Office war, die Briten, die sich in den Händen der Roten Armee befanden, könnten einige Wochen lang auf dem Seeweg über Odessa heimgeschickt werden, anstatt auf dem Landweg über Deutschland. Daß es Stalin in den Sinn kommen könnte, sie als quid pro quo festzuhalten, wurde weder von Eden noch von seinen Ratgebern in Betracht gezogen. Zum ersten Mal wird auch in Einzelheiten geschildert werden, wie sehr sich die Politik der Vereinigten Staaten in dieser Angelegenheit von der britischen unterschied. Viele Monate nachdem die britische Regierung bereits ihre Einwilligung dazu gegeben hatte, zögerte das State Department noch immer mit seiner prinzipiellen Zustimmung zu der Zwangsrepatriierung. Schließlich gab es zögernd nach, war jedoch von den relativ unbedeutenden Vorfällen des folgenden Blutvergießens so abgestoßen, daß es diese Politik zeitweise wieder aufgab. Schließlich wurden, unter starkem britischem Druck, einige Dutzend Russen, die in der deutschen Wehrmacht gekämpft hatten, zurückgeschickt.

Diese unnachgiebige Einstellung der Amerikaner hatte keineswegs zur Folge, daß auch nur ein amerikanischer GI einen Tag länger auf seine Rückkehr aus Rußland warten mußte, noch drohten die Sowjets solche Repressalien an, die das Foreign Office, wie es heute behauptet, befürchtete. Die britische Regierung war über die amerikanische Haltung ebenso umfassend informiert wie über das Ausbleiben einer entsprechenden scharfen sowjetischen Reaktion. Es war nicht nötig, Spekulationen über die Vorteile einer anderen Politik anzustellen – sie waren eindeutig.

Wenn es aber wirklich darum ging, die Rückkehr der britischen Kriegsgefangenen nicht in Frage zu stellen, warum wurde die Repatriierungspolitik auch dann noch zwei Jahre lang fortgesetzt, nachdem die letzten Briten heimgekehrt waren? Noch bezeichnender ist die Tatsache, daß die Zwangsrepatriierung der Russen, die eine deutsche Uniform getragen hatten, die gleichen britischen Kriegsgefangenen, an deren Wohlergehen die Verfechter der Zwangsrepatriierung einen so übermäßigen Anteil nahmen, der wirklich realen Gefahr deutscher Repressalien aussetzte, solange sie sich noch in den Händen der Deutschen befanden. Dies war eine wesentlich größere Gefahr, die das Foreign Office seinerzeit jedoch in Kauf nahm.

Die wirklichen Überlegungen, die der britischen und amerikanischen Politik zugrunde lagen, werden im Laufe dieser Darstellung ebenso sichtbar werden wie die Tragödie der Russen selbst: wie sie in deutsche Gefangenschaft gerieten; warum sich so viele freiwillig zur deutschen Wehrmacht meldeten, um gegen zu Stalin kämpfen; und vor allem, was bei den Repatriierungsaktionen geschah, ausgeführt von einfachen britischen und amerikanischen Soldaten, die von diesem Erlebnis zumeist angewidert waren. Was auf die Zwangsrepatriierung folgte, hat Lord Bethell bereits lebendig geschildert. Der vollständige Bericht über die russischen Kriegsgefangenen in den Jahren 1941–1945 wird jedoch die gesamte Tragweite der Tragödie enthüllen, die, was ihre Anzahl wie auch das Maß der erduldeten Leiden angeht, mit dem Schicksal der Juden in Nazideutschland vergleichbar ist.

Die grausame Ironie dieser russischen Tragödie lag darin, daß die Russen in der Roten Armee und ihre Gegner in der von den Deutschen aufgestellten »Russischen Befreiungsarmee« weitgehend für die gleichen Ideale kämpften. Der ehemalige Held der Roten Armee, Wiktor Nekrassow, hat vor kurzem dargelegt, was ihn in den Jahren 1941–1945 dazu bewogen hatte, für die Sowjetmacht zu kämpfen. »Der Grund war folgender – nachdem wir der Sklaverei des Faschismus ein Ende gesetzt hatten ... wollten wir auch selbst von der Tyrannei befreit sein. Wir glaubten, mit unserem Blut die Schmach des sowjetisch-deutschen Bündnisses zu tilgen und dafür zu sorgen, daß diese schreckliche Vergangenheit für immer hinter uns läge. Es war diese Hoffnung, die mich dazu bewog, der Kommunistischen Partei weiterhin die Treue zu halten.«[9] Man kann darüber streiten, ob dieser Weg ehrenhafter war als der, den Nekrassows Landsleute gewählt hatten, die ihre Waffen gegen die

sowjetische Tyrannei erhoben, eine Grundlage für eine leichtfertige Aburteilung kann dies jedoch wohl kaum bilden. Nur eine gründliche und detaillierte Untersuchung der Tatsachen kann der Sache der Wahrheit und Gerechtigkeit dienen.
Bevor ich mit dieser außergewöhnlichen Geschichte beginne, sei mir eine persönliche Bemerkung gestattet. Zunächst bin ich durch meine frühe Bekanntschaft mit vielen, die der Beförderung in die Todeslager des GULAG entronnen waren, auf die Problematik gestoßen. Später trafen dann verschiedene merkwürdige Umstände zusammen, die mich in meiner schon seit längerem gehegten Absicht bestärkten, den Versuch zu unternehmen, dem Andenken so vieler meiner Landsleute Gerechtigkeit widerfahren zu lassen.
Im Kapitel »Jener Frühling« seines *Archipel Gulag* spricht Solschenizyn über das Thema, dem auch dieses Buch gewidmet ist – über die furchtbaren Fehler, sowohl auf militärischem als auch auf diplomatischem Gebiet, die dazu führten, daß den Deutschen 1941 und 1942 so viele Kriegsgefangene in die Hände fielen, sowie über das grausame Schicksal, das diese Gefangenen erwartete, als sie später von den Alliierten an Stalin ausgeliefert wurden. An einer Stelle hält er inne, um zu fragen, welcher Tolstoi *dieses* Borodino für uns beschreiben werde.[10] Ich hatte bereits einige ernsthafte Recherchen abgeschlossen, als diese Worte veröffentlicht wurden, und empfand sie als Ansporn, obwohl ich mich dieser Aufgabe unwürdig fühlte. Es bestand für mich ohnehin eine Familienbeziehung zu einem Fall der Zwangsrepatriierung, die gesühnt werden mußte. Mein berühmter, wenn auch höchst skrupelloser Vorfahre, Graf Peter Tolstoi, war der Minister, den Zar Peter der Große dazu auserwählt hatte, seinen flüchtigen Sohn, den Zarewitsch Alexei, wieder nach Hause zu locken. Der junge Zarewitsch, der die launische Gewalttätigkeit und militärische Strenge seines Vaters nicht länger ertragen konnte, hatte im Herrschaftsgebiet des Kaisers des Heiligen Römischen Reiches Zuflucht gesucht. Trotz nachdrücklicher Forderungen und Drohungen hatte es der Kaiser (kein Roosevelt oder Churchill) entschieden abgelehnt, seinen ungebetenen Gast einem offenbar äußerst ungewissen Schicksal zu überantworten. Es war Peter Tolstois Aufgabe, den unglücklichen Jüngling ausfindig zu ma-

chen, der mit seiner jungen Frau bescheiden in Neapel lebte. Mit einer Mischung aalglatter Versprechungen und finsterer Drohungen gelang es ihm schließlich, Alexei zur Rückkehr zu bewegen. Trotz unbeschränkter Versicherungen von Straffreiheit und Vergebung wurde der Zarewitsch auf Anordnung des Zaren ruchlos ermordet. Ich hoffe, der Leser wird mir auch die Beschreibung des dritten sonderbaren Umstands verzeihen. Im Oktober 1944 flogen Churchill und Eden zu Besprechungen nach Moskau. Bei diesem Zusammentreffen versprach Eden, ohne viele Widersprüche oder Einwände zu erheben, Stalin seine Untertanen zurückzugeben, gleichgültig ob sie dies wollten oder nicht. Der Deckname für diese Konferenz lautete »Tolstoi«.

Es ist nun an der Zeit, sich der Geschichte selbst zuzuwenden, Ereignissen, die vielleicht doch mehr als nur ein böses Gespenst der Vergangenheit sind. Ihre Folgen wirken fort, vor allem im Bewußtsein der Millionen Russen, die innerhalb oder außerhalb ihrer Heimat leben. Noch im Jahre 1977 wurde ein ehemaliger SS-Offizier in Hamburg verurteilt, weil er, so erklärte der Richter, »Juden zur Vernichtung ausgesucht hatte, obwohl er genau wußte, was ihnen bevorstand«, auch wenn er selbst nicht aktiv an ihrem Mord beteiligt gewesen war. Eine Politik, die zur Folge hatte, daß Millionen gewöhnlicher Russen, in Viehwagen zusammengepfercht, in den sicheren Tod, in Folter oder unerträgliche Not getrieben wurden, war, so mag es dem Leser scheinen, nichts anderes. Nur die Enthüllung der vollen Wahrheit ist eine Antwort auf Solschenizyns pauschale Verdammung des britischen und amerikanischen Volkes.

Es muß jedoch festgestellt werden, daß die Mehrzahl unter den wenigen, die von den Ereignissen wußten, entschiedenen Widerstand gegen das leisteten, was sie als ungerechtfertigte und unnötige Unmenschlichkeit ansahen. Auf britischer Seite wurde von so hervorragenden Männern wie Lord Selborne, Sir James Grigg, Feldmarschall Alexander und General Montgomery eindringlicher Widerspruch erhoben, der sogar gelegentlich bis zur Nichtausführung mißliebiger Befehle reichte. Bei den Amerikanern war der Widerstand gegen diese Politik fast einmütig. Die Wortführer waren Diplomaten wie Joseph C. Grew, Robert Murphy und Alexander Kirk und Militärs wie Eisenhower und Bedell Smith.

Die Verratenen von Jalta ist ein langes Buch. Ich habe versucht, keine wichtigen Dokumente und Augenzeugenberichte unerwähnt zu lassen, in der Hoffnung, dem Leser die Möglichkeit zu geben, sich ein eigenes Urteil darüber zu bilden, wer – und in welchem Umfang – für eine Politik und deren Ausführung verantwortlich war, die zu so entsetzlichem Leid führten.

1

Die Russen im Dritten Reich

Am Sonntagmorgen, dem 22. Juni 1941, hatte Schalwa Jaschwili* die Absicht, eine Stunde länger als gewöhnlich im Bett zu bleiben. Er war ein junger Leutnant in der Roten Armee und gehörte den Streitkräften an, die den sowjetischen Teil Polens besetzt hielten. Nach seiner eigenen Beschreibung war er ein schüchterner, eher sanfter junger Mann, der noch drei Monate seiner insgesamt zweijährigen Dienstzeit abzuleisten hatte. Danach wollte er in die sonnigen Berge seiner georgischen Heimat zurückkehren. Zu jenem Zeitpunkt schien es unwahrscheinlich, daß sich seiner Rückkehr in das Zivilleben irgendein Hindernis entgegenstellen würde, obwohl seit einiger Zeit höhere Instrukteure bei ihren Besuchen seines Artillerieregiments viel Zeit darauf verwandten, den Soldaten die Erkennungsmerkmale deutscher Panzer, Feldartillerie und anderer Waffen der Wehrmacht beizubringen. Dies kam ihm sonderbar vor, da die Beziehungen zwischen dem Dritten Reich und der Sowjetunion ebenso freundschaftlich schienen, wie sie es seit dem Zeitpunkt waren, als sich die zwei größten Mächte des Eurasischen Festlandes den Besitz Polens geteilt hatten.

Am Tag zuvor war Jaschwili von der langweiligen Pflicht, das Munitionslager des Regiments zu bewachen, abgelöst worden und war mit einem Freund in die nahegelegene Stadt Lida gefahren, die in Weißrußland unmittelbar auf der anderen Seite der Grenze lag, um sich dort am Sonnabend zu amüsieren. Sie hatten sich einen Film angesehen, waren dann in ihre große Kaserne zurückgekehrt, deren solide Gebäude noch aus der Zeit des Zaren Nikolaus II. stammten, und hatten sich noch bis spät in die Nacht unterhalten. Der Freund, der selbst aus der Burjat-Mongolei stammte, war gefesselt von Ja-

* Jaschwili ist nicht der wirkliche Name meines Zeugen, denn seine Mutter lebt noch in der Sowjetunion. Abgesehen davon entspricht jedoch jede Einzelheit seiner Geschichte seiner eigenen Schilderung.

schwilis Beschreibung des bergigen, heiteren Georgien, das sich so sehr von der kargen, windigen Tundra seiner eigenen entlegenen Provinz unterschied. Besonders begeistert war er von den saftigen Orangen, die Jaschwili in den Paketen aus der Heimat bekam, und wollte nicht glauben, daß es ein Land gab, in dem man diese Äpfel der Hesperiden frei an jedem Straßenrand pflücken konnte.

Keinem der beiden jungen Männer sollte es vergönnt sein, im Bett liegen zu bleiben. Ein unerwarteter Kasernenalarm riß Jaschwili aus seinem Dämmerzustand. Es war sechs Uhr früh und eben erst hell geworden. Er versuchte, seine Gedanken zu sammeln, lief hinaus und zog schon im Gehen seine Uniform an. Kaum waren er und seine Kameraden verschlafen und mürrisch draußen, als sie einem Offizier begegneten, der verkündete, es sei ein falscher Alarm gewesen und sie könnten sich wieder schlafen legen. Voller Groll über den Mangel an Einfühlungsvermögen ihrer Vorgesetzten fielen die Soldaten wieder in ihre Betten. Diesmal sollte ihr Schlaf jedoch von noch kürzerer Dauer sein. Zwei Stunden später brachten entfernte, dumpfe Explosionsgeräusche die Fenster der Kasernen zum Klirren, und wieder läutete der Alarm. Die Artilleristen zogen sich wieder hastig an und versammelten sich auf dem Hauptplatz der Stadt. Dort fanden sie bereits eine große Anzahl von Offizieren und Einheiten aus allen Teilen der Stadt vor, die alle aufgeregt umherliefen und Fragen stellten.

Jaschwili hörte, wie manche Leute erzählten, vor zehn Minuten hätten Flugzeuge einige Stadtteile bombardiert und mit Maschinengewehren beschossen. Dabei seien mehrere Häuser zerstört worden und auch Menschen umgekommen. Andere wiederum erklärten, es könne unmöglich ein Angriff, sondern nur eine Truppenübung gewesen sein. Jaschwili war bald klar, daß dies hier mehr als Truppenübungen waren, vor allem als bekannt wurde, daß die geheimnisvollen Angreifer die Bahnstation der Stadt bombardiert und dabei Gewehre, Panzer, Munition und Brennstoff zerstört hatten, die in der Nähe der Bahngeleise gelagert waren. Doch noch immer kamen keine Befehle von oben, und überall herrschte nichts als Chaos. Die Truppen drängten sich auf dem Platz, und erst um zehn Uhr fiel es irgendeiner Obrigkeit ein, Anordnungen zu treffen.

Die verschiedenen Einheiten hatten sich versammelt und bewegten sich nun auf das offene Land um die Stadt herum zu. Jaschwili und seine Kompanie warteten unschlüssig, bis ein Offizier erschien und fragte, ob einer von ihnen wisse, wie man ein vierrohriges Luftabwehrgeschütz bediene. Jaschwili meldete sich, wurde sogleich beordert, seine Kompanie und vier dieser Geschütze zu dem nahegelegenen Flugplatz zu bringen, um ihn gegen etwaige Fallschirmjägerangriffe zu verteidigen. Ihm wurde ein Drei-Tonner zur Verfügung gestellt, und gegen sechs Uhr machte er sich auf den beschwerlichen Weg zum Flugplatz.
Jaschwili hatte bisher keine Anzeichen eines Krieges bemerkt – falls es sich überhaupt um Krieg handelte. Doch während er den Mittag über wartete, hatte er erfahren, daß er, ohne es zu wissen, dem Tod sehr nahe gewesen war. Das Munitionslager, von dessen Wache er erst vor kurzem abgelöst worden war, lag etwa acht Kilometer vor der Stadt. In der Morgendämmerung waren Stukas herangejagt und hatten ihre Bomben fallen lassen, die das ganze Lager in einer einzigen Explosion in die Luft fliegen ließen und dabei 20 Mann der Wachkompanie töteten. Das »Unternehmen Barbarossa«, die deutsche Offensive gegen Rußland, hatte begonnen.
Jaschwilis Lastwagen fuhr nun mit abgeblendeten Scheinwerfern und die meiste Zeit über im ersten Gang durch die Nacht. Zwei- oder dreimal landeten sie im Straßengraben. Die Sonne war schon aufgegangen, als sie sich am nächsten Morgen am Flugplatz meldeten. Dort wurden sie von einem Major angewiesen, Verteidigungsposition in einem nahegelegenen Wäldchen zu beziehen. Jaschwili und seine Kameraden – mit dem Fahrer waren es insgesamt 24 – zogen ab, brachten ihre Geschütze in Stellung, ließen sich nieder und warteten.
Als der Tag fortschritt und nichts den Frieden der Felder und Wälder störte, in denen ihr Wachtposten verborgen lag, knöpften die Soldaten ihre Uniformjacken auf und machten es sich bequem. In der Nähe stand ein Gebäude, und Jaschwili ging mit einigen seiner Genossen darauf zu, um es zu untersuchen. Es war die Küche eines in der Nähe liegenden Gefangenenlagers. Eine junge Polin bot ihnen Essen an. Sie folgten ihr zu einem großen Lagerhaus. Es war

verschlossen, doch das Mädchen wußte es zu öffnen, und als die Soldaten zögernd eintraten, sahen sie eine wahre Aladinhöhle voller Lebensmittel. Bis zum Dach stapelten sich hier riesige Schinken, Würste, Räucherspeck und Wodka. Den Soldaten lief das Wasser im Munde zusammen, doch da ihnen die Strafen bekannt waren, die auf Diebstahl an Staatseigentum standen, beherrschten sie sich. Das Mädchen beruhigte sie jedoch, und von ihr sowie von einem völlig verwirrten Gefangenen, der gerade von einem Wochenendurlaub zurückgekehrt war, erfuhren sie den Sachverhalt. Die Insassen des Gefangenenlagers wurden jeden Tag zum Flugplatz gefahren, um dort Zwangsarbeit zu leisten.[1] Gleich nachdem die Nachricht über die deutsche Offensive bestätigt worden war, hatte sich die ganze Belegschaft, Wachpersonal wie auch Insassen, aus dem Staube gemacht. Niemand wußte, wohin sie verschwunden waren, doch es war unwahrscheinlich, daß sie so bald zurückkehren würden. Die Reichtümer im Lagerhaus waren für die Verpflegung der NKWD-Wachen bestimmt. Wie es sich für die vornehmsten Hüter der Revolution gehörte, hatten sie es sich an nichts fehlen lassen. Die begeisterten Soldaten verbrachten die nächste Stunde damit, ihren Lastwagen und ihre eigenen Bäuche mit all den guten Dingen vollzustopfen. An jenem Abend machten sie sich nicht die Mühe, ihre Rationen vom Flugplatz abzuholen.

Der Tag war ereignislos und müßig vergangen, doch sobald die Nacht eingebrochen war, nahmen die Dinge wieder ihren früheren, unvorhersehbaren Lauf. Die Ordonnanz des Majors, der die Runde aller Vorposten zu machen hatte, erschien nicht. Nach einer Weile schickte Jaschwili einen Boten zu dem Leutnant, der die benachbarte Kompanie befehligte. Nachdem der Soldat überrascht zurückgekehrt war und berichtet hatte, daß niemand dort sei, schickte Jaschwili seinen Boten zum befehlshabenden Major. Der Mann kam zurück und erklärte, auch der Major und alle andern seien verschwunden. Alle hatten sich verdrückt und die einsamen 24 Mann mit ihrem Lastwagen zurückgelassen.

Es blieb ihnen nichts anderes übrig, als zu versuchen, zu ihrem Regiment zu stoßen. Sie stiegen auf den Lastwagen und kehrten in die Stadt zurück, wo sie ein völliges Durcheinander vorfanden. Auf den

Plätzen und Straßen drängten sich im Rückzug begriffene Truppen. Die 24 Soldaten bahnten sich einen Weg durch die Menge und fuhren zunächst zum Gefechtsstand ihres Regiments. Auch hier hatten sie kein Glück, denn das Gebäude war nach einem deutschen Volltreffer nur noch ein leeres, rußgeschwärztes Gerippe. Als er sich diesem letzten Hindernis gegenübersah, entschied der junge Georgier, daß ihm keine andere Wahl bliebe, als sich der flüchtenden Menge anzuschließen, die in östlicher Richtung nach Rußland drängte.

Weitere Pläne hatte Jaschwili nicht. Er und seine Leute verließen die Stadt bei Einbruch der Nacht und beschafften sich bei einem unwilligen polnischen Bauern Quartier. Sie stellten einen Wachtposten an der Landstraße auf, um nach Einheiten ihres Regiments Ausschau zu halten. Kaum hatten sich die Männer niedergelassen, als der Wachtposten hereinstürmte und meldete, er habe gerade einen ihrer Hauptleute auf der Straße angehalten. Jaschwili ging hinaus und erfuhr von dem Hauptmann, seine Batterie sei näher an die Front verlegt worden, um die Landstraße zu verteidigen. Sie sollten ihm folgen und sich dem Rest ihres Regiments anschließen.

Sie fuhren die ganze Nacht hindurch und erreichten am nächsten Tag ihr Regiment, das sein Lager in einem Wald aufgeschlagen hatte. Dort erfuhren sie, daß Jaschwilis Batterie-Offizier gefallen und die ganze Batterie vernichtet war. Diese Nachricht überraschte sie nicht sehr, da inzwischen offenkundig war, daß in ihrem gesamten Frontabschnitt völliges Chaos herrschte.

Mittags erhielt Jaschwili den Befehl, den Munitionszug des Regiments zu begleiten. Er bestand aus sechzig Lastwagen, die unter dem Befehl eines Hauptmanns standen. Als Zielort wurde ihnen auf der Landkarte eine Stelle bezeichnet, doch weitere Erklärungen oder Alternativbefehle wurden ihnen nicht mitgegeben. Doch immerhin waren sie jetzt wieder in die Armeestruktur eingegliedert.

Sie holperten einige Kilometer auf einer Waldstraße entlang, bis das Bremsen des Leitwagens die ganze Kolonne zum Halten brachte. Jaschwili, der ungefähr als zwanzigster in der Reihe fuhr, lehnte sich aus dem Fahrzeug und sah, daß zwei höhere Offiziere seinem Hauptmann Vorhaltungen machten. Einer von ihnen trug auf seinem Uniformkragen die roten und schwarzen Rangabzeichen eines Generals des Hauptquartierstabs, der andere war ein gewöhnlicher General. Nach einer längeren Diskussion sprang der Hauptmann des Konvois aus dem Lastwagen und stieg in den nächsten um. Die zwei Generäle nahmen im Leitfahrzeug Platz, und der Zug setzte sich langsam wieder in Bewegung, um sehr bald wieder zu halten. Der Hauptmann erklärte seinen Leuten, sie könnten eine Ruhepause einlegen, und ging dann auf Jaschwili zu. Offensichtlich hatten ihm die Generäle über seine Dummheit, am hellen Tag zu fahren, heftige Vorwürfe gemacht.

»Sind Sie verrückt, Sie Dummkopf, am Tag zu fahren? Ist Ihnen denn nicht klar, was geschieht, wenn die Stukas Sie auf offener Landstraße erwischen? Sie sollten Ihr bißchen Verstand gebrauchen, sich tagsüber unter Bäumen verstecken und nur nachts weiterfahren!«

Da er es nicht wagte, die voraufgegangenen Befehle als Entschuldigung anzuführen, blieb dem armen Hauptmann keine Wahl, als stramm den neuen Anordnungen zu gehorchen. Als die Dunkelheit einbrach, setzten sich die beiden Generäle wieder in den ersten Lastwagen und bestimmten das Fahrtempo. Für die übrigen Fahrer war dies ein Alptraum, da sie die Scheinwerfer nicht einschalten durften. Hinzu kam, daß das Leitfahrzeug einen sehr unregelmäßigen Kurs steuerte und ständig unerwartet anhielt, offenbar aus Furcht vor ungesehenen Hindernissen. Außer dem gelegentlichen Aufleuchten der Bremslichter des Wagens vor ihnen konnten die Fahrer nichts erkennen. So fuhren sie die ganze Nacht über in dem gleichen ruckartigen Rhythmus und legten nur wenige Kilometer zurück. Überdies gab es selbstverständlich etliche Zusammenstöße. Die Kühler der russischen Militärfahrzeuge befanden sich ganz vorn an der Motorhaube, so daß selbst ein verhältnismäßig sanfter Aufprall auf den vorderen Wagen Risse im Kühler verursachte, die die Fahrzeuge unbrauchbar machten. Die zusammengebrochenen Lastwagen mußten jeweils vorsichtig in den Straßengraben gefahren werden. Von den 60 Fahrzeugen, die am Abend aufgebrochen waren, waren am nächsten Morgen nur noch 12 brauchbare übriggeblieben.

Die Generäle schien dies jedoch nicht weiter zu bekümmern. Sie erklärten dem Hauptmann, es seien nur noch etwa zwanzig Kilometer zu einem Munitionslager, und gaben ihm eine Bescheinigung, die ihn berechtigte, so viele Geschosse wie möglich zu seinem Regiment zurückzubringen. Dann verabschiedeten sie sich und hinterließen den strikten Befehl, mit der Abfahrt des Konvois bis zum Abend zu warten.

Als es Nacht wurde, führte der Hauptmann die Überreste seines Lastzuges langsam und sorgfältig den vorgezeichneten Weg entlang, doch trotz der geringen Entfernung dauerte es bis zum Morgen, ehe sie ihr Ziel erreichten. Als sie ankamen, fanden sie kein Munitionslager mehr. Es war einem Luftangriff zum Opfer gefallen.

Den beiden jungen Offizieren ging plötzlich ein Licht auf. Die beiden »Generäle« waren deutsche Agenten gewesen, denen es gelungen war, dem russischen Artillerieregiment drei Tage lang die notwendige Munition vorzuenthalten und dabei überdies noch 48 Lastwagen unbrauchbar zu machen. Wenn diese einfallsreichen Agenten andernorts auch nur ein Zehntel dieses Erfolges verbuchen konnten, mußten sie erhebliche Unordnung in den sowjetischen Reihen anrichten.[2]

Zwei Faktoren waren den beiden Schwindlern hierbei behilflich. Der eine war, wie Jaschwili betont, daß »in der Roten Armee keiner einen Befehl anzweifelt, sondern lediglich gehorcht.« Zum andern sprachen diese beiden falschen Generäle nicht nur perfekt russisch, sondern beherrschten auch die Schulmeistermanieren, die russische Soldaten von ihren Vorgesetzten erwarten. Die Ironie an der Sache war, daß die verkleideten Generäle sicherlich Russen waren, unter Umständen sogar echte Generäle. Die Abwehr der Wehrmacht hatte Sondereinheiten aufgestellt, die hinter den sowjetischen Linien operierten. Sie rekrutierten sich aus Weißen Emigranten, russischsprechenden Balten, Polen und Ukrainern und trugen tadellose russische Uniformen. So gelang es ihnen, weit größere Erfolge zu verbuchen, als sie dieser Art der Kriegführung gemeinhin beschieden sind.[3]

Die zwei jungen Offiziere kehrten mit ihren zwölf Fahrzeugen zu ihrem Regiment zurück und führten die 96 Fahrer und Beifahrer der unbrauchbaren Wagen als Passagiere mit. Als ihr Oberst erfuhr, daß sie nicht nur ohne die erwartete Munition kamen, sondern auch vier Fünftel der kostbaren Fahrzeuge eingebüßt hatten, tobte er vor Wut. Doch war nichts mehr zu ändern, und da die deutschen Einheiten kurz darauf zum Angriff schritten, war das munitionslose Artillerieregiment gezwungen, sich weiter zurückzuziehen. Da sie auf den Landstraßen ständig schweren Luftangriffen ausgesetzt waren, mußten sie sich langsam durch die Wälder fortbewegen. Der Waldboden war zu weich für den Transport der 122 mm-Geschütze, deshalb mußten sie zurückgelassen werden. Die demoralisierten Überreste des Regiments wurden mit anderen Einheiten zusammengelegt, um eine recht zerlumpte Division der Überlebenden zu bilden. Inzwischen war die Nachricht gekommen, daß die deutschen Truppen bereits das sehr viel weiter östlich gelegene Minsk erreicht hatten. Der Rückzug im Schutz der Wälder begann von neuem.

Zu dieser Zeit erlebte Leutnant Jaschwili seine erste, kurze Feuertaufe. Er war auf Patrouille geschickt worden, und als er die Deckung eines Baumes verließ, stand er plötzlich einem Deutschen gegenüber. Beide schossen eine Runde und warfen sich in Deckung, keiner wurde getroffen. Doch bald nach diesem relativ lächerlichen Zwischenfall wurden die Ereignisse ernster, und eine Kugel schlug dem Georgier durch beide Beine. Eine hübsche junge Feldärztin untersuchte ihn – noch heute erinnert er sich lebhaft daran, wie peinlich es ihm war, als sie ihm befahl, seine Hosen auszuziehen. Er war schließlich nicht einmal einundzwanzig Jahre alt. Er wurde zum Verbandsplatz des Batallions gebracht und fand dort eine Ecke auf einem Lastwagen, wo er ruhig liegen konnte.

Doch in diesem Sommer des Jahres 1941 sollte die Rote Armee keine Ruhe finden. Die Deutschen setzten zu einem neuen Angriff an, und die Kugeln pfiffen durch den Lastwagen. Ohne auf seine Wunden zu achten, ließ sich Jaschwili aus dem Wagen fallen und robbte mit Mühe auf ein Gebüsch zu. Doch sein geschwächter Körper war dieser plötzlichen Anstrengung nicht gewachsen, und er verlor das Bewußtsein. Erschöpft von Schmerz und Blutverlust, schlief er den ganzen Tag über (2. Juli) unter den Büschen. Als er schließlich erwachte, ging die Sonne bereits hinter den Birken unter. Jaschwili richtete sich auf und stellte fest, daß er mitten in einem Krater von Mörsereinschüssen lag. Die Kugeln waren ihm, während er geschlafen hatte, um die Ohren geflogen. Es verwundert nicht weiter, daß er fest davon überzeugt ist, Gott habe an jenem Tag seine Hand über ihn gehalten.

Überall herrschte Stille, selbst die Blätter raschelten nicht mehr. Jaschwili stand vorsichtig auf und schleppte sich weiter, ohne zu wissen, in welcher Richtung er sich bewegte. Er besaß weder Gewehr noch Rucksack und hatte keine Ahnung, wo er seine oder irgendeine andere Einheit der Roten Armee suchen sollte. Am Morgen war er noch von 50000 bewaffneten Soldaten umgeben gewesen – jetzt war er unbewaffnet und allein, weit und breit gab es nichts als Leichen. Die einzigen lebenden Wesen waren einige Pferde des Artillerietrains. Mit großer Anstrengung kroch er auf einen dieser Gäule zu, und es gelang ihm, sich in den Sattel zu heben. Trotz seiner schweren Verwundung hatte Jaschwili kaum Schmerzen, und seine Hauptsorge war, einen Ort ausfindig zu machen, an dem er von einem Arzt behandelt werden konnte.

Zunächst zog er seine Uniformjacke aus und steckte sie in die Satteltasche. Nun konnte ihm niemand mehr ansehen, daß er Soldat war, er hatte lediglich die Befürchtung, da es inzwischen dämmerte, von beiden Seiten beschossen zu werden, sobald er seine Deckung verließe. Nach einem einstündigen Ritt kam er an einen Waldrand und konnte von dort aus ein etwa fünf Kilometer entfernt gelegenes Dorf erkennen. Als er sich dem Ort näherte, erkannte er an den Geräuschen und dem Flackern der Lichter, daß dort große Menschenmengen versammelt sein mußten. Er ritt vorsichtig weiter und traf am Dorfrand zwei ramponierte, berittene Offiziere. Sie forderten Jaschwili auf, sich zu ihnen zu gesellen und einander zu helfen. Ob er gewillt sei, sich unter die undisziplinierte Horde Soldaten zu mengen, die das Dorf besetzt hatten, und von ihnen Nahrung zu erbitten? Als Offiziere hätten sie Angst, von den Soldaten erschossen zu werden, sobald sie sich blicken ließen. Eine große Anzahl Offiziere war nämlich in den ersten Kriegswochen von ihren Unterge-

benen erschossen worden. Da nichts an Jaschwilis Erscheinung mehr auf seinen Leutnantsrang hindeutete, stimmte er zu.
Er ritt in die fröhliche, betrunkene Menge hinein, die soeben eine frisch geschlachtete Kuh zerlegte, und bat um ein Stück Fleisch. Ein stämmiger Soldat, der ein Messer schwang, blickte auf und warf ihm, als er seine verschmutzten Hosen und seine blutverkrusteten Stiefel sah, mit rauher Freundlichkeit den Hals und die Lunge des geschlachteten Tieres zu. Der Aufprall dieser widerlich schlüpfrigen Masse warf Jaschwili beinahe aus dem Sattel, doch er hielt sie verbissen fest und ritt mit seiner Beute triumphierend zu den wartenden Kameraden zurück. Sie waren begeistert, und alle drei machten sich heimlich davon. Am Rande eines Waldbachs kochten sie einen Teil dieses unappetitlichen Fleisches in ihren Helmen.
Jaschwilis Kameraden legten dann auf ihrer Landkarte einen Kurs fest, der alle gefährlichen, bevölkerten Gegenden mied, um so zu versuchen, wieder zur Roten Armee zu stoßen. Da sie keine Ahnung hatten, wo sich die feindlichen Linien befanden, beschlossen sie, zunächst den ersten Teil ihres Rückmarsches auszukundschaften. Die beiden Offiziere wollten voranreiten und dann, wenn alles klar war, zurückkehren und den verwundeten Jaschwili abholen. Sie zogen los und kehrten nie zurück.
Wieder machte er sich allein auf den Weg. Er ritt in das Dorf zurück und fragte, ob sich unter den Soldaten ein Arzt befinde, der seine Verbände wechseln könnte. Es waren zwar mehrere Ärzte da, doch es gab weder Verbandsmaterial noch Arzneien, und so ritt Jaschwili unglücklich auf der staubigen Landstraße weiter nach Osten. Vielleicht würde es ihm gelingen, eine Bäuerin zu finden, die ihm ein Stück Leinen geben konnte, vielleicht würde er auch auf eine russische Einheit stoßen, die noch nicht völlig desorganisiert war. Er kam in ein anderes Dorf, das verlassen schien, und ritt langsam an den leblosen Häusern vorbei. Am Ende der Dorfstraße sah er eine alte Frau, die an einem Gartenzaun lehnte und weinte. Als sie den Georgier erblickte, rief sie mit flehender Stimme: »Sohn, wenn du ein Gewehr hast, dann wirf es weg!«
Er sah erstaunt auf sie hinunter, während sein Pferd unbeirrt weitertrabte und um die Ecke bog. Die Alte sah ihm besorgt nach. Als sie

seinen Blicken entschwunden war, wandte sich Jaschwili nach vorn und sah geradewegs in einen Gewehrlauf. Vor ihm standen zwei riesige deutsche Soldaten mit angelegtem Gewehr. »Sie waren so groß, daß ihre Köpfe meinen fast überragten!« Er blickte von einem zum andern und hob langsam die Hände. Leutnant Jaschwilis Dienst in der Roten Armee hatte ein jähes Ende gefunden – er war nun ein Gefangener.

Er war nicht der einzige, doch hatte er mehr Glück als die meisten anderen. Der Zufall des Schicksals hatte ihm die Schrecken von Majdanek oder Molodetschnoje erspart. Seine Wunden wurden von einem Arzt in einem Schweinestall in Minsk behandelt, und dann wurde Jaschwili Koch beim 666. Nachschubregiment der deutschen Wehrmacht. Dort arbeitete er neun Monate, bis das Regiment nach Deutschland zurückversetzt wurde. Auch er selbst wurde nach Deutschland mitgenommen und arbeitete in der Badestube eines Kriegsgefangenenlagers in Eisenach. Hier sah er abwechselnd eine Woche lang gesunde, wohlgelaunte Amerikaner und Engländer und in der darauffolgenden dürre, halbtote Skelette – seine eigenen Landsleute.

Dann wurde er, zu seinem Schrecken, nach Buchenwald zur Arbeit geschickt. Er hatte Angst, daß die Deutschen ihn seiner georgischen Adlernase wegen für einen Juden halten könnten. Von Buchenwald wurde er nach Auschwitz gebracht und glaubte nun, seine letzte Stunde habe wirklich geschlagen. Allwissende Deutsche hatten ihm längst erklärt, daß sein georgischer Landsmann Stalin ein Jude sei, und jetzt befand er sich an einem Ort, wo Entscheidungen über ethnologische Ursprünge willkürlich getroffen wurden. Es mag ihn gerettet haben, daß er als Christ nicht beschnitten war. Glücklicherweise verbrachte er nur einen Tag in Auschwitz und wurde am folgenden plötzlich nach Kattowitz transportiert. Einer jener sonderbaren Zufälle, die während der Kriegsjahre in Deutschland nicht ungewöhnlich waren, hatte ihn vom Abgrund zurückgerissen und dorthin gebracht, wohin er es sich am sehnlichsten gewünscht hatte – zu seinen Landsleuten. Er fand in Kattowitz eine Gruppe freundlicher Georgier, die aus allen Lagern des Dritten Reiches hierher überführt worden waren. Er traf hier sogar einen alten Schulfreund wieder! Sie fielen sich weinend in die Arme und konnten kaum an ihr Glück glauben, nun wieder von freundlichen georgischen Gesichtern und der alten vertrauten Sprache umgeben zu sein, obwohl sie Tausende von Kilometern von ihrer Heimat entfernt waren. Doch die Deutschen hatten die Georgier nicht zu deren Vergnügen versammelt. Sie erfuhren, daß sie sich einer neu aufgestellten Einheit der Wehrmacht anzuschließen hatten, die den Kampf gegen den Bolschewismus unterstützen und zu guter Letzt vielleicht auch ihre georgische Bergheimat vom russischen Joch befreien sollte. Jaschwili nahm seine neue Aufgabe ohne lange Überlegungen und ohne Zögern an und zog gemeinsam mit seinen Landsleuten auf die Krim, wo eine georgische Division gebildet wurde.

In Jaschwilis Geburtsjahr hatten die Georgier während der Wirren der russischen Revolution die Gelegenheit ergriffen, ihre Unabhängigkeit wiederherzustellen, die sie im voraufgegangenen Jahrhundert verloren hatten. Im Januar 1920 erkannten die alliierten Mächte Georgiens Unabhängigkeit an, und im Mai die Sowjetregierung. Die Georgier, deren Geschichte, Sprache und Kultur sich von der Rußlands grundlegend unterschied, glaubten nun, ebenso wie Finnland und Polen, endlich ihre nationale Freiheit gewonnen zu haben. Doch sie war nur von kurzer Dauer. Am 11. Februar 1921 drang die Rote Armee in Georgien ein und besetzte das Land. Von dieser Zeit an übten die Sowjets in Georgien eine Gewaltherrschaft aus (das erste Oberhaupt der georgischen Geheimpolizei war L. P. Berjia, der sowjetische Himmler).

Die Jaschwilis spürten die Folgen der fremden Besatzung ebenso wie alle anderen. Schalwas Vater hatte in den Bergen ein kleines Gasthaus besessen – es wurde von der Besatzungsmacht beschlagnahmt. Die Jaschwilis wurden vor die Tür gesetzt und mußten zusehen, wie sie sich durchschlugen.

Jaschwili hätte den Vorwurf, durch seine Mitgliedschaft in einer antisowjetischen Einheit zum Verräter geworden zu sein, entrüstet von sich gewiesen. Nicht nur deshalb, weil er sich als Georgier und nicht als Russe, als Christ und nicht als Atheist fühlte; sondern auch deswegen, weil er wie jeder andere in Rußland wußte, daß ein großer Teil der Bevölkerung das bolschewistische Regime haßte und daher auch dessen Sturz wünschte, von wem er auch vollzogen wurde – zumindest solange, bis man sich über den wahren Charakter der Nazis klar geworden war. Ebenso schwer, wenn nicht noch schwerer, wog die unleugbare Tatsache, daß Stalin den Millionen Kriegsgefangener, die in deutsche Hände gerieten, ihre Bürgerrechte, ja sogar die Anerkennung ihrer Existenz entzogen hatte.

Seit dem bolschewistischen Staatsstreich im Jahre 1917 fühlte sich die sowjetische Regierung nicht länger an die Haager Konventionen gebunden und hatte auch die Genfer Konvention von 1929 nicht unterzeichnet, die die Bedingungen für die Behandlung von Kriegsgefangenen festlegte. Dennoch trat die deutsche Regierung gleich nach Beginn der Rußlandoffensive im Juni 1941 mit dem Internationalen Roten Kreuz in Verbindung, mit der Absicht, für beide Seiten eine Regelung in bezug auf die Kriegsgefangenen zu treffen. Bis zum September 1941 wurden der sowjetischen Regierung Listen ihrer Kriegsgefangenen übermittelt, doch angesichts der russichen Weigerung, das gleiche zu tun, wurde dies eingestellt. Im folgenden Winter unternahm Deutschland weitere Anstrengungen, Beziehungen mit den Russen herzustellen, um eine Anwendung der Haager und Genfer Konventionen zu erreichen, das wurde jedoch erneut abgelehnt.[4] Nun bemühte sich das Komitee des Roten Kreuzes selbst und nahm Verbindung mit den sowjetischen Botschaftern in London und Schweden auf; sie reagierten zwar freundlich, doch nachdem sie Verhaltensmaßregeln aus Moskau eingeholt hatten, beharrten sie auf ihrer starren Ablehnung.[5]

Unterdessen hatten sich Deutschlands Verbündete – Italien, Rumänien und Finnland – nach vergeblichen Versuchen, ein gegenseitiges Übereinkommen zu erreichen, entschlossen, ihren russischen Kriegsgefangenen die Bedingungen der Konventionen einseitig zuzugestehen. Doch auch diese großzügige Geste löste keine Gegenreaktion aus.[6] Insbesondere die Finnen waren über den schrecklichen Zustand der 47000 russischen Kriegsgefangenen in ihren Händen besorgt und nahmen die Hilfeleistungen des Roten Kreuzes dankbar an, trotz der sowjetischen Weigerung, für die finnischen Gefangenen in Rußland ähnliche Unterstützung zuzulassen.[7]

Es kann daher nicht überraschen, daß sich die Einstellung der deutschen Regierung ihren sowjetischen Gefangenen gegenüber verhärtete[8] und daß diejenigen, die sich der schlechten Behandlung dieser Kriegsgefangenen widersetzten, den Einfluß verloren, den sie andernfalls hätten ausüben können. Überdies hatten die Deutschen sehr viel mehr russische Kriegsgefangene als umgekehrt die Russen. Fast zwei Drittel aller sowjetischen Gefangenen gerieten bereits im Jahre 1941 in deutsche Hände.

Hitler selbst drängte auf eine Inspektion der Gefangenenlager durch das Rote Kreuz. Doch die Antwort auf ein Gesuch an Stalin, einen Postdienst für Kriegsgefangene einzurichten, entschied das Problem endgültig: »Es gibt keine russischen Kriegsgefangenen. Der russische Soldat kämpft bis zum Tod. Wenn er sich statt dessen gefangennehmen läßt, ist er automatisch aus der russischen Gemeinschaft ausgeschlossen. An einem Postdienst nur für Deutsche besteht kein Interesse.«[9] Es kann nicht erstaunen, wenn von diesem Augenblick an »Hitlers Grundprinzip, was die Kriegführung anbelangte, davon ausging, daß, da Rußland die Genfer Konvention von 1929 nicht unterzeichnet habe, auf eine Behandlung der deutschen Kriegsgefangenen nach den darin festgelegten Bedingungen nicht zu rechnen sei.«[10]

So verschaffte zwar ein menschlicher deutscher Lagerkommandant seinen Gefangenen einige kleine Erleichterungen, erklärte jedoch einem russischen Arzt, er könne nicht mehr tun, da Stalin sich weigere, einem entsprechenden Abkommen zuzustimmen.[11] M. Junod vom schweizerischen Roten Kreuz stand immer wieder diesem unüberwindbaren Hindernis gegenüber, wenn er bei seinen Inspektionen der deutschen Gefangenenlager Einspruch gegen die Behandlung der Russen einlegte. Er konstatierte auch den krassen Unterschied zwischen dem gutgeführten Lager für britische Kriegsgefangene in Doessel, wo der Wortlaut der Genfer Konvention allen gut sichtbar angeschlagen war, und der Misere eines benachbarten Lagers, in dem die ihrem Schicksal überlassenen Russen saßen. Die Konvention war daher keineswegs nur ein »Stück Papier«.[12]

Es wäre irrig anzunehmen, Hitler hätte trotz all seiner Erbarmungslosigkeit nicht einen realistischen Respekt vor den Konventionen gezeigt, sobald diese in Kraft getreten waren. Als Goebbels im Februar 1945 Hitler vorschlug, als Rache für die alliierte Bombardierung Dresdens aus der Genfer Konvention auszutreten und die gefangenen Flugzeugbesatzungen zu erschießen, stimmte Hitler zu. Ein entsetzter Adjutant ließ diese Nachricht jedoch der ausländischen Presse zukommen, worauf die BBC sogleich Warnungen über Gegenmaßnahmen sendete. Der Plan wurde sofort fallengelassen.[13] Man mag einwenden, daß die Einstellung der Sowjetregierung keine marxistische Neuerung gewesen sei, sondern an der allgemeinen, hergebrachten Rückständigkeit der Russen gelegen habe. Doch in diesem Zusammenhang ist es lehrreich, sich das Schicksal der russischen Gefangenen im Ersten Weltkrieg ins Gedächtnis zu rufen. Da sowohl die deutsche als auch die zaristische Regierung die Haager Konventionen von 1899 und 1907 unterzeichnet hatten, traf man von Anfang an Maßnahmen, die Nöte der Kriegsgefangenen zu mildern. Listen wurden ausgetauscht, Postdienste eingerichtet, Krankenschwestern und Priestern die Erlaubnis erteilt, aus Rußland in die deutschen Lager zu fahren, für die Gefangenen wurden orthodoxe Kirchen eingerichtet. Die spanische Regierung übernahm das Patronat über die russischen Gefangenen, deren Interessen darüber hinaus auch von den Vereinigten Staaten wahrgenommen wurden, die das Protektorat für die Verbündeten Rußlands – Briten, Franzosen und Serben – übernommen hatten, da diese im allgemeinen mit den Russen zusammen interniert waren.[14]

Zarin Alexandra gründete ein Komitee, um den Gefangenen Hilfe zukommen zu lassen. »Du weißt, daß mein Komitee von der Regierung große Geldsummen für unsere Gefangenen fordern wird«, schrieb sie 1915 an den Zaren, »das Geld wird nicht reichen.« Einige Wochen später konnte sie berichten, daß »wir viermal wöchentlich mehrere Eisenbahnwaggons mit Sachen verschicken.« Als sie von angeblichen Mißhandlungen hörte, »weinte sie, als sie von den Greueltaten las, die die Deutschen an unseren Verwundeten und Gefangenen begangen haben . . .« Trotzdem beschwor sie den Zaren, die deutschen Gefangenen gut behandeln zu lassen, da »sie dann um so eher bereit sein werden, auch unseren Gefangenen zu helfen.«[15]

Statistiken veranschaulichen diesen Vergleich. 1914–1917 fielen den Mittelmächten 2417000 russische Kriegsgefangene in die Hände, deren gesamte Sterbeziffer sich auf 70000 belief.[16] 1941–1945 wurden von den Deutschen[17] etwa 5754000 Sowjetsoldaten gefangengenommen, von denen 3700000 starben.[18]

Man mag einwenden, daß die katastrophalen russischen Mißerfolge von 1941 entsprechend drakonische Maßnahmen erforderten, doch die Gewißheit, daß Kriegsgefangene in deutscher Hand während des Ersten Weltkrieges anständig behandelt wurden, scheint auf die Zarentreue der russsischen Soldaten keinen gegenteiligen Einfluß ausgeübt zu haben. Es waren vor allem die russischen Offiziere, die immer wieder versuchten, aus den deutschen Lagern zu flüchten.[19] Insgesamt entkamen ungefähr 200000 Russen, von denen ein hoher Prozentsatz wieder in den Dienst ihrer früheren Einheiten zurückkehrte.[20] Trotz intensiver deutscher und bolschewistischer Propaganda in den Gefangenenlagern gelang es 1917 lediglich, ungefähr 2000 ukrainische Nationalisten zu überreden, zum deutschen Heer überzulaufen.[21] Im Jahre 1944 taten dies jedoch fast eine Million Sowjetsoldaten.

Was Stalins Politik für diese im Stich gelassenen Russen im Jahre 1941 bedeutete, hatte Jaschwili in Eisenach erfahren. Und schlimmer noch war das, was er als Wehrmachtskoch in Minsk gerochen hatte. Vor der Stadt befand sich ein Lager für russische Soldaten und Zivilisten. Man konnte es allerdings nicht Lager nennen, es war lediglich ein von elektrischen Drähten und Maschinengewehrtürmen umgebenes Feld. Dort lebten – nicht sehr lange – 60000 Russen. Sie hatten keine Unterkunft und auch so gut wie keine Nahrung. Der Winter 1941/42 nahte. Monat für Monat nahm Jaschwili den alles durchdringenden Gestank wahr, der von der täglichen Ladung russischer Leichen, die im Ofen des Lagers verbrannt wurden, herrührte. Innerhalb weniger Monate reduzierte sich die Zahl von 60000 auf die sehr viel handlichere von 11000.

In den Augen der westlichen Staatsmänner und Diplomaten war Jaschwili an dem Tag zum Verräter geworden, als er in Kattowitz als

Freiwilliger in die Georgische Division eingetreten war. Doch für Stalin war er bereits seit dem Tag ein Verräter, als er an der weinenden Alten vorbei in die Arme der deutschen Wachposten geritten war. Sich zu ergeben, statt im Kampf zu fallen, war Verrat am russischen Vaterland, und wer sich dessen schuldig gemacht hatte, wurde abgeschrieben, als wäre er gestorben. Ungefähr zur gleichen Zeit, als Schalwa Jaschwili von den beiden deutschen Riesen in Empfang genommen wurde, war sein Bruder in einer Panzerschlacht an der baltischen Grenze gefallen. Dem Vater der beiden, der seit der Beschlagnahme seines Gasthauses in äußerster Armut lebte, wurde der Tod beider Söhne gemeldet. Bei der großen Liebe zu ihren Kindern, zumal zu ihren Söhnen, die allen Kaukasiern eigen ist, war dies für den gebrochenen Vater zuviel. Er erlitt einen schweren Herzschlag und starb kurz darauf.

Ich habe Schalwa Jaschwilis Geschichte herausgegriffen, da sie fast jedes Glied in der Kette der Umstände veranschaulicht, die sowjetische Staatsbürger in deutsche Gefangenschaft geraten ließ; das völlig unerwartete »Unternehmen Barbarossa«; das Chaos der ersten Kriegswochen; der Mangel an Befehlen; die verlassenen Sklavenlager; die Angst vieler Offiziere vor ihren Leuten; das außerordentliche Geschick und die List der Deutschen; die unvermeidliche Kapitulation; die Greuel von Minsk; die wohlgemeinte Meldung zur antikommunistischen Legion. Man braucht alle diese Umstände nur hunderttausendmal zu multiplizieren, um die Geschichte aller sowjetischen Gefangenen zu erhalten. Fügte man noch hinzu, daß Schalwa das Kriegsende in Italien erlebte und dort von der britischen Armee an die Sowjets ausgeliefert wurde, wäre die Skizze vollständig.

Am Ende des Zweiten Weltkriegs waren mehrere Millionen Osteuropäer in deutsche Hände geraten. Die Umstände, die zu ihrer Gefangennahme führten, waren sehr unterschiedlich, doch es läßt sich allgemein sagen, daß sie sich in drei Kategorien teilten.

Zunächst gab es die Zwangsarbeiter. Fast drei Millionen – einschließlich der Ukrainer – meldeten sich entweder freiwillig oder wurden, was häufiger war, überlistet oder gezwungen, den

Zwangsarbeiterbataillonen des Nationalsozialistischen Deutschland beizutreten. Im Herbst 1941 standen – Ergebnis des »Unternehmens Barbarossa« – große Gebiete Westrußlands unter deutscher Herrschaft, und Tausende von Einheimischen zogen, von den Versprechungen guter Bezahlung und guter Arbeitsbedingungen angelockt, nach Deutschland, um Arbeit zu suchen. Ihre eigenen Lebensbedingungen waren so armselig und die deutsche Propaganda so überzeugend, daß viele für dieses Angebot sogar dankbar waren. Diese Illusion sollte ihnen jedoch bald genommen werden. Obwohl sie offiziell als freiwillige Arbeitskräfte galten, wurden sie in der Praxis von vielen deutschen Behörden und auch von der Bevölkerung als »Neger« angesehen, die man so rentabel wie möglich auszunutzen trachtete. Diese degradierende Einstellung wird am deutlichsten sichtbar in der widerwärtigen Nazi-Veröffentlichung *Der Untermensch* – Himmlers Lieblingslektüre. Diese Publikation spezialisierte sich darauf, Photographien schöner, blonder Deutscher und häßlicher slawischer Untermenschen gegenüberzustellen. Das Ergebnis war, daß der Zufluß freiwilliger Arbeitskräfte stockte und sechs Monate, nachdem den Russen die Erlaubnis erteilt worden war, im Reich zu arbeiten, sich nur 70000 gemeldet hatten.[22]

Doch die deutsche Offensive in Rußland verschlang Arbeitskräfte und Maschinen in einem in der Geschichte vorher nicht gekannten Maße, und die Notwendigkeit, in großem Umfang Arbeiter für die deutsche Landwirtschaft, Industrie und den Bergbau zu finden, hatte überwältigende Ausmaße angenommen. Daher wurde beschlossen, die russischen Arbeiter zwangsweise einzuziehen, auch wenn diese Maßnahme nicht besonders dazu geeignet war, das Bild der Deutschen als Erlöser Rußlands auch weiterhin glaubhaft zu machen.

Der Plan, die sowjetische Zivilbevölkerung zwangsweise einzuziehen, war gegen Ende des Jahres 1941 zuerst von Göring vorgeschlagen worden. Mit der Ausführung wurde Fritz Sauckel, als Reichsbevollmächtigter für Arbeit, beauftragt. Diese Maßnahme hatte die brutale Entführung Tausender Russen zur Folge; manche wurden einzeln abgeführt, während andernorts die von den Deutschen eingesetzte Miliz ganze Kirchengemeinden oder die Zuschauer in Kinos geschlossen zu den wartenden Transportzügen trieb. Dann vegetierten sie wochenlang in alten, ungeheizten Eisenbahnwagen, hinter versiegelten Türen und vergitterten Fenstern. Seuchen, Unterernährung und Erfrieren waren an der Tagesordnung, und oft lagen die Leichen tagelang bei den Lebenden – von denen sich jeweils 60 in einem Waggon befanden – ehe man sie ohne viel Federlesens auf die Bahnhalden warf. Innerhalb weniger Monate sahen sich selbst die deutschen Behörden gezwungen, 100 000 dieser Menschen zurückzuschicken, da sie wegen ihrer Schwäche arbeitsunfähig waren.

Im Reich mußten die Russen von grauenvollen Lagern aus zur Arbeit gehen, die mit denen in noch größerem Umfang in der UdSSR eingerichteten Lagern durchaus vergleichbar waren. Die Nazipropaganda stellte diese Arbeiter als fröhliche, wenn auch primitive Handwerker dar, die ihre Arbeitskraft dem Endsieg widmeten, und die höchst fachmännisch herausgegebene Nazizeitschrift *Signal* zeigte Photos lachender, gut gekleideter Ukrainerinnen bei einem Besuch in Berlin. Die Wirklichkeit sah anders aus. Die erbärmlichen Lebensbedingungen in den Lagern überstiegen jegliche Vorstellung, und die Insassen waren unter den Fremdarbeitern diejenigen, die am schlechtesten ernährt wurden. Ihre Hauptnahrung war aus Rüben hergestelltes Brot. Während der kurzen Erholungsstunden, die sie außerhalb der Lager verbringen durften, mußten die Ostarbeiter entwürdigende Abzeichen tragen, die sie als rassisch minderwertig brandmarkten. Es war ihnen verboten, Kinos, Gasthäuser und ähnliche öffentliche Vergnügungsstätten zu betreten; vor allem aber war ihnen der Umgang mit deutschen Frauen untersagt.

Noch ärger war das Schicksal jener, die Himmler zur Arbeit in den Konzentrationslagern, vor allem in Auschwitz und Buchenwald, abkommandiert hatte. Beiden Lagern hatte Jaschwili einen kurzen Besuch abgestattet. Ungefähr 100 000 starben in den Konzentrationslagern an Mißhandlung – und vielleicht gehörten sie noch zu den Glücklicheren. Das streng geheime Abkommen, in dem Himmler diese Verlegungen mit dem Justizministerium vereinbart hatte, bediente sich kalt des Ausdrucks »zu Tode arbeiten«. Ein besonders grauenhafter Aspekt – wobei die Nazis, wie in vielen anderen Dingen, auch hier in offenem Wettbewerb mit den sowjetischen Rivalen standen – war die Zwangsarbeit von Kindern. Jungen und Mädchen im Alter von zehn Jahren und älter wurden zur Fabrikarbeit eingezogen, unter ähnlichen Bedingungen und auch mit der gleichen Sterberate wie die Erwachsenen.

Insgesamt wurden 2800000 sowjetische Staatsangehörige zur Zwangsarbeit eingezogen, von denen etwa zwei Millionen bei Kriegsende in Deutschland noch am Leben waren.[23] Sie bildeten den größeren Teil der Personen, die 1945 von den Alliierten befreit wurden.

Die zweitgrößte Gruppe bildeten wohl die Kriegsgefangenen, die die schrecklichen Bedingungen ihrer Gefangenschaft überlebt hatten. Von den ungefähr 5754000 sowjetischen Gefangenen, die nach 1941 in deutsche Hände gerieten, gab es im Mai 1945 noch etwa 1150000 Überlebende.[24] Fügt man zu dieser Zahl noch die der überlebenden Zwangsarbeiter hinzu, zeigt sich, daß über drei Millionen der Sowjetbürger, die von den Alliierten befreit wurden, gezwungenermaßen in den Strudel des Dritten Reiches gezogen worden waren.

Die dritte Gruppe setzte sich aus eigentlichen Flüchtlingen zusammen. Die Geschwindigkeit des deutschen Vordringens, der Kontrast zwischen den Lebensbedingungen in der UdSSR und dem übrigen Europa, die rachsüchtige Einstellung der sowjetischen Regierung jedem ihrer Bürger gegenüber, der durch den Kontakt mit Ausländern »angesteckt« worden war – diese und andere Gründe politischer, wirtschaftlicher und persönlicher Natur führten Tausende aus ihrer Heimat in den Westen. Viele, die im Widerspruch zur Obrigkeit standen oder berechtigte Angst davor hatten, je wieder in den Schatten des NKWD zu geraten, nahmen die durch die deutsche Besetzung geschaffene Gelegenheit wahr, das Land zu verlassen. Noch größer war die Zahl derer, die durch die Ebbe und Flut der deutschen Offensive zur Flucht gezwungen wurden. Oft bedeutete das Verbleiben in der Heimat, Tage oder gar Wochen inmitten der Frontlinie zu verbringen. So luden die Bauern aus Selbster-

haltungstrieb ihre spärliche Habe auf Karren und Wagen und zogen auf den holprigen Landstraßen in Richtung Polen.
Die Bewohner ganzer Landstriche treckten so nach Westen, sobald der verlorene Kampf um Stalingrad 1943 auch die endgültige Niederlage Hitler-Deutschlands besiegelt hatte. Ganzen Volksgruppen blieb keine andere Wahl, als zu flüchten. Unter ihnen befanden sich auch die Volksdeutschen, die nach 1941 zunächst in den Warthegau evakuiert worden waren – das gleiche Gebiet, aus dem ihre Vorfahren zwei Jahrhunderte zuvor ausgewandert waren.[25]
Auch im Kaukasus versuchte ein hoher Prozentsatz der Bevölkerung, in die Ukraine und weiter westlich zu fliehen. Unter den Kuban-Kosaken und in den Gebirgsstaaten und -stämmen hatte sich der Widerstand gegen den Bolschewismus am längsten erhalten. Hier hatten 1918-20 die Weißen Armeen der Generäle Kornilow und Denikin ihre besten Truppen rekrutiert, und der Guerillakrieg gegen die sowjetischen Eroberer hatte seither angedauert. Die deutschen Besatzungsmächte verhielten sich in dieser Gegend im allgemeinen mit beispielhafter Zurückhaltung und waren sich demnach der weitgehenden Unterstützung der Bevölkerung sicher.[26] Als die deutschen Streitkräfte gegen Ende 1943 den Befehl zum Rückzug aus dem Kaukasus erhielten, machten sich große Teile der Bevölkerung, Kosaken und andere, mitten im Winter auf den Weg, um einem nur zu gewissen Schicksal zu entrinnen. Wie ein Augenzeuge in einer Stadt, durch die sich dieser Auszug bewegte, beschreibt, konnte er die ganze Nacht »das Knarren der Wagenräder und die Rufe der Fahrer unter meinem Fenster hören. Sie ritten auf Pferden, Bullen oder Kühen oder liefen zu Fuß und hatten ihre Reisetaschen auf die Wagen der anderen geladen . . . In manchen Dörfern waren fast alle Häuser verlassen.«[27] Im eisigen russischen Januar zog die verängstigte Menge durch die Steppe, um über die gefrorene Meerenge von Kertsch auf die Krim überzusetzen. Viele starben an Hunger und Kälte; andere wurden von tieffliegenden russischen Kampfflugzeugen aus erschossen.[28]
Es ist schwierig, auch nur eine annähernde Schätzung der Gesamtziffer dieser Kriegsflüchtlinge anzugeben. Wahrscheinlich handelte es sich um etwa eine Million, doch da eine große Anzahl später frei-

willig (oder unfreiwillig) den deutschen Arbeits- und Wehreinheiten beitrat, ist es unmöglich, sie eindeutig von den Statistiken der anderen oben angeführten Gruppen zu trennen. Der Versuch wäre auch wertlos, da die Beweggründe und Umstände, die diese Menschen zwangen, ihre Heimat zu verlassen, so unterschiedlicher Art waren. Ebenso vielfältig war ihr sozialer und intellektueller Status, der von verängstigten Bäuerinnen zu Ingenieuren, Ärzten und Gelehrten reichte.

Von den Millionen Sowjetbürgern, die nach 1941 als Flüchtlinge, Kriegsgefangene oder Zwangsarbeiter nach Deutschland kamen, wollen wir uns jetzt der bedeutsamen Gruppe derjenigen zuwenden, die sich zum Kampf gegen die Rote Armee entschieden. Im ganzen erklärten sich etwa 800000–1000000 Mann bereit, den Eroberern ihrer Heimat zu helfen.

Das erste bedeutende Überlaufen sowjetischer Soldaten zur deutschen Wehrmacht fand am 22. August 1941 statt, als der Krieg zwischen Deutschland und Rußland gerade zwei Monate dauerte. An der Front, in der Nähe der weißrussischen Stadt Mogilew, empfing Generalleutnant Graf Schenckendorff einen Kosakenunterhändler, der ihm die Kapitulation seiner Einheit anbot. Es handelte sich um das 436. sowjetische Infanterieregiment, das unter dem Befehl des Majors Ivan Nikititch Kononov stand. Nachdem ihm Schenkkendorff Geleit zugesichert hatte, versammelte Kononov seine Truppen und teilte ihnen seine Absicht mit. Er erklärte, nun sei endlich die Gelegenheit gekommen, den Kampf gegen Stalin und das verhaßte kommunistische System aufzunehmen, und schloß mit den Worten, die denen Pizarros auf der *Gallo-Insel* glichen: »Alle, die mit mir gehen wollen, sollen sich rechts aufstellen, alle, die bleiben wollen, links. Ich verspreche allen, die bleiben wollen, daß ihnen nichts geschehen wird.« Alle Mann stellten sich rechts auf, und wenige Stunden später war Generalleutnant von Schenckendorff um ein Regiment reicher geworden.

Kononov, 1903 im Gebiet der Don-Kosaken geboren, hatte eine vorbildliche Militärlaufbahn in der Roten Armee hinter sich. Doch er hatte seit der groben Mißwirtschaft im Finnischen Krieg über seine Entscheidung nachgedacht, und nun war die Gelegenheit gekommen. In seiner Unkenntnis der wahren Rußlandpolitik der Nazis, hatte er geglaubt, seine Einheit werde den Kern einer russischen Befreiungsarmee bilden. Er glaubte, daß Millionen seiner leidenden Landsleute zu ihm stoßen und Stalin mit seinen NKWD-Genossen allein zurückbleiben werde. Graf Schenckendorff, ein kluger und ehrlicher Offizier, teilte Kononovs Ansicht. Doch er wußte auch einiges über die Pläne Hitlers und seiner Parteichefs, Rußland als Staat vollständig zu vernichten. Für den Augenblick behielt er jedoch seine Befürchtungen für sich. Kononov und seine begeisterten Kameraden bildeten das 102. Kosakenregiment. In dieser Rolle kämpften sie tapfer gegen die Rote Armee und die Partisanen.[29]

Im ganzen kamen viele Hunderttausend Russen, um beim Sturz Stalins mitzuhelfen, und mit der Zeit fand sich auch ein Anführer. General Andrei Andrejewitsch Wlassow war einer der fähigsten Generäle der Roten Armee. Im Sommer 1942 wurden seine Truppen vom Feind umzingelt, und so geriet er am 13. Juli in Kriegsgefangenschaft. Er stammte aus einer armen Bauernfamilie in Nischni-Nowgorod, war jedoch ein Mann von außergewöhnlicher Integrität und Anziehungskraft. Die Abwehr und einflußreiche Angehörige des Generalstabs erblickten in ihm den idealen Führer der Russischen Befreiungsarmee (*Russkaja Oswoboditelnaja Armija:* ROA). Einige weitsichtige deutsche Militärs waren sich darüber im klaren, daß es für den Sieg über den Bolschewismus unerläßlich war, diese Armee zu ihrem Verbündeten zu machen. Wlassow wurde aus seinem Gefangenenlager in Winniza geholt und erklärte sich bereit, auf dieses Ziel hinzuarbeiten, trotz der beleidigenden Einschränkungen, die seiner Person, seiner Sache und seinen Landsleuten von der Naziführung auferlegt wurden. Nach langem Hin und Her und komplizierten Intrigen wurde Wlassow schließlich zum nominellen Befehlshaber einer »Armee« ernannt, die aus fast einer Million Soldaten bestand.

Mit Ausnahme einiger kurzer Wochen gegen Ende des Krieges bestand die ROA als Armee jedoch nur auf dem Papier, und zwar hauptsächlich zu Propagandazwecken. Ihre Mitglieder wurden in die Arbeitseinheiten der Organisation Todt eingegliedert, in die Kaukasischen Legionen, in Hilfseinheiten wie das Regiment Kononovs, reguläre Wehrmachtsgruppen (Hiwis), oder auch in das Kosaken-Korps. Bis 1945 hatte General Wlassow keine Erlaubnis, irgendeinem russischen Rekruten einen Befehl zu erteilen. In Hitlers Ideologie hatte ein freier russischer Nationalstaat ebensowenig Platz wie ein Sowjetstaat. Generalleutnant von Schenckendorffs Befürchtungen stellten sich als gerechtfertigt heraus, und Wlassow stand mit allen, die sich zu ihm gesellten, zwischen den beiden Seiten gefangen.

An der vordersten russischen Front, die zu besuchen Stalin nie über sich gebracht hatte, war ein Feldwebel der Roten Armee verwundet und zweimal ausgezeichnet worden. Er war gefangengenommen worden, nachdem die Deutschen ihn bewußtlos vor den Trümmern von Odessa aus dem Schnee gegraben hatten. Später trat er Wlassows ROA bei und rechtfertigte seine Handlung mit den folgenden kurzen bitteren Sätzen: »Sie glauben, Herr Hauptmann, daß wir uns den Deutschen für ein Stück Brot verkauft hätten? Dann erklären Sie mir bitte, warum uns die Sowjetregierung im Stich gelassen hat? Warum hat sie Millionen Gefangener im Stich gelassen? Wir sind Gefangenen aller Nationen begegnet und haben gesehen, wie sie behandelt wurden. Über das Rote Kreuz haben sie Päckchen und Briefe aus der Heimat erhalten, nur die Russen bekamen nichts. In Kassel traf ich schwarze amerikanische Kriegsgefangene, die ihre Kuchen und ihre Schokolade mit uns teilten. Warum hat uns die Sowjetregierung, die wir als unsere eigene betrachteten, nicht wenigstens trockenes Brot geschickt? . . . Haben wir etwa nicht gekämpft? Haben wir unsere Regierung nicht verteidigt? Haben wir nicht für unser Land gekämpft? Da Stalin nichts mit uns zu tun haben wollte, wollten wir nichts mehr mit Stalin zu tun haben!«[30]

2

Russische Kriegsgefangene in britischer Hand: Die Kontroverse beginnt

Im Frühjahr 1944 wurde offenbar, daß die zweite Front, mit der man so lange gezögert hatte, sehr bald gebildet werden würde. Diese waghalsige und gefährliche Expedition bedurfte sorgfältiger Planung, und zu den Gesichtspunkten, die hierbei in Betracht gezogen werden mußten, gehörte auch die Frage der russischen Truppen in deutschen Diensten. Hitler hegte den Verdacht, daß sie an der Wiederherstellung Rußlands interessierter waren als an der Rettung Deutschlands, und hatte daher fast alle Russen von der Ostfront auf den Balkan, nach Italien, Frankreich und Norwegen verlegt. Die westlichen Geheimdienste versuchten deshalb, ihre Kampfkraft einzuschätzen und Mittel und Wege zu finden, sie aus dem bevorstehenden Kampf auszuschalten.

Am 21. Februar 1944 gab der militärische Geheimdienst in London einen »streng geheimen« Bericht über die »Beschäftigung russischer Staatsbürger in Frankreich« ab. Er teilte die Russen in drei Gruppen ein. Erstens gab es die Ostdivisionen, d.h. Regimenter mit Kalmücken, Georgiern, Aserbaidschanern und anderen antisowjetischen Minoritäten, die unter dem Befehl deutscher Offiziere standen. Hierzu gehörten auch die auf dem Balkan stationierten Kosaken, »die eine Klasse für sich sind und für die der Kampf, einerlei in wessen Sold sie stehen, Lebensbedingung ist.« Zweitens gab es die früheren russischen Kriegsgefangenen, die man der Wlassowschen Befreiungsarmee, die mehr oder weniger nur auf dem Papier bestand, zugeteilt hatte. Der Bericht erklärte, daß man diesen beiden Gruppen nicht traue und sie daher unter den Befehl deutscher Offiziere gestellt habe. Schließlich gab es noch die Bataillone der Zwangsarbeiter in der Organisation Todt, die für den Bau militärischer Einrichtungen eingesetzt wurden, jedoch offiziell unter der Führung der Legionen und Einheiten Wlassows standen.

Es wurde geschätzt, daß insgesamt 200000 dieser Russen seit dem

Vorjahr nach Frankreich gekommen waren und es wahrscheinlich war, daß weitere große Mengen folgen würden. Ihnen allen muß klar gewesen sein, daß das Ende Hitler-Deutschlands nur noch eine Frage der Zeit war. Entsprechend stellte auch der MI 3-Bericht fest: »Sie haben alle Brücken hinter sich abgebrochen und haben vom Sieg der einen oder anderen Seite nichts zu erwarten. Daher ist anzunehmen, daß sie, sofern sie überhaupt kämpfen, tapfer kämpfen werden. Doch es besteht ebenso Grund zu der Annahme, daß sie die erste Gelegenheit, ihrem Dilemma zu entrinnen, ergreifen und zu den Gegnern überlaufen werden, falls ihnen diese Hoffnung auf Rehabilitierung machen.«

Der Bericht endete mit der Anregung, daß die Russen in Frankreich ein besonders fruchtbares Feld für Propaganda seien. Ob man diesen Leuten nicht zusichern könne, daß ihr Überlaufen zu den Alliierten oder der französischen Résistance ihnen Anrecht auf nachsichtigere Behandlung gewähren würde, als sie andernfalls zu erwarten hätten?[1]

Es steht außer Frage, daß man mit solch einem Versuch wenig riskierte. Leider galt es aber, eine Hürde zu überspringen, ehe das Amt für Politische Kriegführung mit seiner Arbeit beginnen konnte. Konnte man die Sowjetregierung dazu bewegen, diese Politik der Nachsicht gegenüber den kapitulierenden Russen zu bestätigen? Wie weit konnte man andernfalls mit dem Angebot und der Erfüllung solcher Versprechungen gehen? Das war zugleich eine politische Frage, und der Bericht wurde daher dem Außenministerium zur Beurteilung vorgelegt.

Die Fachleute im Foreign Office standen dem Problem skeptisch gegenüber, und es folgte eine ausgedehnte Debatte über das Für und Wider. Victor Cavendish-Bentinck vom MI3 bemerkte: »Meiner Ansicht nach wird es später, etwa nach dem Kriege, äußerst schwierig sein, eine Haltung zu verteidigen, die es ablehnte, den Kampfwillen der 200000 Russen in Frankreich und den Niederlanden zu schwächen und britische und amerikanische Menschenleben zu opfern, nur um die Empfindsamkeit der russischen Regierung zu schonen.«

Dem stimmte auch Sir Robert Bruce Lockhart vom Amt für Politische Kriegführung zu. Da die Empfänger dieser geplanten Propaganda sehr unterschiedliche politische Meinungen vertraten, konnte der einzig wirksame Köder das Versprechen guter Behandlung sein. »Doch ehe wir derartige Versprechungen machen, müßten wir sicher sein, daß die Regierung Seiner Majestät nicht unter dem Druck Moskaus einwilligt, diese Leute an die Sowjetregierung auszuliefern. Können wir dessen sicher sein und auch dessen, daß uns nicht beim ersten Hauch russischer Kritik befohlen wird, unsere Rundfunksendungen einzustellen?«

Doch hierauf erwiderte Geoffrey Wilson, der heute der Vorsitzende von Oxfam ist, damals jedoch in der Abteilung Nord des Foreign Office arbeitete: »Ich glaube, daß wir die russische Kritik in bezug auf unsere Sendungen an diese Leute unbeachtet lassen könnten, doch ich sehe nicht recht, wie wir uns nach dem Krieg weigern sollen, sie an Rußland auszuliefern, falls Moskau darauf besteht. Wenn eine derartige Zusicherung das *sine qua non* dieser Sendungen bedeutet, müssen wir meiner Ansicht nach den Plan ganz fallenlassen.«

Seit den ersten Vorschlägen, die Moral der Russen in Frankreich zu untergraben, waren zwei Monate vergangen, und immer noch war keine Entscheidung getroffen worden. Wilsons Vorgesetzter, Christopher Warner, »legte die Angelegenheit an höchster Stelle zur Entscheidung vor« – würden die Russen, die auf diese Propaganda reagierten, auf Verlangen der Sowjets ausgeliefert werden? Wenn ja, würde man ihnen Garantien für eine anständige Behandlung abhandeln können? Der Tag der Normandie-Invasion kam näher, die Nerven waren angespannt, und Eisenhower wollte um jeden Preis verhindern, aus dieser Landung eine Wiederholung der Dieppe-Katastrophe zu machen. Jede mögliche Methode, die Deutschen zu schwächen oder zu verwirren, mußte versucht werden. Aus dem SHAEF-Hauptquartier in Bushey Park sandte er eine dringende Botschaft an den Gemeinsamen Stab der Alliierten mit der Weisung, bei den Sowjets anzufragen, welche Versprechungen den russischen Elementen in Frankreich gemacht werden könnten, da, wie er fortfuhr, alles, was man tun könne, »um Mißtrauen in den Köpfen der Deutschen gegenüber ihren ausländischen Mitarbeitern zu säen ... unserer Unternehmung in unterschiedlichem Ausmaß zugute kommen wird.«[2]

Als Ergebnis dieses Drucks von seiten der militärischen Führung schrieb der britische Botschafter im Moskau, Sir Archibald Clark Kerr, am 28. Mai an Molotow. Er beantragte die sowjetische Einwilligung dazu, den Russen Straffreiheit zu versprechen, die zwangsweise (dies war die unausgesprochene Unterstellung) in deutschen Diensten standen und die sich bei der ersten Gelegenheit den Alliierten ergaben. Bekannte Verräter, Freiwillige und Mitglieder der SS-Einheiten waren ausdrücklich ausgeschlossen.[3]

Die Antwort kam drei Tage später in Gestalt eines Telegramms der Alliierten Militärmission in Moskau an den Stab der Alliierten. Sein Inhalt war kurz und bündig: »Wir haben soeben Nachricht vom sowjetischen Außenministerium in bezug auf eine Amnestie der Russen erhalten, die zu deutschem Wehrdienst im Westen gezwungen worden sind. Das sowjetische Außenministerium stellt fest, daß entsprechend den ihm zur Verfügung stehenden Informationen die Zahl solcher Personen geringfügig ist und es daher keinem politischen Interesse diente, wenn man einen speziellen Appell an sie richtete.«[4]

Da sich nach britischen Schätzungen die Zahl inzwischen auf 470000 Russen belief, wies Victor Cavendish-Bentinck darauf hin, daß dies, »wie die Sowjetregierung sehr wohl weiß, eine Lüge ist.« Doch das Foreign Office meinte sie hinnehmen zu müssen.[5]

Vermutlich war dies auch der Grund, warum sich die UdSSR weigerte, mit dem SHAEF eine Verabredung über das Flüchtlingsproblem zu treffen, das nach der Invasion vorauszusehen war.[6]

Endlich kamen sowohl das Außenministerium als auch das SHAEF zu dem Schluß, die Angelegenheit sei nicht der Mühe wert, und ließen, jedenfalls offiziell, den Plan fallen, Zwietracht unter den russischen Hilfstruppen der Wehrmacht zu säen.

Die Zeit stand ohnehin nicht still, und die Diskussionen wurden bald von den Ereignissen überholt. Eine Woche nach dem Empfang des russischen Dementi, daß eine nennenswerte Anzahl Russen in deutschen Reihen kämpften, begann bereits die größte Invasion auf dem Seeweg, die je ausgeführt wurde. Am Abend des 6. Juni hatten

mehr als 100000 Mann Brückenköpfe an der Normandie-Küste bezogen.
Nach zwei Tagen berichtete das Kriegsministerium dem Foreign Office, daß sich unter den Kriegsgefangenen der britischen Truppen auch ein halbes Dutzend Russen befänden. Geoffrey Wilson erklärte seinem Gegenüber im Kriegsministerium, sie sollten einstweilen wie gewöhnliche, d. h. deutsche Kriegsgefangene behandelt werden. Gleichzeitig beantragte er, daß sie über die Umstände, die zu ihrem Eintritt in die deutschen Streitkräfte geführt hatten, über ihre Einstellung zu einer eventuellen Auslieferung an die UdSSR und über die Moral ihrer noch nicht gefangenen Landsleute verhört werden sollten. Dem Foreign Office standen daher von Anfang an zahllose Berichte über die Einzelschicksale ganz gewöhnlicher Untertanen Stalins zur Verfügung.
Wie die Berichte über die Verhöre bald zeigten[7], waren die Russen aus den verschiedensten Gründen in die Wehrmacht eingetreten. Doch es wurde auch deutlich, daß die Mehrzahl keine Wahl gehabt hatte und auch der deutschen Sache keine Begeisterung entgegenbrachte. Selbst unter den Freiwilligen war ein deutlicher Widerwillen zu erkennen, gegen Engländer oder Amerikaner zu kämpfen, da sie ja der Wehrmacht beigetreten waren, um ihr Land vom Kommunismus zu befreien. Die meisten waren jedoch ängstlich und verwirrt und empfanden nur Erleichterung darüber, von so humanen Feinden gefangengenommen worden zu sein.
Viele hatten unter den Deutschen sehr gelitten. Am 28. Juni schrieb ein Reporter der *Times* einen bewegenden Bericht:
»In einem Hospital in Bayeux hörte ich heute die fürchterliche Schilderung über die deutsche Behandlung der russischen Gefangenen, die man zur Arbeit an den Befestigungen auf die Kanalinseln transportiert hatte. Von einer ursprünglichen Gruppe von 2000 waren nach sechs Monaten nur noch 1000 am Leben, von denen jedoch 500 unfähig waren, auf den Beinen zu stehen. Als Kleidung und Schuhwerk wurden ihnen Säcke gegeben. Sie hatten unaussprechliche Qualen unter den Gummiknüppeln ihrer Wachen erlitten. Schließlich wurden die 500 todkranken Männer über Cherbourg auf das Festland gebracht. Die Lokomotive ihres Zuges wurde bei ei-

nem alliierten Luftangriff zerstört, und fünf von ihnen gelang es, sich in einem benachbarten Feld zu verstecken, wo sie, fast verhungert, von französischen Einheimischen gefunden und zu Nonnen in Pflege gebracht wurden. Monatelang hatten sie in der Gefangenschaft von 20 Gramm Brot am Tag gelebt. Einem war der Kiefer an drei Stellen gebrochen worden, und sein Körper war mit Narben bedeckt. Als sie hörten, daß Cherbourg befreit war, liefen ihnen Tränen über das Gesicht.«[8]

Von Politik verstanden diese armen Menschen nichts. Ihr ganzes Leben lang waren sie im Namen wirrer Ideologien hin- und hergestoßen worden, von Befehlshabern, deren Sprache sie oft nicht verstanden. Eine Photographie, die sich heute im *Imperial War Museum* befindet, kann als symbolisch für die Zwangslage jener verlorenen Seelen gelten. Ein turkestanischer Gefangener steht vor seinen zwei Fängern in der Normandie, Offizieren der 51. *Highland* Division. Seine Einheit läßt sich an dem Abzeichen auf seinem Ärmel erkennen, einer gestickten Abbildung einer Moschee unter einem Anruf an Allah. Er lächelt freundlich wie ein braves, derbes Kind. Er kann nichts von dem verstehen, was ihm gesagt wird, ebensowenig wie er zuvor die deutschen Feldwebel seines Regiments und noch früher wahrscheinlich auch die russischen Herrscher seines Heimatlandes verstanden hatte.[9]

George Orwell, der über die Ereignisse in der Normandie berichtete, verfaßte eine noch mitleiderregendere und sonderbarere Schilderung. Unter den in Frankreich gefangengenommenen »Russen« befanden sich auch zwei Männer von orientalischem Aussehen, deren Nationalität zunächst nicht feststellbar war. Schließlich stellte sich nach einer langen Untersuchung heraus, daß es sich um Tibetaner handelte. Sie hatten sich mit ihrer Schafherde auf russisches Gebiet verirrt, waren in ein Arbeitsbataillon eingezogen und von den Deutschen gefangengenommen worden. Ihre neuen Herren hatten sie zur Arbeit nach Nordafrika geschickt und später einer kämpfenden Einheit in Frankreich eingegliedert. Dort hatten sie sich den Briten ergeben. Während dieser ganzen Zeit hatten sie, außer untereinander, mit niemandem gesprochen, da sie nur tibetanisch sprachen![10]

Die Bestätigung dafür, daß Orwells Geschichte sehr wahrscheinlich zutreffend ist, läßt sich dem Bericht eines Deutschen entnehmen, der von 1949 bis 1954 in einem russischen Zwangsarbeitslager in Workuta saß. Einer seiner Mithäftlinge war ein Tibetaner namens Babi, dessen Lebensgeschichte sich wie eine Kurzfassung der oben erwähnten Schilderung anhört.[11]
Die während der Offensive in der Normandie gefangenen Osteuropäer wurden sogleich nach England transportiert und dort in Lagern untergebracht, die noch kurz zuvor Quartiere der Soldaten gewesen waren, die an der »Operation Overlord« teilgenommen hatten. Einen Monat nach Beginn der Invasion in der Normandie befanden sich 1200 russische Gefangene in Großbritanien.[12] Die Frage, was mit ihnen geschehen sollte, wurde immer dringlicher.
Bereits zwei Tage nach der Landung in der Normandie wurde eine Reihe russischer Gefangener in Kempton Park verhört. Die meisten von ihnen waren 1942 in deutsche Gefangenschaft geraten und in Arbeitsbataillone eingezogen worden. Von den deutschen Unteroffizieren wurden sie schlecht behandelt, und so war ihr Leben eine einzige Qual gewesen. Es war ihnen nicht erlaubt, nach Hause zu schreiben, und da sie nur russisch sprechen konnten, waren sie von der Außenwelt völlig abgeschnitten. »Als die Alliierten begannen, den Strand zu bombardieren, sagen die Russen, hätten sie nur dagesessen und den Lauf der Dinge abgewartet. Die deutschen Unteroffiziere hätten sich nicht eingemischt und auch nicht versucht, sie zu zwingen, Widerstand zu leisten.« Nun waren sie in englischen Händen und schienen mit der gleichen Resignation ein Schicksal hinzunehmen, das ihnen schon seit so langer Zeit jede Wahl ihrer Lebensbedingungen versagt hatte. »Viele schienen jedoch zu fürchten, daß sie, nachdem sie in der deutschen Armee gedient hatten, auch wenn dies zwangsweise geschehen war, von den Russen als Verräter behandelt und vermutlich erschossen werden würden.«[13]
Nicht alle Gefangenen begnügten sich mit solchen trüben Gedanken, und die Behörden erhielten bald einen Vorgeschmack dessen, was es bedeutete, ein Russe zu sein, der sich vor die Aussicht gestellt sah, an den ersten marxistischen Staat der Welt ausgeliefert zu werden. Am 17. Juli teilte das Kriegsministerium der Kriegsgefange-

nenabteilung des Foreign Office mit, daß sich zwei russische Gefangene, Agofanow und Melnikow, das Leben genommen hätten. Agofanow hatte sich ertränkt, während Melnikow an Verletzungen gestorben war, die er sich selbst zugefügt hatte. Von ihm hieß es, er habe an »akuter Melancholie« gelitten.[14]

Die Mehrzahl reagierte unterschiedlich auf solche Befürchtungen. Es ist hierbei notwendig, sich die ungewöhnliche Lage der Russen vor Augen zu führen. In mancher Beziehung führten sie jetzt ein glücklicheres Leben als je zuvor. Selbst die spartanische, freudlose Existenz in einem Armeelager am Rande der Yorkshire Moore mußte ihnen nach lebenslanger Not und Härte unter Stalin und Hitler wie ein Hafen der Sicherheit und des Friedens vorkommen. Sie waren daher auch für die geringfügigsten Annehmlichkeiten rührend dankbar.

Dennoch waren sich die meisten dessen bewußt, wie unsicher und gefährdet ihre Lage war. Die kleinen, festgefügten Gemeinschaften isolierter und relativ unwissender Männer waren ein Nährboden für Gerüchte und Angst. Wie mir mein Freund Czeslaw Jesman – der diese Lager und ihre Insassen wahrscheinlich besser als irgenein anderer kannte – gesagt hat, befanden sich diese verwirrten Menschen ratlos in einer »GULAG-Vorhölle«. Ihre Kenntnis der politischen Situation war minimal; sie hatten schließlich ihr Leben unter zwei politischen Systemen verbracht, zu deren Hauptprinzipien es gehörte, alle Informationen zu unterdrücken, die nicht in ihre Dogmen paßten. Im übrigen handelte es sich zumeist um Leute von geringer Bildung. Ihre erste Empfindung, als sie in den britischen Lagern ankamen, muß daher Erleichterung gewesen sein.

Obwohl ihnen fast keine Informationen zur Verfügung standen, ahnten sie trotzdem, in welcher Richtung sich die Ereignisse entwickelten. Einige der früheren alliierten Propagandasendungen hatten ihnen, als sie sich noch in deutschen Diensten befanden, arglos die Repatriierung in die UdSSR als Belohnung für ihre Desertion versprochen.[15] Die deutsche Propaganda hatte dieses Versprechen realistischer als Damoklesschwert über sie gehalten.

Diese Befürchtungen und Spekulationen steigerten sich durch das geheimnisvolle – und schließlich bedrohliche – Schweigen der sowjetischen Behörden. Drei Monate waren seit der Ankunft der Gefangenen in England vergangen, ehe die ersten sowjetischen Beamten in den Lagern erschienen. Die britischen Beamten konnten sich den Zweck dieses Zögerns nicht erklären: die Gefangenen waren vollends verwirrt. Viele hegten den Verdacht, daß die Engländer diese Kontakte verhindern wollten. Da sie befürchteten, ihr erzwungenes Schweigen würde, sobald man von ihrer Existenz erfuhr, die sowjetische Einschätzung ihrer Schuld noch steigern, bestanden die Gefangenen darauf, Repräsentanten ihrer Botschaft und anderer sowjetischer Behörden zu sehen. Schon lange an die Propagandadarstellung der Engländer als Meister der Tücke und des Doppelspiels gewöhnt, breitete sich bei vielen Gefangenen der Verdacht aus, daß man einen bösen Betrug übe, der sie teuer zu stehen kommen werde. Ein geplagter Colonel Baxter schrieb aus dem Kriegsministerium an Patrick Dean im Foreign Office: »Falls irgend etwas unternommen werden kann, die Sowjetbehörden dazu zu bewegen, das Lager in Canons Park in Nord-London zu besuchen, in dem diese Leute interniert sind, würde es die Lage wesentlich erleichtern.«[16]

Die Gefangenen hatten vor ihrer ungewöhnlichen Lage Angst und wollten daher die Sowjetbehörden über ihre Beweggründe und ihre Zwangslage aufklären. Ein entsprechender Antrag, der von drei subalternen Soldaten unterzeichnet war, bat den Lagerkommandanten: »Wir, die Unterzeichneten, fragen an, ob wir uns mit dem russischen Geschäftsträger in England in Verbindung setzen dürfen, um unsere Lage klarzustellen.«

Andere richteten ihre Briefe unmittelbar an die sowjetische Botschaft, schilderten eingehend ihre Leiden unter den Deutschen und erklärten, sie seien »von dem brennenden Wunsch beseelt, unseren Kampf gegen den Faschismus wieder aufzunehmen, an dem das ganze sowjetische Volk beteiligt ist.« Solche Gesuche wurden zwar an die Botschaft weitergeleitet, doch lediglich mit unheildrohendem Schweigen quittiert.[17]

Die offizielle sowjetische Meinung vertrat offenbar immer noch den Standpunkt, daß es keine nennenswerte Anzahl Russen gab, die im deutschen Heer gekämpft hatten oder als Angehörige der deutschen

Armee in Gefangenschaft geraten waren. Anfang Juli wurde General Eisenhower durch massiven Druck der Sowjets dazu gezwungen, einen harmlosen Pressebericht, der angeblich von einem seiner Stabsoffiziere über diese Angelegenheit verfaßt worden war, zu dementieren.[18] Das sowjetische Dilemma ist nicht schwer zu erkennen. Die einzige Rechtfertigung des gesamten Diktatur- und Terrorapparates lag in dem Anspruch, den Willen der unterdrückten Millionen zu repräsentieren. Andere Regierungen hielten sich lediglich durch die Verbindung von Propaganda und Brutalität an der Macht, und die ihnen untertane Bevölkerung wartete nur auf den Augenblick, sich gegen sie zu erheben. Lenin, Trotzki und auch Stalin hatten sich der Illusion hingegeben, die deutschen Arbeiter würden sich eher gegen ihre kapitalistisch-militaristischen Herrscher wenden als gegen ihre Genossen im Arbeiterstaat Rußland. Doch die Tatsachen wiesen in eine andere Richtung. Von allen Staaten Europas war die UdSSR der einzige, der zusehen mußte, daß sich fast eine Million seiner Staatsbürger freiwillig zur feindlichen Armee meldete. Angestrengte Bemühungen, eine ähnliche Streitkraft aus den Reihen englischer Kriegsgefangener zu rekrutieren, ergab nur 30 Meldungen betrunkener Außenseiter.[19] Lenin hatte seinerzeit geprahlt, daß die desertierenden russischen Armeen »mit ihren Füßen gewählt hatten«, als sie sich gegen die Provisorische Regierung und ihre Kriegspolitik wandten. Was war nun mit denen, die Stalin abtrünnig geworden waren, die Waffen gegen ihn erhoben hatten und jetzt in vielen Fällen Selbstmord oder Selbstverstümmelung der Heimkehr nach Rußland vorzogen? Die öffentliche Meinung im Westen war davon überzeugt worden, die Herrschaft der Kommunistischen Partei in Rußland stütze sich auf die Zustimmung des Volkes – wie würde diese Meinung, die für Stalins expansionistische Absichten nach dem Krieg von so großer Bedeutung war, nun auf den Anblick Tausender sowjetfeindlicher Russen im Ausland reagieren? Zumal es sich um Russen handelte, die ganz zweifellos der Arbeiterklasse entstammten und in einer materiellen Armut gelebt hatten, die dem komfortablen Westen unbekannt war, und die dem Westen auch die Schrecken des GULAG enthüllen konnten.[20]

Obwohl die Sowjetregierung bestritten habe, daß es in der Wehrmacht Russen gegeben habe, sah sich das Foreign Office bald gezwungen, diese Frage nochmals aufzunehmen, denn in Anbetracht ihrer großen Zahl mußte bald etwas geschehen.

Am 17. Juli trat das Kriegskabinett zur Beratung zusammen. Außenminister Anthony Eden eröffnete die kurze Diskussion mit der Erklärung, daß es in England mittlerweile 1500 russische Gefangene gebe. Er war dafür, sie an die Sowjets auszuliefern. Winston Churchill faßte die darauf folgende Debatte mit dem Vorschlag zusammen, die sowjetischen Behörden von dem Vorhandensein dieser Gefangenen zu unterrichten. Ihre zweideutige Lage als ehemalige deutsche Verbündete sollte in mildestem Licht dargestellt und ihre Repatriierung sollte, wenn möglich, bis zum Kriegsende hinausgezögert werden.

Das Kabinett fühlte sich offensichtlich nicht wohl bei dem Gedanken an das, was die Gefangenen bei ihrer Rückkehr erwartete. Eden schlug folgende Einschränkung vor: »Um nicht die Kapitulation anderer zu verhindern, die gezwungen sind, in deutschen Diensten gegen uns zu kämpfen, sollten wir darum ersuchen, vor dem Ende der Feindseligkeiten keine Schritte zur Lösung dieser Frage zu unternehmen.«[21]

Nachdem das Kabinett diese Anweisung gegeben hatte, schrieb Eden drei Tage später an den sowjetischen Botschafter. Er führte zunächst die Umstände und die Anzahl der Kriegsgefangenen in britischen Händen an und legte dann die Schwierigkeiten dar, die mit dem Unterhalt so vieler Personen in Durchgangslagern verbunden waren. Er schlug vor, die russische Militärmission in London solle sich sobald wie möglich mit den zuständigen Beauftragten im britischen Kriegsministerium in Verbindung setzen, um eine befriedigende Lösung der Frage zu finden.[22]

Hierbei ist zu bemerken, daß dieser Brief die Hoffnung des Kabinetts, die Sowjetregierung würde sich bis zum Kriegsende jeder drastischen Behandlung der Gefangenen enthalten, nicht erwähnt. Diese unter Umständen aufreizende Einschränkung sollte zurückgehalten werden, bis eine Antwort des Botschafters eingetroffen sei.[23] Wie wir gesehen haben, mußte der Außenminister einen Monat auf sie warten. Mittlerweile stieg die Zahl der Gefangenen an und stellte die Regierung vor weitere heikle Probleme.

Schon lange vor der Landung in der Normandie hatten die Briten russische Gefangene gehabt. Als sich die Alliierten 1942–1943 vom andern Ende Nordafrikas bis nach Tunis durchgekämpft hatten, waren ihnen viele dieser allgegenwärtigen Russen in die Hände gefallen. Die meisten waren, genau wie in der Normandie, Zwangsarbeiter. Diese Menschen verbrachten im allgemeinen eine Woche in einem Durchgangslager in Alexandria, ehe sie auf Eisenbahn und Landstraße über Haifa, Bagdad und Teheran an die russische Grenze gebracht wurden. Viele, die sich auf diesen Transporten befanden, gaben ihrer großen Sorge darüber Ausdruck, was sie in der UdSSR erwartete. Andere wiederum versicherten den britischen Offizieren in Bagdad, daß sie zuversichtlich seien, bei ihrer Heimkehr wie Helden empfangen zu werden. Einigen gelang es zu entkommen, die Anwesenheit von NKWD-Kommissaren sorgte jedoch dafür, daß die Mehrzahl ihre Heimat sicher erreichte.[24] Dort wurden sie sogleich in ein Lager hinter Stacheldraht in einer Wüstenbucht des Kaspischen Meeres gebracht, ehe sie dann in Viehwagen in die Arbeitslager von Workuta transportiert wurden.[25]

Mr. B. Lipton diente damals in einer Sicherheitseinheit in Persien und war dabei, als die Eisenbahntransporte mit repatriierten Russen durch Adamesch kamen. Ein sowjetischer Verbindungsoffizier erklärte den Gefangenen (zumeist frühere Angehörige der Organisation Todt) in seiner Gegenwart, »wir werden nur jeden Zehnten von euch erschießen.«. Viele der verzweifelten Russen begingen später Selbstmord, indem sie sich unter entgegenkommende Züge warfen.

Während der Eroberung Italiens stieg die Anzahl der Russen, die in das ägyptische Durchgangslager verschifft wurden, beträchtlich.[26] Die Situation unterschied sich von der in der Normandie jedoch in einer Hinsicht. Am 9. Juli 1944 berichtete Lord Moyne, der Geschäftsführer in Kairo, daß »die Russen nicht wie in Frankreich als Soldaten deutscher Einheiten gefangengenommen wurden und diejenigen, die in ihnen gedient hatten, in allen Fällen übergelaufen waren.«[27] Viele von ihnen waren entkommene Kriegsgefangene oder Deserteure deutscher Einheiten in Griechenland.[28]

Am 15. Juni, zur gleichen Zeit, als die ersten Gefangenen aus der Normandie in England ankamen, hatte Lord Moyne dem Foreign Office mitgeteilt, daß 41 Russen, die aus Griechenland geflüchtet waren, über Aleppo und Teheran repatriiert werden sollten.[29] Da das Foreign Office in London gerade in ernsthafte Diskussionen über die gleiche Frage verwickelt war, erhielt er vierzehn Tage lang keine Antwort. Als das Telegramm schließlich eintraf, räumte es ein, es sei inzwischen vermutlich zu spät, den Abtransport der 41 zu verhindern, gab jedoch Lord Moyne Weisung, keine weiteren Russen, denen eine schwere Bestrafung bevorstand, auszuliefern und damit Repressalien von deutscher Seite herauszufordern.[30]
In Ägypten war eine sowjetische Kommission unter General Sudakow damit beschäftigt, Russen für die Repatriierung auszuwählen. Wie Lord Moyne in seinen Telegrammen an das Foreign Office und das Kriegsministerium darlegte, war die Unterscheidung zwischen solchen, die sich freiwillig zur Rückkehr meldeten, und solchen, die sich weigerten, keineswegs eine eindeutige Lösung des Problems. Lord Moynes Antwort ist nicht nur bezeichnend für die ägyptischen Umstände, sondern zugleich auch beispielhaft für eine Situation, die später immer öfter auftreten sollte.
»Von dem Transport 408 ehemaliger Kriegsgefangener haben 3 Offiziere und 6 Subalterne Antrag auf Asyl gestellt, ca. 15 haben die Absicht geäußert, unterwegs zu fliehen. Andere, die zurückbleiben wollen, fürchten, daß weitere Änderungen in der britischen Politik zur Folge haben könnten, vor Kriegsende an die Sowjetbehörden ausgeliefert zu werden, mit dem Ergebnis, daß ihr Schicksal nach ihrem Entschluß . . . nicht in die UdSSR zurückzukehren, noch gewisser wäre. Die Anwesenheit dreier politischer Kommissare bei dem Transport hat vermutlich weitere Asylgesuche verhindert . . . Sudakow hat zugegeben, daß von den 2006 Kriegsgefangenen auf seinen Befehl 15 unter strenger Aufsicht anderer russischer Kriegsgefangener stünden. Einer, den er speziell erwähnte, habe angeblich bei der deutschen Gestapo gearbeitet. Er deutete an, die Sowjetbehörden hielten für solche Personen ein besonderes Schicksal bereit. Sudakow hat den russischen Major Balobokow beauftragt, bei den Wachen des Gefangenenlagers zu wohnen, bis die Verfügung über

die 2006 endgültig entschieden sei. Zweifellos ist die von den politischen Kommissaren ausgeübte Kontrolle dafür verantwortlich, daß nicht mehr Gefangene offen um Asyl nachgesucht haben. Aus diesen Gründen ist es nicht möglich, eine Garantie zu geben, daß die Repatriierten ... nicht bestraft werden, mit dem sich daraus ergebenden Risiko von Repressalien gegen britische Kriegsgefangene in deutscher Hand.«[31]

Die Auffassung des Foreign Office in bezug auf die Repatriierung durchlief eine Folge logischer Phasen, die weitgehend von der zunehmenden Voraussicht des deutschen Zusammenbruchs beeinflußt waren. Zunächst wurde es abgelehnt, Gefangene, die von den Sowjets bestraft werden würden, vor Ende der Feindseligkeiten zurückzuschicken (um so die Gefahr möglicher deutscher Repressalien zu vermeiden).[32]

Die einzig wirksame Methode, die Gefangenen nach diesen Gesichtspunkten einzuordnen, bestand darin, den Wünschen der einzelnen stattzugeben. Der nächste Gedankenschritt war, sie alle zurückzuschicken, aber zugleich von den Sowjets eine Zusicherung zu fordern, vor dem Zusammenbruch Deutschlands keine öffentlichen Bestrafungen dieser Repatriierten vorzunehmen. Diese Zusicherung wurde jedoch nicht gegeben und wäre in keinem Fall »das Papier wert gewesen, auf dem sie geschrieben stand.«[33] Schließlich wurde die nie sehr lebendige Hoffnung, eine Zusicherung von den Sowjets zu erhalten, aufgegeben, und die Politik der Repatriierung aller, ungeachtet ihrer eigenen Wünsche, kam voll und ohne Einschränkung zum Zuge.

Die allmähliche Entwicklung dieser Politik fand in den Sommermonaten des Jahres 1944 statt, wobei bewußte politische Entscheidungen weitgehend von den Ereignissen überholt wurden. Erstens hatten sich die Sowjets, aus ihren eigenen Gründen, in diskretes Schweigen über das Schicksal ihrer zurückgekehrten Staatsbürger gehüllt. Zweitens hatten die Deutschen keine Anstalten gemacht, sich in dieser Angelegenheit zu verwenden, und mit jedem Monat des fortschreitenden Krieges schwand auch die Macht der deutschen Regierung immer mehr dahin. Daher konnte man nun deren Einstellung weitgehend außer acht lassen.

Im Juni 1944 war das Foreign Office entschlossen, auf die Dauer alle Russen zu repatriieren, gleichgültig welches Schicksal ihnen bevorstand. Im März hatte Geoffrey Wilson diese Möglichkeit vorausgesehen. Am 24. Juni erklärte Patrick Dean (Stellvertretender Rechtsberater im Foreign Office): »Im gegebenen Augenblick müssen alle, die von den Sowjetbehörden angefordert werden, mit den unten folgenden Einschränkungen ausgeliefert werden. Hierbei ist die Tatsache, daß sie unter Umständen erschossen oder sonstigen größeren Härten ausgesetzt werden, als sie es nach unseren englischen Gesetzen wären, nicht unsere Angelegenheit.« Die Einschränkung, die er erwähnte, bezog sich auf die Vermeidung deutscher Repressalien.[34]

Die Einstellung des Kriegsministeriums war jedoch eine andere. An dem Tag, als das englische Kriegskabinett zum erstenmal zusammentrat, um diese Frage zu erörtern (17. Juli), wurde dem Foreign Office mitgeteilt: »Das Kriegsministerium ist weder gewillt, der Auslieferung der Russen an die Sowjetbehörden zuzustimmen, es sei denn, sie wären freiwillig dazu bereit, noch können wir einer gegenteiligen Zusicherung an die Sowjetregierung beipflichten.«[35] Wie wir gesehen haben, übernahm das Kabinett eine gedämpftere Version dieser Bedingung, erwähnte sie jedoch in dem Brief an den sowjetischen Botschafter nicht.[36] Da eine Antwort von Botschafter Gussew ausblieb, blieb nichts anderes übrig, als die zunehmenden Mengen russischer Gefangener in britischen Lagern unterzubringen.

Ihr Status und ihr Schicksal blieben weiterhin ungewiß.

Zu dieser Zeit fanden die der »GULAG-Vorhölle« ausgesetzten Russen einen mächtigen Verbündeten. Lord Selborne war der Minister für Wirtschaftskrieg; er war überdies für die Sabotage- und Spionageeinheiten verantwortlich, die im besetzten Europa unter der *Special Operations Executive* (Britische Einsatzkommandos hinter feindlichen Linien) arbeiteten. Als aufrechter Christ und Staatsmann mit strengen Prinzipien empfand er zunehmendes Entsetzen über das Verbrechen, das er herannahen sah. Am 21. Juli schrieb er einen eindringlichen Brief an Außenminister Anthony Eden:

»Ich bin ernsthaft besorgt über die Entscheidung des Kabinetts, alle russischen Staatsbürger in der deutschen Wehrmacht, die auf den Schlachtfeldern Europas in unsere Händen fallen, nach Rußland zurückzuschicken. Ich habe die Absicht, mich deswegen an den Premierminister zu wenden, doch zuvor wollte ich Ihnen die Gründe meines Widerstands darlegen, in der Hoffnung, daß in dieser Angelegenheit Einigkeit zwischen uns herrscht . . .
Wie Sie vielleicht wissen, hat einer meiner Offiziere in den vergangenen vier Wochen eine Anzahl russischer Gefangener vernommen, und in allen Fällen stimmte ihre Geschichte in den wichtigsten Punkten überein. Zunächst waren sie, als sie in Kriegsgefangenschaft kamen, unglaublichen Härten und schlechter Behandlung ausgesetzt. In vielen Fällen waren sie gezwungen, mehrere Tage ohne jegliche Nahrung zu marschieren. Dann wurden sie in Konzentrationslagern unter den grauenhaftesten sanitären Bedingungen untergebracht und hungerten. Sie wurden von Ungeziefer und schrecklichen Krankheiten befallen. Ihr Hunger erreichte solche Ausmaße, daß Kannibalismus gang und gäbe wurde. In mehr als einem Fall filmten die Deutschen diese Kannibalenmahlzeiten zu Propagandazwecken.«[37]
Nach mehreren Wochen dieser Behandlung, fuhr Lord Selborne fort, wurde von den Gefangenen verlangt, sich freiwillig zu den deutschen Arbeitsbataillonen zu melden. Da alle, die sich weigerten, erschossen wurden, ist es nicht überraschend, daß sich viele Freiwillige meldeten. Nun, in britischen Händen, drückten die Russen fast ausnahmslos Furcht vor ihrer Heimkehr aus. 45 Mann seien in drei verschiedenen Lagern vernommen worden, und ihre Berichte klängen überzeugend einheitlich. Sie erwarteten bei der Heimkehr entweder sofort erschossen oder zumindestens nach Sibirien geschickt zu werden. Sie beriefen sich immer wieder auf die bekannte Tatsache, daß die Sowjetregierung nicht einmal die Existenz sowjetischer Kriegsgefangener in deutscher Hand anerkenne. Diejenigen, die deutsche Uniformen getragen hatten, fühlten sich besonders kompromittiert und könnten nur einen kurzen Prozeß erwarten. Überdies werde sie auch der Umstand für alle Zeit verdächtig machen, daß sie den unermeßlich höheren Lebensstandard

kennengelernt hatten, den die Arbeiter in westlichen Ländern hatten.

Lord Selborne war der Ansicht, daß diese Berichte überzeugend klangen, und war tief besorgt über die »Aussicht, viele dieser Tausende von Männern dem Tode auszuliefern, entweder durch Hinrichtung oder in Sibirien . . .« Dies würde nicht nur unmenschlich sein, sondern auch bewirken, daß die noch nicht gefangenen Russen weder geneigt sein würden, sich zu ergeben, noch den *Maquis* beizutreten. Das Kabinett, so riet er eindringlich, solle im gegenwärtigen Stadium keine Verpflichtungen in bezug auf das Schicksal der Gefangenen eingehen.

Lord Selborne schloß seinen bewegenden Appell mit der Feststellung, daß ihm M. Emmanuel d'Astier, der Beauftragte für Innere Fragen der provisorischen französischen Exilregierung gesagt habe, es sei wahrscheinlich, daß Frankreich den Russen, die bereit waren, den freien französischen Streitkräften beizutreten – entweder in der Fremdenlegion in Madagaskar oder in einer anderen französischen Kolonie, das traditionelle politische Asyl gewähren werde. Die Sowjets hätten ohnehin noch keine Gefangenen zurückgefordert (Gussews Forderung erreichte Eden erst zwei Tage später), und ein unaufgefordertes Angebot könne sie unter Umständen sogar verdächtig stimmen.

»Ich schlage daher im Interesse der Menschlichkeit vor, uns, was das Schicksal dieser russischen Gefangenen nach dem Kriege angeht, freie Hand zu lassen. Wenn ihre Zahl nicht zu groß ist, sollte es keine Schwierigkeiten bereiten, sie in einem der unterbevölkerten Länder der Welt unterzubringen.«

Lord Selborne schickte eine Abschrift seines Briefes an Major Desmond Morton, den persönlichen Referenten Winston Churchills. In seinem Begleitbrief betonte er: »Ich bin über diese Angelegenheit ernstlich besorgt.«[38]

Wie er Eden mitgeteilt hatte, schickte Lord Selborne dem Premier eine Kurzfassung des oben zitierten Briefes. Als Major Morton den Brief an Churchill weitergab, unterrichtete er ihn auch über die soeben aus Moskau erhaltene Antwort, in der die Auslieferung aller Gefangenen gefordert wurde, und fügte hinzu, daß »die von Lord

Selborne vorgeschlagene Lösung offenbar zu spät kommt.« Churchill studierte Lord Selbornes Appell umgehend und schrieb am nächsten Tag an Eden: »Ich finde, wir haben die Sache im Kabinett etwas zu kurz und bündig behandelt, und der vom Minister für Wirtschaftskrieg vorgebrachte Gesichtspunkt sollte jedenfalls noch einmal in Betracht gezogen werden. Selbst wenn wir schon ein wenig kompromittiert sind, können wir den ganzen Apparat der Verzögerung spielen lassen. Ich bin der Meinung, daß diese Menschen weit über ihre Kräfte geprüft worden sind.«[39]

Churchill war offensichtlich unwohl bei der Vorstellung, diese unglücklichen Menschen neuen Leiden auszusetzen, doch es ist schwer verständlich, warum er die britische Position in dieser Angelegenheit als »ein wenig kompromittiert« ansehen konnte. Bisher hatte die Regierung nur einmal mit den Sowjets in dieser Frage Kontakt aufgenommen, in ihrem Brief vom 20. Juli, der lediglich dem britischen Wunsch darüber Ausdruck gab, sobald wie möglich die Ansicht der sowjetischen Regierung zu erfahren. Die Kabinettsentscheidung vom 17. Juli, die die Zwangsrepatriierung der Gefangenen vorsah, falls diese gefordert werde, war den Sowjets nicht mitgeteilt worden. Zumindest theoretisch war die britische Regierung frei, sich für ihre Politik in dieser Frage nach Belieben zu entscheiden.

Eden mußte nun die gewichtigen Einwände, die Lord Selborne gegen seine geplante Politik der Zwangsrepatriierung vorgebracht hatte, in Betracht ziehen, zumal sie auch vom gepeinigten Gewissen des Premierministers unterstützt wurden. Seine erste Reaktion war gereizte Ungeduld. Er kritzelte auf Selbornes Brief eine Notiz an die zuständige Abteilung: »Was haben Sie hierzu zu bemerken? Er geht nicht auf den Gesichtspunkt ein, daß wenn diese Leute nicht nach Rußland zurückkehren, wohin dann? Hier wollen wir sie nicht.« Es bedurfte jedoch besserer Argumente, um Premierminister und Kabinett zu gewinnen. Edens Hauptschwierigkeit, die Einwände des Ministers für Wirtschaftskrieg zu beantworten, lag darin, daß sie der Wahrheit entsprachen und höchstens eine zu gedämpfte Schilderung des grauenvollen Schicksals und Dilemmas der russischen Gefangenen gaben. Eden antwortete Lord Selborne mit einer informellen Bestätigung seines Briefes: »Ich bin mir bewußt, daß viele von ihnen in deutschen Händen schreckliche Leiden durchgemacht haben. Die Tatsache jedoch, daß ihre Anwesenheit in den deutschen Einheiten zumindest dazu beiträgt, unsere eigenen Streitkräfte aufzuhalten, ist nicht von der Hand zu weisen.«[40] Dies kann Lord Selborne kaum zufriedengestellt haben, dessen Vorschlag ja dahin gegangen war, die Russen dazu zu bewegen, für die Alliierten zu arbeiten.

Der Offizier, den Lord Selborne im Zusammenhang mit den Vernehmungen der Gefangenen erwähnte, war Major L. H. Manderstam. Er war südafrikanischer Abstammung, aber in Riga geboren und hatte daher in der Kindheit fließend Russisch gelernt. Als 1939 der Krieg ausbrach, führte ihn seine Abenteurernatur in eine Reihe kühner Unternehmungen gegen den Feind in Afrika. Er war offenbar der ideale Typ für die SOE und wurde sehr bald zu einem ihrer waghalsigsten Agenten. Kurz nach der Invasion wurde er nach Frankreich geschickt, um dort die ersten in britische Gefangenschaft geratenen Russen zu verhören. Später vernahm er auch die in englischen Lagern internierten Russen. Ihr Schicksal bedrückte ihn besonders, da eine Reihe von ihnen den SOE-Flugblättern vertraut hatten, die den Russen, im Fall ihrer Kapitulation, Asyl im Westen versprochen hatten, wenn sie dies wünschten.

Die mitleiderregenden Geschichten, die man ihm erzählte, klangen wahr und wurden durch spontane Wiederholungen bestätigt. Nachdem Lord Selborne seine auf Manderstams Berichte gestützten Briefe an Eden und Churchill geschickt hatte, setzte das Foreign Office seine besten Köpfe daran, das darin enthaltene Beweismaterial zu prüfen. Manderstam hörte davon und suchte Christopher Warner auf, den damaligen Leiter der Abteilung Nord, der Manderstams Berichte als ungenau und naiv abtat. Manderstam, der im Gegensatz zu Warner die zukünftigen Opfer gesehen und mit ihnen gesprochen hatte, antwortete hitzig. Warner wies ihm hochmütig die Tür und schickte einen äußerst kritischen Bericht an die SOE, den diese Organisation jedoch zurückwies.[41]

Im Gegensatz zu Lord Selborne war das Foreign Office nicht gezwungen, sich nur auf die Aussage Major Manderstams zu stützen, um sich ein genaues Bild von der Zwangslage dieser Gefangenen zu machen. Am gleichen Tag, an dem Selborne seinen Appell an Eden richtete, empfing das Foreign Office einen sehr bezeichnenden Bericht von Lord Moyne aus Kairo, aus dem oben bereits zitiert wurde. Die russischen Gefangenen, die aus Griechenland und Ägypten abtransportiert wurden, bestätigten alle Geschichten und Befürchtungen ihrer in der Normandie gefangengenommenen Landsleute. Überdies erbrachte Lord Moyne den eindeutigen Beweis für den einen Punkt in Manderstams Bericht, der unvermeidlich auf Mutmaßungen beruhte. Viele der Gefangenen, mit denen Manderstam gesprochen hatte, waren »überzeugt davon, bei ihrer Rückkehr unweigerlich erschossen zu werden.« Lord Moyne hatte von dem Sowjetgeneral Sudakow, der mit der Repatriierung beauftragt war, gehört, daß viele der Gefangenen »nach ihrer Rückkehr der Liquidation entgegensehen.«[42]

Das Foreign Office wußte seit langem, mit welcher Unerbittlichkeit die Sowjetregierung ihre in deutsche Hände gefallenen Staatsangehörigen im Stich gelassen hatte. Im Februar 1942 hatte das Internationale Komitee des Roten Kreuzes an Molotow telegraphiert, daß Großbritanien der UdSSR die Erlaubnis erteilt habe, in seinen afrikanischen Kolonien Nahrungsmittel für russische Kriegsgefangene einzukaufen, das Kanadische Rote Kreuz habe fünfhundert Flaschen Vitamine angeboten, und Deutschland sei bereit, Kollektivsendungen von Nahrungsmitteln für alle Kriegsgefangenen anzunehmen. »Auf alle Angebote und Mitteilungen erhielt das Internationale Rote Kreuz von den Sowjetbehörden weder direkte noch indirekte Antwort«, heißt es im Bericht des Roten Kreuzes, und auch gleichzeitige Verhandlungen der Schutzmächte sowie neutraler oder freundlich gesinnter Länder trafen auf ebensowenig Gehör.[43]

In England prüfte das Foreign Office die Anträge verschiedener Gruppen der Öffentlichkeit, die den Russen helfen wollten, kam aber zu dem Schluß, daß leider nichts geschehen könne. Im September 1942 teilte Anthony Eden Sir Stafford Cripps mit, daß »die sowjetische Regierung . . . die ganze Zeit über eine erstaunliche Gleichgültigkeit ihren Gefangenen gegenüber an den Tag gelegt hat.

Ihre Konsequenz hierin bezeugt eindeutig, daß dieser Einstellung starke politische Motive zugrunde liegen . . .«[44] Die Angelegenheit wurde im folgenden Jahr noch einmal aufgegriffen, doch mit dem gleichen negativen Ergebnis.[45] Im Mai 1942 hatte Molotow einen Vorschlag Roosevelts, mit der deutschen Regierung eine humane Einigung über Kriegsgefangene anzustreben, gleichermaßen abgelehnt.[46]

Es war nicht Sache des Foreign Office, weiter zu intervenieren. Es war auch nicht der Auffassung, daß eine weitere Intervention notwendig sei. Ein Beamter des Foreign Office, Donald Maclean, sagte: »Meiner Meinung nach haben wir die ganze Paket-Angelegenheit schon fast lächerlich weit getrieben, wenn wir unseren eigenen Gefangenen *ein Paket pro Woche* schicken. Es wäre besser, die Frage der Pakete für russische Gefangene, deren Anzahl wahrscheinlich bei 3000000 liegt, nicht auch noch aufzunehmen, es sei denn, die Russen bitten um unsere Hilfe.« Seine Vorgesetzten stimmten seiner Auffassung zu.[47]

(Stalins eigene Einstellung war merkwürdigerweise nicht so hart. Er hatte nichts gegen die Rot-Kreuz-Pakete für britische Kriegsgefangene. In der Tat wurden Tausende von Tonnen Nahrungsmittel und Arzneien vom Roten Kreuz nach Wladiwostok verschifft und von dort durch russisches Gebiet transportiert, um den britischen, amerikanischen und holländischen Kriegsgefangenen der Japaner zu helfen.[48] Es lag ihm nur daran, den *sowjetischen* Kriegsgefangenen Hilfe und Erleichterungen zu versagen.)

Als Eden und seine Referenten im Foreign Office sich daran machten, eine Antwort auf Lord Selbornes Bittschrift zu verfassen, fehlte es ihnen, wie wir gesehen haben, nicht an genauen Informationen über die wirkliche Lage. Am 2. August waren die Unterlagen für Eden bereit, und er schrieb einen ausführlichen Brief an Churchill. Seine Antwort an Lord Selborne ist ein wichtiges Dokument, da es die vollständigsten und begründetsten Argumente für die Politik der Zwangsrepatriierung enthält.

Sein erster Einwand widerspricht Lord Selbornes Klage, daß die Zwangsrepatriierung unmenschlich sei. »Trotz des Berichts, auf den der Minister für Wirtschaftskrieg hinweist, gibt es auch andere

Berichte und Beweise, die darlegen, daß ein großer Teil der Gefangenen, einerlei aus welchen Gründen, bereit ist, ja sogar wünscht, nach Rußland zurückzukehren. Sie wurden als Mitglieder deutscher militärischer oder paramilitärischer Einheiten gefangengenommen, und ihr Benehmen in Frankreich war oft widerwärtig. Wir können es uns nicht leisten, hier sentimental zu sein.«

Da die Liste der Gefangenen, die das Foreign Office am 26. Juli an Patrick Dean geschickt hatte, auch Zivilisten aufführte, die ihre ganze Zeit in Frankreich im Krankenhaus verbracht hatten, ebenso Zivilisten, die im Gefängnis gewesen waren, da sie sich geweigert hatten, den Deutschen zu helfen, sowie Krankenhaushelfer, einen Arzt, Flüchtlinge aus Kriegsgefangenenlagern und mehrere Kinder,[49] hätte Eden vielleicht doch etwas mehr Mitgefühl zeigen können.

Obwohl festgestellt wurde, daß sich einige Elemente in gewissen Einheiten sehr schlecht benommen hatten, hatte doch die große Mehrheit wenig Neigung zu Greueltaten gezeigt. Viele waren von ihren deutschen Offizieren und Unteroffizieren zu brutal behandelt worden, um noch in der Lage zu sein, irgend jemandem zu schaden. Darüber hinaus traten 8000 Mann dem französischen Widerstand bei, und selbst die Sowjets erklärten, daß sie den Deutschen 3500 Mann Verluste zugefügt hätten.[50]

Aus den umfangreichen Archiven, die dem Historiker heute zur Verfügung stehen, geht hervor, daß zur damaligen Zeit nur ein Beweisstück für die Kritik am Verhalten der russischen Soldaten vorhanden war – von der Tatsache abgesehen, daß sie sich entschieden hatten, auf deutscher Seite zu kämpfen, und in deutschen Uniformen gefangengenommen wurden. Dieser Vorfall war zwar brutal, doch inwieweit es gerecht ist, daraus die Verurteilung aller russischen Gefangenen in England abzuleiten, mag den Umständen entsprechend beurteilt werden.

Gleich nach der Invasion hatte sich die französische Résistance im Rhônetal mit höchster Tapferkeit, wenn auch übereifrig, an die von der BBC gesendeten alliierten Anweisungen gehalten. Ihre Angehörigen führten eine Reihe waghalsigster Sabotageaktionen an deutschen Militärinstallationen aus, vor allem im Rhône- und Drômetal.

Die deutsche Rache für diese Aktionen wurde sofort und fürchterlich geübt. Der grauenhafte Vorfall geschah in der alten Stadt St. Donat an der Drôme. Am 15. Juni 1944 drangen etwa 2000 »deutsche« Soldaten in Begleitung von Panzerwagen in die Stadt ein. Als sich der Staub gelegt hatte, sah die verschreckte Bevölkerung, daß die Ankömmlinge die breiten Backenknochen und Schlitzaugen eines rückständigen östlichen Menschenstammes besaßen und offenbar völlig undiszipliniert und barbarisch waren. Mit wildem Geheul warf sich diese unheimliche Horde in einer Orgie der Plünderung und Zerstörung über die Stadt. Nach dem Überfall wurde der in der Stadt angerichtete Schaden auf sieben bis acht Millionen Francs geschätzt. Doch dies war das geringere Übel. Nicht weniger als 53 Frauen und Mädchen, manche erst dreizehn oder vierzehn Jahre alt, wurden von den Plünderern abscheulich vergewaltigt und mißhandelt. Monsieur Chancel, der Bürgermeister, dessen Bericht ich hier zitiere, war der Vater eines dieser Schulmädchen. Es starb einige Wochen später.

Ähnliche Verbrechen geschahen in der ganzen Gegend. Monsieur Chancel appellierte an seinen Bischof (Monsignore Pic), der sich seinerseits sofort an den deutschen Befehlshaber wandte. Dieser entschuldigte sich und erklärte, die Soldaten seien Mongolen, frühere Kriegsgefangene der Ostfront, die nun als Hilfstruppen im deutschen Heer dienten. Nach einer zweistündigen Diskussion mit Monsignore Pic erklärte sich der General bereit, um des Rufs der deutschen Wehrmacht willen die für den Vorfall verantwortlichen Truppen abzurufen und das geplünderte Gut wenn möglich zurückzuerstatten.[51]

Auf diesen Beweis »widerwärtigen Benehmens« – das allerdings widerwärtig war – scheint sich die Weigerung des Foreign Office, den Russen im Westen Asyl zu bieten, gestützt zu haben. Diese Schilderung des Vorfalls enthüllt jedoch, daß die hier entfesselte Plünderei nicht der willkürliche Ausbruch einer typischen antisowjetischen Wlassow-Einheit war, sondern ein sorgfältig vorbereiteter Streich der Nazipolitik. Sowohl in St. Donat als auch im weiter südlich gelegenen Crest sahen Pierre de Saint-Prix' Berichterstatter Anschläge, die die Deutschen an alle Wände geklebt hatten:

»Franzosen, ihr liebt die russischen Kommunisten: hier sind sie!« Aus den Millionen ihrer russischen Gefangenen suchten sich die Nazis ein paar Hundert der primitivsten aus, Leute, die vermutlich nicht einmal russisch[52], und sicher kein Französisch sprachen, von denen man auch kaum erwarten konnte, daß sie wußten, in welchem Lande sie sich befanden, gegen wen und wofür sie kämpften.

Wie Monsieur de Saint-Prix, der Widerstandsführer, sagte, hatten die Nazis diese wilde Bande offensichtlich nur zusammengerottet, um die französische Bevölkerung zu terrorisieren und ihr zugleich die Barbarei ihrer russischen Verbündeten vor Augen zu führen. Sobald der Einspruch des Bischofs von Valence den deutschen General dazu gezwungen hatte, diese furchtbaren Hilfstruppen zurückzuziehen, besaßen auch die Nazis keine weitere Verwendung mehr für sie. Als am 31. August der Rückzug der deutschen Armee aus dieser Gegend begann, wurden die Mongolen zurückgelassen. Sie fielen in französische Hände und wurden sofort interniert.

Diese Horde befand sich jedoch nicht unter den Gefangenen in England, deren Zukunft zur Diskussion stand, sie wurde Major Iwanow übergeben, einem ehemaligen Mitarbeiter der Nazis, den die Sowjets seit 1944 als Kommandant des Sammellagers Beauregard bei Paris eingestellt hatten. Von dort wurden sie vermutlich, nach Einstellung der Feindseligkeiten, auf dem Landweg in die Sowjetunion zurückbefördert.[53]

Die Logik des Foreign Office diktierte aber, daß die gepeinigten Invaliden von Bayeux als mitschuldig an den Verbrechen der Mongolen in Valence zu betrachten seien. Die Anspielung auf diese Unterstellung trug dazu bei, Churchills moralische Skrupel, die er in der Kabinettsitzung am 4. September 1944 und ein Jahr später auf der Potsdamer Konferenz an den Tag legte, zu überwinden.

Edens weitere Rechtfertigung der Zwangsrepatriierung war, daß »ein großer Teil der Gefangenen, einerlei aus welchen Gründen, bereit, ja bestrebt ist, nach Rußland zurückzukehren.« Als Argument besaß es wenig Relevanz, da Lord Selbornes Einwände sich lediglich auf diejenigen bezogen, die nicht zurückzukehren wünschten. Es ist jedoch lehrreich, sich vor Augen zu führen, was sich hinter den Worten »einerlei aus welchen Gründen« verbirgt. Eden stützte sich auf einen Bericht vom 1. Juli über die aus den Verhören russischer Gefangener in Devizes hervorgegangenen Informationen. Dieser Bericht stellte fest, daß fast alle gezwungen worden waren, deutschen Einheiten beizutreten, und von da ab abscheulich behandelt wurden, und gab weiterhin zu verstehen, daß die meisten der Russen trotz ihrer Furcht vor Bestrafung nach Rußland zurückzukehren wünschten.

Christopher Warner machte folgende Aktennotiz: »Die meisten dieser Russen haben den Wunsch, heimzukehren, sofern ihnen dort eine Bewährungsmöglichkeit gegeben wird.« Zwei Tage später erhielt er jedoch einen Brief von dem lästigen Major Manderstam. Dieser hatte russische Gefangene in Kempton Park vernommen, und auch ihm gegenüber hatten alle den Wunsch ausgedrückt, nach Rußland heimzukehren. Sie hatten ihm erklärt, sie würden ein oder zwei Wochen Urlaub erhalten, ehe man sie wieder der Roten Armee eingliederte. Manderstam zweifelte jedoch daran, ob diese sonderbare Übereinstimmung und Zuversicht völlig spontan war. In der verhörten Gruppe befand sich ein NKWD-Agent, und der britische Vernehmungsoffizier versicherte Manderstam, »daß die Einstellung der von mir vernommenen Russen höchst ungewöhnlich und auf die Anwesenheit des NKWD-Mannes zurückzuführen sei.«[54]

Obwohl Warner Manderstams Behauptung, die Gefangenen hätten unter Druck ausgesagt, entschieden zurückwies, nahm er andernorts diese Unterstellung implizit an und schien in der Tat der Anwendung derartiger Druckmittel nicht ganz abgeneigt gewesen zu sein.

Als bei einer Besprechung am 16. August erörtert wurde, daß die Amerikaner unter Umständen nur freiwillige Rückkehrer ausliefern würden, »bezweifelte Mr. Warner« (so heißt es in einem Bericht), »daß dies anginge, und nahm an, die Russen würden ohnehin, sobald ihnen sowjetische Beamte einen Besuch abgestattet hätten, den Wunsch äußern, in die Sowjetunion zurückzukehren.«[55]

Auf diese Grundlage stützte sich Edens Erklärung, die Mehrzahl der Gefangenen wolle heimkehren. Sicher gab es manche, die sich ihre Rückkehr in die Heimat ehrlich wünschten, vielleicht in der irrigen Zuversicht, daß ihnen ein glaubwürdiger Bericht über ihren Widerstand gegen die Nazis gute Dienste leisten werde. Doch nicht ihnen galten Lord Selbornes Einsprüche.

Was die Auffassung betraf, daß die sowjetische Bestrafung der zurückgekehrten Gefangenen deutsche Repressalien gegen britische Kriegsgefangene zur Folge haben könnte, so erklärte Eden, die Russen seien seit Monaten von Ägypten aus bedingungslos und ohne abträgliche Folgen nach Rußland zurückgeschickt worden. Diese Behauptung war unrichtig. Vor dem 15. September, d.h. anderthalb Monate später, war kein in Ägypten internierter Russe zur Rückkehr gezwungen worden.[56]

Nun wandte sich Eden Lord Selbornes Vorschlag zu, für diejenigen, die nicht zurückkehren wollten, Asyl zu finden, und gab zu bedenken, daß »es nicht unser Wunsch sein kann, uns auf die Dauer mit einer Anzahl dieser Leute zu belasten; wenn wir sie nicht zurückschicken, müssen wir entscheiden, was sowohl hier als auch im Nahen Osten mit ihnen geschehen soll.« Die damit verbundenen praktischen Probleme waren zweifellos erheblich und überdies dazu angetan, von Eden für fast unüberwindbar gehalten zu werden. Im Jahr zuvor hatte er bereits einer vergleichbaren Frage gegenübergestanden, als der US-Außenminister Cordell Hull »die Frage aufwarf, was mit den sechzig- oder siebzigtausend Juden in Bulgarien geschehen soll, die der Ausrottung entgegensehen, falls es uns nicht gelingt, sie herauszubekommen, und Eden dringlich um seine Stellungnahme bat. Eden erwiderte, das ganze Problem der Juden in Europa sei sehr schwierig und wir sollten bei einem Angebot, alle Juden aus einem Land wie Bulgarien herauszuholen, äußerste Vorsicht walten lassen. Wenn wir es machten, würden die Juden auf der ganzen Welt ähnliche Angebote auch für Polen und Deutschland fordern. Hitler könnte bereit sein, ein derartiges Angebot anzunehmen, und auf der ganzen Welt stünden nicht genügend Schiffe und Transportmittel zur Verfügung, um sie zu befördern.«[57]

Es überrascht nicht weiter, daß Eden um so weniger geneigt war, überlastete alliierte Hilfsmittel von anderen Aufgaben abzuziehen, um Leuten beizustehen, die er sowieso als Verräter ansah.

Die von Churchill und Selborne erhobenen Einwände stützten sich weitgehend auf moralische Gesichtspunkte. Daher fühlte sich offenbar das Foreign Office bewußt oder unbewußt gezwungen, jeden moralischen Anspruch, den diese Russen an England haben mochten, zu widerlegen. Warum dies notwendig wurde, hat Eden prägnant in seinen Schlußabsätzen dargelegt.

»(5) Eine Weigerung, der Forderung der Sowjetregierung auf Repatriierung ihrer eigenen Leute nachzukommen, würde zu ernsthaften Schwierigkeiten mit ihr führen. Wir haben keinerlei Recht zu einer derartigen Handlung, und sie würde unsere humanitären Beweggründe nicht verstehen. Sie würde wissen, daß wir sie in dieser Frage anders behandeln als die übrigen alliierten Regierungen, und dies würde ihren lebhaften Verdacht erregen.

(6) Schließlich ist auch die Lage unserer eigenen Gefangenen in Deutschland und Polen, die wahrscheinlich von den Russen im Laufe ihres weiteren Vordringens befreit werden, für diese Frage entscheidend. Es ist äußerst wichtig, daß sie gut betreut und so bald wie möglich zurückgeschickt werden. Hierin hängen wir weitgehend von dem guten Willen der Russen ab, und wenn wir ihnen Schwierigkeiten bei der Auslieferung ihrer Staatsbürger in den Weg legen, bin ich sicher, daß dies eine abträgliche Wirkung auf ihre Bereitwilligkeit haben wird, uns bei der raschen Heimführung unserer eigenen von ihnen befreiten Gefangenen behilflich zu sein . . .

Aus diesen Gründen bin ich der Überzeugung, daß wenn die Sowjetregierung diese Leute für ihre Streitkräfte oder sonstige Kriegsdienste zurückfordert, wir einwilligen sollten, sie sowohl von hier als auch vom Nahen Osten auszuliefern, vorausgesetzt, daß die Transportmittel zur Verfügung stehen, und vorausgesetzt, daß wir von den Russen eine eindeutige Zusicherung erhalten, was die Gefahr deutscher Repressalien angeht.«[58]

Diese beiden Gesichtspunkte waren offensichtlich von höchster Bedeutung. Keine britische Regierung konnte sich leichtfertig dem Risiko aussetzen, daß die Sowjets als Gegenmaßnahme die Rückführung britischer Kriegsgefangener hinauszögerten, und jede Handlung, die das Einverständnis zwischen Großbritannien und den Sowjets ernstlich aufs Spiel hätte setzen können, brachte in einer so kritischen Phase des Krieges zweifellos zu große Gefahren mit sich. Das Foreign Office war überzeugt von der Gefahr, die damit verbunden war, den russischen Wünschen nicht voll und ganz nachzukommen, und versuchte dann, wie es so oft geschieht, sich selbst und alle anderen davon zu überzeugen, daß seine Politik nicht nur angebracht, sondern auch moralisch gerechtfertigt sei.

3

Die ›Tolstoi‹-Konferenz – Eden in Moskau

Man darf nicht vergessen, daß die leidenschaftliche Kabinettsdebatte über das Schicksal der russischen Gefangenen in Unkenntnis der sowjetischen Wünsche geführt worden war.

Die bislang einzige sowjetische Mitteilung über diese Frage war Molotows Erklärung vom 31. Mai 1944 gewesen, daß »sich keine nennenswerte Anzahl solcher Leute in den deutschen Streitkräften befinde.« Hierauf war am 20. Juli der Brief des Foreign Office an den sowjetischen Botschafter gefolgt, der feststellte, daß bislang 1114 dieser Russen in Großbritannien seien und weitere erwartet würden, und sich nach den sowjetischen Wünschen in dieser Angelegenheit erkundigte.

Während der Kreml über diese äußerst peinliche und unliebsame Frage beriet, ließ man das Foreign Office wochenlang warten. Die Verzögerung konnte sehr wohl auf Stalins bekannte Neigung zurückzuführen sein, unangenehme Entscheidungen hinauszuschieben. In solchen Fällen machte er auf den ihm vorgelegten Berichten Vermerke wie »für die Archive« und »zur Ablage« und vergaß sie.[1]

Eine weitere Bitte des Foreign Office um eine Entscheidung (20. August), in Verbindung mit dem Druck des britischen Botschafters in Moskau, machte eine Entscheidung und eine Antwort unumgänglich. Die Botschaft des Foreign Office wies darauf hin, daß sich inzwischen über 3000 Russen in britischer Gefangenschaft befänden, und erklärte, diese und alle weiteren, die noch hinzukämen, mußten unter Umständen nach Kanada oder in die Vereinigten Staaten verlegt werden. Aus sowjetischer Sicht mußte dies einer verschleierten Drohung gleichkommen.[2]

Drei Tage später antwortete Botschafter Gussew und forderte die Auslieferung aller Gefangenen »bei der nächsten Gelegenheit«. England wurde nahegelegt, die dazu notwendigen Transportmittel zur Verfügung zu stellen; um die Gefangenen noch während ihrer britischen Internierung zu sichten, werde sich die sowjetische Militärmission mit dem Kriegsministerium in Verbindung setzen. Der Botschafter bat überdies um eine Liste der Gefangenen und ihrer Internierungslager.[3]

Es lag nun bei Großbritannien, den nächsten Schritt zu tun. Die endgültige Entscheidung über etwaige Maßnahmen, die ausgelieferten Gefangenen vor einer allzu öffentlichen sowjetischen Vergeltung zu bewahren, mußte nun fallen. Wie schon erwähnt, hatte das Kabinett zwar darauf gedrungen, eine Zusicherung von der Sowjetregierung zu verlangen, doch diese Bedingung war in der Mitteilung an den sowjetischen Botschafter unerwähnt geblieben. Man hatte vorgeschlagen, dies anzubringen, sobald eine Antwort der Sowjetbehörden vorläge. Überdies würde auch mit der Beschaffung ausreichender Transportmittel geraume Zeit verstreichen, so daß die Russen in britischer Gefangenschaft noch nicht in akuter Gefahr schwebten. Hinzu kam, daß die deutschen Möglichkeiten, mit Repressalien zu reagieren, mit jeder Niederlage abnahmen und sich daher das – in britischer Sicht – ernsteste Problem von selbst lösen würde. Der wichtigste Gesichtspunkt war ja nicht, wie Patrick Dean betont hatte, die harte Bestrafung der heimkehrenden Russen durch die Sowjetregierung zu verhindern, »sondern solche Maßnahmen nur hinauszuzögern, bis keine Gefahr deutscher Repressalien gegenüber britischen und amerikanischen Kriegsgefangenen mehr bestand.«[4]

Da die Einstellung der Sowjets jetzt klar zutage lag, wurde eine endgültige britische Entscheidung in dieser Angelegenheit dringlich. Eden erkannte, daß die Durchführung der von ihm vorgeschlagenen Politik auf dem Spiel stand, und bereitete eine eingehende Erläuterung seines Standpunktes für die nächste Kabinettsitzung vor. Inzwischen hatte sich Lord Selborne ein weiteres Kabinettsmitglied als Fürsprecher der unglücklichen Gefangenen zugesellt.

Dem Kriegsminister, Sir James Grigg, bereitete der Gedanke an die Rolle, die den Soldaten bei der Ausführung der von Eden geplanten Politik zufallen würde, ernste Sorgen. Am 24. August sandte er Eden ein Schreiben, in dem er sein Unbehagen darüber ausdrückte, die Russen dem sicheren Tod auszuliefern, sowie seine Besorgnis wegen möglicher deutscher Repressalien. Er gab zu, wenn es darum ginge, »zwischen der Not unserer Leute und dem Tod der Russen zu wählen, liegt unsere Wahl klar zutage«, doch er hielt es in jedem Falle für unwahrscheinlich, daß die Sowjets helfen würden, die Heimkehr britischer Kriegsgefangener zu beschleunigen. Grigg schloß mit dem Ersuchen, in der Sache einen Kabinettsbeschluß zu fassen, da die Soldaten, für die er die Verantwortung trug, in »diesem sehr unangenehmen Geschäft« die Ausführenden sein würden.[5]

Eden schickte ihm am 1. September eine höfliche Antwort, in der er zustimmte, daß es richtig sei, dem Kabinett noch einmal Gelegenheit zur Prüfung der Frage zu geben, und fügte eine Kopie des Entwurfs bei, den er dem Kriegskabinett vorlegen wollte.[6]

Das Kabinett trat am 4. September zur Beratung zusammen. Eden unterbreitete seine endgültige Denkschrift. Diese hielt sich weitgehend an den Text seines früheren Briefes an Churchill, und als einzige Konzession an die Einwände Griggs und Selbornes wurde mit Vorbehalt eingeräumt, daß die Russen in einigen Fällen unverdienten Leiden ausgesetzt gewesen seien und ihnen neue bevorständen. Dann führte er die bereits untersuchten Argumente an, betonte wiederum ihre Dringlichkeit und empfahl nachdrücklich, »daß das Kabinett beschließen solle . . . der Forderung der Sowjetregierung nachzukommen, die Gefangenen aus dem Vereinigten Königreich . . . (und) dem Nahen Osten zu repatriieren . . . unabhängig davon, ob diese Menschen zurückzukehren wünschten oder nicht.« Gleich darauf fügte er hinzu: »Diese beiden Entscheidungen hängen davon ab, ob es mir gelingt, von der sowjetischen Regierung befriedigende Zusicherungen zu erhalten, daß sie diese Leute nicht vor Gericht stellen und bestrafen werden, solange wir mit Deutschland im Kriegszustand stehen.«[7]

Das Kriegskabinett stimmte »nach kurzer Diskussion« seinen Vorschlägen zu.[8] Vermutlich waren sich nun alle Anwesenden einig. Die beiden Minister, die sich der früheren Kabinettsentscheidung so intensiv widersetzt hatten, hatten angesichts der Argumente Edens ihre Positionen mehr oder weniger aufgegeben. Am 18. August hatte Lord Selborne auf Edens Rechtfertigung seiner Vorschläge geantwortet und zugegeben, »daß die Gründe, die Sie ange-

ben, tatsächlich sehr gewichtig sind und einigen der von Ihnen angeführten Gesichtspunkte nicht widersprochen werden kann.«[9]
Grigg hatte ohnehin nur die Unterstützung des Kabinetts für den Fall verlangt, wenn er gezwungen sein sollte, eine Politik auszuführen, die »widerwärtige« Aspekte habe. Doch Lord Selbornes Gewissen quälte auch weiterhin die beispiellose Unmenschlichkeit einer Tragödie, die er zu Recht voraussah. Vier Jahre später schloß er sich dem Bischof von Chichester an, der die Grausamkeit anprangerte, Flüchtlinge zur Rückkehr in die Tyrannei zu zwingen.[10]
Ihm und anderen blieb jetzt nur die Möglichkeit, einen letzten Versuch zu unternehmen, die russischen Gefangenen, die weitgehend Nazigegner waren, zur Unterstützung der alliierten Kriegsziele zu benutzen. Die einigen Tausend Russen in alliierten Händen waren nur ein kleiner Prozentsatz der ungefähr sechs Millionen, die sich noch im großdeutschen Bereich befanden. Für die SOE waren sie ein dankbares Objekt, um Unordnung, Mißtrauen und sogar offenen Widerstand hinter den deutschen Linien zu stiften. Es gab nicht nur verschiedene russische Kampfeinheiten bis zu Korps-Stärke, sondern sie stellten in Frankreich auch Truppen, um die *Maquis* im Schach zu halten. Hinzu kam, daß Tausende von ihnen in Deutschland als Arbeiter auf dem mehr oder weniger ungeschützten Land beschäftigt waren. Militärisch konnten sie nicht viel gegen Wehrmachts- und SS-Einheiten ausrichten, selbst als Deutschlands Macht erschüttert und im Zusammenbruch begriffen war. Doch eine sorgfältig genährte Widerstandspropaganda konnte eine ernstzunehmende Doppelwirkung auf die deutsche Angriffsfähigkeit ausüben.
In Frankreich, Italien und Jugoslawien würden die gegen die Partisanen eingesetzten russischen Einheiten dann durch ohnehin bereits überforderte deutsche Streitkräfte ersetzt werden müssen. In Deutschland selbst konnte der Aufstand von Millionen russischer Zwangsarbeiter auf dem Land und in der Industrie ein Maß an Panik und Unsicherheit auslösen, das in keinem Verhältnis zu dem eigentlichen militärischen Wert der Aktion stand. Sowohl Hitler als auch Himmler hatten ihre Befürchtungen hinsichtlich eines Aufstands der Ostarbeiter ausgedrückt und schon 1942 unter dem Decknamen

»Walküre« Pläne für einen derartigen Notfall ausarbeiten lassen.[11]
Am 1. August unterbreitete die SOE dem Komitee der Stabschefs eine Denkschrift, die die *Subversion der gegen die Maquis eingesetzten russischen Truppen* nahelegte. Es wurde vorgeschlagen, aus den russischen Kriegsgefangenen eine Gruppe zu rekrutieren, die von der SOE eine Sonderausbildung erhalten und in den Gebieten, in denen Maquis Widerstand leisteten, abgeworfen werden sollte. Dort sollten sie versuchen, die gegen die Partisanen kämpfenden russischen Einheiten zum Überlaufen zu bewegen. Daß dieser Plan zum Erfolg hätte führen können, bewies die Tatsache, daß es den Maquis bereits ohne fremde Hilfe gelungen war, viele dieser Russen auf ihre Seite zu ziehen.
Die Pläne für dieses Unternehmen waren von der SOE in Beratung mit den Freien Franzosen und dem SHAEF-Hauptquartier ausgearbeitet worden. »Das Foreign Office hat diesem Plan nur mit der Bedingung seine Zustimmung erteilt, der Sowjetregierung mitzuteilen, wenn Russen nach Frankreich zurückgeschickt werden.«[12]
Das Foreign Office erhob keinen Einwand, lehnte es jedoch ab, den Freiwilligen die Wahl zwischen britischer und amerikanischer Staatsangehörigkeit anzubieten oder ihnen Straffreiheit von seiten der Sowjets zuzusichern.[13] Doch die Notwendigkeit, irgendeine Sicherheit anzubieten, blieb bestehen. Es ging hierbei nicht so sehr darum, Männer zu finden, die bereit waren, nach Frankreich zurückzukehren, sondern darum, die noch in deutschen Diensten stehenden Russen zum Überlaufen zu bewegen. Die russischen Gefangenen in England hatten den britischen Offizieren, die sie verhörten, erklärt, daß »die intensive Nazipropaganda« (deren Wirksamkeit viele zugaben) »drohe, die ›Russen‹ würden, sobald sie in anglo-amerikanische Gefangenschaft gerieten, entweder sofort oder später als Vergeltung von den Sowjets erschossen werden.«[14]
Das Ziel der SOE war, alles zu tun, um die Widerstandsbewegung zu unterstützen und die Moral der Achsenmächte zu untergraben. Der Plan, die Russen in Frankreich zum Überlaufen zu bewegen, konnte daher nicht außer acht gelassen werden, trotz der Schwierigkeit, für die Überläufer einen angemessenen Anreiz zu finden. Von den Gefangenen in England hatten sich 40 Freiwillige gemel-

det, da sie die alliierte Seite unterstützen wollten. Sie wurden von SOE-Offizieren untersucht und für ihre gefährliche Aufgabe ausgebildet. Einige von ihnen gaben Kontaktpersonen in Deutschland an, die ebenfalls bereit seien, aktiven Widerstand zu leisten, da die Nazis sie betrogen und ihre Sache verraten hätten.

Vier Freiwillige wurden für den ersten Fallschirmabsprung vorgesehen, doch mußte, auf Anordnung des Foreign Office, zunächst den Sowjetbehörden über das ganze Projekt Mitteilung gemacht werden. Gemeint damit war das NKWD, dessen Vertreter Oberst Iwan Tschitschajew von seiner Wohnung in 10 Palace Gate, London W.8. aus eng mit dem Foreign Office zusammenarbeitete. Wegen der üblichen Verzögerung, mit der das NKWD Instruktionen aus Moskau erhielt (von Abakumow oder Berija selbst), schlug Warner vom Foreign Office etwas überraschend vor, »Tschitschajew ganz offen über unser Vorhaben zu unterrichten und ihm in Anbetracht der Dringlichkeit der Angelegenheit zu sagen, wir hätten vor, unseren Plan in der kommenden Woche auszuführen.« Doch sein Vorgesetzter, Sir Orme Sargent (damals Ministerialdirektor) erklärte ausdrücklich, in Anbetracht des voraussichtlichen Auslieferungsabkommens bedürfe es der ausdrücklichen Zustimmung des NKWD.

Wochen vergingen, ohne daß eine Nachricht von Berija oder Abakumow kam. Unterdessen erklärte jedoch Oberst Tschitschajew, ihm sei sehr daran gelegen, mit den vier russischen Freiwilligen zu sprechen. Major Manderstam von der SOE war ebenso entschlossen, dies zu verhindern. Er hatte bereits Beispiele des Drucks erlebt, den das NKWD auf Gefangene ausübte, und blockierte daher alle Anstrengungen Oberst Tschitschajews, Zugang zu ihnen zu finden. Der Oberst, ein Mann mit entwaffnend charmanten Manieren, teilte Manderstam wiederholt seinen Wunsch mit, die vier Russen zu treffen, die ihre Heimat seit so langer Zeit nicht mehr gesehen hatten. Gleichzeitig betonte er sein Bedauern darüber, von seinen Vorgesetzten noch keine Entscheidung erhalten zu haben, ob man diese Leute nach Deutschland entsenden könne.

Wochen vergingen, und schließlich vereinbarte Manderstam für den 16. Oktober ein Treffen mit Oberst Tschitschajew. Er über-

brachte einen Brief, in dem die SOE erklärte, sie werde dem Wunsch Tschitschajews, die vier Freiwilligen zu befragen, mit Vergnügen stattgeben, vorausgesetzt, daß die Erlaubnis für das geplante Unternehmen aus Moskau gekommen sei.
Die zwei Männer trafen sich mittags, und Tschitschajew teilte Manderstam sogleich den endgültigen Entschluß seiner Organisation mit: »Ich bin inzwischen von Moskau ermächtigt worden, Ihnen offiziell mitzuteilen, daß wir dem Plan Ihrer Organisation, russische Gefangene in Deutschland zu verwenden, nicht zustimmen. Auch wünschen wir eindeutig klarzustellen, daß wir nicht bereit sind, uns Ihrer Organisation in dem geplanten Vorhaben anzuschließen. Wir würden Ihnen daher dringend raten, die Entsendung der Russen nach Deutschland zu ›vergessen‹. Warum mußten Sie unbedingt auf diese armen Russen verfallen? Je eher Sie sie vergessen und uns überlassen, desto besser wird es für unsere beiderseitigen Beziehungen sein.«
Manderstam fragte, ob Tschitschajew eine schriftliche Antwort bei sich habe, erhielt jedoch eine entrüstete Antwort: »Moskau ist sehr erstaunt darüber, daß Sie auf einer schriftlichen Antwort bestehen. Das ist doch sicherlich unnötig, denn wir haben ja alle unsere früheren Verhandlungen auch mündlich geführt. Die ganze Angelegenheit ist äußerst rätselhaft. Ich bin sicher, daß bei Ihrem Vorschlag ein Hintergedanke im Spiel ist.«
Der Hintergedanke in Oberst Tschitschajews Kopf war vermutlich die Erkenntnis, wie lästig es in der Zukunft sein konnte, Ausreden für ein Dokument zu finden, in dem sich die Sowjetunion offen einer britischen Maßnahme widersetzt hatte, die der Verkürzung des Krieges dienlich war.
Nachdem Tschitschajew dem Plan der SOE, Sabotage und Panik im Herzen Nazi-Deutschlands anzurichten, ein abruptes Ende bereitet hatte, wandte er sich dem Thema zu, dem das wirkliche Interesse seiner Vorgesetzten galt. Es lag ihm daran, die vier russischen Freiwilligen zu besuchen. Jetzt seien sie in dem SOE-Schulungslager – ob er sie nicht dort aufsuchen könne?
Manderstam erklärte freundlich, da die Sowjetbehörden kein Interesse an dem geplanten Vorhaben gezeigt hätten, bestünde auch jetzt

kein Grund mehr, die Freiwilligen zu treffen. Ohnehin würden sie, da der Plan nun ins Wasser gefallen sei, sehr bald wieder in ihr Gefangenenlager zurückgeschickt werden. Dort könne Tschitschajew sicherlich über den normalen Dienstweg einen Besuch arrangieren lassen. Tschitschajew gab nicht nach: Könnte die SOE nicht bei einer Vernehmung behilflich sein? Wann würden die vier Männer in das Lager zurückkehren? Manderstam konnte keine genaue Antwort geben. Das NKWD habe Wochen gebraucht, das Hilfegesuch der SOE zu beantworten, und der britische Amtsschimmel liefe auch nicht sehr viel schneller. Er fürchtete, »es werde einige Geduld kosten«.

Nun versuchte es Tschitschajew mit einer anderen Methode. Der SOE-Vertreter in Moskau war Brigadegeneral George Hill, dessen Ankunft von den Chefs des sowjetischen Geheimdienstes mit Freude begrüßt worden war; er war auch die undichte Stelle, durch die mehr Geheimnisse als je zuvor durchsickerten.[15] Tschitschajew fragte Manderstam nun, »ob eine Möglichkeit bestehe, einen Katalog des englischen ›Spielzeugs‹ zu erhalten, der ihm offenbar von Hill versprochen worden war, als er ihn während seines letzten Englandbesuchs zu einer Besichtigung einer unserer Einrichtungen mitgenommen hatte«.

Mit »Spielzeug« waren die speziellen Sprengstoffe und andere Sabotagemittel gemeint, die die SOE an ihre Agenten in den von den Nazis besetzten Gebieten lieferte. Zu ihnen gehörten so ausgeklügelte Hilfsmittel wie Bleistiftrevolver, Gaspistolen sowie ein tödliches Gift, das außer den Symptomen endemischer Syphilis keine Spuren hinterließ. Sie wurden in einer Galerie des Naturwissenschaftlichen Museums in London aufbewahrt, das die SOE für diese Zwecke übernommen hatte.

Manderstam war jedoch nicht geneigt, Tschitschajews Bitte nachzukommen. »Ich sagte ihm, ich würde mich der Sache annehmen und erwarte selbstverständlich, auch von ihm einen ähnlichen Katalog zu erhalten. Er erklärte mir, dies sei in Ordnung, es bestünde kein Grund, ihn uns vorzuenthalten, da wir ja schließlich Verbündete seien!« Doch der SMERSCH bekam die »Spielsachen« nicht zu Gesicht, und der »Erste Kreis« des GULAG sah sich gezwungen,

einige seiner hervorragendsten Wissenschaftler von anderen Forschungen abzuziehen und mit der dankbaren Aufgabe zu betrauen, ihr eigenes »Spielzeug« zu erfinden.
Da ihm Manderstam überall im Weg stand, ging Tschitschajew sehr bald dazu über, Beschwerden über die angebliche britische Mißhandlung der russischen Gefangenen in ihren Lagern zu führen. Auf Manderstams Erwiderung, Tschitschajew selbst habe in der Vergangenheit den Engländern oft übertriebene Weichheit vorgeworfen und im übrigen seien die Tommies für ihre Gutherzigkeit bekannt, murmelte Tschitschajew: »Ja, aber man kann nie wissen, wann das Tier im Menschen zum Vorschein kommt.«
Dennoch endete das Treffen in freundlichem Ton und mit der Verabredung, am folgenden Donnerstag gemeinsam in das Savoy-Theater zu gehen.
Dieses Gespräch hätte als Vorbild dafür dienen können, wie man mit den Sowjets verhandeln mußte. Da das NKWD die britischen Vorschläge erfolgreich vereitelte, machte auch Manderstam keine Zugeständnisse. Es hatte keine gegenseitigen Anschuldigungen gegeben, und Tschitschajew hatte Manderstam sogar erneut seine Freundschaft versichert. Die Staatsmänner von Jalta und Potsdam hätten aus dem Verlauf dieser Unterredung einiges lernen können.[16]
Als jedoch Manderstam Geoffrey Wilson vom Foreign Office über das Ergebnis unterrichtete, reagierte dieser bestürzt. Wilson war nicht überrascht, daß sich die Sowjets gegen die geplante Unternehmung entschieden hatten. Es sei offensichtlich, daß sie die unbegreifliche Weigerung der SOE, dem NKWD zuvor eine Vernehmung der Freiwilligen zu gewähren, zu Recht als Beleidigung empfunden hatten. Wilsons Aktennotiz schloß mit der bissigen Bemerkung: »Ich bezweifle, daß Oberst Tschitschajew eine sehr hohe Meinung von Major Manderstam hat.« Sein Kollege Christopher Warner fügte hinzu, daß es wohl angebracht sei, Manderstam bei der nächsten Begegnung Vorhaltungen über seine Torheit zu machen.
Das Foreign Office gab der SOE Weisung, dem NKWD die 40 Russen zu übergeben, die zur Landung in Deutschland ausgebildet

worden waren. Die SOE mußte selbstverständlich gehorchen; doch als man die 40 Mann kommen lassen wollte, stellte sich heraus, daß sie gewarnt worden waren. Die SOE konnte sich nicht genug entschuldigen – die Russen seien unauffindbar. Daran ließe sich leider nichts ändern.[17]

Doch zurück zum Beschluß des Kriegskabinetts vom 4. September, der sowjetischen Forderung auf Repatriierung aller russischen Staatsbürger stattzugeben. Wie wir wissen, hatte man sich nur für eine Einschränkung entschieden: die Sowjetregierung solle die Zusicherung geben, diese repatriierten Gefangenen keiner Behandlung auszusetzen, die deutsche Repressalien herausfordern könnte.

Am 11. September stattete der sowjetische Botschafter Gussew Eden einen Besuch ab. Er war aggressiv gestimmt und überschüttete den überraschten Außenminister mit Vorwürfen. (Gussew war aus den Reihen des NKWD zum Botschafterposten aufgerückt.[18]) Er beschwerte sich vor allen darüber, daß die russischen Gefangenen in Großbritannien (deren Existenz die Sowjetregierung wochenlang ignoriert hatte) von ihren englischen Wachen mißhandelt würden und die von faschistischen Elementen verbreitete antisowjetische Propaganda eine Minderheit der Gefangenen gegen ihre Heimkehr beeinflusse. Er fügte hinzu, daß die Russen nicht wie Kriegsgefangene behandelt werden dürften, da die Mehrzahl von ihnen nur unter Zwang in deutschen Einheiten gedient hätte und daher nicht zu den feindlichen Streitkräften zu rechnen sei.[19]

Der Außenminister wußte, daß diese Beschwerden unbegründet waren. Er war verstimmt, und es folgte das, was sein Kollege Orme Sargent als »eine stürmische Unterredung« bezeichnete. Wie Eden selbst berichtet hat, war er nahe daran, dem Botschafter seinerseits Vorwürfe über seine ungerechten Anschuldigungen zu machen. Doch er beherrschte sich und begnügte sich damit, Gussew äußerst kühl zu verabschieden.

Die Kabinettsentscheidung der voraufgegangenen Woche hatte nur eine Einschränkung in bezug auf die Repatriierung der Russen enthalten. Hinterher bestätigte das Foreign Office sofort, »die Kabinettsbeschlüsse dahingehend ausgelegt zu haben, daß im Nahen Osten keine Kriegsgefangenen an die Russen ausgeliefert werden sollten, ehe die sowjetische Zusicherung vorliege.«[20] Zwei Tage später legte das Foreign Office dem Kriegsministerium einen Briefentwurf an den sowjetischen Botschafter vor, in dem ihm die Entscheidung des Kabinetts mitgeteilt und das britische Bestehen auf der Bedingung, »keine Strafen anzuwenden, die deutsche Repressalien herausforderten«, eingehend erläutert werden sollte.[21] Trotz eines Einspruchs des Generaladjutanten stimmte das Kriegsministerium dem Brieftext zu.[22]

Doch nun intervenierte Eden. Vielleicht aus dem Gefühl heraus, in der Besprechung mit Gussew zu schroff gewesen zu sein, entschied er jetzt, daß es eine überflüssige Provokation sei, irgendwelche Bedingungen zu stellen. Sir Orme Sargent rief sogleich Sir Frederick Bovenschen an, um die Zustimmung des Kriegsministeriums zu dem Vorschlag des Außenministers einzuholen. Sie wurde erteilt, und die ursprünglich vorgeschlagene Bedingung, die Sowjets sollten sich in der Behandlung der heimkehrenden Gefangenen zurückhalten, wurde endgültig fallengelassen.[23]

Jetzt ergab sich jedoch eine neue Frage, die Sir Orme Sargent in seinem Telephongespräch mit Bovenschen angedeutet hatte. Als er dazu riet, die vom Kabinett vorgeschlagene Bedingung fallenzulassen, hatte er argumentiert, »daß das Bestehen auf dieser Zusicherung . . . die Sache nur verschärfen und sich auf die russische Behandlung unserer Kriegsgefangenen auswirken würde, sobald sie aus deutschen in sowjetische Hände gerieten.«

Die Briten und Amerikaner in deutscher Kriegsgefangenschaft waren generell in den Ostgebieten des Reiches interniert, in Ostdeutschland, Polen oder den Balkanländern. Im Winter 1944/45 befanden sich laut Schätzung der alliierten Geheimdienste cirka 40000 Briten und 75000 Amerikaner in diesen Kriegsgefangenenlagern.[24] Es war daher klar, daß die meisten von ihnen von der Roten Armee während ihres Vordringens nach Polen und auf den Balkan befreit werden würden. Die umgehende und sichere Repatriierung dieser Staatsbürger nach ihrer Befreiung mußte den alliierten Regierungen oberstes Anliegen sein. Am 11. Juni 1944 baten die Chefs der britischen und amerikanischen Militärmissionen in Moskau den Generalstab der Roten Armee um Mitteilung, wenn Lager, in denen sich alliierte Kriegsgefangene befanden, befreit wurden. Die Sowjetbehörden sicherten eine zufriedenstellende Regelung zu, begannen jedoch von diesem Augenblick an, alle Bemühungen zu einer Zusammenarbeit zu vereiteln oder zu ignorieren.[25]

Nun, da die Sowjets auf Repatriierung ihrer eigenen, in Westeuropa gefangengenommenen Staatsbürger drängten, war es möglich, sie zu größerer Hilfsbereitschaft zu bewegen. Generalmajor Wassiljew von der sowjetischen Militärmission in Großbritannien deutete in der Tat an, daß »die russische Regierung ebenso bestrebt sei, unsere Leute zurückzuschicken, als sie an der Repatriierung ihrer eigenen Landsleute interessiert sei«, und er selbst schien »offensichtlich dazu bereit zu sein.«[26] Doch eine Woche später erhielt das Kriegsministerium ein beunruhigendes Telegramm von General Burrows, dem Chef der britischen Militärmission in Moskau. Er beschwerte sich, »alles nur Mögliche« sei getan worden, um die Sowjets zu bewegen, den befreiten britischen Kriegsgefangenen beizustehen, doch sei man »auf völligen Mangel an Hilfsbereitschaft seitens der Russen gestoßen.« Daher riet Burrows, »es sei wichtig, Wassiljew bei passender Gelegenheit mitzuteilen, daß die frühzeitige Auslieferung der sowjetischen Gefangenen ganz davon abhinge, welche Erleichterungen den unseren gewährt würden.«[27]

Dieser Vorschlag traf zwar auf vorsichtige Zustimmung des Kriegsministeriums, doch der Kriegsminister Sir James Grigg schlug eine resigniert-pessimistische Note an: »Ich stimme im großen und ganzen zu, bin aber versucht, dem Foreign Office vorzuschlagen, umgehend eine sehr viel schroffere Haltung einzunehmen. Doch es wird unsere Vorschläge ohnehin nicht annehmen!«[28]

Grigg hatte recht mit seiner Annahme, das Foreign Office werde vor einer so schroffen Diplomatie zurückschrecken. Es ging jedoch immerhin so weit, den Vorschlag zu machen, Wassiljew einen »deutlichen Wink« zu geben, daß es sehr viel leichter sei, den sowjetischen Forderungen stattzugeben, wenn man auch Gegenleistungen erhielte.

Am 27. September war es Brigadegeneral Firebrace von der russischen Verbindungsgruppe, der diesen »deutlichen Wink« gab. Auf höheren Befehl erklärte er Wassiljew, daß sich angesichts der sowjetischen Unnachgiebigkeit nicht die bei der Repatriierung der Russen notwendigen praktischen Maßnahmen herauszögern würden, sondern das gesetzliche Verfahren, das zunächst den Status der russischen Gefangenen in England definieren müsse. Wyschinski in Moskau und Gussew in London erhoben starken Einspruch dagegen, daß England die gefangenen Russen als Kriegsgefangene klassifiziere, da dies eine Beleidigung alliierter Staatsbürger darstelle, und verlangten, sie wie die »freien Bürger einer verbündeten Macht zu behandeln«. Die britische Regierung hatte gegen diese Änderung keine Einwände, erklärte aber, daß hierzu ein Sondergesetz – der *Allied Forces Act* – verabschiedet werden müsse, das auch die Frage der Exilregierungen, wie Frankreich und Polen, die militärische Einheiten auf britischem Boden unterhielten, regelte.

Das Foreign Office deutete an, daß sich die Verabschiedung eines entsprechenden Gesetzes verzögern könne, bis die Sowjets ihrerseits Zugeständnisse machten. Firebrace hatte zunächst Schwierigkeiten, seinem sowjetischen Gegenüber diese Situation zu erklären. Es war schwer, Wassiljew, der glaubte, es mit einer rätselhaften englischen Tücke zu tun zu haben, glaubhaft zu machen, daß in England selbst die Regierung an das Gesetz gebunden war. Unabhängig davon, ob nun Wassiljew die Feinheiten des britischen Rechtssystems begriff oder nicht, beschlossen die britischen Behörden, die Verabschiedung des Gesetzes über die Alliierten Streitkräfte solange hinauszuzögern, bis sich die Sowjets zugänglich zeigten. General Burrows in Moskau wurde über diesen Schritt unterrichtet.[29]

Leider wurde aber die Wirkungskraft dieser Drohung des Foreign Office dadurch beeinträchtigt, daß die Sowjets empörten Einspruch gegen das Gesetz über die Alliierten Streitkräfte erhoben. Da sie den Zweck dieses Gesetzes mißverstanden, widersetzten sie sich monatelang seiner Anwendung und gaben erst im folgenden Jahr ihre Einwilligung. Ende September wurde die Lage von Oberst Phillimore im Kriegsministerium folgendermaßen zusammengefaßt:

»Die Situation ist folgende: Wir sind verpflichtet, den russischen Forderungen stattzugeben, und uns ihnen auch weitgehend entgegenkommend zu zeigen, jedoch mit der endgültigen Lösung sowie der Klärung der wichtigen Fragen der Verantwortlichkeit und des Status zu warten, bis wir Zugeständnisse von den russischen Behörden in Moskau erhalten . . . Inzwischen üben die Russen nicht nur hier, sondern jetzt auch in den Staaten starken Druck aus, und Sie werden ihre Taktik bemerkt haben, jede ihrer Noten mit einer Reihe von Beschwerden zu beginnen . . .«[30]

Die bissigste Beschwerde kam in Form eines Briefes, den Gussew am 27. September an Eden sandte, der in bedrohlichem Ton alle Vorwürfe wiederholte, die er in seiner Unterredung mit dem Außenminister am 11. September angebracht hatte.[31]

Hier muß daran erinnert werden, daß Gussew bis zu dem Zeitpunkt keine schriftliche Mitteilung über den Kabinettsbeschluß erhalten hatte, der vorsah, den sowjetischen Wünschen in bezug auf die Repatriierung nachzukommen, und sich daher vielleicht der britischen Bereitwilligkeit nicht sicher war. Wahrscheinlich fühlte er sich auch gezwungen, mit solchen pauschalen Beschuldigungen, man habe versucht, die Loyalität der Russen zu untergraben, vorbeugend eine Erklärung zur Hand zu haben, falls es Unruhen oder Proteste von seiten der Russen geben würde, die sich ihrer Heimkehr widersetzten. Wenn er den Briten die direkte oder indirekte Verantwortung hierfür zuschob, konnte er sie vielleicht dazu bewegen, sich der unangenehmen Aufgabe zu unterziehen, diese Proteste zu unterdrükken.

Die britischen Behörden waren über diese Unterstellungen äußerst aufgebracht und machten sich daran, eine eingehende Widerlegung der Anschuldigungen Gussews abzufassen und ihre Unrichtigkeit in allen Einzelheiten nachzuweisen.[32] Diesmal waren die Sowjets zu weit gegangen, und es war erforderlich, ihnen ihren Irrtum in aller Deutlichkeit darzulegen. Offenbar kam es niemandem im Foreign Office in den Sinn, daß die Sowjets über die wirkliche Lage durchaus im Bilde waren und ihre Attacke nur aus taktischen Gründen ritten. Ein weiterer Wandel der sowjetischen Methoden folgte jedoch kurz darauf.

General Burrows telegraphierte aus Moskau, sein neuer sowjetischer Partner, der seinen Posten gerade übernommen habe, sei »sehr freundlich eingestellt und habe versprochen, die Angelegen-

heit der Repatriierung befreiter britischer Soldaten zu beschleunigen. Er versicherte, in der Lage zu sein, mir zu erklären, daß alle Befehlshaber der Roten Armee instruiert worden seien, den befreiten alliierten Kriegsgefangenen die bestmögliche Betreuung angedeihen zu lassen. Ich teile Ihnen dies sofort mit, da dies das erste Anzeichen einer hilfsbereiten Haltung des sowjetischen Generalstabs ist.«[33]
Zwei Tage darauf beklagte sich jedoch Wischinski beim britischen Botschafter in Moskau über die schlechte Behandlung, der die Russen in Großbritannien ausgesetzt seien.[34] Für die Briten war es sehr verwirrend, abwechselnd gelobt und getreten zu werden, so als ob die Sowjetbeamten Weisung erhalten hätten, mit den Engländern genauso zu verfahren wie ihr Pawlow mit seinen Hunden.
Während die Briten hin- und hergerissen wurden, nahmen die Ereignisse plötzlich eine neue Wendung. Churchill war in zunehmendem Maße über den scheinbaren Widerstreit der alliierten Interessen in Polen und auf dem Balkan beunruhigt und schlug vor, zusammen mit Eden nach Moskau zu fahren und den Versuch zu unternehmen, diese Fragen mit Stalin persönlich zu regeln. Am 1. Oktober kam eine Zusage aus Moskau, und es wurde vereinbart, daß beide in der folgenden Woche dorthin fahren würden.[35] Nun war endlich die Gelegenheit gekommen, die ganze widrige Angelegenheit der befreiten russischen und britischen Gefangenen zu erörtern.
Sowohl das Foreign Office als auch das Kriegsministerium bereiteten in aller Eile ausführliche Memoranden für den Außenminister vor.
Die wichtigsten Ziele waren:
1. Die Sowjets zur Mitarbeit an den Vorkehrungen für die Betreuung und Rückführung der von der Roten Armee befreiten britischen Kriegsgefangenen zu bewegen.
2. Ihren Gastgebern zu versichern, daß die in England, Frankreich und dem Nahen Osten internierten Russen repatriiert würden, sobald es die mit der Bereitstellung der Transportmittel verbundenen praktischen Probleme zuließen.
3. Da sie sich so halsstarrig dem Kriegsgefangenen-Status ihrer Staatsbürger in England widersetzten, die Sowjets davon zu über-

zeugen, das Gesetz über die Alliierten Streitkräfte als einzig mögliche Alternative zu akzeptieren.

4. Die Anklagen, die Gussew erhoben hatte, zu widerlegen.[36]

Inzwischen hatten die britischen Generalstabschefs dem Foreign Office mitgeteilt, daß geeignete Mittel für den Rücktransport der Russen zur Verfügung stünden »und es daher möglich wäre, die Repatriierung von 11 000 Leuten durchzuführen, ohne unsere anderen Verpflichtungen zu beeinträchtigen, vorausgesetzt, die hierzu verwendeten Schiffe können Ende November wieder in Großbritannien sein.« Sie deuteten des weiteren an, daß angesichts der bisherigen sowjetischen Haltung »die Russen geneigter sein würden, unseren Wünschen nachzukommen, wenn wir nicht den ersten Schritt tun.«[37] Dies war das letzte Mal, daß vorgeschlagen wurde, die Sowjets an ein Übereinkommen zu binden, das gegenseitige Verpflichtungen bei der Repatriierung der Gefangenen festlegte. Doch wieder einmal nahmen die Ereignisse eine dramatische Wendung.

Am 11. Oktober 1944, zwei Tage nachdem die Stabschefs diese Empfehlung gemacht hatten, waren die beiden britischen Politiker Gastgeber bei einem Abendessen, das in der britischen Botschaft in Moskau zu Ehren Stalins und Molotows gegeben wurde. Der Vortag war schön und sonnig gewesen, und sowohl der Premier als auch der Außenminister hatten Grund, sich gut gelaunt und optimistisch zu fühlen. Sie hatten soeben schnelle und geschickte Verhandlungen geführt, als deren Ergebnis die Mehrzahl der Balkanländer in Zukunft unter sowjetischer Kontrolle stehen würde.[38] Molotow hatte an diesem Nachmittag in ungewöhnlich wohlwollender Stimmung einen Besuch abgestattet, und dieses Zusammentreffen der alliierten Oberhäupter schien viele Verhandlungen, die sich sonst auf ungewisse Zeit hinausgezogen hätten, zu einem erfolgreichen Abschluß zu bringen.

Um neun Uhr abends erschienen die Gäste, und alle setzten sich in bester Laune zu Tisch. Eden hatte Gelegenheit, sich eingehend mit Stalin zu unterhalten, der von ihm nur durch den Dolmetscher Pawlow getrennt war. Der Sowjetführer war in bester Form und legte abwechselnd Witz, Humor und milde Weisheit an den Tag. Er

machte witzige Bemerkungen auf Kosten der schwierigen Polen und begann mit der langwierigen Erzählung eines Witzes (den Eden nicht ganz verstehen konnte) über eine Ladung Krimwein, die von den Deutschen abgefangen worden war. Eden fühlte, wie seine frühere Bewunderung für Stalin erneut auflebte. Neun Jahre zuvor war Eden diesem außergewöhnlichen Mann zum erstenmal begegnet und hatte sogleich eine undefinierbare Achtung für ihn empfunden, die sich über alle Schranken der Klasse, Ideologie und Nationalität hinwegsetzte. Im Jahre 1935 hatte er festgestellt, daß »Stalin mich vom ersten Augenblick an beeindruckt hat, und meine Meinung über seine Fähigkeiten hat sich seither nicht geändert. Seine Persönlichkeit kam ohne Anstrengung oder Übertreibung zur Geltung. Gute Manieren schienen ihm angeboren, vielleicht war dies ein georgisches Erbteil. Obwohl ich wußte, daß dieser Mann keine Gnade kannte, hatte ich Achtung vor seiner Intelligenz und empfand sogar eine Sympathie, die ich mir selbst nie ganz erklären konnte.«[39]
Plötzlich wurde Stalin ernst und wandte sich, mit einem Seitenblick auf Eden, einem neuen Gesprächsthema zu. Was nun folgte, war für Eden so befriedigend und aufregend, daß seine Euphorie sich auch in dem Telegramm niederschlug, das er am folgenden Tag an Sir Orme Sargent nach London schickte.
»Während des gestrigen Abendessens wandte sich mein Gespräch mit Marschall Stalin auch kurz den russischen Truppen zu, die wir in England haben. Der Marschall erklärte, daß er sehr dankbar für jede Maßnahme wäre, sie hierher zurückzuschicken. Ich erwiderte, daß ich mich gern behilflich zeigen würde und daß wir, trotz der beachtlichen Transportschwierigkeiten, im Begriff seien, sie erneut zu prüfen, sowohl was Truppenschiffe für den Transport der Leute als auch die notwendigen Begleitschiffe angehe. Der Marschall wiederholte, daß er uns zutiefst verbunden wäre, wenn wir entsprechende Vorkehrungen treffen könnten. Ich antwortete, er könne sicher sein, daß wir unser Mögliches tun würden, um dabei behilflich zu sein, und daß ich meinerseits auch sicher sei, daß seine Regierung unseren Gefangenen jede Hilfe leisten werde, sobald die Rote Armee die Gefangenenlager erreichte, in denen sie interniert sind. Der Marschall versicherte mir sogleich, daß dies geschehen werde. Er

werde sich persönlich um die Angelegenheit kümmern, und er gab mir sein Wort, unseren Soldaten jede Betreuung und Aufmerksamkeit zukommen zu lassen.

Ich finde, daß es in Anbetracht dieser Unterhaltung unklug wäre, wenn wir versuchten, den Rücktransport der Russen zum Tauschobjekt für die gute Betreuung unserer Soldaten zu machen, sondern daß wir statt dessen Vorkehrungen treffen sollten, und sobald wir den Russen definitiven Bescheid über unsere diesbezüglichen Maßnahmen geben können, sie zugleich auch an das erinnern sollten, was mir Marschall Stalin für unsere Soldaten zugesichert hat.«[40]

So war die ganze Frage der Gefangenen im Nu gelöst worden! Die Staatsmänner lachten, tranken und unterhielten sich bis in die frühen Morgenstunden. Als Eden am nächsten Tag müde, aber heiter aufstand, war es schon beinahe Mittag. Am Abend hatte er noch schnell das oben zitierte Telegramm an Sir Orme Sargent abgeschickt. Es kreuzte sich durch Zufall mit einer Botschaft Sargents, der offenbar Edens Ansicht vorweggenommen hatte, ebenfalls riet, allen Tauschhandel beiseite zu lassen, und statt dessen eine Taktik empfahl, »die die feindselige Atmosphäre freundlicher machte.«[41] Staatssekretär Sir Alexander Cadogan schrieb, die ganze mißliebige Angelegenheit sei nun »geklärt durch die sehr befriedigende Zusicherung, die Marschall Stalin meinem Außenminister gegeben hat.«[42] Die Stabschefs gaben sofort Anweisung, Maßnahmen für die rasche Rückführung der russischen Gefangenen zu treffen, und nach vier Tagen wurde Cadogan mitgeteilt, daß am 23. Oktober zwei Truppenschiffe zu diesem Zweck bereitgestellt würden.[43] Eden war überzeugt davon, daß angesichts der Zusicherungen Stalins jeglicher Handel außer Frage stand. Er gab auch die Idee auf, die in Gussews »unhöflichem Brief« enthaltenen Punkte zu beantworten, da das »die Kontroverse wieder eröffnen könnte.«[44] Die neue Haltung wurde von Bovenschen im Kriegsministerium wie folgt zusammengefaßt:

a) Repatriierung geht weiter

b) keinen unhöflichen Brief an die Botschaft

c) keine Anordnung nach dem Gesetz (über die Alliierten Streitkräfte), bis wir vom Außenministerium Weisung erhalten.[45]

Am 16. Oktober um 16.30 Uhr hatte Eden eine Unterredung mit Molotow im Kreml. Er erklärte, daß bereits Vorkehrungen getroffen würden, die ersten 11000 russischen Staatsbürger zu repatriieren, und daß der Rest so schnell wie möglich folgen werde. Molotow gab seiner Dankbarkeit hierüber Ausdruck und ging dann auf einen Punkt ein, der der Sowjetführung besonders am Herzen lag:

> War die Regierung Seiner Majestät der Auffassung, daß alle Sowjetbürger, ohne Ausnahme, so schnell wie möglich an Rußland ausgeliefert werden sollten?
>
> EDEN bejahte dies und erklärte, die notwendigen Schiffe seien bereitgestellt worden.
>
> MOLOTOW sagte, er sei an dieser Frage prinzipiell interessiert. Bisher habe er keine diesbezügliche Antwort von der britischen Regierung erhalten.
>
> EDEN antwortete, daß er keinerlei Zweifel darüber hege . . .
>
> MOLOTOW erwiderte, er sei dankbar, doch die Frage betreffe die Rechte der Sowjetregierung und der Sowjetbürger. Es sei nicht nur eine Transportfrage. Ob die britische Regierung mit ihnen einig sei, daß die Frage der Rückkehr sowjetischer Bürger nach Rußland nicht durch Befragung der einzelnen nach ihren diesbezüglichen Wünschen gelöst werden könne? Einige der Sowjetbürger könnten nicht gewillt sein zurückzukehren, weil sie den Deutschen geholfen hatten, doch die Sowjetregierung fordere die Repatriierung all ihrer Staatsangehörigen.
>
> EDEN erwiderte, daß er nichts dagegen habe. Die britische Regierung wünsche, alle diese Männer unter sowjetische Verwaltung und Disziplin zu stellen.
>
> MOLOTOW betonte, daß den Sowjetbehörden die Entscheidung über ihre eigenen Bürger zukomme.
>
> EDEN stimmte zu, daß . . . die Russen in England bis zu ihrer Rückkehr, innerhalb der Grenzen der britischen Gesetzbarkeit, unter sowjetischer Oberhoheit stehen sollten.

Molotow beendete die Besprechung in der üblichen Sowjetmanier und brachte anscheinend willkürlich herausgegriffene Beschwerden über die Zustände in einem bestimmten britischen Gefangenenlager vor.[46] Die Anklagen waren jedoch ungewöhnlich zahm, so als ob sich selbst Molotow dessen bewußt gewesen wäre, daß ihm Eden keine weiteren Zugeständnisse machen konnte.

Eden schickte ein Telegramm über seinen neuesten Erfolg nach London,[47] und ehe der Moskaubesuch, dessen Deckname »Tolstoi« war, zu Ende ging, tauschte auch Churchill noch ein paar scherzhafte Worte mit Stalin über das Abkommen aus.

> DER PREMIERMINISTER sagte ... da sie gerade über Essen sprächen, Britannien sei es auf Marschall Stalins Bitte hin gelungen, 45 000 Tonnen Corned beef an die Sowjetunion zu schicken. Wir seien auch dabei, ihm 11 000 ehemalige sowjetische Kriegsgefangene zu schicken, um das Fleisch zu verzehren.
>
> MARSCHALL STALIN erwiderte, daß er Hitler nicht gern essen würde. Was die sowjetischen Kriegsgefangenen anginge, so seien viele gezwungen worden, für die Deutschen zu kämpfen, während andere es freiwillig getan hätten.
>
> DER PREMIERMINISTER wies auf unsere Schwierigkeit hin, zwischen beiden Gruppen zu unterscheiden. Da sie sich uns ergeben hätten, käme uns auch ein Recht zu, für sie zu sprechen, und er hoffe, daß alle nach Rußland zurückgeschickt werden würden.[48]

Zur gleichen Zeit, als dieses bizarre Gespräch stattfand, wurde der unglücklichen britischen Delegation eine *note verbale* übermittelt. Sie enthielt einen weiteren Angriff auf die britische Behandlung der sowjetischen Gefangenen, wiederholte alle vorherigen von Gussew angeführten Beschwerden und fügte noch eine Reihe weiterer hinzu.[49] Vielleicht war die britische Delegation zu ehrerbietig gewesen, und die Sowjets hegten nun den Verdacht, daß sie irgendeinen Betrug oder eine Einschränkung im Schilde führten.

4

Das britische und amerikanische Abkommen in Jalta

Am 6. März 1931 hatte Churchill, der sich damals in der politischen Wüste befand, bei einem Treffen in der Royal Albert Hall in London eine Rede gehalten. Die Kundgebung fand statt, »um gegen die Brutalitäten in den sowjetischen Gefangenenlagern zu protestieren und zu fordern, daß die Einfuhr von Gefangenen hergestellter Güter nach England verboten werden sollte.« Er nahm kein Blatt vor den Mund, schilderte die furchtbaren Zustände in den russischen Holzarbeiterlagern und fuhr dann, wie die *Times* am nächsten Tag berichtete, folgendermaßen fort:

»Die Zustände dort kämen der Sklaverei gleich. Die Regierung übe eine despotische Macht aus, die sie gegen ihre politischen Gegner einsetze, die zu Zehntausenden in diese grauenvollen Lager geschickt werden . . . Wenn wir heute erführen, daß die Regierung für diese Schurkereien in Rußland Entschuldigungen fände und diejenigen lobte, die sie bestochen haben (Beifall) – wenn wir uns dieser Situation gegenüber sähen und eine gewisse Trägheit in unserem Leben empfänden, dann deshalb, weil wir augenblicklich – dies müßten wir ehrlich zugeben – durch eine Phase der Schwäche und Verwirrung gehen . . . Wenn die Anwesenden für die vorgeschlagene Entschließung stimmten, bekundeten sie damit ihren eindeutigen Protest gegen ein System der Gefangenen- und Zwangsarbeit in Rußland, das, um mit Mr. Gladstone zu sprechen, ›in den finsteren und traurigen Annalen der menschlichen Verbrechen kaum seinesgleichen hat.‹«[1]

Inzwischen waren vierzehn ereignisreiche Jahre vergangen, in denen dank Stalins Säuberungsaktionen und seiner Wirtschaftspolitik die Bevölkerung der Zwangslager von den zwei Millionen[2], für die sich Churchill in der Albert Hall verwandt hatte, auf das Acht- oder Zehnfache angestiegen und das riesige Reservoir an Zwangsarbeitskräften, das von den GULAG-Behörden verwaltet wurde, zu einem wichtigen Faktor der sowjetischen Wirtschaft geworden war. Es gehört daher zu den Ironien der Geschichte, daß Churchill beinahe mit einem Schiffstransport solcher zukünftiger Sklaven zur Krimkonferenz gereist wäre. »Marschall Stalin«, so führte General Sir Hastings Ismay am 1. Januar 1945 in einem Schreiben an den Premierminister aus, »drängt uns, die Sowjetbürger, die wir an der Westfront gefangengenommen haben, auszuliefern, und es wird jetzt vorgeschlagen, wenn Ihnen das recht ist, ein- oder zweitausend von ihnen auf der *Franconia* zu verschiffen. Man versichert mir, daß man sie völlig getrennt von unserer Reisegesellschaft unterbringen könnte, mit annehmbaren sanitären Einrichtungen. Am Ziel werden sie selbstverständlich sofort ausgeladen, so daß sie uns keinesfalls behindern würden.«[3]

Dieser Vorschlag wurde jedoch nicht aufgegriffen, und es mußte ein anderer Weg gefunden werden, die Opfer zurückzuschicken. Natürlich stand auch Churchill, aufgrund der umwälzenden Ereignisse des Zweiten Weltkrieges in einer Situation, die sich von der des Jahres 1931 gründlich unterschied.

Das Abkommen, das man während der »Tolstoi«-Konferenz in Moskau getroffen hatte, hatte viele wichtige Einzelheiten offen gelassen. Auf britischer Seite gab es Fragen des Unterhalts der befreiten Russen, der Verantwortlichkeit für sie sowie ihres rechtlichen Status. Darüber hinaus bestand das rein praktische Problem, wie man die vielen Tausende, die in den Lagern Europas und des Nahen Ostens interniert waren, in ihre Heimat zurückbringen könne. Was die alliierten Gefangenen in Osteuropa anging, so hatten England und die Vereinigten Staaten die Absicht, Verbindungsoffiziere hinter die Front der Roten Armee zu schicken, um mit ihren Staatsbürgern Kontakt aufzunehmen, die nach ihrer Befreiung verwirrt und halb verhungert umherirrten. Wie schnell würde sich ein Gefangenenaustausch auf dem Landweg bewerkstelligen lassen, nachdem sich die russischen und amerikanischen Streitkräfte im Herzen Deutschlands vereint hatten? Diese und alle hiermit verbundenen Fragen warteten auf eine Klärung, und so standen die Großen Drei in Jalta der Aufgabe gegenüber, Grundregeln für den Massenaustausch ihrer Truppen festzulegen.

Die amerikanische Seite war sich eine geraume Weile nach der Invasion in der Normandie kaum dessen bewußt, daß es irgendwelche Probleme geben könnte. Das rührte nicht daher, daß die Amerikaner weniger russische Gefangene in ihrer Obhut hatten als die Engländer. In den ersten Invasionstagen waren zunächst nur vereinzelte Russen gefangengenommen worden. Doch nun fielen Tausende in amerikanische Hände, und sofort begannen die Sowjets mit ihren üblichen scharfen Beschwerden.

Einen Monat nach dem Tag der Invasion wurde zum Beispiel dem US-Außenminister Cordell Hull eine Beschwerde übergeben, in der behauptet wurde, daß einer von Eisenhowers Stabsoffizieren in London eine sehr abfällige Erklärung über die russischen Gefangenen abgegeben habe. Eine sorgfältige Untersuchung der Amerikaner ergab, daß keine entsprechende Erklärung abgegeben worden war, obwohl Berichte ähnlichen Inhalts, wie sie der sowjetische Sprecher angeführt hatte, von amerikanischen Kriegskorrespondenten nach Hause geschickt worden waren. Es war ohnehin nicht ganz einfach zu erkennen, was in diesem von den Sowjets zitierten Bericht so beleidigend gewirkt hatte. Er erzählte von den entsetzlichen Entbehrungen und Grausamkeiten, die viele der Russen dazu geführt hatten, höchst widerwillig deutschen Einheiten beizutreten. Er schilderte, wie viele die erste sich bietende Gelegenheit zu desertieren wahrgenommen (in einigen Fällen hatten sie sogar ihre deutschen Feldwebel erschossen) und sich später den örtlichen Antinazi-Partisanengruppen angeschlossen hatten. Der Bericht erklärte deutlich, daß es den Nazis kaum je gelungen war, Herz und Verstand ihrer Zwangsrekruten zu gewinnen, und daß die »Mehrzahl dieser Soldaten sich ihre moralischen Prinzipien und politischen Ansichten unangetastet erhalten hatten und sich als Bürger der UdSSR betrachteten«.

Wogegen richtete sich also die scharfe Beschwerde der Sowjetbehörden?

Die Antwort ist in einem kleinen Nebensatz zu suchen, in dem erklärt wurde, daß ungefähr zehn Prozent der Russen in deutschen Diensten »als pro-deutsch angesehen werden könnten«, während dieser »Prozentsatz im Falle der früheren Offiziere der Roten Armee etwas höher liege«.[4] Die Sowjetunion wollte nicht öffentlich zugeben, daß irgendeiner ihrer Untertanen ihrem marxistischen Regime feindlich gegenüberstand, und noch weniger, daß dieser Prozentsatz höher war als bei jedem anderen der kriegführenden Staaten.

Zunächst sahen die Amerikaner ihre russischen Gefangenen nicht als Problem an. Sie trugen zumeist deutsche Uniform und waren Mitglieder deutscher Einheiten. Daher behandelten die Vereinigten Staaten sie ebenso wie alle anderen deutschen Kriegsgefangenen. In der Praxis bedeutete dies drei verschiedene Verhaltensweisen der drei großen Armeegruppen, die in Frankreich gegen die Wehrmacht kämpften. Im Norden stand die 21. Armeegruppe unter Montgomery. Bis zum September 1944 wurden alle in diesem Bereich festgenommenen Kriegsgefangenen in britische Lager transportiert. In der Mitte stand die 12. amerikanische Armeegruppe unter Omar Bradley. Sie internierte die Russen im befreiten Frankreich in Kriegsgefangenenlagern unter amerikanischer Verwaltung. General Devers 6. amerikanische Armeegruppe in Südfrankreich schickte ihre russischen Gefangenen in britisch verwaltete Lager in Nordafrika.[5] So waren nur die von Bradleys Truppen gefangenen Russen ein unmittelbares Problem der Amerikaner, die jedoch zwischen ihnen und den deutschen Kriegsgefangenen keinen Unterschied machten.

Wie schon im voraufgegangenen Kapital erwähnt, hatten die Briten bereits mit ihren eigenen Annäherungen an die Sowjetregierung begonnen. Zur gleichen Zeit, als Eden Molotow nach seinen Wünschen in bezug auf die russischen Gefangenen fragte, wies er den britischen Botschafter in Washington, Lord Halifax, an, die amerikanische Regierung über die bestehende Situation in Kenntnis zu setzen, »da es wünschenswert erscheint, die Behandlung dieser russischen Staatsbürger weitgehend parallel laufen zu lassen«.

Jede Entscheidung über das endgültige Schicksal der Gefangenen mußte natürlich auf die noch ausstehende Antwort Molotows warten. Der Telegrammentwurf des Foreign Office an Lord Halifax enthielt die vorgeschlagene Forderung an die Russen, keinen der repatriierten Gefangenen vor Gericht zu stellen, um deutsche Re-

pressalien zu vermeiden. Diese Bedingung war jedoch im Telegramm nicht enthalten, so als ob der spätere Rückzieher, was diesen Punkt betraf, schon vorweggenommen worden wäre.[6]
Etwa zur gleichen Zeit kam eine Anfrage aus dem SHAEF-Hauptquartier, ob es möglich sei, Russen, die als Zwangsarbeiter der Organisation Todt gefangengenommen worden seien, zur Errichtung alliierter Militärinstallationen hinter der Front zu verwenden.[7]
Die Antwort der Vereinigten Staaten war prompt und unnachgiebig. *Alle* Gefangenen in deutscher Uniform seien als unter die Regeln der Genfer Konvention von 1929 fallend zu betrachten, da sowohl Großbritannien und die Vereinigten Staaten als auch Deutschland Unterzeichner seien. Sie könnten daher nicht zu Arbeiten angestellt werden, die mit der alliierten Kriegführung in Verbindung stünden (da dies vom Artikel 31 der Konvention ausdrücklich verboten wird), und nur diejenigen, die eindeutig wieder in die Rote Armee aufgenommen werden würden, sollten repatriiert werden. Es wurde befürchtet, daß jede andere Lösung die Gefahr deutscher Repressalien gegen alliierte Kriegsgefangene nach sich ziehen könnte.[8]
Gleichzeitig war sich die amerikanische Regierung ebenso wie die britische dessen bewußt, daß eine Entscheidung über die Behandlung und Rückführung ihrer russischen Gefangenen bis zu einem gewissen Grad von der Frage der von der Roten Armee befreiten amerikanischen Kriegsgefangenen abhängig gemacht werden mußte. Ihr Status war nicht der gleiche, da die Amerikaner lediglich befreite Kriegsgefangene waren, während die Russen in deutschen Uniformen in Gefangenschaft kamen. Unter den Russen gab es auch viele Zivilisten, die ein weiteres Problem darstellten. Doch die Fragen der Betreuung, des Unterhalts und der schließlichen Repatriierung der jeweiligen Staatsbürger waren ähnlich und wurden während der Verhandlungen unweigerlich miteinander verknüpft.
Schon am 11. Juni 1944 hatten die Chefs der britischen und amerikanischen Militärmissionen in Moskau mit dem sowjetischen Generalstab Verbindung aufgenommen und ihn gebeten, Maßnahmen in bezug auf die Betreuung der von der Roten Armee während der be-

vorstehenden Offensive befreiten alliierten Kriegsgefangenen zu treffen. Am 30. August schlug der Botschafter der Vereinigten Staaten, Harriman, Molotow Maßnahmen für die gegenseitige Hilfeleistung in einer Angelegenheit vor, die so offenbar dazu angetan war, immer größere Besorgnis zu erregen.[9]

Molotow ließ mit seiner Antwort drei Monate auf sich warten. Als sie schließlich eintraf, enthielt sie weitgehend willkürliche Beschwerden.

In der Zwischenzeit hatte sich jedoch Andrei Gromyko, der sowjetische Botschafter, an das amerikanische State Department gewandt und die sofortige Repatriierung (auf amerikanischen Schiffen) aller russischen Kriegsgefangenen in amerikanischen Händen gefordert. Sein besonderes Anliegen galt jenen Russen, die mit Tausenden deutscher Kriegsgefangener über den Atlantik gebracht worden waren und sich nun auf amerikanischem Boden befanden. Er bat und erhielt auch die Erlaubnis, daß ein sowjetischer Repräsentant 17 im Lager Patrick Henry in Virginia internierten Russen einen Besuch abstattete. Darauf besuchte der Erste Sekretär der Botschaft, Basykin, das Lager und kehrte mit Berichten über schlechte Behandlung und die Verbreitung antisowjetischer Propaganda zurück. Gromyko nahm die Gelegenheit wahr, am 12. September eine ernste Beschwerde an den Unterstaatssekretär Stettinius zu richten.[10] Eine weitere Beschwerde folgte fast auf dem Fuße: die Vereinigten Staaten hätten einige der gefangenen Russen für ihre Streitkräfte rekrutiert. Diese sowie auch die Klage, daß die Gefangenen antisowjetischer Propaganda ausgesetzt wurden, wurde von den Amerikanern mit unverhohlenem Sarkasmus abgewiesen.[11]

In ihren Verhandlungen mit den Vereinigten Staaten wiederholten die Sowjets keine der beiden Klagen je wieder. Doch auf die wichtigere Forderung, nämlich alle russischen Gefangenen umgehend in die UdSSR zu repatriieren, stand die Antwort noch aus. Am 15. September telegraphierte Außenminister Cordell Hull dem amerikanischen Botschafter Averell Harriman ein volles Resümee der von der amerikanischen Regierung in der Frage der russischen Gefangenen eingenommenen Haltung und wies ihn zur gleichen Zeit an, die sowjetischen Wünsche in dieser Hinsicht zu erkunden.

Hull begann mit der eindeutigen Feststellung: »Solange sie in amerikanischer Gefangenschaft bleiben, werden sie den Status deutscher Kriegsgefangener beibehalten und auch nach den Regeln der Genfer Konvention für Kriegsgefangene behandelt werden.« Er fügte hinzu, daß jeder, der beanspruche, sowjetischer Staatsangehöriger zu sein, auf eigenen Antrag in die UdSSR repatriiert werden würde. Doch niemand sollte zur Rückkehr gezwungen werden, »um die Gefahr von Repressalien gegen Amerikaner in Feindeshand zu vermeiden.« Diese Haltung war den Sowjets bereits am 13. Dezember 1943 mitgeteilt worden.

Nach dem Besuch der sowjetischen Repräsentanten hatte eine Reihe der Gefangenen tatsächlich ihre Repatriierung gefordert, und ihr war auch stattgegeben worden. Nun bedurfte es einer formellen Stellungnahme der Sowjetregierung, »um festzustellen, was die Wünsche dieser Regierung in bezug auf die Verfügung über jene Personen sind, die Anspruch auf sowjetische Staatsbürgerschaft oder Nationalität haben«.

Hull schlug Harriman vor, seine Stellungnahme mit dem britischen Botschafter (Sir Archibald Clark Kerr) zu koordinieren, da das Foreign Office kürzlich ähnliche Anfragen an die sowjetische Botschaft in London gerichtet habe.[12]

Es läßt sich jedoch ein grundlegender Unterschied zwischen der englischen und amerikanischen Haltung feststellen. Hull lag lediglich daran, für jene Russen Vorkehrungen zu treffen, die beanspruchten, sowjetische Staatsbürger zu sein, oder ihre Repatriierung wünschten. Die Briten hingegen hatten Botschafter Gussew gebeten, ihnen die sowjetischen Wünsche bezüglich *aller* Gefangenen mitzuteilen, die jetzt sowjetische Staatsbürger waren oder es früher gewesen waren. Bei der Kabinettsitzung vom 4. September hatten sie von vornherein beschlossen, *alle* russischen Gefangenen auszuliefern, falls die Sowjetregierung dies fordern sollte. Diese Entscheidung war jedoch geheim und dem State Department bisher unbekannt.

In allen Fällen, in denen das State Department einwilligte, von der strikten Anwendung der Prinzipien der Genfer Konvention abzuweichen, ist es klar, daß dies mit dem größten Widerstreben geschah und nur als Folge äußersten politischen Drucks. Die Haltung des Foreign Office unterschied sich beträchtlich hiervon und versuchte, den sowjetischen Wünschen unaufgefordert entgegenzukommen. Die Vereinigten Staaten sollten nun zum erstenmal feststellen, wie sehr sich der Standpunkt ihres Verbündeten von ihrem unterschied. Die Nachricht kam von dem politischen Ratgeber der Vereinigten Staaten in Italien, Alexander C. Kirk. Zu der Zeit, als Stalins Terror den Höhepunkt erreichte, war Kirk Geschäftsträger der amerikanischen Botschaft in Moskau gewesen und war daher in der Lage, eindeutig die tragischen Möglichkeiten abzuschätzen, die sich aus Englands Aufgabe seiner traditionellen Prinzipien ergaben.[13]

Aus dem Alliierten Hauptquartier in Caserta sandte er folgendes Telegramm an Cordell Hull:

»Laut Informationen, die das Alliierte Hauptquartier vom Kriegsministerium in London erhalten hat, ist mit der Sowjetregierung ein Abkommen über die Repatriierung der jetzt und in Zukunft als Kriegsgefangene im Nahen Osten befindlichen sowjetischen Staatsbürger getroffen worden, ungeachtet dessen, ob diese Personen nach Rußland zurückkehren wollen oder nicht. In Zukunft sollen von den Sowjetbürgern keine Erklärungen darüber angenommen werden, ob sie bereit sind, in ihr Heimatland zurückzukehren. London hat dem Nahen Osten Weisung gegeben, dieses Abkommen baldmöglichst in Anwendung zu bringen und umgehend Vorkehrungen für den Abtransport dieser Personen nach Teheran zu treffen. Macmillan (damals britischer Gesandter beim Alliierten Hauptquartier in Caserta) hat vom Foreign Office offenbar entsprechende Weisungen erhalten.«

Am nächsten Tag fuhr Kirk in einem weiteren Telegramm fort: »Ich nehme an, das State Department erwägt die Ratsamkeit, die Methoden zu prüfen, die unter Umständen angewendet werden, um diese russischen Kriegsgefangenen, die nach den bisherigen Bestimmungen die Wahl hatten, ihren Kriegsgefangenenstatus beizubehalten, zur Rückkehr nach Rußland zu zwingen. Um so mehr, als ich höre, daß einige von ihnen von unseren Streitkräften gefangengenommen und den Briten zu einer Zeit übergeben wurden, als sie noch diese Wahl besaßen.«

Dieser letzte Satz bezog sich auf die Russen, die sich der 6. amerikanischen Armeegruppe in Südfrankreich ergeben hatten, aus praktischen Erwägungen in ägyptische Lager überführt und folglich britischer Kontrolle überantwortet worden waren. Angesichts des neuesten Kurswechsels der britischen Politik bestand nun die ernsthafte Gefahr, daß die Briten die von den Amerikanern inhaftierten Russen an die UdSSR ausliefern würden. Die USA konnten sich daher ohne eigenes Verschulden dem Vorwurf aussetzen, eine Verletzung der Genfer Konvention erlaubt zu haben, mit dem sich daraus ergebenden Risiko deutscher Repressalien. Die Amerikaner hatten über viertausend Russen an die Briten übergeben.

Macmillan übermittelte dem Foreign Office Kirks Einstellung und Bericht. Auf offizieller britischer Seite nahm man die amerikanischen Besorgnisse jedoch nicht allzu ernst. Patrick Dean vom Foreign Office erklärte, die Auslieferung der Russen stelle keine Verletzung der Konvention dar, und Oberst Phillimore vom Kriegsministerium meinte, »wenn die Vereinigten Staaten dies nicht anerkennen wollen, müssen sie eben die Gefangenen zurücknehmen.«[14] Man hatte jedenfalls nicht vor, die britischen Maßnahmen durch amerikanische Empfindsamkeit aufhalten zu lassen. Bisher verhinderte der Mangel an Transportschiffen die Rückkehr der Gefangenen nach Rußland. Doch im Nahen Osten waren bereits Weisungen eingetroffen, die die Repatriierung der dort internierten Gefangenen anordneten, »ungeachtet dessen, ob einzelne zurückkehren wollen oder nicht«. Der Oberbefehlshaber in Persien und Irak fragte an, wie die heimkehrenden Russen behandelt werden sollten. »Als freundliche Verbündete auf der Durchreise oder als Kriegsgefangene mit allen dazugehörigen Einschränkungen?« General Gepp, der Beauftragte für Kriegsgefangene, notierte – mit beabsichtigtem oder unfreiwilligem Humor – in den Akten: »Es bestehen keine Einwände, die Russen als freundliche Verbündete zu behandeln, was immer damit gemeint sein mag, vorausgesetzt, daß sie unterwegs nicht entkommen.« Dies schien ein Musterbeispiel eines englischen Kompromisses zu sein. Der einzige Haken daran, nämlich das Widerstreben des Oberbefehlshabers im Nahen Osten, britischen Truppen zu befehlen, auf flüchtende Kriegsgefangene zu

schießen, wurde dadurch vermieden, daß man sowjetische Wachen anstellte, die keine dahingehenden Skrupel hatten.[15]
Die amerikanischen Beamten standen vor einem Rätsel, als sie allmählich erkannten, daß sich die Briten offenbar für eine völlig neue Politik entschieden hatten. Botschafter Harriman beantwortete Cordell Hulls Telegramm vom 15. September und erklärte, die britische Botschaft könne keine genauen Auskünfte über die nun geplante Politik geben. Clark Kerr hätte lediglich die Abschrift des Telegramms an die Nah-Ost-Behörden gesehen, das Kirk bereits von Caserta aus kommentiert hatte. Hieraus ginge hervor, daß gegebenenfalls auch eine Zwangsrepatriierung ins Auge gefaßt werde. Für die Vereinigten Staaten sei nun die wichtigste Erwägung, so schloß Harriman, ob auch sie Gewaltanwendung in Betracht ziehen könnten. Wenn ja, müßten sie jedoch mit der ernsten Gefahr deutscher Repressalien rechnen.
Der britische Kabinettsbeschluß vom 4. September war dem mächtigen Verbündeten bisher nicht unmittelbar übermittelt worden. Im Gegenteil, am 26. September teilte Paul Gore-Booth von der Botschaft in Washington, späterer Staatssekretär im Foreign Office, der zuständigen amerikanischen Stelle mit, daß seine Regierung bisher keine endgültige Entscheidung über die Anwendung von Gewalt getroffen habe. Dies traf, wie wir wissen, nicht zu, doch die Beweggründe des Foreign Office, die Vereinigten Staaten darin irrezuführen, bleiben im dunkeln.[16] Der britische Botschafter, Lord Halifax, teilte dem Foreign Office den Wunsch der Amerikaner mit, über die britischen Absichten voll informiert zu werden. Er berichtete auch über die von Gromyko bereits geführten Beschwerden und deren Zurückweisung durch Hull und Stettinius, stellte aber fest, daß das »State Department sich den Grund für diesen plötzlichen Druck nicht recht erklären könne . . . Es gab auch hier Gründe zur Gereiztheit«, fügte er hinzu, »die zum Teil verantwortlich sein mögen, wie zum Beispiel die Weigerung der amerikanischen Einwanderungsbehörde in Seattle, einige Deserteure von einem sowjetischen Schiff zur Rückkehr zu zwingen«, sowie auch der Umstand, daß die »amerikanischen Behörden inzwischen Kriegsgefangene russischer Herkunft verhört haben und von einer Gruppe von 17 acht erklär-

ten, nicht in die Sowjetunion heimkehren zu wollen«. Die Amerikaner fühlten »jedoch, daß dahinter gewichtigere Gründe stünden, und würden daher unsere Stellungnahme begrüßen.«[17]
Doch es ist mit ziemlicher Sicherheit anzunehmen, daß gerade diese Vorfälle den Zorn der Sowjets herausgefordert hatten. Die Briten hatten ihren Entschluß, den sowjetischen Forderungen in jedem Punkt nachzukommen, bisher nicht verlautbaren lassen, während die Amerikaner ihren Mangel an Hilfsbereitschaft gerade in jenem Punkt an den Tag legten, dem das größte Interesse der Sowjets galt, nämlich der Repatriierung *aller* Gefangenen. In solchen Fällen hatten die Sowjets die traditionelle Taktik, eine Flut schriller Beschwerden loszuschicken, die zu Tatsachen nur in lockerer Beziehung standen. Auf diese Beschwerden, die gleichzeitig in Washington und London angebracht wurden, reagierte das Foreign Office mit Aufregung und das State Department mit Verwunderung.
Kirk berichtete aus Italien über eine Aktennotiz, die das Foreign Office an Macmillan geschickt hatte. Darin hatte Patrick Dean den Standpunkt vertreten, daß die russischen Gefangenen keinen Anspruch auf den Schutz der Genfer Konvention hätten. Gewaltanwendung wurde daher als mitinbegriffen und gerechtfertigt angesehen. Ein ausführliches, offizielles britisches Memorandum vom 11. Oktober gab Einzelheiten des vorgeschlagenen Gesetzes über die Alliierten Streitkräfte bekannt (von dem man hoffte, daß es sowjetische Zustimmung finden würde), ohne jedoch den wesentlichen Gesichtspunkt der Gewaltanwendung zu erwähnen.[18] Dieses Memorandum wurde an demselben Tage übergeben, an dem der hochgestimmte Eden Stalin beim Abendessen in Moskau alle Zugeständnisse machte.
Die Vereinigten Staaten, verwundert über die sichtbaren Widersprüche und Vorbehalte der britischen Politik, blieben bei ihrer Auffassung, daß allen Kriegsgefangenen in deutscher Uniform, die Anspruch auf deutsche Staatsbürgerschaft stellten, dieser zu gewähren sei. Diese Ansicht wurde auch Alexander Kapustin von der sowjetischen Botschaft in Washington am 19. Oktober mitgeteilt.[19]
Jeder Russe, der nicht in die UdSSR zurückzukehren wünschte und sich seiner völkerrechtlichen Ansprüche bewußt war, konnte daher

erwarten, von den amerikanischen Behörden wie ein deutscher Kriegsgefangener behandelt zu werden. Nur einige Dutzend der vielen von den Amerikanern gefangengenommenen Russen machten von diesen Rettungsanker Gebrauch. Die Mehrzahl von ihnen war verstört und nur an Schläge, Mißhandlung und willkürliche Befehle gewöhnt. Viele hatten nur eine geringe Bildung, viele waren sogar Analphabeten. Selbst unter den Offizieren war es begreiflich, daß sich viele ihrer Rechte nach der Genfer Konvention nicht bewußt waren, da sie alle in einem Staat aufgewachsen waren, der sich nicht nur geweigert hatte, die Konvention zu unterzeichnen, sondern auch jegliche Gesetzbarkeit so gut wie ganz aufgegeben hatte. Die Mehrzahl der Russen in amerikanischen Lagern war bereit, in die UdSSR zurückzukehren. Ihre Lager wurden von dem sowjetischen Militärattaché Oberst Sarajew besucht. Ebenso wie in England war auch hier die gewohnte Kombination aus Überreden, Lügen und Drohungen im allgemeinen wirksam, obwohl es im Lager von Indiatown Gap, Pennsylvania, einen peinlichen Zwischenfall gab, als einer der Insassen Sarajew mit einem ironischen Hitlergruß entgegentrat.[20] Es ist zu vermuten, daß die Mehrzahl glaubte, ohnehin repatriiert zu werden, und es daher für klüger hielt, von Anfang an ihre Bereitwilligkeit zu bekunden.

Einige, die genügend politisches Bewußtsein hatten, ihre Zukunft klar vorauszusehen, verweigerten die Rückkehr. Sie hatten jedoch den Fehler begangen, ihre sowjetische Staatsbürgerschaft zuzugeben. Die Frage, was mit dieser Kategorie Kriegsgefangener geschehen sollte, begann nun die amerikanische Regierung zu beschäftigen. Da sie nicht den Status deutscher Kriegsgefangener beantragt hatten, verhinderte lediglich das traditionelle amerikanische Prinzip, politisch Verfolgten Asyl zu gewähren, sowie die Furcht, daß die Bestrafung der Heimkehrer deutsche Gegenmaßnahmen herausfordern könnte, ihre Repatriierung. Andererseits war es nicht leicht, den Sowjets den Anspruch auf Personen zu versagen, die selbst zugegeben hatten, Staatsbürger der UdSSR zu sein.

Die Vereinigten Staaten zögerten lange, ehe sie eine Entscheidung trafen.

Bernard Gufler, der mit Kriegsgefangenenfragen betraute Beamte des State Department, fragte am 17. Oktober an, ob die Vereinigten Staaten tatsächlich in Erwägung zögen, eine »neue Politik« einzuführen »als deren Folge Personen an die Sowjets ausgeliefert würden, die man ihnen bisher vorenthalten hatte, da sie sich weigerten, in die Sowjetunion zurückzukehren«.[21] Gufler war offenbar unglücklich über diesen Vorschlag und widersetzte sich seiner Durchführung. Doch der Druck, den Sowjets in diesem Punkt Zugeständnisse zu machen, nahm ständig zu.

Einige Tage später schrieb Eisenhower vom SHAEF-Hauptquartier an den Gemeinsamen Stab der Alliierten. Er wies auf die schon erwähnte Anomalie hin, daß nur die von Bradleys 12. Armeegruppe gefangenen Russen in amerikanischem Gewahrsam verblieben und daher von amerikanischen statt von britischen Maßnahmen betroffen seien. Er legte auch seiner Regierung nahe, eine Politik zu verfolgen, die den Bedingungen der soeben im SHAEF-Hauptquartier eingetroffenen sowjetischen Militärmission genüge.[22] Dieses Gesuch wurde vom Foreign Office unterstützt, das im Fall einer Weigerung »weitere Fluten schwer zu beantwortender Beschwerden« befürchtete.[23] Der Gemeinsame Stab verfaßte den Entwurf einer Billigung des Eisenhowerschen Gesuchs[24], doch das State Department erteilte seine Genehmigung hierzu nicht.

Eisenhowers Ungeduld über die Verzögerung einer Entscheidung ist verständlich. Es war nicht einfach, der sowjetischen Kommission zu erklären, warum eine Gruppe Russen, die von den Amerikanern gefangengenommen worden war, ohne Widerrede ausgeliefert wurde, während andere weiter in ihrem Gewahrsam blieben. Schließlich wurde eine Entscheidung getroffen. Sie war jedoch ambivalent ausgedrückt und enthielt eine Absicherung, denn die Worte »Anspruch auf« konnten gegebenenfalls die Zusicherung im ganzen außer Kraft setzen. Am 23. September hatte der sowjetische Botschafter Gromyko an Außenminister Hull geschrieben und die umgehende Auslieferung aller Sowjetbürger in amerikanischer Haft gefordert.[25] Diese Forderung wurde vom amerikanischen Generalstab geprüft, und am 2. November schickte Admiral Leahy (Präsident Roosevelts Stabschef) den Entwurf einer Antwort an Außenminister Hull. In seinem Begleitbrief riet Leahy, daß es in Anbetracht der bereits festgelegten britischen Politik »vom militärischen Standpunkt aus ... für die Regierung der Vereinigten Staaten nicht ratsam ist, der sowjetischen Regierung gegenüber bezüglich der unter diese Kategorie fallenden Personen eine andere Haltung einzunehmen«.

Der Entwurf ging weitgehend in einen Brief ein, den der stellvertretende Außenminster Stettinius sechs Tage später an den sowjetischen Botschafter Gromyko richtete. Hierin erklärte Stettinius: »Unsere Regierung wird die notwendigen Maßnahmen dazu treffen, diejenigen, die Anspruch auf sowjetische Staatsbürgerschaft stellen, an einem noch zu vereinbarenden Ort gesondert unterzubringen, zu dem die Vertreter der sowjetischen Botschaft Zugang erhalten werden, um die Insassen zu vernehmen.

Alle Personen, deren Anspruch auf sowjetische Staatsbürgerschaft von den amerikanischen Militärbehörden, in Zusammenarbeit mit Ihrer Botschaft, bestätigt wird und deren Auslieferung unter Ihre Aufsicht von Ihnen gefordert wird, werden Ihren Behörden überantwortet werden.« [26] (Kursiv des Verfassers)

Zwei Monate nach der britischen Entscheidung hatten jetzt auch die Vereinigten Staaten ihre Absicht mitgeteilt, die Russen, die sich in ihrem Gewahrsam befanden, auszuliefern (wenn nötig mit Gewalt). Obwohl diese Mitteilung Sache des State Department war, kam die Entscheidung selbst ursprünglich von der Militärführung. Ihre Erwägungen waren zweifellos denen der britischen Regierung ähnlich und bewogen auch das State Department, der Entscheidung beizupflichten.

George Kennan, der zu dieser Zeit an der amerikanischen Botschaft in Moskau tätig war, hat dem Verfasser vor kurzem folgende Erklärung hierfür gegeben: »Ich war während dieser Zeit in Moskau. Da wir wußten, daß die gesamte Verantwortung für die Repatriierung sowie die Bestrafung der Heimkehrer in den Händen des NKWD lag, und wir uns daher keine Illusionen darüber machten, was diese Leute bei ihrer Ankunft in der Sowjetunion erwartete, empfand ich Grauen und Beschämung über das Vorhaben der westlichen Regierungen. Doch ich kann mich nicht entsinnen, daß damals irgend jemand einen von uns in Moskau um Rat gefragt oder uns auch nur offiziell mitgeteilt hätte, was beabsichtigt wurde. Was die Vereinigten Staaten betrifft, so hatte in Kriegszeiten die Militärführung das letzte Wort, und sie dachte nur selten daran, die Diplomaten zu konsultieren, und erst recht nicht junge Beamte auf Außenposten wie mich.«[27]

Professor Kennans Beurteilung scheint zutreffend zu sein. Die Militärbehörden hatten selbstverständlich den Wunsch, die von der Roten Armee befreiten amerikanischen Kriegsgefangenen so schnell wie möglich zurückzuholen. Sie wollten jedes unnötige Hindernis beseitigen, das einer Zusammenarbeit mit dem sowjetischen Generalstab im Weg stand. Hinzu kam, daß die amerikanische 6. Armee nun unter den Oberbefehl des SHAEF gestellt wurde. Das bedeutete, daß die russischen Gefangenen in ihrem Gewahrsam nicht länger auf dem unter britischer Ägide stehenden Transportweg über den Nahen Osten in die UdSSR geschickt werden konnten. Bisher hatten die Amerikaner das Problem durch Nichtbeachtung gelöst – dies war nun nicht länger möglich.[28]

Stettinius' Brief vom 8. November, der Gromyko mitteilte, daß die Vereinigten Staaten bereit seien, bei der Repatriierung der Sowjetbürger Gewalt anzuwenden, war willkommener Anlaß für eine neue sowjetische Pressekampagne, die auf eine rasche Repatriierung ihrer heimwehkranken Söhne drängte.[29]

Gleichzeitig schien jedoch Stalin entschieden zu haben, daß das amerikanische Zugeständnis über Gewaltanwendung weit genug reichte, um eine Antwort auf Botschafter Harrimans drei Monate alten Brief zu verdienen. In diesem Brief war die Idee gegenseitiger Hilfe beim Austausch befreiter Gefangener zum erstenmal angesprochen worden. Am 25. November kam schließlich Molotows Antwort. Auf die einleitenden obligatorischen Beschwerden folgte die Zustimmung, daß derartige Maßnahmen notwendig und für die Sowjetregierung annehmbar seien. Molotow betonte überdies, daß die Auslieferung *aller* Sowjetbürger gefordert werde, ungeachtet ihrer persönlichen Umstände und Wünsche. Er forderte weiterhin, sie aus ihrem Kriegsgefangenenstatus zu entlassen und als »freie Staatsbürger einer verbündeten Macht« anzusehen. Letzterem lag vermutlich ein Bericht der Botschaft in Washington zugrunde, daß einige Gefangene mit Erfolg Anspruch auf *deutschen* Kriegsgefangenenstatus gestellt hatten.[30] Dies konnte nicht offen zugegeben werden, und die Sowjets legten helle Empörung an den Tag bei dem Gedanken, daß die Russen in den gleichen Lagern inhaftiert seien wie die Deutschen – »unsere gemeinsamen Feinde«.[31]

Obwohl das State Department die Empfehlung des Obersten Generalstabs angenommen hatte, zeigte es jedoch für die Ausführung der Politik der Zwangsrepatriierung keineswegs den gleichen Enthusiasmus wie das Foreign Office. Mehr als einen Monat, nachdem Stettinius Gromyko die amerikanische Entscheidung mitgeteilt hatte, erhielt er eine verwunderte Anfrage von Alexander Kirk aus dem Alliierten Hauptquartier in Italien. Er erklärte, die Engländer nähmen nun an, die Amerikaner hätten sich mit der Vorstellung der Gewaltanwendung ausgesöhnt, und fragte, ob das der Wahrheit entspräche. Zehn Tage später erhielt er die Antwort: »Die Vereinigten Staaten haben in dieser Frage die Haltung, alle, die Anspruch auf sowjetische Staatsbürgerschaft haben, an die Sowjetregierung auszuliefern, gleichgültig ob sie selbst diese Auslieferung wünschen.«[32]

Wohlgemerkt war die Kategorie derjenigen, die nun der Zwangsrepatriierung unterlagen, auf solche Personen beschränkt, »die Anspruch auf sowjetische Staatsbürgerschaft« erhoben. Die Klugen oder Glücklichen, die wußten, daß ihnen ihre deutschen Uniformen Anrecht auf den Schutz der Genfer Konvention als deutsche Kriegsgefangene gaben, waren von dieser Entscheidung nicht betroffen. Doch das Schicksal und die Gefühle derjenigen, die »Anspruch« auf sowjetische Staatsangehörigkeit erhoben, offenbarte sich sehr bald.

Die amerikanischen Militärbehörden hatten vor kurzem begonnen, die Sowjetbürger aus sämtlichen Lagern auszusondern und sie alle im Camp Rupert in Idaho zu vereinen.[33] Am 28. und 29. Dezember wurden 1100 Russen vom Camp Rupert in einen Hafen der Westküste gebracht.

»Der sowjetische Oberst in Camp Rupert erklärte den lokalen Militärbehörden gestern kurz vor dem Transport, er habe Weisung aus Washington erhalten, daß dieser Transport nicht stattfinden werde.

Etwa eine Stunde später berichtete er jedoch, er habe neue Befehle aus Washington erhalten, den Transport durchzuführen. Von den 1100, die verschifft werden sollten, weigerten sich etwa 70. Sie hatten jedoch zuvor sowjetische Staatsangehörigkeit beansprucht. Drei von ihnen versuchten sich das Leben zu nehmen, einer durch Erhängen, der andere durch Messerstiche, während der dritte versuchte, seinen Kopf an einem Balken der Kaserne einzuschlagen. Schließlich reisten auch diese drei Mann zum Hafen ab.«[34]

Trotz der offensichtlichen Bedenken des State Department (was aus dem zeitweiligen Aufschub hervorgeht) wurden die Russen noch am gleichen Tag nach Wladiwostok verschifft. Bis Ende Januar, so berichteten die amerikanischen Militärbehörden, »sind ungefähr 2600 Personen, die ihren Anspruch auf sowjetische Staatsangehörigkeit geltend gemacht haben, auf sowjetischen Schiffen in Richtung sibirischer Häfen abgereist.«[35]

Ihr Schicksal nach der Ankunft kennen wir aus dem Bericht eines Mitgefangenen, der einigen von ihnen später in den sowjetischen Zwangslagern von Workuta begegnet ist: »Die Russen wurden über den Pazifik nach Wladiwostok geschickt. Dort wurden sie zunächst inhaftiert, doch da an der Front Soldatenmangel herrschte, wurden sie ein zweitesmal Angehörige der Roten Armee, die nun durch Polen vorrückte. Sie nahmen an der Eroberung Berlins teil, wurden danach vor Gericht gestellt und wegen Hochverrats zu fünfundzwanzig Jahren verurteilt.«[36]

Der Winter schritt fort, und überall überquerten Schiffe mit repatriierten Russen die Meere. Am 29. Dezember war der erste Transport über den Pazifik aufgebrochen. Zwei Monate vorher waren die ersten Gruppen aus England nach Murmansk gebracht worden; die Transporte, die die Russen schon seit dem Vorjahr zurückbrachten, gingen über das Mittelmeer und die Wüsten Iraks und Persiens. Obwohl sie nach ihrer Heimkehr das gleiche Schicksal erwartete, war der Weg über den Nahen Osten wenigstens der angenehmste. Die britischen Militärbehörden gaben sich Mühe, ihre Schützlinge zu unterhalten, und die Russen, die die erste Überprüfung bei ihrer Heimkehr überlebten und später in Workuta oder Magadan gefangen waren, müssen sich oft an die kühlen Getränke und die

Schwimmbecken in Bagdad erinnert haben, ebenso wie an die britischen Kapellen, die im Hintergrund unter Palmen aufspielten, während sie auf ihr Abendessen warteten. Unter den Heimkehrern befanden sich Tataren aus der Krim und auch sowjetische Moslems, »die in allen Moscheen beteten. Sie waren als Mohammedaner hierfür besonders dankbar, da sie erklärten, ihre eigenen Moscheen seien zerstört worden«.[37]

Dieses exotische Intermezzo zwischen Gefangenschaft und Sklaverei ist vielen ihrer Begleittruppen ebenfalls lebhaft in Erinnerung geblieben. Anfang Dezember 1944 fuhr J.H. Frankau, ein Offizier der *Royal Engineers* auf dem alten Truppenschiff *Franconia* (dem gleichen, das Churchill und die britische Delegation zwei Monate später nach Jalta brachte) von Taranto nach Haifa. An Bord war »ein neuseeländisches Bataillon, das sich von den Offizieren angefangen aus Maoris zusammensetzte, sowie auch mehrere Hundert entlassener russischer Kriegsgefangener.« Ein polnischer Offizier, der sich an Bord befand, sprach mit den Russen und erklärte Frankau, »daß sich die Russen bereits in der festen Hand ihrer politischen Kommissare befänden. Sie würden bei ihrer Rückkehr nicht dafür bestraft werden – sagten sie –, sich den Deutschen ergeben zu haben. Viele von ihnen waren in der Schweiz gewesen . . . Auf die Frage, wie ihnen die Schweiz gefallen habe, erwiderten sie offenbar: ›Es ist ein hübsches Land, obwohl natürlich der Lebensstandard nicht so hoch ist wie in Rußland.‹«

Frankaus Bericht fährt fort: »Die Maoris und die Russen müssen gegenseitige Verständigungsprobleme gehabt haben. Doch es scheint Soldaten nie schwerzufallen, derlei Probleme zu lösen, denn als wir über das ruhige, mondbeschienene Meer fuhren, erklang auf dem Oberdeck spontaner Gesang. Zuerst sangen die Maoris eines ihrer sehnsüchtigen Lieder . . . Dann antworteten die Russen mit einer fremdartigen, doch schönen Melodie. Gelegentlich hielten auch wir Briten es für nötig, einen unserer banalen Schlager zum besten zu geben, doch wir ließen es bald bleiben, da wir fühlten, daß wir damit ein selten schönes Erlebnis verdorben hätten. Der Mondschein, der merkwürdig weltentrückte Gesang und das tiefe Gefühl der Kameradschaft bewirkten, daß den meisten von uns beim Schlafengehen die Tränen in den Augen standen. Überdies war für uns zum Glück der Krieg in Europa vorüber.«[38]

Doch zurück zu den Überlegungen, die in London, Washington und Moskau angestellt wurden. Mit dem Vordringen der Roten Armee nach Polen und auf den Balkan machten sich die Vereinigten Staaten immer größere Sorgen über das Problem, das auch in Edens Beurteilung der Lage einen so gewichtigen Platz eingenommen hatte. Seit Anfang Juni hatte sich General Deane von der amerikanischen Militärmission in Moskau eindringlich um die Mitarbeit der Sowjetunion bemüht, die Betreuung und rasche Repatriierung der befreiten amerikanischen Kriegsgefangenen sicherzustellen. Trotz wiederholter Versuche, Molotow zum Handeln zu bewegen, erhielt Deane bis Ende November keine Antwort. Und selbst dann wurde nur eine generelle Zusage über das Prinzip gegenseitiger Hilfe gegeben, während die praktischen Maßnahmen, die Deane und Harriman vorgeschlagen hatten, unbeachtet blieben.

In der Zwischenzeit waren die ersten amerikanischen Kriegsgefangenen im Osten – ungefähr eintausend – nicht nur befreit, sondern auch von der amerikanischen Luftwaffe herausgeflogen worden. Dies war Anfang September in Rumänien geschehen, allerdings mit Hilfe der rumänischen Regierung, die noch nicht völlig unter sowjetischer Kontrolle stand. König Michael hatte die Maßnahme persönlich bewilligt, an der Ausführung war jedoch auch der örtliche Befehlshaber der Roten Armee bis zu einem gewissen Grad beteiligt. Außenminister Hull dankte der Sowjetregierung daher taktvoll für ihre Hilfe.[39]

Dies war jedoch ein außergewöhnlicher Vorfall, und als sich Schukows Truppen den ersten Gefangenenlagern näherten, von denen bekannt war, daß in ihnen Amerikaner interniert waren, wurden die amerikanischen Unterhändler unruhig. Am 5. Dezember sprach die amerikanische Botschaft in Moskau die Frage noch einmal an, doch ohne Erfolg. Harriman wartete mehr als drei Wochen und schrieb dann noch einmal. Zur Überraschung aller kam am gleichen Tag eine Antwort von Wyschinski. Darin wurde erklärt, zwei sowjetische Generäle seien beauftragt worden, mit Deane über den gegenseitigen Austausch der Kriegsgefangenen zu verhandeln. Einen Monat später traf Deane seine sowjetischen Partner zum erstenmal; wie er betonte, »etwas mehr als sechs Monate später, nachdem ich mich in dieser Sache zum erstenmal an den Generalstab gewandt hatte«.[40]

Bei diesem Treffen (19. Januar 1945) wurde Deane von den Sowjets ein fertiger Vertragsentwurf vorgelegt, und am folgenden Tag wurde der britischen Botschaft ein ähnliches Dokument übermittelt. Den Vertretern der beiden westlichen Alliierten erschien das vorgeschlagene Abkommen auf den ersten Blick ganz vernünftig zu sein und nur weniger geringfügiger Erweiterungen zu bedürfen. Es sah die Zusammenziehung und Betreuung der befreiten »Staatsbürger« vor, sofortige Mitteilung an die jeweiligen Regierungen, wann und wo ihre Gefangenen befreit worden seien, den Zugang der mit der Repatriierung Beauftragten zu »Internierungslagern und Orten, wo ihre jeweiligen Staatsbürger untergebracht waren« und »die baldmöglichste Repatriierung dieser Personen«. Nach Deanes Worten war »das Abkommen in Ordnung, doch es stellte sich heraus, daß es, was die Russen anging, nur ein Stück Papier war«. Das war jedoch nicht vorauszusehen, und daher schien es die einfachste Lösung, den Entwurf mehr oder weniger im ganzen zu akzeptieren. Nur eine wichtige Bedingung bedurfte der Erwägung, und Deane telegraphierte seinen entsprechenden Kommentar an das SHAEF-Hauptquartier. Er wies auf die Gefahr hin, »daß die Möglichkeit feindlicher Repressalien besteht, wenn wir den Sowjetbehörden erlauben, deutsche Kriegsgefangene als sowjetische Staatsangehörige zu beanspruchen, und bei ihrer Repatriierung nach Rußland behilflich sind, wo sie unter Umständen Strafen entgegensehen«. Er schlug daher als einfachsten Ausweg vor, die Sowjetbehörden für die Feststellung der Staatsangehörigkeit verantwortlich zu machen. Auf der diplomatischen Ebene hatte Deane geraten, »die Briten in diese Verhandlungen mit einzubeziehen, da ihre Probleme mit den unseren parallel laufen. Die sowjetischen Vertreter erklärten sich bereit, dies in Erwägung zu ziehen, schienen aber von dem Gedanken wenig eingenommen. Sie schienen es vorzuziehen, mit den Briten gesondert zu verhandeln.«[41]

Das einzige britische Bestreben war, so schnell wie möglich ein Abkommen zu treffen, um Vorkehrungen für die Betreuung und Repatriierung der britischen und Commonwealth-Gefangenen zu treffen. Die Verhandlungen schienen stillzustehen, da der Status der 12000 russischen Gefangenen in England noch nicht befriedigend geklärt war. Man nahm an, die Sowjets hätten »sehr deutlich gemacht, daß die gesamte Frage ein gegenseitiges Problem sei und sie nicht bereit seien fortzufahren, ehe der Status ihrer Staatsbürger in Großbritannien nicht zu ihrer Zufriedenheit geklärt sei«. Daher hoffte das Foreign Office, sehr bald ein Abkommen zu entwerfen, das auch eine zufriedenstellende Regelung dieses Gesichtspunkts enthielte. Das bevorstehende Treffen der Alliierten Oberhäupter in Jalta wurde als passende Gelegenheit vorgeschlagen, auch diese umstrittene Frage zu diskutieren und zu lösen. Der Deckname für dieses Treffen war »Argonaut«.[42]

Churchill, Roosevelt und Stalin würden zugegen sein, und es erschien überdies möglich, militärische und diplomatische Fachleute auf dem Gebiet der Kriegsgefangenen mit einzubeziehen, die die Frage mit ihren amerikanischen und sowjetischen Kollegen erörtern konnten.

Ein Punkt, der den Sowjets besonders am Herzen lag, war ihr Beharren darauf, »solch ein Abkommen auch auf sowjetische Staatsangehörige und britische Untertanen auszudehnen, die die Deutschen gefangengenommen und zwangsdeportiert haben«.

Die britische Botschaft in Moskau kommentierte: »Während sich die Zahl der zwangsdeportierten sowjetischen Zivilisten, die keine Kriegsgefangenen sind, auf viele Tausende beläuft, ist anzunehmen, daß es, wenn überhaupt, nur wenige britische Untertanen gibt, die unter diese Kategorie fallen.« Diese ins Auge fallende Anomalie löste eine gewisse Verwunderung aus, »doch nach Ansicht des Foreign Office muß es hingenommen werden, wenn wir ein Abkommen über Kriegsgefangene erreichen wollen«.[43]

Am 29. Januar unterbreitete Eden dem Kriegskabinett eine Denkschrift zu dieser Frage und empfahl die Billigung der sowjetischen Bedingung und ein schnelles Übereinkommen, vorzugsweise »bei der bevorstehenden Konferenz.« Als das Kriegskabinett zwei Tage später zusammentrat, um diese Empfehlung zu erörtern und zu entscheiden, waren weder Eden noch Churchill anwesend.[44] Sie befanden sich bereits auf Malta, der ersten Station auf ihrem Weg nach Jalta.

Die britische Haltung war eindeutig festgelegt. Obwohl die Sowjets getrennte Verhandlungen vorzogen, blieb es unvermeidlich, sich auch mit den Amerikanern zu einigen, »in Anbetracht der Integration des britisch-amerikanischen Oberbefehls in West- und Südeuropa«. Es kam überdies darauf an, daß das Abkommen »von den Alliierten Oberbefehlshabern ... als durchführbar angesehen wurde«.[45]

Die Schwierigkeit bestand darin, daß die Frage und ihre Lösung von den Amerikanern keineswegs als so unkompliziert angesehen wurde. Verschiedenen angesehenen Beamten des State Department widerstrebte es, einer Handlungsweise zuzustimmen, die sie für unehrenhaft und unmenschlich hielten. Die gleiche Situation hatte sich auch im britischen Kabinett ergeben. Doch mittlerweile waren viele Monate vergangen, seit Lord Selbornes und Sir James Griggs Einsprüche überstimmt und die Skrupel des Premiers zerstreut worden waren. Das Kabinett hatte seine Entscheidung getroffen, und es war nun Sache des Foreign Office, sie auszuführen. Zu keiner Zeit war im Foreign Office eine abweichende Meinung laut geworden, und zu keiner Zeit seither hat einer der Beamten Bedauern oder Vorbehalte verlauten lassen.

Nicht so im State Department. Edward R. Stettinius (der am 21. November 1944 die Nachfolge Cordell Hulls als Außenminister antrat) war mit der Natur des sowjetischen Kommunismus ebensowenig vertraut wie sein Präsident. Doch im Gegensatz zu Roosevelt »war er ein anständiger Mann von beachtlicher Naivität. All seine Impulse waren ehrenhaft. Er war kein Intrigant, kein Hintertreppenkämpfer, kein Politiker«.[46] Am 3. Januar telegraphierte er an Harriman in Moskau und betonte seine Besorgnis, die Repatriierung der entlassenen amerikanischen Kriegsgefangenen nicht mit der Rückkehr der sowjetischen Staatsbürger unter den deutschen Kriegsgefangenen zu verbinden. Er erklärte, »hier ist eine Schwierigkeit aufgetreten bei der Feststellung, wer Anspruch auf sowjetische Staatsangehörigkeit hat und wen unsere Regierung bereit ist, an die Sowjetbehörden auszuliefern«. Er erwähnte weiterhin, es gebe einige »mit slawischen Namen, die jedoch ihre sowjetische Staatsangehörigkeit abstreiten«.[47]

Anfang Januar waren dies Stettinius' Vorbehalte. Am 25. Januar machte er sich auf den Weg zur Jalta-Konferenz. Er kam am folgenden Tag in Marokko an und verbrachte die nächsten drei Tage damit, alle Fragen zu erörtern, die auf dem bevorstehenden Treffen besprochen werden sollten. Wie Stettinius berichtet, »gingen täglich viele Telegramme vom amtierenden Außenminister Joseph C. Grew aus Washington ein«; darunter wird sich sicherlich auch eine Abschrift des Telegramms befunden haben, das Grew am 27. an den beim SHAEF akkreditierten Botschafter Murphy in London schickte. Grew hatte seiner Sorge darüber Ausdruck gegeben, daß der von den Briten vorgeschlagene Vertragsentwurf, von dem das State Department jetzt eine Kopie hatte, sich von den Vorschlägen, die gerade von den amerikanischen Fachleuten ausgearbeitet würden, »erheblich unterschied«. Grew legte Murphy nahe, dafür zu sorgen, daß die amerikanischen Fachleute beim SHAEF weitere, auf amerikanischen Vorschlägen fußende Weisungen abwarteten.[48]

Unterdessen hatten die Engländer in Malta erfahren, daß die Sowjets zur Erörterung dieses Problems in Jalta einen Fachmann bereitstellen würden. Es war daher notwendig, die britische und amerikanische Politik in dieser Frage vorher zu koordinieren.[49] Die Schwierigkeit hierbei bestand darin, daß ihre Politik weit auseinanderging. Die Engländer hatten schon seit geraumer Zeit den Sowjets alle gewünschten Zugeständnisse gemacht; die Amerikaner hatten offenbar die Absicht, sich an die Genfer Konvention und an ihre Auffassung des Völkerrechts und der Menschlichkeit zu halten.

Grew hatte inzwischen die amerikanischen Gegenvorschläge an die amerikanische Delegation weitergeleitet. Sie enthielten entscheidende Abweichungen von dem britisch-sowjetischen Entwurf, den das Kriegskabinett am 31. Januar gebilligt hatte. Man hatte sich größte Mühe gegeben, in einer ausgedehnten Präambel festzulegen, wer als befreiter Kriegsgefangener oder als Zivilist anzusehen sei und der Repatriierung unterlag: »Personen ... die befreit worden sind ... und selbst Anspruch auf amerikanische oder sowjetische

Staatsbürgerschaft erheben . . . Solche Personen werden im Folgenden als Antragsteller auf Staatsbürgerschaft der USA oder der UdSSR bezeichnet.« Paragraph 8 legte eindeutig fest: »Die Vertragspartner stimmen auch darin überein, daß sich dieses Abkommen nicht auf solche Staatsbürger der Vertragspartner bezieht, die als Angehörige oder Begleiter der Feindmächte gefangengenommen werden und den Schutz einer zuständigen internationalen Konvention oder eines Abkommens in Anspruch nehmen, das der Gewahrsamsmacht bereits bestehende Verpflichtungen auferlegt.«[50] Diese Klauseln hätten den Schutz der Genfer Konvention für alle Gefangenen gewährleistet, die Anspruch auf ihn erhoben. Nach Auffassung des amtierenden Außenministers war kein anderer Weg mit Amerikas völkerrechtlichen Verpflichtungen vereinbar. Darüber hinaus mußte jede andere Auslegung aus zwei Gründen ein ernstliches Risiko für amerikanische Kriegsgefangene darstellen. Erstens war es möglich, daß sich die Deutschen an ihren amerikanischen Kriegsgefangenen für schlechte Behandlung der »deutschen« Gefangenen in amerikanischem Gewahrsam rächten. Zweitens mußten, wenn das Tragen der entsprechenden Uniform nicht als gültiger Beweis der Staatsbürgerschaft anzusehen war, viele amerikanische Soldaten deutschen, italienischen oder japanischen Ursprungs ebenfalls den Schutz ihrer Uniform verlieren.
Am 1. Februar erläuterte Grew diese Erwägungen in einer scharfen Note an den sowjetischen Chargé d'Affaires, Nikolai Nowikow. Nowikow hatte die Auslieferung jener Russen in Camp Rupert verlangt, die der Repatriierung entronnen waren, weil sie sich auf ihre deutsche Staatsbürgerschaft berufen hatten. Grew hatte entschieden abgelehnt.[51]
Ehe sie auf die Krim flogen, traten die britischen und amerikanischen Delegationen in Malta (Deckname »Cricket«) zusammen, um festzulegen, inwieweit sie sich über alle mutmaßlichen Gesprächsthemen der Konferenz im voraus einigen könnten. Am 1. Februar trafen sich Eden und Stettinius auf dem britischen Kriegsschiff *Sirius*. Ihre Unterredung berührte eine Reihe von Themen, einschließlich des Kriegsgefangenenabkommens. Stettinius beschrieb dieses später als »kurz und ergebnislos«. Bald darauf jedoch began-

nen die Diskussionen zwischen den britischen und amerikanischen Fachleuten. Inzwischen war die Nachricht über die Befreiung der ersten Gruppe amerikanischer Soldaten in Polen eingetroffen[52], und die amerikanischen Beamten begannen offenbar, sich vom britischen Gesichtspunkt beeinflussen zu lassen. Wenigstens berichtete Eden dem Foreign Office, daß nach ihrer »momentanen Auffassung anscheinend der gemeinsame Vertragsentwurf, der vor meiner Abreise von London aufgesetzt wurde, gebilligt wird und sie den Kommentaren des State Department nicht allzuviel Wichtigkeit beimessen . . . Ihnen und uns erscheinen sie unter den jetzigen Umständen ein wenig veraltet, da inzwischen die Gefangenenlager von der vordringenden Sowjetarmee überrollt werden«.[53]
Oberst Phillimore berichtete dem Kriegsministerium, daß Charles Bohlen mit dem britischen Entwurf voll übereinstimme »und von den von Washington erhobenen Einwänden nicht viel hielt . . . Bohlen ist, glaube ich, überzeugt davon, daß wir uns, wenn uns an einer schnellen Einigung gelegen ist, an die Hauptpunkte halten und alles Überflüssige weglassen müssen; wir werden in diesem Sinne vorgehen«.[54]
Die Großen Drei hatten Angelegenheiten von größerer Bedeutung als den Austausch der Kriegsgefangenen zu besprechen, doch bereits am 4. oder 5. Februar legte Eden Churchill nahe, die Angelegenheit mit Stalin persönlich zu besprechen.[55] Unterdessen kamen Stettinius und seine Ratgeber Edens Standpunkt immer näher. Botschaften von Eisenhower hatten betont, wie dringend eine Entscheidung über die 21 000 Russen sei, die sich inzwischen in amerikanischem Gewahrsam befanden. »Unsere Erfahrung hat gezeigt, daß etwa fünf Prozent der von uns gefangengenommenen Deutschen russische Staatsbürger sind. Überdies bedürfen ungefähr vier Prozent dieser Russen klinischer Behandlung. Im Laufe unserer Aktionen steht daher ein weiterer Zulauf an Russen zu erwarten. Unter diesem Aspekt ist eine rasche Repatriierung dieser Russen die einzige Lösung.«[56] Eden nahm dieses Argument in einem Brief an Stettinius auf und empfahl ihm die Billigung des britischen Vertragsentwurfs. Am gleichen Tag versicherte auch US-Admiral Land dem amerikanischen Außenminister, daß Transportschiffe zu die-

sem Zweck verfügbar seien.[57] Eden schrieb an Molotow, um den russischen Entwurf prinzipiell anzunehmen und zugleich seinem ernstlichen Wunsch Ausdruck zu geben, das Abkommen vor Ende der Konferenz zu ratifizieren.[58]

Stettinius und seine Berater waren für den Standpunkt des Foreign Office in jeder Hinsicht gewonnen. Ein sehr besorgtes Telegramm von Grew aus Washington war der Schwanengesang derer, die auf eine festere Haltung gehofft hatten. Grew hatte erfahren, daß man im Begriff war, den britischen Text zu akzeptieren, und drängte Stettinius, dafür zu sorgen, daß gewisse wesentliche Gesichtspunkte beachtet würden. Zu diesen gehörte:

»Der Schutz der Genfer Konvention, über deren Gewährung für alle Sowjetbürger, die in deutscher Uniform in Gefangenschaft geraten und diesen Schutz beantragen, wir den Sowjets Mitteilung gemacht haben . . . Sowjetbürger in den Vereinigten Staaten, die keine Kriegsgefangenen sind und deren Fälle nach Ansicht des Generalstaatsanwalts nach traditionellen amerikanischen Prinzipien des Asyls behandelt werden sollten . . . Personen, die als Sowjetbürger von den Sowjetbehörden zwar angefordert werden, jedoch vor Ausbruch des Krieges keine sowjetischen Staatsbürger waren und auch jetzt keinen Anspruch auf diese Staatsbürgerschaft erheben.«

Doch Stettinius hielt es nicht für notwendig, diese Punkte in das endgültige Abkommen aufzunehmen. Er schrieb am 9. Februar:

»Die allgemeine Ansicht hier ist, daß es unklug wäre, Fragen des Schutzes der Genfer Konvention und der Sowjetbürger in den Vereinigten Staaten in einem Abkommen unterzubringen, dessen Hauptaufgabe es ist, den Austausch der Kriegsgefangenen zu regeln, die von den alliierten Armeen während ihres Vordringens nach Deutschland befreit werden. Was diejenigen, die ›Ansprüche stellen‹ angeht, so fürchten wir, daß dies trotz der Gefahr deutscher Gegenmaßnahmen ernstliche Verzögerungen bei der Entlassung unserer Kriegsgefangenen zur Folge hätte, es sei denn, es gelänge uns, eine umgehende Einigung in dieser Frage zu erzielen.«[59]

Der Gemeinsame Stab der Alliierten hatte den Textentwurf, der keine Erwähnung des Schutzes der Genfer Konvention enthielt, ge-

billigt. Gleichzeitig wurde Weisung gegeben, die von Eisenhower angeforderten Transportschiffe zur Verfügung zu stellen.[60]
Wenn es kein unvorhergesehenes Hindernis gab, brauchte das Abkommen nur noch unterzeichnet zu werden. Für die britische Seite war Churchills Zustimmung notwendig. Eden drang wiederum in ihn, die Angelegenheit mit Stalin persönlich zu besprechen. Er gab dem Premierminister ein kurzes Resümee aller Punkte, die dabei zur Sprache kommen konnten, betonte die dringende Notwendigkeit, »vor Ende der Konferenz« ein Abkommen abzuschließen, und gab ihm eine Liste sieben deutscher, von der Roten Armee überrollter Lager, in denen sich schätzungsweise 50000 britische und Commonwealth-Gefangene befänden.[61] Die Gelegenheit ergab sich am 10. Februar, als Stalin und Molotow Churchill und Eden im ehemaligen Palais des Prinzen Jussupow empfingen.
Nach einer Diskussion über die Zukunft Polens erwähnte Churchill die peinliche Situation, die von der großen Anzahl russischer Kriegsgefangener in westlichem Gewahrsam geschaffen werde. Einige seien schon repatriiert worden, andere seien noch unterwegs. Doch was sollte mit den übrigen geschehen?
MARSCHALL STALIN hoffte, sie würden so schnell wie möglich nach Rußland zurückgeschickt. Er bat darum, sie gut zu behandeln und sie von den Deutschen abzusondern. Die sowjetische Regierung betrachte sie alle als ihre Staatsbürger. Er bat auch, niemanden von ihnen zu veranlassen, sich der Repatriierung zu widersetzen. Die Fälle jener, die bereit gewesen waren, auf deutscher Seite zu kämpfen, würde man bei ihrer Rückkehr nach Rußland behandeln.
DER PREMIERMINISTER erklärte, er habe die Absicht, diese Gefangenen heimzuschicken, und die einzige Schwierigkeit ergebe sich durch den Mangel an Transportmitteln . . .
Keiner der beiden Führer erwähnte die Frage der Zwangsrepatriierung der Russen, die nicht bereit waren, zurückzukehren. Doch Frage und Antwort sind in diesem wortkargen Austausch mit enthalten. Ohne sich gegenseitig ihre Gründe zu offenbaren, kamen beide Führer überein, nur die Tatsache ihres Abkommens, nicht aber seinen Wortlaut zu veröffentlichen. Warum sollte man wißbegierige Analysen riskieren?[62]

Nun mußte lediglich der endgültige Vertragstext unterzeichnet werden. Der britische Diplomat Pierson Dixon hat die Szene wie folgt beschrieben:

»Es war beschlossen worden, das Kriegsgefangenenabkommen getrennt zu verlautbaren. Sobald die Sitzung beendet war, ging ich in das ›Sonnenzimmer‹ [der amerikanischen Delegation, die ihr Quartier im Livadia Palais hatte], und setzte die Verlautbarung auf sowie auch einen Brief an Molotow, der alle noch ausstehenden Punkte umfaßte. Dann ging ich nach oben und aß mit den Amerikanern in ihrer Kantine zu Mittag . . . Nach dem Essen wurde ich in das Speisezimmer des Präsidenten gerufen. Der Präsident und seine Gesellschaft waren im Aufbruch begriffen; kurz darauf verabschiedete sich Stalin, der einen Umweg machte und mir mit breitem Grinsen seine große Hand entgegenstreckte und ›Au revoir!‹ sagte. Der Premier fuhr dann nach Woronzow zurück, und die Außenminister kehrten zu ihrer letzten Sitzung in das Zimmer zurück. Die Atmosphäre war freundlich und zwanglos. Mitten in der Sitzung unterbrachen A.E. und Molotow ihr Gespräch, um das Kriegsgefangenenabkommen zu unterzeichnen, das nur wenige Minuten zuvor verabschiedet worden war.«[63]

Am nächsten Tag lag dem Kriegskabinett in London die Vereinbarung vor, die aus der Krim telegraphisch übermittelt worden war, und wurde gebilligt. In Abwesenheit Churchills und Edens führten Attlee und Bevin den Vorsitz.[64] Fünf Monate später sollte ihnen die Verantwortung für die Ausführung des soeben unterzeichneten Abkommens zufallen.

Die Wahl der Krim als Unterzeichnungsort für das Kriegsgefangenenabkommen war auf tragische Weise passend. Churchill jedoch, der seine Betrachtungen der Tagespolitik gern mit Beispielen aus der Vergangenheit würzte, konnte nicht ahnen, daß auf der Halbinsel, die ihnen für das Treffen diente, unlängst ein Unternehmen vollzogen worden war, das dem nun geplanten ähnlich war. Acht Monate zuvor hatte das NKWD nach vorausgegangenen Massakern die ganze Tatarenbevölkerung der Krim nach Sibirien deportiert.[65] Die Transportmittel hierfür waren von den britischen und amerikanischen Streitkräften in Persien gestellt worden. Die Sowjetbehörden glaubten, daß die westlichen Alliierten wüßten, für welchen Zweck die Lastwagen gebraucht wurden.[66] Stalins Vorgänger auf der Krim, Hitler, war ihm mit einem ähnlichen Plan jedoch schon zuvorgekommen. Auch er hatte die Absicht gehabt, die ganze Bevölkerung zu deportieren und die Krim statt dessen mit Tirolern zu besiedeln – ein Vorhaben, das auf Himmlers Befehl hin vereitelt wurde.[67]

Die Massendeportierung der Krimbevölkerung durch die Sowjets war nicht nur ein Vorläufer des Abkommens, das Eden und Churchill nun Stalin anboten. Das Abkommen selbst diente dazu, dieses Unternehmen zu vollenden. Einigen Tataren war es geglückt, in den Westen zu entkommen, ehe die Rote Armee die Krim im Jahre 1944 wieder besetzte. Tausende waren von der SS ermordet worden, da sie, weil sie als Mohammedaner beschnitten waren, für Juden gehalten wurden.[68] Einige überlebten und gerieten in Deutschland in britische Kriegsgefangenschaft. Sie baten inständig um Erlaubnis, in die Türkei auszuwandern, doch im Juni 1945 erhielt die 21. Armeegruppe strenge Weisung von Patrick Dean, daß nach dem Jalta-Abkommen die Krimtataren an Stalin ausgeliefert werden müßten.[69] Es ist bekannt, daß es den überlebenden Krimtataren noch immer nicht gestattet ist, in ihre Heimat zurückzukehren.

Das Jalta-Abkommen über Kriegsgefangene enthielt keine Verfügung über Bürger der UdSSR, die sich ihrer Repatriierung widersetzten. Obwohl der amtierende Außenminister Grew darauf gedrungen hatte, eine entsprechende Schutzklausel in den Vertrag aufzunehmen, waren Stettinius und seine Berater schließlich zum britischen Standpunkt bekehrt worden. Dieser ging dahin, daß es wesentlich sei, während des Treffens der Großen Drei auf der Krim ein Abkommen zu erzielen, und man genauere Auslegungen auch später ausarbeiten könne.[70] Charles Bohlen gehörte zu denen, die (gegen Grew) argumentierten, im Interesse eines schnellen Abkommens keine Bedingungen und Einschränkungen zu fordern. Aber er war es auch, der später schrieb: »Es stand nichts in diesem Abkommen, das die Zwangsrepatriierung unwilliger Sowjetbürger in die Sowjetunion vorsah.«[71]

Nach Lage der Dinge waren daher unmittelbar nach dem Jalta-Abkommen die Möglichkeiten der Vereinigten Staaten noch offen. Die Briten fühlten sich durch Edens im vorigen Oktober anläßlich der Tolstoi-Konferenz gegebenes Versprechen gebunden, doch die Amerikaner hatten keinerlei derartige Verpflichtungen. Roosevelt selbst bekam das in Jalta unterzeichnete Dokument »nie zu Gesicht«; General Deane und die Militärs waren weitgehend für den Text verantwortlich, und ihnen lag einzig und allein an der sicheren Heimkehr der amerikanischen Kriegsgefangenen.[72] Die Sowjets erwähnten den Gesichtspunkt der Gewaltanwendung nicht, und Deane hatte keine Ursache, ihn vorwegzunehmen. Die Beteiligung des State Department wurde durch Roosevelts Konzeption der »persönlichen Diplomatie« mehr oder weniger ausgeschaltet, und es ist eindeutig, daß die für die Politik des State Department Verantwortlichen überrascht waren, als das Problem nach der deutschen Niederlage über sie hereinbrach.[73]

Am 1. Februar 1945 hatte Grew dem sowjetischen Chargé d'Affaires mitgeteilt, die Vereinigten Staaten würden sich weiterhin an ihre strenge Auslegung der Auflagen der Genfer Konvention halten. Das blieb auch die amerikanische Politik während der auf die Jalta-Konferenz folgenden Monate.[74] Am 23. März bestritt Botschafter Gromyko jedoch Grews Argumente, was die korrekte Anwendung der Genfer Konvention anging. Grews Antwort legte noch einmal die Haltung des State Department dar. Er gab die gleiche Auslegung wie zuvor und faßte kurz zusammen, wozu die Vereinigten Staaten bereit seien und wozu nicht. »Unsere Regierung wird weiterhin alle Sowjetbürger, die als Angehörige der deutschen Streitkräfte in deutscher Uniform gefangengenommen wurden, an die Sowjets ausliefern mit Ausnahme jener, die verlangen, als deutsche Kriegsgefangene nach der Kriegsgefangenenkonvention behandelt zu werden. Diejenigen, die diese Forderung stellen, werden vorläufig in Gewahrsam unserer Regierung bleiben.« So weit, so gut. Aber der nächste und letzte Satz klang bedrohlich. »Die Sowjetregierung kann jedoch sicher sein, daß ihre Vorstellungen erneut in Erwägung gezogen werden, sobald der organisierte militärische Widerstand in Deutschland ein Ende gefunden hat.«[75]

Als am 3. Mai der Widerstand so gut wie beendet war, ging Grew sogar weiter. »Unsere Regierung hat nicht die Absicht, diese Personen auf die Dauer in ihrem Gewahrsam zu halten, und ist gern bereit, die Frage ihrer Verfügung erneut aufzunehmen, sobald sich keine amerikanischen Kriegsgefangenen mehr in der Haft deutscher Streitkräfte befinden.«[76]

Deutschland kapitulierte vier Tage später, und jede Gefahr deutscher Vergeltung an Kriegsgefangenen schwand über Nacht. John Galsworthy vom Foreign Office schrieb einige Tage später: »Die Grundlage für die amerikanische Auslegung war der Wunsch, die Behandlung aller Soldaten in amerikanischer Uniform als amerikanische Kriegsgefangene sicherzustellen, auch wenn sie keine amerikanischen Staatsbürger waren. Seit der Kapitulation Deutschlands ist diese Erwägung nichtig geworden, und es bleibt abzuwarten, ob die Amerikaner nun auf diesem Prinzip um seiner selbst willen beharren werden.«[77]

In Unkenntnis der Schritte, die in Regierungskreisen eingeleitet wurden, handelten die amerikanischen Truppen weiterhin im Einklang mit dem, was sie für die amerikanische Politik hielten.

George Orwell schrieb: »Im Mai 1945 besuchte ich ein großes, nicht weit von München gelegenes Kriegsgefangenenlager. Obwohl hier täglich Kriegsgefangene durchgeschleust wurden, waren zu jeder Zeit etwa 100000 Gefangene interniert. Wie der amerikanische Lagerkommandant erklärte, waren durchschnittlich zehn Prozent der Insassen keine Deutschen, sondern zumeist Russen oder Ungarn. Die Russen wurden geordnet, indem man ihnen eine einfache Frage stellte: ›*Wollen Sie nach Rußland zurückkehren oder nicht?*‹ Ein erheblicher Prozentsatz – für den ich natürlich keine genauen Zahlen angeben kann antwortete ›nein‹; sie wurden als Deutsche angesehen und im Lager behalten, während man die anderen freiließ. Ich sah eine große Anzahl von ihnen, einige waren Angehörige der Organisation Todt, andere hatten zur Wehrmacht gehört.«[78]

Doch von dem Augenblick an, als am 25. April die sowjetischen und amerikanischen Truppen in Torgau an der Elbe aufeinanderstießen, wurde die Frage des Massenaustausches der Kriegsgefangenen ein dringliches Verhandlungsthema.[79] George Kennan von der Botschaft in Moskau warnte das State Department, daß die endgültige Entscheidung über Gewaltanwendung nicht länger aufgeschoben werden könne.[80]

5

Das Gesetz über die Alliierten Streitkräfte Das Foreign Office im Widerstreit mit der Gesetzlichkeit

Am selben Tag, an dem Eden das Abkommen über Kriegsgefangene in Jalta unterzeichnete, unterschrieben er und Molotow auch ein Nebenabkommen über den Status der Russen in britischen Lagern. Der langweilige offizielle Text verbarg eine interessante Vorgeschichte. Bisher hatte die Zwangsrepatriierung der Russen in entlegenen Gebieten stattgefunden: in Ägypten, in Südfrankreich, auf der Krim. Nun aber begann ein großer Teil der Tragödie sich in so prosaischen Orten wie Worthing oder Guildford zu entfalten. Wir müssen uns daher den Geschehnissen in England zuwenden.

In einem früheren Kapitel haben wir gesehen, daß die Russen, die nach der Landung in der Normandie im Juni 1944 gefangengenommen wurden, aus rein praktischen Gründen nach England transportiert und in den soeben freigewordenen Lagern der Invasionstruppen untergebracht worden waren. Als Eden dem sowjetischen Botschafter ihre Anwesenheit am 20. Juli zum erstenmal mitteilte, befanden sich ungefähr 1600 Russen in britischen Händen. Im Oktober war diese Zahl bereits auf das Zehnfache angestiegen.[1]

In Großbritannien angekommen, wurden die Russen nach und nach von den Deutschen getrennt und in gesonderten Lagern untergebracht, doch galten sie noch immer als Kriegsgefangene. Solange eine Entscheidung über ihr Schicksal ausstand, war es ohnehin notwendig, sie aus Gründen der Verwaltung und Disziplin in Lagern unter Kontrolle zu halten.

General Wassiljew, der Chef der sowjetischen Militärmission, schlug vor, die gefangenen Russen »aus dem Kriegsgefangenenstatus zu entlassen und sie als Sowjetbürger anzusehen, die sich zeitweilig auf britischem Boden befinden«. Er schlug weiterhin vor, »alle, die Angehörige der Roten Armee gewesen waren, unter den Befehle ihrer eigenen Offiziere und Unteroffiziere innerhalb ihrer gegenwärtigen oder ähnlicher Unterkünfte zu stellen . . .« Dieser Vorschlag war für die Engländer annehmbar, und alles, was zu tun übrig schien, war, diesem Statuswechsel die richtige Gesetzesgrundlage zu geben. Eine Sondervorkehrung für solche Fälle bestand bereits in Gestalt des Gesetzes über die Alliierten Streitkräfte (*Allied Forces Act*) von 1940. Es gewährte, wie schon erwähnt, den Exilregierungen das Recht, militärische Einheiten auf britischem Boden zu unterhalten. Es war daher nur notwendig, daß die Sowjets einige Formalitäten in bezug auf die vorgeschlagene sowjetische Kontrolle der Gefangenen erfüllten, um eine weitere Klausel dieses Gesetzes im Namen des Königs zu verkünden.[2] Es schien einfach genug, und dennoch gab es Schwierigkeiten.

Warum wollten die Sowjets unbedingt ihre Staatsbürger aus dem Kriegsgefangenenstatus entlassen sehen? Vornehmlich sicher aus Gründen des nationalen Prestiges. Die Russen weiterhin als feindliche Kriegsgefangene zu betrachten war eine ständige Erinnerung daran, daß die UdSSR, als einziger Staat unter den Alliierten, dem Feind Tausende von Rekruten geliefert hatte.

Der zweite Gesichtspunkt war die Notwendigkeit, eine wirksame Kontrolle über die Gefangenen zu erhalten, um alles zu vermeiden, was bei einer glatten Repatriierungsaktion hinderlich oder peinlich sein konnte.[3]

Drittens kam wohl auch die Sorge der Sowjetregierung hinzu, daß die Gefangenen Anspruch auf den Schutz der Genfer Konvention stellen könnten. Wahrscheinlich begriffen die Sowjets erst jetzt, daß alle Russen, die der Wehrmacht angehört hatten, den Anspruch hatten, als Deutsche behandelt zu werden. Dies war die Auffassung des State Department, die der sowjetischen Botschaft in Washington bereits am 27. September 1944 mitgeteilt worden war.[4] Daß die Briten diese Haltung nicht teilten, war den Sowjets nicht bekannt, ebensowenig wie sie voraussehen konnten, daß England seinen Standpunkt ändern würde. Solange die Russen weiterhin als Kriegsgefangene angesehen wurden, konnten sie auch nach der Genfer Konvention deutsche Staatsangehörigkeit beanspruchen und auf diese Weise der Repatriierung entgehen.

Zwischen dem Kriegsministerium und dem Innenministerium begannen nun Besprechungen darüber, wie das Gesetz über die Alliierten Streitkräfte im einzelnen auf die Russen anwendbar gemacht werden könnte. Theobald Mathew vom Innenministerium legte die Maßnahmen fest, die notwendig waren, um dem Gesetz auch für die Russen Gültigkeit zu geben. Der hauptsächliche Gesichtspunkt war, die Angehörigkeit zu den Alliierten Streitkräften gesetzlich genau zu definieren:

»Angesichts der gesetzlichen Definition in Sektion 5 (1) des Alliierten Kriegsdienstgesetzes von 1942, bezüglich der Zugehörigkeit zu den Alliierten Streitkräften, ist es wesentlich, daß die Russen nachweisen können, seit dem 22. August 1940 in ihren Streitkräften *gedient* zu haben. Hierbei ist Rekrutierung allein nicht ausreichend, sondern es bedarf auch eines weiteren Dienstnachweises, wie zum Beispiel der Empfang von Sold, Teilnahme an einer Parade oder das Tragen einer Uniform. In der Praxis sollte dies keine großen Schwierigkeiten bereiten, doch es kann wichtig werden, falls unsere Gerichte über Anklagen von Fahnenflucht oder Abwesenheit zu entscheiden haben.«

Mit anderen Worten war es notwendig, die Russen vom Kriegsgefangenenstatus in den der Zugehörigkeit zu wirklichen militärischen Einheiten zu überführen. Es wurde weiterhin betont, daß die Vollstreckung von Todesurteilen oder Körperstrafen durch sowjetische Offiziere nicht zulässig sei, solange sich diese neu geschaffenen Einheiten auf britischem Boden befänden.[5]

Eden telegraphierte dem britischen Botschafter in Moskau, Sir Archibald Clark Kerr, und erklärte: »Wir sind bereit, den Wünschen der sowjetischen Militärmission voll nachzukommen und alles zu tun, um die dazu notwendigen Formalitäten sobald wie möglich zu erledigen.«

In der Zwischenzeit wurde der Entwurf zu einem Abkommen aufgesetzt, der, falls er von den Sowjets gebilligt wurde, die Grundlage für die Erweiterung des Gesetzes bilden konnte. Fachleute machten jedoch darauf aufmerksam, daß sich das Gesetz nur »auf ›Angehörige der sowjetischen Streitkräfte‹ beziehen kann und nicht auf Sowjetbürger anwendbar ist, die nicht zu diesen Streitkräften gehören. (Es bestehen keine gesetzlichen Vorkehrungen, die der Sowjetunion erlauben, ihre Staatsbürger in Großbritannien zu rekrutieren).«[6]

Bei einem Treffen mit der russischen Militärmission versuchte General Gepp (der Beauftragte für Kriegsgefangene), ihnen die britische Haltung auseinanderzusetzen, doch ohne Erfolg.[7] Die britischen Beamten waren verzweifelt. Was sollte geschehen? Von allen Seiten wurde gefordert, die Angelegenheit so schnell wie möglich zu erledigen. Am 3. Oktober schrieb Innenminister Herbert Morrison an Eden: »Ich stimme mit Ihnen überein, daß es wünschenswert ist, diese Russen sobald wie möglich zu repatriieren. Von anderen Erwägungen abgesehen, besteht zumindestens die Gefahr . . . daß wir, wenn sie als Angehörige der sowjetischen Streitkräfte auf unserem Boden verbleiben, eine beachtliche Anzahl Beschwerden über die Mißhandlung der Leute seitens ihrer sowjetischen Offiziere erhalten werden . . . während sich andere eventuell widerwillig zeigen werden, ihre sowjetische Staatsbürgerschaft anzuerkennen.«[8] Seitens des Foreign Office betonte auch Sir Orme Sargent den gleichen besorgniserregenden Gesichtspunkt.[9]

Eden und die anderen Befürworter der Zwangsrepatriierung betonten immer wieder, daß sie gerechtfertig gewesen sei, um von der UdSSR befriedigende Garantien über die Auslieferung der befreiten britischen Kriegsgefangenen zu erhalten. Genereller gesehen, hoffte das Foreign Office, durch Konzessionen in dieser Frage auch sonst guten Willen in den Beziehungen der beiden Länder zu schaffen.[10] Es muß jedoch festgehalten werden, daß es auch einen dritten Beweggrund gab: die Furcht, daß die Lage der russischen Gefangenen zu einem öffentlichen Skandal in England wurde. Herbert Morrison und Sir Orme Sargent hatten ihre Besorgnis darüber geäußert, nun wies auch Edens Staatssekretär im Foreign Office auf diese Gefahr hin. Als Eden am 15. Oktober in Moskau war, hatte Sir Alexander Cadogan den besorgten Wunsch ausgesprochen, die russischen *Zivilisten* (die gesetzlich nicht zu den Alliierten Streitkräften gerechnet werden konnten) so schnell wie möglich zu repatriieren.[11]

Zwei Tage später hatte Eden, der sich mit Churchill auf dem »Tolstoi«-Besuch in Moskau befand, die Unterredung mit Molotow, in deren Verlauf er einwilligte, alle Sowjetbürger zu repatriieren, »ungeachtet der Wünsche der einzelnen.« Er nahm gleichzeitig die Gelegenheit wahr, Molotow einen Vertragsentwurf zu überreichen, der als Erweiterung des Gesetzes über die Alliierten Streitkräfte notwendig war.[12]

Doch der Stand der Dinge war nicht so befriedigend, wie es den Anschein hatte. Kaum war Eden nach England zurückgekehrt, berichtete ihm Clark Kerr aus Moskau, »daß das Volkskommissariat für Auswärtige Fragen den Vertragsentwurf, den Sie Molotow übergeben haben, nicht billigt . . . da es dazu führen würde, diese Leute als bewaffnete Alliierte Einheiten in Großbritannien aufzustellen, was nicht den Wünschen der Sowjetregierung entspräche«. Herrn Nowikow vom Volkskommissariat wurde zwar bedeutet, daß dies »die einzige gangbare Methode sei, diese Leute, während sie auf ihre Repatriierung warteten, als freie Staatsbürger einer verbündeten Macht anzusehen«, und nach einer längeren Diskussion schien Nowikow einer akzeptablen Lösung zuzustimmen. Sie sah vor, den sowjetischen Offizieren freien Zugang zu den Internierungslagern zu gewähren, obwohl »die betreffenden sowjetischen Staatsbürger technisch bis zu ihrer Repatriierung als Kriegsgefangene gelten würden«.

Dieser schwerfällige Meinungsaustausch, der einem mit verbundenen Augen gespielten Poker ähnelte, reizte plötzlich den Zorn des Premierministers. Er gab, ganz ungerecht, dem Foreign Office die Schuld an den Verzögerungen. Das hatte jedoch, wie wir gesehen haben, nur allzu sehr den Wunsch, eine Einigung zu erreichen. Auf dem Schreibtisch des Foreign Office landete eine jener berühmten persönlichen Noten Churchills: »Machen wir nicht unnötige Schwierigkeiten? Mir scheint, daß wir Spiegelfechtereien in einer Sache treiben, die wir prinzipiell längst zugestanden haben, und untergeordneten sowjetischen Beamten erlauben, in diesen Detailfragen einen unverdienten Stellenwert zu erringen. Ich dachte, wir seien übereingekommen, alle Russen nach Rußland zurückzuschikken.«

Sir Alexander Cadogan antwortete eingehend und betonte das Bestreben des Foreign Office, den sowjetischen Wünschen nachzukommen, sowie auch die irritierende und unverständliche Weigerung der Sowjets, eine Lösung anzunehmen, die »nicht nur die beste, sondern auch die einzig durchführbare ist . . .« Churchill kritzelte eine gereizte Fußnote auf Cadogans Brief: »Wir sollten sie *alle* sobald wie möglich loswerden. Dahin ging auch, soweit ich unterrichtet bin, unser Versprechen an Molotow.«[13]

Warum protestierten die Sowjets so heftig gegen eine Maßnahme, die man sich nur ihnen zuliebe ausgedacht hatte? Ihnen war ebenso daran gelegen, alle Gefangenen zurückzuerhalten, wie dem Foreign Office, sich ihrer zu entledigen. Warum vereitelten sie dann monatelang die Verhandlungen auf eine so merkwürdig engstirnige Weise? Im Foreign Office wußte niemand eine Antwort darauf. Die Fachleute konnten nur ihrer Verwirrung Ausdruck geben und weiterhin ihre Verhandlungen in Ungewißheit führen.

Obwohl es damals niemand im Foreign Office erkannt zu haben scheint, hatten die Russen die Gründe für ihre Mißbilligung der Erweiterung des Gesetzes über die Alliierten Streitkräfte eindeutig dargelegt. Sowohl in Moskau als auch in London hatten die Sowjetbeamten, wie wir gesehen haben, das Gesetz verworfen, »da es dazu führen würde, diese Leute zu bewaffneten Einheiten in Großbritannien aufzustellen, was nicht den Wünschen der Sowjetregierung entspräche«. Ganz offensichtlich war dieser Satz keine Improvisation, sondern war von der Zentralgewalt formuliert worden.

Hätten die Fachleute des Foreign Office hierüber nachgedacht, hätten sie leicht feststellen können, daß die Sowjetunion große Furcht davor hatte, ihre Staatsangehörigen im Ausland zu bewaffnen. In eindeutigem Gegensatz zum nazistischen Deutschland und dem faschistischen Italien hatte es die Sowjetunion 1936 nicht gewagt, bewaffnete Einheiten in den spanischen Bürgerkrieg zu schicken.[14]

Wie wir gesehen haben, wurde das Vorhaben der SOE, russische Kriegsgefangene einzusetzen, um an der Seite der französischen Maquis zu kämpfen oder den Widerstand unter den Zwangsarbeitern in Deutschland zu organisieren, vom NKWD vereitelt. Botschafter Gussew hatte sich beschwert, daß die britische Militärführung in Ägypten »sowjetische Kriegsgefangene rekrutiere« – eine Klage, die nach eingehender Prüfung von Lord Moyne kurz darauf als ebenso »grundlos« abgewiesen worden war wie »frühere Anschuldigungen dieser Art . . .«.[15] Im November wurde das SHAEF beauftragt, »einen Bericht zu prüfen, demnach 850 Russen von Marseille nach Nordafrika verschifft worden seien, um dort in die Fremdenlegion eingezogen zu werden; doch ehe die Untersuchungen begannen, teilte uns die sowjetische Botschaft mit, daß der Bericht unrichtig sei . . .«[16] Trotzdem fuhren NKWD-Agenten auf der erfolglosen Suche nach russischen Rekruten der Fremdenlegion bis Indochina.[17] In den Vereinigten Staaten beschuldigte Gromyko die Amerikaner eines ähnlichen Verhaltens, wurde jedoch von Cordel Hull lediglich sarkastisch zurückgewiesen.[18]

Diese Beschuldigungen spiegelten die ganz ehrlichen Besorgnisse Stalins und der sowjetischen Führung wider. Trotz der fürchterli-
Diese Beschuldigungen spiegelten die ganz ehrlichen Besorgnisse Stalins und der sowjetischen Führung wider. Trotz der fürchterli-
chen Brutalitäten, denen die Russen unter Hitler ausgesetzt gewesen waren, war es ihm gelungen, unter den russischen Kriegsgefangenen fast eine Million antikommunistischer Freiwilliger zu rekrutieren. Welcher Erfolg mochte dann erst den menschenfreundlichen Demokratien beschieden sein, wenn sie das gleiche Spiel versuchten? Jeder Russe, der auch nur einen Blick auf die Lebensbedingungen außerhalb der UdSSR geworfen hatte, stand im Verdacht, von ungesunden Ansichten infiziert worden zu sein, und mußte bei seiner Rückkehr in einem Arbeitslager isoliert werden. Selbst Einheiten der Roten Armee, die auch nur zeitweilig von der Wehrmacht umzingelt gewesen waren, wurden sogleich suspekt. Wie hätte sich Stalin daher sicher fühlen sollen, wenn es um eine disziplinierte Streitmacht von 20000 Mann auf britischem Boden ging? Es genügte nicht, bewährte sowjetische Offiziere als Befehlshaber zu entsenden, denn wer konnte wissen, ob sie nicht dem Beispiel des hochbegabten jungen Offiziers, General Wlassow, folgen würden?

Unterdessen wurde die britische Botschaft in Moskau angewiesen, einen weiteren Versuch zu unternehmen, die Sowjets von der Notwendigkeit zu überzeugen, das Gesetz über die Alliierten Streitkräfte zu akzeptieren. Man konnte darauf hinweisen, daß es nicht nötig sein würde, die so aufgestellten Einheiten zu bewaffnen, wenn

dies der Grund für den Widerstand war. Die Angelegenheit wurde immer dringender, da »früher oder später das Interesse der Öffentlichkeit an dieser Statusfrage geweckt werden und das peinliche Folgen haben könne.«[19] Patrick Dean gab seiner Besorgnis Ausdruck, daß es eine Parlamentsdebatte darüber geben könne, und riet, jede Erwähnung des Gesetzes im Unterhaus zu unterbinden.[20]
Die Sowjets erneuerten ihre Forderung, den Kriegsgefangenenstatus der Russen aufzuheben. Die britische Regierung unterbreitete ihnen geduldig einen neuen Vertragsentwurf und ersetzte das offenbar unliebsame Wort »Streitkräfte« durch das Wort »Einheiten«. Am 1. Dezember wurde der neue Entwurf in Moskau Nowikow übergeben. Es wurde sorgfältig erläutert, daß der Gebrauch irgendeines entsprechenden Ausdrucks unvermeidlich sei, da »es laut britischem Gesetz und Verfassung nicht erlaubt ist, die Freiheit eines Staatsbürgers einer freundschaftlichen Macht, solange er sich im Vereinigten Königreich befindet, einzuschränken, es sei denn, die in Großbritannien vertretenen Behörden dieser freundschaftlichen Macht seien bereit, falls ein Fall vor Gericht kommt, nachzuweisen, daß die Staatsbürger, über die sie Gerichtsbarkeit fordern, tatsächlich Einheiten oder Kontingenten ihrer Streikräfte angehören. Die diesbezüglichen britischen Gesetze können nur durch einen Akt des Parlaments abgeändert werden.«[21]
Wie die Beamten privat zugaben, würde »solch ein Gesetz unerwünschte öffentliche Aufmerksamkeit, Verzögerung und womöglich Kontroversen hervorrufen«.[22]
Sowohl Nowikow in Moskau als auch Sobolew von der Botschaft in London schienen diesen Gesichtspunkt endlich begriffen zu haben. Doch sie waren offenbar nicht ermächtigt, Zugeständnisse zu machen. Statt dessen mußte man sich mit einem langwierigen Ablenkungsmanöver befassen, denn General Wassiljew stellte die völlig falsche Behauptung auf, Eden sei schon vor Monaten mit Gussew übereingekommen, die Gefangenen als »freie Bürger« und nicht als Kriegsgefangene anzusehen.[23]
Als das neue Jahr begann, waren daher die Angelegenheiten kaum weiter vorangeschritten als im voraufgegangenen August. Am 4. Januar stellte Patrick Dean fest, daß »wir trotz all unserer An-

strengungen keine Fortschritte machen«. Die Russen in Großbritannien galten noch immer als Kriegsgefangene, und die letzte sowjetische Note (vom 27. Dezember) forderte wieder einmal, daß sie »von den britischen Behörden nicht als Kriegsgefangene, sondern als freie Bürger einer alliierten Macht anzusehen seien«. Dean machte nun einen kühnen Vorschlag, der die Sowjets vielleicht zu Zugeständnissen zwingen konnte.

»Um diese Angelegenheit ein für allemal zu Ende zu bringen, würden wir jetzt am liebsten der hiesigen sowjetischen Botschaft schriftlich erklären, daß wir ihrem Wunsch, diese Personen als ›freie Sowjetbürger‹ anzusehen, gern nachkommen werden, daß dies aber auch bedeutet, sie aus den Internierungslagern zu entlassen und ihnen alle Freiheiten und Erleichterungen zu gewähren, die gemeinhin alliierten Staatsbürgern in Großbritannien zustehen, vorausgesetzt, daß dies mit der Staatssicherheit vereinbar ist. Wenn wir diesen Weg einschlügen, könnten wir selbstverständlich keinerlei Garantien dafür übernehmen, diese Leute in die Sowjetunion zurückzuschicken, da dies nicht mehr in unserer Macht stünde; innerhalb der normalen Einschränkungen könnten sie sich dann frei im Lande bewegen und auch jede ihnen angebotene Arbeit annehmen.«

Das konnten die Sowjets selbstverständlich nicht dulden, »da sie vor allem bemüht sind, diese Leute bis zur Repatriierung unter militärischer Kontrolle zu halten«. Doch die Drohung konnte sie vielleicht zur Vernunft bringen.[24]

Die Drohung war zugkräftig, da in Britannien eine lange und ehrenhafte Tradition bestand, politischen Flüchtlingen Asyl zu gewähren. Im Jahre 1943 waren zum Beispiel zwei russische Seeleute in einem britischen Hafen von ihrem Schiff desertiert. Die sowjetische Forderung auf Auslieferung war strikt abgewiesen worden.[25]

Aus der faszinierenden Möglichkeit, daß die Sowjets durch ein Mißverständnis unfreiwillig für die Befreiung aller russischen Gefangenen in England gesorgt hätten, wurde nichts. Es wurde entschieden, daß sich die ganze Angelegenheit am besten auf der bevorstehenden Krim-Konferenz lösen lassen würde.[26] Überdies schien es allmählich durch das Dickicht der sowjetischen Wahrnehmungsfähigkeit zu dringen, daß das Foreign Office verzweifelt versuchte, der Sowjetregierung und nicht den Gefangenen zu helfen. Nowikow in Moskau setzte als Antwort auf den ihm von britischer Seite am 1. Dezember ausgehändigten Entwurf einen Gegenvorschlag auf. Darin nahm er den subtilen Kompromißvorschlag an, das Wort »Einheiten« statt »Streitkräfte« zu verwenden. Die Sorge, die Gefangenen könnten als reguläre Einheiten aufgestellt werden, schlug sich jedoch noch immer in der Auslassung des Wortes »Militär« nieder, wenn Bezug darauf genommen wurde, daß die Gefangenen den »sowjetischen Militärgesetzen unterständen«.

Mr. Balfour von der britischen Botschaft »fragte daher Nowikow, ob ich in der Annahme richtig gehe, daß trotz der Auslassung des Wortes ›Militär‹ in dem neuen sowjetischen Entwurf die Sowjetbehörden in Großbritannien bereit wären, Beweis zu führen, falls je ein Fall vor Gericht käme, daß die Bürger, für die sie ihre Gesetzbarkeit fordern, tatsächlich Angehörige der Einheiten oder Kontingente ihrer Streitkräfte sind. Auf diese Frage erwiderte er lakonisch ›das geht in Ordnung‹. Obwohl dies Nowikows übliche Antwort zu sein scheint, bin ich, angesichts der sehr präzisen Erläuterung dieses Gesichtspunkts, den ich ihm zuvor hatte zukommen lassen [der von Dean erhoben worden war, siehe oben] überzeugt, daß er verstanden hat, worum es geht, und auch meint, was er sagt.«[27] Patrick Dean hielt es für eine durchführbare Kompromißlösung, die man annehmen solle.[28]

Dean und Phillimore fuhren als Experten für Kriegsgefangenenfragen des Foreign Office und des Kriegsministeriums nach Jalta. Beide Seiten waren mehr oder weniger befriedigt über den Kompromißwortlaut, auf den man sich geeinigt hatte, und das endgültige Abkommen wurde am 11. Februar unterzeichnet. Der sowjetische Einspruch gegen die Worte »Militär« und »Streitkräfte« wurde aufrechterhalten, statt dessen wurden die neutralen Begriffe »Sowjetgesetze« und »Einheiten und Gruppen« angewandt.[29] Nun mußte nur noch die Zusatzklausel zum Gesetz über die Alliierten Streitkräfte verkündet werden. Dies geschah am 22. Februar.[30]

Von diesem Datum an waren die Russen in England offiziell keine Kriegsgefangenen mehr, sondern Mitglieder einer alliierten Streitmacht, die auf britischem Boden stationiert war. Doch dies war lediglich eine Redewendung, und die sowjetische Repatriierungskommission hatte strikte Weisung, nichts zu unternehmen, um aus den Gefangenen eine tatsächliche Streitmacht zu machen. Dies führte zu einigen heiklen Situationen.

Im April ersuchte General Ratow, der nach England gekommen war, um die Rückführung zu organisieren, Brigadegeneral Firebrace, britische Wachen und Gefängnisse für einige der Leute zur Verfügung zu stellen. Ratow hatte zehn Leute gefangensetzen lassen: »Es handelt sich in jedem Fall um Personen, die sich der Rückkehr in die Sowjetunion widersetzt haben. Einige von ihnen sind verzweifelt und haben gedroht, eher Selbstmord zu begehen, als zurückzukehren.« Firebrace traf einstweilige Vorkehrungen für den Gewahrsam dieser Missetäter, erklärte jedoch General Ratow: »Ich erwarte, daß er seine eigenen Maßnahmen zur Bewachung seiner Leute im Sowjetlager in Newlands Corner treffe. Er sagte mir, er könne dies nicht tun, da sein Personal unbewaffnet sei und er nicht glaube, daß ihm die Sowjetregierung die Erlaubnis geben werde, sie zu bewaffnen.«

In einem Brief (vom 25. April) wies Firebrace Ratow auf das Abkommen hin, das eindeutig festlege, daß die Sowjetbehörden selbst für ihre Strafmaßnahmen verantwortlich seien. Firebrace sagte nur widerstrebend zu, eine beschränkte Anzahl in einem britischen Militärgefängnis unterzubringen, blieb im übrigen jedoch ablehnend und wenig hilfsbereit.[31]

Die russischen Kriegsgefangenen stellten keine alliierte Streitmacht im Sinne des Gesetzes dar. Unter normalen Umständen war es unwahrscheinlich, daß das an die Öffentlichkeit dringen würde. Die britischen und sowjetischen Behörden bemühten sich, die fromme Lüge aufrechtzuerhalten, und es war nicht zu vermuten, daß einer der Gefangenen die Fadenscheinigkeit dieses Gesetzes erkannte – jedenfalls nicht, solange alle gehorsam in den Lagern blieben. Doch was sollte mit Deserteuren geschehen? Das war eine sehr peinliche Frage. Dem Foreign Office war daran gelegen, solche Leute sofort und ohne Aufsehen zurückzuschicken. Vor allem durften sie nicht vor Gericht erscheinen. Sir Frank Newsam vom Innenministerium führte jedoch Patrick Dean gegenüber aus: »Es liegt klar zutage, daß

sich die Polizei der Gesetzesverletzung schuldig machen würde, wenn sie einem Flüchtling der sowjetischen Streitkräfte, der nicht selbst in seine Auslieferung einwilligt, einer Militäreskorte aushändigte. Überdies käme es für den Innenminister nicht in Frage, der Polizei dahingehende schriftliche oder mündliche Weisungen oder Ratschläge zu erteilen.« Dennoch machte Newsam dann den erstaunlichen Vorschlag, die Polizei solle mutmaßliche Deserteure zum Verhör in einstweiligen Gewahrsam auf ihr Revier nehmen. Gleichzeitig sollten sie die nächste Militärdienststelle anrufen und mitteilen, wann und wo der Verdächtige entlassen werde. Die Armee könne dann eine Militäreskorte im Hintergrund halten und den Mann »auf *eigene Verantwortung* bald nach seiner polizeilichen Entlassung verhaften. Hierbei ist jedoch wesentlich, die Gefangennahme nicht vor dem Polizeirevier oder unter Umständen stattfinden zu lassen, die einer unmittelbaren Aushändigung durch die Polizei an das Militär gleichkämen«. Diesem Brief fügte Newsam den Entwurf eines Rundschreibens an alle Polizeichefs bei, das ihnen nahelegte, diese ungewöhnliche Verhaltensweise zu befolgen.
Am 13. April antwortete Dean optimistisch: »Wir stimmen mit dem von Ihnen vorgeschlagenen Verfahren überein, das zwar unvermeidlich gewisse Gefahren mit sich bringt, nach unserer Auffassung jedoch praktisch ganz gut durchführbar ist.«
Das ganze Vorhaben sollte jedoch nicht gelingen, da sich das Kriegsministerium weigerte, die Rolle des Häschers zu übernehmen: »Wir sehen uns außerstande, das von Ihnen im Brief vom 5. April vorgeschlagene Verfahren zu billigen. Wir sehen keinerlei Berechtigung zu der Annahme, daß die Militärbehörden bereit sind, auf eigene Verantwortung Mitglieder einer alliierten Streitkraft unter Außerachtlassung des vorgeschriebenen Amtsweges festzunehmen, da diese Verhaltensweise dem Gesetz ebenso widerspräche wie jene, die Sie Ihrerseits nicht zu billigen bereit sind.«[32]
Doch das Glück war auf Seiten des Foreign Office. Wenige Russen machten den Versuch zu entkommen, und noch wenigeren gelang er. Die Opfer waren sich völlig im klaren, welches Schicksal sie erwartete, wenn sie offenen Widerstand gegen ihre Rückkehr leisteten. Ihre einzige Hoffnung bestand darin, zu beten, daß sie zu den

wenigen gehören würden, welche die GULAG-Lager überlebten. Die Dinge liefen jedoch nicht immer glatt. Der Transport der russischen Gefangenen nach England wurde eingestellt, sobald es sich als möglich erwies.[33] Wie wir gesehen haben, waren die britischen Gesetze ein Hindernis, während es in den Lagern auf dem Kontinent »möglich ist, in der Praxis den Wünschen der UdSSR vollkommen nachzukommen und dabei nominell den Kriegsgefangenenstatus beizubehalten«.[34] Die sowjetische Weigerung, Transportmittel für die Rückführung ihrer in England befindlichen Staatsbürger bereitzustellen, bedeutete jedoch, daß sich der Abtransport der vielen Tausend Internierten auf britischen Schiffen bis zum Sommer 1945 hinauszog. Als der Herbst kam, hatten fast alle England verlassen, von einer Gruppe abgesehen, deren Staatsangehörigkeit noch nicht geklärt war, und weiteren acht, die »als geflüchtet und nicht wieder eingefangen« geführt wurden.[35] Diese waren zu verschiedenen Zeitpunkten während des Sommers aus Lagern in Yorkshire, Durham, Surrey und Sussex entkommen. Ihre Namen waren selbstverständlich bekannt, und in mindestens zwei Fällen auch ihr damaliger Aufenthaltsort. Doch beide hatten Zuflucht bei Engländern gefunden, die Mitleid mit ihrer verzweifelten Lage hatten.

Iwan Faschenko zum Beispiel, war ein Junge von sechzehn Jahren, der sich mit einer Familie Rockley in Nottingham angefreundet hatte. Oberst Hammer vom Kriegsministerium konnte berichten, daß man ihn vermutlich ohne große Schwierigkeiten bald auffinden werde. Warum wurde er dann nicht sogleich gefangengenommen und an den SMERSCH ausgeliefert? Sir Samuel Hoare vom Innenministerium (und späteres Mitglied der UN-Kommission für Menschenrechte) erklärte Major Wallis, der inzwischen Firebraces Posten übernommen hatte, die unangenehme Lage:

»Es erscheint unwahrscheinlich, daß wir Mittel haben, diesen jungen Mann zur Rückkehr in das Lager zu zwingen. Aus diesem Grunde ist es nicht wünschenswert, ihn vor Gericht zu stellen, und es ist ebensowenig wünschenswert, polizeiliche Nachforschungen anzustellen, da seine hiesigen Freunde sofort Einspruch erheben würden und die Polizei in Wirklichkeit nicht in der Lage ist, wirksame Maßnahmen zu ergreifen. Wir können Ihnen nur raten, noch

einmal den Versuch zu machen, ihn zur Rückkehr zu überreden.«
Der besonders peinliche Umstand in Faschenkos Fall war, daß er als *Zivilist* (von seinen jungen Jahren ganz abgesehen) keinesfalls zu der illusorischen »alliierten Streitkraft« gerechnet werden konnte, der die Gefangenen laut Gesetz angehörten.
Thomas Brimelow vom Foreign Office (späterer Ministerialdirektor) bestätigte Hoares Befürchtungen:
»Wir stimmen völlig mit Ihren Ansichten über FASCHENKO überein. Da er inzwischen ein ›Überläufer‹ ist, steht nicht zu erwarten, daß er sich den Sowjetbehörden freiwillig ergeben wird; es würde uns ernste Schwierigkeiten mit den letzteren bereiten, wenn sie erführen, daß wir mit ihm Verbindung aufgenommen, ihn jedoch nicht verhaftet haben. Andererseits würde der Versuch, ihn zu verhaften, mit ziemlicher Gewißheit zu einem öffentlichen Aufsehen führen, das zu vermeiden wir in höchstem Maße beabsichtigen . . . und es wäre auch wenig wünschenswert, ihn vor einen Richter zu stellen. Dieser letztere Einwand trifft auch für den anderen desertierten Zivilisten[36], LAURENTSCHUK, zu.
Was die übrigen sechs Flüchtigen angeht, die angeblich Angehörige der Roten Armee gewesen sind, würden wir auch hier zur Vorsicht raten, obwohl wir zugeben, daß es sich hier hauptsächlich um ein Problem des Innenministeriums handelt. Wie Sie wissen, hat es in Großbritannien nie eine organisierte ›Sowjet-Streitmacht‹ gegeben . . . und die Anwendung des Gesetzes über die Alliierten Streitkräfte auf die Insassen der Lager für befreite Sowjetbürger in unserem Land, obwohl sie die einzige Methode ist, das Jalta-Abkommen auszuführen . . . hat immer Gefahren mit sich geführt, was uns zur Hoffnung gezwungen hat, daß sie nie der Prüfung durch die Gerichte ausgesetzt werden würde.«
John Galsworthy (damals in der Abteilung Nord des Foreign Office tätig und heute britischer Botschafter in Mexiko) gab gegenüber Oberst Hammer zu: »Das ganze Arrangement war daher recht trügerisch . . . Wir haben immer gehofft, daß kein derartiger Gerichtsfall im Zusammenhang mit einem der Sowjetbürger in England auftreten würde. Viele von ihnen, auch wenn wir sie aus verwaltungstechnischen Gründen als Angehörige der sowjetischen

›Streitkräfte‹ betrachteten, waren in Wirklichkeit Zivilisten, die nie in der Roten Armee gedient hatten, und wenn solche Personen vor dem Richter erschienen wären, hätte es leicht peinliche Folgen haben können. [Jeder Versuch, die Flüchtigen zu verhaften] würde sehr wahrscheinlich die Schwierigkeiten (und das Aufsehen) auslösen, die bisher vermieden wurden, und ich schlage daher vor, hiervon abzuraten.«[37]

Der NKWD-Offizier Oberst Kleschkanow forderte die Auffindung weiterer acht »Deserteure«. Die Diskussion innerhalb des Foreign Office, die sich daraus ergab, machte deutlich, welcher Art das Aufsehen war, das man befürchtete. Wiederum war es Thomas Brimelow, der folgende Aktennotiz machte:

»Der Haken ... ist, daß Krochin sich vermutlich weigern wird, unauffällig mitzukommen; in diesem Fall würde es ... einen Skandal geben. Einen Skandal mit Gerede, durch unrechtmäßige Verhaltensweise die Russen mit List dazu gebracht zu haben, in ihre Rückführung in die UdSSR einzuwilligen etc. Dies muß um jeden Preis vermieden werden ... Wenn Krochin nach seiner Verhaftung Einspruch gegen seine Verhaftung und die Auslieferung an die sowjetischen Militärbehörden erhebt, muß er vor den Richter gebracht werden. Da er sich seit April in Freiheit befindet, kann er inzwischen Freunde gefunden haben, die ihm raten, einen Anwalt zu nehmen; und wenn dieser Anwalt tüchtig ist, wird er sich mit Juristen in Verbindung setzen, die mit allen Einzelheiten des Gesetzes über die Alliierten Streitkräfte vertraut sind ... in einem solchen Fall müssen wir mit einer heftigen Verteidigung rechnen.«

Es wurde die Möglichkeit in Erwägung gezogen, die Anwendung des zweifelhaften Gesetzes über die Alliierten Streitkräfte dadurch zu vermeiden, daß man Krochin statt dessen vom Innenministerium zum unerwünschten Ausländer erklären ließ. Doch der Haken daran war, »daß es peinlich sein könnte, wenn die Frage erhoben wird, warum wir entschieden haben, diesen Mann des Landes zu verweisen, anstatt mit ihm als Deserteur, nach dem Gesetz über die Alliierten Streitkräfte, zu verfahren. Es gibt noch eine weitere Komplikation: eine Landesverweisung würde nicht erlauben, ihn hier in England an die Russen auszuliefern; doch ich habe erklärt, daß wir hierüber mit den Russen mit ziemlicher Sicherheit zu irgendeiner Einigung kommen könnten.«

Doch das Thema wurde nicht weiter ausgeführt, und Galsworthy erklärte abschließend: »Eine Untersuchung könnte leicht offenbaren, wie dünn das Eis ist, auf dem wir uns seit dem Gesetz über die Alliierten Streitkräfte bewegen . . . Der antisowjetische Flügel der Presse könnte von einer derartigen Eröffnung sehr leicht unliebsamen Gebrauch machen.«[38]

6

Vom Paradies ins Fegefeuer

Mehrere Monate, nachdem die Entscheidung über die Repatriierung der Russen gefallen war, lebten sie in England in der »GULAG-Vorhölle« unter Bedingungen weiter, die ihnen über alle bisher erfahrenen Maße ideal vorkommen mußten. Jeder, der mit ihnen Verbindung hatte, scheint diese Ansicht geteilt zu haben. Das verhältnismäßig freie und bequeme Leben, das sie nun auf dem von Krieg und Tyrannei unberührten Land führten, muß ihnen rückblickend wie eine Traumexistenz vorgekommen sein. Ihr späteres Schicksal traf sie daher vielleicht um so schrecklicher.

Zwei Tage nach der Landung in der Normandie waren einige russische Gefangene auf zurückkehrenden Tanktransportschiffen nach England gebracht und in einem Lager in Kempton Park in Surrey interniert worden.[1] Sie hatten den Zwangsarbeiterbataillonen angehört, die zur Arbeit am Atlantikwall eingesetzt worden waren. Die Mehrzahl war 1942 in deutsche Kriegsgefangenschaft geraten. Sie hatten keine nennenswerte militärische Ausbildung erhalten, und »als die Alliierten anfingen, den Strand zu bombardieren, erklärten die Russen, ›blieben sie sitzen und warteten ab‹«. Sie schienen geringe Bildung zu haben und waren, da sie nur russisch sprachen, zwei Jahre lang von jeder Verbindung mit der Außenwelt abgeschnitten gewesen. Trotzdem »reagierten die meisten auf die Frage, ob sie nach Rußland zurückkehren wollten, entweder gleichgültig oder sagten sogar ›nein‹.«[2]

Doch von einer etwa tausendköpfigen Gruppe, die drei Wochen später in einem Durchgangslager in Devizes verhört wurde, wünschten die meisten, nach Rußland zurückzukehren, »vorausgesetzt, daß ihnen Gelegenheit gegeben wird, ihre Vaterlandstreue zu beweisen . . . Sie fürchten, gleich nach ihrer Rückkehr in die Sowjetunion bestraft zu werden, wünschen jedoch ihre Heimkehr, sofern ihnen eine echte Zusicherung gemacht wird, eine Bewährungsmöglichkeit zu erhalten«. Alle setzten die »automatische Bestrafung« voraus, obwohl sie alle in deutsche Dienste gezwungen worden waren, als Folge von Gewalt, »Hungersnot und grauenhaften Lebensbedingungen in den Kriegsgefangenenlagern«.[3] Zwei Gefangene hatten bereits in anderen Lagern ihrer Furcht durch Selbstmord Ausdruck gegeben.[4]

Was auch ihre Beweggründe sein mochten, eine gewisse Anzahl Russen hatte offenbar die Absicht, den Sowjetbehörden ihre Fälle vorzutragen, bevor Mißverständnisse auftreten konnten. Es lag ihnen daran, daß der unerträgliche Druck, der sie dazu geführt hatte, den Deutschen zu helfen, auch richtig verstanden wurde. »Kleinere Aufstände, Meutereien und Hungerstreiks« fanden statt. Sie wurden im allgemeinen von Gefangenen angezettelt, die glaubten, daß die Briten ihre Anstrengungen, der sowjetischen Botschaft in London ihre Zwangslage darzulegen, vereitelten; sowie von solchen Gefangenen, die ostentativ bemüht waren, sich von anderen Mitgefangenen zu distanzieren, die aus diesem oder jenem Grund der besonderen Zusammenarbeit mit den Deutschen bezichtigt wurden. Aus diesem Grund bemühte sich das Foreign Office, die sowjetischen Vertreter zu einem Besuch der Gefangenen zu bewegen und diese Mißverständnisse aus dem Weg zu räumen.[5] Die ersten ernsthaften Schwierigkeiten in dieser Frage traten im Lager Butterwick, bei Malton in Yorkshire, auf. Dort ware einige Hundert »Russen« interniert, die aus südenglischen Durchgangslagern hierher gebracht worden waren. Sie redeten in vielen Sprachen, da sie sich aus den verschiedensten Völkerstämmen zusammensetzten. Da waren Georgier, Turkestanis, Tataren und selbst einige verstörte Tajiks aus Pamir. Sie hatten keine Ahnung, was ihnen bevorstand, und ihre Verängstigung war bereits bei ihrer Ankunft in Butterwick offensichtlich. Als ihre Lastwagen im Lager ankamen, weigerten sie sich auszusteigen. Der diensthabende Lageroffizier und Dolmetscher Czeslaw Jesman fragte nach dem Grund, und es gelang ihm, sie zu beruhigen. Sie hatten eine Gruppe neugieriger britischer Stabsoffiziere, die herübergefahren waren, um die Ankunft der Russen mitanzusehen, für NKWD-Offiziere gehalten, die man geschickt habe, um das Niedermetzeln der Gefangenen zu überwachen. Etwa 20 der Gefangenen waren Kinder, und eine beträcht-

liche Anzahl war kurz vor der Landung in der Normandie aus einem Kriegsgefangenenlager in Alderney befreit worden.
Eine Gruppe der Gefangenen begann sofort nach ihrer Ankunft aufgeregte Gesuche zu stellen, ihnen die Erlaubnis zur Heimkehr nach Rußland und zum erneuten Kampf gegen den Nationalsozialismus zu geben. Solche Gesuche wurden sowohl an die britischen Militärbehörden als auch an die sowjetische Botschaft und die Militärmission gerichtet. Der Lagerkommandant, der seine Feststellungen auf die Berichte eines russisch sprechenden Offiziers, Hauptmann Narischkin, stützte, bemerkte hierzu: »Die Dringlichkeit, mit der auf der Rückkehr nach Rußland bestanden wird, mag wohl mehr auf die Furcht zurückzuführen sein, was mit ihnen geschehen könnte, wenn sie ihre Haltung nicht durch solch eine Dringlichkeit beweisen, als auf irgendwelchen anderen Ursachen.«[6] Patrick Dean vom Foreign Office empfahl, den Gefangenen auseinanderzusetzen, daß die Verzögerungen die Schuld der sowjetischen und nicht der britischen Behörden seien. Dies hatte jedoch lediglich zur Folge, die Erregung der Gefangenen zu steigern.[7]
Vom Schweigen der Vertreter ihres Heimatlandes verstört und im Bewußtsein ihrer kompromittierenden Lage, wurde eine Gruppe von etwa 550 Mann im Lager Butterwick immer unruhiger. Ein Gesuch vom 30. August führte Beschwerde, daß man ihnen Kriegsgefangenenuniformen zugeteilt habe, »die wir als beleidigend empfinden«. Es handelte sich um Leute, die in Zivilkleidung in Gefangenschaft geraten waren und sich nun verzweifelt wehrten, mit anderen gleichgestellt zu werden, die sich durch die Gefangennahme in deutscher Uniform vermutlich unwiderruflich kompromittiert hatten. In ihrer Angst begannen sie einen Streik und weigerten sich, die ihnen zugeteilte Kriegsgefangenenkleidung anzuziehen. Als sie auf ihrer Haltung bestanden, versuchte es der Lagerkommandant mit Druckmitteln. Er ließ ihre Zelte abbrechen und setzte sie auf eine Ration von Wasser und Brot. Obwohl einige infolge dieser Behandlung erkrankten und es einen Tag und eine Nacht lang stark regnete, »machen sie keine Anstalten nachzugeben, außer daß einige ihre Kleider wieder angezogen haben«. Wie ein Bericht an das Kriegsministerium ausführte, »sind sie jedoch in den Konzentra-

tionslagern des Kontinents gegen harte Behandlung so unempfindlich geworden, daß es sehr zweifelhaft erscheint, ob sie durch diese Maßnahmen nachgiebig gestimmt werden . . . Bevor sie nicht entweder einen Besuch oder eine beruhigende Nachricht von der sowjetischen Botschaft erhalten, ist keine Besserung der gegenwärtigen Lage vorauszusehen«.

Da die Gefangenen ein wenig nachgegeben hatten (»sie haben ihre Hosen wieder angezogen«), empfahl das Kriegsministerium dringend, »diese russischen Kriegsgefangenen sobald wie möglich von einem Vertreter der sowjetischen Mission besuchen zu lassen, um ihnen ihre Lage zu erklären«.[8]

Wie wir uns erinnern, hatte die sowjetische Militärmission einige Wochen lang so getan, als existierten die russischen Gefangenen gar nicht. (»Ich kann sie Ihnen gern zeigen«, hatte Brigadegeneral Firebrace Admiral Charlanow murmelnd geantwortet.) Doch im September 1944 hatten die sowjetischen Vertreter endlich Weisung aus Moskau erhalten. Es wurde mitgeteilt, daß Generalmajor Wassiljew von der sowjetischen Militärmission den russischen Lagern in Yorkshire einen Besuch abstatten solle.[9]

Ehe dieser Besuch jedoch stattfinden konnte, mußten die Sowjetbeamten erst das Ritual absolvieren, das die Voraussetzung für alle sowjetischen Verhandlungen war. Hauptmann Soldatenkov, ein russischer Emigrant, der als Offizier des britischen Geheimdienstes fungierte, legte einen Bericht über das Empfangslager in Kempton Park vor, in dem er die Einzelheiten einer beachtlichen, von Weißen russischen Emigranten organisierten Verschwörung zur Untergrabung der instinktiven Loyalität der sowjetischen Gefangenen gegenüber dem bolschewistischen Staat und der Partei schilderte. Diese Emigranten-Organisation sei ursprünglich von einem Konzil russisch-orthodoxer Würdenträger in Karlowei in Serbien gegründet worden, doch ihre Fangarme reichten inzwischen bis nach London und in die Lager in Nordengland. Als lokale Anführer dieser Gruppe wurden General Galfter (früherer Kommandeur des Moskauer Garderegiments), George Knupffer (Oberhaupt der Emigrantenpartei *Mladorus* in England) und eine Prinzessin Metchersky genannt. Die verschwörerischen Talente dieser Gruppe müssen begrenzt gewesen sein, da der General und die Prinzessin ihres hohen Alters wegen zu keinerlei Aktionen mehr fähig waren und die *Mladorus*-Partei schon einige Jahre zuvor aufgelöst worden war. Herr Knupffer hat mir gesagt, daß das einzige, was man in etwa als subversiven Versuch ansehen könne, die Vorführung einiger alter Filme über die Krönung Nikolaus' II., in Städten in der Nachbarschaft dieser Lager, gewesen sei.[10]

Man hätte von jedem erwarten können, die wirkliche Absicht von Hauptmann Soldatenkovs Bericht zu erkennen. Da die Sowjetbehörden im Begriff waren, Verbindung mit den Insassen der Lager aufzunehmen, mußten sie sicherheitshalber schon vorher eine Erklärung für den Haß und die Furcht vor der Sowjetunion finden, die viele an den Tag legten.[11]

Berechtigter war der Einwand, der gegen den Besuch eines russisch-orthodoxen Priesters in einem der Lager in Yorkshire erhoben wurde. Im Einklang mit den Geboten der Menschlichkeit (oder vielleicht auch mit Artikel 16 der Genfer Konvention von 1929) hatte der Lagerkommandant in Catterick einem Priester der orthodoxen Kirche in London die Erlaubnis gegeben, die Gefangenen zu besuchen und sich um die Seelsorge zu kümmern. Vater Michael Polsky fuhr nach Yorkshire und war überrascht, wie viele der Sowjetbürger mit der Liturgie vertraut waren. In einem der großen Kasernenräume wurde ein Gottesdienst abgehalten, zu dem sich die gläubigen Gefangenen dicht zusammendrängten. Aus dem Hintergrund beobachteten selbst die etwa 40 sowjetisch-inspirierten Offiziere des »Inneren Kreises« die Vorgänge mit Neugierde. Ungefähr 70 Insassen beichteten und erhielten das Abendmahl. Hinterher unterhielt sich Vater Michael mit den Gefangenen über allgemeine Themen, schenkte ihnen Musikinstrumente und unpolitische russische Bücher, die von seiner Londoner Gemeinde gesammelt worden waren. Er erwähnte insbesondere die gute Verpflegung, während die britischen Offiziere die Hoffnung aussprachen, daß die Russen einen guten Eindruck von der britischen Freundlichkeit mit nach Hause nehmen würden.

Die Erfahrungen von Mrs. M. Kulman, einer in London lebenden Weißen Emigrantin, bei ihren Besuchen in einer Herberge für russische Gefangene in Ratford in Yorkshire, bestätigen Vater Polskys Bericht. Ein Beamter des Innenministeriums hatte sie gebeten, diesen Besuch zu machen, und dabei betont, daß er wegen des englisch-sowjetischen Abkommens absolut geheim bleiben müsse. Sie fand drei verzweifelte Russinnen mit ihren Säuglingen vor, deren Männer zur Hinrichtung an die UdSSR ausgeliefert werden sollten. Bei einer andern Gelegenheit wohnte sie einem Treffen von etwa 50 Männern und Frauen bei, die sie alle unter Tränen beschworen, sie vor ihrer bevorstehenden Repatriierung zu bewahren. Sie erklärten ihr, daß dort ein grausamer Empfang auf sie warte, und schienen sich vor allem vor der Rückkehr in ein gottloses Land zu fürchten. »Stalin will uns von Gott trennen! Seit tausend Jahren haben wir mit Gott gelebt, und etwas, was durch alle Zeitalter gestanden hat, kann nicht von der Sowjetmacht zerstört werden.« Mrs. Kulman war tief betroffen, vermochte sie doch nur Worte des Trostes zu finden, von denen sie selbst wußte, wie belanglos sie waren.[12]

Auf Soldatenkovs Beschwerde hin wurden jedoch alle weiteren Besuche dieser Art untersagt.[12a]

Dem Lager sollte jedoch bald ein Besuch ganz anderer Art zuteil werden.

Am 8. September, als die meisten Russen bereits seit drei Monaten interniert waren, bekamen sie den ersten sowjetischen Vertreter zu Gesicht. Generalmajor Wassiljew, der neuernannte Chef der sowjetischen Militärmission in London, fuhr mit einer Gruppe sowjetischer und britischer Offiziere nach Yorkshire. Die Briten hofften, daß diese etwas verspätete Aufmerksamkeit eine beruhigende Wirkung auf die Stimmung in den russischen Lagern haben würde.

Während der ersten zwei Tage seiner Inspektionsreise besuchte General Wassiljew das Lager Butterwick. Dort waren fast 3000 russische Gefangene interniert, von denen 450 noch immer streikten. Alle, die der deutschen Wehrmacht angehört hatten, wurden in einem Viereck aufgestellt, um eine Ansprache des Generals anzuhören. Er erklärte ihnen, daß die Sowjetregierung sie nicht vergessen habe und sie auch heimführen werde, obwohl Transportschwierigkeiten hierbei Verzögerungen verursachten. Danach verließ Wassiljew den Paradeplatz und blieb nur stehen, um sich einer Gruppe zuzuwenden, die ihn im Vorbeigehen angerufen hatte.

»Was wird mit uns geschehen, wenn wir nach Rußland zurückkehren?«

»Darüber braucht ihr euch keine Sorgen zu machen«, erwiderte der General. »Im sowjetischen Vaterland ist Platz für alle.«

»Der Hund weiß, was ihm blüht, wenn er den Speck stiehlt«, warf eine düstere Stimme ein.

»Ihr braucht keine Angst zu haben, man hat euch ja schließlich gezwungen, gegen uns zu kämpfen.«

Worauf ein anderer herausfordernd antwortete: »Wir wurden nicht gezwungen. Schließlich haben wir ja gegen euch gekämpft!«

Der General antwortete wohlwollend: »Gut, keine Angst – die Sowjets verurteilen Menschen nie in Bausch und Bogen – wir werden herausfinden, wer von euch schuldig und wer unschuldig war. Und das hier« (er befingerte die deutsche Uniform, die einer der Gefangenen trug) »werden wir im Krematorium verbrennen.«

Eine Stimme: »Na klar – und wir werden in ihnen stecken!«

Als sich die Sowjetoffiziere an diesem Tage im Lager umsahen, waren die russischen Gefangenen im allgemeinen mißmutig und widerspenstig. Einige trugen noch immer stolz ihre ROA-Abzeichen, und als ein sowjetischer Oberst auf sie zutrat, verweigerten sie den Gruß oder grüßten auf beleidigende Weise. Als er sie deswegen rügte, begann einer von ihnen, laut zu fluchen, und die ganze Gruppe schlenderte davon. Während der Diskussionen erhoben die ROA-Angehörigen den Vorwurf, die Generäle der Roten Armee hätten sie 1941–1942 im Stich gelassen.

Während der darauffolgenden Nacht schienen jedoch Mittel und Wege gefunden worden zu sein, den Gefangenen ihre wirkliche Lage vor Augen zu führen, denn am nächsten Tag war ihr Benehmen völlig verwandelt. Die ROA-Abzeichen waren abgetrennt, und alle machten einen niedergeschlagenen und furchtsamen Eindruck. Wieder sprachen die Sowjetoffiziere zu kleinen Gruppen der Gefangenen und gaben sich alle Mühe, Beweismaterial für antisowjetische Propaganda der britischen Offiziere zu finden. Sie hatten wenig Erfolg dabei, bis sie schließlich zwei Leute zu der Erklärung

bewegen konnten, daß ihnen Hauptmann Narishkin, der Weiße russische Dolmetscher, gesagt habe, Stalin habe kein Interesse mehr an ihnen.
»Ach, Narishkin«, murmelte Oberst Grodezki nachdenklich, »hat der nicht zur Weißen Garde gehört?« Die sowjetische Delegation erhob scharfen Einspruch gegen Narishkins angebliche Bemerkung, und man kam überein, ihn von jedem Kontakt mit den Gefangenen fernzuhalten.
Im großen und ganzen blieben die Gefangenen ziemlich verwirrt zurück. Einige wurden wieder besserer Laune und meinten optimistisch, vielleicht sei doch etwas an Wassiljews glatten Versprechungen. Andere erklärten mit Nachdruck, sie würden lieber Selbstmord begehen, als zurückkehren.
Wassiljew hielt seinen britischen Kollegen eine kleine Ansprache und beschwerte sich, daß England seine unglücklichen Landsleute unfreundlich behandle. Schließlich seien sie von den Deutschen gezwungen worden, für sie zu arbeiten, und hätten sich bei der ersten Gelegenheit ergeben. Es sei daher äußerst wichtig, sie menschlich zu behandeln. Lägen nicht noch viele von ihnen in Krankenhäusern? Könne man den Gruppen, die arbeiteten, keine Bezahlung geben? Wie stehe es mit Zigaretten, Bädern, zusätzlichen Bettdekken?
Das Kriegsministerium war nicht gewillt, dies zu akzeptieren, und in einem Bericht hieß es sarkastisch, »da die Sowjetregierung nun beschlossen hat, die Rolle des barmherzigen Vaterlands zu spielen . . .«
Am dritten und letzten Tag der Inspektionsreise machte General Wassiljew und seine Gruppe Besuch im Lager Stadium in Catterick. Dort ging alles glatt über die Bühne, bis der Lagerkommandant stolz die zur Unterhaltung der Gefangenen vorhandene Sammlung russischer Literatur vorzeigte. Es waren die Bücher, die Vater Michael Polsky bei seinem Besuch mitgebracht hatte. Wassiljew war entsetzt, und die anstößigen Werke von Turgenew, Aksakow und Lermontow wurden eilig wieder an die Russische Kirche in London zurückgeschickt.
Wieder in London, erklärte Wassiljew seine generelle Zufriedenheit

mit der britischen Lagerverwaltung. Er wies nochmals darauf hin, daß diese Leute nicht als Verräter angesehen werden dürften, vor allem nicht die ganz Jungen, sehr Alten und Gebrechlichen. Er bat dringend, noch größere Anstrengungen zu unternehmen, um ihre Lebensbedingungen so angenehm wie möglich zu gestalten. Er verurteilte auch die den Streikenden erteilten Strafen als unnötig hart, »erklärte jedoch, daß all das in der Vergangenheit liege und er es lediglich der Form halber anbringe, um Wiederholungen zu verhüten.«[13]

In Anbetracht der angeblich peinlichen Behauptungen Hauptmann Narishkins griffen die britischen Militärbehörden zu strikten Maßnahmen, damit niemand, der antisowjetischer Ansichten verdächtig war, und speziell kein Mitglied der Weißen russischen Gemeinde, mit den Gefangenen in Verbindung kam. Außer Büchern, die von der sowjetischen Militärmission zur Verfügung gestellt wurden, durfte es keine andere russische Lektüre in den Lagern geben, und Vater Michael Polsky wurden weitere Besuche untersagt. Um die Disziplin in den Lagern aufrechtzuerhalten, war es vor allem wichtig, die Gerüchte zu unterbinden, »daß die Sowjetregierung nicht mehr an ihnen interessiert sei und sie von ihrer Regierung nichts zu erwarten hätten. Solche Behauptungen seien völlig unbegründet, und solche antisowjetische Propaganda werde scharf geahndet werden.«[14]

Der Zeitpunkt nahte, an dem die erste Gruppe russischer Gefangener in ihre Heimat zurückgeschickt werden sollte. Die britische Seite vertrat die Ansicht, daß einer gewissen Kategorie Vorrang gegeben werden sollte. Die Mehrzahl der in der Normandie gefangengenommenen Russen waren Angehörige von Einheiten, die, wenigstens theoretisch, ein Teil der deutschen Armee gewesen waren. Folglich waren sie als Kriegsgefangene behandelt worden. Ein kleinerer Teil hatte der Organisation Todt angehört. Sie waren keine Soldaten im eigentlichen Sinne, hatten aber Uniformen getragen und an militärischen Einrichtungen gearbeitet. Das Kriegsministerium beschloß daher, sie ebenfalls als Kriegsgefangene einzuordnen.[15] Es war eine Gruppe von 500 dieser Leute gewesen, die man nach Butterwick geschickt hatte und die dort Unruhe gestiftet hatte.

Es gab jedoch auch einige Zivilisten, die sich noch im Gewahrsam des Innenministeriums befanden. Sie hatten weder der Organisation Todt noch irgendeiner anderen Organisation angehört und konnten folglich in keiner Hinsicht als Kriegsgefangene betrachtet werden. Daher hatte man sie unter der Ägide des Innenministeriums in einem Aufnahmelager in London interniert. Laut britischem Gesetz konnten sie nicht einmal nach großzügigster Auslegung des im vorigen Kapitel besprochenen Gesetzes über die Alliierten Streitkräfte als solche angesehen werden. Streng genommen gab es für diese Gruppe nur zwei Alternativen: entweder sie erhielten die Erlaubnis, als ansässige Ausländer im Land zu bleiben, oder aber sie wurden deportiert (aber nicht gegen ihren Willen repatriiert).

Dieses Problem machte Patrick Dean zu schaffen. In einem Brief vom 15. Oktober an das Innenministerium, mit der Überschrift »SEHR EILIG! GEHEIM«, schlug der Rechtsberater des Foreign Office folgendes vor: »Wir halten es für den naheliegenden Weg, dafür zu sorgen, alle russischen Staatsangehörigen, die sich gegenwärtig im Londoner Aufnahmelager befinden, mit der ersten Gruppe zurückzuschicken, was Sie der Verantwortung enthebt und auch juristische und politische Schwierigkeiten verhindert, die auftauchen könnten, wenn diese Leute als Zivilisten noch länger in britischer Internierung verbleiben . . . Es ist ein wenig lästig, daß einige dieser Russen Frauen sind, da sie, wie ich höre, geräumigere Unterkünfte brauchen; doch zum Glück handelt es sich um eine vergleichsweise geringe Zahl. Wir hoffen sehr, daß es möglich sein wird, sie sobald es geht heimzuschicken.«[16]

Einen Monat später teilte der Sekretär des Generalstabskomitees dem Foreign Office mit: »Die Transportsituation hat sich geändert . . . und der Generalstab hat mich angewiesen, mitzuteilen, daß nun Schiffe für den Transport von 11000 Personen bereitgestellt werden können, vorausgesetzt, der Transport findet rechtzeitig genug statt, um die Rückkehr der Schiffe bis Ende November 1944 sicherzustellen.«[17]

Diese zusätzlichen Transportmittel standen unvorhergesehen zur Verfügung, da im Fernen Osten der geplante Angriff auf Rangun inzwischen zurückgestellt worden war.[18] Die Bedingung der Admiralität, daß die Schiffe Ende November wieder zur regulären Verwendung bereitstehen müßten, verlieh Edens Argumenten Nachdruck, der auf Eile drängte. Er hatte ständig vor Augen, »wie dringend erwünscht es ist, so viele sowjetische Kriegsgefangene wie möglich außer Landes zu bringen, ehe Schwierigkeiten entstehen«.[19] Damit wies er auf die Befürchtung hin, daß es jederzeit zu lauten Protesten der Öffentlichkeit kommen konnte.

Sobald Schiffe zur Verfügung standen und das Kriegskabinett seine Zustimmung gegeben hatte, begann das Kriegsministerium die Einschiffung der in den Lagern in Yorkshire internierten Russen zu organisieren. Dies war nicht leicht, da Tausende mittelloser Gefangener eine ausreichende Ausstattung brauchten, um die harten klimatischen Bedingungen zu ertragen, denen sie auf der Reise durch die nördlichen Meere und bei ihrer Ankunft in Rußland zu Beginn des Winters ausgesetzt sein würden. In der Absicht, den Reisenden nach ihren schrecklichen Erfahrungen in den Händen der Nazis die beste Behandlung zuteil werden zu lassen, sorgte der Direktor des Zeughauses der Armee (M.D. Sieff) dafür, daß ihnen vor der Reise Tausende wollener Unterhemden und -hosen, Socken, Wintermäntel, Stiefel, Haarbürsten, Seife etc. zugeteilt wurden.[20] In ihrer Sorge um das Wohl der Männer gingen die Behörden sogar soweit, daß sie bestimmten, »alle repatriierten Russen mit *neuen* Khakiuniformen und Wintermänteln auszustatten und alle deutschen Uniformen oder gefärbte, geflickte und abgetragene Khakikleidung einzuziehen«.[21] Es wird später geschildert werden, was mit diesen teuren Kleidungsstücken und pesönlichen Gebrauchsgegenständen geschah.

Am 20. Oktober berief das Amt für Kriegsgefangene (dem Generalmajor E.C. Gepp vorstand) eine Sitzung im Curzon Street House in London ein, um die letzten Vorkehrungen zu besprechen. General Gepp erklärte, daß man auf diesem ersten Transport 10 200 Sowjetbürger repatriieren werde. Kleidung und Ausrüstung habe man ihnen bereits zugeteilt, und die Leute würden am 29. Oktober aus ihren Lagern abrücken. General Wassiljew, der sowjetische Vertreter, billigte zunächst die vorgeschlagenen Regelungen für

die zurückbleibenden Gefangenen und erkundigte sich dann angelegentlich nach dem Zustand der Kleidung, die den Repatriierten zugeteilt worden war. Er erhielt befriedigende Zusicherungen, worauf alle Sitzungsteilnehmer zum Mittag auseinandergingen.[22]
Hier muß allerdings bemerkt werden, daß General Wassiljew nicht eben als Zierde der gewaltigen Organisation gelten konnte, deren Vertreter er war. Zwei Personen, die ihn kannten, erzählten, daß er einer Ratte erstaunlich ähnlich gesehen habe.[23] Hinzu kam, daß er offenbar auch einen unangenehmen Geruch an sich hatte und ein ausgesprochener Snob war. Einmal war er eitel auf und ab stolziert und hatte vor sich hingemurmelt: »Wenn ich bedenke, daß ich früher einmal Gefreiter in einem zaristischen Dragonerregiment war und heute im Londoner Kavallerie-Klub als Ebenbürtiger empfangen werde!«[24]
Als die Vorbereitungen für die Repatriierung der gefangenen Russen noch in ihrem Frühstadium waren, hatten die britischen Behörden bei Wassiljew angefragt: »Welche Schritte sollen bezüglich der Sowjetbürger unternommen werden, die nicht repatriiert werden wollen?«[25] Brigadegeneral Firebrace lag wenig daran, britische Truppen in dieses unangenehme Geschäft zu verwickeln, und er schlug daher vor, Wassiljew solle sowjetische Offiziere zur Bewachung des Transports bereitstellen. Wassiljew bestand jedoch darauf, daß die Aufgabe, die Flucht der Gefangenen auf dem Weg zum Hafen zu verhindern, *britischen* Truppen zufalle. Da alle Forderungen Wassiljews vom Foreign Office unterstützt wurden, blieb Firebrace keine andere Wahl, als sich zu fügen.
Am gleichen Tag ging ein genauer Befehl an alle Lagerkommandanten: »Es besteht die Möglichkeit, daß gewisse russische Staatsbürger England nicht verlassen wollen und versuchen werden, zu entkommen . . . Bewaffnete Wachen für die Bahnfahrt zur Verfügung stellen, doch die Wachen sollen, außer zur Selbstverteidigung *keinesfalls* von ihren Waffen Gebrauch machen . . . Ausreichende Bewachung auch im Hafen bis zur Abfahrt der Schiffe bereithalten, um Fluchtversuche im Hafen zu verhindern. Dies muß so unauffällig wie möglich geschehen.«[26]
Am 31. Oktober[27] verließen die Schiffe Liverpool in Richtung

Murmansk. Die Gesamtziffer der männlichen russischen Gefangenen belief sich auf 10139. Auch 30 Frauen und 24 Jungen wurden von diskret »unauffälligen« britischen Wachen an Bord geführt.[28] Sie alle sollten gerade rechtzeitig in Nordrußland ankommen, um den Jahrestag der Revolution zu feiern.
Die sowjetische Nachrichtenagentur TASS brachte am 14. November einen bewegenden Bericht über die Ankunft der zwei Transporte und die Landung der befreiten Gefangenen.
»Sie wurden von den bevollmächtigten Stellvertretern des Rates des für die Repatriierung der Staatsangehörigen aus Deutschland und aus den von den Deutschen besetzten Gebieten zuständigen Volkskommissariats sowie auch von den örtlichen Funktionären und der sowjetischen Bevölkerung herzlich willkommen geheißen.
Es war ein aufregender Anblick, als die Heimkehrer aus faschistischer Gefangenschaft der arbeitenden Bevölkerung von Murmansk begegneten. Es fand ein spontanes Treffen statt. Auf einer improvisierten Plattform stand ein seinem Vaterland von den faschistischen Schurken gewaltsam entrissener Sowjetbürger nach dem anderen auf und bekundete der Sowjetregierung und dem Genossen Stalin seine tiefe Dankbarkeit für ihre Fürsorge . . . Die lokalen Staatsorgane entwickeln den Heimkehrern gegenüber größte Fürsorge. Sie werden mit Nahrung und Unterkunft versorgt. Die ihrem Vaterland wiedergegebenen sowjetischen Staatsangehörigen zeigen größtes Interesse an den glücklichen Ereignissen an der Kriegsfront sowie auch am Leben in der Sowjetunion. Am 6. November hörten sie Stalins Rede an. Sie werden in Gruppen in ihre Heimatorte zurückgeschickt. Die verwaisten Kinder werden in Kinderheimen untergebracht.«[29]
Ein unabhängiger Augenzeugenbericht hat uns ein etwas weniger rosiges Bild hinterlassen.
»Am 7. November kehrte ich in Murmansk mit dem Auto von der Dienststelle der Marinemission zum Kriegshafen zurück. Unterwegs begegneten wir einer langen Kolonne repatriierter Russen, die von ihrem Transportschiff, der *Scythia*, unter Bewachung zu einem Lager außerhalb der Stadt geführt wurden. Es sah aus, als würden sie wie feindliche Kriegsgefangene behandelt. Die Wachen hat-

ten Gewehre, und es kam ungefähr eine Wache auf 10 bis 15 der Heimkehrer. Nichts deutete darauf hin, daß für die Heimkehrer irgendwelche Willkommensfeiern vorgesehen waren, und ihr Betragen war ein zusätzlicher Beweis ihrer unglücklichen Lage. Alle hatten britische Felduniformen an und trugen zumeist kleine Bündel mit ihrer persönlichen Habe. Zu diesem Zeitpunkt hatte man sie weder mit russischer Ausrüstung noch mit Hoheitsabzeichen oder ›Annehmlichkeiten‹ versorgt.«
2. Dezember 1944

(gez.) S.J. Cregeen Major

Dieser Bericht wurde an Brigadegeneral Firebrace geschickt, der Abschriften an General Gepp und C.F.A. Warner vom Foreign Office weiterleitete und hinzufügte: »In Anbetracht der Forderungen in bezug auf bevorzugte Behandlung und die Annehmlichkeiten, die den ›befreiten Sowjetbürgern‹ zustünden, mag der beigefügte Augenzeugenbericht über ihre Ankunft in Murmansk von Interesse sein.«

Geoffrey Wilson strich den Teil von Major Cregeens Bericht an, der erwähnte, daß die Gefangenen keine russische Ausrüstung hätten, und notierte, für Warner sprechend: »Nicht überraschend, da sie soeben aus einem britischen Transportschiff gestiegen waren. Auch die Wachen sind nicht im geringsten überraschend. Ich würde gern sehr viel mehr über Major Cregeen wissen . . .«[30] Cregeens Bericht hatte einen unangenehmen Mißton in der allgemeinen Befriedigung angeschlagen.

General Wassiljew war sehr erfreut und sprach General Gepp beim nächsten Treffen seinen herzlichen Dank aus.[31] Sir Alexander Cadogan, Unterstaatssekretär im Foreign Office, hatte auch Grund zu Zufriedenheit. Am 2. November antwortete er Churchill, der angefragt hatte, warum sich die endgültige Repatriierung hinauszögere.[32] In seiner Antwort erklärte Cadogan: »Wie Sie feststellen, sind wir übereingekommen, sie nach Rußland zurückzuschicken, und etwa 10 200 sind soeben auf von uns bereitgestellten Transportern eingeschifft worden. Mit Ausnahme von 12 Personen sind alle freiwillig gegangen, und die Mehrzahl der Widerwilligen wurde mit Gewalt an Bord gebracht. Ungefähr 9500 bleiben noch in Großbri-

tannien, und wir werden sie zurückschicken, sobald sich eine Gelegenheit ergibt.«[33]
Es sollten jedoch einige Monate vergehen, ehe weitere Transportschiffe bereitgestellt werden konnten, und die verbleibenden Russen versuchten aus ihrem Aufenthalt in England das Beste zu machen. Ihre Existenz in den Lagern hatte allerdings etwas Unwirkliches, für die Gefangenen ebenso wie für ihre Wachen.
Mr. Harry Lewis erinnert sich zum Beispiel mit Heiterkeit an seine Tage als Buchhalter im 2. Bramham Lager in Yorkshire, in dem 500 Gefangene untergebracht waren. Sie setzten sich aus den verschiedensten Rassen zusammen, waren zumeist kräftig gebaut und hatten große Köpfe und Füße. Als Kopfbedeckung wurden ihnen die größten britischen Militärmützen, die man finden konnte, ausgeteilt, doch selbst diese saßen auf ihren Köpfen »wie i-Punkte«. Man suchte auch Stiefel in passenden Größen heraus. Die Russen stopften sie mit Papier aus und erklärten, das hätten sie in der Roten Armee immer so gemacht.
Ihre Vergnügungen waren dreierlei Art und bestanden, um mit einen alten russischen Volkslied zu sprechen, aus »Wein, Weibern und Kartenspiel«. Jede Woche erhielten sie fünf Schilling Taschengeld, das ihnen in der Gestalt zweier *half-crowns* ausgehändigt wurde. Noch am gleichen Abend war das ganze Geld, nach wilden Glücksspielen, in die Hände einiger weniger gelangt.[34] Diejenigen, die Geld hatten, eilten in die Lagerkantine, um in einem bunten Sammelsurium von Gefäßen Bier zu kaufen. Wenn man sie fragte, wieviel sie wollten, erwiderten sie, wie sie es in Deutschland gelernt hatten: »*Alles*«. Dann nahmen sie den Autobus nach Leeds. Die Schaffnerinnen gaben den aussichtslosen Kampf mit der Sprache bald auf und verlangten kein Fahrgeld von ihnen. In Leeds verbrachten sie glückliche Stunden in den billigsten Kneipen, und ihre innere Reinigung vollzog sich zumeist durch ausgiebiges Erbrechen auf der Rückfahrt im letzten Bus. Einigen besonders Glücklichen gelang es sogar, etwas mehr Geld zu verdienen, indem sie mit den Soldatenfrauen in der Stadt schliefen und mit einer schmuddeligen Pfundnote als Belohnung zurückkehrten.
Tagsüber wurden die Gefangenen zur Landarbeit in die Höfe der

Umgebung geführt. Sie wurden nicht bewacht (im ganzen Lager gab es nur dreizehn unbewaffnete britische Soldaten) und schienen Freude an der Arbeit zu haben. Wie schon angedeutet, waren ihre Bedürfnisse einfacher Natur. Sie stimmten oft die schönen Lieder ihrer Heimat an, waren gutartig, humorvoll und treu. Der Winter 1944/45 war rauh, und die Gefangenen bestanden darauf, die Öfen in ihren Unterkünften Tag und Nacht zu heizen, mit dem Erfolg, daß sie nicht nur sehr bald ihre Kohleration, sondern auch die meisten Lagermöbel verbrannt hatten. Andererseits war es für sie ein beliebter Zeitvertreib, sich in der frostigen Luft Yorkshires im Freien gegenseitig mit eiskaltem Wasser aus der Pumpe zu bespritzen.

Auch die britische Bewachungsmannschaft führte ein recht komödiantisches Leben. Einer der höheren Offiziere hatte in seinem Zivilleben Beziehungen zum Bekleidungshandel gehabt und führte seine Geschäfte vom Lagerhauptquartier aus weiter, das stets mit Wollmustern angefüllt war. Ein anderer war ein Ire, der kaum je erschien, da er eine muntere Liebschaft mit einem Mädchen in Thorner unterhielt. Die übrige Besatzung war mit den üblichen Lagertricks beschäftigt: sie »organisierten« Lebensmittel aus den Vorratskammern und schlugen aus jeder Maß Bier einige Pennies Profit, da sie den Russen zu knapp ausschenkten. Niemand scherte sich darum, und alle hatten ihr Vergnügen.

Harry Lewis begann sich für die Russen zu interessieren und hörte von ihnen die bekannten Geschichten ihrer unbeschreiblichen Not in der Roten Armee und in der Wehrmacht, verbunden mit ihrem äußersten und allgemein verbreiteten Widerwillen gegen die Heimkehr nach Rußland. Als Buchhalter konnte er beobachten, daß die überwiegende Mehrheit Analphabeten waren und deshalb den Erhalt ihres Taschengeldes mit einem Kreuz quittieren mußten. Diese zufällige Beobachtung wirft ein gewisses Licht auf die Kritikfähigkeit jener westlichen Fachleute, die die Vorkriegsbehauptung der Sowjetunion, das Analphabetentum auf nur zwei Prozent reduziert zu haben, voll und ganz geglaubt hatten.[35] Im ganzen hat Harry Lewis sehr freundliche Erinnerungen an seine bärenhaften russischen Schützlinge zurückbehalten. »Sie waren große Spieler, große

Trinker, große Weiberfreunde, sie waren bis oben hin mit Geschlechtskrankheiten verseucht . . . aber sie waren sehr sympathisch!« So sein Urteil über sie.

Der nationalen Vorliebe für scharfe Getränke wurde jedoch nicht in allen Lagern Vorschub geleistet. Im Frühjahr 1945 lebte Mrs. Violet M. Dye in Worthing. Dort war das Warne Hotel als Unterkunft für die Russen beschlagnahmt worden.

»Es war ihnen verboten, in Gasthäuser zu gehen, und es war erstaunlich, wie viele von ihnen in die Apotheken humpelten und sich durch Zeichensprache über schmerzende oder steife Knie beklagten. Ehe die Apotheker herausgefunden hatten, daß sie den Methylalkohol, den man ihnen hierfür verschrieb, in Ermangelung anderen Alkohols tranken, verkauften sie ihn frei. Dann ging ein Rundschreiben an alle, in Zukunft vorsichtiger zu sein. Einmal ging ich mit dem Kinderwagen spazieren, und ein wirklich netter kleiner Russe versuchte, mir seine zweite Uniform zu verkaufen.«

Wie auch in anderen Lagern drückten die Insassen beständig ihr Entsetzen vor ihrer Rückkehr aus. Es wäre jedoch abwegig anzunehmen, alle Russen seien ohne Unterschied ein Haufen kindlicher Bauern gewesen, die so sehr an Not und Leiden gewöhnt waren, daß ihnen Freiheit und die Annehmlichkeiten des Lebens weniger bedeuteten als den Engländern. Gelegentlich kamen auch Offiziere mit ihnen in Verbindung, die mit dem russischen Temperament vertraut waren. Einer von ihnen war Czeslaw Jesman, ein anderer ein alter Freund des Verfassers, Prinz Leonid Lieven. Er war ein gebürtiger Kurländer, der nach England gekommen war und sich dort zu den *Royal Fusiliers* gemeldet hatte. Der Mangel an russisch sprechenden Engländern zu jener Zeit führte dazu, daß eine Reihe von Emigranten, die die englische Staatsangehörigkeit hatten, in den Gefangenenlagern als Offiziere eingesetzt wurden. Die Qualen, die viele dieser Russen erlitten, die in der schrecklichen Lage waren, ihre Landsleute einem Schicksal zuzuführen, das sie nur zu genau voraussahen, bleiben eine Erinnerung, die nur wenige völlig überwunden haben.

Nicht nur, daß sie die Landsleute derjenigen waren, zu deren Unglück sie aktiv beitrugen, sie konnten sich als Russen auch mit den

Lagerinsassen unterhalten und lernten die Gefangenen persönlich und nicht nur als Masse Gefangener kennen, die man laut Churchill, Eden und Morrison so schnell wie möglich »loswerden« wollte.
Prinz Lieven, den man seiner Russischkenntnisse wegen zu Brigadegeneral Firebraces Russischer Verbindungsgruppe abkommandiert hatte, wurde zuerst in ein Lager in Oakley in der Nähe von Leeds geschickt und im Oktober 1944 in ein anderes Lager in Thirsk. Zwei Dinge fielen ihm bei seiner Ankunft auf. Das erste war der Anblick echter russischer Bauern – bärtiger, einfacher, melancholischer Gestalten. Das zweite war die oft ausgedrückte Verwunderung der Gefangenen über die Epauletten an den Uniformen der sie besuchenden sowjetischen Offiziere von der Militärmission. Da die meisten 1941 und 1942 in Gefangenschaft geraten waren, bevor Stalin die Rangabzeichen wieder eingeführt hatte[36], konnten sie nur annehmen, daß es sich um zaristische Offiziere handelte, die gekommen waren, um sie zum endgültigen Kampf gegen die Sowjets aufzustellen!

Doch nicht alle gehörten dem einfachen Volk an. Prinz Lieven lernte einen russischen Arzt kennen, einen Mann von beachtlicher Intelligenz und Integrität. Er erzählte ihm, daß er in der Weißen Armee unter Denikin gekämpft und sich nach dem Sturz Wrangels entschlossen hatte, die von den Sowjets angebotene Amnestie anzunehmen und in Rußland zu bleiben, um seinen Landsleuten zu helfen. Nachdem er in deutsche Hände gefallen war, willigte er aufgrund der gleichen Prinzipien ein, für sie zu arbeiten, um die Leiden seiner Mitgefangenen lindern zu helfen. Er kannte den Charakter des Sowjetstaates zu gut, um sich über sein Schicksal, falls man ihn zurückschickte, Illusionen zu machen. Dennoch war er bis zu einem gewissen Grade bereit, diesem Schicksal ins Auge zu sehen, wenn es sich als wirklich unvermeidbar erweisen sollte. Doch er gestand Lieven eines Tages: »Ich habe keine Angst vor dem Tod, aber ich habe Angst vor Folter.«

Lieven war entsetzt und versuchte den Lagerkommandanten zu überreden, den unglücklichen Mann vor der Repatriierung zu bewahren. In einem anderen Lager hatten Polen ihre Hilfe angeboten, eventuell durch eine Bestätigung, daß er ein Ukrainer sei, dessen

Heimat westlich der Curzon-Linie liege. Der Kommandant, der sich seiner Machtlosigkeit in dieser Angelegenheit nur zu deutlich bewußt war, befahl Lieven ärgerlich, den Fall nicht mehr zu erwähnen. »Sie sind ein Weißgardist, Lieven«, schnauzte er. »Wenn Sie weiterhin auf dieser hoffnungslosen Torheit bestehen, werden Sie im Kittchen enden.« Dennoch gelang es Lieven, den Adjutanten für den Fall zu interessieren, doch bevor noch etwas unternommen werden konnte, mußte sich Lieven plötzlich auf der *Duchess of Bedford* in Liverpool einschiffen, und der Arzt wurde seinem Schicksal überantwortet.

Andere Gefangene waren schlichte Männer, mit jener kindlichen Einfalt und Güte, die in Rußland noch immer zu finden ist. Einer der Soldaten stand drei Stunden lang vor der edlen Fassade des Yorker Münsters und war unfähig, sich zu bewegen, da er von seiner in den Himmel ragenden Schönheit überwältigt war. Ein anderer erzählte dem Prinzen von seiner Begegnung mit Gott in einem ukrainischen Wald. Kurz vor der deutschen Invasion habe der Allmächtige (wie Wotan als alter Mann verkleidet) unerwartet vor ihm gestanden. »Verbirg dich, mein Sohn, denn es nahen böse Zeiten«, hatte er zu dem frommen Bauern gesagt. Er hatte gehorcht und war dem Tod entronnen. Die Freiheit, der Luxus und die Bequemlichkeit des englischen Lebens hörten nie auf, ihn zu erstaunen. »Es ist wie im Himmel!« wiederholte er immer wieder.

Das Foreign Office hatte ihm längst einen Aufenthaltsort ganz anderer Art bestimmt.

In einem Lager in Thirsk gab es einen stürmischen Burschen, der sich Scharawatow nannte. Er war als der Führer der Gefangenen anerkannt, bevor er in einen Aufstand verwickelt wurde, den ein Tatare gegen die Mitglieder der Kommunistischen Partei angezettelt hatte, die angeblich alles Fleisch im Lager gestohlen hätten. Der Tatare wurde in ein Lager für italienische Faschisten geschickt, ein neuer Lagerführer wurde eingesetzt, und Scharawatow gesellte sich zu seinen Mitgefangenen, die auf benachbarten Landwirtschaftsbetrieben arbeiteten. Genau wie die anderen war auch er mehr als zufrieden mit den leichten, angenehmen Lebensbedingungen. Bis er eines Tages auf einem schlammigen Pfad in der Nähe von Thirsk beiseite trat, um der Tochter des örtlichen Großgrundbesitzers zuzusehen, die auf einem glänzenden, prächtigen Vollblüter vorbeiritt. Vor dem Hintergrund des braunen Laubes, der Nebelstreifen und der duftenden Feuchtigkeit eines englischen Herbsttages erschien sie ihm wie eine Vision der Jugend und Schönheit. In der ganzen Länge und Breite Sowjetrußlands hätte der leicht entflammbare Scharawatow keinen solchen Anblick finden können. Noch weitere Mitglieder der Fuchsjagd kamen klirrend vorbei, doch Scharawatow stolperte seinen Weg entlang und war sich nur noch seiner brennenden Leidenschaft bewußt. In Thirsk trank er in einer Kneipe nach der anderen Mengen, die dem Ausmaß seiner Liebe würdig waren. Schließlich strauchelte er im Mondlicht auf Upsall Castle zu. Vielleicht war das Licht in einem Obergeschoß das ihre! Er brachte es nicht über sich, diesen Platz zu verlassen, und tastete sich auf eine Scheune zu, in der ihn die Militärpatrouille am nächsten Tag in tiefem Schlaf fand. Auf seinen breiten Zügen lag ein sanftes Lächeln, in dem Stroh um ihn herum steckten leere Flaschen. Ob Scharawatow noch an die lieblichen Hecken und Dörfer um Thirsk dachte, als sein Menschsein in den eisigen Sümpfen von Kolyma erfror und vernichtet wurde oder in einer feuchten Zelle der Lubjanka verrottete? Ob er noch an Miß Turton dachte, die so selbstbewußt im Sattel gesessen und jugendliche Zuversicht und Begeisterung ausgestrahlt hatte? Wie oft wurde dieser hübsche Traum vom schrillen Geklirr der eisernen Triangel unterbrochen, das die gebeugten *Zeks* von ihren verlausten Pritschen kriechen ließ?

Es ist unwahrscheinlich, daß der Traum so lange überdauert hat. Scharawatow war ein gezeichneter Mann, da er der Parteiführung im Lager von Thirsk zur Last gefallen war. Sein Name stand sicher auf einer besonderen Liste, die von General Ratow geführt und auf das Schiff weitergeleitet wurde, auf dem Scharawatow und Tausende seinesgleichen nach Odessa gebracht wurden. Es ist viel wahrscheinlicher, daß sein letzter Blick auf dieser Erde einem grinsenden NKWD-Mann in einem Lagerhaus in Odessa galt, der langsam das Maschinengewehr hob und es auf seinen Magen richtete.

An der Kanalküste gab es ein Lager in Bexhill. Viele der Einwohner dieses kleinen Kurorts waren während des Krieges fortgezogen, doch unter den Zurückgebliebenen befanden sich Mr. und Mrs. William Backshall. Sie schlossen Bekanntschaft mit vier Gefangenen, die der 631. Arbeitsgruppe angehörten, deren Quartier sich in einer nahegelegenen, von der kanadischen Armee verwalteten Schule befand. Die vier Russen besuchten das Haus der Backshalls häufig. Dort saßen sie vor dem Kamin, tranken Tee und unterhielten sich oder spielten mit Bill Backshall Billard. Das Leben, das die Tommies führten, war für sie eine Quelle ständigen Staunens. »Jedes Wochenende putzen sie ihre Stiefel, machen sich fein und besuchen ihre Familien!« erklärte Alex Kurkin erstaunt. »In der Roten Armee konnten wir von Glück reden, wenn wir unsere Familien einmal alle sechs Monate sahen. In der deutschen Wehrmacht war es nicht ganz so schlimm, aber hier in England, da läßt sich's leben. Keiner wird herumkommandiert oder ausgehungert, die Leute sind gut und freundlich, und jeder hat das Recht, sein Leben zu leben, wie er will. Wer hätte sich träumen lassen, daß es so ein Land überhaupt gibt?«

Alex konnte ganz gut Englisch. Seine Eltern waren von den Kommunisten in den zwanziger Jahren liquidierte Bauern gewesen. Ihr kleiner Hof war enteignet worden, und Alex hatte sich der Armee der Waisen (*Besprisorni*) angeschlossen, die für die Sowjetunion zwischen den beiden Weltkriegen so typisch war. Sein Freund Feodor Tschernyschuk war ein junger Mann von sechsundzwanzig Jahren. Beide erklärten oft, vor Entsetzen gepackt zu werden bei dem Gedanken an das, was ihnen bevorstand, falls die Briten sie zur Rückkehr zwängen. »Alles kaputt!« murmelte Feodor dann vor sich hin. Nach langen Gesprächen mit seinen neuen Freunden steigerte sich Mr. Backshalls Erkenntnis, daß diese Befürchtungen nicht nur Gerede waren. In der Kriegsatmosphäre war es oft schwierig, sich klarzumachen, daß die verbündete Sowjetunion innerhalb ihrer Grenzen eine Regierung hatte, die durch Gewalt an die Macht gekommen war und sich seither mit ihren eigenen Staatsbürgern tatsächlich im Kriegszustand befand. Doch bei zunehmender Bekanntschaft mit seinen vier Besuchern, die aus einfachen Verhältnissen stammten und keiner politischen Richtung angehörten, beeindruckte ihn die Einstimmigkeit und offenkundige Wahrheitstreue ihrer Erzählungen.

Das Weihnachtsfest 1944 verbrachten die Russen bei ihren neuen Freunden und fragten, ob die Backshalls ihnen nicht irgendwie zu einer Aufenthaltserlaubnis in England verhelfen könnten. Mr. Backshall war offensichtlich nicht in der Lage, viel zu tun, doch er versprach ihnen, an das Innenministerium zu schreiben und anzufragen, ob man ihnen vielleicht eine Aufenthaltserlaubnis erteilen könne. Er schrieb am Neujahrstag und erkundigte sich »nach den Vorschriften, die es russischen Staatsbürgern erlauben, die britische Staatsangehörigkeit zu erwerben.«

Eine Weile lang kam keine Antwort. Ohne es zu ahnen, hatte er Verwirrung im Taubenschlag angerichtet. Patrick Dean schickte eine Abschrift seines Briefes an Henry Phillimore mit der Bitte, die Angelegenheit zu überprüfen. Wenn diese Leute, wie er annahm, Sowjetbürger waren, dann »müssen sie repatriiert werden, ob sie wollen oder nicht«. Doch es war nötig, die Sache erst zu untersuchen und wenn möglich aufzuklären, da »die gesetzliche Position dieser Männer etwas zweifelhaft ist und uns gerade aus solchen privaten Anfragen schließlich Schwierigkeiten entstehen können«.

Fünf Tage später erhielt Dean einen weiteren Bericht von einem Beamten des Kriegsministeriums: »Wie telephonisch vereinbart, lege ich die Übersetzung eines Gesuches bei, das von 42 sowjetischen Staatsangehörigen der 631. Arbeitsgruppe unterzeichnet ist, worin sie um den Schutz der britischen Regierung gegen ihre Repatriierung nach Rußland bitten. Die Abschrift des Berichts eines Offiziers des L.M.4 ist ebenfalls beigefügt.

Da diese Leute, wie sie selbst zugeben, Sowjetbürger sind, nehmen wir an, daß sie, ob sie wollen oder nicht, nach Rußland repatriiert werden.

Unterdessen ist es die einzige Lösung, sie als gesonderte Arbeitsgruppe in der obengenannten Einheit zu halten, was bereits geschieht.«

Alex, Feodor und 40 ihrer Kameraden hatten sich nicht allein auf Mr. Backshalls Anstrengungen verlassen, sondern auch selbst diese Vorsichtsmaßnahme getroffen. Einige Tage später schrieb

Mr. Backshall, den sie abermals darum gebeten hatten, einen zweiten, längeren Brief an das Innenministerium. Darin schilderte er die leidenschaftlichen Hoffnungen und Befürchtungen der beiden Russen und schlug vor, ihnen, falls sie eine Aufenthaltserlaubnis erhielten, in Anbetracht ihrer Geschicklichkeit bei der Herstellung von Spielsachen Unterkunft in seinem Haus zu bieten, bis sie sich eingelebt hätten.

Dies war natürlich vergebliche Mühe. Am 8. Februar schrieb John Galsworthy aus dem Foreign Office an Major James im Kriegsministerium: »Vielen Dank für Ihren Brief ... vom 25. Januar, der an Dean gerichtet war, bezüglich der 42 sowjetischen Staatsangehörigen in der 631. Arbeitsgruppe, die um den Schutz der britischen Regierung nachgesucht haben.

Als sowjetische Staatsbürger müssen diese Leute natürlich in die UdSSR zurückgeschickt werden, sobald sich die Gelegenheit dazu ergibt, ungeachtet ihrer Wünsche. Überdies haben sie zugegeben, zum Feind übergelaufen zu sein, um gegen die Alliierten zu kämpfen, und wir haben vermutlich keine Beweise, daß ihre Behauptung, sich uns freiwillig ergeben zu haben, der Wahrheit entspricht. Nach unserer Auffassung verdienen sie kein Mitleid, und was diese Leute betrifft, muß es unser Hauptanliegen sein, dafür zu sorgen, daß ihretwegen keine Schwierigkeiten zwischen uns und den hiesigen Sowjetbehörden entstehen.

Falls irgendein Risiko besteht, daß solche Schwierigkeiten auftreten oder daß die Lagerverwaltungen ihnen Mitleid entgegenbringen, sollte unserer Ansicht nach den Lagerverwaltungen entsprechende Anweisung gegeben werden.«

Zur gleichen Zeit erhielt Mr. Backshall eine kurze Antwort vom Innenministerium. Darin teilte man ihm mit, daß sein Antrag nicht bewilligt werden könne, da die Russen unter sowjetischer Gesetzbarkeit stünden und daher nicht unter britische Kontrolle fielen.[37]

Am 5. Februar erwarteten die Backshalls den Besuch ihrer russischen Freunde, und wie üblich radelte ihr halbwüchsiger Sohn Roland zum Lager, um sie nach Hause zu begleiten. Sie waren nirgends zu sehen, und als er den kanadischen Wachposten nach ihnen fragte, wurde ihm nur ein Zettel überreicht. Darauf stand in holprigem

Englisch: »Mr. Bill. Wir heute 12 Uhr gehen in andere Lager 50 Meilen. Entschuldigen nicht warten zu gehen . . . sehr wenig Zeit. Feodor Alex.« Das war das Letzte, was die Backshalls von Feodor und Alex hören sollten.

Als Folge des Gesuches war die sowjetische Militärmission gefragt worden, ob sie wünsche, »die Verräter . . . in der 631. Arbeitsgruppe« mit dem nächsten vorgesehenen Transport zu repatriieren. (Die »Verräter« waren selbstverständlich die 42 Unterzeichner des Gesuchs, welche von diesem Augenblick an von ihren Mitgefangenen abgesondert worden waren.) Auf die positive Antwort hin erließ das Kriegsministerium folgende Weisung: »Die 42 sowjetischen Staatsangehörigen in der 631. Arbeitsgruppe, die sich geweigert haben, in die UdSSR zurückzukehren, dürfen *nicht* über ihre bevorstehende Repatriierung unterrichtet werden, sondern sollen umgehend in das Kriegsgefangenenaufnahmelager Nr. 9 verlegt werden.« Diese Vorsichtsmaßregel war notwendig, denn, so erklärte John Galsworthy bei einer ähnlichen Gelegenheit, »falls sie den Verdacht haben, daß man sie repatriiert, werden einige von ihnen versuchen, zu entkommen oder Selbstmord zu begehen«.[38]

Am 16. Februar wurden Alex, Feodor und die anderen, die das verhängnisvolle Gesuch unterzeichnet hatten, unter Bewachung nach Liverpool gebracht. (»Die Wachen auf der Bahn werden ihren Pflichten so unauffällig wie möglich nachkommen . . .«) An einem dunklen, nassen Februarabend versammelten sie sich mit Hunderten anderer auf dem Canada Dock, ehe sie an Bord der *Duchess of Bedford* und zweier Schwesterschiffe gebracht wurden.

Dort befanden sich unter vielen andern auch die Gefangenen aus den Lagern, in denen Prinz Lieven und Harry Lewis gewesen waren. Sobald sich das Gerücht über die bevorstehende Repatriierung verbreitet hatte, entstand Panik unter den Gefangenen. Harry Lewis mußte helfen, einen entkommenen russischen Offizier einzufangen, und hörte aus verläßlicher Quelle, daß es im Bramham Lager Nr. 1 fünf bis acht Selbstmorde gegeben hatte. In Thirsk waren viele Gefangene in die Berge der Pennines entkommen, doch von der bitteren Kälte wieder zurückgetrieben worden. Nur einem einzigen war es gelungen, der Repatriierung zu entgehen; nach der Ab-

fahrt seiner Kameraden wurde sein Leichnam im Lager gefunden.
Was den jungen Feodor und seine Leidensgenossen angeht, so ereignete sich noch vor der Einschiffung am Kai ein schrecklicher Vorfall. Ich gebe ihn hier so wieder, wie er mir von Harry Lewis, aus dessen Lager der betreffende Gefangene kam, erzählt wurde: »Kumpel von mir, mit denen ich sehr gut stand, hatten ein sehr trauriges Erlebnis. Als sie in Liverpool ankamen, sah einer der Männer (Russen) von einem der Waggons aus (und dies hörte ich aus erster Hand) ein Schiff und wußte, daß er überlistet worden war – er wußte, daß sie alle nach Rußland zurückgeschickt würden – holte ein rostiges Messer aus seiner Tasche und begann damit seine Kehle aufzuschlitzen. Es gelang ihm nicht, seine Schlagader durchzuschneiden, darauf schlang er seinen Finger um die Luftröhre und versuchte, sie zu zerreißen, doch daran wurde er gehindert. Er wurde als grauenhaft blutendes Bündel auf das Schiff gebracht und von den russischen Soldaten an Bord mit völliger Gleichgültigkeit behandelt. Einige meiner Kumpel trugen ihn unter Deck und legten ihn auf eine Pritsche im Schiffslazarett. Einer der Russen sagte: ›Laßt den Hund verrecken.‹ Sie hatten überhaupt kein Mitleid mit diesen Leuten. Dies weiß ich zwar nur aus zweiter Hand, doch es ist mir von Leuten erzählt worden, zu denen ich absolutes Vertrauen habe und die auch ziemlich grün aussahen, als sie zurückkamen.« Harry Lewis fügte nebenbei hinzu, daß die englischen Soldaten den verletzten Russen nur unter Deck in das Lazarett getragen hätten, weil ihn die sowjetischen Offiziere achtlos an Deck liegenließen.[39]
Doch Feodor, Alex und ihre 40 Gefährten hatten wenig Zeit, über das nachzudenken, was sie sahen. Sobald sie Verdacht über ihr Reiseziel geschöpft hatten, hatten sie sich geweigert, sich vernünftig anzuziehen. Als sich die britischen Offiziere dafür entschuldigten und sich erboten, die fehlenden Kleidungsstücke zu ersetzen, stießen sie bei den Sowjetoffizieren »auf kein sonderliches Interesse«. Ein britischer Bericht stellte fest:
»Die 42 machten während der Fahrt keine Schwierigkeiten und wurden um 22.00 Uhr ohne Zwischenfälle eingeschifft. Die fünf Rädelsführer wurden in Zellen eingesperrt und die übrigen auf einem kleinen Truppendeck unter sowjetischer Bewachung unterge-

bracht. Vor ihrer Einschiffung hatte ihnen General Ratow ins Gewissen geredet. Er hatte ihnen, wie wir hörten, seinen Kummer über ihr schlechtes Benehmen mitgeteilt und erklärt, daß ihre Befürchtungen grundlos seien und ihnen bei ihrer Heimkehr alles vergeben würde.«[40]

Leonid Lieven reiste auch auf der *Duchess of Bedford* und kann sich an die Einzelheiten dieser Reise lebhaft erinnern. Einer der fünf Rädelsführer, den General Ratows milde Worte nicht überzeugt hatten, schnitt sich nach einer Blinddarmoperation mit dem Rasiermesser den Bauch auf. Es läßt sich jetzt nicht mehr feststellen, ob es Alex oder Feodor war, doch über die beiden bleibt ohnehin nicht mehr viel zu sagen.

In der ersten Märzwoche 1945 traf der Konvoi in Odessa ein. Sobald die Schiffe angelegt hatten, eilten NKWD-Kommandos die Fallreeps herauf. Von den russischen Offizieren an Bord wurden ihnen Namenslisten und Berichte ausgehändigt, und sie machten sich mit Eifer und Geschwindigkeit an die Arbeit. Sie riefen die Namen auf den Sonderlisten auf, und die Gefangenen traten kreidebleich hervor. Es folgte ein schnelles Verhör, und die abgesonderten Gruppen wurden vom Schiff über den Kai abgeführt und nicht mehr gesehen. Zu beiden Seiten dieser stolpernden, verstörten Trupps standen NKWD-Leute mit Maschinenpistolen. Dann verschwanden sie, und das langwierige Geschäft der Ausschiffung aller übrigen Gefangenen konnte beginnen.

Von den Decks sahen die englischen Seeleute gleichgültig zu. Jeder Hafen, in dem sie anlegten, war voller Soldaten und militärischer Anlagen. Wie überall kamen und gingen Soldaten und Zivile, und das einzige, was Odessa von Neapel oder Constanza unterschied, war, daß seine Gebäude durch den Krieg sehr viel mehr zerstört waren. Schiffssirenen heulten, Menschen riefen, Möwen flatterten umher.

Plötzlich war die Luft von lautem Dröhnen erfüllt: zwei Bomberflugzeuge erschienen am Himmel und zogen langsame, stetige Kreise über dem Hafen. Die Seeleute gingen instinktiv in Deckung, kamen jedoch wieder hervor, als sie die roten Sterne der sowjetischen Luftwaffe auf den Tragflächen ausmachten. Dennoch kam

ihnen das Manöver dieser Flugzeuge sonderbar vor. Über eine Viertelstunde lang kreisten sie dröhnend über dem Hafen. Kaum hatten sich die neugierigen Beobachter an das Getöse gewöhnt, als ein noch lauteres, schrilleres mechanisches Geräusch hinzukam. Eine fahrbare Kreissäge war auf den Kai gebracht und in Bewegung gesetzt worden. Alle anderen Laute und Gedanken wurden von dem rauhen Gebrumm der Flugzeuge und dem schrillen Heulen der Säge übertönt. Alle Umstehenden schnitten Gesichter und steckten sich die Finger in die Ohren. Der Höllenspektakel dauerte etwa zwanzig Minuten ohne Unterlaß, während das sinnlose Kreisen der Flugzeuge und das Gekreisch der Sägen die Luft erfüllte.
Von Grauen gepackt lief der junge Leutnant Lieven zu dem britischen Oberst, der mitgekommen war, um die Heimkehr der ehemaligen britischen Kriegsgefangenen auf dem gleichen Schiff zu überwachen. Oberst Dashwood blickte auf und sah eine bleiche, aufgeregte Gestalt vor sich. »Was gibt's, mein Junge?«
»Sir, Sir, sie bringen die Gefangenen um!« stammelte Lieven völlig außer sich.
»Nein, nein, das ist unmöglich!« schrie Oberst Dashwood zuversichtlich durch den alles durchdringenden Spektakel zurück.
Lieven bestand auf seiner Meinung, doch da er die Nutzlosigkeit einsah, unter diesen Umständen Einspruch zu erheben (was konnte Oberst Dashwood schon tun?), ging er angewidert und erschüttert unter Deck.
Einige Augenblicke später hörte das fürchterliche Geräusch auf, und auf den Docks war nur noch das gewöhnliche Durcheinander menschlicher und maschineller Laute zu hören. Die Bomber verschwanden hinter den Dächern; die Kreissäge, die offenbar für einen Morgen genug Stämme zersägt hatte, schwieg. Die Ausschiffung ging ohne weiteren Zwischenfall weiter, und nur Lieven machte sich darüber Gedanken, welche anderen Geräusche – Stakkato, Geschrei oder Gestöhn – wohl in dem allgemeinen Spektakel ungehört geblieben waren.
Prinz Lieven hatte nicht falsch geraten. Ein finnischer Kriegsgefangener berichtete, daß neben dem Gefängnis »eine Reparaturwerkstatt für Flugzeugmotoren gewesen sein muß, denn Tag und Nacht

wurde unser Trommelfell von dem Gedröhn der Motoren erschüttert, die geprüft wurden . . . Am Abend oder auch nachts hörten wir oft, selbst durch das Motorengeräusch, Schreie, die aus der Verhör-Abteilung kamen, obwohl sie in einiger Entfernung lag.«[41]
Auch Solschenizyn hat die Pflichten eines sowjetischen Schergen beschrieben: »Während ein Motor das Begleitgeräusch abgibt, feuert er ungehört seine Pistole in den Hinterkopf ab . . .«[42] Die Methoden, die in der NKWD-Ausbildungsschule in Babuschkin gelehrt wurden, waren gründlich.[43] Ein kurzer Bericht über diese Repatriierung in der Londoner *Times* hat die Tragödie besser zusammengefaßt, als der Verfasser ahnen konnte. Darin hieß es: »Es gab bewegende Szenen, als die Russen wieder den Boden ihres Heimatlandes betraten.«[44]

Soweit sich feststellen läßt, endet hier die Geschichte der vier Russen ohne Heimat und ohne Freunde, die noch ein paar Wochen zuvor mit den Backshalls Weihnachten gefeiert hatten. Das Schicksal ereilte sie nur, weil es die britischen Behörden für nötig gehalten hatten, General Ratow von ihrem Gesuch Mitteilung zu machen. John Galsworthy hatte schließlich einen Monat vorher geschrieben: »Wir sind nicht der Auffassung, daß sie Mitleid verdienen . . .«
Die anderen Gefangenen, die in Odessa ausgeschifft und nicht gleich am Kai niedergemacht wurden, unterzog man einigen zügig durchgeführten Formalitäten, ehe sie »in unbekannte Richtung« abgeführt wurden.

Wie schon erwähnt, war die britische Regierung sehr darum bemüht, den heimkehrenden Russen eine volle Winterausrüstung mitzugeben. Das hatte besonders dem Chef der sowjetischen Militärmission, General Wassiljew, am Herzen gelegen, der dieser Angelegenheit sein eingehendes und hartnäckiges Interesse widmete. Während einer Sitzung des Amtes für Kriegsgefangene am 20. Oktober 1944 beschwerte er sich bei General Gepp (dem Beauftragten für Kriegsgefangene), »daß einige der zugeteilten Uniformen neu, andere jedoch schon etwas abgetragen waren«. General Gepp versprach, das zu überprüfen.[45] Er hielt Wort und erließ bereits am folgenden Tag die schon oben angeführte Weisung. Die Sowjetbehörden blieben anspruchsvoll und unermüdlich in ihren Forderungen für die »sowjetischen Kriegsgefangenen und Staatsbürger der UdSSR, die von den deutschen Eindringlingen zu faschistischer Sklavenarbeit entführt und von den alliierten Truppen befreit wurden.«[46]

Am 21. Dezember 1944 berichtete das SHAEF-Hauptquartier: »Die russischen Vertreter in diesem Bereich haben ihrer Erwartung wörtlich Ausdruck gegeben, daß ihr gesamtes Personal ... von den Alliierten neu eingekleidet wird ... Folgende Kleidungsstücke werden verlangt:

Kleidung: je eine Uniformjacke, Wollmütze, Schal, Mantel, Wollpullover, Stiefel (Paar), Strickhandschuhe (Paar), Uniformhosen, je zwei wollene Unterhosen, silbergraue Oberhemden, Unterhemden, Socken.

Ausrüstung: Je eine Decke, Rasierbürste, Kamm, Tornister, Rasierapparat, Feldgeschirr, Seife, Feldflasche, Zahnbürste, Gabel, Messer, Löffel, Handtücher.«[47]

Kurz bevor der oben beschriebene Schiffstransport abging, fragte Wassiljew an, ob die Qualität der Ausrüstung auch den Anforderungen entspräche.[48] Zwei Tage später, am 9. Februar 1945, schrieb er an General Gepp und beklagte sich gereizt, daß »die Unterwäsche, die den repatriierten Staatsbürgern zugeteilt werden soll, auf eine Garnitur festgelegt wurde ... Die sowjetische Militärmission gibt jedoch die besonderen klimatischen Bedingungen des sowjetischen Winters zu bedenken sowie die zu bewältigende Entfernung. Sie steht daher auf dem Standpunkt, daß es ganz normal wäre, den anderen Kleidungsartikeln wenigstens zwei weitere Garnituren Unterwäsche hinzuzufügen.«[49]

Diese so schroff angeforderte und von den Briten so bereitwillig gestellte Kleidung begleitete die Gefangenen auf ihrer langen Seereise bis nach Odessa, aber nicht weiter.

Fünf verschiedene Augenzeugen haben uns Berichte der interessanten Zeremonie hinterlassen, die bei der Ausschiffung der russischen Heimkehrer jeweils stattfand.

Mr. G.C. Hamilton war einer der von der Roten Armee befreiten britischen Kriegsgefangenen, die den gefährlichen Weg durch Polen und die Ukraine nach Odessa überstanden hatten, wo sie auf den britischen Schiffen heimkehren sollten, die die Russen transportiert hatten. Er schreibt: »Ich hatte das Pech, 1945 den Sowjets in die Hände zu fallen, und sah mit eigenen Augen den Zustand der sowjetischen Bürger, die aus Ostdeutschland repatriiert wurden. Es gelang mir, nach Odessa zu kommen. Ich traf am 8. März 1945 zusammen mit einer kleinen Gruppe früherer britischer Kriegsgefangener dort ein. Wir erhielten eine Passage auf der *Highland Princess*, die mit einer großen Anzahl ehemaliger russischer Kriegsgefangener in Odessa gelandet war, die in Frankreich befreit worden waren. Wie uns die Mannschaft der *Highland Princess* erzählte, waren die Kriegsgefangenen völlig neu eingekleidet und in britischen Felduniformen ausgeschifft worden. Von der Kaserne in Odessa aus sahen wir jedoch ein Kommando dieser Gefangenen, die zur Bahnstation abgeführt wurden und nur Lumpen und völlig unzureichendes Schuhwerk trugen . . . Ich habe kürzlich den *Archipel Gulag* von Alexander Solschenizyn gelesen und festgestellt, daß er an verschiedenen Stellen das Schicksal der in Odessa angekommenen Russen genauso beschreibt, wie wir es gesehen haben. Ich sage ›gesehen haben‹, obwohl das Einziehen der britischen Uniformen, Unterwäsche, Stiefel, Socken, etc. in einem Lagerhaus stattfand. Sie gingen gut gekleidet hinein und kamen in Lumpen wieder heraus; sogar die Fußlappen waren so, wie sie Solschenizyn so anschaulich beschrieben hat . . .«[50]

Ein völlig damit übereinstimmender Bericht wurde mir auch von einer Engländerin gegeben, die bei einer anderen Gelegenheit einen ähnlichen Vorfall beobachtete. Auch sie hatte nach ihrer Befreiung von der Nazi-Besetzung die gefährliche Fahrt nach Odessa unternommen.[51] Drei britische Verbindungsoffiziere, die als Begleiter der britischen Heimkehrer mit zurückreisten, konnten ebenfalls diese grausamen und entwürdigenden Vorfälle mehr als einmal beobachten.[52]

Was war der Beweggrund der Sowjets für diese Bauernfängerei? Die Kleidung selbst war offensichtlich nützlich und sogar wertvoll, denn in der UdSSR herrschte Kleidermangel.[53] Doch das absurde Bestehen auf Einzelheiten, wie einer zweiten Garnitur Unterhosen, in Verbindung damit, daß gar kein Versuch unternommen wurde, die spätere Beschlagnahme zu verheimlichen, erscheint sonderbar. Einerseits gab es genug Engländer, die reichlich Gelegenheit hatten, die Geschehnisse zu beobachten und den britischen Behörden darüber zu berichten; andererseits waren die Sowjetbehörden der größten Anstrengungen fähig, alles, was sie vor ausländischen Beobachtern zu verheimlichen wünschten, auch wirklich zu verbergen. Um nur ein Beispiel zu nennen: Als Roosevelts Vizepräsident Henry Wallace im Jahre 1944 seine Rußlandreise machte, besuchte er auch die riesigen Zwangsarbeiterlager in Kolyma. Um ihren einfältigen Besucher zu beeindrucken, hatte das NKWD in einer einzigen Nacht sämtliche hölzernen Wachtürme an den Straßen abreißen lassen, die zu der von den Zwangsarbeitern erbauten Stadt Magadan führten. Drei Tage lang wurden Tausende von Gefangenen in ihren Unterkünften eingesperrt; für den Besuch wurde ein landwirtschaftlicher Modellbetrieb auf Hochglanz gebracht (die Mädchen, die die Schweine versorgten, waren in Wirklichkeit die »Sekretärinnen« höherer NKWD-Offiziere); im Theater von Magadan wurde von Zwangsarbeitern ein Stück aufgeführt, die in Lastautos dorthin gebracht und sofort nach der Vorstellung wieder abgeholt wurden; die Läden waren mit Waren angefüllt, die kein Russe, der nicht zur Tscheka gehörte, seit einer Generation zu Gesicht bekommen hatte.[54]

In Anbetracht dieser und vieler anderer Beweise scheint es wahrscheinlicher, daß die Sowjets mit Erfolg bemüht waren, die Alliierten zu demütigen. Wer hätte es sich schließlich träumen lassen, daß die Briten so gehorsam und eilfertig die Emigranten zu Tausenden zurückschicken würden? Da sie dies taten, würden sie nicht auch die endlosen öffentlichen und privaten sowjetischen Schmähfluten über die Methoden ihrer Repatriierung über sich ergehen lassen? Warum sollte man also diese eingebildeten Engländer nicht springen lassen und dafür sorgen, daß sie die Opfer vorher unter großen Unkosten einkleideten? Wenn sie später herausfanden, daß sie einem Schwindel aufgesessen waren – nun, dann würden sie um so dümmer dastehen! Stalin selbst hatte erklärt: »Churchill ist der Typ, der einem eine Kopeke aus der Tasche zieht, wenn man nicht aufpaßt!«[55] Hatten er und Berija sich gemeinsam ins Fäustchen gelacht, wenn sie in jenem kleinen Zimmer im Kreml, in dem die ganze Nacht über Licht brannte, zusammensaßen und daran dachten, wie geschickt sie Herrn Churchill die Kopeken aus der Tasche gezogen hatten?

Während der ganzen ersten Hälfte des Jahres 1945 dampften die Konvois regelmäßig von England in die UdSSR. Auf einer dieser Fahrten gab es einige besonders groteske Vorfälle, die mir Czeslaw Jesman beschrieben hat. Er hatte sich am 27. März 1945 in Glasgow auf dem Truppenschiff *Almanzora* eingeschifft, das die Insassen der Lager in Yorkshire nach Odessa bringen sollte.

An Bord befand sich auch eine Gruppe von Leuten vollkommen anderer Art; sie bestand aus den Überresten der tschechischen Exil-Regierung, die entsandt worden war, um nach der Befreiung ihres Landes wieder die Regierung zu übernehmen. (Dr. Beneš war bereits vorausgeflogen.)

Die *Almanzora* fuhr über das Mittelmeer und die Dardanellen. In Istanbul wurden drei oder vier Russen aufgenommen, die bei einem voraufgegangenen Repatriierungstransport über Bord gesprungen waren. Sie wurden von dem sowjetischen Generalkonsul an den NKWD-Major Scherschun auf der *Almanzora* übergeben, der sie seinerseits seinen Vorgesetzten in Odessa auslieferte.

Die tschechischen Minister sollten in Constanza am Schwarzen Meer aussteigen, doch zuvor gaben die sowjetischen Offiziere ihnen zu Ehren noch einen Empfang. Nach vielen Reden und Trinksprüchen erhob sich ein tschechischer Minister, um seinen Gastgebern zu danken. Er betonte die warmen, freundschaftlichen Gefühle, die er und seine Kollegen ihnen entgegenbrächten, und schloß seine Rede mit einer Einladung nach Prag. Leutnant Jesman hörte deutlich, wie einer der Sowjetoffiziere neben ihm sarkastisch vor sich hin murmelte: »Ihr braucht uns gar nicht einzuladen – wir kommen sowieso.«

Schließlich landete die *Almanzora* am 18. April 1945 in Odessa. Was dann geschah, beschrieb Leutnant Jesman in seinem Bericht an Brigadegeneral Firebrace, der diesen Bericht an den Chef der Abteilung Nord des Foreign Office weiterleitete.

»Während die sowjetischen Staatsangehörigen an der Mole von

Odessa ausgeschifft wurden, waren hinter einer großen Hütte auf der Mole zwei Salven Maschinengewehrfeuer zu hören. Später sagte mir die NKWD-Wache, daß zwei Leute auf der Stelle hingerichtet worden seien. Die Wache erklärte mir ferner, daß die beiden Hingerichteten ›schlechte Kerle‹ gewesen seien, ›die sich den Kapitalisten verkauft hatten‹. Der Wächter war Usbeke oder Turkmene und wurde sehr freundlich, als ich ein paar Worte Usbekisch an ihn richtete. Später nahm er dankbar eine Schachtel Zigaretten an. Ich habe den Vorfall sofort dem Truppenkommandeur auf der *Almanzora*, Oberst Boyle, und dem Schiffskapitän, Kapitän Bannister, gemeldet.«[56]

Als man ihn später in einem Jeep durch die halbzerstörte Stadt fuhr, sah Jesman ein Hinrichtungskommando, das gerade im Begriff war, ein Dutzend Gefangene zu erschießen. Sein sowjetischer Begleiter erklärte ihm lakonisch, es handele sich um »Verräter«. Auch in anderen Stadtteilen lagen Leichen auf den Straßen.

Was geschah mit den Überlebenden? »Major Scherschun hat offen zugegeben, daß sie, wie er sich ausdrückte, ›zur Umschulung in Arbeitslager‹ geschickt würden und man nur wenigen erlauben werde, wieder der Roten Armee beizutreten.«[57]

Ein Problem, das dem Foreign Office nun zu schaffen machte, war die Frage der potentiellen Heimkehrer, die Anspruch auf eine nicht-sowjetische Staatsangehörigkeit geltend machten. Das Jalta-Abkommen bezog sich eindeutig auf »Sowjetbürger«, und die vorsätzliche Repatriierung von Menschen, die diese Staatsangehörigkeit nie besessen hatten, war vom Foreign Office nicht erwogen worden.

Zunächst hatte man das Problem dadurch gelöst, daß man den Sowjets selbst die Entscheidung darüber überlassen hatte, wer sowjetischer Staatsbürger war.[58] Doch bereits im Oktober 1944 hatte das Kriegsministerium Berichte erhalten, daß sich unter denen, die auf Wassiljews Repatriierungsliste standen, auch eine Gruppe befinde, die erklärte, polnische, lettische, deutsche oder Nansen-Pässe zu besitzen.[59] Die Komplikationen, die entstehen konnten, wenn man in dieser Frage keine Vorsicht walten ließ, machte das Beispiel Antonas Valizkas deutlich, der Anspruch auf amerikanische Staatsbürgerschaft erhob. So führte Patrick Dean aus: »Es wäre unheilvoll, wenn wir uns zu allem andern auch noch einer Beschwerde der amerikanischen Regierung aussetzten, einen ihrer Bürger an die Sowjetunion ausgeliefert zu haben, zumal wenn er gleich bei der Ankunft erschossen würde.«[60]

Die Gefahr war zu groß, und das Foreign Office beschloß daher, jedenfalls vorläufig, hart zu bleiben. Dem sowjetischen Botschafter wurde mitgeteilt, daß die Fälle der Antragsteller auf nicht-sowjetische Staatsbürgerschaft erst genau überprüft werden müßten und daß sie, falls sich diese Anträge als gerechtfertigt herausstellten, nicht nach Rußland repatriiert würden.[61] Es wurde eine Definition gegeben, daß als »Sowjetbürger zunächst jene Personen anzusehen sind, deren Heimatorte innerhalb der vor Ausbruch des gegenwärtigen Krieges gültigen Grenzen der Sowjetunion liegen.«[62]

Selbstverständlich regnete es sowjetische Beschwerden auf das bedrängte Foreign Office herab. Sie beinhalteten allgemein, daß »die britischen Militärbehörden willkürlich und grundlos Sowjetbürger aus gewissen Lagern entfernt hätten . . .« Es ging darum, daß die Briten noch nicht entschieden hatten, ob diese Leute nach ihrer Auffassung als Sowjetbürger zu betrachten waren oder nicht. Es kamen weitere Klagen hinzu. Als Gegenargument auf die wachsende Erkenntnis des betroffenen britischen Personals, daß ein großer Teil der Russen panische Angst vor ihrer Repatriierung hatte, wurde nun behauptet, ein gewisser britischer Offizier habe den Internierten erklärt, die Hälfte der bereits repatriierten 10000 Russen sei erschossen worden.

Andere Beschwerden waren eher leichtfertiger Natur. Eine Engländerin, Sekretärin des Verbandes »Friends of the Soviet Union« in Normanton, hatte das Lager besucht, in dem Harry Lewis in der Buchhaltung arbeitete. Es wurde behauptet, daß sie einem russischen Gefangenen erklärt habe: »Wir haben hier in England eine Partisanenbewegung gegründet und kämpfen gegen Grundbesitzer und Kapitalisten. Ihr Russen seid Fachleute darin – helft mit und lehrt uns die Taktik des Partisanenkriegs.« Warum die Sowjets hiergegen Einspruch erhoben, ist nicht zu erfahren.

Es gab auch andere aufrührerische Frauen, deren Interessen jedoch auf menschlicheren Gebieten lagen. General Wassiljew behauptete, eine Anzahl von ihnen sei in die Lager eingedrungen und habe dort »völlig ungehindert sowjetfeindliche Propaganda ausgestreut«. Der britische General, der diese Anschuldigung zurückwies, vermerkte: »Der Lagerkommandant hatte den berechtigten Verdacht, daß die Sowjetbürger Frauen aus der Umgebung gelegentlich gegen die Bestimmungen in die Lager eingeschmuggelt haben. Es ist jedoch zu vermuten, daß sie anderes als Propaganda im Sinn hatten.«

Im Lager in Hutton Gate wurde von einem Major Fletcher behauptet, er habe den Russen gegenüber folgende Bemerkung gemacht: »Russischer Offizier – nicht gut; russischer Offizier – Kind; russischer Offizier – dumm; russischer Offizier – wie Schwein.« Das Kriegsministerium war über diese angeblich wörtliche Wiedergabe belustigt.[63]

Doch zurück zu der Frage der umstrittenen Staatsangehörigkeit. Konnten die Betreffenden ihre nicht-sowjetische Staatsbürgerschaft beweisen, wurden sie nicht an die Sowjetunion ausgeliefert. Gelang ihnen dies nicht, wurden sie ausnahmslos repatriiert. Mir ist nur ein einziger Ausnahmefall bekannt, den mir Brigadegeneral Firebrace beschrieben hat:

»Ich habe mich an die Regeln gehalten, mit Ausnahme eines Mannes, der außergewöhnlich tapfer war. Er sprach ausgezeichnet Russisch, doch ich habe erklärt, er sei Pole. Er stand aufrecht vor uns und sagte: ›In *das* Land zurückkehren? Nein! Ihr habt meinen Vater ermordet und meine Schwester vergewaltigt – lieber sterbe ich!‹ Plötzlich stand er vor mir stramm und sagte: ›Ich bitte den britischen General, mich hier auf der Stelle zu erschießen, anstatt mich zurückzuschicken.‹ Gott helfe mir, da habe ich behauptet, er sei Pole. General Ratow war wütend, aber ich wußte, daß der Mann in Sicherheit war, sobald ich ihn auf der umstrittenen Liste hatte.«

Dies geschah, nachdem die britische Regierung Maßnahmen getroffen hatte, die potentiellen Heimkehrer vorher zu überprüfen. Vorher hatte Wassiljew und Ratow wenig daran gehindert, auch Nicht-Sowjetbürger zu den zur Rückkehr bestimmten Gefangenengruppen zu zählen.

Brigadegeneral Firebrace hatte die ganze Frage im Foreign Office zur Sprache gebracht: »Bisher hat die sowjetische Militärmission bei der Bestimmung der Staatsbürgerschaft der Lagerinsassen praktisch freie Hand gehabt, und jeder, der nicht heftigen Einspruch erhebt, wird von ihnen als Sowjetbürger beansprucht, einerlei, ob er es ist oder nicht. Ich habe die Kopien der Formulare gesehen, die alle ausfüllen müssen, und es ist interessant, daß sie keine Rubrik für Staatsbürgerschaften, sondern nur eine für Herkunft enthalten.« (31. März 1945) So konnte die vage Eintragung »russisch« bedeuten, daß der Ausfüllende entweder ein entkommener Sowjetbürger oder ein staatenloser russischer Emigrant und Inhaber eines vom Völkerbund ausgestellten Nansen-Passes war.

Frühjahr und Sommer dieses Jahres brachten Patrick Dean, Geoffrey Wilson und den anderen geplagten Beamten des Foreign Office viele unangenehme und irritierende Probleme. Am 28. März schrieb Dean über die bereits erwähnten Selbstmorde:

»Brigadegeneral Firebrace und Oberst Tamplin tun ihr Bestes, jedes öffentliche Aufsehen zu vermeiden, und bitten das Foreign Office, mit der Presseabteilung zu sprechen, um alles nur Mögliche zu unternehmen, damit jegliches Aufsehen vermieden wird, sowohl über die Vorfälle selbst als auch über die Verfahren, die vor den Untersuchungsrichter kommen. Vielleicht kann die Abteilung Nord sich der Angelegenheit annehmen und alles tun, was in ihren Kräften steht . . . Diese Selbstmorde (von denen es inzwischen mindestens vier oder fünf gegeben hat) könnten politische Unannehmlichkeiten heraufbeschwören, und Sir O. Sargent wird vermutlich wissen wollen, was geschieht.«

Deans Kollege Geoffrey Wilson setzte sich mit Sir J. Cameron von der Presseabteilung in Verbindung, um zu beraten, was zu tun sei. Cameron räumte ein, daß man unmöglich darum bitten könne, »die Untersuchungsverfahren *in camera* oder unter Ausschluß der Presse zu halten«, hatte aber dann die gute Idee, »die Fälle vor dem Untersuchungsrichter so vorzutragen, als handelte es sich um Leute, die Angst vor den Folgen ihrer Zusammenarbeit mit den Deutschen hätten. Dies entspricht vermutlich auch tatsächlich der Wahrheit . . . und so sollten alle ernstlichen Schwierigkeiten zu vermeiden sein.«

Es war ein geschickter Vorschlag, doch Dean und auch Wilsons Vorgesetzter, Sir Orme Sargent, waren der Ansicht, er sei überklug und käme der Gefahr zu nahe, der Öffentlichkeit die gesamte Politik deutlich zu machen: »Ich wünschte, es wäre möglich gewesen, dies hinter Klausel 18B oder einer anderen Kriegsvorschrift zu vertuschen.« Auf noch höherer Ebene fügte Unterstaatssekretär Sir Alexander Cadogan hinzu: »Wenn das nicht geht, ist die obige Lösung [Wilsons und Camerons] die richtige.«
Wilson konnte darauf die Besorgnisse seiner Vorgesetzten durch die Mitteilung zerstreuen, »daß die Militärs angewiesen worden sind, den Untersuchungsrichtern vorzuschlagen, der Presse zu raten, über diese Fälle am besten gar nichts zu berichten. Dies ist in der Vergangenheit bereits mit Erfolg geschehen.« Der Briefwechsel schloß mit Deans allgemeinem Hinweis, wie äußerst schwierig es sei, Verfahren in britischen Gerichtshöfen zu verschweigen.[64]
In diesem Fall hätte das Foreign Office unbesorgt sein können. Es gab keinen öffentlichen Protest, und die Selbstmorde gingen weiter. Der Kai von Liverpool schien für Menschen, die an »akuter Melancholie« litten – wie es in einem Fall geheißen hatte –, eine merkwürdige Anziehung auszuüben.[65]
Als Czeslaw Jesman an Bord der *Almanzora* noch vier Tagesreisen von den tragischen Szenen in Odessa entfernt war, hatte sich Brigadegeneral Firebrace mit den ersten Fällen umstrittener Staatsangehörigkeit befaßt, die dem neu eingerichteten Ausschuß vorgetragen wurden, bei dem er und General Ratow den Vorsitz hatten. Am 14. April 1945 schrieb er an Christopher Warner, um ihn über die bisherigen Fortschritte zu unterrichten:
»Am Donnerstag hatte ich meine erste Zusammenkunft mit General Ratow, um die Fälle angeblicher sowjetischer Staatsbürger zu überprüfen, die auf der umstrittenen Liste stehen. Nach acht Stunden anstrengender Arbeit hatten wir fünfzig Fälle erledigt. Ich werde mich hier nicht mit Einzelheiten aufhalten, da ich nach Beendigung meiner Tätigkeit einen vollständigen Bericht erstatten werde. General Ratow kam in Begleitung von vier weiteren sowjetischen Offizieren sowie dem sowjetischen Konsul Krotow und einem Stenographen, der jedes Wort der Befragten notierte.

Die Mehrzahl der Leute, die wir vernahmen, waren entweder Balten oder Ostpolen und ein Bessarabier. Die übrigen geben ihre sowjetische Staatsbürgerschaft zu. Mit ihnen gab es keine Schwierigkeiten, obwohl viele heftigen Widerspruch gegen ihre Repatriierung in die Sowjetunion einlegten. Sie wurden jedoch an die Sowjetbehörden übergeben und werden in sowjetische Lager überführt werden, mit Ausnahme von 10, die ich auf General Ratows Gesuch einstweilen unter Arrest halten werde. Von denen, die behaupteten, polnische Staatsangehörige zu sein, konnte die Mehrzahl ihren Anspruch aufrechterhalten und wurde auf der umstrittenen Liste belassen. Zwei logen jedoch offensichtlich und wurden auf die sowjetische Liste übertragen. Ich hatte keinen Zweifel daran, daß die Sowjets berechtigten Anspruch auf sie erhoben . . . Sie haben mich mit einer höchst unangenehmen Aufgabe betraut, da sich diese Leute, mit wenigen Ausnahmen, einerlei ob sie behaupten, Polen oder Sowjets zu sein, stürmisch gegen ihre Rückkehr in die Sowjetunion und sogar in ihre polnische Heimat wehren. Ein großer Teil bestand darauf, die Gründe für ihre Weigerung darzulegen und berichtete in allen Einzelheiten über ihre Erlebnisse in der Sowjetunion und in Polen nach dem Eindringen der Roten Armee. Es war eine lange Litanei von Erschießungen, Verhaftungen, Mißhandlungen und Deportationen ganzer Familien. Sie erklärten, nicht in ein Land zurückkehren zu wollen, in dem solche Dinge erlaubt seien und der Mensch keine Rechte besäße. Es gab auch Fälle von Kulakensöhnen, die man überall herumgestoßen hatte, und ein junger Mann gab an, er sei von seinem zwölften Lebensjahr an bis zu seiner Einziehung in die Rote Armee im Gefängnis gewesen. Die meisten erklärten, sie zögen den Tod der Rückkehr in die Sowjetunion vor, einige forderten sogar die Briten auf, sie lieber zu erschießen, statt sie auszuliefern. Ich habe in meinem ganzen Leben nicht soviel menschliches Unglück und soviel Verzweiflung gesehen. Während dieser Ausbrüche, die alle vollkommen glaubwürdig klangen, fühlte sich General Ratow höchst unbehaglich, doch ich unternahm nichts, um ihnen ein Ende zu setzen. Er genoß die Enthüllungen über die sowjetischen Methoden in Gegenwart britischer Offiziere offenbar nicht. Ich füge die Einzelheiten dreier Fälle bei,

so wie sie von dem mich begleitenden Offizier aufgenommen wurden. Ich kann nur hoffen, daß sich ein Weg finden läßt, der vermeidet, die Angehörigen umstrittener Gebiete in die Sowjetunion zurückzuschicken, da alle, die ich verhört habe und deren Worte von den Sowjets genau notiert wurden, ihrem sicheren Tod entgegengehen würden.«[66]
Die drei erwähnten Fälle sahen folgendermaßen aus:

535118 KATSCHEN, W. – Sowjetbürger (inhaftiert)
Katschens Geschichte ist kurz und beginnt mit seinem zehnten Lebensjahr. Sein Vater wurde getötet, seine Mutter vom NKWD verhaftet; er wurde mitverhaftet. Nach einigen Jahren Haft, wo sie mit Frauen zusammen eingesperrt waren, von denen manche erst einige Wochen alte Säuglinge bei sich hatten, starb seine Mutter; doch er wurde trotz seiner Jugend nicht entlassen. Es gelang ihm, während eines Luftangriffs aus dem Gefängnis zu entkommen (als General Ratow dies hörte, erklärte er: »Unsinn, aus NKWD-Gefängnissen kann keiner entkommen.«[67]), und er fand seinen Weg zur deutschen Front.

5709 BATSCHAROW, A. – Sowjetbürger (inhaftiert)
Batscharow ist ein Mann von Ende Dreißig, war zuerst ängstlich, doch nach einer Weile verlor er seine Angst; als ihn der General fragte, warum er nicht zurückkehren wolle, antwortete er, er würde sich schämen, sich als Sowjetbürger zu betrachten.
Sein Vater war Priester, und das kam 1929 heraus. Man schnitt ihm seine Zunge ab, damit er nicht mehr predigen konnte. Später wurde er erschossen, und seine Mutter starb von dem Schock. Er selbst rückte aus und versteckte sich, bis man ihn ausfindig machte und ins Gefängnis warf. Nach einigen Jahren Haft entkam er und lebte bis zum Ausbruch des Krieges wie ein gejagtes Tier in den Wäldern. Er lief freiwillig zu den Deutschen über, um gegen die Kommunisten zu kämpfen, wurde jedoch schließlich an die Westfront geschickt und dort gefangengenommen.

50797 BOJKO, Leonid – umstritten
Bojko wollte nicht heimkehren, wenn seine Heimat von den Sowjets besetzt sei. Er hatte von der Sowjetmacht genug, seitdem nach 1918 Teile seiner Familie in sowjetische Hände gelangt waren. Seine Eltern und sein Bruder wurden alle erschossen, und er hielt sich lange Zeit versteckt. 1939 arbeitete er von seinem Heimatort entfernt und erfuhr, daß es zu Hause Schwierigkeiten gab. Er kehrte zurück, kam jedoch zu spät: seine Frau und sein Kind waren verschwunden, und die Nachbarn erzählten ihm, sie seien vom NKWD abgeholt worden. Er tauchte unter und wurde schließlich von den Deutschen gefangengenommen.
Bojkos Geschichte war ein wenig verwickelt, da er sich offensichtlich in General Ratows Gegenwart unter starkem Druck fühlte.[68]

Am 23. Mai fuhr wieder ein Schiffstransport Russen auf der *Empire Pride* nach Odessa. Darunter waren auch die drei Männer, deren kurze Geschichte soeben zitiert wurde, sowie auch » einige Russen, die Rußland seit der Zarenzeit nicht wiedergesehen hatten.«[69] Die Fahrt und ihr Ende wurden von dem begleitenden kanadischen Verbindungsoffizier von der Russischen Verbindungsgruppe, Kapitän Youmatoff, beschrieben: »Das Untere Deck Nr. 2 ist mit Stacheldraht abgeschlossen worden. In dem so geschaffenen Raum wurden vier Zellen für je zwei Personen errichtet. Bei der Ankunft brachten die Russen sofort ihre 51 Inhaftierten in diese vier Zellen und lehnten es ab, den Rest des Decks zur Unterbringung ihrer andern Gefangenen in Betracht zu ziehen.« Einige Tage später wurde auf Bestimmung des Kapitäns diese Überfüllung etwas gemildert. Er befahl außerdem, den langgedehnten Schreien, die aus den Zellen drangen, sofort ein Ende zu setzen.[69a] Am 30. Mai, kurz nach Gibraltar, warf sich ein Gefangener namens Dazenko über Bord und wurde nicht gerettet. Ein anderer versuchte, sich im Bosporus das Leben zu nehmen, wurde jedoch gerettet.
Schließlich kam die Ankunft in Odessa[69b]:
»Das Ausschiffen begann um 18.30 Uhr und dauerte viereinhalb Stunden. Die Sowjetbehörden weigerten sich, die Kranken auf Bah-

ren in Empfang zu nehmen, und selbst die Sterbenden mußten das Schiff zu Fuß verlassen und ihr eigenes Gepäck tragen. Nur zwei Leute wurden vom Schiff getragen, einer hatte sein rechtes Bein verloren und das linke gebrochen, der andere war bewußtlos. Der Gefangene, der den Selbstmordversuch verübt hatte, wurde sehr hart angefaßt, seine Wunde öffnete sich, und man ließ sie bluten. Er wurde vom Schiff geholt und auf dem Dock hinter eine Kiste gebracht, dann hörte man einen Schuß, doch mehr war nicht zu sehen. Die anderen 32 Gefangenen wurden abgeführt und in ein Lagerhaus gezerrt, das 50 Meter vom Schiff entfernt war. Nach einer Pause von 15 Minuten hörte man Maschinengewehrfeuer, das aus dem Lagerhaus kam. Zwanzig Minuten später kam ein geschlossener Lastwagen aus dem Lagerhaus und fuhr in die Stadt. Als niemand zugegen war, hatte ich später Gelegenheit, einen Blick in das Lagerhaus zu werfen, und sah, daß der gepflasterte Boden an verschiedenen Stellen dunkle Flecke aufwies und die Wände in ungefähr 1.50 m Höhe stark angeschlagen waren.«[70]

Dies waren nicht die einzigen Opfer. Im ganzen wurden etwa 150 Russen von den übrigen abgesondert und hinter Hütten auf dem Kai geführt. Dort wurden sie von Schergen niedergemacht, von denen einige offensichtlich erst vierzehn bis sechzehn Jahre alt waren.[70a] Mr. Ted Henson, der damals Zweiter Steward auf der *Empire Pride* war, beobachtete ihre Ausschiffung und sprach später mit einem Schiffsgefährten (Feldwebel Watson von der Militäreskorte), der sich näher herangewagt und gesehen hatte, wie die Leichen auf Befehl der jungen Leute auf Ochsenkarren geladen wurden. Er und seine Kameraden waren von der ganzen Szene angewidert. Ein Grüppchen halbnackter Kinder, alle zwischen drei und fünf Jahre alt, lief auf dem Kai am Schiff entlang und bettelte um Nahrung und Kleider, die ihnen die Mannschaft der *Empire Pride* vom Deck aus zuwarf. Plötzlich erschien ein sowjetischer Polizist und verjagte die Kinder. »Eines von ihnen«, erinnert sich Ted Henson mit Schaudern, »war etwa drei Jahre alt und wurde von dem Polizisten gepackt. Er schlug ihm mit der Faust mitten ins Gesicht und warf es dann zu Boden.«

Es mag uns sonderbar vorkommen, daß die Sowjetbehörden offenbar keine Anstrengungen machten, diese Szenen willkürlicher Grausamkeit zu verbergen. Die Erklärung hierfür scheint zu sein, daß sie zunächst (wie auch in Murmansk im November zuvor) alle Vorsichtsmaßnahmen getroffen hatten. Die Heimkehrer wurden mit Willkommens-Flaggen empfangen, und es wurde ihnen erlaubt, ihre britischen Uniformen solange zu behalten, bis sie vom Hafen aus nicht mehr zu sehen waren. Doch als die Zeit verging und keine Beschwerden von der britischen Regierung kamen, der die Vorfälle zweifellos nicht ganz unbekannt bleiben konnten, wurden sie immer ungenierter. Schließlich waren sie den britischen Reaktionen gegenüber völlig gleichgültig und begingen ihre Greueltaten, wann und wo es ihnen beliebte.

Brigadegeneral Firebrace schickte einen ausführlichen Bericht an das Foreign Office und an das Amt für Kriegsgefangene und legte Youmatoffs Bericht bei. Er hat dem Verfasser gegenüber das Grauen ausgedrückt, das er über die ihm übertragene Aufgabe empfand, und seine Entrüstung ist auch in jeder Zeile seines Berichts spürbar:

»Aus dem Bericht A werden Sie ersehen können, ein wie kurzer Prozeß den Gefangenen gemacht worden ist, deren Verbrechen nicht darin bestand, in der deutschen Armee gedient zu haben, wie 99 Prozent der übrigen, sondern lediglich in ihrer Weigerung, zurückzukehren, oder im zusätzlichen Versuch, durch Meldung zur polnischen Armee der Repatriierung zu entgehen.

Eine Prüfung der Liste jener Männer, über deren Erschießung ich sicher bin, ergibt, daß von dreiunddreißig zwanzig Russen waren, die ihre Staatsbürgerschaft abgestritten oder versucht hatten, der polnischen Armee beizutreten. Einer wurde aus unbekannten Gründen an Bord gefangengesetzt, sprang in den Dardanellen über die Reeling und versuchte an Bord, sich mit einem Rasiermesser die Schlagader durchzuschneiden. Sechs waren Wolgadeutsche, die erklärt hatten, nicht in die UdSSR zurückkehren zu wollen; fünf waren Russen, die die Heimkehr verweigert und überdies in General Ratows und meiner Gegenwart über die Sowjetunion geschimpft hatten. Der dreiunddreißigste war der Wächter, der dem Selbstmörder unwissentlich das Rasiermesser geliehen hatte. Er wurde

sofort entkleidet, in eine Zelle gesteckt und mit den übrigen Inhaftierten ausgeladen, deren Schicksal er vermutlich geteilt hat. Daher sind, soweit ich weiß, alle Leute dieser Gruppe, die sich ihrer Repatriierung in die Sowjetunion widersetzt hatten, erschossen worden.
Ich muß gestehen, daß mir dieser Bericht die dringende Notwendigkeit vor Augen geführt hat, alle zweifelhaften Fälle einer gründlichen Prüfung zu unterziehen, und ich kann nur hoffen, daß keiner, der auf der umstrittenen Liste steht, je in die Sowjetunion zurückgeschickt wird, da sie sich alle geweigert haben, zurückzukehren, und daher vermutlich auch Anwärter auf das gleiche Schicksal sind, das die oben genannten Sowjetbürger ereilt hat. Es darf nicht vergessen werden, daß nach Ansicht der Sowjetbehörden die »Umstrittenen« ebenfalls Sowjetbürger sind. Verschiedene Leute auf der umstrittenen Liste haben sich in meiner Gegenwart und der der Sowjetoffiziere über die Sowjetunion beklagt und detailliert die Greueltaten und Mißhandlungen seitens der Roten Armee beschrieben, als sie 1939 nach Polen eindrang. Solche Leute werden bei der Ankunft ohne jeden Zweifel sofort erschossen werden.
Bericht D enthält ein interessantes Geständnis von Major Scherschun, daß die Mehrzahl dieser Leute zur ›Umschulung in Arbeitslager‹ geschickt werden sollen. Wenn einer dieser Leute von den Sowjetoffizieren angesprochen wird, wird ihnen immer versprochen, manchmal sogar mit dem Ehrenwort eines Sowjetoffiziers, daß sie nach ihrer Rückkehr in die UdSSR sofort in ihre Heimat geschickt werden.«[71]
Firebraces Bericht wurde von Christopher Warner, Patrick Dean, Thomas Brimelow und anderen Beamten des Foreign Office gelesen. »Die Schwierigkeit ist, daß wir laut Krim-Abkommen verpflichtet sind, alle unbestrittenen Sowjetbürger zurückzuschicken«, notierte Dean.[72] Doch er selbst gab nur vier Monate später zu, daß der Wortlaut des Krim-Abkommens »der Regierung Seiner Majestät keine definitive Verpflichtung auferlegt, die Sowjetbürger zurückzuschicken, die *nicht* zurückkehren wollen . . .«[73]
Wenn man an das Schicksal der vielen Hunderttausend Russen denkt, die an Stalin ausgeliefert wurden, ist es empfehlenswert, sich

die drei kurzen Berichte über Katschen, Batscharow und Bojko immer wieder vor Augen zu führen, die alle drei in dem von Youmatoff beschriebenen Vorfall niedergemetzelt wurden.
Ein weiterer Fall war die Geschichte von Sofia Poleschuk. Ihre Eltern waren 1930–31 nach Sibirien verbannt worden, und sie war von einem Arzt in ihrem Heimatort aufgezogen worden. Unter seiner Anleitung wurde sie Krankenschwester bei der Roten Armee. Sie war als Schwester an der finnischen und polnischen Offensive beteiligt und wurde im August 1941 von den Deutschen gefangengenommen. Während ihres Militärdienstes hatte sie den Regimentsarzt, Hauptmann Guseinow, geheiratet. Auch er geriet in Gefangenschaft, doch beide wurden fast sofort voneinander getrennt. Nach einem Jahr im Gefangenenlager gelang es Sophia zu entkommen. Sie wurde jedoch 1943 wieder gefangen und nach Deutschland zur Arbeit geschickt. Dort ersuchte sie die deutschen Behörden um Erlaubnis, mit ihrem Mann vereint zu werden, der inzwischen als Militärarzt im Kriegsgefangenenlager von Neuhammer in Schlesien arbeitete.
Sie arbeitete in einer dortigen Wäscherei, und ihr Mann erhielt regelmäßig Erlaubnis, sie zu besuchen. Im Mai 1944 entkam er und erklärte Sofia, daß er versuchen wolle, nach Jugoslawien durchzukommen, daß er aber auf keinen Fall je wieder in die Sowjetunion zurückkehren wolle. Später erhielt sie Nachricht, daß er wohlauf sei, aber sie sah ihn nie wieder.
Nun stand sie wieder allein da und hatte nur ihren Säugling, der einen Monat nach der Flucht ihres Mannes auf die Welt gekommen war. Acht Monate vergingen, und die Rote Armee überrollte Neuhammer. Sofia und den übrigen Russen wurde gesagt, sie sollten sich zu Fuß auf den Weg nach Osten machen. Hinter der Front der Roten Armee herrschten Anarchie, Mord, Folter und Plünderung.[74] Trotz des Säuglings in ihren Armen wurde Sofia von den Soldaten mit Vergewaltigung bedroht.
Sie hatte jedoch Glück und traf auf eine kleine Gruppe befreiter britischer Soldaten, die auf dem Weg nach Odessa waren. Einer von ihnen war ein einfacher Soldat namens Jones, der schon lange in Kriegsgefangenschaft gewesen war. Da man ihn auf deutsche Höfe

zur Landarbeit geschickt hatte, sprach er deutsch und konnte sich mit Sofia Guseinowa unterhalten. Während ihres langen Fußmarsches nach Osten erzählte sie ihm ihre tragische Geschichte. Ihm ist die einsame Gestalt, die das kleine Kind umklammert hielt, noch heute lebhaft in Erinnerung, und als ich mit ihm sprach, erinnerte er sich sogleich an die langen Unterhaltungen, die er auf den staubigen Straßen Polens und der Ukraine mit ihr geführt hatte.
Zusammen mit einigen Kameraden, die auch aus deutschen Lagern befreit worden waren, nahm er Sofia in seine Obhut. Sie fuhren gemeinsam die Hunderte von Kilometern nach Odessa, und Jones sorgte unter dem Vorwand, der Ehemann zu sein, für Mutter und Kind. In Odessa gelang es ihm, den britischen Konsul zu überreden, seiner »Frau« und seinem »Kind« zu erlauben, auf dem nach England zurückkehrenden Transportschiff mitzureisen.
Irgendwie hatte Sofia, inmitten des Chaos, Nachricht von ihrem Mann erhalten. Er war einer antikommunistischen Partisaneneinheit beigetreten und war schließlich in die Gefangenschaft der westlichen Alliierten geraten. Daher hoffte Sofia, mit ihm wieder vereint zu werden – selbst wenn es in einem Gefangenenlager sein mußte. Doch sie sollte ihren Mann und das Kind seinen Vater nie sehen. Sobald Hauptmann Guseinow in alliierte Hände gefallen war, mußten »die Bedingungen des Krim-Abkommens« eingehalten werden. »Wir können es uns nicht leisten, sentimental zu sein«, hatte Eden geschrieben.
Als ihr Schiff am 5. Mai 1945 in Glasgow ankam, wurde Sofia von den Einwanderungsbehörden verhört. Die Worte des Einwanderungsbeamten: »Die Ausländerin wünscht nicht, nach Rußland zurückzukehren. Sie erklärt, das Mindeste, was ihr bevorstehe, sei Verhaftung als ›politische‹ Gefangene, doch ihr schwebt zweifellos auch die Möglichkeit eines noch schlimmeren Schicksals vor, da ihr Mann in einer antisowjetischen Einheit bei den Deutschen gedient hat. Hinzu kommt, daß sie den Sowjetkontrollen vor und während ihrer Ankunft in Odessa vorsätzlich aus dem Weg gegangen ist. Sie erklärt, keine besondere Sorge um ihr eigenes Leben zu haben, doch hoffe sie, ihrem Kind eine Möglichkeit zu geben, in einem anständigen und freien Land zu leben.

Der Aufenthaltsort ihres Mannes ist bisher unbekannt, doch falls er Großbritannien als Kriegsgefangener erreicht hat, ist er inzwischen zweifellos in russischen Händen . . . Es besteht kein Zweifel, daß Guseinowa schon lang vor Beginn des Krieges antikommunistisch eingestellt war, und obwohl man gewisse Hemmungen hat, eine Frau, die ohne eigenes Verschulden oder Absicht in ein Netz von unseligen Umständen verstrickt ist, entweder dem Tod oder Sibirien auszuliefern, scheint es doch keinen andern Ausweg zu geben . . . Erbitte Weisung, was mit der Ausländerin geschehen soll.«
Die Weisung des Foreign Office kam alsbald, und das Innenministerium konnte mitteilen, daß »Frau und Kind die Patriotic Schools verlassen haben und heute morgen nach Liverpool abgefahren sind; ich hoffe, daß mit ihrer Abreise das letzte Kapitel abgeschlossen ist.« Das war es, denn Sofia und ihr Kind »begannen die Rückreise am 22. Mai«. Ein Beamter des Foreign Office gab ein kurzes, treffendes Resümee: »Eine traurige Geschichte, doch es gab keine andere Möglichkeit.«[75]
Was mit Sofia Guseinowa und ihrem Kind geschah, läßt sich nicht mehr verfolgen. Doch einer der Orte, an dem viele solcher Frauen endeten, waren die Goldminen von Kolyma in der sowjetischen Arktis.
Eine in den Kolyma-Lagern zur Zwangsarbeit verurteilte deutsche Jüdin hat die Ankunft Hunderter solcher jungen Frauen beschrieben, die wie Sofia Guseinowa für die Deutschen gearbeitet hatten oder denen man vorwarf, den sowjetischen Staat auf andere Weise verraten zu haben. »Sie kamen als junge Mädchen an, doch Kolyma verwandelte sie sofort in vollausgewachsene Prostituierte.« Einige von ihnen waren ukrainische Nationalistinnen. »Doch warum brachen die sowjetischen Offiziere, die die Siebzehnjährigen verhörten, den Mädchen die Schlüsselbeine und traten ihnen die Rippen mit ihren schweren Militärstiefeln ein, so daß sie in den Gefängnislazaretten von Kolyma lagen und Blut spuckten?« Das Leben der Frauen in Kolyma war unglücklich, aber kurz. Dafür sorgten Tuberkulose, Syphilis, Unterernährung und Selbstmord.[76]
Und was geschah mit dem kleinen Kind? Sofia weigerte sich, es zurückzulassen, wie ein Beamter des Foreign Office es im Fall eines

anderen Kindes vorgeschlagen hatte.[77] Dessen Mutter hatte dem Foreign Office erklärt: »Mein kleiner Sohn ist fünf Monate alt, sie werden ihn mir wegnehmen – das weiß ich nur zu gut.«[78] Sie hatte recht.

Die 1941 in Lagern zusammengepferchten Polen fanden heraus: »Im Lager geborene Kinder werden einige Monate bei ihren Müttern gelassen und dann in gesonderte Anstalten überführt.« Während der ersten zwei Jahre durften die Mütter ihre Kinder noch besuchen, danach kamen sie in Waisenhäuser.[79] Doch selbst auf diese zweijährige Gnadenfrist war kein Verlaß. Wenn solch ein Kind ernstlich krank wurde, erlaubte man der Mutter nicht, es zu besuchen, und sie wurde von der Lagerwache auch daran gehindert, seinem Begräbnis beizuwohnen. (»Nein!« erklärte ihr die Wache, »sonst fällt dir nur wieder was Neues ein.«)[80] Elinor Lipper besuchte eine Kinderkommune in Magadan. Dort wurden die Kinder *eine Woche nach ihrer Geburt* eingeliefert. Den Müttern wurde ein Monat Urlaub gegönnt, dann mußten sie zur Strafarbeit zurückkehren. (Sie bestand im Sommer aus Holzfällen und im Winter aus Schneeräumen). Mehrmals täglich wurden sie in die Kinderkommune geführt, um ihre Säuglinge zu stillen, und dann mit aufgesetzten Bajonetten wieder zur Arbeit gebracht.

Die Sorge für die Kinder wurde Verbrechern überlassen. Doch selbst die Gutwilligen unter ihnen hatten lediglich Zeit, die geschorenen Köpfe der Kinder mit einem Tuch abzuwischen und ein wenig unappetitliches Essen vor sie hinzustellen.

»Diese Kinder haben fast nie Spielzeug und lachen fast nie. Sie lernen spät sprechen und lernen nie Zuneigung kennen. Die Kleineren vergessen ihre Mütter von einem Besuchstag zum nächsten. Und gerade wenn sie beginnen, etwas aufzutauen, kommt die Wache und ruft den Müttern zu: ›Los, los, Zeit zu gehen!‹ Noch auf dem Hof können sie das Weinen ihrer Kinder hören. Die Kinder in der Kommune weinen immer, und jeder Mutter kommt es immer vor, als ob ihr eigenes weinte. Die älteren Kinder stecken ihre Nasen aus dem Fenster und sehen altklug zu, wie ihre gefangenen Mütter von einem Soldaten mit aufgesetztem Bajonett in Fünferreihen abgeführt werden.«[81]

Trotz der Ansicht, daß man es sich »nicht leisten kann, sentimental zu sein«, machte das Foreign Office doch gelegentlich Ausnahmen. Unter den Sowjetbürgern, die im gleichen Monat wie Sofia Guseinowa in britische Hände fielen, war auch ein Professor, ein Gelehrter von internationalem Ruf. Ich kann weder seinen Namen noch irgendwelche Hinweise auf seine Person wiedergeben, da er noch Verwandte in der UdSSR hat. Sein Sohn antwortete mir kürzlich auf meine Anfrage: »Von einigen geringfügigen Vorfällen gleich nach der deutschen Niederlage abgesehen, befand sich meine Familie nie in wirklicher Gefahr, repatriiert zu werden. Im Gegenteil, die britischen Behörden teilten meinem Vater mit, daß er von den Sowjets gesucht werde, und boten ihren Schutz an. Sie taten dies, da die Universität von Cambridge an meinem Vater als Experten für . . . interessiert war und auch, um ihn von den Amerikanern fernzuhalten, die aus den gleichen Gründen an ihm interessiert waren.« Der Professor wurde nicht repatriiert.

In tragischem und bösem Kontrast hierzu steht der Fall von Alexander Romanow, einem Jungen aus einem Lager für russische Gefangene in Newcastle. Er war als Kind in deutsche Gefangenschaft geraten und später gezwungen worden, für die Organisation Todt in Frankreich zu arbeiten. Nach der Landung in der Normandie wurde er von amerikanischen Truppen gefangengenommen und zu den vielen Tausend Gefangenen in England gesellt, deren Geschichte wir beschrieben haben. Im Lager hörte er Gerüchte über das schreckliche Schicksal, das die Rückkehrer erwartete, und da er noch sehr jung war, bekam er große Angst. Zweimal rückte er aus dem Lager aus, wurde jedoch jedesmal gefaßt und wieder zurückgebracht. Dies machte seinen Tod nach seiner Rückkehr in die UdSSR um so sicherer.

Ein freundlicher britischer Lageroffizier, dem dies vielleicht klar war, warnte Alexander vor der drohenden Gefahr und riet ihm, wieder auszurücken. Da er von seinen zwei vorherigen mißlungenen Versuchen wußte, riet er ihm, sich an die Vertreter der Weißen russischen Gemeinde in London zu wenden. Wenn überhaupt, mußte ihm dort Mitgefühl und Hilfe zuteil werden. Alexander gelang es, genug Geld für seine Fahrkarte aufzutreiben, und er kam schließlich in Brechin Place, einer Seitenstraße der Gloucester Road, an. Das Haus Nr. 5 war das Russische Haus, in dem Monsieur Sabline wohnte, der Vertreter der antikommunistischen russischen Emigranten in London. Er läutete, und nach einigen Minuten angstvollen Wartens hörte er im Haus Schritte und wurde in einen großen Raum rechts vom Eingang geführt. Während er dort wartete, blickte er mit Erstaunen auf ein großes Porträt seines Namensvetters, Zar Alexander I., zu dessen Seite ein Bild seines Nachfolgers, Nikolaus I., hing. Überall gab es Ikonen, alte russische Stiche und Photographien des ermordeten Nikolaus II. Was nun folgt, stammt aus einem späteren Bericht des Foreign Office.

Plötzlich hörte er leise Schritte an der Tür. Alexander wandte sich erschrocken um und sah einen eleganten, etwas stutzerhaften Herrn vor sich.

»Sabline«, stellte sich dieser vor. Er winkte Alexander, sich auf einen Stuhl zu setzen, und zog einen zweiten heran. »Nun, und was kann ich für dich tun, mein Junge?«

Alexander berichtete ihm aufgeregt von seinen Befürchtungen, seinen zwei Fluchtversuchen, dem freundlichen Rat, den ihm der britische Offizier gegeben hatte, und daß er nun hoffe, von der russischen Gemeinde versteckt zu werden. Sabline hörte aufmerksam zu, stellte ihm einige Fragen über den britischen Offizier und bat ihn dann, einen Augenblick zu warten, während er telephoniere. Romanow nickte gehorsam, und Sabline verließ das Zimmer.

Draußen ging er sofort in sein Arbeitszimmer und führte zwei Telephongespräche, eines mit dem Innenministerium, das andere mit dem Kriegsministerium.

Jetzt beginnt das Ganze mehr einem Abenteuerroman als nüchterner Geschichte zu gleichen, denn Monsieur Sabline – »Vertreter der russischen Refugié-Gemeinde im Vereinigten Königreich (früherer kaiserlich-russischer Chargé d'Affaires in Großbritannien)« wie es auf seinem Briefkopf hieß – war zu den Sowjets übergewechselt.[82]

Eine Stunde nach Sablines Anrufen klingelte es wieder an der Haustür von Nr. 5 Brechin Place, und Hauptmann Soldatenkov eilte herein, der nach einem Bericht des Kriegsminsteriums als »eine Art Verbindungsmann zwischen dem Kriegsminsterium und den So-

wjetbehörden« tätig war.[83] Er stellte dem jungen Romanow eine Reihe eindringlicher Fragen. Dann ging er, um Bericht zu erstatten. Inzwischen war Sabline in einer mißlichen Lage. Ein Bericht des Innenministeriums erläuterte: »Er will den Jungen nicht behalten, will ihn aber auch nicht gehen lassen.« Wenn er den Jungen laufen ließ, konnte er wirklich entkommen oder jemandem begegnen, der Bescheid wußte und ihm riet, die Anwendung des Gesetzes über die Alliierten Streitkräfte auf seinen Fall anzufechten. Da er nie der Roten Armee angehört hatte, würde es einem Anwalt nicht schwer fallen, einen Richter davon zu überzeugen, daß Romanow laut Gesetz nicht als Angehöriger der illusorischen russischen Streitkräfte auf britischem Boden angesehen werden konnte.
Sabline konnte natürlich Romanow weiterhin »Asyl« in seinem Hause anbieten, »doch er glaubt, daß dies für ihn in Anbetracht der freundlichen Beziehungen, die er inzwischen mit den Sowjetbehörden anknüpfen konnte, äußerst peinlich sein würde.« Wie im Falle von Faschenko und Krochin war das Innenministerium in der peinlichen Lage, den »Deserteur« nicht verhaften zu können. Auch Sablines »Deckung« als Führer der Russischen Gemeinde hätte einen solchen Arrest im Russischen Haus nicht überdauert. Alles, was das Innenministerium vorschlagen konnte, war, daß Sabline den jungen Romanow an einem anderen Ort unterbringen und ihn weiter unter Aufsicht behalten solle, bis das Innenministerium Vorkehrungen für seine Verhaftung treffen könne.
Die ganze Sache war für Sabline höchst peinlich, da er sich in Gefahr sah, entweder vor den russischen Emigranten in seiner wahren Funktion entlarvt zu werden, oder aber den Verdacht der stets mißtrauischen sowjetischen Botschaft zu erregen. Er sah nur einen befriedigenden Ausweg und entschied sich für diesen.
Er entschuldigte sich bei dem jungen Flüchtling für alle Unterbrechungen und lud ihn zum Mittagessen ein. Das tröstliche Mitgefühl, das ihm der elegante Herr entgegenbrachte, und die freundliche Haltung Soldatenkovs weckten in Alexander Romanow neue Zuversicht. Herr Sabline war so verständnisvoll, schien soviel über seine Lage zu wissen und schenkte ihm dazu noch reichlich Wein ein. Der Junge fühlte, wie seine Sorgen von ihm abfielen. Sabline

erklärte ihm geduldig, daß er wirklich keine andere Wahl habe, als in das Lager in Newcastle zurückzukehren. Erstens würden ihn die Behörden schließlich doch fassen, und dann gäbe es erst recht Schwierigkeiten; zweitens würde er, wenn er freiwillig zurückginge und sich bereiterklärte, für die Rote Armee zu kämpfen, gewiß nach seiner Heimkehr gerecht behandelt werden. Er, Sabline, sei natürlich Emigrant und als solcher prinzipiell ein Gegner des Sowjetregimes, doch er habe gute Beziehungen und sei, wenn auch vielleicht widerstrebend, zu dem Schluß gekommen, daß sich Stalin in den letzten Jahren sehr gewandelt habe. Mit der Vernichtung der deutschen Eindringlinge werde nun eine neue Zeit des Wohlstands und der Gerechtigkeit in Rußland heraufziehen. Wer weiß, vielleicht werde auch er eines Tages zurückkehren.

Sabline sah auf die Uhr. »Wenn du gleich losgehst, kannst du schon am Abend wieder in Newcastle sein. Dann braucht keiner zu wissen, daß du ausreißen wolltest. Hier, da hast du etwas Geld – nein, nein, nimm es ruhig, mit dem, was übrigbleibt, kannst du ja deine Freunde im Lager einladen. Nichts zu danken, mein Junge, nichts zu danken. Wir Russen müssen uns gegenseitig helfen, denn wer täte es sonst. Nebenbei gesagt, kannst du dich noch an den Namen des britischen Offiziers erinnern, der dir zur Flucht geraten hat? Hast du mir nicht erzählt, er sei groß und trüge eine Brille? Nein? Wie schade, ich hätte ihm gern gedankt, obwohl ich fürchte, daß er dir schlecht geraten hat.«

Die Sache war kinderleicht. Alexander murmelte verwirrt seinen Dank, und Sabline begleitete ihn noch ein Stück. Es war das Ende der Flucht und auch das Ende der Geschichte Alexander Romanows. Patrick Dean schrieb seinen Nachruf: »Dies ist das drittemal, daß Romanow entkommen ist, bei seiner Rückkehr in die Sowjetunion steht ihm Schlimmes bevor.«[84] Im Dezember bezog sich John Galsworthy noch offener auf »einen Mann, der durch seine Flucht sein sicheres Todesurteil unterzeichnet hat . . .[85]

Da sich diese Ereignisse am 9. März zutrugen, wird Romanow mit ziemlicher Sicherheit mit dem nächsten Gefangenentransport auf der *Almanzora*, die am 27. März von Glasgow nach Odessa fuhr, mitgenommen worden sein. In Anbetracht alles uns zur Verfügung

stehenden Beweismaterials ist kaum daran zu zweifeln, daß er zu denen gehörte, über deren sofortige Erschießung nach der Ankunft Czeslaw Jesman berichtet hat. Denn wie Brigadegeneral Firebrace festgestellt hatte, waren alle, die sich erfolglos ihrer Repatriierung widersetzten, dem Tod geweiht.
Mehr Glück hatten die drei Letten, die am 1. Mai 1945 aus dem Lager in Newlands Corner bei Guildford entkamen. Sie mißtrauten den Aussichten derjenigen, die sich erfolglos bemühten, auf die »umstrittene« Liste zu gelangen, hatten aber ihre lettische Nationalität vor Brigadegeneral Firebrace und General Ratow geltend gemacht. In der Nähe des Lagers wohnte Mrs. Anna Child, eine mit einem Engländer verheiratete Lettin. Sie warnte ihre Landsleute vor ihrer bedrohlichen Lage, riet ihnen, zu fliehen und sich an die lettische Gesandtschaft in Eaton Place, London, zu wenden. Die drei Letten befolgten den Rat, sahen sich jedoch lediglich Beamten gegenüber, die ebensoviel Angst hatten wie sie. Mrs. Child berichtete mir: »Soweit ich verstanden habe, hatten sie viel zuviel Angst, etwas zu sagen oder irgend etwas in der Sache zu unternehmen.« Mr. Zarine und seine Angestellten waren selbst höchst besorgt, die britische Regierung werde es in ihrem Eifer, es Stalin recht zu machen, für nötig halten, auch sie zu repatriieren. Doch die Furcht war grundlos, denn das Foreign Office fühlte sich mit Geoffrey Wilsons Worten verpflichtet, »schnell zu handeln, um die Gefahr eines ernsten öffentlichen Skandals zu vermeiden.« Die drei Letten erhielten die Zusicherung, daß sie als Letten nicht gegen ihren Willen repatriiert würden, verbrachten einige Tage in der lettischen Gesandtschaft, wurden dann in ein Kriegsgefangenenlager für nicht-sowjetische Staatsangehörige überführt und später entlassen.[86]
Um die Mitte des Jahres 1945 war die Repatriierung der meisten Russen, die sich in Großbritannien befunden hatten, vollzogen. Es war nicht mehr nötig, Maßnahmen für lange Seereisen zu treffen, da man die Gefangenen nach der Niederlage Deutschlands auf dem Landweg wegbringen konnte. Der letzte größere Transport – der achte –, der diese Reise unternahm, bestand aus einer Gruppe von 335 Russen, die Mitte August vom Lager in Newlands Corner über Dover und Ostende in die Sowjetzone gebracht wurden. Haupt-

mann Crichton von der Russischen Verbindungsgruppe, der sie begleitete, war vom Benehmen der drei sowjetischen Offiziere, die die Aufsicht führten, abwechselnd belustigt und abgestoßen. Die Sowjets waren offenbar ebenso besorgt wie das Foreign Office, daß ihnen die britische Öffentlichkeit auf die Schliche kommen könnte. »Major Grusdjew ... beschuldigte Oberstleutnant Ludford, er habe die Lastwagen mit den Gefangenen absichtlich so anhalten lassen, daß sie vor den Augen des Publikums abgeführt werden mußten.« Grusdjew hielt Hauptmann Crichton überdies einen langen Vortrag, da er den unbedachten Vorschlag gemacht hatte, die Offiziere sollten mit den Leuten zusammen reisen. Später sah er mit Interesse, daß dieselben Offiziere auf Befehl der Sowjets bei ihrer Ankunft in Lüneburg verhaftet wurden.

Einer der Russen machte sich in Dover aus dem Staub, ein anderer zog in Holland die Notbremse und versuchte, über die Felder zu entkommen. Er wurde verfolgt und wieder gefangen. In den früheren Morgenstunden mußte Major Grusdjew jedoch Meldung über einen weiteren Flüchtling machen, und am nächsten Abend geschah eine Tragödie.

»Als der Zug nach der Abfahrt von Celle um 19.00 Uhr über eine Brücke fuhr, sah ich, wie ein Mann hinausfiel und etwa zehn Meter weiter unten auf dem Erdboden aufschlug. Der Zug wurde angehalten, und während die Russen den Mann auflasen, rief ich unser Nachschubkommando in Celle an und bat, sofort Erste Hilfe und einen Krankenwagen zu schicken. Als ich zum Zug zurückkehrte, sah ich, daß die Russen den Mann gerade wieder in den Zug luden, zur großen Empörung einiger britischer Soldaten, die auch im Zug waren. Ich teilte dem Major mit, was ich veranlaßt hatte. Er erklärte mir, er werde den Mann mitnehmen. Ich sagte ihm, dies sei unmenschlich, und forderte, den Mann auf den Krankenwagen zu laden. Darin wurde ich von dem anderen anwesenden britischen Offizier unterstützt, und es geschah. Später hörte ich, daß der Mann (H. Funk) im Krankenhaus gestorben sei.«

Im ganzen gingen unterwegs acht Leute verloren, von denen jedoch sechs später wieder eingefangen wurden. In der Lüneburger Kaserne, dem Sammelpunkt für die repatriierten Russen, ordneten die sowjetischen Behörden für 140 von ihnen sofort strengen Arrest an.[87] Die Repatriierungen aus Großbritannien näherten sich ihrem Ende. Am 12. November 1945 ließ das Kriegsministerium in den Kriegsgefangenenlagern eine »letzte Suche« nach sowjetischen Staatsbürgern durchführen.[88] Hierbei wurden 66 aufgefunden und am 12. Dezember über Ostende zurückgeschickt. Doch ein sowjetischer Versuch, weitere 60 Ukrainer polnischer Staatsangehörigkeit in die Gruppe einzubeziehen, wurde vereitelt, da man sich jetzt sehr viel strenger an den Wortlaut des Jalta-Abkommens hielt.[89]

Trotz dieser »letzten Suche« konnten sich die Gefangenen in Großbritannien noch immer nicht völlig sicher fühlen. Über ein Jahr später, im Dezember 1946, wurde eine Gruppe von vierzehn Russen unter Bewachung über Dover und Calais in das sowjetische Lager bei Paris transportiert.[90]

Insgesamt wurden zwischen 1944 und 1946 etwa 32295 sowjetische Gefangene aus Großbritannien in die UdSSR repatriiert. In der Mehrzahl waren es solche, die den Ostlegionen und der Organisation Todt angehört hatten und nach ihrer Gefangennahme in der Normandie bis zum September 1944 nach England gebracht worden waren.[92] Viele von ihnen hätte man ihrer Einstellung und Handlungen wegen als Verräter ansehen können, wenn es sich um Bürger eines normalen, zivilisierten Staates gehandelt hätte. Viele konnten jedoch keinesfalls als solche angesehen werden, vor allem nicht die große Anzahl der Frauen und Kinder.

Solschenizyn hat das britische Volk verurteilt, die Zwangsrepatriierungen zugelassen zu haben, ohne sich ihnen wirksam zu widersetzen. Doch die bemerkenswerte Tatsache bleibt bestehen, daß dieses riesige Unternehmen, das sowohl Entführungen, Selbstmorde als auch tausendfachen Verstoß gegen britische Gesetze mit sich brachte, nur ganz wenigen Menschen bekannt war. Wenn auch nur ein kleiner Teil der britischen Öffentlichkeit erkannt hätte, was in ihrer Mitte geschah, und lauten Einspruch erhoben hätte, ist es durchaus möglich, daß diese Politik, jedenfalls in Großbritannien selbst, eingestellt worden wäre. Doch die Wachsamkeit des Foreign Office, verbunden mit der Isolierung der Gefangenen in ihrer »GULAG-Vorhölle«, hielt das schwankende Gebäude des Gesetzes über die

Alliierten Streitkräfte aufrecht. Wir müssen hoffen, daß sich in Großbritannien Derartiges nie wiederholt und daß der SMERSCH nicht noch einmal freie Hand erhält, im ganzen Land nach Beute zu jagen, denn das nächstemal ist es nicht wahrscheinlich, daß die Opfer Russen sein werden.

7

Die Kosaken und die Konferenz

Im Winter 1944/45 erhielt der Alliierte Nachrichtendienst in Italien die ersten Berichte über eine große Kosakensiedlung im äußersten Norden des Landes. Es war zwar das erstemal, daß dieses erstaunliche Kriegsvolk seit Suworows berühmter Kampagne 1799 wieder in den Alpen aufgetaucht war, doch die Anwesenheit von Russen als solche war keine große Überraschung. Vom Beginn der Anzio-Offensive bis zum Durchbruch der Gothenlinie waren den Briten und Amerikanern ständig einige wenige russische Kriegsgefangene in die Hände gefallen, die zumeist den Zwangsarbeiterbataillonen angehörten.[1] Nichtsdestoweniger war die Situation der Kosaken außergewöhnlich. Als die deutsche Armee 1942 nördlich des Kaukasus in die Kuban-Gegend vordrang, wurde sie von der Mehrzahl der Bevölkerung als Befreier vom bolschewistischen Joch gefeiert.

Die Kosaken von Don, Kuban und Terek stammten von heroischen Freibeutern ab, die im sechzehnten und siebzehnten Jahrhundert nach Süden gezogen waren, um dem Zwang ihrer russischen und polnischen Herrscher zu entgehen. Sie kämpften tapfer gegen Türken und Tataren und wurden, als sich schließlich die Herrschaft des Zaren auch über sie erstreckte, mit militärischen und gesellschaftlichen Ehrungen ausgezeichnet. Ihre Geschichte war wechselvoll und stürmisch. Zuerst hatten sie sich selbst gegen die Zaren erhoben; später wurden sie von ihnen angestellt, um Aufstandsbewegungen zu unterdrücken. 1914–1917 hatten sie sich in den Gefechten an der Ostfront mit Ruhm bedeckt, und später widersetzte sich die Mehrheit der bolschewistischen Revolution. Sie waren traditionsbewußt und noch immer stolz auf die Vorrechte, die sie unter den Zaren genossen hatten, und auf die Tapferkeit, mit der sie sich der bolschewistischen Machtübernahme vor zwanzig Jahren entgegengestellt hatten. Seit der sowjetischen Besetzung der Kuban im Jahre 1929 hatte der Widerstand im Untergrund weitergeglüht, und es kann kaum einem der Einheimischen in den Sinn gekommen sein, daß es nun, da die Erlösung so nahe zu sein schien, Verrat sei, den Kampf wieder aufzunehmen.[2]

Die deutsche Militärherrschaft im Kuban war im großen und ganzen milde und vermied die Gewalttaten, die von den eindringenden Streitkräften andernorts begangen wurden. Gestohlenes Gut wurde an die Besitzer zurückerstattet, und die Kosaken lebten ruhig und zufrieden in ihren wiederhergestellten *Stanizas*. Viele von ihnen traten Freiwilligeneinheiten auf deutscher Seite bei, und als Ende 1942 sowjetische Partisanen den Versuch machten, in die Gegend einzudringen, trafen sie auf erheblichen Widerstand. Doch nach Stalingrad wurde deutlich, daß der Rückzug der deutschen Wehrmacht nur eine Frage der Zeit war. Die deutschen Militärbehörden teilten dies der Bevölkerung mit, und nun begann ein allgemeiner Auszug aller, die Ursache hatten, sich vor der sowjetischen Vergeltung zu fürchten.

Tausende von Kosaken zogen nach Westen, und trotz deutscher Hilfe war die Reise mit großen Härten verbunden. Ganze Familien zogen über die Steppe und führten ihre Habe auf Pferdewagen mit.

Die Deutschen wiesen ihnen als Ansiedelungsort die Gegend um Nowogrudok zu, etwa 100 Werst westlich von Minsk in Weißrußland.[3] Auf eine Wendung des Kriegsglücks hoffend, ließen sich die Kosaken hier nieder und bestellten ihr Land, weideten ihr Vieh und versuchten, ein Leben weiterzuführen, das frei von der Furcht vor Kommissaren und Tscheka-Beamten war. Ihrer Tradition getreu wählten sie als Führer oder Feld-Ataman einen Pionieroffizier namens Pawlow. Er war ein Mann von außergewöhnlichem Organisationstalent und wird noch immer von allen Kosaken als Inspiration ihrer »Nation« verehrt. Unter seiner Leitung wurden in Nowogrudok eine Kirche, Krankenhäuser und Schulen errichtet. Es war auch weitgehend seiner Führung zu danken, daß den Kosaken die beschwerliche Reise von den Ufern des Schwarzen Meeres bis an die polnische Grenze gelungen war.

Am 17. Juni 1944 kam Ataman Pawlow jedoch in einem Außenbezirk der Stadt ums Leben. Sein Tod bleibt rätselhaft, doch es ist wahrscheinlich, daß er entweder von Roten Partisanen oder von einer seiner eigenen Wachen, der er nicht die korrekte Parole angeben konnte, erschossen wurde. Unter Aufsicht des örtlichen deutschen Verbindungsoffiziers, Major Müller, wurde ein neuer Feld-Ataman (*Pochodny Ataman*) gewählt. Dies war Timofei Iwanowitsch Domanow, ein früherer Major der Roten Armee. Obgleich er guten Willens und pflichtbewußt war, besaß er nicht Pawlows Charisma. Viele Kosaken glauben noch heute, daß Pawlow, wenn er am Leben geblieben wäre, sie irgendwie vor ihrem endgültigen Schicksal bewahrt hätte.

Die Kosakensiedlung (*Kasatschi Stan*) in Nowogrudok wurde auf herkömmliche Art verwaltet. Sie stellte hauptsächlich ein Refugium für die enteigneten Kosaken von Kuban, Don und Terek dar, doch es kamen auch emigrierte Kosaken aus Westeuropa, die die Enttäuschungen ihrer Exilexistenz leid waren und für die Wiederbefreiung ihres Landes arbeiten wollten. Unter ihnen waren so hervorragende Männer des ersten Kampfes gegen den Bolschewimus 1918–1921 wie General Peter Krasnow (der 1918 Ataman der Don-Kosaken war) und General Wjatscheslaw Naumenko, früherer Ataman der Kuban-Kosaken. Die Kosaken zogen wieder ihre traditionellen Tscherkessen an, und gelegentlich waren auch Uniformen zu sehen, die ihre Träger zuletzt im Dienste des autokratischen Zaren Nikolaus II. angehabt hatten. Die alten Sitten, Lieder und Auszeichnungen wurden wieder aufgenommen. Es war ein kurzes und rührendes Aufleben von Daseinsformen, die bald für immer zerstört werden sollten.

Die Uniformen dienten nicht nur zur Zierde. Die Wälder um Nowogrudok waren von sowjetischen Partisanen durchdrungen, und die überforderte Wehrmacht war gegen sie machtlos. Dies hatte Ataman Pawlow nicht gekümmert, da er (und nach ihm Domanow) die männlichen Kosaken zu militärischen Einheiten organisiert hatte. Teilweise mit einem knappen Vorrat deutscher Waffen ausgerüstet und später mit erbeutetem russischen Kriegsgut, wußten sich die Kosaken selbst hervorragend zu verteidigen, und Partisanen hielten sich in gebührendem Abstand. Doch trotz aller hergebrachten Regimentsnamen und Ränge stellte das Kosakenaufgebot in

Nowogrudok nie mehr als ein paramilitärisches Verteidigungskorps dar.
Trotz der Härten ihres damaligen Lebens blicken die überlebenden Kosaken mit Sehnsucht auf diese Zeit zurück. Mord, Folter und Sklaverei schienen der Vergangenheit anzugehören, ihre Kinder erhielten eine anständige Ausbildung, Männer und Frauen konnten die Früchte ihrer Feldarbeit genießen, und am Abend riefen die Kirchenglocken die frommen Orthodoxen zum Gebet. Doch all das sollte nicht von Dauer sein.
Im September 1944 wiesen die deutschen Behörden den Kosaken ein neues Asyl in Norditalien zu. Man hatte diese Gegend gewählt, da sie weit von der Linie des sowjetischen Vormarsches entfernt lag und eine der wenigen nicht-deutschen Gegenden war, die noch immer der Macht des schrumpfenden deutschen Reiches unterlagen. Die kleine Kosaken-»Nation« zog mit Wagen, Vieh, Pferden und Dromedaren durch Polen, Deutschland und Österreich. In Italien wurden sie zunächst in Gemona im Friuli angesiedelt und kurz darauf in Tolmezzo in der Carnia. Land und Häuser waren vor der Ankunft der Kosaken für ihren Gebrauch beschlagnahmt worden, was natürlich die Empörung der Einheimischen hervorrief. Mit dem Vorrücken der Alliierten auf der italienischen Halbinsel wurden auch die italienischen Partisanen immer aktiver. Wiederum richteten sich die Kosaken ein wie in einer *Staniza* am Don und blieben, wie zuvor, mehr Siedlung als Militäreinheit, obwohl ihre »Regimenter« auch hier den Kampf mit den Kommunisten aufnahmen. Das war ihre Lage, als im Frühjahr 1945 der Krieg seinem Ende zuging.[4]
Nicht weit von den Kosaken in Tolmezzo lag auch eine Siedlung von mehreren Tausend Kaukasiern: Georgiern, Armeniern, Aserbaidschanern, Osseten und anderen. Ihre Geschichte und die Gründe für ihre Anwesenheit in Norditalien waren in vielem mit denen der Kosaken vergleichbar. Sie setzten sich weitgehend aus Sondereinheiten oder den Überlebenden der nationalen Legionen zusammen, die die Deutschen – vorgeblich zur Befreiung ihrer Heimatländer – aufgestellt hatten. Als dies nicht länger aufrechtzuerhalten war, wurden einige der kämpfenden Einheiten an der

Westfront in Frankreich und den Niederlanden eingesetzt, während viele der Aserbaidschaner an der italienischen Front der 162. Turkmenen-Division angehörten. Dies war eine vorgeschobene Einheit, die den Ruf hatte, verbissen zu kämpfen. Wie die Kosaken waren auch die verstreuten Kaukasier von den Deutschen in der Gegend um Carnia angesiedelt worden. Sie hatten ihr Hauptquartier in Paluzza, einem wenige Kilometer nördlich der Kosakensiedlung in Tolmezzo gelegenen Bergdorf. Was Disziplin und Verwaltung anging, waren sie den Kosaken jedoch weit unterlegen. Das lag vermutlich an der Schwierigkeit, einer Vielzahl von Stämmen eine allgemeine Ordnung aufzuzwingen, die (wie es heißt) siebzehn verschiedene Sprachen sprachen und deren Religionen von dem orthodoxen Christentum der Georgier zum mohammedanischen Schiismus der Aserbaidschaner reichten. Auch sie hatten, wie die Kosaken, auf ihren Wanderfahrten viele Landsleute angezogen, die zuvor vereinzelt oder in Gruppen durch das Chaos Mitteleuropas geirrt waren.[5] Es ist wahrscheinlich, obwohl es nicht mit Gewißheit behauptet werden kann, daß die Kaukasier für die Verwüstungen und Greueltaten verantwortlich waren, die in der Gegend angerichtet wurden. Wie in Frankreich hatten auch hier die einheimischen Widerstandsgruppen erfahren, daß es zur deutschen Politik gehörte, auf diese Weise eine allgemeine Russenfeindlichkeit zu erzeugen.[6]

Zu Beginn des Frühjahrs 1945 befaßte sich das Alliierte Hauptquartier in Caserta zum erstenmal ernsthaft mit den Kosaken in Tolmezzo, da es Pläne für die Durchbrechung der Gothenlinie und die Besetzung von Bologna ausarbeitete – als Vorspiel zum Einbruch in die Po-Ebene. Mr. Patrick Martin-Smith war damals für eine bewegliche Einheit der SOE in den Carnischen Alpen tätig. Die lokalen nichtkommunistischen Partisanen (*Osoppo*) teilten ihm mit, daß die Kosaken Kontakt mit ihnen aufgenommen hätten, um sich bei den Alliierten, deren Sieg immer sicherer erschien, »rückzuversichern.« Martin-Smith erwog sogleich die Möglichkeit, daß die Kosaken die Eisenbahnlinie zwischen Villach und Udine, einen der deutschen Hauptverbindungswege nach Italien, abschneiden könnten. Gelang es, das mit der bevorstehenden Offensive zu koordinie-

ren, würde es sich auf die Verteidigungskraft des Feindes verheerend auswirken. Er setzte sich mit Caserta in Verbindung, erhielt jedoch nur unverbindliche Antworten. Auch er selbst erkannte den Hinderungsgrund – die damit verbundene Gefahr, den Kosaken (wenn auch nur mittelbar) das Datum der bevorstehenden Offensive zu verraten. Doch die Ereignisse überholten diesen etwas romantischen Plan. Die Deutschen begannen eine gründliche »Säuberungsaktion« gegen die Partisanen in der Carnia, und in der zweiten Aprilwoche drangen Feldmarschall Alexanders Truppen unaufhaltsam vor und besetzten Imola und Bologna. Zu Ende des Monats waren die Alliierten selbst in der Lage, Tolmezzo zu übernehmen.[6a]
Die 8. *Argyll and Sutherland Highlanders* erhielten am 6. Mai Befehl, gegen die Kosakendivision vorzugehen. Sie waren aus dem Osten, längs des Bergtals von Tagliamento vorgerückt und verließen ihr Lager in den frühen Morgenstunden in voller Gefechtsordnung. Es war jedoch sehr bald offensichtlich, daß sie auf keinen Widerstand stießen, und das Bataillon drang um so schneller vor. Um die Mittagszeit traf es in Tolmezzo ein, doch alle waren entkommen – »vermutlich zurück nach Österreich«. Von den verschwundenen Legionen fanden sie nur noch einige mutlose Turkmenen vor. Die Soldaten beklagten sich nicht über diesen leichten Sieg, und am gleichen Nachmittag kam die »beste Nachricht des Krieges«, wie es der Verfasser des Brigade-Kriegstagebuches ausdrückte. »Die bedingungslose Kapitulation aller deutschen Streitkräfte ist bestätigt worden. Leider war das Bataillon nicht in der Lage zu feiern, doch es wurde eine Extra-Bierration ausgeteilt. Der Abend verlief sehr ruhig.«[7]

Weiter nördlich hatte sich eine georgische Einheit ergeben, von deren Offizieren viele Prinzen waren.[8] Ihr Befehlshaber war eine schöne georgische Prinzessin namens Mariana. Diese georgischen Aristokraten lebten in einer romantischen Traumwelt, die bald für immer vergangen sein sollte. Erst zehn Tage zuvor hatte Prinz Irakly Bagration an den Toren der britischen Botschaft in Madrid angeklopft und sich erboten, die Übergabe von 100000 Georgiern, die in der Wehrmacht dienten, zu arrangieren, vorausgesetzt, daß ihnen Garantien gegeben würden, sie nicht in die Sowjetunion zurückzuschicken. Das Foreign Office wies die Botschaft an, keine Antwort darauf zu geben.[9]

Wo aber waren die Kosaken und Kaukasier, die aus Tolmezzo verschwunden waren? Angesichts des bevorstehenden Zusammenbruchs Deutschlands hatte es eine heftige Debatte darüber gegeben, was unter diesen Umständen zu tun sei. Obergruppenführer Globocnik, der örtliche Nazi-Befehlshaber, hatte ihnen befohlen zu bleiben, doch die Kosaken ließen sich von seinen ohnmächtigen Drohungen nicht beeindrucken.[19] Die deutschen Offiziere, die den Befehl über die Kaukasische Division hatten, verschwanden eines Nachts und überließen den Befehl einem georgischen Emigranten, Sultan Keletsch Girei. Die Vertriebenen konnten jetzt zwar ihr Schicksal frei bestimmen, doch ihre Wahl war äußerst begrenzt. Schließlich wurde sie für sie getroffen.

Nun, da der Zusammenbruch Hitler-Deutschlands nur noch eine Frage von Tagen war, erschienen die italienischen Partisanen immer offener und in größeren und besser ausgerüsteten Einheiten. Besonders bedrohlich war eine kommunistische Gruppe unter der Führung eines katholischen Priesters, und eines Tages wurde ein Kosakenlazarett mit vielen Verwundeten niedergebrannt.[12] Schließlich kamen am 27. April drei italienische Offiziere in Domanows Hauptquartier in Tolmezzo und forderten, die Kosaken sollten ihre Waffen übergeben und den italienischen Boden verlassen. Da Domanow nicht vorhatte, sich der Gnade dieser Feinde auszuliefern, willigte er ein, seine Kosaken aus Italien zu führen, lehnte es jedoch ab, die Waffen zu übergeben. Den Italienern war das recht, und am 28. April brachen fast alle Kosaken sowie eine große Gruppe Kaukasier ihre Zelte ab und begannen ihren beschwerlichen Marsch nach Norden.

Sie setzten sich um Mitternacht in Bewegung und führten alles mit sich, was sich auf Wagen laden oder auf dem Rücken tragen ließ. Die Vorhut bildeten die berittenen Einheiten, die von Domanows Stab angeführt wurden, als erstes das Don-Regiment, dann das Kuban-Regiment und nach ihnen die Tereks. Dahinter zog eine schier endlose Wagenkolonne mit Vorräten, persönlicher Habe und so vielen Alten, Kranken und ganz Jungen, wie die Pferde ziehen

konnten. In der Nähe der Spitze der Kolonne fuhr der alte General Peter Krasnow in seinem Fiat. Domanow selbst wartete mit seinem Leibregiment auf eine Sondereinheit, die den Zug aus Udine einholen sollte. Eine Nachhut von mehreren Hundert Don- und Kuban-Kosaken war südlich von Tolmezzo aufgestellt worden, um die Partisanen daran zu hindern, den schwerfälligen Zug auf dem Weg nach Norden anzugreifen.
Der Marsch der Kosaken nach Österreich war mit größter Härte und Gefahr verbunden. Zunächst galt es, sich gegen die Angriffe der italienischen Partisanen zu verteidigen. Später, als sie auf die Höhen gelangten, von denen sich die Straße gefährlich an steilen Schluchten vorbei zum Plöckenpaß windet, war das Wetter ihr Feind. Strömender Regen fiel auf die mühsam Vordringenden, dem weiter oben anhaltende Schneestürme folgten. Viele kamen um, zuerst durch die Kugeln der Partisanen, später durch Kälte und Unfälle auf den steilen, schneebedeckten Bergwegen, wo ein falscher Schritt tödlich sein konnte. Es schneite noch immer, als die Kosaken die österreichische Grenze überschritten. Sie kamen von den Felsen der Hohen Warte herab an bewaldeten, steinigen Schluchten vorbei und erreichten schließlich den Schutz des Gailtales. Spät am Abend des 3. Mai traf Domanows Vorhut in Mauthen-Kötschach, dem ersten österreichischen Dorf, ein.[13] General Krasnows Fiat war zusammengebrochen und wurde von einem Transportbus geschleppt. Im Hintergrund bliesen die Trompeten der Kosaken einen trotzigen Tusch, während zwei ihrer Stabsoffiziere vortraten, um festzustellen, welcher Empfang ihnen zuteil werden würde. Immerhin stand das Reich noch, wenn auch auf schwankenden Beinen, und die Kosaken hatten striktes Verbot, Italien zu verlassen.
Herr Julian Kollnitz, der damalige Kreisleiter der Gegend, erinnert sich lebhaft an ihre Ankunft. Ein Kosakengeneral in voller Uniform trat vor, um über den Übergang nach Österreich zu verhandeln. Über seinen Adjutanten, einen deutsch sprechenden Emigranten aus Berlin, fragte er, wo noch gekämpft werde und wo sie sich melden könnten. Kollnitz hatte von seinen Vorgesetzten in Klagenfurt Befehl erhalten, die Kosaken ungehindert passieren zu lassen. Er teilte dem General mit, seine Leute könnten ihren Marsch fortset-

zen, doch der Krieg sei so gut wie beendet und alle Kampfhandlungen seien eingestellt worden. Die Kosaken schienen enttäuscht über diese Nachricht und ließen sich erst überzeugen, nachdem der Adjutant mit dem stellvertretenden Gauleiter Timmel in Klagenfurt telephoniert hatte.

Es wurde vereinbart, daß die Kosaken weiter nach Norden ziehen sollten (Herrn Kollnitz wurde gesagt, es handele sich um 32000). Ihr Zielort, der so bald zum Hintergrund dramatischer und tragischer Ereignisse werden sollte, wurde ganz zufällig bestimmt. Der Befehlshaber des örtlichen Volkssturms, der den Plöckenpaß verteidigen sollte, war Kreisstabsführer Norbert Schluga. Er war im Gailtal, durch das die Kosaken ziehen wollten, zu Hause. Herr Schluga hat mir erzählt, daß er bei diesem Plan Bedenken hatte, nicht unbedingt deshalb, weil die Kosaken seines oder die benachbarten Dörfer hätten plündern können, sondern weil ihre Pferde jeden Grashalm im ganzen Tal auffressen würden. Gemeinsam mit Kreisleiter Kollnitz überredete Schluga die Kosaken deshalb, daß die Landstraße durch das Gailtal viel zu schlecht und gefährlich für ihre Pferde sei und es besser für sie wäre, weiter nördlich durch das Drautal zu ziehen.

Die Kosaken schlugen ihre neue Richtung ein, und drei Tage und zwei Nächte lang zogen ihre Schwadrone weiter nach Norden. Schluga stellte an der Kreuzung von Mauthen eine Abteilung des Volkssturms auf, um zu verhindern, daß sich einzelne in das Gailtal verirrten. Er selbst blieb die ganze Zeit auf dem Posten und mußte oft vortreten und den mißtrauischen Kosaken versichern, daß ihre Route tatsächlich geändert worden war.

In Mauthen wurde den Kosakengenerälen und ihren Stäben das Bahnhofshotel zur Verfügung gestellt. General Krasnow bezog hier Quartier und betrachtete von seinem Fenster aus mit melancholischer Resignation das Ende seiner Hoffnungen. Die Kosaken hatten kein Futter mehr für ihre geliebten Pferde und schlugen sich nach Norden durch. Nachts lagerten sie, wo immer sie gerade waren, am Wegrand. Mit ihnen zogen vereinzelte Gruppen deutscher Soldaten, deren verkommenes Aussehen deutlich zeigte, daß sie sich der vollständigen Niederlage ihres Landes bewußt waren. Einmal

wurde der alte General zum gequälten Zeugen eines erniedrigenden Vorfalls. Er mußte mit ansehen, daß sich Kosaken in ihrer Verzweiflung auf einige vorbeiziehende Deutsche warfen und anfingen, sie auszuplündern. Dieser schmachvolle Bruch der Disziplin, der an Soldaten eines geschlagenen Verbündeten geübt wurde, schien ihm auch ein Vorzeichen für das Ende der Kosaken zu sein. Dennoch kam es, wie mir Herr Kollnitz sagte, während ihres Aufenthaltes zu keiner ernsthaften Gewalttätigkeit und gewiß nicht zu dem »offenen Kampf«, von dem die *Times* am 8. Mai berichtete.[14]
Am 4. Mai traf Domanow mit der Nachhut ein und zog zu Krasnow ins Bahnhofshotel von Mauthen, wo sie über ihren nächsten Schritt berieten. Unterdessen strömten Tausende von Kosaken mit ihrem Troß (es handelte sich hierbei um einen Durchmarsch von Menschen und nicht den einer Armee) nordwärts, überquerten den Gailbergsattel und bewegten sich langsam talaufwärts. Einige Kilometer weiter oben weitet sich das Bergtal, und inmitten bestellter Felder liegt das schläfrige Tiroler Städtchen Lienz. Hier gab es endlich Platz für Zelte und Weiden für die vielen Tausend Pferde.[15] Es war Ostern, ein Tag der Hoffnung. Die Priester hielten Gottesdienste auf den Feldern. »Christ ist auferstanden!« riefen sich die Kosaken zu und küßten einander, wenn sie sich auf den Wiesen begegneten.

Die zwei Kosakenführer Domanow und Krasnow diskutierten lange und eindringlich über ihren nächsten Schritt. Ihre Möglichkeiten waren begrenzt und drehten sich im Grunde nur um die Frage, ob sie sich den Amerikanern oder den Briten ergeben sollten. Krasnow, der als Emigrant die europäischen Gegebenheiten weit besser kannte, betonte, daß die Briten für ihren Fall mehr Wohlwollen und Verständnis zeigen würden. Schließlich hatten sie zu den eifrigsten Verbündeten der Weißen Seite im Kampf gegen den Bolschewismus gehört, und Churchill war es gewesen, der als damaliger Kriegsminister die britische Militärintervention auf antikommunistischer Seite am heftigsten verfochten hatte. Inzwischen waren Jahre vergangen, und die Zeiten hatten sich geändert, aber die britische Ritterlichkeit würde doch sicherlich einem früheren Verbündeten in der Not zu Hilfe kommen! Krasnow hoffte auch auf den Einfluß des Alliierten Oberbefehlshabers in Italien, Feldmarschall Alexander, denn zu der Zeit, als Churchill die Armee Denikins mit Soldaten und Munition versorgt hatte, hatte Alexander selbst in Kurland gegen die Bolschewiken gekämpft. Er trug noch immer stolz den kaiserlich-russischen Orden, den ihm der Weiße General Judenitsch verliehen hatte (ebenso wie Krasnow das britische Militärkreuz trug, mit dem er damals für seine Dienste ausgezeichnet worden war). Alexander würde die Zwangslage der Kosaken verstehen. Unter den einfachen Kosaken ging die romantische Legende um (die bis heute besteht), daß der Feldmarschall in seiner Bewunderung für alles Russische eine schöne russische Braut umworben und auch heimgeführt habe.[16]

Dem wußte Domanow, der nur einfacher Major in der Roten Armee gewesen war, nichts entgegenzusetzen und fügte sich. Es wurde beschlossen, eine Delegation über den Plöckenpaß zurückzuschicken und mit den nächstgelegenen britischen Streitkräften zu verhandeln. Diese Abordnung wurde von einem General Wassiljew angeführt, den der junge Leutnant Nikolai Krasnow, ein Enkel des Generals, und eine englischsprechende Kosakin, Olga Rotowa, begleiteten. Krasnow und Olga Rotowa haben beide Augenzeugenberichte dieser Verhandlungen hinterlassen.

Sie befestigten ein weißes Tuch als Waffenstillstandsflagge an ihrem Auto und begaben sich auf den Weg nach Süden. Olga Rotowa sagt: »Gott allein wußte, was uns dort erwartete.« Aber gerade als sie das Dorf verlassen wollten, wurden sie überraschend von einem britischen Panzerwagen aufgehalten und an den Regimentsgefechtstand in Paluzza verwiesen. Der Oberst dort leitete sie wiederum an den Brigadestab in Tolmezzo weiter. Es war ein wenig verwirrend, wieder an den Ausgangspunkt zu kommen, den sie eine Woche zuvor verlassen hatten, besonders da die Italiener ihre Uniformen erkannten und ihnen mit geballten Fäusten: »Barbarische Kosaken!« nachriefen. Das Gebäude, das eine Woche vorher General Domanows Hauptquartier gewesen war, diente nun Generalmajor Arbuthnott, dem Befehlshaber der 78. Infanteriedivision, zum gleichen Zweck.

General Arbuthnott begrüßte die Unterhändler höflich. General

Wassiljew fragte, ob er privat mit ihm sprechen könne, und Arbuthnott führte die Russen in sein Amtszimmer. Dort bot er ihnen Sitze an, doch Wassiljew, ehemaliger Offizier der Kaiserlichen Garde-Kosaken und ein Mann von eindrucksvoller Persönlichkeit und Erscheinung, bestand darauf, sein Anliegen stehend vorzutragen. Leider redeten die beiden Generäle aneinander vorbei.
Wassiljew erklärte, die Kosaken hätten keinerlei Streit mit den westlichen Alliierten und wollten nur ihren Kampf gegen den Bolschewismus fortsetzen. Um dieses Ziel zu verfolgen, bat er, sich mit General Wlassows Armee verbinden zu dürfen. »Wer ist dieser General Wlassow?« fragte Arbuthnott. Wassiljew erklärte ihm die ROA sowie ihre Hoffnungen und Pläne. Der Engländer erwiderte: »Erst müssen Sie alle Ihre Waffen übergeben.«
Wassiljew fragte, ob dies bedeute, daß sie Kriegsgefangene würden. Nein, antwortete Arbuthnott, dieser Begriff treffe nur auf Soldaten zu, die im Gefecht gefangengenommen würden. Die Kosaken würden lediglich als Personen betrachtet werden, die sich freiwillig ergeben hätten. Diese etwas rätselhafte Unterscheidung wurde von den Kosaken dahingehend verstanden, daß damit ein Status bezeichnet war, der sie weniger willkürlicher Behandlung aussetzte als gewöhnliche Kriegsgefangene.
Doch noch ehe die wichtige Statusfrage weiter erörtert werden konnte, betrat Brigadegeneral Geoffrey Musson von der 36. Infanteriebrigade (jetzt General Sir Geoffrey Musson) das Zimmer. Auf Arbuthnotts Bitte setzte ihm Wassiljew noch einmal die Lage der Kosaken auseinander. Musson wartete, bis der General geendet hatte, und betonte dann seinerseits, daß es wesentlich sei, die Kosaken so schnell wie möglich zu entwaffnen. Wassiljew erwiderte, daß er nicht für General Domanow antworten könne, und nach kurzer Beratung erklärten die beiden britischen Generäle, sie würden am folgenden Morgen Domanows Hauptquartier in Kötschach aufsuchen und die Bedingungen mit ihm persönlich aushandeln.
Da sie wußten, daß Domanow und Krasnow ungeduldig auf ihre Rückkehr warteten, wollten Wassiljew und seine Begleiter ihren Heimweg sobald wie möglich antreten. Doch Arbuthnott und Musson wollten nichts davon hören und bestanden darauf, sie zum

Tee einzuladen. In dieser gelockerten Atmosphäre stellte Arbuthnott dem jungen Leutnant Krasnow einige persönliche Fragen. Nikolai erklärte ihm, daß er Rußland als kleines Kind mit seinen Eltern verlassen und dann in Jugoslawien gelebt habe. Bei Ausbruch des Krieges habe er in König Peters Armee gegen die Deutschen gekämpft und sei in Gefangenschaft geraten. Später habe man ihm angeboten, einer antisowjetischen Kosakeneinheit beizutreten, was er annahm. Doch als man ihm befahl, in Afrika zu kämpfen, habe er sich geweigert, da dies bedeutet hätte, gegen Rußlands Verbündete des letzten Krieges zu kämpfen.

Obgleich Arbuthnotts Interesse an der Geschichte seines jungen Gastes sicher mehr seiner Neugier und seinen guten Manieren entsprang, darf jedoch nicht übersehen werden, wie deutlich ihm von Beginn seiner Verhandlungen mit den Kosaken gemacht wurde, daß eine große Anzahl von ihnen keinen sowjetischen Staatsbürger waren.

Bevor sie abfuhren, gab Musson der Dolmetscherin Olga Rotowa ein großes Paket mit Tee, Zucker und Schokolade mit. Er wehrte ihren Dank ab und begleitete die Gruppe mit Arbuthnott zum Abschied bis auf die Straße. Dieses Zeichen britischer Freundlichkeit beeindruckte die wetterwendischen Italiener, es wurden »Viva!«-Rufe laut, und ein besonders mitgerissenes Mädchen drückte Olga sogar einen Strauß Lilien in die Arme. Von britischen Panzerwagen begleitet, fuhren General Wassiljew und seine Begleiter nach Kötschach zurück, wo sie gegen 21.30 Uhr in Domanows Quartier eintrafen und ihm und Krasnow über ihre Mission Bericht erstatteten.

In dieser Nacht wurde es spät im Kosakenquartier, da alle vergeblich versuchten, eine tiefere Bedeutung in die unverbindlichen Antworten Arbuthnotts und Mussons hineinzulegen.[17]

Am nächsten Morgen kam Brigadegeneral Musson und sein Stab eine halbe Stunde früher als erwartet im Kosakenquartier an. Das Treffen fand im Eßzimmer des Hotels statt, das Domanow bewohnte.[17] Nach allseitigem Händeschütteln nahm die Unterredung einen freundlichen Verlauf. Die Kosaken, bei denen jedes Zeichen britischer Freundlichkeit viel zu große Hoffnungen auslöste, bemerkten, daß sie offenbar nicht wie Feinde oder Gefangene behandelt wurden, sondern wie Kollegen in einer Verwaltungsfrage. Auch General Mussons einleitende Worte klangen ermutigend: er erklärte den Kosaken, daß sie auf dem Wege zu ihrem Sammelplatz ihre Waffen behalten dürften. Eine Landkarte wurde auf dem Tisch ausgebreitet, und Musson wies sämtliche russischen Streitkräfte an, ihre Lager im Drautal zu errichten, wobei die Kosaken talaufwärts zwischen Lienz und Oberdrauburg und die Kaukasier weiter unten zwischen Oberdrauburg und Dellach untergebracht werden sollten.

Mehr wurde über die Kapitulationsbedingungen der Kosaken nicht gesagt. Sie waren über das scheinbare Verständnis der Engländer erleichtert, und auch Brigadegeneral Musson fand, daß ein potentiell unangenehmes Geschäft recht glimpflich verlaufen war. Denn wie das Kriegstagebuch der 36. Brigade erläutert, »stellten die Kosaken, wenn sie die Übergabe verweigerten, noch immer eine beachtliche Streitmacht dar, und wir konnten uns daher nicht sicher fühlen, ehe die Übergabe vollzogen war«. Nachdem die ernsten Geschäfte erledigt waren, frühstückten beide Seiten gemeinsam, tranken Wein und unterhielten sich freundlich.

Später am Tag erschienen Reporter von der *Times* und der *Daily Mail*, um die Kosakenführer zu interviewen. Sie wollten wissen, wie und warum die Kosaken Rußland verlassen hatten und diese Tausende von Meilen nach Österreich gezogen waren. Mit Hilfe der Dolmetscherin Olga Rotowa und einer Landkarte erklärte General Domanow, daß die bolschewistische Regierung eigentlich Krieg gegen die Kosakenländer geführt habe, beschrieb die beschwerliche Reise von der Kuban und dem Don nach Tolmezzo, ohne Ziel und Zukunft zu ahnen, und ihren festen Entschluß, nie wieder in die Hände Stalins zu geraten.[19] General Wassiljew waren am Vortag ähnliche Fragen gestellt worden,[20] vermutlich von den gleichen Berichterstattern. Doch weder eines dieser fesselnden Interviews noch die Fotos, die angeblich gleichzeitig gemacht wurden, wurden veröffentlicht.

Am Abend trafen die ersten Verbände der 36. Infanteriebrigade in Österreich ein. Die zwei ersten Bataillone, die 8. *Argyll und Sutherland Highlanders* und die 5. *Buffs*, erhielten Befehl, die Kosa-

ken beziehungsweise Kaukasier zu überwachen. Während die Russen die ihnen zugewiesenen Areale bezogen, waren die Briten immer wieder von ihrem malerischen Anblick gefesselt.
»Als Armee boten sie ein erstaunliches Bild. Ihre Grunduniform war deutsch, doch mit ihren Kosaken-Pelzkappen, ihren traurig hinabhängenden Schnauzbärten, ihren hohen Reitstiefeln und den rohgezimmerten Pferdewagen, in denen ihr ganzer Besitz sowie Frauen und Kinder untergebracht waren, konnten sie nur Russen sein. Sie wirkten wie ein Bild Rußlands aus dem Jahre 1812. Die Kosaken sind berühmte Reiter und machten ihrem Ruf alle Ehre. Schwadrone von Pferden galoppierten in allen Richtungen die Straße entlang und behinderten unser Fortkommen ebenso wie ihre Pferdewagen. Es war zwecklos, ihnen Befehle zu erteilen, denn nur wenige sprachen Deutsch oder Englisch, und auch die, die es verstanden, zeigten keine Neigung, zu gehorchen. Trotz dieses anscheinenden Wirrwarrs war es beachtlich, wie schnell und vollständig sie dem Befehl nachkamen, sich an einem Ort zu versammeln. . . . Am nächsten Morgen waren alle auf ihren Plätzen – Männer, Frauen, Kinder, Troß, Pferde, Wagen, Kühe und – Kamele!«[21]
Das verwaltungstechnische Problem, vor das sich die 36. Brigade gestellt sah, war ungeheuer. General Musson schrieb mir kürzlich: »Kommandeure und Stab sahen sich einer Vielzahl von Problemen gegenüber. Nach Beendigung der Kampfhandlungen, einem harten Winter und der Besetzung Österreichs waren die Zustände chaotisch. Die Österreicher waren ratlos und wußten nicht, auf welcher Seite sie standen. Menschenmassen irrten umher, Freunde wie Feinde, alle waren sie heimatlos, und alle hatten sie Probleme. Die Entfernungen waren groß, die Straßenverhältnisse miserabel. (Damals hatten wir noch keine Helikopter!) Unser Gefechtstand wurde auf Kriegsbasis geführt, und wir arbeiteten in Zelten oder Privatquartieren.«
Die Brigade hatte auch ohne die Kosaken und Kaukasier alle Hände voll zu tun. Es sollte überdies nicht vergessen werden (wie alle Beteiligten mir gegenüber betont haben), daß alle, die sich mit dem Problem befassen mußten, unter schwierigsten Bedingungen arbeiteten.

Die Zahlen allein waren beängstigend. Die britischen Behörden stellten keine Zählung der Kosaken an, doch nach Schätzungen, die sich auf die Lebensmittelrationen der Kosaken stützten, waren es insgesamt 23 800 Kosaken; diese Zahl schloß mehrere Tausend Frauen und Kinder ein. Die Zahl der Kaukasier wurde auf 4800 geschätzt. Von beiden Zahlen wurde jedoch angenommen, daß man zehn Prozent abziehen konnte[22], auch wenn die eigenen Schätzungen der Kosaken ungleich höher lagen. Die von ihnen angegebenen Gesamtzahlen variierten zwischen 30000 und 35 000. Aber da es später viele Desertionen und auch Neuankömmlinge gab, ist es unmöglich, die Anzahl derjenigen, die sich im Mai 1945 im Drautal befanden, genau zu bestimmen.[23] Die Zahl für die Kaukasier erscheint jedoch ziemlich zutreffend, da einer ihrer Offiziere angab, kurz vor dem Abzug nach Österreich seien es in Tolmezzo 5000 gewesen.[24]
In der zweiten Maiwoche waren die Kosaken im Tal zwischen Lienz und Oberdrauburg in Lagern zu beiden Seiten der rasch fließenden Drau, der Landstraße und der Bahnlinie versammelt.[25] General Domanow und Oberst Alec Malcolm von den *Argylls* richteten ihre jeweiligen Quartiere in Lienz ein. Die Kaukasier lagen etwas talabwärts in Grofelhof, während die *Buffs* im nahegelegenen Dellach Quartier bezogen.[26]
Der kaukasische Führer, Sultan Keletsch Girei, hatte sich mit seiner bunten Schar zur gleichen Zeit wie Domanow ergeben. Wie Krasnow war auch Girei ein alter Emigrant, der gemeinsam mit den britischen Streitkräften unter General Holman im Bürgerkrieg gekämpft hatte und bis nach dem letzten erfolglosen Angriff auf die Krim 1920 bei Wrangel geblieben war.[28] Auch Girei wurde von seinen Kaukasiern hoch geachtet. Bald nachdem er und sein Gefolge sich in Grofelhof niedergelassen hatten, rief er seine Leute zusammen. »Er hielt vor ihnen eine Rede, in der er allen, die dazu in der Lage waren – vor allem den Jüngeren – riet, sobald wie möglich zu flüchten und die Träume aufzugeben, den Kaukasus und die dortigen Nationen zu befreien. Er selbst sei schon zu alt, um weiterzumachen, und würde in allen Ehren zu seiner Übergabe stehen und die Dinge abwarten.«[28]
Eine Gruppe der so Angesprochenen nahm die Gelegenheit zur

Flucht wahr. Das veranschaulicht die wichtige Tatsache, daß die Briten, obwohl die Kosaken und Kaukasier technisch als Kriegsgefangene galten, keineswegs in der Lage waren, Massendesertionen zu verhindern. Die Lager waren nicht umzäunt und standen weitgehend unter Selbstkontrolle. Dennoch gab es vorläufig wenige Flüchtlinge aus dem Kosakenlager. Die steilen, schneebedeckten Berge, die das Tal umringten, waren ein großes Hindernis, ebenso wie das Bewußtsein, in einem fremden Land zu sein, dessen Sprache und Einwohner sie kaum kannten. Doch das viel mächtigere Band, das die Kosaken zusammenkettete, war die zuversichtliche Hoffnung, daß man ihnen erlauben werde, als geschlossene Gemeinschaft irgendwo auf der Welt Asyl zu finden.
Obwohl diese Hoffnung heute phantastisch erscheinen mag, ist es doch wichtig, sich ins Gedächtnis zu rufen, daß viele intelligente Kosaken aufrichtig glaubten, Großbritannien und die Vereinigten Staaten würden gegenüber der Sowjetunion zumindest eine feindliche Haltung einnehmen, sobald der Krieg beendet und die zeitweiligen Bande der Einigkeit wieder gelöst sein würden. Man darf auch nicht vergessen, daß die Ereignisse des russischen Bürgerkrieges erst verhältnismäßig kurz zurücklagen. Im Jahre 1945 war für die Kosaken die britische Intervention gegen die Bolschewiken noch fast ebenso lebendig wie für uns heute der Koreakrieg. Die tiefgreifenden Umwälzungen, die der Zweite Weltkrieg mit sich brachte, sind eine Wasserscheide, die die Welt davor und danach scharf voneinander trennt. Für uns mag heute die russische Revolution ein entferntes Ereignis sein, doch 1945 war sie, vor allem für die Kosaken, eine Sache, die ihnen unmittelbar und vertraut in Erinnerung stand.
Selbst auf britischer Seite gab es eine Reihe bekannter Männer, die aktiv an der Intervention teilgenommen hatten. Winston Churchill war damals Kriegsminister und ein äußerst eifriger Verfechter der Hilfe für die Weiße Armee gewesen; Lord Killearn (Botschafter in Ägypten, das 1943–1945 ein Umschlagplatz für so viele der repatriierten Russen wurde) war damals mit Admiral Kotschak amtierender Hoher Kommissar in Sibirien gewesen; Generalleutnant Burrows (Chef der Militärmission in Moskau seit März 1944) und

Generalmajor Colin Gubbins (Chef der SOE) hatten mit General Ironside 1919 in Archangelsk gelegen; Feldmarschall Alexander, dessen Armee die Kosaken nun in Gewahrsam hielt, hatte mit der baltischen Landeswehr gegen die Bolschewiken gekämpft. Obwohl sie in der Zwischenzeit mit dringenderen Ereignissen beschäftigt gewesen waren, die die Erinnerung an eine längst verlorene Sache verdrängten, gab es doch in politischen, diplomatischen und militärischen Kreisen in England noch viele, denen die Geschichte der Kosaken völlig vertraut war.

Zieht man dies in Betracht, erscheinen einige der absurderen Forderungen der Kosaken weniger unverständlich, zumindest von ihrem begrenzten Standpunkt aus. Am 13. Mai wandte sich zum Beispiel ein Hauptmann Kantemir an den Stab des britischen Bataillons. Die von ihm geführte Gruppe war von den Deutschen in Norditalien darin ausgebildet worden, »wie man Partisanengruppen und Sabotage- und Spionageakte hinter sowjetischen Linien organisiert«, Dienste, die sich der Hauptmann nun erbot, im Auftrag der 8. Armee zu leisten. Über das Angebot beunruhigt, wandte sich der Brigadestab an General Arbuthnott mit der Bitte um Weisung. In dieser Botschaft hieß es abschließend: »Wenn bis 15. Mai 09.00 Uhr keine Weisung eingeht, werden sie den Divisionsgefechtstand sabotieren!« Kaum war diese Frage geklärt, forderte die gesamte Kosakendivision die Erlaubnis, Übungen abzuhalten. Auch dieses Ansinnen wurde abgewiesen.[29] Trotzdem erboten sich einige unermüdliche Kosaken »lieber gegen die Japaner zu kämpfen, als nach Rußland zurückzukehren. Angebot nicht angenommen«.[30]

Welterfahrene Männer wie General Krasnow glaubten keinen Augenblick, daß ihnen die Briten erlauben würden, sogleich die Rote Armee in der Steiermark anzugreifen. Doch auch er hoffte und erwartete, daß etwas unternommen würde, um den Kosaken nicht nur Asyl im Westen zu bieten, sondern sie zusammenzuhalten und ihre besonderen Traditionen zu bewahren.

Bald nach der Verlegung des Kosaken-Hauptquartiers von Kötschach nach Lienz schrieb Krasnow an Feldmarschall Alexander und erinnerte ihn an ihre gemeinsamen Erlebnisse auf der Weißen Seite im Bürgerkrieg. Er schilderte ihm die Lage der Kosaken und bat ihn dringend, seinen Einfluß geltend zu machen und ihnen zu helfen. Er erhielt keine Antwort und wußte nicht, ob der Brief angekommen war.[31]

Krasnow war ein sehr bemerkenswerter Mann. 1869 in einer alten Don-Kosakenfamilie geboren, hatte er 1945 eine lange und bewegte Laufbahn hinter sich. Er hatte einige ähnliche Merkmale wie sein jüngerer Zeitgenosse Winston Churchill, vor allem sein großes Wissen und die romantische Liebe zur Geschichte seines Volkes. Wie Churchill hatte er in jungen Jahren seinem Drang nach Abenteuern nachgegeben und den Beruf des Kavallerieoffiziers mit dem des Kriegsberichterstatters vereint. In den neunziger Jahren war er mit einer Militärmission durch Äthiopien gereist und hatte 1904 für die Zeitschrift *Russki Invalid* über den russisch-japanischen Krieg berichtet. Während des Ersten Weltkrieges zeichnete er sich als Kommandeur eines Kavalleriekorps aus und erhielt den damals höchsten Orden, den des Siegreichen St. Georg. Nach der März-Revolution und der Abdankung des Zaren schloß sich Krasnow sofort der Gruppe an, die bereit war, notfalls auch Gewalt anzuwenden, um die zerrüttete Staatsordnung wiederherzustellen. Er unterstützte die alte Ordnung nicht nur aus Gründen seiner Herkunft und Erziehung, sondern er befürchtete auch, daß die glorreichen Traditionen des alten Rußland, an denen er so sehr hing, hinweggefegt würden.

Nach dem endgültigen Sieg der Bolschewiken war Krasnow mit vielen Millionen seiner Landsleute ins Exil getrieben worden. Er hatte in Frankreich und Deutschland gelebt und sich vorwiegend literarischen Arbeiten gewidmet. Er schrieb eine Reihe von Romanen, der bekannteste von ihnen war der zum Teil autobiographische Roman *Vom Doppeladler zur Roten Fahne*. In der deutschen Offensive gegen Rußland sah er eine Gelegenheit, aufs Neue gegen seine Feinde zu kämpfen. Er hatte 1918 mit Churchills ausdrücklicher Billigung mit den vordringenden Deutschen zusammengearbeitet, um die Niederlage der Bolschewiken herbeizuführen. Als der Sieg der Alliierten im Westen die Deutschen zum Rückzug zwang, war Krasnow in der Lage, den Kampf mit Hilfe der Entente-Mächte und der Vereinigten Staaten fortzusetzen. Er sah nichts Unehrenhaftes dar-

in, eine Streitmacht zu rekrutieren, die aus übergelaufenen oder gefangenen patriotischen Russen bestand, da 1918 schließlich das gleiche mit der vollen Billigung Churchills und anderer westlicher Staatsmänner geschehen war.[32]
Zur Zeit des Zweiten Weltkrieges war Krasnow jedoch schon ein alter Mann. (Er war sechsundsiebzig, als er sich den Briten ergab.) Daher konnte er für die Sache der Kosaken nicht mehr tun, als ihrer Bewegung das Prestige seines Namens zu geben, Soldatenlager zu besuchen und wirksame Appelle für russische Emigrantenzeitschriften zu verfassen. Er blieb nie sehr lange in den Kosakenlagern und übernahm den gemeinsamen Befehl mit Domanow erst etwa einen Monat vor der Kapitulation.[33]
So war der Mann geartet, zu dem die Kosaken nun auf der Suche nach Rat und Eingebung aufblickten, der Mann, der sie aus ihrer gegenwärtigen schwierigen Lage herausführen würde. Domanow war zwar der nominelle Befehlshaber, doch nur wenn Krasnows Auto vorbeifuhr, kamen alle Kosaken aus ihren Zelten. Nun sollte noch eine weitere Gestalt aus der heroischen Vergangenheit in ihr Lager kommen – jemand, der fast ebenso berühmt, doch von ganz anderer Natur war.
Am 10. Mai erreichten die Panzerwagen des 56. *Reconnaissance*-Regiments auf ihrem Weg durch das Liesertal nördlich von Spittal das Dorf Rennweg. »Dort wurde die Übergabe eines Kosakenregiments angenommen sowie auch die persönliche Kapitulation eines alten Kosakengenerals Schkuro, der unter Denikin gekämpft hatte.«[34] Eine Woche späte wurde Schkuro und 1400 Leute seiner Ausbildungseinheit nach Lienz in Domanows Lager verlegt.[35]
Wenn Krasnow den Glanz der zaristisch-russischen Armee repräsentierte, verkörperte Andrei Grigorjewitsch Schkuro die wilden und waghalsigen Kosaken der Zeit Bohdan Chmelnyzkyjs und Stenka Rasins, und er hätte gut eine der Gestalten in *Taras Bulba* oder Repins *Antwort der Kosaken an Sultan Mahmud IV.* abgeben können. Er war Kuban-Kosak und war bei Ende des Ersten Weltkrieges 1918 bereits mit einunddreißig Oberst geworden. Er hatte sich damals in verschiedenen waghalsigen Unternehmungen mit einer Bande von Kosakenpartisanen hervorgetan und die Deutschen

hinter ihren Linien bedrängt. Als sich die Kosaken gegen die Bolschewiken erhoben, hatte er seine besonderen Talente der neuen Bewegung zur Verfügung gestellt.
Brigadegeneral Williamson, ein britischer Offizier, der mit den Russen gedient hatte, hat eine lebhafte Schilderung seiner schillernden Persönlichkeit hinterlassen: »Kurzgewachsen, verwittert und mit einem langen gelben Schnauzbart, war Schkuro einer der hervorstechenden Typen des Bürgerkriegs. Er war nie ohne seine Wolfsfellmütze und den rot-blau-weißen Armstreifen der Freiwilligen Armee zu sehen. Er war Kaukasier, stammte von einem der Gebirgsstämme ab und war ebenso wild und grausam wie sie. Sein Regiment von drei- oder vierhundert Reitern trug die gleichen Wolfsfellmützen anstatt der üblichen Astrachankappen. Sie hatten ihr Hauptquartier in einigen Eisenbahnwaggons, bemalt mit einem Wolfsrudel auf Beutejagd. Es war ein besonders wilder und erbarmungsloser Haufen von Gebirgssoldaten, mit der üblichen Bewaffnung eines *Kindschal* oder Dolches am Gürtel, einem Schwert über der Schulter und wenn möglich auch einem Revolver sowie Patronengurten für ihre Gewehre auf jeder Brustseite. Schkuro war zweifellos ein großer Kavallerieführer, doch es wurde gesagt, er habe auch einen guten Schuß Banditen an sich. Bei einer Gelegenheit ging er in Begleitung dreier oder vier seiner Offiziere in den Ballsaal eines großen Hotels in Rostow, in dem gerade ein Tanz stattfand, und forderte alle Gäste auf, mit Schmuck oder Geld für den Unterhalt seiner Wölfe beizutragen. Die Ballgesellschaft sah seine blitzenden Augen unter der struppigen Wolfsmähne, erinnerte sich an den Ruf der rücksichtslosen Plünderei und Erbarmungslosigkeit, der den Wölfen vorausging, und fügte sich. Er machte einen höchst erfolgreichen Fischzug.«[36]
Schkuro verließ Rußland 1920 als Emigrant. Eine Weile verdingte er sich in einem Zirkus und führte halsbrecherische Reiterkunststücke vor, doch im allgemeinen war er mit seinen alten Kameraden bei Trinkgelagen in den Bars von Belgrad oder München zu finden. Als Deutschland die Offensive gegen die UdSSR begann, bot Schkuro seine Dienste an. Obwohl er nicht das moralische Ansehen Krasnows hatte, hatte Schkuro einen zugkräftigen Namen. Überall, wo

Kosaken in ihren Lagern oder *Stanizas* saßen, erzählten sie sich Hunderte von Geschichten über seine Tapferkeit und List. Er erhielt gewissermaßen einen Wanderauftrag und besuchte sämtliche Kosakeneinheiten. Nominell hatte er zwar den Befehl über ein Ausbildungsregiment des 15. Kosaken-Korps[37], doch in Wirklichkeit tat er, was er wollte. Dies bedeutete im allgemeinen, daß er alle Lager besuchte und überall im Mittelpunkt der Gruppen stand, die gerade eine Flasche Wodka öffneten. Sein Repertoire an derben Soldatenwitzen und Liedern war schier unbegrenzt. Oberst Constantin Wagner erzählte mir, daß er Schkuro nie erlaubt habe, in die Nähe seiner 1. Kosaken Kavallerie-Division zu kommen, da sich all seine Geschichten nur zwischen »hier und dort« bewegten, wobei er auf seine Taille und seine Knie deutete. Er fand, daß eine derartige Sprache für einen General unpassend und der Disziplin abträglich sei. Doch für viele einfache Kosaken waren die Besuche von *batka* Schkuro eine reine Freude.

Mit rotem Hemd, lockigem Kopf und Apfelbacken
Kam er fröhlich und blau auf die Straße hinaus,
Griff sich ein hübsches Mädchen aus dem Kreis
Und holte den klingenden Geldbeutel hervor . . .

sang Schkuro, während sich die Dämmerung über den Hauptplatz von Lienz senkte. Die österreichischen Kellner vom Hotel Zum Goldenen Fisch eilten an seinen Tisch auf der Straße und brachten Gläser und Schnapsflaschen. Der Gesang des fröhlichen *batka* zog die jungen Kosaken in Scharen an, und sie riefen lachend ihre Frauen und Freundinnen herbei. Balalaikas und Ziehharmonikas nahmen die Melodie auf, und selbst bei den gesetzten österreichischen Bürgern und den schottischen Soldaten, die am Rand der Menge zusahen, begannen die Herzen im gleichen ansteckenden Takt zu tanzen.

Lichter flackerten auf im Städtchen, in den Zeltlagern der Umgebung und in der Kaserne von Peggetz. Ringsum nur der stille dunkle Wald und das Tosen der Drau. Hoch oben lagen noch die letzten Sonnenstrahlen auf den Bergspitzen über Dölsach, dann war es dunkel. Unten auf dem Lienzer Hauptplatz wurde ein beliebtes, mitreißendes und melancholisches Lied angestimmt . . .

Oh, die Wolken, die Wolken hängen tief,
Nebel liegt über dem Tal.
Sag uns, was du denkst,
Sag es uns, Ataman!

Ein britischer Offizier, der sich noch heute sehr gut an Schkuro, Krasnow, Domanow und die andern Kosaken erinnert, ist Major »Rusty« Davies, ein einsamer junger Mann aus Wales, der bei den *Argylls* diente. Bald nachdem Oberst Alec Malcolm sein Quartier in Lienz eingerichtet hatte, übertrug er Davies die Überwachung der Kosaken. Da mehr als 20000 von ihnen in einem Umkreis von etwa 20 Kilometern lagerten, war dies eine beachtliche Anforderung. Doch wie mir Davies erzählt hat, war er dennoch gefesselt von seiner Aufgabe. Es war selbstverständlich unmöglich, sämtliche Kosaken streng zu überwachen oder gar zu organisieren. Dies wurde von den Kosaken selbst besorgt. Davies übermittelte seine Forderungen lediglich an General Domanow. Da er selbst kein Russisch sprach, stellte er einen jungen Emigranten, Leutnant Butlerow, als Dolmetscher und Verbindungsoffizier an. Wie sich General Musson erinnert, hatte Butlerow eine englische Großmutter.

Rusty Davies kann es noch immer nicht ganz glauben, daß er nur knappe drei Wochen mit den Kosaken zusammen war, denn er lernte sie sehr gut kennen, und auch heute ist seine Erinnerung an sie noch völlig lebendig. Auf seinen Dienstfahrten durch die Lager freundete er sich mit Butlerow an, der sogar versuchte, ihn das Reiten zu lehren. Die Disziplin der Kosaken war ausgezeichnet, doch Davies war mit einigen Aspekten ihrer Lagerverwaltung unzufrieden, vor allem mit den sanitären Einrichtungen. Er ermunterte sie, die etwas wirksameren britischen Militärmethoden anzuwenden. Doch derartige Aufgaben, obwohl beschwerlich, waren es nicht, die in ihm einen bleibenden Eindruck hinterlassen haben. Es war vor allem die Kameradschaftlichkeit, die fröhliche Offenheit und die malerische Erscheinung der Kosaken, die ihn fesselten. Obwohl er sich nur mit Hilfe von Butlerow und Olga Rotowa mit ihnen verständigen konnte, fühlte er sich bald ihrer Lebensweise sehr viel näher. Wenn er auf seinen täglichen Inspektionsfahrten durch die Lager kam, traten die Kosakenfamilien winkend aus Kasernen,

Hütten und Zelten und riefen ihm Grußworte zu. Von Natur aus warmherzig, wollten sie sich überdies den Engländern, die sie ernährten und mit lässiger Freundlichkeit behandelten, dankbar zeigen, da sie jetzt sehr viel besser versorgt wurden als von ihren Verbündeten, den Deutschen. Und überall sprangen die Kosakenkinder herum, liefen lachend hinter dem »*Gospodin* Major« her und bettelten um Schokolade, und der gutartige Major hatte stets einen täglichen Vorrat zur Verteilung in der Tasche. Die Anwesenheit der vielen Frauen und Kinder erklärte sich aus dem schon erwähnten Umstand, daß die Kosaken nur dem Namen nach eine Division waren und in Wirklichkeit einen Querschnitt der Bevölkerung südlich des Don darstellten, die vor dem Vordringen der Roten Armee geflüchtet war.

Was die Zukunft für sie bereithielt, bekümmerte einige von ihnen, doch die Mehrzahl fand die Bedingungen des Lagerlebens nach allen früheren Leiden so idyllisch, daß es ihnen genügte, in den Tag hinein zu leben. Die höheren Offiziere stellten zwar besorgte Überlegungen an, doch da sowohl Krasnow als auch Schkuro auf ihre Briefe an das britische Oberkommando keine Antwort erhalten hatten, konnten sie vorläufig nur reden und nichts unternehmen.

Auf Davies' Frage, was die Kosaken tun würden, falls sie die Wahl hätten, erhielt er die verschiedensten Antworten. Aber in einem waren sich alle einig: unter keinen Umständen würden sie in die Sowjetunion zurückkehren. Nicht nur, weil es ein Land war, das alle Regeln der Justiz und der Moral aufgegeben hatte, die im übrigen Europa während der vergangenen Jahrhunderte so mühsam aufgebaut worden waren, und überdies Barbareien eingeführt hatte, die in der alten Welt unbekannt waren, sondern weil sie deutsche Uniformen getragen hatten und daher als Verräter gebrandmarkt waren. Für alle, die Stalin als Verräter ansah, bestand nur die Aussicht auf Tod oder Zwangslager. Darüber hinaus drohte die noch schlimmere Gefahr der Folter.

Davies mochte die Furcht der Kosaken vor der Rückkehr nach Rußland nicht ganz ernst nehmen. Er hielt sie für ein übertriebenes Vorurteil, so als ob man ihm (wie er mir ein wenig humorvoll erklärte) als Walliser befehlen würde, in England zu leben. Doch sein

Gleichmut wurde gründlich aufgerüttelt, als ihm eine alte Dame die Gründe für ihre Furcht erklärte. »Das haben sie mir angetan«, sagte sie gelassen und streckte ihm ihre Hände entgegen. Ihre Fingernägel waren an den Wurzeln herausgerissen worden.[38]

Davies beruhigte die Kosaken. Er glaubte nicht, daß seine Regierung einer wirklich unmenschlichen Handlung fähig wäre. Von russischen Problemen wußte er wenig und hatte auch kein Interesse an ihnen, doch seine Herkunft und Erfahrung sagten ihm, daß anständige Männer wie Feldmarschall Alexander keine Befehle erteilten, die zu Grausamkeiten führten, wie sie ihm von den Kosaken beschrieben wurden. Schließlich war England in den Krieg eingetreten, um die Rechte kleinerer Staaten und wehrloser Menschen zu verteidigen, und es war nicht wahrscheinlich, daß es im Augenblick des Sieges Idealen abtrünnig würde, die es so lange und ehrenhaft verteidigt hatte.

Die meisten Kosaken fühlten sich durch Davies' Worte beruhigt. Einige plagten dennoch nagende Zweifel, vor allem diejenigen, die sowjetische Staatsangehörige waren. Niemand in Lienz, weder die Briten noch die Russen, ahnten von dem Abkommen, das am letzten Tag der Jalta-Konferenz unterzeichnet worden war. Doch inzwischen sickerten die Nachrichten über die Auslieferung vieler Angehöriger der Wlassow-Armee an die Sowjets durch, die bereits im Mai stattgefunden hatte. Andere wiederum müssen von den Schiffstransporten gewußt haben, die die Opfer aus britischen Häfen seit dem vorigen Oktober repatriiert hatten. Diese Ängste wurden jedoch immer wieder durch den Gedanken beschwichtigt, daß die Kosaken, als frühere Verbündete Englands, eine Sonderstellung einnahmen. Feldmarschall Alexander, der als menschlich und als ehemaliger Mitkämpfer der Weißen Armee bekannt war, würde für ihre Zwangslage Mitgefühl zeigen. Da die Mehrzahl der Offiziere und viele der Soldaten alte Emigranten waren, war es nicht möglich, sie den Sowjetbehörden »zu repatriieren«, da sie nie unter ihnen gelebt hatten. Diese Ansicht wurde auch von dem weisesten und angesehensten ihrer Führer, General Krasnow, geteilt. Er hatte bereits an Feldmarschall Alexander geschrieben und ihm die ganze Lage geschildert. Nun gut, bisher war keine Antwort gekommen, da sich der Feldmarschall zweifellos noch mit seinen politischen Vorgesetzten beriet.

Die Haltung der Briten, mit denen sie in Verbindung kamen, flößte ihnen ebenfalls ein Gefühl der Sicherheit ein. Major Davies hatte eine interessante und anstrengende Aufgabe erhalten und war entschlossen, sich ihrer würdig zu zeigen. Er lobte und unterstützte die Kosaken in ihrer Verwaltung der Schulen, der Einrichtung von Gottesdiensten und Männerchören. Am 20. Mai rief er alle Journalisten des Lagers zusammen und schlug ihnen vor, eine Kosakenzeitschrift herauszugeben, in Räumlichkeiten, die er ihnen in Lienz zur Verfügung stellen würde.[39] In ihrer Dankbarkeit veranstalteten die Kosaken für Davies eine Vorführung der unglaublichen Reiterkünste *(Dschigitowka)*, für die sie so berühmt sind. An Sonntagen traten sie im Freien zu Gottesdiensten zusammen, die von ihren Priestern abgehalten wurden, und der Gesang der orthodoxen Liturgie mischte sich in der warmen Mailuft mit dem Geläute der Dorfkirche des Drautales.

Am 15. Mai kam das Rote Kreuz, um bei der Organisation der Verpflegung und des Nachschubs zu helfen.[40] Eine gewisse Atmosphäre der Dauerhaftigkeit begann sich im Lager auszubreiten. Um die Mitte des Monats nahmen jedoch britische Soldaten den Kosaken einige ihrer geliebten Pferde weg. Die Kosaken waren unglücklich, doch sie hatten kurz darauf Gelegenheit, Generalmajor Arbuthnott, der den Oberbefehl über die Kosaken und Kaukasier im Drautal hatte, ihre Beschwerde vorzutragen, als er am 18. Mai eine Inspektionsfahrt durch Lienz und die Lager machte.[41]

General Arbuthnott besuchte auch das Lager und die Kaserne in Peggetz, in der die Frauen und Kinder untergebracht waren. Er schien mit allem, was er sah, zufrieden, machte Witze, lachte und zeigte besonderes Interesse an der Kadettenschule. Er richtete einige Worte über seine Hoffnungen auf Rußlands Zukunft an diese Jungen, kostete ihre Verpflegung und gab Anweisung, ihre Rationen zu verbessern. Er traf auch mit den höheren Offizieren zusammen und beglückwünschte sie zu der Disziplin, die sie im Lager aufrechterhielten. General Domanow antwortete höflich und brachte dann die Angelegenheit der abgeführten Kosakenpferde vor. Arbuthnotts Ton änderte sich abrupt, und er antwortete schroff: »Es gibt keine Kosakenpferde. Sie gehören jetzt Seiner Majestät dem König von England, dessen Gefangene die Kosaken sind.«[42] Dies war das erstemal, daß sich die Kosaken als Kriegsgefangene bezeichnet hörten, und vielen schien es, als hätte sich ihr Status unheilvoll gewandelt.

Im Grunde lag nichts wirklich Unheilvolles in dieser Wortwahl. Als Kriegsgefangene hatten die Kosaken, laut Völkerrecht, erhebliche Garantien in bezug auf ihre Behandlung und schließliche Entlassung.

Da sich Domanow die tiefere Bedeutung dieser Wendung nicht erklären konnte, wandte er sich wie üblich an seinen Mentor Krasnow. Der alte General pflichtete ihm bei, daß diese Entwicklung beunruhigend sei, und beschloß sofort, einen weiteren Appell an Feldmarschall Alexander zu richten. Darin erinnerte er wieder an die Zeit, als sie gemeinsam in der Weißen Armee gegen die Bolschewiken gekämpft hatten, machte ihn auf die unglückliche Lage der Kosaken aufmerksam und bat den Feldmarschall inständig, sie zu retten. Auch auf diesen Brief kam keine Antwort.[43]

Um so besorgter nahmen die Kosaken den nächsten unerwarteten Befehl auf. Er schien zu bestätigen, daß die freundlichen Beziehungen, die sie mit den Engländern unterhalten hatten, sich zu wandeln begannen. Früh am Morgen des 27. Mai teilte Major Davies dem Kosakenstab mit, daß alle Waffen im Besitz ihrer Truppen bis Mittag abgeliefert werden müßten. Hierzu sei erklärend erwähnt, daß nach den ursprünglichen Kapitulationsbedingungen vom 8. Mai Brigadegeneral Musson den Kosaken ihre Waffen zur Verteidigung gegen deutsche oder italienische Partisanen belassen hatte. Nachdem sie sich in den Lagern niedergelassen hatten, war die Mehrzahl der nicht mehr benötigten Waffen in einem Waffenlager unter britischer Aufsicht verwahrt worden. Zur Bewachung und Kontrolle der Lager war Domanows Stab jedoch ermächtigt, im Notfall Gewehre auszuteilen. Darüber hinaus war auch den Offizieren erlaubt worden, ihre Revolver und Schwerter zu behalten. (Die weiter östlich untergebrachten Kaukasier waren am 15. Mai sehr viel gründlicher entwaffnet worden[44] – vielleicht weil die Briten sie für die in

der Carnia angerichteten Verwüstungen verantwortlich machten.) Dieser Befehl löste selbstverständlich besorgte Überlegungen aus. Wie Kosaken berichten, wurden sie jedoch durch die Erklärung beschwichtigt, daß man ihnen einheitliche britische Waffen anstelle ihrer bunt zusammengewürfelten Ausrüstung zuteilen werde.[45]
Die Deutschen hatten Domanows Streitkräfte nie als reguläre militärische Einheit angesehen und ihnen daher auch nur einen Haufen deutscher, italienischer, französischer und anderer Waffen und Munition gegeben. Vieles war von den Kosaken selbst erbeutet oder »ausgeliehen« worden. Jedenfalls kamen die Kosaken dem Befehl sofort nach, und bis Mittag waren alle Waffen, mit Ausnahme einiger, die ihre Besitzer versteckten, abgeliefert worden. Von Davies beruhigt und über die ihnen gegebene Erklärung befriedigt, lebte ihr Vertrauen wieder auf. Wenn es zutraf, daß die Waffen auf die versprochene Weise ausgetauscht werden sollten, dann war dies schließlich eher ein Zeichen dafür, daß die Engländer ihnen wohlgesonnen waren, und kein Mißtrauensbeweis.
Allerdings hatten die Kosaken die unheilvolle Mitteilung nicht gehört, die den britischen Bewachungstruppen an jenem Morgen beim Appell verlesen worden war. Sie war von Brigadegeneral Musson erlassen worden, der erklärte, daß alle Kosakentruppen noch am gleichen Tag zu entwaffnen seien. Als allgemeine Weisung für dieses Unternehmen hatte er hinzugefügt: »Ist nach 14.00 Uhr einer der Gefangenen noch im Besitz von Waffen oder Munition, steht sofortiger Arrest und Todesstrafe darauf . . .
Ich weiß, wir haben es mit Leuten vieler Nationalitäten zu tun, deren Sprachen ihr nicht versteht, und es sind auch viele Frauen und Kinder unter ihnen . . . Wenn es nötig wird zu schießen, werdet ihr dies tun und es als Kriegspflicht ansehen.«
Die Mitteilung schloß mit der eindringlichen Mahnung, notfalls auch scharf zu schießen, falls eine unkontrollierbare Situation drohe.[46]
Den Soldaten der 8. *Argylls* muß dies als ein merkwürdiges Vorspiel für eine Maßnahme vorgekommen sein, der sich die Kosaken mit völligem Gleichmut unterzogen.[47] Und was hatten die Frauen und Kinder damit zu tun? Nach dem relativen Müßiggang der vergan-

genen zwei Wochen begannen sich die Ereignisse nun zu beschleunigen.
Am gleichen Abend erschien Major Davies in Domanows Quartier in Lienz.[46] Mit ihm kam Butlerow als Dolmetscher. Davies überreichte Domanow einen schriftlichen Befehl, dessen Inhalt er gleichzeitig durch Butlerow erklären ließ. Darin wurde Domanow mitgeteilt, daß alle Kosakenoffiziere am nächsten Tag zu einer Konferenz fahren sollten, die etwas östlich von Oberdrauburg stattfinden werde. Es wurde erklärt, daß Feldmarschall Alexander den Offizieren dort eine persönliche Ansprache halten werde und ihnen eine wichtige Mitteilung über ihre Zukunft zu machen hätte.
Für Butlerow kam diese Nachricht ebenso unverhofft wie für Domanow. Er ergriff daher die nächste Gelegenheit, Davies zur Seite zu nehmen. Das gelang ihm ohne Schwierigkeiten, da sie sich in den drei Wochen ihrer gemeinsamen Lagerpflichten freundschaftlich nahegekommen waren. Butlerow fragte nun, ob es wirklich eine Konferenz gebe oder ob sich hinter dem Befehl eine List verstecke. Davies versicherte ihm, daß alles vollkommen ehrlich sei.
»Aber es klingt so sonderbar.« Butlerow blieb hartnäckig. »Warum sollte sich der Feldmarschall die Mühe machen, Lastwagen und Autos für zweitausend Offiziere zu organisieren, wenn er uns ebensogut hier mit seinem Wagen im Lager besuchen könnte? Es klingt so unglaubwürdig, was soll das Ganze?«
Davies zuckte die Schultern. »Ich weiß es nicht. Befehl ist Befehl. Es ist nicht meine Sache, ihn zu erklären, und ich kann natürlich nicht wissen, was der Feldmarschall vorhat. Vielleicht ist dort ein Kino oder ein anderes öffentliches Gebäude, das sich für solch eine Zusammenkunft eignet. Hier im Lager haben wir nichts dergleichen.«
Doch Butlerow war noch immer nicht überzeugt und schien sehr unglücklich. »Ich weiß«, erklärte er, »du bist Soldat und mußt gehorchen. Aber ich hoffe, du bist auch mein Freund. Wie du weißt, habe ich Frau und Kind in der Kaserne von Peggetz. Gibst du mir dein Ehrenwort als Offizier und Gentleman, daß wir heute abend alle wieder im Lager sind?«
»Aber natürlich«, erwiderte Davies. Butlerow sah noch immer be-

sorgt drein, doch angesichts dieser Zusicherung seines Freundes mochte er nicht weiter in ihn dringen.
Unterdessen hatte General Domanow seine verstreuten Feldoffiziere zusammengerufen und sie über den Plan informiert. Einigen der höheren Offiziere befahl er außerdem, sich um 11.00 Uhr zu einer Besprechung in seinem Quartier einzustellen. Domanow verlas Davies Befehl, in dem gesagt wurde, daß alle Offiziere um 13.00 Uhr auf dem Kasernenhof von Peggetz antreten sollten, wo sie auch am Vortag ihre Waffen abgeliefert hatten. Er sprach mit ruhiger, gemessener Stimme und schien von der Bedeutung seiner Worte nicht beunruhigt zu sein. Es folgte eine kurze Stille, während die Offiziere das Gehörte überdachten. Dann erhob sich ein Sturm von Fragen. Die erschreckten Männer brachten hervor, was ihnen zuerst in den Sinn kam.
»Sollen wir unsere Sachen mitnehmen?«
»Nein, denn ihr seid abends wieder in der Kaserne!«
»Was sollen die Offiziere tun, die nicht an den Befehl glauben und sich entschließen, in die Berge zu fliehen?«
»Du bist Regimentskommandeur. Du hast mich verstanden.«
Domanows Ruhe stand in merkwürdigem Kontrast zu der Aufregung und Überraschung, die seine höheren Offiziere ergriffen hatte. Sie gingen auseinander, um ihre Befehle zu erteilen, und spekulierten redselig mit allen, denen sie begegneten, was es mit dem Befehl auf sich haben mochte.[49] Die Mutmaßungen steigerten sich, doch trotz der sonderbaren Notwendigkeit, den Berg zum Propheten zu bringen, glaubten die meisten, daß es sich wirklich um eine Konferenz handele und man ihnen vermutlich eine günstige Mitteilung über ihren zukünftigen Ansiedlungsort machen werde. Einige meinten, man werde ihnen anbieten, sich in einer unterbevölkerten britischen Kolonie anzusiedeln.[50] Wie ein Don-Kosak, der dem Plan instinktiv mißtraute und später in die Berge entkam, berichtete, waren die meisten, mit denen er im Lager sprach, zuversichtlich, daß alles mit rechten Dingen zugehe.[51]Im Lager Peggetz hatte Olga Rotowa gerade mit ihrem täglichen Englischunterricht für die Kadetten der Schule begonnen. Sie wurde von einem alten General abberufen und gefragt, was sie von all dem halte. Er hoffte offen-

bar, daß Olga in ihrer Rolle als gelegentliche Dolmetscherin irgendwelche Hinweise aufgeschnappt hatte. Doch sie wußte nichts, und nach einer fruchtlosen Diskussion ging sie fort, nicht ohne vorher auf Bitten des Generals den alten Herrn mit dem Kreuzeszeichen gesegnet zu haben.[52]

Trotz aller Befürchtungen fühlten sich die meisten zuversichtlich, daß, was immer der Zweck der Konferenz sein mochte, sie am Abend in das Lager zurückkehren würden. Schließlich war das einzig Bedenkliche an dem Befehl, daß er so unerwartet kam und es offensichtlich unsinnig schien, Hunderte von Offizieren zu transportieren, um einen einzigen Feldmarschall zu treffen. Doch dagegen sprach die große Achtung, die alle Kosaken, vor allem diejenigen, die sich an die britische Intervention im Bürgerkrieg erinnerten, vor der Ehrenhaftigkeit und Vertrauenswürdigkeit der britischen Offiziere hatten. Major Davies hatte Butlerow sein Wort gegeben, die Offiziere würden am gleichen Abend wieder in Lienz sein, und andere britische Offiziere, die man darauf angesprochen hatte, hatten die gleiche kategorische Zusicherung gegeben. »Auf das Ehrenwort eines britischen Offiziers«, hatte ein Leutnant gesagt. Als einige weinende Ehefrauen an Olga Rotowa herantraten, um herauszufinden, was geschehen werde, sagte ein ihr bekannter Leutnant der *Argylls*, sie solle die Frauen trösten. »Sie sind alle bis heute abend wieder zurück. Die Offiziere gehen nur zu einer Konferenz. Die Frauen weinen grundlos!«[53]

Abgesehen von ihrem Vertrauen in britische Ehrenhaftigkeit waren viele Kosaken auch von General Domanows ruhiger Aufnahme des Befehls beeindruckt. Der Feld-Ataman sah in den Ereignissen der vergangenen zwei Tage keinen Grund zur Besorgnis. Die Entwaffnung, so glaubte er, habe nur stattgefunden, um unter den Kaukasiern jenseits von Oberdrauburg Ordnung zu schaffen, da diese unlängst wieder Radau gemacht hatten. Was die Konferenz anging, glaubte er Grund zu der Hoffnung zu haben, daß die Briten endlich Maßnahmen treffen würden, den Kosaken einen dauernden Zufluchtsort abzubieten. Ihm und General Krasnow mußte es vorkommen, als sei dieser Befehl eine unmittelbare Folge des Briefes, den Krasnow zwei oder drei Tage zuvor abgeschickt hatte. Darin hatte er seinen alten Kriegskameraden Alexander gebeten, sich für die Kosaken zu verwenden. Domanow und Krasnow hatten die Absendung dieses Briefes nicht allgemein publik gemacht, da der Beweggrund hierfür General Arbuthnotts scharfe Antwort auf die Frage der entführten Pferde gewesen war. Beide glaubten, daß das Wissen um die Bezeichnung »Gefangene« Unruhe im Lager stiften werde.[54]

Krasnows Frau Lydia berichtete, daß einer von Domanows Adjutanten gekommen sei, um die Anwesenheit des Generals bei der Konferenz zu fordern. Lydia Krasnow war bestürzt und ängstlich, doch Peter Nikolajewitsch wirkte ruhig und zuversichtlich. Er umarmte und küßte seine Frau und erklärte ihr, es bestehe kein Grund zur Unruhe. »Ich bin zwischen sechs und acht Uhr abends zurück«, fügte er tröstend hinzu und ging, auf seinen Stock gestützt, zu seinem Auto auf die Straße hinaus. Wenn er ein persönliches Treffen mit Alexander herbeiführen konnte, dann war er sicher, daß sich alles zum Guten wenden werde. Der Feldmarschall war ein Ehrenmann, und wer sollte ihm die Sache der Kosaken besser erklären können als ihr alter Ataman, der zugleich Soldat und Schriftsteller war?

Lydia Krasnow blieb weinend und betend in ihrem Zimmer zurück. Stunden vergingen, und der Abend nahte. Als es erst sieben und dann acht Uhr schlug, wurde sie immer unruhiger. Peter Nikolajewitsch war ein weiser und großer Mann und verstand von Politik wesentlich mehr als sie. Doch er hatte versprochen, bis acht Uhr zurück zu sein, und in den fünfundvierzig Jahren ihrer Ehe hatte er immer Wort gehalten . . .[55]

Bevor sich Domanow, Krasnow und andere höhere Offiziere in verschiedenen Wagen vom Hauptquartier in Lienz auf den Weg machten[56], hatten sich die übrigen Offiziere, wie befohlen, auf dem Kasernenhof von Peggetz versammelt. Dort waren ungefähr 1475 angetreten (etwa 50 waren als diensthabende Offiziere zurückgelassen worden)[57]. Sie boten einen ungewöhnlich schmucken und malerischen Anblick. In Anbetracht des bevorstehenden Treffens mit dem Feldmarschall bemühten sich die Kosaken, so soldatisch wie möglich aufzutreten. Wer sie noch besaß, trug Paradeuniform, und die Frauen hatten in aller Eile bügeln und flicken müssen. Die Männer stellten sich in drei Zügen auf, auf ihren Schulterstücken waren die Namen Don, Kuban und Terek eingestickt. An der Spitze jedes Zuges marschierte ein Ataman. Alle hatten ihre Orden angelegt, die ihnen in vielen Fällen vom Zaren für Dienste im Ersten Weltkrieg verliehen worden waren. Viele der Veteranen der Kuban- und Terek-Regimenter trugen ihre Nationaluniform, die Tscherkesse. Ein Beobachter war besonders vom Fahnenträger der Terek-Kosaken beeindruckt. Er war ein hochgewachsener, nobel aussehender alter Mann, dessen weißer Vollbart bis auf die Brust reichte. Er blickte stolz nach vorn und hielt die alte Trikolore des Zaren-Rußlands hoch erhoben.[58]

Es war die Mittagsstunde eines schönen Maitages, als die Elite der Kosaken-»Nation« auf dem Kasernenhof in Peggetz antrat. Ringsum standen ihre Familien. Viele der Frauen weinten herzzerreißend. Vor den Toren waren inzwischen 60 Drei-Tonnen-Lastwagen vorgefahren, und auf ein Signal von Major Davies zogen die Kolonnen aus dem Tor, teilten sich in vorbestimmte Gruppen auf und bestiegen die Lastwagen. Alles geschah in völligem Schweigen, das nur plötzlich von den Schreien eines kleinen Mädchens unterbrochen wurde, das sich von seiner Mutter losriß und weinend auf einen der Lastwagen zulief. Es hatte den Vater hineinsteigen sehen und fürchtete, ihn nie wiederzusehen.[59]

Der lange Zug dröhnte die staubige Landstraße entlang, an weiten Feldern vorbei nach Osten. Zu beiden Seiten reihten sich die Zelte und Wagen der Kosakeneinheiten aneinander, daneben standen dichtgedrängt die Männer und Frauen und beobachteten die Abfahrt ihrer Anführer. Bald hatten sie das Lager hinter sich gelassen. Kurz darauf machte der Konvoi am Rande eines Bergwalds halt. Einige der hohen Generäle waren in ihren Autos, Domanow war jedoch nicht zu sehen. Ringsum standen britische Truppen, und zwei mit Maschinenpistolen bewaffnete Soldaten wurden jeweils als Begleitung eines Lastwagens abkommandiert. Die Kolonne setzte sich wiederum in Bewegung, diesmal jedoch in drei Gruppen. Alsbald kamen aus dem Schatten des Waldes Panzerwagen und bewaffnete Motorradfahrer hervor, die sich dem Lastzug angliederten.

Diese neue Entwicklung beunruhigte einige Kosakenoffiziere, die schon zuvor Zweifel über die »Konferenz« gehabt hatten, doch andere wiesen darauf hin, daß es vermutlich eine Vorsichtsmaßnahme gegen Partisanenangriffe sei. Alexander Schparengo war ein Kuban-Kosak, der noch am Morgen lange und erregt mit seinen Kameraden debattiert hatte. Ein General seiner Einheit hatte sein Mißtrauen gerügt, doch ein anderer junger Offizier hatte seine Zweifel geteilt.

»Nein, man kann den Engländern nicht trauen«, hatte er philosophiert.

»Aber wenn du ihnen nicht glaubst, warum gehst du dann?« hatte Schparengo erstaunt gefragt.

»Geht mich der Befehl vom Hauptquartier etwa weniger an als dich? Aber ich traue ihnen trotzdem nicht; denk doch nur, wie vergnügt sie sich in das Bündnis mit Stalin eingelassen haben . . .«

Während sein Lastwagen das Drautal entlang sauste, wurde er seine Zweifel nicht los. War den Briten zu trauen? Wie sollte man sich den Sinn der Konferenz erklären? Es war verständlich, daß man einige der höheren Offiziere über eine wichtige Entscheidung zu Rate zog oder informierte, aber mußte man deswegen auch den jüngsten Leutnant jedes Regiments mitnehmen? Es war und blieb unverständlich – doch was wußte er schon von derlei Dingen? Vielleicht wollte man, daß sie über irgend etwas abstimmten, was die Zukunft aller betraf? Nein, das schien zu unwahrscheinlich.

Plötzlich überfiel ihn ein überwältigendes Gefühl drohender Gefahr, und er beschloß zu fliehen. Aber wie? Würden ihn die Wachen nicht niederschießen, wenn er vom Lastwagen sprang? Nein, überlegte er scharfsinnig, das war unwahrscheinlich. Denn wenn die Konferenz echt war, würden die Soldaten kaum jemanden erschießen, der nicht an ihr teilnehmen wollte. Und wenn sie ein Trick war, dann würde das Erschießen eines Flüchtenden die ganze Lüge auffliegen lassen. Aus dieser Richtung drohte also wenig Gefahr. Er blickte auf die Straße, die hinter dem Laster sichtbar wurde, sah um sich und erkannte zu ihrer Linken die Eisenbahnstation von Nikolsdorf. Das hieß, daß sie sich bereits Oberdrauburg näherten! Er entschloß sich im Handumdrehen.

»Nun, meine Herren, ihr könnt machen, was ihr wollt«, rief er, »aber ich gehe keinen Schritt weiter. Ich traue ihnen nicht!«
»Der *Sotnik* ist hinausgefallen!« rief jemand. Doch Schparengo rollte sich den Abhang am Straßenrand hinab, sprang leichtfüßig auf und lief in den angrenzenden Wald. Er blickte zurück und sah, wie der Konvoi weiterrollte; nach jedem fünften oder sechsten Lastwagen folgte ein Panzerwagen der Eskorte. Von dem Lastwagen, den er für den seinen hielt, sah er winkende Hände, doch einen Augenblick später waren alle seinen Blicken entschwunden. *Sotnik* Schparengo zog seine kompromittierende Uniformjacke aus und machte sich auf den Rückweg zum Lager.[60]
Fast zur gleichen Zeit fuhr Ataman Domanows Auto vor dem Gefechtstand der 36. Infanteriebrigade vor, einen Kilometer östlich von Oberdrauburg. Auf Major Davies' Weisung hin, hatte er sich eine halbe Stunde vor den anderen vom Hotel Goldener Fisch in Begleitung von Leutnant Butlerow auf den Weg gemacht. Es entstand eine kurze Pause, doch sie war lang genug.
Brigadegeneral Geoffrey Musson erschien und teilte Domanow höflich aber brüsk mit, daß er ihm als kommandierendem General der Kosaken-Division eine besondere Mitteilung zu machen habe. »Ich muß Ihnen mitteilen, Sir«, erklärte er und hielt inne, während Butlerow eilig übersetzte, »daß ich strikten Befehl erhalten habe, die gesamte Kosaken-Division an die Sowjetbehörden auszuliefern. Es tut mir leid, Ihnen dies sagen zu müssen, doch ich habe kategorischen Befehl erhalten. Guten Tag.«
Weder Domanow noch Butlerow antworteten, sondern wandten sich nur mit aschfahlen Gesichtern zu ihrem Wagen. Unter Bewachung eines englischen Offiziers fuhren sie weiter nach Osten.[61]

8

Von Lienz zur Lubianka: Die Heimkehr der Kosakenoffiziere

Zwei Tage ehe Brigadegeneral Musson General Domanow mitteilte, daß alle Kosaken an die Sowjets ausgeliefert werden würden, hatte er seine Bataillonskommandeure zu einer Besprechung im Brigadegefechtstand in Oberdrauburg zusammengerufen. Hier hörten sie am Morgen des 26. Mai zum erstenmal, wie das Schicksal der Menschen aussehen sollte, die sie seit drei Wochen bewacht hatten. Musson erklärte ihnen, diese Maßnahme sei auf höchster Ebene entschieden worden und obwohl gewisse Aspekte unangenehm seien, alle Betroffenen jedoch keine andere Wahl hätten, als zu gehorchen. Da es sich um eine so große Anzahl Kosaken handele, müßten sorgfältige Vorsichtsmaßregeln getroffen werden, um massenweise Fluchtversuche zu verhindern. Ein detaillierter Plan werde in Kürze herausgegeben werden, doch kurz zusammengefaßt sei entschieden worden, daß es am wirksamsten sei, die Offiziere zunächst von den Mannschaften zu trennen. Ohne ihre Offiziere werde es ihnen kaum gelingen, wirksamen Widerstand zu leisten.
Die Absonderung der Offiziere sei jedoch keine einfache Aufgabe. Die Mehrzahl sei mit ihren Einheiten über die Lager verstreut, und jeder Versuch, sie zu verhaften, werde gerade den Widerstand auslösen, den man vermeiden wollte. Daher hätten diejenigen, die den Befehl erteilt hätten, zu einer List gegriffen. Den Kosakenoffizieren werde erklärt werden, sie sollten sich zu einer Konferenz mit Feldmarschall Alexander einfinden, der ihnen mitteilen werde, was man mit ihrer Division vorhabe. Es sei selbstverständlich notwendig, das Lager vorher zu entwaffnen, und dies solle als erster Schritt am nächsten Tag vollzogen werden.
Nach erfolgreicher Beendigung dieser Maßnahme werde das übrige nicht schwierig sein. Die Offiziere würden die erste Nacht in einem speziell eingerichteten Lager in Spittal untergebracht und am darauffolgenden Tag unter schwerer Bewachung an die Sowjetbehör-

den in Judenburg ausgeliefert werden. Danach werde man mit dem Abtransport der führerlosen Mannschaften und ihrer Familien beginnen. Da jeder weitere Versuch einer Überlistung sinnlos sei, müsse man hierbei soviel Gewalt anwenden wie nötig, um das Unternehmen erfolgreich zu beenden. Der größte Teil der Kosaken werde in den folgenden Tagen per Eisenbahn repatriiert werden.

Die meisten der anwesenden Offiziere sowie General Musson empfanden die verschiedensten Grade des Abscheus vor einem Unternehmen, dessen Ausführung widerwärtig werden konnte. Sie fühlten sich auch nicht wohl bei dem Gedanken an die Rolle, die man ihnen mit der »Täuschung« übertragen hatte. Doch wie Musson betonte, ließen ihnen die erhaltenen Befehle keine Wahl, und sie mußten ihnen gehorchen.

Oberstleutnant Alec Malcolm von den 8. *Argylls* kehrte in seinem Dienstwagen nach Lienz zurück. Auf seinem Weg kam er an allen Kosakenlagern vorbei. Sie boten keinen sehr militärischen Anblick: die Männer bewegten ihre Pferde, die Frauen hängten Wäsche auf die Leine, und überall spielten Kinder auf den Wiesen. In Lienz rief Malcolm seine Kompanieführer zusammen und unterrichtete sie über das bevorstehende Unternehmen. Rusty Davies, den dies natürlich am unmittelbarsten anging, war entsetzt. Es war nicht so sehr die Aussicht, die Kosaken an die Sowjetunion auszuliefern, die ihm Abscheu einflößte, denn er hatte wenig Ahnung, was dies bedeutete, sondern das Bewußtsein der schiefen Lage, in die er gebracht würde, wenn er bei der »Täuschung« mitwirkte. Die Kosaken kannten ihn und vertrauten ihm. Es war für ihn undenkbar, dieses Vertrauen zu enttäuschen.

Er setzte Malcolm seine Lage auseinander und bat, von seinem Posten als Verbindungsoffizier enthoben zu werden. Malcolm hörte ihn geduldig an und weigerte sich dann strikt, seiner Bitte stattzugeben. Er erklärte, daß das Unternehmen ohnehin heikel sei und man nur dann, wenn es gelänge, zunächst die Offiziere abzusondern, einen glatten Ablauf sicherstellen könne. Die Alternative sei zu ernst: es bestehe die Aussicht auf massenweise Fluchtversuche, großes Blutvergießen und vermutlich beides. Wenn Davies gerade

jetzt zurücktrete, werde es die Kosaken äußerst mißtrauisch machen. Aber wenn Davies ihnen als der britische Offizier, den sie kannten und dem sie vertrauten, die bevorstehende »Konferenz« ankündigte, stünden die Erfolgsaussichten für das ganze Unternehmen sehr viel besser.
Angesichts diesen Arguments, verbunden mit dem strikten Befehl seines Vorgesetzten, stimmte Davies widerstrebend zu, weiter mit den Kosaken zu arbeiten. Diese Entscheidung hat ihn seither beträchtlichen Gewissensnöten ausgesetzt. Sie führte dazu, daß er seinen Freund Butlerow und auch alle anderen Kosaken, bei denen er so beliebt war, belog und betrog. Doch er hatte damals und hat auch heute große Achtung vor den Fähigkeiten und dem Verstand Alex Malcolms und war nicht bereit, bis zur Befehlsverweigerung zu gehen. Alex Malcolm wie auch sein Vorgesetzter Musson wußten, daß diese Entscheidung auf allerhöchster Ebene getroffen worden war – von Feldmarschall Alexander selbst, hinter dem die gewaltige Persönlichkeit Winston Churchills stand. Kein Heer kann erfolgreich geführt werden, wenn es sich alle Offiziere zur Gewohnheit machen, Befehle anzuzweifeln. In diesem Fall wußten sowohl Malcolm als auch Musson, daß ihre Vorgesetzten Zugang zu Informationen hatten, die sich der Beurteilung der Offiziere auf dem Posten entzogen. Wie sollten sie daher in der Lage sein, sich ein eigenes Urteil zu bilden?[1]
Für die Kosaken war es jedoch gerade die Verlogenheit, die ihnen als der vielleicht abscheulichste Aspekt der ganzen furchtbaren Aktion erschien. Nicht allein, daß britische Offiziere einer so enormen und beharrlichen Lüge fähig waren, sondern daß sich die russischen Offiziere, die in den ehrenhaften Traditionen der zaristischen Armee erzogen worden waren, so leicht hatten täuschen lassen.[2]
Nicholas Bethell hat kürzlich in seinem Buch *Das letzte Geheimnis* versucht, diese Maßnahme zu verteidigen: »Lügen und Belügen gehören sicherlich zur modernen Kriegführung, und es besteht kein Grund zu der Annahme, daß die Kosaken, die den Krieg ja noch leidenschaftlicher führten als die anderen, sich dieses Kampfmittels nicht ebenfalls bedient hätten.«[3]
Die meisten Offiziere, sowohl Briten als auch Russen, die der Ver-

fasser kennengelernt hat, unterscheiden jedoch zwischen Listen, die in der Hitze des Gefechts angewandt werden, und Lügen, die benutzt werden, um hilflose Gefangene in Friedenszeiten in den Tod zu locken. Abgesehen davon war Domanows »Division« weit davon entfernt, »den Krieg leidenschaftlicher als die meisten anderen« geführt zu haben, da sie nie als militärische Einheit gekämpft hatte. Zwar mögen einzelne als Angehörige anderer Einheiten in Kampfhandlungen verwickelt gewesen sein, doch der *Kasatschi Stan* war genau das, was der Name besagt, nämlich eine Kosakensiedlung. Da sie ständig von ihren Familien begleitet waren, konnte es auch gar nicht anders sein.

Was die Kaukasier betraf, »so waren sie noch weniger eine militärische Einheit als die Kosaken und setzten sich lediglich aus Menschen zusammen, die während des deutschen Rückzugs nach Stalingrad freiwillig aus dem Kaukasus geflohen waren.«[4]

Doch abgesehen davon war der *Kasatschi Stan* ein Sammelpunkt und Unterschlupf für alle heimatlosen Kosaken, so daß sich eine große Gruppe erst in den letzten Wochen vor dem Rückzug von Tolmezzo nach Österreich eingefunden hatte. Darunter waren zum Beispiel auch alte Emigranten, die gezwungen gewesen waren, Jugoslawien Ende 1944 zu verlassen, und da sie nicht wußten wohin, zu ihren Landsleuten in Italien gestoßen waren.[5] General Krasnow hatte sich erst zwölf Wochen vor der Übergabe an die Briten Domanows Division angeschlossen.[6] Selbst der ursprünglichen Gruppe, die die lange Reise von Nowogrudok nach Tolmezzo gemacht hatte, gehörte eine große Anzahl von Menschen an, die nur als flüchtende Zivilbevölkerung angesehen werden konnte. Typisch hierfür war ein polnisches Ehepaar, das aus Weißrußland stammte und sich, da es in der Nähe von Nowogrudok beheimatet war, dem Zug der Kosaken nach Süden angeschlossen hatte. Wenn es zurückgeblieben wäre, wäre es vermutlich von Roten Partisanen umgebracht worden.[7] Von keinem dieser Menschen konnte behauptet werden, sie hätten gegen die Briten gearbeitet oder gar gekämpft. Sie hatten im Gegenteil arglos deren Ankunft als zukünftige Verbündete gegen den Bolschewismus herbeigewünscht.

In der Tat schienen die britischen Militärbehörden über diese Art

»moderner Kriegführung« nicht glücklich gewesen zu sein. An dem Tag, der auf die erfolgreiche »Täuschung« folgte, erließ der 78. Divisionsstab folgende Weisung:

> a. Viele Offiziere und Mannschaften wissen, daß die Alliierten in ihren Unternehmungen ausgiebigen Gebrauch von Geheimplänen und Täuschungsmanövern gemacht haben.
>
> 2. Es ist von allergrößter Wichtigkeit, in keiner Form unerlaubte Enthüllungen über alliierte Methoden in diesem oder einem vergleichbaren Fall zu machen, auch jetzt, nach Einstellung der Kampfhandlungen. Dies bezieht sich sowohl auf Methoden, die bei spezifischen Operationen angewandt wurden, als auch auf die allgemeinen Maßnahmen. Jede Kenntnis hierüber gilt weiterhin als STRENG GEHEIM.
>
> 3. Verbände und Einheiten werden dafür sorgen, diese Weisung allen Betroffenen bekannt zu machen. Da es selbstverständlich nicht wünschenswert ist, unnötige Kommentare herauszufordern, sollte die Bekanntmachung jedoch nur auf Personen beschränkt sein, die Kenntnis von solchen Täuschungsmethoden haben. Die Handhabung dieser Bekanntmachung bleibt daher dem Dafürhalten der jeweiligen Befehlshaber der Einheiten überlassen.[8]

Um zehn Uhr am Morgen des 28. Mai hatte Oberst Bryar von den 1. *Kensingtons* eine Besprechung mit seinen Offizieren im Bataillonsgefechtstand in Spittal. Nachdem er zunächst den Divisionsbefehl über die Repatriierung der Kosaken bekanntgegeben hatte, ging er die sorgfältigen Sicherheitsmaßnahmen durch, die notwendig waren, um für einen reibungslosen Ablauf zu sorgen. Es gab keinen Grund, warum es nicht glatt gehen sollte, solange alle ihre Befehle ausführten. Doch für den Fall, daß ernsthafte Schwierigkeiten auftraten, wurde den Befehlen noch eine finstere Weisung hinzugefügt.

> Der Befehl an die Bewachungsmannschaften schließt folgendes ein:
>
> 1. Jeder Widerstandsversuch ist konsequent durch Scharfschießen zu unterbinden.
>
> 2. Jeder Selbstmordversuch eines Offiziers muß verhindert

werden, vorausgesetzt, daß unsere Truppen dadurch nicht gefährdet werden. Falls unsere Truppen dabei der geringsten Gefahr ausgesetzt sind, soll der Selbstmord erlaubt werden.

Die Offiziere begaben sich auf ihre Posten und erwarteten die Ankunft der Kosaken mit Spannung. Der erste Kosakenoffizier, der ungefähr um 14.30 Uhr erschien, war General Domanow in seinem Dienstwagen. Er war, nachdem er in Oberdrauburg Brigadegeneral Mussons Instruktionen erhalten hatte, unmittelbar hierhergekommen und wurde nun mit Butlerow in einen Raum innerhalb der Umzäunung geführt und dort bewacht.[9]

Eine halbe Stunde später traf der erste Konvoi ein. Er bestand aus 125 kaukasischen Offizieren, die in zwei Lastwagen ankamen. Ihnen voraus fuhr Sultan Keletsch Girei in einem offenen Wagen. Sie waren ebenso behandelt worden wie die Kosaken. Auch ihnen war gesagt worden, daß sie zu einer Konferenz in Dellach bestellt worden seien und daß Girei als erster erscheinen solle. Oberst Odling-Smee von den 5. *Buffs* hatte ihm den Beschluß mitgeteilt und ihn und seine Offiziere dann weiter nach Spittal geschickt. Die Ankunft des würdevollen und resignierten Girei bot den Soldaten der *Kensingtons* ein eindrucksvolles Bild, denn er trug die volle Paradeuniform eines Zarenoffiziers.[10]

Nach den Kaukasiern rollten weitere Lastwagen heran und luden Domanows Offiziere am Lagereingang aus. Als einer der ersten erschien der alte General Krasnow, dem sein Sohn, General Semjon Krasnow beim Aussteigen behilflich sein mußte.[11] Gleich nach Ankunft wurde jeder Lastwagen nach Waffen durchsucht, und der Nachrichtenoffizier der 36. Brigade verglich die Namen der einzelnen mit einer mitgebrachten Liste. Dies verzögerte das Verfahren beträchtlich. Oberst Bryar von den 1. *Kensingtons* wollte die Aktion vor Einbruch der Dunkelheit beendet haben und verkürzte die Sache auf eigene Verantwortung. Er trat in General Domanows Hütte und erklärte ihm, daß die Kosaken und Kaukasier die Nacht im Lager verbringen und am nächsten Morgen weiterbefördert würden. Domanow sollte weiter für die Aufrechterhaltung der Disziplin unter seinen Offizieren verantwortlich sein und zwischen sieben und acht Uhr vor Gruppen von jeweils 500 Mann eine

Ansprache halten, um sie über die Situation zu informieren. Domanow »erwiderte, er werde sein Bestes tun, diese Instruktionen auszuführen«; eine Antwort, die, wie Bethell meint, der Theorie Gewicht verleiht, Domanow »hätte von dem Auslieferungsvorhaben gewußt und bei dem englischen Betrug mitgemacht, weil er hoffte, dadurch die eigene Haut zu retten.«[12] Das spielt auf eine Legende an, die unter gewissen emigrierten Kosaken aufkam, wonach Domanow bei dem Verrat der Kosaken an die Sowjets mit den Engländern unter einer Decke gesteckt habe.[13] Es ist verständlich, daß solch eine Geschichte unter solchen Umständen gedeihen konnte, da die Menschen für eine verlorene Sache Sündenböcke brauchen. Doch jeder, der diese Verleumdung auch heute noch wiederholt, tut General Domanow Unrecht. Heute wissen wir, daß sich die Engländer alle nur erdenkliche Mühe gaben, den Kosaken zu verheimlichen, was ihnen bevorstand. Welchem sinnvollen Zweck hätte es dienen können, das Risiko auf sich zu nehmen, General Domanow in ihre Pläne einzuweihen? Wir sind nicht gezwungen, hierüber Spekulationen anzustellen, denn wenn Domanow seine Dienste in der oben angeführten Weise angeboten hätte, dann hätte er es entweder Major Davies oder Oberst Malcolm gegenüber getan. Es erübrigt sich zu erwähnen, daß sich keiner der beiden an ein entsprechendes Angebot erinnert, ebensowenig wie ihr Vorgesetzter, Brigadegeneral Musson.

Domanow ging hinaus, um seinen Offizieren die furchtbare Nachricht beizubringen. In wenigen stockenden Worten gab er Mussons und Bryars Mitteilung weiter, die die meisten als ihr Todesurteil ansahen. Domanow selbst schien gebrochen und äußerte außer einigen Anweisungen wenig. Die absurde Behauptung, er habe mit den Engländern gemeinsame Sache gemacht, mag ihren Ursprung in diesem dramatischen Moment haben, denn seit der Besprechung in Lienz am gleichen Morgen, bei der er seinen Offizieren die bevorstehende »Konferenz« angekündigt hatte, hatte ihn bis zu diesem Augenblick des Grauens niemand wiedergesehen. Die wilden Phantasien jener, die einem so entsetzlichen Schicksal entgegensahen, kann man sich vorstellen.

In ihrer Panik begannen viele, sich die Rangabzeichen, die kom-

promittierenden Uniformjacken und Tscherkessen abzureißen und alle Dokumente von sich zu werfen, die dem rachsüchtigen NKWD ihren Rang enthüllen konnten. Es war ihnen klar, daß Offiziere der grausamsten Behandlung ausgesetzt würden. Die Briten wußten dies ebenfalls und hatten sorgfältigste Vorkehrungen getroffen, keinem einzigen die Flucht zu ermöglichen. Um ganz sicher zu gehen, begannen sie eine Zählung, wobei die Mannschaften allerdings nicht gezählt wurden.[14] Wilde Diskussionen entflammten, in denen die betäubten, verstörten Kosaken mit Anklagen um sich warfen. Daß Verrat begangen worden war, lag auf der Hand, doch wer war dafür verantwortlich? Die Engländer hatten ihr Vertrauen und ihre Achtung so vollständig besessen, daß viele sich nur vorstellen konnten, der Verräter müsse aus ihren eigenen Reihen kommen.[15]
General Krasnow brachte die Streitenden zum Schweigen. Er erklärte mit gefaßter Stimme, wenn es wirklich wahr sei, daß sie der Ermordung durch die Bolschewiken ausgeliefert würden, sollten sie ihrem Schicksal wenigstens mit Würde begegnen. Sein einziger Vorwurf gegen Domanow war die Bemerkung, daß er es versäumt habe, die wahre Absicht des britischen Befehls zu prüfen.
General Krasnow bat um Feder und Papier und verfaßte eine Bittschrift. Er schrieb sie auf französisch, und obwohl der Text unter mysteriösen Umständen verschwunden ist (die wir in diesem Buch noch untersuchen werden), ist uns sein Inhalt von Augenzeugen übermittelt worden. Krasnow erklärte darin, er und die anderen Führer seien bereit, ihr Schicksal zu akzeptieren, falls die Briten ihrerseits in der Lage seien, ihnen Schuld an Kriegsverbrechen nachzuweisen, plädierte jedoch mit Nachdruck dafür, den einfachen Kosaken und ihren Familien Gnade zu erweisen, gegen die man unmöglich solche Anklagen erheben könne. Das Gesuch wurde von der Mehrheit der Offiziere im Lager unterzeichnet, mit Abschriften an König George VI., Feldmarschall Alexander, den Papst, die Zentrale des Internationalen Roten Kreuzes und König Peter von Jugoslawien (dessen Untertanen viele der alten Emigranten waren).[16]

Unterdessen hörte auch ein anderer berühmter Kosakengeneral, welches Schicksal ihm bevorstand. Professor Werbizki, ein russischer Arzt, der mit den Offizieren gekommen war, wurde gebeten, sich um einen General zu kümmern, der gerade einen Herzanfall erlitten habe. Er begleitete den britischen Offizier, der ihn gerufen hatte, und wurde zu seiner Überraschung in ein Zimmer geführt, in dem sein alter Bekannter General Schkuro lag. Werbizki erkannte gleich, daß dem gerissenen alten General nichts fehlte. Er warf einen Seitenblick auf die englischen Soldaten an der Tür und flüsterte auf russisch: »Wer ist gekommen, und wohin werden sie geschickt?« Werbizki erwiderte im gleichen Flüsterton, General Krasnow und sämtliche Kosakenoffiziere aus Lienz seien hier. Schkuro erbleichte und machte eine Gebärde der Verzweiflung. Eine Weile lag er stumm und nachdenklich da. Ehe sie noch ein weiteres Wort wechseln konnten, trat ein britischer Soldat vor und bedeutete dem Arzt, es sei Zeit zu gehen. Werbizki ging die Treppe hinunter und kehrte schweren Herzens und Böses ahnend zum Lager zurück.[17] Kurz darauf wurde Schkuro von Oberst Bryar besucht, der ihm mitteilte, daß er am folgenden Tag an die Sowjets ausgeliefert werde. Schkuro verlangte, besser gleich erschossen zu werden. Bryar erklärte ihm jedoch kurz angebunden, dies sei unmöglich, und kehrte in sein Quartier zurück.[18]

Schkuro war bereits sechsunddreißig Stunden vor der Ankunft Domanows und seiner Offiziere in Spittal festgenommen worden. Am 26. Mai hatte ihn Olga Rotowa morgens noch beobachtet, als er fröhlich triumphierend durch das Lager von Peggetz fuhr. Bei seiner Runde war er von einer Menge jubelnder Kosaken jeden Alters umringt worden, die sich an ihn herandrängten und »Hurra, *batka* Schkuro!« riefen. Er entdeckte Olga unter den Zuschauern, winkte fröhlich und rief ihr zu, er habe gerade von ihrem Mann Mischa gehört, er sei in Salzburg und sie könne bald zu ihm kommen. Sie lachte und sah seinem Auto nach, das sich langsam durch die enthusiastische Menge hindurch den Rückweg nach Lienz bahnte.

Am gleichen Abend hatte Schkuro mit General Domanow in dessen Quartier gegessen. Dort »machte er Witze, soff und fluchte« bis in die frühen Morgenstunden und suchte dann schwankend sein Bett auf. Bald darauf, kurz vor drei Uhr – die bevorzugte Stunde des

NKWD in Rußland –, klopfte es an seiner Tür. Schkuro ging hinaus. Ein britischer Offizier stand in der Dunkelheit und erklärte ihm, er stehe unter Arrest und werde in unbekannte Richtung abgeführt werden. Ein einzelner Jeep verließ Lienz bei Morgengrauen in Richtung Spittal. Schkuro war längst davon überzeugt, daß die Engländer beabsichtigten, ihn an die Sowjets zu verraten, und nahm daher Bryars Mitteilung ohne Überraschung auf.[19]
Um neun Uhr abends wurde den Kosaken befohlen, sich für die Nacht in die Hütten zurückzuziehen. Nur wenige konnten schlafen, und der unglückliche General Domanow gehörte gewiß nicht zu ihnen. Ihm standen der Tod und vorher vermutlich lange Folter bevor, auch war er sich dessen bewußt, daß ihm viele seiner Kameraden jetzt mißtrauten. Zwei Offiziere, die um zwei Uhr früh zu einem leisen Gespräch an die Tür ihrer Hütte getreten waren, sahen ihn auf sich zukommen.
»Wenn ich nur zwei Tage früher geahnt hätte, was die Engländer vorhatten, wäre alles anders gekommen«, stöhnte er.
Die Offiziere schwiegen. Sie waren überzeugt davon, daß er über das Vorhaben unterrichtet gewesen sei.[20]
Am nächsten Morgen um fünf Uhr gab es Frühstück. Kurz darauf bat einer der Priester in der Gruppe Oberst Bryar um die Erlaubnis, einen Gottesdienst abzuhalten – den vermutlich letzten für alle. Bryar willigte ein und schrieb selbst darüber: »Ihr Gottesdienst war sehr eindrucksvoll und der Gesang ganz großartig.« Für christliche Einkehr blieb jedoch wenig Zeit, denn um halb sieben Uhr fuhr bereits der erste Lastwagen am Tor vor. Ein Offizier ging auf die Hütte zu, in der Domanow und sein Stab die Nacht verbracht hatten, und befahl ihnen einzusteigen. Domanow weigerte sich und erklärte, keine Befehlsgewalt mehr über die übrigen Offiziere zu haben.[21] Oberst Bryar erwiderte, daß er zehn Minuten Zeit habe, es sich zu überlegen, und wenn er sich dann noch immer weigere, »werde man Methoden anwenden, die dafür sorgten, daß er und alle seine Offiziere verladen würden.« Die zehn Minuten verstrichen. Da weder Domanow noch einer der anderen Offiziere Anstalten machten zu gehorchen, wurde ein Aufgebot Soldaten vorgeschickt. Einige waren mit Gewehren und Bajonetten bewaffnet, andere mit

Holzknüppeln. Doch es war nicht leicht, die Gefangenen herauszuholen, nicht einmal einzeln oder paarweise, da sie mit eingehakten Armen auf dem Boden saßen und passiven Widerstand leisteten. Ein britischer Feldwebel versuchte einen der Offiziere mit Gewalt von seinen Kameraden zu reißen und wurde in die Hand gebissen. Das war für die Wachen die Rechtfertigung, auf die sie gewartet hatten, und sie begannen einen wilden Angriff auf die unbewaffneten Männer. Unter ihnen waren auch alte Leute wie General Tichozki (der so krank war, daß er nur auf den Knien kriechen konnte).[22] Einige Minuten lang machten sich die britischen Soldaten mit Gewehrkolben und Holzknüppeln über alle Kosaken her, bis sie einige von ihnen bewußtlos geschlagen hatten. Andere hatten keine Hemmungen, mit Bajonetten auf die Liegenden zu stechen.

Wie Oberst Bryar schrieb, zeitigte dieses »Exempel die gewünschte Wirkung«, und die Kosakenoffiziere kletterten widerstrebend auf die Lastautos.

Während des Vorfalls hatte sich General Krasnow nicht auf dem Lagerplatz befunden, sondern von dem Fenster seiner Hütte aus zugesehen. Plötzlich entdeckten ihn einige der britischen Soldaten und wollten ihn ergreifen, doch das war den Kosaken zuviel. Einige junge Offiziere eilten zum Fenster, hoben den 76jährigen General behutsam heraus und trugen ihn zu einem der Lastwagen. Er durfte auf einem Vordersitz neben dem Fahrer sitzen. Als er Platz nahm, sah sein Enkel, wie er sich bekreuzigte und flüsterte: »Herr, verkürze unsere Leiden!«[23]

General Krasnow saß im ersten Wagen der abfahrenden Kolonne. Die Nachhut bildete ein Lastwagen mit Schkuro und seinem Stab. In der Nacht vom 28. zum 29. Mai kamen etwa 1600 Kosaken und Kaukasier durch Spittal. Für einige war dies das Ende der Reise. Der offizielle britische Bericht vermerkte, daß »drei Selbstmordversuche verübt wurden, von denen zwei erfolgreich waren«.[24] Doch der britische Offizier, dem die eigentliche Aufgabe des Transports und der späteren Durchsuchung des Lagers zufiel, erinnerte sich an eine Ziffer von acht bis zwölf. Mindestens drei hatten sich mit elektrischen Schnüren erhängt, die anderen hatten sich Hals oder Handgelenke mit Glasscherben aufgeschnitten.[25]

Abgesehen von dem Dutzend, die so ihre Fahrt in Spittal beendeten, gab es auch noch andere Offiziere, die entschlossen waren, sich nicht in Judenburg zu melden. Dreien gelang es, sich während der Verladung zu verstecken und später aus der Umzäunung zu kriechen.[26]

Inzwischen wurden Hunderte anderer, weniger glücklicher Kosakenoffiziere in rasender Geschwindigkeit zur sowjetischen Zonengrenze nach Judenburg befördert. Ein Kosak, der sich aus dem fahrenden Lastwagen warf, wurde wieder gefangen, auf andere wurde geschossen. Leutnant J.T. Petrie, von den 2. *Lancashire Fusiliers* (die für die Bewachung des Transports verantwortlich waren) erinnert sich an diese Vorfälle und auch daran, daß es während des ganzen Weges zwischen Spittal und Klagenfurt »Gurte, Sporen und Rangabzeichen aus den Lastwagen prasselte«.[27] Während der Fahrt waren die Kosaken überdies bemüht, sich aller Dinge zu entledigen, an denen das NKWD als Beute interessiert sein konnte, und die *Lancashire Fusiliers* trieben gegen Zigaretten regen Handel mit ihnen. Mehrfach wurden goldene Uhren gegen eine einzige Zigarette getauscht.[28]

Nach mehrstündiger Fahrt konnte die Spitze der Kolonne in dem steilen, waldigen Murtal Judenburg liegen sehen. Der Fluß selbst bildete die Demarkationslinie zwischen den beiden Armeen. Die Lastwagen fuhren langsam auf die Brücke zu, deren Zufahrt mit britischen Panzerwagen und Maschinengewehren umstellt war. Dann machte der ganze Konvoi auf einer Straßenseite halt, langsam fuhr ein Fahrzeug nach dem anderen über die Brücke, lud die Insassen auf der sowjetischen Seite aus und kehrte dann zurück. Über der ganzen Szene hing die blutrote Fahne der Sowjetunion schlaff von einer Stange herab.

Während sie warteten, spähten die Kosaken aus ihren Lastwagen. Einer bat um Erlaubnis auszutreten und den Eimer zu benutzen, der zu diesem Zweck neben die Auffahrt der Brücke gestellt worden war. Die Wache nickte (jetzt konnte schließlich niemand mehr entkommen), der Mann sprang vom Wagen und ging auf den Eimer zu. Doch plötzlich fing er an zu laufen und warf sich einen Steilabhang hinab. Fünfunddreißig Meter tiefer klafften die Felsen, und als einige britische Soldaten an den Rand des Abgrunds eilten, konnten sie tief unten seinen ausgestreckten Körper erkennen. Fast sah es so aus, als müßte die Eskorte das peinliche Geständnis machen, daß in ihrem Transport ein Mann fehle, doch zu ihrer Befriedigung ließ sich dieser Fehlbetrag noch gutmachen. Wie Major Goode von der Panzereskorte später berichtete, wurde der Offizier mit einiger Mühe wieder »heraufgeholt und verstümmelt und sterbend den sowjetischen Militärs übergeben«.

Major Goode schlenderte über die Brücke, um nachzusehen, was auf der anderen Seite geschah. Er sah dem sowjetischen Empfang der Kosaken zu, als in seiner Nähe plötzlich ein Kosakenoffizier ein Rasiermesser aus der Tasche zog, sich damit einmal scharf über die Kehle fuhr und vor seinen Füßen sterbend zusammenbrach.

Der angewiderte Major Goode fragte einen weiblichen Sowjetoffizier, was mit den repatriierten Kosaken geschehen werde. Sie versicherte ihm, »daß man die höheren Offiziere umschulen und die jüngeren zum Wiederaufbau der zerstörten sowjetischen Städte einsetzen werde«. Doch kurz darauf bekam er eine andere Antwort auf die gleiche Frage – ein Hauptmann der Roten Armee grinste fröhlich und fuhr sich mit der Hand in einer bezeichnenden Geste über den Hals.[29]

Es waren noch nicht alle Offiziere aus Lienz ausgeliefert worden. Zwei Tage später kamen weitere 83 an; die Wachoffiziere, die man zurückgelassen hatte, sowie einige Nachzügler. Der Eskorte voran fuhr Leutnant Dennis Hemming von den 1. *Kensingtons*. Als er sich der Brücke näherte, bemerkte er, daß »zwischen Stadt und Schlagbaum, einer Entfernung von etwa anderthalb Kilometern, britische Soldaten im Abstand von 100 Metern aufgestellt waren, die auf eine äußerst geschäftige Art mit ihren Maschinengewehren hantierten«.

Die Kosakenoffiziere wurden einem sowjetischen Oberst übergeben, der ihren Empfang mit einer Quittung bestätigte. Hemmings Bericht schloß: »Es wurde mir nicht erlaubt, weiter als bis zum Schlagbaum vorzudringen, doch soweit ich sehen konnte, war keine Zivilbevölkerung auf den Straßen, da sie es zweifellos vorzog, in ihren Häusern zu bleiben.«[30]

Die Abwesenheit der Einwohner von Judenburg beruhte nicht auf Gleichgültigkeit. Major Claud Hanbury-Tracy-Domville, damals Offizier bei der Militärregierung von Judenburg, schrieb mir vor kurzem: »Ich kann mich natürlich recht gut an das Entsetzen der österreichischen Stadtbevölkerung erinnern und an den offenen Unglauben, daß die Briten so etwas wirklich tun würden, da sie uns offenbar für gerecht und menschlich hielten . . . Ich erinnere mich auch an Gräber an den Straßen um Judenburg, die vom Mißlingen verzweifelter Fluchtversuche zeugten. Das ganze Unternehmen schockierte die österreichischen Einwohner.«
Die Szenen, denen Major Goode und Leutnant Hemming beiwohnten, sollten das Letzte bleiben, was britische Soldaten von den Kosakenoffizieren sahen. Der eine oder andere hörte noch Geräusche, die beunruhigende Hinweise darauf gaben, was am anderen Ufer der Mur geschah. Korporal Edwart Stewart war Meldefahrer im *Royal Corps of Signals*. Er war damals in Judenburg und hat mir den folgenden Bericht über seine Erinnerungen zugeschickt:
»Eines Tages mußte ich antreten, um die britische Seite einer Brücke in Judenburg zu bewachen, während ein Konvoi mit russischen Kosaken an die Russen auf der anderen Brückenseite ausgeliefert werden sollte. Offiziell wurde uns der Grund für die Auslieferung dieser unglücklichen Menschen nie mitgeteilt, aber wir wußten, daß sie auf deutscher Seite gegen uns gekämpft hatten (dies traf selbstverständlich nicht zu. N.T.). Es war uns auch klar, daß sie dem Tod entgegengingen. Darüber bestand nie der geringste Zweifel.
In der Nähe der Brücke stand ein Latrineneimer, und viele der Kosaken benutzten ihn, ehe sie die Brücke überquerten, doch nicht eines natürlichen Bedürfnisses wegen. Sie füllten ihn mit deutschen Reichsmark, Uhren und anderen Schmuckstücken. Es mag sonderbar klingen, daß solch ein Eimer überhaupt aufgestellt wurde, denn alle Truppen hatten seit Beginn des Krieges Feld, Wald und Wiese als riesigen Misthaufen benutzt. Zu der Zeit konnte ich keine Gewalttätigkeit gegen die Kosaken beobachten, aber ich fuhr nicht mit dem Konvoi mit, sondern stellte mich nur an dem Punkt der Nimmerwiederkehr auf . . .
Doch in der folgenden Nacht und am nächsten Tag begannen wir

die Gewehrsalven zu zählen, die, zusammen mit dem schönsten Männergesang, den ich je gehört habe, aus dem russischen Sektor zu uns herüberdrangen. Die Stimmen hallten in der ganzen Gegend wider. Dann hörte man, wie auf das Gewehrfeuer Beifallgejohl folgte.«[31]

Die Kosaken wußten aufrecht zu sterben. Vielleicht sangen sie, um dem Tod mit den Worten der Liturgie auf den Lippen zu begegnen, vielleicht auch, um die Briten wissen zu lassen, wie sie starben.

Die damals anwesenden britischen Soldaten konnten das Schicksal der Kosaken nur erraten. Wie durch ein Wunder gab es jedoch einen jungen Offizier beim Oberkommando der Kosaken, der nicht nur in diese Hölle vordrang, sondern es sogar fertigbrachte, zehn Jahre später wieder aus ihr zurückzukehren. Es war der junge Nikolai Krasnow, der Enkel des alten Generals. Er war einer der ersten Kosaken gewesen, mit dem General Arbuthnott gesprochen hatte und der ihm in Tolmezzo auf dessen Frage hin seine kurze Lebensgeschichte erzählt hatte. Er hatte Rußland mit seiner Familie als vier Monate altes Kind verlassen und seither in Jugoslawien gelebt. Nun, auf den von General Arbuthnott übermittelten Befehl hin, wurde er ohne Gerichtsverhandlung zu zehn Jahren Zwangsarbeit in den schärfsten Arbeitslagern Sibiriens verdammt. Nur ein kleiner Prozentsatz überlebte, doch zu ihm gehörte ein sehr verwandelter Nikolai Krasnow. Er war nicht nur außergewöhnlich, weil er das Ende seiner Haftstrafe erlebte, sondern noch außergewöhnlicher, weil ihm danach aufgrund seiner jugoslawischen Staatsangehörigkeit erlaubt wurde, die Sowjetunion zu verlassen.

Im Dezember 1955 erhielt er die Ausreiseerlaubnis nach Schweden. Dort schrieb er seine Erinnerungen nieder, angefangen von den Versprechungen der Engländer in Lienz bis zur Hölle von Karaganda. Sein Großvater und andere hatten ihn angefleht, falls es ihm je gelingen sollte, zu entkommen, solch ein Buch zu schreiben, um der Welt über den Verrat der Engländer und die Grausamkeit der Sowjets zu berichten. Er schrieb und schrieb, um auch keine einzige Tatsache unerwähnt zu lassen, und als er genug Geld beisammen hatte, fuhr er nach Argentinien, wo seine innig geliebte Frau Lili lebte (ihr war es gelungen, sich der Gefangennahme durch Flucht in die Berge zu entziehen). Nikolais Buch wurde in Amerika auf russisch und englisch veröffentlicht. Es wurde von wenigen gelesen und ist nie wieder neu aufgelegt worden. Der Verfasser starb kurz nach dem Erscheinen seines Buches. Er ist ziemlich sicher, daß er von sowjetischen Agenten umgebracht wurde, deren Vorgesetzte das Buch allerdings gelesen hatten.[32]

Die Ereignisse, über die Nikolai Krasnow schrieb, haben etwas Unwirkliches an sich. Die Generäle Krasnow, Schkuro und Domanow sowie alle höheren Offiziere wurden von ihren Kameraden getrennt. Alle wurden in ein großes Stahlwalzwerk, das außer Betrieb war, gebracht, und die Generäle wurden in den ehemaligen Büroräumen eingeschlossen. Nikolai begleitete seinen Großvater; auch die beiden anderen Krasnows, sein Vater und sein Onkel, gehörten zu dieser Gruppe. Zuerst wurden sie höflich behandelt, da ihre Wächter aktive Soldaten der Roten Armee waren. Es war jedoch die ganze Zeit über klar, daß die Gefangennahme der berühmten Weißen Generäle für die Sowjets das Wichtigste an der ganzen Aktion war. Der Befehlshaber der örtlichen sowjetischen Armeeeinheiten lud Krasnow und Schkuro in sein Quartier ein. Es stellte sich heraus, daß auch er ein Veteran des Bürgerkriegs war, und er verbrachte einige Zeit damit, sich mit seinen ehemaligen Gegnern über alte Schlachten zu unterhalten. Über Politik wurde nicht gesprochen, und seine Haltung war respektvoll und höflich.

Auch andere Offiziere und Mannschaften besuchten sie häufig in ihrem Gefängnis, um lang und breit die glorreichen Zeiten von 1918 aufleben zu lassen, als sich die Rote Kavallerie und die Weißen Kosaken im Don-Gebiet und in der Ukraine gegenübergestanden hatten. General Krasnow hörten sie mit respektvollem Interesse zu, doch wenn ihnen der legendäre Schkuro seine rasanten Geschichten erzählte, die er reichlich mit schillernden Flüchen und derben Metaphern schmückte, waren sie begeistert. Unteroffiziere, die zu jung waren, um sich an die vergangenen Schlachten zu erinnern, brüllten vor Lachen über die munteren Erzählungen der Älteren. Jedes sowjetische Kind kannte Anekdoten über diesen waghalsigsten und wildesten aller Kavallerieoffiziere, und sie konnten kaum glauben, daß sie ihm jetzt, ein Vierteljahrhundert später, wirklich gegenüberstanden. Sein unnachahmlicher Lagerfeuerhumor hatte bei den Soldaten der Roten Armee den gleichen Erfolg wie zuvor bei Pannwitz' Kosaken. »Was für ein Kerl!« riefen sie begeistert, als ihnen Schkuro in anschaulicher Phraseologie gestand, daß ihnen die Rote Kavallerie gelegentlich »Löcher in die Hosenböden gebrannt« habe!

Die Kosakenführer machten tapfere Mienen zum bösen Spiel. Doch von Zeit zu Zeit wurden sie daran erinnert, daß ihr Schicksal, ungeachtet der Kameradschaftlichkeit der aktiven Soldaten, in den Händen ganz anderer Funktionäre lag. »Wir wurden auch von schweigsamen Männern besucht, Offizieren des sowjetischen Geheimdienstes, des SMERSCH und des NKWD. Sie kamen herein, sahen sich um, als zählten sie die Köpfe, dann gingen sie wieder und schlossen die Tür fest hinter sich.« Die Einstellung der Soldaten der Roten Armee schien merkwürdig, aber einmütig zu sein. Sie betrachteten die Weißen Offiziere mit gewissem Respekt als konsequente Gegner, die ihren offenen Kampf gegen die Bolschewiken nie aufgegeben hatten. Ehemalige Angehörige der Roten Armee wie Domanow wurden jedoch entweder mit Verachtung gestraft oder völlig ignoriert.

Nach zwei Tagen im Judenburger Stahlwerk wurden die vier Krasnows, Domanow, Schkuro, Keletsch Girei, Wassiljew und andere höhere Offiziere auf Lastautos weggebracht. Bevor sie einstiegen, wurde ihnen befohlen, stehenzubleiben und einer kleinen sowjetischen Zeremonie beizuwohnen. Einer der deutschen Leutnants von Pannwitz' 15. Kosaken-Korps wurde an einen Zaun geführt und erschossen. Die Hinrichtung hatte nicht ganz geklappt und wurde von einem NKWD-Offizier beendet, der auf dem noch zuckenden Körper herumtrampelte und ihn bespuckte.

Dieser unglückliche Deutsche war nicht der einzige von den Briten Ausgelieferte, dessen Reise nicht über Judenburg hinausging. Mehrere Tage und Nächte lang arbeiteten im Stahlwerk die Hinrichtungskommandos, deren andauernde Feuersalven von Motoren übertönt wurden, die man zu diesem Zweck laufen ließ.[33]

Nach Beendigung dieses warnenden Beispiels wurde die Gruppe unter Bewachung nach Graz gebracht. Dort blieben sie eine Nacht

in einem SMERSCH-Gefängnis, wurden dann in ein Gefängnis in Baden bei Wien gebracht und von SMERSCH-Offizieren scharf und feindselig verhört. Wie andere, die auch in den Händen dieser sonderbaren Organisation gewesen waren, feststellten, waren viele der Fragen so kindisch, als wären sie einem geistesgestörten Hirn oder einem geistesgestörten System entsprungen. Eines hatte der SMERSCH jedoch mit der Roten Armee gemein – beide zeigten fasziniertes Interesse an den berühmten Männern in ihrem Gewahrsam. Eines Morgens erschienen sogar offizielle SMERSCH-Fotografen, um ein Gruppenbild der Krasnow-Familie aufzunehmen. Dieses sowohl offizielle als auch inoffizielle Interesse begleitete die Gruppe auf ihrer ganzen Reise. Am 4. Juni wurden sie zu einem nahegelegenen Flugfeld gebracht. Ein ehemaliger SMERSCH-Offizier, der bald darauf zu den Amerikanern überlief, hat diese Begebenheit geschildert: »An einem Tag im späten Frühjahr 1945, als wir bereits in Baden waren, lud mich mein Vorgesetzter, der Oberstleutnant, ein, ihn zu begleiten, um mir, wie er sich ausdrückte, einen Blick auf ein Stück Geschichte zu gönnen.« Sie fuhren zu dem Flugfeld, auf dem die Krasnow-Gruppe versammelt war.
»Als wir ankamen, wartete eine startbereite Maschine auf dem Flugfeld. Daneben stand ein mit einer Zeltplane bedeckter Lastwagen und eine Gruppe SMERSCH-Offiziere, zu der wir uns gesellten. Mein Oberstleutnant war der Rangälteste unter den Anwesenden. ›Nun‹, sagte ein Major von der Operativabteilung und wandte sich an den Oberstleutnant, ›fangen wir an‹.
Der nickte. Ein alter Mann stieg langsam aus der Kabine des Lastwagens, wo er neben dem Fahrer gesessen hatte. Er trug eine deutsche Uniform, doch seine Schulterstücke waren die breiten Schulterstücke eines russischen Generals. Er hatte auch einen zaristischen Orden, ein weißes Kreuz. ›Das ist Krasnow‹, sagte der Oberstleutnant und gab mir einen Stoß . . .
›Der da ist Schkuro‹, erklärte der Oberstleutnant. Dies war ein kleinerer Mann mit guter Haltung, auch in Generalsuniform. Im Bürgerkrieg war er einer der Hauptgegner von Budjonnys Kavallerie gewesen, sie hatten sich sogar in meinem eigenen Heimatdorf ein Gefecht geliefert. Ich sah beide mit dem gleichen großen Interesse

an, das auch die übrigen Tscheka-Offiziere nicht verbergen konnten.
›Diese Engländer sind großartig‹, lachte der Oberstleutnant. ›Erst geben sie Schkuro einen Orden, der nach irgendwelchen Heiligen benannt ist, Michael und George, glaube ich, und jetzt liefern sie ihn uns seelenruhig bis vor die Tür.‹ Alle Umstehenden lachten. Hinten aus dem Lastwagen stieg eine weitere Gruppe Offiziere in den gleichen Uniformen. Sie verschwanden im Flugzeug, von einem mit Maschinengewehr bewaffneten Soldaten der NKWD-Leute und einem Major unserer SMERSCH-Operativabteilung gefolgt. Die Maschine gewann immer größere Geschwindigkeit und hob sich in den Himmel, auf Moskau und das Schafott zu.«[34]
Die Maschine flog nach Moskau. Der nächste Teil der Reise vollzog sich in einem jener sowjetischen Gefängniswagen, die die Aufschrift »Brot« trugen und westliche Berichterstatter dazu verleiteten, beeindruckt über den sowjetischen Wohlstand zu schreiben.[35] Nach kurzer Zeit fuhren sie dicht an einen Eingang heran, die Weißen Offiziere wurden in das Gebäude geführt und über endlose Korridore in Isolierzellen gebracht. Nikolai Krasnow erinnert sich an das Grauen dieses Augenblicks.
»Das Schloß klickte. Ich sah mich um. Es gab nichts zu sehen. Ich befand mich in einem leeren Raum, klein wie eine Telephonzelle, mit einer niedrigen, gewölbten Decke. Ich mußte mich entweder bücken oder mit angezogenen Knien auf dem Boden sitzen. Die Zelle war so hell erleuchtet, daß meine Augen schmerzten. Es herrschte vollkommene Stille; es war heiß und stickig . . . diese tödliche Stille wurde nur gelegentlich von den herzzerreißenden Schreien oder dem tierähnlichen Heulen eines Menschen unterbrochen, der entweder im Sterben lag oder gefoltert wurde.«
Sie waren im Gefängnis Lubjanka.
Nikolai Krasnow blieb nicht lange in seiner Zelle. Er wurde von schweigenden Wachen in den Keller der Lubjanka geführt und durchsucht. »Die Durchsuchung näherte sich dem Ende, als die Tür aufging und ein MWD-Oberst eintrat. ›Habt ihr alles durchsucht?‹ fragte er halb flüsternd. Offenbar hatten sich in der Lubjanka alle angewöhnt, leise zu sprechen.

›Alles!‹

› . . . da auch?‹

Der Aufseher schlug sich mit der Handfläche an den Kopf, so als ob er sagen wollte, ich Idiot, das habe ich ganz vergessen! ›Vorbeugen!‹ befahl er. Ich beugte mich vor und schrie auf vor Überraschung, Schmerz und Ekel. Der MWD-Oberst gab mir persönlich die Ehre, mit seinem bloßen Finger in meinem Anus zu bohren, um ohne große Umstände festzustellen, ob ich da etwas verborgen hätte.

›Ruhe!‹ brüllte er mich an. ›Kein Geschrei!‹

Die Untersuchung war beendet.

›Zieh dich an!‹ befahl der Oberst, während er sich die Finger an seinem eigenen Taschentuch abwischte. Dann wandte er sich an den Aufseher und fügte hinzu: ›Vorläufig kann er seine Sachen behalten, auch seine Knöpfe, Schultergurte und Gürtel. Und bring Krasnow sofort zu *ihm*.‹«

Wer dieser mysteriöse *er* war, sollte Nikolai sehr bald herausfinden. Doch zunächst wurde er in ein Vorzimmer gebracht, wo er zu seiner Freude seinen Vater wiedertraf. Sie konnten ein paar geflüsterte Grußworte austauschen, ehe sie in einen großen Empfangsraum geführt wurden.

»Am anderen Ende des Zimmers standen ein großer, glänzender Schreibtisch und neben ihm auf beiden Seiten mit Tüchern bedeckte Tische. An der Wand hing ein Bild Stalins in seiner Generalissimus-Uniform. Es war ein Porträt in Lebensgröße, von etwa zweieinhalb Metern. An der gegenüberliegenden Wand hing ein Bild Berijas. An den Wänden, zwischen Fenstern mit dunkelroten Samtvorhängen, hingen die Bilder der Mitglieder des Zentralkomitees und der kommunistischen Parteiführung.

Der Boden war ganz mit kostbaren Bucharateppichen ausgelegt. Gegenüber vom Schreibtisch standen in einer Entfernung von etwa zehn Metern ein kleiner Tisch und zwei Stühle.

Es herrschte die übliche, absolute Stille, so als befände man sich außerhalb von Zeit und Raum, als hätte Moskau aufgehört zu bohren, zu lärmen, sich zu bewegen.

Ein General in MWD-Uniform saß regungslos hinter dem Schreibtisch.

›Das ist Merkulow‹, flüsterte einer der Beamten hinter uns.«
Obwohl dieser Name Anthony Eden oder dem Foreign Office vermutlich nichts gesagt hätte, war Merkulow effektiv der drittmächtigste Mann der Sowjetunion. Anfang 1940 war er es gewesen, dem als Berijas Stellvertreter eine entscheidende Rolle bei den Vorkehrungen für die Niedermetzelung von 15000 Polen in Katyn und an anderen Orten zukam. Stalins oder Berijas Ansichten über die britischen Zugeständnisse sind uns nicht bekannt, obwohl sie sich erraten lassen. Doch Nikolai Krasnow gegenüber ließ sich Merkulow offen über dieses Thema aus, und Nikolai Krasnow war der einzige repatriierte Gefangene, der Zeuge einer solchen Rede wurde und dennoch am Leben blieb. Wie weit sein Überleben an ein Wunder grenzt, läßt sich nur ermessen, wenn man sein Buch ganz gelesen hat. Daß diesem jungen Mann, der nun blaß und sichtlich schwitzend vor ihm stand, nach elf Jahren Zwangslager der Weg in den Westen und die Veröffentlichung seines Berichtes über diese Begegnung gelingen sollte, wäre damals sowohl Merkulow als auch Nikolai selbst unglaublich erschienen.
»Der General schwieg noch immer, und wir rührten uns nicht. Dann hob er langsam seinen gewaltigen Kopf und musterte uns kühl und ungeniert, so wie man Gestalten in einem Wachsfigurenkabinett betrachtet.« Merkulow bestellte Tee und Gebäck, dann blieben die drei allein. Zunächst machte der NKWD-Minister einige höfliche, wenn auch bösartige Bemerkungen. Dann änderte sich seine Laune.
»Es entstand eine Pause. Der General ging hinter seinem Schreibtisch auf und ab, wobei er leicht mit den Hüften schwang und geschickt auf den Absätzen kehrt machte. ›Wie war Ihre Reise? Waren Sie im Flugzeug luftkrank? . . . Sind Sie von irgend jemandem belästigt worden? Haben Sie irgendwelche Beschwerden?‹ Dann, ohne auf Antworten zu warten, an denen er offenbar nicht interessiert war, wandte er sich unvermittelt an Vater: ›Warum rauchen Sie nicht, Krasnow, oder trinken Ihren Tee? Sie sind nicht gerade unterhaltsam oder freundlich. Ich glaube, Sie schweigen, um Ihre Angst zu verbergen . . . Ihren Schrecken . . . dabei besteht im großen und ganzen kein Grund zur Aufregung. Jedenfalls nicht in

diesem Büro. Wenn man Sie später vor den Untersuchungsbeamten führt, rate ich Ihnen allerdings, die reine Wahrheit zu sagen und alle Fragen zu beantworten; wenn nicht, dann wissen wir schon ... wie wir Sie drankriegen.‹ Merkulow lachte leise. ›Zuerst geschieht das ganz sanft, ganz leicht, es tut nicht wirklich weh, aber dann ... Nebenbei bemerkt, hat nicht Ataman Krasnow diese Art von Untersuchungen in seinen Büchern beschrieben?‹

Meine Finger erstarrten zu Eis. In meinen Schläfen hämmerte es. Mein Herz schlug so laut, daß Merkulow es sicher hören konnte, obwohl er zehn Meter von mir entfernt stand. Mein Vater sagte kein Wort. Sein Gesicht war bleich, aber völlig gefaßt. Wie ich ihn beneidete!

›Machen Sie sich gar keine Hoffnung, frei davonzukommen‹, fuhr der General fort. ›Wenn Sie jedoch nicht halsstarrig sind, werden Sie die Formalitäten leicht hinter sich bringen; Sie werden etwas unterzeichnen; Sie werden zwei Jahre in den Arbeitslagern zur Umschulung verbringen und sich dort an unsere Lebensformen gewöhnen ... Sie werden auch ihre guten Seiten kennenlernen ... Dann werden wir Sie vielleicht freilassen. Sie werden leben!‹

Wieder entstand eine Pause.

›Sehen Sie, Oberst Krasnow, Sie haben die Wahl. Wollen Sie die Wahrheit und Leben oder Leugnen und Tod wählen? Glauben Sie ja nicht, daß ich versuche, Ihnen Angst zu machen. Im Gegenteil. Ihr Vater, Ihr Bruder Semjon und Sie sind alte Bekannte von uns! 1920 ist es Ihnen gelungen, uns durch die Finger zu schlüpfen, aber jetzt ... liegen alle Karten auf dem Tisch. Sie werden uns nicht entkommen!‹ Er ging wieder mehrmals auf und ab und hielt die Hände auf dem Rücken. Er bewegte seine Finger, und der blitzende Ring an einem Finger war nicht zu übersehen.

›Nun, Oberst, sind wir uns einig?‹

›Es gibt nichts, worüber wir uns einigen könnten!‹ sagte mein Vater in schroffem Ton.

›Was meinen Sie mit nichts?‹ fragte der Polizeigeneral mit einem leisen Lachen. ›Einigung ist mehr wert als Geld, Krasnow. Wir sind nicht an ihrer Vergangenheit interessiert. Wir wissen alles über Sie. Dennoch ... es gibt da noch gewisse kleine Einzelheiten über Ihre jüngsten Aktivitäten, die man nicht ungern aus Ihrem eigenen Mund hören würde.‹

›Ich habe Ihnen nichts zu sagen! Ich verstehe den Grund für dieses Zögern nicht. Machen Sie Schluß. Eine Kugel in den Hinterkopf . . .‹

›O nein, Herr Krasnow‹, sagte Merkulow mit verzerrtem Lächeln und setzte sich in seinen Sessel. ›So einfach liegen die Dinge nicht. Was dachten Sie? Eine Kugel in den Hinterkopf und Schluß? Unsinn, Euer Ehren! Dafür müssen Sie erst etwas tun. Sie haben noch Zeit genug, sich in den Sarg zu legen. Eine Menge Zeit, die Erde zu düngen. Doch zuerst müssen Sie etwas für Ihr Vaterland tun. Ein wenig Holzfällen, eine Weile in einem Bergwerk, wo Ihnen das Wasser bis zum Gürtel steht. Sie werden einige Zeit auf dem 70. Breitengrad verbringen. Wirklich hochinteressant. Das wird das Leben sein, wie wir zu sagen pflegen. Sie wissen gar nicht, wie man *unsere* Sprache spricht. Sie haben keine Ahnung von dem Lagerjargon, der sich im Nördlichen Polarkreis entwickelt hat. Aber Sie werden ihn hören! Sie werden dünn und ausgezehrt werden. Sie werden den ›Gang mit Makkaronibeinen‹ bekommen.‹ Der General brach in brüllendes Gelächter aus. ›Aber arbeiten werden Sie, dafür wird schon der Hunger sorgen!‹

Wir saßen wortlos da. In meinem Kopf dröhnte es, und meine Hände schwitzten vor ohnmächtigem Zorn.

›Wir müssen aufbauen, Oberst Krasnow. Und woher sollen wir die Arbeitskräfte nehmen? Der Galgen bringt nichts. Die Zeiten haben sich geändert. Tod durch Erschießen – das gibt's nur in seltenen Fällen. Wir brauchen Arbeiter, Arbeiter, die wir nicht bezahlen müssen. Seit fünfundzwanzig Jahren haben wir auf diese glückliche Begegnung mit Ihnen gewartet. Sie haben den jungen Leuten unter den Emigranten im Ausland lange genug Sand in die Augen gestreut.‹ Merkulow war durch seinen langen Monolog ein wenig außer Atem geraten. Auf seiner Stirn trat eine dicke Ader hervor, und in seinen Augen stand brennender Haß. ›Nun, haben Sie jetzt Angst? Wovor? Haben Sie Angst vor der Arbeit? Aber warum reden wir überhaupt davon? Sie glauben mir kein einziges Wort, und ich glaube Ihnen nicht. Für mich sind Sie ein Weißer und ein Bandit, und ich bin für Sie ein Roter Schurke. Aber wir Roten sind jetzt die Sieger. Wie 1920 haben wir auch jetzt die Macht in der Hand. Wir machen uns keine vergeblichen Hoffnungen, daß wir Krasnow umerziehen und aus ihm ein folgsames Schaf machen können. Sie werden uns nie lieben, aber wir können Sie für den Kommunismus arbeiten und an seinem Aufbau helfen lassen, und das wird für uns die größte moralische Befriedigung sein.‹ Merkulow hielt inne und sah meinen Vater erwartungsvoll an.

›Warum diese lange Einleitung?‹ erwiderte Vater mit müder Stimme. ›Ich verstehe alles auch ohne lange Erklärungen, Herr General. Die Hoffnungslosigkeit unserer Situation ist mir vollkommen klar. Mein Sohn und ich sind Soldaten. Wir haben beide dem Tod ins Auge geblickt, und wir werden dann sterben, ganz gleich auf welchem Breitengrad, ob auf dem 70. oder dem 100., wenn es unserem Schöpfer gefällt. Ich mache mir nur einen Vorwurf: warum habe ich den Engländern getraut? Aber da ich ohnehin bald mein Leben verliere . . .‹

›Ha, wenn es nur der Tod wäre!‹ höhnte Merkulow. ›Es ist sinnlos, von Soldatentod zu reden. Das ist altmodischer Unsinn. Der Tod ist an Ihnen vorübergegangen, ohne Sie zu bemerken, aber daß Sie den Engländern vertraut haben – das war echte Dummheit. Das sind berühmte Krämer. Die verkaufen alles und jeden, ohne mit der Wimper zu zucken . . . Wir trauen denen nicht, Oberst. Darum haben wir die Zügel in unsere Hände genommen. Die wissen gar nicht, daß wir sie schachmatt gesetzt haben und sie nach unserer Pfeife wie Puppen tanzen lassen. Früher oder später wird es zu einem Krach zwischen dem kommunistischen Bären und der westlichen Bulldogge kommen. Wir werden unseren zuckersüßen, honigtriefenden, schmeichlerischen, kriecherischen Verbündeten keine Gnade zeigen! Wir werden sie in die Luft jagen, mitsamt ihren Königen, Traditionen, Lords, Schlössern, Herolden, Bath- und Hosenbandorden und ihren weißen Perücken. Wenn der Bär seine Tatze zum Schlag erhebt, wird keinem mehr die Hoffnung bleiben, daß Gold die Welt regiert. Unsere gesunde, sozial starke, junge Idee, die Idee Lenins und Stalins wird siegreich sein! So wird die Sache ausgehen, Herr Oberst!‹«

Merkulow hielt wieder inne und griff Nikolai an.
»Was für Muskeln haben Sie denn, Sie Offizier des Königs? Ich werde Sie an einen Ort schicken, wo Sie bald ein anderes Lied singen werden! Sie werden wiedergutmachen, was die faschistischen Schweine zerstört haben. Zu schade, daß wir nur so wenige von euch jungen Konterrevolutionären geschnappt haben. Zu viele von euch sind entwischt und verstecken sich unter den Röcken des Westens. Keine Sorge, wir kriegen sie schon noch. Wir werden sie auch vom Meeresgrund heraufholen!
Sie werden keine Kugel in die Stirn kriegen. Weder in die Stirn noch in den Hinterkopf. Wir werden Sie zwingen, zu leben. Sie werden leben und arbeiten! Die Zeit wird kommen, daß Ihr Leben für den sozialistischen Aufbau gefordert wird.‹
›Diese Unterhaltung führt zu nichts‹, warf mein Vater scharf ein.
›Waaaas?‹ brüllte der General. ›Sind Sie sich darüber im klaren, wo Sie sind und mit wem Sie reden? In der Lubjanka! Mit Merkulow! Hier bin ich der Chef. Ich sage, was ich will. Habt ihr irgend etwas mit dem Gesuch erreicht, das euer lieber Ataman auf französisch aufgesetzt und in Spittal abgeschickt hat? Glaubt ihr, wir wüßten das nicht? Keiner wird euch helfen, kein Churchill, kein Truman, kein König, kein Diplomat. Wenn wir brüllen, sitzen sie stockstill auf ihren Schwänzen! Man hat mir gesagt, daß es Zaren gab, die ihre Pferde in der Oder tränkten. Die Zeit wird kommen, wenn wir Sowjets unsere Pferde in der Themse tränken werden!‹«
Nach diesem Ausbruch drückte Merkulow auf eine Klingel und entließ Vater und Sohn Krasnow.
Am gleichen Tag sah Nikolai in den Bädern der Lubjanka seinen Großvater zum letztenmal. Ataman Peter Krasnow, General und Schriftsteller, erklärte Nikolai nachdrücklich, es sei seine heilige Pflicht, der Welt eines Tages den Verrat an den Kosaken zu melden. Der junge Mann liebte und verehrte seinen Großvater und war tief berührt von den Ratschlägen, die er ihm auf den Weg mitgab. General Krasnow begann seine Rede mit der festen Vorahnung, daß der Junge die ihm bevorstehenden Prüfungen überleben werde.
»Wenn du wirklich überlebst«, fuhr er fort, »dann mußt du mein Testament vollstrecken: Beschreib alles, was du erlebst und hörst,

die Menschen, denen du begegnest. Beschreib die Dinge, wie sie sind. Übertreib das Schlechte nicht. Leg keine extra Farben auf. Entwerte das Gute nicht. Erzähl keine Lügen! . . . Halt deine Augen weit offen. Hier, unter diesen Umständen, wirst du keine Gelegenheit zum Schreiben haben, nicht einmal zu kurzen Notizen. Darum mußt du deinen Kopf als Notizbuch, als Kamera verwenden. Das ist wichtig. Es ist von allergrößter Wichtigkeit. Von Lienz bis zum Ende deiner Leiden mußt du dich an alles erinnern. Die Welt muß die Wahrheit über das erfahren, was geschehen ist, was jetzt geschieht und noch geschehen wird, von dem Verrat und Betrug angefangen bis zum Ende.«

Nikolai Krasnow vergaß diesen Rat nie, und als er sich fast elf Jahre später in Freiheit in Schweden befand, setzte er sich sofort hin und verfaßte in genau einem Monat den Bericht seiner Leiden. Alles zur Verfügung stehende Beweismaterial weist auf die Zuverlässigkeit seines Berichts hin. Über das Gespräch mit Merkulow hat er selbst geschrieben: »Obwohl seither elf Jahre vergangen sind, hat sich diese Begegnung mit Merkulow und alles, was er sagte, meinem Gedächtnis so unauslöschlich eingeprägt, daß ich glaube, alles genauso wiedergegeben zu haben, wie es war. Ich mag einiges weggelassen haben, habe aber nichts hinzugefügt.«[36]

Das ist wichtig, da Merkulows Rede wahrscheinlich eine so authentische Wiedergabe sowjetischer Beweggründe und Reaktionen ist, wie man sie sich nur wünschen kann. Viele der Redewendungen und Ideen sind von einer zuverlässigen, unabhängigen Quelle als Äußerungen von Merkulows engem Mitarbeiter Abakumow und anderen MGB-Beamten bestätigt worden.[37] Merkulows Drohungen mögen sich wie die Worte eines Obergauners in einem altmodischen Detektivroman für Schuljungen anhören, doch es gehört zu den Gegebenheiten des sowjetischen Kommunismus, daß er die Klischees der Verbrecherromane in die Wirklichkeit umgesetzt hat. Der Führer der polnischen Untergrundbewegung, Stypulkowski, der 1945 auch im Gefängnis Lubjanka verhört wurde, mußte ähnliche Prahlereien und Drohungen seines Untersuchungsbeamten Major Tichonow über sich ergehen lassen. Wie Merkulow »sagte Tichonow, es sei leicht genug, aus dem Leben zu gehen, aber weniger leicht, lebenslängliche Haft in einem der sibirischen *lagry* (Lager) zu ertragen«, und drückte auch eine ähnliche Verachtung der Feigheit und des Doppelspiels Englands aus.[38] Zweifellos waren diese Ansichten von der NKWD-Führung nach unten durchgesickert.

Daß Merkulow den einmaligen Schritt tat, die repatriierten Kosakenführer persönlich zu vernehmen, weist deutlich darauf hin, welche Bedeutung die Sowjetführung ihrer Gefangennahme beimaß. Inwieweit das auf die Furcht zurückzuführen ist, daß die Emigranten unter günstigeren Bedingungen ihr Regime hätten stürzen können, und inwieweit sie diesem unerwarteten Triumph über ihre ältesten und erbittertsten Gegner symbolische Bedeutung beimaßen, läßt sich nur mutmaßen. Es ist aber wahrscheinlich, daß Merkulow das aussprach, woran er tatsächlich glaubte. Er konnte unmöglich voraussehen, daß dieses Gespräch eines Tages in der übrigen Welt veröffentlicht werden würde. Die beiden Krasnows waren auf dem Weg in die nördlichen Lager. Fluchtfälle aus diesen Lagern sind nicht bekannt (zumindest nicht in der Zeit zwischen dem Ende des Weltkrieges und Stalins Tod), und es gab wenige Überlebende. Nikolais Vater wurde einige Monate später in ein unbezeichnetes Grab gelegt.[39]

Volkskommissar W.N. Merkulow konnte auch nicht voraussehen, daß sowohl er als auch sein Chef Berija acht Jahre später, nach Stalins Tod, von den aufsteigenden Rivalen unter Chruschtschows Führung liquidiert werden würden. Der Bolschewismus blieb weiterhin siegreich, neigte jedoch in Zeiten der Bedrängnis dazu, wie Schlangen oder Ratten, die eigenen Jungen zu fressen. Merkulow hätte noch viel weiter in die Zukunft blicken müssen, um zu erkennen, daß Chruschtschow eines Tages versuchen würde, durch Schließung einiger dieser Zwangsarbeitslager seine Macht zu festigen. Merkulow und seine Zeitgenossen müssen Zwangsarbeit für eine Dauereinrichtung eines marxistischen Staates gehalten haben. Im Jahre 1955 sah man jedoch ein, daß der wirtschaftliche Nutzen, der daraus zu ziehen war, in keinem Verhältnis zu den damit verbundenen sozialen und politischen Nachteilen stand. Daher wurde Zwangsarbeit als Wirtschaftsmethode aufgegeben und blieb nur noch eine Maßnahme des Strafvollzugs. Und schließlich geschah das vielleicht größte Wunder: Chruschtschow entschied, einigen der aus den Lagern entlassenen Ausländern die Ausreiseerlaubnis in ihre Heimatländer zu geben. Nikolai Krasnow gehörte zu dieser Kategorie, denn er war jugoslawischer Staatsbürger – eine Tatsache, die General Arbuthnott und Brigadegeneral Musson am Tag ihrer ersten Begegnung mit ihm erfahren hatten. Kurz nach Weihnachten (westlichen Datums) 1955, wurde er in Westberlin auf freien Fuß gesetzt und führte die Erinnerung an den Rat seines Großvaters und die Einzelheiten über seine zehneinhalbjährige Leidenszeit als geistiges Gepäck mit sich.

Seinem Großvater, seinem Onkel und anderen hohen Kosakenoffizieren war ein besonderes Schicksal vorbehalten. Am 17. Januar 1947 hieß es in einer kurzen Notiz der *Prawda*, daß Krasnow, Schkuro, Domanow und von Pannwitz sowie andere Kosakengeneräle wegen ihrer Verbrechen hingerichtet worden seien.[40]

Einige Einzelheiten konnte Nikolai in seinem fernen Lager sammeln: »... Später traf ich einen Mann, der mir erzählte, daß er über ein Jahr lang mit meinem Großvater in der gleichen Zelle im Gefängnis Lefortowo gesessen habe. Er sagte, die Verurteilten hätten sich mit Haltung und Würde geführt. Selbst die Urteilsverkündung und die Aussicht auf den Tod konnten ihre Fassung nicht beeinträchtigen.

Sie wurden im Hof des Gefängnisses Lefortowo hingerichtet.

Die Untersuchungszeit nahm meinen Großvater mit, jedoch nur körperlich. Seine Beine schwollen an. Zweimal wurde er ins Gefängnislazarett gebracht. Die Ernährung war miserabel, und nur einmal gaben sie ihm Portwein, um sein Herz anzuregen. Er trug während der ganzen Zeit Gefängniskleidung, denn man hatte ihm seine Uniform abgenommen und sie gereinigt und gebügelt im Gefängnisarsenal aufbewahrt. Den Gerüchten nach, so erzählte mir dieser Mann, habe General Krasnow jedoch vor Gericht Uniform getragen. Den gleichen Informationen zufolge hat das MWD-Museum die Uniformen aller Gehenkten aufbewahrt, auch die des deutschen Generals von Pannwitz.«[41]

Es mag manchem rätselhaft erscheinen, warum der Sowjetregierung im Augenblick ihres Sieges daran gelegen sein mochte, der alten

Generäle habhaft zu werden, die zuletzt in einem Zeitalter der Kavallerieschwadrone und der Doppeldecker gegen sie gekämpft hatten. Schließlich bekamen nur NKWD-Beamte diese Relikte einer anderen Zeit zu Gesicht, daher konnte dieses Bestreben kaum der üblichen Absicht entspringen, der russischen Bevölkerung die unwiderstehliche Macht der Sowjets vor Augen zu führen. Aber man konnte den NKWD-Beamten (und vermutlich auch den heutigen KGB-Beamten) die prunkvollen Uniformen und Waffen dieser hartnäckigen Widersacher zeigen, die als erste den Bolschewiken erbitterten Widerstand geleistet hatten. Sie waren entkommen, aber selbst nach einem Vierteljahrhundert hatte sie der lange Arm der Sowjetmacht erreicht und zurückgeholt. »Wir haben sogar ihren alten Verbündeten, den Engländern, befohlen, sie auszuliefern«, scheint die Moral dieser Geschichte gewesen zu sein. »Ohne Drohungen – wir haben nur mit den Fingern geschnippt, und sie haben sofort gehorcht. So sind die Engländer!«

Das NKWD hoffte überdies, unter den russischen Emigranten Furcht zu säen und ihnen jeden Glauben an die Macht und Hilfe der Demokratien zu nehmen.[42] Die Geschichten über die harte Behandlung der Heimkehrer wurden von den Behörden als warnendes Beispiel in der Sowjetunion in Umlauf gesetzt, gelegentlich wurden auch Opfer »zu Brei geschlagen« und zur Abschreckung vor Einheiten der Roten Armee gezeigt.[43] Es mag unwahrscheinlich klingen, daß die Herrscher der UdSSR ehrliche Angst vor den verstreuten Exilgruppen hatten, doch sie mochten hierfür ihre Gründe haben. Ein Sowjetführer gab zu: »So haben wir selbst auch angefangen!«[44] Nach Wyschinskis Ansicht gab es für Exilrussen nur einen sicheren Platz – unter der Erde.[45]

Weitere Hinweise auf die Denkweise der Sowjets gibt die kurze Meldung über die Hinrichtung der Generäle. Sie enthält eine Reihe wichtiger Ungenauigkeiten, um nicht zu sagen Lügen. Darin hieß es, Domanow sei während des Bürgerkriegs ein General der Weißen Armee gewesen. Das stimmt selbstverständlich nicht. Er war bis zu seiner Gefangennahme durch die Deutschen Major in der Roten Armee gewesen, die ihn später zum Generalmajor beförderte. Weder General von Pannwitz noch das 15. Kosaken-Korps hatten der

SS angehört, wie ebenfalls behauptet wurde.[46] Die Mehrzahl von Domanows und Pannwitz' Kosaken waren keine »Weißgardisten«, sondern flüchtige Sowjetbürger. Und schließlich hatte keiner der beiden Verbände unter dem Kommando der deutschen Abwehr gestanden, noch waren sie »zu Spionage-, Ablenkungs- oder Terroraktionen gegen die UdSSR« oder ein anderes Land eingesetzt worden. Das Kosaken-Korps war eine reguläre Einheit der Wehrmacht, und Domanows *Kasatschi Stan* ein Zwischending aus Flüchtlingslager und örtlicher Miliz. Die Absicht war, der sowjetischen Bevölkerung das Bild einer kleinen, rücksichtslosen Bande von Saboteuren zu vermitteln, die sich aus reaktionären russischen Emigranten zusammensetzte und unter dem Oberbefehl der Abwehr und der SS stand.[47]

9

Das Ende des Kosakenvolkes

Dies war das Schicksal der Kosakenführer. »Bereitet das Essen vor, wir sind abends wieder zu Hause!« hatten einige der Generäle einem Kosaken, der sie bediente, heiter zugerufen, als sie nach Spittal zur »Konferenz« fuhren.[1] Doch der Abend zog sich in die Länge, und die Offiziere erschienen nicht. Lydia Krasnow saß wartend in ihrem Hotelzimmer, die Stunden vergingen, es wurde sechs, sieben, acht Uhr – nun war auch der späteste Zeitpunkt verstrichen, den Peter Nikolajewitsch für seine Rückkehr angegeben hatte. Sie machte sich immer mehr Sorgen und ging hinunter. Dort traf sie Major Davies und den Bataillonskaplan, Reverend Kenneth Tyson.

»Kommen die Offiziere nicht zurück?« fragte sie angstvoll.

»Nein, jedenfalls nicht hierher«, gestand Davies.

»Aber werden wir unsere Männer bald wiedersehen? Wo werden wir sie treffen?«

Davies erwiderte verlegen, das wisse er nicht. Lydia wandte sich flehentlich an Kenneth Tyson und bat um seinen Beistand, doch der Kaplan sagte nur einige beruhigende Allgemeinplätze. Er selbst wisse auch noch nicht, was mit den Kosaken geschehen werde. Lydia Krasnow hatte die böse Vorahnung, daß sie ihren Mann nie wiedersehen würde.

Im Lager von Peggetz wartete auch Olga Rotowa besorgt auf Nachricht. Um acht Uhr wurde ihr erklärt, sie werde als Dolmetscherin gebraucht. Sie wurde zu zwei britischen Offizieren gerufen, die sie als Begleiter des Konvois am Nachmittag wiedererkannte. Neben ihnen stand einer der Lastwagen, der bedrohlich leer aussah. Olga wurde blaß. »Wo sind unsere Offiziere?« fragte sie.

»Sie kommen nicht hierher zurück.«

»Aber wo sind sie?«

»Ich weiß es nicht.«

»Aber Sie haben mir doch viermal versichert, daß sie zurückkehren«, wandte sie ein, »heißt das, daß Sie mich getäuscht haben?«

Der britische Offizier war nicht imstande, ihr in die Augen zu sehen, und erwiderte verlegen: »Wir sind lediglich britische Soldaten und müssen den Befehlen unserer Vorgesetzten gehorchen.«
Sie wollten die wachhabenden Kosakenoffiziere sehen, und bald darauf wurde bekanntgegeben, daß Major Davies alle rangältesten Unteroffiziere in seinem Amtszimmer im Peggetzer Lager zu sprechen wünsche. Dieses Treffen war für 21.00 Uhr anberaumt. Sie sollten Listen ihrer verschiedenen Regimenter und *Stanizas* mitbringen und Namen und Ränge auf englisch angeben. Dies wurde getan, und die Männer versammelten sich zur angegebenen Zeit, doch die Stunden vergingen, bis sie um Mitternacht annehmen mußten, daß Davies nicht mehr kommen werde. Selbst ein so nichtssagender Vorfall rief ein Schaudern innerhalb der Versammlung hervor. Sie glaubten, daß das Treffen auf den nächsten Morgen verschoben worden sei und alle in ihre Quartiere zurückkehren sollten. Ehe sie auseinandergingen, wählten sie jedoch einen Sprecher und Anführer, anstelle des so rätselhaft verschwundenen Atamans. Ihre Wahl fiel auf einen gewissen Kusma Polunin, einen Feldwebel, der allgemein geachtet wurde.
Olga selbst blieb zurück und wartete weiter. Plötzlich versagte der Strom. Sie setzte sich in der Dunkelheit und versuchte zu dösen, blieb aber wach, wie die meisten andern Lagerinsassen in dieser Nacht. Um halb drei blendete sie plötzlich das Licht einer Taschenlampe. Als sich Olga aufrichtete, stand Major Davies vor ihr. Er verlangte die Liste der Lagerinsassen. Als sie ihm erklärte, daß sich alle für die Nacht zurückgezogen hätten, sagte er ihr, das Treffen werde nun um halb neun am nächsten Morgen stattfinden.
Um halb neun waren alle vor Davies' Büro versammelt. Niemand erschien, und die Spannung stieg. Schließlich kam um neun Uhr ein britischer Leutnant, der zwar einen Dolmetscher bei sich hatte, sich jedoch an Olga Rotowa wandte.
»Lesen Sie dies vor!« befahl er brüsk und reichte ihr ein Schriftstück.
Das Dokument enthielt einen russisch geschriebenen Befehl, und die versammelen Kosaken hörten schweigend zu, während Olga den Text las:

»1. Kosaken! Eure Offiziere haben euch verraten und auf Abwege geführt. Sie sind verhaftet worden und werden nicht zurückkehren. Ihr könnt jetzt, da ihr sie nicht mehr zu fürchten braucht und auch nicht mehr ihrem Einfluß oder Druck ausgesetzt seid, ihre Lügen frei erörtern und eure Wünsche und Ansichten äußern.
2. Es ist beschlossen worden, daß alle Kosaken in ihre Heimat zurückkehren sollen.«
Es folgten einige allgemeine Anweisungen an die Kosaken, ihre interne Organisation beizubehalten und sich den Befehlen der britischen Militärs zu fügen.
Als Olgas klare Stimme verstummte, herrschte Totenstille. Inzwischen konnte es in Peggetz nur noch wenige geben, die nicht das Schlimmste befürchteten, aber zuhören zu müssen, wie man sie so gelassen dem Tod, der Folter und der Eishölle nördlich des 70. Breitengrades überantwortete . . . Schließlich erklärte eine laute, protestierende Stimme, daß diese Verleumdungen ihrer Offiziere Lügen seien, daß alle Kosaken ihre Offiziere verehrten und achteten und ihnen, wenn sie nur zurückkehrten, bis an das Ende der Welt folgen würden.
Der britische Leutnant hörte dieser Rede schweigend zu, teilte dann den Kosaken kurz angebunden mit, daß er sie nun Major Davies übergeben werde, und ging.[2]
Davies war unterdessen in Lienz. Ihm war wohl die abscheulichste Rolle übertragen worden, die je ein britischer Offizier auszuführen gezwungen war. Er hatte die Aufgabe, den Offiziersfrauen, die nun in dem Hotel, das Domanow als Quartier gedient hatte, versammelt waren, die Nachricht zu überbringen. Die Nacht zuvor war er gezwungen gewesen, Lydia Krasnow irrezuführen, doch nun mußte die Wahrheit bekannt werden. Nicht allein ihre Ehemänner waren einem unsagbaren Schicksal überantwortet worden, sondern die vielen Hundert hier versammelten Frauen sollten ihnen folgen.
Davies machte seine Mitteilung so mitfühlend, wie er nur konnte, und versicherte seinen Zuhörerinnen, es bestehe kein Grund zu der Annahme, daß ihren Männern unbedingt das Schlimmste zugestoßen sei. Überdies seien bereits Maßnahmen ergriffen worden, die Frauen wieder mit ihren Männern zu vereinen. Auf den Sturm der

Proteste und der Qual, der seinen Worten folgte, konnte Davies nur erwidern, daß er als Soldat keine andere Wahl habe, als seinen Befehlen zu gehorchen. Aber was für Befehle! Er löste sich aus dem Gedränge der verzweifelten Frauen und fuhr mit seinem Jeep zum Peggetzer Lager.

Dort war die Nachricht vor einer Stunde bekanntgegeben worden. Davies stand aber noch die beängstigende Aufgabe bevor, all denen gegenüberzutreten, mit denen er freundschaftliche Beziehungen unterhalten hatte, und ihnen zu gestehen, daß er sie widerholt angelogen hatte, als er den Offizieren versicherte, die »Konferenz« sei echt. Jetzt mußte er ihnen sagen, daß alle, ob sie wollten oder nicht, in die Sowjetunion repatriiert würden. Gleichzeitig war für ihn ihre extreme Verzweiflung und die Entschlossenheit, nicht zurückzukehren, ein wirkliches Rätsel. Er war jung und hatte in den letzten drei Jahren nur Loblieder über die heldenhafte Rote Armee und ihren begabten Führer, Marschall Stalin, zu hören bekommen. Trotz der fürchterlichsten Verluste und Leiden waren sie es gewesen, die die schier unbesiegbaren Nazihorden zurückgedrängt und Berlin gestürmt hatten und nun überall proklamierte Verbrüderung mit britischen und amerikanischen Truppen feierten, nachdem die drei alliierten Armeen im Herzen Deutschlands zusammengetroffen waren.

Über Olga Rotowa ließ er den Kosaken mitteilen, daß der 31. Mai, der übernächste Tag, als Repatriierungsdatum festgesetzt worden sei. Die Regimenter sollten in der Folge Don, Kuban, Terek auf Züge verladen werden, wobei das Hauptanliegen sei, die Familien zusammenzuhalten. Man werde alles tun, auch ihren Besitz zu befördern, die *Stanizas* als Gruppen zu erhalten und überhaupt die Reise so angenehm wie möglich zu gestalten. Für alle, die aufgrund ihres Alters und ihrer Gebrechlichkeit unfähig seien, am Haupttransport teilzunehmen, würden Sondervorkehrungen getroffen werden.

Davies tat sein Bestes, doch die Anwesenden sahen, daß er sehr beunruhigt war. Er glaubte zwar fest daran, daß ihre Ängste weitgehend unbegründet waren, doch er erkannte auch, wie groß die Todesangst war. Rufe wurden laut, daß sie nie freiwillig gehen würden; viele Frauen weinten, andere standen wie betäubt, Major Davies' verzweifelte Versicherungen über ihre Reisebedingungen erschienen ihnen als grausamer Hohn. Waren die Briten nicht nur falsch, sondern auch boshaft – oder lediglich über alles begreifliche Maß einfältig? Die Meinungen hierüber waren geteilt – und sind es bis heute.

Davies fuhr ab und erklärte vorher noch, daß er am Nachmittag zurückkommen werde. Bald darauf trafen zwei Lastwagen ein, um, wie es hieß, das Gepäck der Offiziere ihren Eigentümern zuzustellen. (Man hatte ihnen gesagt, daß sie zur »Konferenz« nichts mitzubringen brauchten, da sie am Abend wieder zurück sein würden). Die jammernden Frauen nahmen die Gelegenheit wahr, auch Pakete und Briefe mitzuschicken, doch was mit ihnen geschah, läßt sich nicht feststellen. Weder die Russen noch die Briten in Lienz konnten wissen, daß die Offiziere längst dem SMERSCH in die Hände gefallen waren. Zu diesem Zeitpunkt lagen sie schon in Haufen auf dem blutgetränkten Boden des Judenburger Stahlwerks. Dieser grausame, wenn auch unbeabsichtigte Schwindel ließ viele Frauen hoffen, sie würden ihre Männer wiedersehen.

Danach versammelten sich die Kosaken in Peggetz mit improvisierten schwarzen Fahnen und Schildern, auf die in fehlerhaftem Englisch gekritzelt war: »Besser Tod als unser Schicken in SSSR!!«

Als die Lastwagen mit dem Mittagessen erschienen, weigerten sich die Kosaken zu essen. Die Soldaten zuckten die Schultern, stapelten das Essen zu großen Haufen und fuhren ab. Um vier Uhr kehrte Davies zurück. Er schien zunächst eingeschüchtert von den schwarzen Fahnen, den Schildern und dem Menschenandrang, aus dem ihm Vorwürfe und Bitten zugerufen wurden.

Er erklärte, von allerhöchster Stelle den Befehl erhalten zu haben, daß alle Russen in die Sowjetunion zurückkehren müßten. Er könne nur gehorchen. Sobald dies der Menge übersetzt worden war, drängten sich einige vor und hielten ihm ihre Pässe und Nansen-Ausweise unter die Nase. »Wir sind keine Sowjetbürger«, versicherten sie ihm eindringlich. Dem Gesetz nach waren sie, wie diese Dokumente bewiesen, Franzosen, Italiener, Jugoslawen oder registrierte Staatenlose.

»Wie könnt ihr uns das antun?« rief einer. »1920 haben die Engländer Schiffe in die Dardanellen geschickt, um uns vor den Bolschewiken zu retten, und nun liefert ihr uns wieder an sie aus!«
Davies war entsetzt. Zum erstenmal wurde ihm klar, daß da etwas nicht stimmte. Aber die Befehle, die er und Oberst Malcolm erhalten hatten, waren eindeutig: *alle* Kosaken im Drautal waren auszuliefern. Davies wäre noch weitaus ratloser gewesen, wenn er gewußt hätte, daß sich nur fünfzehn Kilometer entfernt beim Brigadestab in Oberdrauburg zwei Korps-Befehle über die Auslieferung in General Mussons Akten befanden. Sie enthielten die genaue Definition eines Sowjetbürgers und erklärten, daß *lediglich* Sowjetbürger an die UdSSR ausgeliefert werden sollten. Warum diese Weisung nie bis Oberst Malcolm und Major Davies gelangte, wird in einem späteren Kapital zur Sprache kommen.
Es schien völlig unbegreiflich, daß Menschen, die keine sowjetischen Staatsangehörigen waren, an ein Regime ausgeliefert werden sollten, unter dem sie nie gelebt hatten, und Olga Rotowa ließ ihre Dolmetscherrolle fallen und wandte sich in eigener Person an Davies: »Müssen die Wlassow-Soldaten auch zurück?«
»Ja«, erwiderte er.
»Und die alten Emigranten?«
»Die alten Emigranten auch.«
»Ich selbst auch?« Olga hatte die letzten fünfundzwanzig Jahre in Jugoslawien gelebt und durch ihre Arbeit bei der Standard Oil Company Englisch gelernt.
»Ja, Sie auch. Alle Russen, ohne Ausnahme.«
»Aber sehen Sie doch, Major, die Männer weinen!«[3]
Auch in dieser Nacht schliefen nur wenige. Die improvisierten Kirchen waren mit Betenden gefüllt, die ihre Beichte ablegten und das Abendmahl empfingen. Der folgende Tag war der 30. Mai, und bei Morgengrauen des nächsten Tages sollten die Kosaken an ihre Feinde ausgeliefert werden. Unter der Führung Kusma Polunins wurden Besprechungen abgehalten, was zu tun sei, falls die Briten Gewalt anwendeten. Einige wenige wollten noch immer nicht glauben, daß die Briten fähig waren, solche Drohungen wahrzumachen; andere meinten, es handele sich um ein grauenhaftes Mißverständ-

nis. Sie setzten eine Bittschrift auf, die sie Oberst Malcolm übergaben. Darin stand: »WIR ZIEHEN DEN TOD der Rückkehr nach Sowjetrußland vor, wo wir zu langwieriger und systematischer Ausrottung verdammt sind. Wir, Ehemänner, Frauen, Mütter, Brüder, Schwestern und Kinder BETEN FÜR UNSERE RETTUNG!!!«[4]

Andere Bittschriften an König George VI., den Erzbischof von Canterbury und Winston Churchill wurden Major Davies ausgehändigt.[5] Es wurde später behauptet, Davies habe sie in den Papierkorb geworfen[6], doch wie er heute bezeugt, trifft dies nicht zu. Die Bittschrift, aus der oben ein Auszug zitiert ist, erreichte jedenfalls den Brigadestab, was jedoch später mit diesen Dokumenten geschah, ist nicht bekannt.

Während des ganzen 30. Mai bot das Drautal einen trostlosen Anblick. Auf allen Hütten und Zelten, selbst auf der Landstraße zwischen Lienz und Oberdrauburg, waren schwarze Fahnen gehißt. Ein Hungerstreik wurde angesagt, und das Essen, das die britischen Behörden in das Lager lieferten, blieb aufgestapelt und unberührt liegen. Die Priester hielten ohne Unterbrechung Gottesdienste ab, und aufgeregte Gruppen beratschlagten unter der Führung Polunins und seiner Helfer, welchen verzweifelten Ausweg man finden könne. Schluchzende Mütter hielten ihre Kinder umklammert, da sie nur zu gut wußten, daß sie ihnen am folgenden Abend vermutlich für immer entrissen würden. Bittere Worte fielen über die scheinheiligen Verfechter der Vier Freiheiten und der westlichen Demokratie.[7]

Im Laufe des Tages kam ein zeitweiliger Aufschub. Major Davies erschien abermals im Lager und teilte mit, daß die Unternehmung um vierundzwanzig Stunden verschoben werde, da der folgende Tag Fronleichnam sei. Die Kosaken faßten neue Hoffnung, daß ihnen vielleicht doch eine Intervention in letzter Minute Rettung bringen werde.[8] Der wahre Grund für die Verzögerung war jedoch die Erklärung der Sowjets, daß sie am ersten Tag nur 2000 Gefangene in Empfang nehmen könnten. Folglich waren zwei Züge abbestellt worden.[9]

Am 31. Mai konnte nur ein Eisenbahntransport abgehen, und da-

her wurde entschieden, die östlich von Oberdrauburg lagernden Kaukasier als erste zu schicken.
Es ließ sich nicht umgehen, sie in unserer Schilderung zeitweilig außer acht zu lassen und uns auf die tragische Lage der Kosaken zu konzentrieren, aber wir dürfen nicht vergessen, daß mehrere Tausend dieser Gebirgsvölker auch im Drautal interniert waren. Wie im voraufgegangenen Kapitel erwähnt, waren auch ihre Offiziere abtransportiert worden. Die Mannschaften und ihre Familien erfuhren erst etwas über ihr Schicksal, als ein britischer Offizier mit einem Dolmetscher in ihr Lager kam, um ihnen mitzuteilen, daß ihre Offiziere bereits an die Sowjets ausgeliefert und nun sie an der Reihe seien. Dies geschah am 28. Mai um 17.00 Uhr. Der Offizier war Oberst Odling-Smee, Kommandeur der 5. *Buffs*. Obwohl er auf eine feindselige Reaktion gefaßt war, erschütterte ihn der Sturm des Weinens, der Schreie und Proteste, die der Ankündigung folgte.
Oberst Odling-Smee stellte das Lager während dieser Nacht unter scharfe Bewachung und setzte überdies Streifen mit Maschinengewehren ein. Dennoch gelang es über zweihundert Kaukasiern, in die Wälder zu fliehen. Die Hälfte entkam als geschlossene Gruppe unter der Führung eines entschlossenen Angehörigen des Karatschajew-Stammes. Auch einigen alten Männern und Kindern gelang die Flucht. Einer von ihnen war ein ossetischer Unteroffizier namens Tuajew, der sich mit einem guten Freund auf den Weg machte. Er hörte, wie die Engländer auf die unbewaffneten Flüchtlinge schossen, konnte jedoch mit seinem Gefährten über die Berge nach Italien entkommen.[10]
Am nächsten Tag wurde Oberst Odling-Smee eine Bittschrift überreicht. Darin schilderten ihm die Kaukasier ihre Leidensgeschichte und flehten die Briten an, ihnen Schutz vor Verfolgung zu gewähren.[11] Die rätselhafte Antwort des britischen Befehlshabers lautete: »Die UdSSR ist unser Verbündeter und hat versprochen, sie nach ihrer Heimkehr in einem spärlich besiedelten Gebiet der UdSSR unterzubringen.« Beides war zwar zutreffend, schien jedoch den Gebirglern wenig Trost zu bringen.
Am Nachmittag des 30. Mai wurden die ersten Angehörigen des Kabardinar-Stammes zur Abfahrt auf dem Dellacher Bahnhof ab-

kommandiert. Die D-Kompanie der 5. *Buffs* traf um 14.00 Uhr ein und stellte fest, daß die Gefangenen kaum Vorbereitungen zu der Abreise getroffen hatten und andere sich beharrlich auf passiven Widerstand einrichteten.

Major McGrath, der Kompanieführer, berichtete später über seine Schwierigkeiten: »Neben dem Gleis unmittelbar an der Straße hatten sich etwa 200 Männer, Frauen und Kinder zu einem Kreis gruppiert. Sie schienen nicht zu beabsichtigen, von der Stelle zu weichen, sondern hatten eine schwarze Fahne gehißt, sangen Kirchenlieder und jammerten.

Ich befahl vier Drei-Tonnern, an sie heranzufahren, und versuchte sie mit etwa 20 Mann in diese Lastwagen einzuladen. Das Wehklagen wurde lauter, und eine Reihe von Leuten bedeutete uns, daß sie lieber von uns erschossen würden, als in die UdSSR zurückzukehren. Einige wurden unter größten Schwierigkeiten gewaltsam auf die Lastwagen gezerrt, doch es war unmöglich, sie am Wiederabspringen zu hindern, was auch alle taten. Gewisse Männer schienen die Rädelsführer dieses Sitzstreiks zu sein. Um ein Exempel zu statuieren, befahl ich vier meiner Leute, einen dieser Rädelsführer mit Gewalt in den Wagen zu setzen. Er machte jedoch soviel Tumult, daß ich gezwungen war, ihm mit einem Schaufelstiel über den Schädel zu schlagen (eine Anzahl meiner Leute waren damit bewaffnet), und es floß Blut. Das schien eine ernüchternde Wirkung auf die anderen auszuüben, denn von da ab kehrten sie zu ihren Wagen und ihrem Gepäck zurück. Ungefähr eine halbe Stunde später hatten sich alle zerstreut und wurden schließlich mit dem Rest ihres Stammes von meinen Leuten wieder auf der Straße versammelt.«

Diese Gruppe verbrachte die ganze Nacht in einem bewachten Gehege auf der Bahnstation und wurde dann ohne Schwierigkeiten mit einer weiteren Gruppe Gefangener in den Zug gesetzt. Gleichzeitig mit den Kabardinaren wurden auch 169 Kaukasier geschickt, die ausdrücklich um ihre Rückkehr in die Heimat gebeten hatten.[12]

Die Kabardinar-Sippen hatten für ihren Widerstand berechtigten Grund. Als die Deutschen 1942 ihre Heimat besetzten, waren sie geflohen, hatten jedoch eine Szene des Grauens verlassen.

»In der winzigen ›autonomen‹ Kabardino-Balkar-Sowjetrepublik im Kaukasus, in der Nähe der Stadt Naltschik, gab es ein Molybdän-Kombinat des NKWD, in dem nur Strafarbeiter beschäftigt waren. Als sich die Rote Armee aus der Gegend zurückzog, konnten mehrere Hundert Gefangene aus technischen Transportgründen nicht rechtzeitig evakuiert werden. Der Direktor des Kombinats ließ auf Befehl des Genossen Anochow, NKWD-Kommissar für Kabardino-Balkar, alle Unglücklichen, Männer wie Frauen, mit Maschinengewehren umlegen. Sobald die Gegend wieder von den Deutschen befreit war, erhielt Anochow seine Belohnung und wurde zum Präsidenten des Rates der Volkskommissare ernannt, der höchsten Stellung in dieser autonomen Region.«[13]

So konnte jeder Kabardinare, der glücklich genug war, in die Heimat anstatt in die Kohlenbergwerke von Workuta geschickt zu werden, darauf rechnen, von Kommissar Anochow willkommen geheißen zu werden.

Insgesamt wurden am 31. Mai und 1. Juni 3161 kaukasische Männer, Frauen und Kinder in drei Eisenbahntransporten nach Judenburg befördert. Die Männer wurden zu je 36 in verriegelte Wagons gesperrt, während man Frauen und Kinder später mit dem Gepäck verlud.[14] Und so verlassen sie auch unsere Geschichte.

Inzwischen hatten die Kosakenfamilien nur noch vierundzwanzig Stunden Zeit, voneinander Abschied zu nehmen – ein notwendiges Ritual, da es eine unumstößliche Regel der sowjetischen Behörden war, Familien zu trennen, ehe man sie in die Arbeitslager schickte.[15]

So mancher Enkel sah mit Trauer seine alten Großeltern an, die auf seinem Wagen Hunderte von Werst von der Kuban nach Polen, von Polen nach Italien und Österreich gekommen waren. Wie lange würden sie in Karaganda oder Petschora überleben? Zehn Tage? Zwei Wochen? Und die Frauen und Kinder . . . Jeder wußte, was den Frauen in den Lagern bevorstand, vor allem wenn sie jung und hübsch waren.

»Wir können es uns nicht leisten, sentimental zu sein«, hatte Eden geschrieben.

Eine weitere Trennung war für viele fast ebenso qualvoll. Den ganzen Donnerstag über waren überall Kosaken zu sehen, die zärtlich auf ihre Pferde einsprachen, ihre Mähnen und Nüstern streichelten und sie mit Zuckerstücken verwöhnten. Sie weinten ungeniert und trösteten ihre gescheiten Tiere, ihre Gefährten auf allen Fahrten und in allen Leiden. Gelegentlich führte ein gebrochener Kosak heimlich sein Tier in den Wald und verhinderte mit einem Revolverschuß jede Vernachlässigung nach der Abreise seines Herren. Professor Werbizki war Zeuge, als ein häßlicher alter Kosak seine ebenso häßliche, aber geliebte graue Kuh einer österreichischen Familie anbot. Die Familie war über das Geschenk ebenso erfreut wie der Alte bei dem Gedanken, wenigstens seiner Kuh eine gute Heimat verschafft zu haben.[16]

Die Nacht des 31. Mai ging vorüber (es war die dritte nach der Abfahrt der Offiziere), und die erste Morgendämmerung des neuen Monats lag über den Kosaken, die sich auf ihr Unglück vorbereiteten. Um sechs Uhr am Vorabend hatte man ihnen gesagt, sie sollten sich mit ihrem Gepäck reisefertig machen. Rusty Davies bat Olga Rotowa, sie früh um sieben am Tor zu treffen.[17] Als dies bekannt wurde, hatte der Don-Kosaken Priester, Vater Wassili Grigorjew die übrigen Geistlichen angehalten, alle Kosaken eine Stunde vor Major Davies' Ankunft in ihren *Stanizas* zum Gottesdienst auf dem Lagerplatz zu versammeln.[18] Gott allein konnte ihnen jetzt Hilfe schicken. Ein Kosak erklärte seinen österreichischen Hauswirten: »Kein Brot heute morgen, Schwester. Heute morgen müssen wir sterben.«[19]

Doch die Kosaken waren entschlossen, der Welt jedenfalls eines zu beweisen. Major Davies hatte sie inständig gebeten, bei den Vorbereitungen für den Abfahrtstag mitzuarbeiten. Sie wußten – wenn sie dies taten, konnte es später heißen, daß sie freiwillig nach Rußland zurückgekehrt wären. Die Engländer würden sie zur Abreise zwingen müssen; man durfte ihnen nicht erlauben, den moralischen Konsequenzen ihres Tuns auszuweichen. Wie wir bereits am Beispiel der aus britischen Lagern repatriierten Gefangenen gesehen haben, konnten die Beamten, wenn sich die Gefangenen *nicht* widersetzten, später behaupten, sie seien freiwillig gegangen, und alles gegenteilige Beweismaterial verschwinden lassen. Hiervon wußten die Kosaken zwar nichts, doch ihr Instinkt war richtig. Obwohl diese 30000 Menschen nur ein Tropfen in dem Meer der unseligen

Opfer waren, die damals von den Alliierten an Stalin ausgeliefert wurden, sind es gerade die furchtbaren Ereignisse des 1. Juni in Lienz, die mit dem Zutagetreten der Wahrheit die Tragödie der sowjetischen Gefangenen am klarsten beleuchten.

Priester in vollen Meßgewändern trugen Ikonen vor sich her und begannen vor einem improvisierten Altar auf dem Lagerplatz die Liturgie zu singen; die riesige, tausendköpfige Gemeinde nahm den vertrauten Gesang auf. Es war ihr geheiligter orthodoxer Glaube gewesen, der es ihren Ahnen ermöglicht hatte, die dunklen Zeiten der Tatarenherrschaft zu überdauern; wer konnte ahnen, ob es nicht doch Gottes Ratschluß war, seine gläubigen Kinder zu retten, was immer an diesem Tag geschehen mochte?

Olga Rotowa war unter den Betenden und stützte die kranke Frau (oder bereits Witwe) eines Obersts, der zur »Konferenz« nach Spittal gefahren war. Sie stimmte in die tröstlichen Responsorien ein, konnte jedoch nicht umhin, auch auf andere Leute zu achten, die sich bald einstellen mußten. Plötzlich hörte sie das Geräusch eines Wagens, der in das Tor einbog, und erkannte Major Davies in seinem Jeep. Neben ihm saß Unteroffizier Kusma Polunin, denn Davies hatte die vergebliche Hoffnung, er werde ihm bei der Ausführung seiner Befehle helfen.

Es war 7.15 Uhr. Rusty Davies schätzte die versammelte Menschenmenge auf ungefähr viertausend. Es war völlig eindeutig, daß sie keinerlei Absicht hatten, sich kooperativ zu zeigen. Davies stellte seine Kompanie auf, die hinter ihm aus ihren Lastwagen gesprungen war, und wartete einige Minuten das Ende des Gottesdienstes ab. Dann befahl er seinem Dolmetscher, einem jungen Offizier, den ihm der Divisionsstab geschickt hatte, durch Lautsprecher bekanntzugeben, daß er ihnen zehn Minuten Zeit gebe, den Gottesdienst zu beenden. Die zehn Minuten gingen vorüber; er gab ihnen noch fünf endgültige Minuten. Viele bleiche Gesichter hatten sich ihm zugewandt, doch der Gesang und die Gebete dauerten an. Inzwischen war Oberst Malcolm erschienen. Er wies Davies an, gegen die Kosaken vorzurücken und sie auf die wartenden Lastwagen zu bringen. Ein Zug erhielt Befehl vorzurücken, doch darauf reagierten die Kosaken auf sichtlich vorher verabredete Weise. Kaum setzte sich die Menschenmenge in Bewegung, um vor den vordringenden Soldaten zurückzuweichen, wurde es deutlich, daß sich ein äußerer Ring der jüngeren und stärkeren Männer bildete, der Frauen, Kinder und Alte in die Mitte nahm. Als die britischen Truppen vordrangen, knieten oder kauerten sich die ihnen Nächststehenden auf den Boden, hakten ihre Arme unter und machten es auf diese Weise unmöglich, einzelne aus der Menge herauszugreifen. Angesichts dieses passiven Widerstandes kehrten die Soldaten zu Davies zurück.

Diesem war klar, daß es zwecklos war, Schritte gegen die Hauptmasse der Menschen zu unternehmen, und daß Blut fließen würde, wenn man bis zum Äußersten ginge. Seine Hauptverantwortung galt seinen eigenen Leuten, doch er versuchte ebenso verzweifelt, seine Aufgabe auszuführen, ohne die Kosaken zu verwunden. Ihm und den übrigen *Argylls* war die ihnen übertragene Aufgabe nie angenehm gewesen, doch als sie jetzt einer unbewaffneten Menge gegenüberstanden, in der sich eine große Anzahl von Frauen und Kindern befand, wurde es selbst den robustesten unter ihnen zuviel. Der Bataillonskaplan, Kenneth Tyson, betonte mir gegenüber: »Sie konnten nicht glauben, daß sie für so etwas Krieg geführt hatten. Sie empfanden Abscheu vor der ganzen Sache.«

Rusty Davies hatte seine Befehle, und obwohl er bereit war, alles zu tun, um mit einem Mindestmaß an Gewalt auszukommen, war er dennoch entschlossen, sie auszuführen. Wie es den üblichen Methoden der Massenkontrolle entsprach, schickte er einen Zug vor, der einige Randgruppen von den übrigen abtrennen sollte. Seine Soldaten waren mit Gewehren und Holzknüppeln ausgerüstet, bildeten einen Keil und bahnten sich so erfolgreich einen Weg durch eine Randgruppe. Etwa zweihundert Kosaken wurden auf diese Weise wider Willen von den übrigen getrennt, drängten sich jedoch noch immer so eng wie möglich zusammen. Sobald sich der Spalt zwischen ihnen und der Hauptmasse erweiterte, befahl Davies seinen zwei restlichen Zügen, dafür zu sorgen, daß die beiden Gruppen auch getrennt blieben.

Jetzt drang der erste Zug auf die Teilgruppe vor, um sie auf die wartenden Lastwagen zu verladen. Was dann folgte, beschrieb Davies

in dem Bericht, den er kurz darauf verfaßte: »Sobald der Zug näherkam, um mit der Verladung zu beginnen, drängten sich die Menschen in einer undurchdringlichen Masse zusammen, knieten, kauerten und hielten sich dabei fest umschlungen. Wenn es gelang, einzelne vom Rande der Menge wegzuzerren, drängten sich die übrigen um so dichter zusammen, und als Panik ausbrach, kletterten sie bei ihren verzweifelten Versuchen, den Soldaten zu entkommen, übereinander weg. Das Ergebnis war eine hysterisch schreiende Pyramide von Menschen, unter der eine Anzahl von Personen eingeklemmt lagen. Die Soldaten versuchten verzweifelt, sie zu zerstreuen, um die darunter Eingeklemmten zu retten; sie schlugen mit Spatenstielen und Gewehrkolben auf Arme und Beine, um ihren Zusammenhalt zu lockern. Als es schließlich gelang, diese Gruppe zu trennen, fanden wir einen Mann und eine Frau vor, die erstickt waren. Aus dieser Gruppe mußte jeder einzelne mit Gewalt auf die Lastwagen befördert werden.«[20]
Sobald ein Lastwagen voll war, raste er aus dem Lager und fuhr einige hundert Meter weiter nördlich zu einem wartenden Zug, der aus fünfzig schwer vergitterten Viehwagen bestand. In der Mitte des Zuges war ein offener Waggon angekoppelt, auf dem zwei hemdsärmelige Soldaten der *Lancashire Fusiliers* neben einem Maschinengewehr saßen. Sobald die einzelnen Waggons mit jeweils 36 Kosaken beladen waren, wurden schwere Riegel vorgeschoben. Gelegentlich war dann nur noch eine Hand zu sehen, die flehentlich mit einem Tuch ohnmächtigen Freunden zuwinkte.[21]
Im Peggetzer Lager mußte Major Davies nun versuchen, eine zweite Gruppe abzusondern. Er beschwor Vater Grigorjew vergeblich, dem Widerstand ein Ende zu setzen, und befahl dann seinen Truppen abermals vorzurücken. Die Soldaten gingen mit drohend vorgehaltenen Waffen auf die zusammengedrängten Kosaken zu und versuchten wieder, sich einen Weg zu bahnen und Teilgruppen abzusondern. Doch die Menge hatte das brutale Vorgehen gegen die bereits Verladenen mit wachsendem Schrecken mitangesehen. Alle erkannten sie nun, was sie zuvor nicht hatten glauben wollen, daß die britischen Soldaten auf Befehl jede, auch die gewaltsamste Methode anwenden würden, um sie wegzubringen.

Als sich die ersten Soldaten einen Weg durch die dichte Menge schlugen, wurden die Kosaken von wilder Panik gepackt.
Eine junge Mutter erinnerte sich später: »Es gab ein fürchterliches Gedränge; ich stand plötzlich auf irgendeinem Körper und konnte mich nur bemühen, ihm nicht auf das Gesicht zu treten. Die Soldaten ergriffen die Leute einzeln und brachten sie rasch zu den Lastautos, die jetzt bereits halbleer losfuhren. Überall waren aus der Menge Rufe zu hören: ›Komm herbei, Satan! Christ ist auferstanden! Gott sei uns gnädig!‹
Jeder, der von den Soldaten gegriffen wurde, wehrte sich verzweifelt und wurde zusammengeschlagen. Ich sah, wie ein englischer Soldat einer Mutter das Kind entriß und es in einen Lastwagen werfen wollte. Die Mutter erwischte ein Bein ihres Kindes, und beide zerrten in entgegengesetzter Richtung. Später sah ich, daß die Mutter das Kind nicht mehr trug, das Kind war gegen die Seite eines Lastwagens geschleudert worden. Was danach geschah, weiß ich nicht. Der Altar wurde umgeworfen, die Meßgewänder der Geistlichen zerrissen . . . wir standen so dicht gedrängt, daß eine Mutter (sie trug eine Ikone Unserer Lieben Frau von Kasan um den Hals) bleich wurde und nach Luft rang.
›O Gott‹, betete ich, ›Warum habe ich in solch einer Zeit ein Kind geboren! Gott! Was soll ich tun? Heiliger Theodosius von Tschernigow, rette meine Tochter! Wenn ich sie lebend über diesen schrecklichen Freitag bringe, verspreche ich, in Zukunft jeden Freitag streng zu fasten, um diesen Freitag nie zu vergessen!‹
Und so geschah das Wunder. Die gleiche Menge, die eben noch drohte, uns zu zermalmen, drückte uns nun langsam hinaus und befreite uns. Und wie sie geschoben haben . . . nicht in Richtung der Soldatenkette, sondern in der entgegengesetzten, so daß sich vor uns der Weg zur Brücke öffnete, der über den Fluß und in den Wald führte.«
Es war eine kleine Brücke über die Drau, die die Südseite des Lagers begrenzte. Selbst im Sommer hat die Drau eine reißende Strömung. Als sich die ebenso reißende Flut der Flüchtlinge über die Brücke ergoß, beobachtete die junge Frau, deren Bericht wir gerade hörten, wie eine andere Mutter ihr Kind an sich drückte und sich in den to-

senden Fluß warf. Der Berichterstatterin und ihrer Familie gelang es nach einigen weiteren Gefahren, in den Bergen Zuflucht zu finden; sie hat ihren Schwur gehalten und seit jenem Tag jeden Freitag bei Brot und Wasser gefastet.[22]

Den Kosaken schien es, als wären die Soldaten der *Argylls* zu Berserkern geworden. Sie schlugen mit ihren schweren Waffen um sich und droschen unterschiedslos auf Männer und Frauen, auf jung und alt ein. Die Priester und ihre Helfer wurden weggezerrt, ihre Gewänder und Ikonen in den Staub getreten. Ein Kuban-Kosak mittleren Alters, der während des Gottesdienstes eine Ikone der Jungfrau Maria getragen hatte, wurde so brutal geschlagen, daß das Blut auf Hals, Gesicht, Hände und sogar auf die Ikone gespritzt war. Acht Jahre später schrieb ein anderer Kuban-Kosak: »Meinem Gedächtnis hat sich folgende Szene eingeprägt: Ein bewaffneter britischer Soldat begleitete eine junge Kosakin, die ein einjähriges Kind in den Armen hielt. Die Hand des Kindes war leicht verletzt oder zerkratzt. Der Soldat hielt zehn Meter von der Menge entfernt, wickelte eine Bandage um die Hand des Kindes, gab ihm aus seiner Feldflasche Wasser und brachte es dann, trotz des Flehens der Mutter, auf den Lastwagen.«[23]

Ungefähr um diese Zeit traf der Bataillonsarzt John Pinching ein. Man hatte ihn gerufen, sobald deutlich wurde, daß es schwere Verletzungen geben würde, und er erinnert sich, etwa ein Dutzend Verletzte mittleren Alters behandelt zu haben, die zumeist Kopfwunden hatten. Manche nähte er auf der Stelle, zwei oder drei der Opfer hatten Gehirnerschütterungen und kamen in das Lienzer Krankenhaus. Olga Rotowa begegnete ihm, als er diese Leute gerade auf einem nahegelegenen Grashügel versorgte. »Der Arzt drückte mir gegenüber seine Empörung aus, daß man gegen unsere Leute mit Waffen vorgegangen war. ›Es ist unmenschlich‹, sagte er weinend zu mir.«[24]

Einer der Priester, Timofei Soine, beschreibt, wie seine Frau im Gedränge von ihm getrennt und zu Boden gestoßen wurde. Sie glaubte bereits unterzugehen, als man ihr zum Glück wieder auf die Beine half. Während die Menge in alle Richtungen gedrängt wurde, sah sie, daß auf dem Erdboden eine Mutter mit Kind totgetrampelt wurden. Überall schrien Kinder nach ihren Eltern, und die in der Menge festgekeilten Eltern sahen sich angstvoll nach ihren Kindern um. Wenn möglich packten die *Argylls* die Kinder zuerst und stießen sie auf die Lastwagen. Zum Teil, um sie vor Gefahr zu schützen, und zum Teil auch, weil dann die verzweifelten Eltern hinterherliefen und ebenfalls verladen werden konnten. Aber die verzweifelten, instinktiven Bemühungen der Eltern wie auch das objektive Bestreben Rusty Davies', die Familien zusammenzuhalten, waren zumeist zwecklos.

Als die Menge in Panik geraten war, begann sie sich in Bewegung zu setzen. Einige lösten sich aus dem Gemenge und eilten auf die kleine Draubrücke zu, während sich die übrigen eng zusammendrängten und in einer blind ringenden Masse vor den britischen Soldaten zurückwichen, die ihrerseits bemüht waren, weitere Gruppen abzusondern und zu verladen. Über den Höllenspektakel hinweg schrien die Kosakenführer, daß alle zusammenbleiben sollten. Das war der Plan, den sie verabredet hatten, da sie nur so hoffen konnten, von den Soldaten nicht vereinzelt gegriffen und auf die Lastwagen gebracht zu werden. Nun wurde die Menge der verstörten, schreienden Kosaken von ihrer eigenen Wucht gegen einen festen Lattenzaun getrieben, der die östliche Grenze des Lagers bildete. Der Druck wurde immer unerträglicher, es schien bereits, als würden Hunderte erdrückt werden. Doch nun gab ein Teil des Zaunes nach, und die Menge schwärmte auf das benachbarte Feld, wo sich schließlich die Mehrzahl befand. Während die Kosaken herumgingen und nach Freunden und Verwandten Ausschau hielten, nahmen die Priester ihren unterbrochenen Gottesdienst wieder auf. Alle rangen nach Luft vor Hitze und Erschöpfung und erholten sich wieder ein wenig. Sie drängten sich eng und verängstigt zusammen, und diejenigen, die dem Zaunspalt am nächsten waren, sahen sich furchtsam nach ihren britischen Verfolgern um. Doch niemand belästigte sie, obwohl das Feld sofort mit einem Truppenkordon umzingelt worden war.[25]

Davies genügten vorläufig die im Lager übriggebliebenen Nachzügler. Er notierte in seinem Bericht: »Eine ganze Anzahl hat jetzt die Hauptgruppe freiwillig verlassen, um nach verlorenen Verwandten und Kindern zu suchen oder sich mit ihnen zu vereinen. Dieser allmähliche Zufluß Freiwilliger ergab eine ausreichende Anzahl für unseren ersten Bahntransport.«

Eigentlich war der Transport nicht vollzählig, doch Oberst Malcolm hatte die Befürchtung, daß die Situation unkontrollierbar werden könnte, und beschloß, es für den ersten Tag genug sein zu lassen. Wie aus dem Bericht hervorgeht, befahl er Major Davies, »keine weiteren Personen mit Gewalt zu sammeln und statt dessen die inzwischen Zurückgekehrten aus den Hütten zu holen. Auf diese Weise wurden bis 11.30 Uhr 1252 Personen auf den Zug verladen. Als vollzählige Ladung waren 1750 vorgesehen, aber in Anbetracht der unvermeidlichen Verletzungen entschied ich, die gewaltsamen Methoden nicht fortzusetzen.«[26]

Die Verlustliste war allerdings beträchtlich. Abgesehen von den vielen, die von den Soldaten oder im Gedränge verletzt worden waren, hatte es auch eine Reihe Todesfälle gegeben, die sich direkt oder indirekt aus dem Geschehen dieses Vormittags ergaben. Wenn sich die Kosaken aneinanderklammerten, war es, wie Oberst Malcolm feststellte: »nötig, hart zuzuschlagen, um sie voneinander zu trennen und von jeweils drei oder vier Soldaten zu den Lastwagen zerren zu lassen. Es gab hierbei viele kleinere Handgemenge und Kämpfe, bei denen eine Anzahl Kosaken Verletzungen und Schnittwunden erlitten. Meine Leute gebrauchten Spatenstiele und Gewehrkolben, doch die Bajonette waren aufgesetzt, und hierdurch wurden einige unbeabsichtigte, jedoch niemals vorsätzliche Verwundungen verursacht . . . vier Personen wurden anscheinend im Gedränge zu Boden gestoßen und getötet; es ist aber auch möglich, daß sie schon vorher unter den großen Menschenhaufen erstickt waren, die sich in manchen Fällen in mehreren Schichten übereinander zu Boden geworfen hatten.«

Rusty Davies schrieb, während des zweiten Ansturms habe sich »einer aus der Menge an das Gewehr eines Soldaten geklammert und vorsätzlich auf den Abzug gedrückt, um sich zu erschießen. Die Kugel tötete jedoch einen in der Nähe stehenden Jungen. In diesem Gedränge wurde ein Mann totgetreten.«

Das Kriegstagebuch der *Argylls* gibt die Gesamtziffer der Toten und

Verletzten wie folgt an: »5 getötet; 3 mit Schußwunden evakuiert; 7 Kopfverletzungen; zusammengebrochen 2; Frauen und Kinder 2.«[27]

Es scheint jedoch, daß sich dies lediglich auf die Todesfälle im Lager selbst bezieht. In der Gegend hat es offenbar sehr viel mehr Tote gegeben. Schon bevor die Auslieferungen begannen, hatten sich zwei Offiziere, deren Ansichten über den Wert englischer Zusicherungen eher zynisch waren, im Wald erschossen. Während der Operation selbst hatten die Soldaten unausgesetzt auf die Flüchtlingsgruppen geschossen, vor allem auf die, denen es gelang, über die Draubrücke zu entkommen. Ein überlebender Kuban-Kosak, Daniel Kolomeic, erinnert sich, daß bei seiner Flucht in die Berge sein Gefährte niedergeschossen wurde.[28] Eine Kosakenfrau, die sich im Unterholz versteckt hatte, wurde durch das Bellen ihres Hundes verraten und von einer Salve Maschinengewehrfeuer getötet.

Viele, vermutlich zwanzig oder dreißig, ertranken in der Drau. Eine Ärztin, Praskowia Woskoboinikowa, warf sich mit ihrer ganzen Familie, mit Kindern, Mutter und Schwester in den Fluß.[29] Viele ähnliche Fälle wurden beobachtet, in denen die Mütter in der Verzweiflung ihre Kinder opferten, um sie vor den Qualen einer in Arbeitslagern verbrachten Jugend zu bewahren.[30] Ein Augenzeuge sah, wie sich ein Kosak an seinem Sattel festband und mit seinem Pferd in die wirbelnde Strömung der Drau sprang.[31] In einem Lienzer Lazarett warf sich ein kranker Kosak aus dem Fenster, als die Soldaten ihn abholen wollten.[32]

Die britischen Offiziere waren entsetzt von diesen Beweisen völliger Verzweiflung. Kenneth Tyson erinnert sich, daß er eine Leiche an einem Baum in der Nähe der Bahnstation von Dölsach hängen sah, und Rusty Davies erinnert sich an »mehrere« an jenem Tag. Dem vielleicht tragischsten Fall stand Davies gegenüber, als er nach den morgendlichen Aktionen das ganze Gelände abschritt. Auf einer Waldlichtung lagen fünf Leichen. Vier davon waren eine Mutter mit drei Kindern, das jüngste ein kleines einjähriges Mädchen. Alle waren von hinten erschossen worden. Etwas abseits lag die Leiche eines Mannes und neben ihm ein Revolver, mit dem er sich in den Kopf geschossen hatte. Es war dieser Anblick, der Davies mehr als

alles andere bewußt machte, welche Angst die Kosaken vor der Repatriierung in die Sowjetunion hatten; denn für diese Tragödie konnte es nur eine Erklärung geben: der Vater hatte erst nacheinander seine ganze Familie erschossen, war dann etwas zur Seite gegangen und hatte seinen eigenen Leiden ein Ende gemacht.[33]
An diesem Abend glich das Lager von Peggetz und seine Umgebung einem Schlachtfeld, über das sich die Nacht senkte. Blutige Gestalten irrten umher und suchten nach verlorenen Verwandten. Überall trabten herrenlose Pferde herum, deren klagendes Wiehern gelegentlich von den scharfen Schreien der Kamele unterbrochen wurde. Kleine Grüppchen flüchteten in die Berge, während andere aus ihren Waldverstecken hervorkamen und sich wieder in ihren Quartieren in dem nun stillgewordenen Lager einrichteten.[34] Und überall lagen Tote und Verletzte.
Wie viele starben an jenem Tag entweder durch Selbstmord oder durch die britischen Soldaten? Britische Quellen geben nur etwa ein Dutzend Tote an, doch diese Zahl erscheint zu klein. Die im allgemeinen genaue Olga Rotowa schätzt, daß es, wenn man alle, die zu Tode gedrückt oder erschossen wurden, sowie die Ertrunkenen und die Selbstmorde zusammenzählt, 700 Opfer waren.[35] Diese Zahl ist sicher zu hoch gegriffen, obwohl es in den Wäldern der Umgebung viele Tote gegeben haben muß, von denen die britischen Behörden nichts ahnten. Bartholomäus Plautz, ein Österreicher, der im nahegelegenen Nikolsdorf beheimatet ist, leidet noch immer an Alpträumen, wenn er sich an das Bild um sein Haus am 1. Juni 1945 erinnert. Mit einem Freund zusammen machte er sich mit dem Pferdewagen auf den Weg, um die toten Kosaken aufzulesen und zu begraben. Er erinnert sich nur zu lebhaft, daß er Frauen mit aufgeschnittenen Kehlen auf den Feldern fand, die ihre toten Säuglinge umklammert hielten. Wie er sagt, ließen sich nur wenige identifizieren.[36]
In der Nähe des Lagergeländes von Peggetz ist ein kleiner Friedhof, auf dem einige der Opfer begraben liegen. Jedes Jahr kommen Russen aus aller Welt hierher, um Andachten zu halten und für die Seelen der Verstorbenen zu beten. In Lienz steht auch eine reizende kleine russisch-orthodoxe Kirche. Beide werden von einem klei-

nen, einäugigen Kosaken namens Iwan Gordijenko mit Liebe versorgt. Er selbst ist ein Überlebender der oben geschilderten Ereignisse und hat den Verfasser an alle Orte geführt, an denen sie sich vor dreißig Jahren zutrugen.[37]

Nicht nur im Peggetzer Lager gab es an jenem Tag gewaltsame und tragische Szenen. Weiter östlich, in Oberdrauburg, sahen sich die Männer der 6. *Royal West Kents* und des 56. *Reconnaissance Regiment* vor einer ähnlichen Aufgabe, die Tausende von Mitläufern des *Kasatschi Stan* zu sammeln und nach Judenburg zu bringen. Wie in Peggetz waren auch hier seit zwei Tagen schwarze Fahnen gehißt und Bittschriften gegen die Repatriierung eingereicht worden. Einige Kosaken hatten den Wunsch geäußert, in die UdSSR zurückzukehren, und wurden zu ihrem eigenen Schutz in den Gefängnisbaracken östlich von Lienz untergebracht.[38]

Am 1. Juni wurden, ähnlich wie in Peggetz, Vorkehrungen für den Transport getroffen. Auch hier unternahmen die Kosaken einen vorher vereinbarten, verzweifelten Versuch, Widerstand zu leisten.

Leutnant E.B. Hetherington von den 6. *Royal West Kents* erinnert sich an den Beginn der Operation:

»Als wir das Lager betraten, war es offensichtlich, daß die überwiegende Mehrzahl der Kosaken nicht die Absicht hatte, sich evakuieren zu lassen. Dies bewiesen sie dadurch, daß sie sich an einem Ende des Lagers zusammendrängten, wobei der äußere Ring mit eingehakten Armen den Durchbruch unserer Leute zu verhindern suchte. Ich befahl den Soldaten des 11. Zuges, ihre Bajonette aufzusetzen, um die Kosaken dadurch zum Ergeben zu bewegen, jedoch ohne Erfolg. Als Antwort zogen sie ihre Hemden aus und baten die britischen Soldaten, sie zu erstechen. Darauf wurde ein Dolmetscher gerufen, der mit ihnen sprach und ihnen erklärte, wie töricht ihr Verhalten sei, da sie, wenn sie nicht gutwillig mitkämen, mit Gewalt weggebracht würden. Diese Erklärung wurde mit lautem Beifall quittiert.

Der Führer der Kosaken war bereits gegriffen und in den wartenden Zug gebracht worden; es wurde nun beschlossen, soviel Gewalt anzuwenden, wie nötig war, um unseren Befehl auszuführen.«

Der passive Widerstand der Gefangenen war jedoch so entschlossen, daß die *West Kents* gezwungen waren, Verstärkung herbeizuholen. 45 Mann von den *Lancashire Fusiliers*, die zur Bewachung des Zuges abkommandiert waren, kamen ihnen zu Hilfe. Nach ausgedehnten Schlägereien und dem Gebrauch von Schußwaffen wurden 1749 Kosaken (darunter 102 Frauen und 4 Kinder) in die Viehwagen verladen. Leutnant R. Shields von den *Inniskillings*, der die Operation beobachtete, schrieb: »Ich wurde Zeuge vieler erstaunlicher Beweise fanatischer Angst und des Grauens vor der Zukunft, die ihnen, wie sie glaubten, bevorstand. Männer lagen mit entblößter Brust auf dem Boden ausgestreckt und wollten auf der Stelle erschossen werden. Es gab auch Frauen, die völlig außer sich waren.«

800 Kosaken auf diesem Zug kamen aus einem anderen, etwas weiter oberhalb an der Bahnlinie gelegenen Lager. Leutnant Shields fuhr nun in dieses Lager[39], wohin bereits eine Kompanie seines Regiments zur Überwachung des Transports geschickt worden war. »Inzwischen [so Shields Augenzeugenbericht] war Hauptmann Campbell mit der Mehrzahl der A-Kompanie angekommen. Dann begannen die Schwierigkeiten von neuem. Sobald wir Anstalten machten, sie in den Zug zu verladen, setzen sie sich, wo sie gerade waren, auf den Boden, hakten die Arme unter, weigerten sich zu gehen und forderten, sie auf der Stelle zu erschießen. Hauptman Campbell entschied, daß dies nicht der Augenblick war, sanft zu sein und sie zur Abfahrt zu überreden, sondern daß man sie mit Gewalt fortschaffen müsse. Die Truppen setzte ihre Bajonette auf und begannen, die Menge in kleine Gruppen aufzuteilen. Das war nicht leicht. Nach zehn Minuten Stockhiebe wurden Gewehre und sogar Bajonettspitzen benutzt, und dies nicht gerade sanft.

Inzwischen waren unsere Leute ziemlich in Rage, und dann eröffnete einer Feuer. Darauf hatten die Soldaten nur gewartet. Sie schossen über die Köpfe der Kosaken hinweg und vor sie auf den Boden. Die Sache war mittlerweile recht wüst geworden, und unsere große Sorge war nun, wir könnten auf unsere eigenen Leute schießen, was aber zum Glück nicht geschah. Unterdessen waren einige zu den wartenden Lastwagen gegangen, die sie zum Zug bringen sollten. Die Mehrzahl war jedoch noch immer nicht bereit, sich auch nur einen Zentimeter von der Stelle zu rühren, trotz der recht groben Behandlung, die ihnen zuteil geworden war. Es war vor allem ein Mann, den ich für den Anführer hielt, da er alle unter Kontrolle zu haben schien. Als er zum Lastwagen gezerrt wurde, blutete er von den Schlägen, die er erhalten hatte, sein Ledermantel (der vor dem Kampf tadellos war) hing in Fetzen herunter, seine Jacke und sein Hemd auch.

Nach seinem Verschwinden und weiteren Schüssen, die immer wahlloser wurden, je mehr unsere Leute in Wut gerieten, begannen alle sich den Lastwagen zu nähern, mit Ausnahme von 200, die versuchten, in den Wald zu entkommen.

Ihnen begegnete selbstverständlich Maschinengewehrfeuer, das wir zur Verhinderung derartiger Versuche aufgestellt hatten. Das hielt die meisten zurück, jedoch nicht, bevor es Verluste gegeben hatte.[40] Die wenigen, denen die Flucht gelang, wurden schließlich von den *Royal West Kents* im benachbarten Lager gegriffen.

Von da an war die Sache einfach. Wir räumten das Lager, sammelten die Verletzten und Toten ein, die sich auf 3 Tote und 4 Verwundete beliefen; zwei von ihnen waren schwer verletzt und wurden ins Lazarett gebracht.

Im ganzen brauchte die Kompanie zwei Stunden, um ein Lager von etwa 800 Kosaken zu räumen.«

So viel Blutvergießen und Brutalität, nur um 800 Menschen auf Lastwagen zu verladen! Zur gleichen Zeit gelang es Major Davies, wenige Kilometer weiter westlich, mit genau der gleichen Anzahl Soldaten, aber sehr viel weniger Härte mit ungefähr 4000 fertig zu werden. Hierbei darf jedoch nicht übersehen werden, daß die *Argylls* drei Wochen lang in enger Verbindung mit den Kosaken gelebt hatten, während die *Inniskillings* eben erst aus Villach angekommen waren, um bei dem Unternehmen zu assistieren. Es ist in diesem Zusammenhang bemerkenswert, daß die Kosaken in ihren Memoiren die *Inniskillings* nicht einmal erwähnen, während Rusty Davies und die *Argylls* von fast allen verdammt werden. Da Major Davies und die *Argyll and Sutherland Highlanders* mit den Kosaken in Lienz so ausgiebig zu tun hatten, sind auch ihre Namen in die Geschichte der Kosaken eingegangen, wobei sich die Autoren offenbar nicht bewußt sind, daß auch andere Einheiten zur Verladung herangezogen wurden. Es war allerdings auch nicht die richtige Gelegenheit, sich die Namen der Einheiten zu merken, denen sie nur so kurze Zeit gegenüberstanden. Es ist daher möglich, daß sich in der Erinnerung mancher Kosaken die Ereignisse in Oberdrauburg mit denen in Peggetz verquickt haben und daß dies die Erklärung dafür ist, warum die Memoiren der Kosaken über Vorfälle am 1. Juni in Peggetz berichten, die sich in Wirklichkeit weiter östlich zutrugen.[41]

Der erste und schrecklichste Tag der Repatriierung war vorüber.[42] Für Tausende war es ein Tag des Grauens und der Selbstvorwürfe gewesen. Zweifellos waren die Kosaken, die nun vom NKWD in Judenburg in Empfang genommen wurden, die wahrhaft Leidenden. Doch es gab auch andere, für die dieser Tag eine bleibende und qualvolle Erinnerung bleiben sollte. Viele beobachteten, daß die gemeinen Soldaten der Y-Kompanie der 8. *Argylls* weinten, während sie ihrer unverständlichen und verhaßten Aufgabe nachkamen. Reverend Kenneth Tyson erinnert sich, daß viele hinterher zu ihm kamen und ihn verwirrt und offensichtlich bedrückt fragten, was sie tun sollten. Er konnte ihnen nur antworten, daß sie weiter ihren Befehlen gehorchen müßten; doch er selbst blieb unbefriedigt. Seine Pflichten hatten ihn in den vergangenen Wochen gehindert, von den Kosaken so viel zu sehen wie die anderen, doch nach seiner Auffassung widersprach die ganze schlimme Angelegenheit allen Lehren Christi. Als er an jenem Morgen ankam, waren die Aktionen bereits in vollem Gang, die Mehrzahl der Kosaken hatte den Zaun des Lagers durchbrochen und sich im benachbarten Feld versammelt. Er war nicht Zeuge der Gewalttaten gewesen, sondern hatte nur die Soldaten gesehen, die die Kosaken unaufhaltsam auf die Lastwagen zuschoben. Dieser Anblick ließ ihn nicht los, und am folgenden Sonntag, dem 3. Juni, predigte er über den Text: »Und Jesus ging heraus und sah das große Volk, und es jammerte ihn derselben; denn sie waren wie Schafe, die keine Hirten haben; und er fing an eine lange Predigt.« (Markus 6.34)

Im Lienzer Kino, das als improvisierte Kirche diente, hielt Tyson vor den versammelten Soldaten eine ergreifende und leidenschaftliche Predigt über die Notwendigkeit, selbst im Krieg Barmherzigkeit walten zu lassen.

»Ich habe die Kommandeure durchaus nicht kritisiert«, erinnert sich Tyson, »und das wäre mir auch nicht in den Sinn gekommen, denn ich trug ja keine Verantwortung. Aber ich habe niemanden über meine eigene Auffassung von der ganzen Sache im Zweifel gelassen: nämlich daß sie schlecht war und in völligem Gegensatz zu unseren christlichen Traditionen und allem stand, wofür wir gekämpft hatten.«

Er erinnert sich noch, daß seine Gemeinde über ihre Erfahrungen noch immer tief bewegt war. »Sie waren niedergeschmettert von dem, was man von ihnen verlangt hatte.«

Oberst Malcolm und Major Davies, die die unmittelbare Verantwortung trugen, war der Auftrag auch unangenehm gewesen, wenn auch in verschiedenem Ausmaß.

Oberst Malcolm vertrat damals – und vertritt noch heute – die Ansicht, daß die Kosaken ihr Land verraten hatten und daher die Auslieferung verdienten, ganz gleich welche Strafen ihnen bevorstanden. Viele Angehörige seines Regiments waren vor Dünkirchen gefangengenommen worden, und er fragt: »Welches Schicksal hätten sie verdient, wenn sie sich freiwillig zur deutschen Wehrmacht gemeldet hätten?« Doch wie immer man zu diesem Argument stehen mag, kann es nicht auf die Tausende Unglücklicher und Nicht-Sowjetbürger angewendet werden, die ebenfalls in die Sowjetunion geschickt wurden.

Oberst Malcolm sagt auch, daß beim Transport der Kosaken nicht mehr Gewalt angewendet wurde, als absolut notwendig war. Es liegt auf der Hand, daß zur Durchführung der Befehle in Anbetracht des Widerstands der Kosaken Zwang und Gewalt bis zu einem gewissen Grade unvermeidlich waren. Trotzdem fühlte sich Malcolm von dem Blutvergießen und der Panik, die seinen Befehlen folgten, abgestoßen und befahl, wie wir gesehen haben, die frühzeitige Einstellung der Verladung, obgleich an einer vollzähligen Ladung noch weitere 500 fehlten.

Kurz nachdem er seine Befehle erteilt hatte, ging Oberst Malcolm vom Lager zum Bahngleis, wo er Brigadegeneral Musson begegnete, der von Oberdrauburg herübergekommen war. Malcolm erklärte Musson bei dieser Gelegenheit, daß er nicht bereit sei, zur Fortsetzung des Unternehmens am nächsten Tag das gleiche Maß an Gewalt anzuwenden, worauf Musson nur mit einem Brummen reagierte. Am Abend sprach Malcolm noch einmal telephonisch mit Musson hierüber und erklärte überdies, er werde seinen Soldaten keine scharfe Munition austeilen.

Was Rusty Davies angeht, so drückt er unumwunden sein Mitgefühl und seine Zuneigung zu seinen unglücklichen Schützlingen aus und verdammt die Maßnahmen, zu denen er gezwungen war. Darüber hinaus hält er das Argument seiner Vorgesetzten, daß jegliche Absonderung nicht-sowjetischer Staatsbürger undurchführbar gewesen sei, für ungerechtfertigt. Er haßte die unehrenhafte Rolle, die ihm aufgezwungen wurde und die ihn in die Lage brachte, Menschen zu hintergehen, die ihn für ihren Freund hielten. Abschließend sagt er, daß die Gewaltanwendung, die zur Durchführung der Verladung am 1. Juni notwendig war, allein genügt haben müßte, die ganze Operation abzublasen.

Die überlebenden Kosaken verdammen und schmähen Major Davies noch immer. Sie wissen nur, daß er sie belogen und hintergangen und die brutalen Ereignisse vom 1. Juni beaufsichtigt hat. Doch was hätte er tun sollen? Ihm blieben nur zwei Alternativen: entweder den Befehl zu verweigern oder seinen Abschied zu nehmen. Keines von beiden konnte ein Soldat zu jener Zeit ohne allergrößte Bedenken ins Auge fassen. Die Treue zum Bataillon war in den voraufgegangenen harten Kampfjahren in Afrika und Italien aufgebaut und gefestigt worden. Davies hatte höchste Achtung vor dem Urteil seines Kommandeurs, war selbst nichtaktiver Soldat und überdies erst sechsundzwanzig. Vielleicht läßt sich seine Situation am besten mit Churchills Worten über den französischen General Barré zusammenfassen: »Er stand ratlos vor einem Problem, dessen Lösung, lieber Leser, bisher noch nicht von dir verlangt wurde . . .«

Ein bewegendes Zeugnis über Major Davies' Qualen stammt von Olga Rotowa, einer Zeugin, die kaum dazu neigt, die Briten oder ihre Handlungen zu beschönigen. Sie erinnert sich, wie sie in der

Menge stand und den ersten Angriffen der *Argylls* zusah. Plötzlich wurde sie aus der Menge heraus zu Major Davies gerufen.

»Endlich habe ich Sie gefunden! Warum haben Sie nicht am Eingang auf mich gewartet?«

»Mein Platz ist bei meinen russischen Leidensgenossen«, erwiderte sie.

Davies erklärte ihr hastig, er müsse Domanows Frau finden und dafür sorgen, daß sie anständig behandelt und vom Gedränge ferngehalten werde.

»Ich weiß nicht, ob ich Ihnen glauben kann, Major«, sagte Olga mißtrauisch.

Als die Suche nach der Frau des Generals vergeblich blieb, stellte ihr Davies, »bleich und unglücklich«, eine weitere Bitte. »Sagen Sie ihnen, sie sollen nachgeben«, erklärte er und wies auf die aufgebrachte Menge.

»Major! Es ist gerade so, als ob Sie einen großen Ofen mit einem lodernden Feuer bringen und uns befehlen hineinzuspringen. Würden Sie springen?«

»Ich weiß nicht.«

»Sie wissen recht gut, Major, daß Sie es nicht tun würden. Die Rückkehr zu den Sowjets ist schlimmer als solch ein Feuer!«

»Aber als britischer Offizier kann ich nicht länger zusehen, wenn man auf wehrlose Leute einschlägt . . . auf Frauen und Kinder. Ich kann nicht noch mehr Gewalt anordnen, ich kann nicht, ich kann nicht!«

Er weinte verzweifelt. »Ich kann nicht mehr weitermachen. Ich kann nicht!«[43]

Hinzu kommt, daß sich Davies die größte Mühe gab, die offenkundigen alten Emigranten abzusondern, darunter auch die Frauen der Generäle Krasnow und Domanow. Sie wurden während des Durcheinanders in improvisierte Wachhütten gebracht und entgingen so der Repatriierung. In späteren Jahren erhielt Davies regelmäßig Weihnachtskarten von mehreren dieser Menschen, die inzwischen in Genua und anderen westlichen Städten lebten. Bemerkenswert war auch der Fall von General Domanows Nachrichtenoffizier. Ihn hatte König Georg V. mit dem Militärkreuz ausgezeichnet, und bis vor kurzem war er als Angehöriger der Polizei von Hongkong Beamter der englischen Krone gewesen. Den Sowjets einen solchen Mann zur Hinrichtung auszuliefern, war mehr, als die *Argylls* über sich bringen konnten. Sie gaben ihm Zivilkleidung und ließen ihn entkommen.[44] Berichte, die Major Davies oder Oberst Malcolm die Hauptschuld an allem geben, tun beiden wirkliches Unrecht an.

Erwähnt sei noch die Reaktion eines anderen Offiziers auf die Ereignisse dieses Tages, da sie uns auf ein viel breiteres Thema hinweist, das allerdings so umfassend ist, daß es über die Grenzen dieses Buches hinausgeht. Dr. John Pinching, der Bataillonsarzt der 8. *Argylls*, fühlte damals und fühlt noch heute große Bitterkeit über die Rolle, die ihm und seinen Kameraden an jenem Tag zugemutet wurde. Ebensowenig wie Kenneth Tyson konnte er die Offiziere verdammen, die den Befehl erteilt hatten. Er hatte größte Achtung vor den soldatischen Fähigkeiten Oberst Malcolms, der seinerseits gezwungen war, Befehlen zu gehorchen. Nach Dr. Pinchings Ansicht lag die eigentliche Verantwortung jenseits der gesamten militärischen und politischen Befehlskette.

Er und seine Kameraden hatten ihre Befehle nicht in Frage gestellt, weil sie ehrlich glaubten, daß die Ängste der Kosaken unbegründet waren. Drei Jahre lang hatte die britische Kriegspropaganda die UdSSR »als eine Art utopischen sozialistischen Staat hingestellt. Man neigte dazu, es zu glauben . . . da es ein Widerhall der Meinung von Linksintellektuellen wie Stephen Spender und Bernard Shaw war, einer Richtung, mit der ich in Oxford in Beziehung stand und die ich mit Haut und Haar schluckte. Ich bin überzeugt davon, daß mich die Gehirnwäsche des Amtes für Psychologische Kriegsführung glauben ließ, Rußland sei ein sozialistischer Staat und werde Mitgefühl mit diesen Menschen zeigen, die wir gezwungen waren zurückzuschicken.«

Zwei Wochen später hatte die 36. Infantriebrigade 22 502 Kosaken und Kaukasier vom Drautal in die sowjetische Zone Österreichs gebracht. Oberst Malcolms Drohung, weitere Gewaltanwendung zu verweigern, wurde nicht auf die Probe gestellt, da die späteren Transporte sehr viel friedlicher vor sich gingen. Es gab zwar weitere

Einzeltragödien[45] beim Verladen einer Gruppe von 1750 Kosaken auf dem Bahnhof von Nikolsdorf, und am 2. Juni mußten die *Royal West Kents* wieder ihre Knüppel einsetzen. Doch im allgemeinen waren die Gefangenen durch die schrecklichen Ereignisse vom 1. Juni in Peggetz und Oberdrauburg so eingeschüchtert, daß sie sich resigniert in ihr Schicksal fügten.

Da eine so große Anzahl in offenen Lagern lebte, ist es nicht überraschend, daß viele vor und nach den oben geschilderten Tragödien entkommen konnten. Nach Schätzungen britischer Quellen »entgingen mehr als Tausend der Repatriierung, wahrscheinlich sogar beträchtlich mehr«[46], und in allen von General Naumenko herausgegebenen Briefen und Erinnerungen der Kosaken wird häufig die erfolgreiche Flucht ganzer Gruppen oder einzelner erwähnt. Der vielleicht beachtlichste Fall war der von Kusma Polunin, dem jungen Feldwebel, den die Kosaken nach der Auslieferung ihrer Offiziere am 29. Mai zum Führer gewählt hatten. Er war an jenem schicksalsvollen Morgen des 1. Juni mit Major Davies im Jeep in das Lager von Peggetz gekommen. Wie er entkam, ist nicht bekannt, aber Olga Rotowa traf ihn zwei Monate später im Lager (in das er zurückgekehrt war).[47] Am 26. Mai erließ der Befehlshaber der 36. Infanteriebrigade eingehende Weisungen an alle betroffenen Einheiten und gab die verschiedenen Stellen und Pässe an, wo Wachen und Streifen eingesetzt werden sollten.[48] Trotz dieser und auch beachtlicher natürlicher Hindernisse, die die Flüchtenden überwinden mußten, machte sich eine große Anzahl auf den Weg in die Wälder der Vorgebirge und wagte die gefährliche Wanderung über die schneebedeckten Berge.[49] Es wurden alle Anstrengungen unternommen, die Berge zu durchkämmen und die verstreuten Grüppchen einzufangen. Ein Bericht des 56. *Reconnaissance Regiment* stellte fest, daß: »die Gruppen der Kosaken und Kaukasier in den ersten Tagen groß waren und ihre Kraft nicht mit dem Ausweichen vor den Streifen vergeuden wollten. Doch nach einer gewissen Zeit bestanden die Gruppen selten aus mehr als 12 Personen, die sich tagsüber hoch oben an der Schneegrenze aufhielten und Wachtposten aufstellten, die durch Rufe Alarm gaben. Nachts fanden sie zumeist in Sennhütten Unterkunft oder biwakierten in den

Wäldern der unteren Abhänge. Die aktiven Soldaten unter den Kosaken und Kaukasiern verlangten, lieber erschossen als ausgeliefert zu werden, doch wenn sie gefangengenommen wurden, machten sie keine angestrengten Fluchtversuche und gehorchten den britischen Befehlen willig.«[50]

Kenneth Tyson hat dem Verfasser solch eine Streife, die er am 3. oder 4. Juni begleitete, beschrieben und erinnert sich auch, daß sich die Kosaken resigniert in ihr Schicksal ergaben. Die Streife, der er sich angeschlossen hatte, erklomm einen Pass, der unterhalb des Spitzkofel südlich von Lienz entlang führte. Als sie eine Höhe von etwa achthundert bis tausend Meter erreicht hatten, trafen sie auf eine Gruppe von vierzig oder fünfzig Männern, Frauen und Kindern. Sie ergaben sich widerstandslos und wurden in das Lager zurückbegleitet. Bei anderen Gelegenheiten schossen die Streifen jedoch auf die Flüchtigen, zuweilen mit tödlichem Ausgang. Den Sowjetbehörden wurde häufig erlaubt, SMERSCH-Offiziere an diesen Unternehmungen teilnehmen zu lassen.[51]

In der Periode vom 3. bis zum 30. Juni wurden 1356 Kosaken und Kaukasier wieder in den Bergen gefangen. 934 von ihnen wurden am 15. Juni in Lastwagen nach Judenburg befördert; die Sowjetbehörden verlangten jedoch, sie nach Graz zu bringen, wo sie am folgenden Morgen ankamen. Mehrere der britischen Soldaten, die diesen Konvoi bewachten, hatten den Eindruck, daß die ausgelieferten Gefangenen bald nach ihrer Ankunft von den Sowjets niedergemetzelt wurden.[52] Es ist zu vermerken, daß noch 422 in britischen Händen verblieben. Was mit ihnen geschah, wird in einem späteren Kapitel behandelt werden, denn merkwürdigerweise gab es über die Zukunft dieser kleinen Gruppe weitaus polemischere Verhandlungen und Debatten als über die 50000 bereits ausgelieferten Gefangenen.

Während der ersten Juniwoche fuhren Tausende von Russen vom Drautal nach Judenburg. Sie verbrachten jeweils neun Stunden eng gedrängt in versiegelten Viehwagen. Am anderen Ende der etwa zweihundert Kilometer langen Fahrt erlebte ein junger britischer Offizier das tägliche Eintreffen der Züge in Judenburg. Gegen Ende Mai 1945 war der Pionier Reg Gray von der Eisenbahnbetriebskompanie der *Royal Engineers* bei Klagenfurt stationiert. Dort wurde er Fahrer eines Pionieroffiziers, Leutnant Sykes. Eines Abends fuhr er den Leutnant in ein Offizierskasino außerhalb der Stadt. Als Reg draußen in seinem Jeep wartete, hörte er aus einiger Entfernung tausendstimmigen Männergesang. Gelegentlich wurde er von Gewehrschüssen unterbrochen, und in der Richtung, aus der die Geräusche kamen, glühte es dunkelrot. In diesem Augenblick hielt ein Jeep neben ihm, und Gray fragte den anderen Fahrer, was los sei. Der erklärte, dort seien 40000 Russen versammelt, die in die Sowjetunion zurückgeschickt würden.

Nun erschien auch Leutnant Sykes und trug Gray auf, ihn am nächsten Morgen um vier Uhr abzuholen. »Es war bitter kalt«, erinnert er sich, als sie sich auf den Weg machten. Viel Zeit zum Überlegen blieb jedoch nicht, da ihm Sykes erklärte, sie müßten in Richtung Norden nach Judenburg fahren. Als sie das Tal hinaufsausten, erklärte ihm der Offizier, man habe ihn als Verbindungsoffizier an den Auslieferungsplatz beordert, an dem die repatriierten Russen der sowjetischen Kontrolle übergeben würden.

Als sie sich ihrem Ziel näherten, wurden sie angehalten. Eine Lastwagenkolonne kam die Landstraße entlang und fuhr auf die Murbrücke zu. Auf den Wagen saßen Kosakenoffiziere in deutscher Uniform. Als sich der Konvoi langsam über die Brücke bewegte, geriet er kurz ins Stocken, und zu den hinten Wartenden drang die Nachricht durch, daß sich einer der Kosaken über das Brückengeländer in den Tod geworfen habe. Schließlich wurde die Straße wieder freigegeben, und Reg Grays Jeep fuhr über die gewölbte Brücke auf die sowjetische Seite der Stadt. Das erste, was ihm auffiel, war der erstaunliche Wechsel der Atmosphäre. Auf der britischen Seite ging es fröhlich und geräuschvoll zu, auf der anderen wirkten selbst die Häuser plötzlich trostlos, und die Passanten sahen verängstigt aus. Ein unheimliches Gefühl der Furcht schien auf allem zu lasten. Auf dem Bahnhof saßen ein halbes Dutzend Soldaten der Roten Armee und spielten auf dem verlassenen Bahnsteig Karten. Nach einer Weile begannen die Gleise zu beben, und langsam dampfte ein Zug heran. Als er anhielt, sah Gray, daß die Fenster der Waggons mit Stacheldraht abgesichert waren und zwischen den Drähten

Hände herausgestreckt waren, die Uhren und andere Wertsachen hielten. Wachen waren nicht zu sehen, nur Lokomotivpersonal. Die sowjetischen Soldaten sprangen sofort auf die Sitze eines nahegelegenen, leichten 37 mm Flugabwehrgeschützes, dessen Lauf sie drohend auf den Zug richteten. Ein sowjetischer Offizier ging an den Waggons entlang und schlug auf jeden mit einem kurzen Stahlkabel ein. Nach einer Weile wurden die Türen aufgeriegelt und, im Sonnenlicht blinzelnd, stiegen die Gefangenen aus.
Sie wurden in einer langen Reihe aufgestellt, die Männer, Frauen und Kinder enthielt. Es wurde ihnen nicht erlaubt, auch nur ein einziges Gepäckstück mitzunehmen, sie mußten allen tragbaren Besitz auf einem Haufen in den Waggons zurücklassen. In der Nähe stand ein Jude, der dem britischen Offizier als Dolmetscher diente, und Reg Gray fragte ihn, was mit den Kosaken geschehen werde. Der Dolmetscher ging weg und kehrte mit der Antwort zurück, daß alle Offiziere erschossen und die übrigen nach Sibirien geschickt werden würden. Dem jungen und apolitischen Gray bedeutete das damals nicht viel, und er gesteht heute, daß sein erster Gedanke der Beute galt, die in dem leeren Zug zu machen war.
Er fand rührende Bündel sorgsam gehegter Habe – schäbige Koffer, Kleider, Decken und Uhren. Überall lagen abgerissene deutsche Rangabzeichen und einladende Haufen italienischer Lire und österreichischer Schillinge. Da stand sogar eine Singer-Nähmaschine, und eine alte Frau bettelte vergebens, sie mitnehmen zu dürfen. In einem anderen Waggon fand Reg Gray zwei goldene Eheringe, die er noch heute besitzt. Was ihn damals mit Ekel erfüllte, war die Entdeckung, daß man für die menschlichen Bedürfnisse der je 40 Personen in einem Waggon nur eine halbe 160-Liter Öltonne bereitgestellt hatte. Männer, Frauen und Kinder waren den ganzen Tag über gefahren, und die Verschmutzung war unbeschreiblich. Wenigstens einer der Repatriierten hatte entschieden, sich dem ihm bestimmten Schicksal zu entziehen; im Korridor eines Pullmanwaggons lag der bedeckte Leichnam eines Kosaken, der sich umgebracht hatte. Gray hastete an diesem makabren Bild vorbei und beendete seine Durchsuchung des Zuges. Aus seinen Taschen quollen österreichische und italienische Banknoten, die für die Russen jetzt

wertlos waren. Doch seine merkwürdigste Entdeckung waren die Kartons mit fünfzig Dosen Players-Zigaretten, die er im Schaffnerabteil dieses und aller folgenden Züge fand. Sie waren offensichtlich für die Gefangenen vorgesehen, doch gleichzeitig völlig unerreichbar für sie! Als Geste mögen sie sich jedoch in irgendeinem Bericht gut ausgemacht haben.

Draußen auf dem Bahnsteig spazierten drei wichtige sowjetische Offiziere in prächtigen Uniformen auf und ab. Ganz gleich wie oft sie an den Soldaten der Roten Armee vorbeikamen, sprangen diese jedesmal auf und salutierten. Gray kam das ziemlich übertrieben vor, jedenfalls gemessen an englischen Sitten, doch er konnte natürlich nicht ahnen, welcher furchterregenden Organisation diese Offiziere angehörten.

Während der ersten zwei Juniwochen fuhr Gray Leutnant Sykes täglich vom Quartier auf der britischen Seite des Flusses zur Bahnstation von Judenburg, um die dort eintreffenden Züge in Empfang zu nehmen. Bei jeder Ankunft geschah das gleiche: der Zug machte dampfend halt; außer den Lokomotivführern, die nicht aussteigen durften, kamen keine Wachen mit; sowjetische Soldaten sperrten die Waggons auf und führten die Gefangenen ab. Was mit ihnen geschah, konnte Reg Gray nie beobachten; er wußte nur, was ihm der Dolmetscher gesagt hatte.

Was er allerdings beobachten konnte, war, was mit den Besitz der Gefangenen geschah. Gleich nach dem Aussteigen wurde jedem Kosaken alles weggenommen, was er besaß, und auf einen immer höher wachsenden Haufen geworfen. Nach vierzehn Tagen war er »so groß wie ein Gaskessel.« Als der letzte Zug aus der Station dampfte, gossen die sowjetischen Wachen Paraffin über den Haufen und sahen zu, wie er in einer dicken schwarzen Rauchsäule aufging. Reg Grays Pflichten waren beendet, und er kehrte zu seiner Einheit zurück, während in der entgegengesetzten Richtung endlose Kolonnen gebeugter Gestalten auf ihrer langen Reise nach Osten zogen. Ihre Qualen hatten erst begonnen.[53]

10

Das 15. Kosaken-Kavallerie-Korps

Als Brigadegeneral Musson am 8. Mai in Kötschach ankam, um die Übergabe von General Domanows Kosaken entgegenzunehmen, begegnete er keiner militärischen Einheit, sondern der Nachhut einer ganzen Völkerwanderung. Zwanzig oder dreißig Kilometer vor ihm, über den Paß hinweg bis zum nächsten Tal, zogen Tausende von Männern, Frauen und Kindern, die ihre Habe auf Karren mit sich führten und dort, wo sie hielten, in Gruppen lagerten. Zwischen ihnen gab es auch disziplinierte Kavallerieverbände, doch die Mehrzahl war niedergeschlagen und erschöpft von dem gefährlichen Aufstieg über den Plöckenpaß.

Zur gleichen Zeit wurden die Offiziere und Mannschaften der britischen 6. Panzerdivision einige Kilometer weiter östlich Zeuge eines zwar ähnlich malerischen, doch völlig anderen Bildes. In der Nähe des Dorfes Griffen, zwischen Völkermarkt und Wolfsberg, traten die Männer des 15. Kosaken-Kavallerie-Korps zum letztenmal zum Appell an. An der Spitze einer berittenen Eskorte saß ihr Kommandeur, General Helmuth von Pannwitz, zu Pferde. Seine Veteranen blickten starr geradeaus, die gezogenen Schwerter glänzten in der Morgensonne. Viele hatten in der Armee des Zaren gekämpft und nahmen die gleiche Haltung an wie einst, als ihr orthodoxer Herrscher die Parole abgenommen hatte. Dann hob das Trompeter-Korps der 1. Kavalleriedivision die Instrumente und blies den mitreißenden »Prinz-Eugen-Marsch«.

Nun ritt das 1. Don-Kavallerieregiment in perfekter Paradeordnung vor, und eine Schwadron nach der anderen preschte in vollem Galopp an ihrem General vorüber. Ihnen folgte die 2. Sibirische Kavallerie, mit ihren weißen Pelzmützen und den Gewehren auf dem Rücken. Offiziere und Mannschaften waren mit gebogenen Säbeln bewaffnet und trugen die traditionellen Tscherkessen, in denen ihre Ahnen seit Jahrhunderten in den Kampf gezogen waren. Die höheren Offiziere waren fast ausnahmslos Deutsche aus alten deutschen und österreichischen Adelsfamilien. Das ganze Bild, vor dem Hintergrund der schneebedeckten Berge und des strahlenden Sonnenlichtes, wirkte wie eine letzte triumphale Erinnerung an den Glanz der Schlachten, ehe sie mechanisiert worden waren. Mit dieser Geste setzten diese letzten Militäreinheiten des alten Rußland ihrer Existenz ein Ende. Für die britischen Zuschauer, von denen viele selbst Kavallerieoffiziere waren, boten diese prachtvollen Reiter, die ihren perfekten Drill vorführten, einen mitreißenden Anblick.[1]

Trotz ihres malerischen Äußeren waren die Kosaken des 15. Kavallerie-Korps – im Gegensatz zu den Kosaken unter General Domanows Befehl – auch eine beachtliche Streitkraft. Anfang 1943 hatte das Vordringen der Roten Armee die Bewohner der Kosakensteppen gezwungen, weiter westlich hinter der sich zurückziehenden Wehrmacht Schutz zu suchen. Wie schon berichtet, versammelten sich viele mit ihren Familien in Nowogrudok, um unter der Führung von Ataman Pawlow einen *Kasatschi Stan*, eine Siedlung zu gründen, ein Flüchtlingslager mit einer Miliz aus kräftigen Männern als Verteidigung. Die deutschen Befehlshaber waren sich des Wertes der Kosaken als Frontkämpfer wohl bewußt und beschlossen daher, reguläre Kosakeneinheiten zum Einsatz gegen die Sowjets aufzustellen. Andere über die Ostfront verstreute Einheiten dieser Art hatten ihren potentiellen Wert bereits bewiesen, und im März 1943 gab daher General von Kleist den Befehl, alle Kosaken im Militärdienstalter in Cherson am Dnjepr zu vereinigen.

In ihrem Eifer, gegen den bolschewistischen Feind zu kämpfen, meldeten sich Tausende von Kosaken und wurden in drei neu errichtete Regimenter eingeteilt – ein Don- und zwei Kuban-Regimenter. Der Mann, dem der Befehl im Range eines Generalmajors übertragen wurde, war Helmuth von Pannwitz. Er war in den Vierzigern und stammte aus einer Familie, die schon seit vielen Generationen in Oberschlesien ansässig war. Er hatte im Ersten Weltkrieg als Kavallerieleutnant gedient und später in einer Abteilung des Freikorps im Osten. Er sprach fließend Polnisch, doch nur wenig Russisch, obwohl es ihm mit der Zeit gelang, auch diese Sprachkenntnisse soweit zu vervollkommnen, daß er sich russisch unterhalten konnte.[2] Alle, die General von Pannwitz begegnet sind – Kosaken, Deutsche und Briten –, stimmen überein, daß er ein außergewöhnlich guter, ehrenhafter und pflichtbewußter Soldat war. Die Kosaken verehrten ihn ausnahmslos.

Noch im selben Monat, als das Kosaken-Aufgebot aufgestellt worden war, wurde sein Stützpunkt weiter nach Westen in das nordwestlich von Warschau gelegene Mlawa zurückverlegt. Dort begann Pannwitz die Kosaken für eine Art der Kriegführung auszubilden, mit der sie vertraut waren. Als Befehlshaber der verschiedenen Einheiten wurden deutsche Kavallerieoffiziere herangezogen. Sie waren zumeist hochqualifiziert, nicht nur, weil Pannwitz wählerisch war, sondern auch weil solche Posten Kavalleristen anzogen, die hier eine willkommene Gelegenheit sahen, weiter mit Pferden umzugehen. Der General machte sich bei seiner Truppe noch beliebter, indem er selbst eine Kosakenuniform trug und den Gebrauch traditioneller Ränge, Uniformen und Waffen befürwortete. Die russisch-orthodoxen Gottesdienste wurden von allen besucht, und einer der prominentesten Kirchgänger war der (protestantische) General selbst.

Da Pannwitz wußte, wie sehr das Bewußtsein ihrer glorreichen Geschichte dem Kampfgeist der Kosaken zugute kommen würde, war er bemüht, die Verbindungspunkte zwischen den frisch rekrutierten Einheiten und ihren Vorfahren, die Rußland und den Zaren seit so vielen Jahrhunderten gedient hatten, zu betonen. Nach Westeuropa emigrierte Offiziere waren als Offiziere oder Dolmetscher willkommen, und auch so legendäre Gestalten des Bürgerkrieges wie die Generäle Krasnow, Naumenko und Schkuro, besuchten die Lager von Zeit zu Zeit. Diese Besuche wurden von allem Zeremoniell begleitet – Kosakenkapellen spielten die alte Nationalhymne »Gott, schütze den Zaren« und andere bewegende Lieder aus der Vergangenheit, Kosakenchöre sangen, während die hohen Besucher die selbstbewußten neuen Aufgebote inspizierten.

Pannwitz' Kosaken wurden entgegen all ihrer Hoffnungen nie an der Ostfront eingesetzt, sondern im September 1943 nach Jugoslawien verlegt, um dort den Kampf gegen Titos Partisanen aufzunehmen. Kurz zuvor hatte Hitler den Wahn entwickelt, die russischen Freiwilligen seien unzuverlässig und würden zur Roten Armee überlaufen. Die ihm zur Verfügung stehenden Informationen oder seine Auslegungen derselben waren falsch, führten jedoch zum Ergebnis, daß er den Befehl gab, die vielen Tausende antikommunistischer Freiwilliger als Zwangsarbeiter in die Kohlenbergwerke zu schicken. Dieses drastische und unselige Vorhaben wurde vom Oberkommando nur dadurch vereitelt, daß es alle Freiwilligen in den Westen verlegte. Am 10. Oktober ordnete Hitler an, die 6000 oder 8000 antikommunistischen Russen im deutschen Heer vom östlichen Kriegsschauplatz abzuziehen.[3]

Pannwitz' Kosaken waren, um diese Eliteeinheit zu erhalten, bereits einen Monat zuvor nach Jugoslawien versetzt worden. Die Männer waren bitter enttäuscht darüber, nun doch nicht gegen die Bolschewiken kämpfen zu dürfen. Inzwischen hatte sich jedoch ein Korpsgeist entwickelt, der ihnen über alle Lagen hinweghalf, und als Pannwitz ihnen erklärte, daß sie trotzdem gegen Rote kämpfen würden, begannen sie sich mit ihrem Schicksal auszusöhnen. In den Bergen Bosniens und Serbiens fanden sie bald Gelegenheiten zu kämpfen, die ganz nach ihrem Geschmack waren. Sie waren unerschrocken und loyal und konnten sich mit ihren Pferden sehr schnell in Gegenden fortbewegen, in denen motorisierte Fahrzeuge nicht vorankamen. Unter Titos Gefolgsleuten, die an die schwerfälligen Methoden der Reserveeinheiten der Wehrmacht gewöhnt waren, richteten sie bald großen Schaden an. Sie bewachten Verbindungswege, Vorratslager sowie deutschfreundliche Ansiedlungen, und ihr Leben nahm bald einen gleichmäßigen Verlauf an. Sie wurden immer erfahrener im Ausräuchern der Partisanengruppen in den Bergen und söhnten sich, jedenfalls vorläufig, mit der Vorstellung aus, gegen jugoslawische Kommunisten, anstatt gegen ihre heimatliche Variante zu kämpfen.

Als die Kosaken im Winter 1943/44 in Jugoslawien ankamen, war ihre Moral schlecht. Fälle von Vergewaltigung und Mißhandlung der Bevölkerung waren nicht selten, und die Anzahl von Überläufern zu Titos Partisanen war besorgniserregend. General von Pannwitz war entschlossen, dem Abhilfe zu schaffen. Weitere Emigrantenoffiziere wurden als Berater und Dolmetscher für deutsche

Offiziere und Kosaken herangezogen. Einer von ihnen, George Nikolaevich Druzhakin, ist ein enger Freund des Verfassers. Er hatte seit dem Bürgerkrieg in Paris gelebt und war, als ihn die Wehrmacht rief, in Brest. Nach kurzer Ausbildung in Berlin, das damals schweren Luftangriffen ausgesetzt war, wurde er dem Stab von Oberst Constantin Wagner, dem Befehlshaber der 1. Kosaken-Kavallerie-Division zugeteilt. Da Druzhakin fließend Französisch, Deutsch und Russisch sprach, hoffte Wagner, daß es ihm gelingen würde, die Beziehungen zur Mannschaft auf eine etwas befriedigendere Basis zu stellen. Oberst Wagner gab ihm *carte blanche*, die Ursachen für die Unzufriedenheit der Kosaken zu ergründen und ihm persönlich zu berichten, ganz gleich wer durch diese Berichte in Mitleidenschaft gezogen würde.

Druzhakin, der 1918 in General Krasnows Don-Armee gekämpft hatte, fiel es leicht, mit seinen Landsleuten freundschaftliche Beziehungen anzuknüpfen, und es dauerte nicht lange, bis er erfuhr, was los war. Viele der deutschen Unteroffiziere waren ungehobelte Zuchtmeister, die glaubten, eine primitive Horde vor sich zu haben. Selbstverständlich war daran nicht nur ihre Ignoranz schuld, denn die angeborene Überlegenheit ihrer Rasse im Vergleich zu den russischen Untermenschen wurde ihnen täglich von den Zeitungen eingebleut.

Jeder Kosak konnte Geschichten erzählen, wie er von diesen Vorgesetzten schikaniert wurde, und als ein weinender Kosak berichtete, daß man ihn mit Fäusten eine Treppe hinuntergestoßen habe, ging Druzhakin geradewegs zu seinem Oberst. Wagner zögerte keinen Augenblick. Jedem Unteroffizier, der sich solches zuschulden kommen ließ, wurde kurz bedeutet: mach das noch einmal, und du kommst an die Ostfront. Den Kosaken wurde strenge, aber gerechte Behandlung zugesichert, und Druzhakin (der später zum Major befördert wurde) war auch bei Kriegsgerichten anwesend, um dafür zu sorgen, daß die Meinung der Kosaken klar zum Ausdruck kam. Innerhalb kurzer Zeit hörten nicht nur das Murren und die Überläufe auf, sondern die desertierten Kosaken kehrten zurück und dienten getreulich bis zum Ende.

Es gibt leider keine Kriegsgeschichte des 15. Kosaken-Korps auf

englisch, dafür aber gibt es auf deutsch und russisch ausführliche Berichte. Hier sei nur gesagt, daß sich das Korps, nach ein wenig schwankenden Anfängen, bald einen wohlverdienten Ruf für Tapferkeit, Geschick und gute Disziplin erwarb. Als 1944/45 die Grenzen des Reiches zu schrumpfen begannen, wurden sie sogar von Partisanenkämpfern zu Frontkämpfern gegen jugoslawische und bulgarische Divisionen befördert. Am (westlichen) Weihnachtstag 1944 trat das Korps zum erstenmal zum Kampf gegen eine Einheit der Roten Armee an. Sie fochten bei Pitomacha an der Drau erbittert gegen die Infanterie und Artillerie der 133. sowjetischen Infanteriedivision, die zudem noch den befriedigenden Namen »Stalin« trug. Nach erbitterten Gefechten, zum Teil im Nahkampf, schlug das 15. Kosaken-Korps den Feind zurück und fügte ihm schwere Verluste zu. Viele Kriegsgefangene der Roten Armee meldeten sich freiwillig zum Kosaken-Korps.[4]
Im Grunde war dieser Kampf die letzte Schlacht des russischen Bürgerkriegs, denn zu Beginn des neuen Jahres wurde die deutsche Südostfront sehr bald bis an die Grenzen Österreichs zurückgeworfen. In den ersten Maitagen gab der Oberbefehlshaber General von Löhr seinen Einheiten die Kapitualtion des deutschen Heeres bekannt. Die zwei Divisionen des Kosaken-Korps überquerten die Drau bei Lavamünd nach Österreich, wobei ihre Nachhut den nachrückenden bulgarischen Streitkräften Rückzugsgefechte lieferte.[5] Alles, was General von Pannwitz nun übrig blieb, war, mit den Briten ehrenvolle Übergabebedingungen auszuhandeln, denn nur von ihnen war faire Behandlung zu erwarten.
Während sich die Kosaken aus dem Osten nach Österreich zurückzogen, kamen die Briten, so schnell sie konnten, aus dem Süden heran. Ihre Absicht war, vor der Begegnung mit der Roten Armee soviel Boden wie möglich zu gewinnen. Am Tag nach der deutschen Kapitulation befand sich der Befehlshaber der 8. Armee, General Sir Richard McCreery, an der italienisch-österreichischen Grenze. Aus dem Norden hatte er ständig Berichte über Gefechte zwischen Kosaken und jugoslawischen Partisanen erhalten. Da er ohne Blutvergießen Ordnung herstellen wollte, ließ der General einen SOE-Offizier kommen, der den Jugoslawen bekannt war. Dies war

Major Charles Villiers, der seit langem freundschaftliche Beziehungen mit Titos Partisanen in Jugoslawien unterhalten hatte. Da er durch Typhus gefechtsunfähig geworden war, hatte er sich in Begleitung von Titos Sohn, der einen Arm verloren hatte, auf den 300 Kilometer langen Weg über die Berge an das Meer gemacht. Ein britisches Flugzeug war ihnen zu Hilfe gekommen und hatte sie nach Italien in Sicherheit gebracht. McCreery glaubte, in Villiers den richtigen Mann zu haben, der an die Jugoslawen appellieren konnte, und gab ihm daher den kurzen Befehl: »Ihre Jugs wollen das Kämpfen nicht lassen; kümmern Sie sich darum.«
Der Zufall wollte es, daß Villiers bei dieser Gelegenheit nicht mit seinen »Jugs« sprach. Er befestigte ein weißes Tuch auf seinem Jeep, machte sich von Klagenfurt in östlicher Richtung auf den Weg und hielt Ausschau. Es waren jedoch Kosaken, denen er auf dem offenen Gelände zwischen Völkermarkt und Wolfsberg begegnete. Er fragte die ersten Kavalleriewachtposten nach ihrem General, wurde weiter nach vorn verwiesen und kam an ein Bauernhaus, das als vorläufiges Hauptquartier diente. Er wurde hineingeführt und fand General von Pannwitz und einige seiner höheren Offiziere um einen Tisch versammelt. Charles Villiers verlangte im Namen General McCreerys ihre Übergabe. Pannwitz erklärte, er sei dazu bereit, bat jedoch, einige Vereinbarungen in die Übergabebedingungen aufzunehmen. Die wichtigste von ihnen sei, auf keinen Fall an die Bolschewiken ausgeliefert zu werden. Major Villiers erwiderte kurz angebunden, daß er ausdrücklich Weisung habe, keinerlei Bedingungen anzubieten. Das Kosaken-Korps habe sich der britischen 8. Armee bedingungslos zu ergeben. Der General sah ein, daß er einer *force majeure* gegenüberstand, willigte ein, seine Truppen zur nächstgelegenen britischen Einheit zu bringen und dort die Waffen zu übergeben.

Die ganze Szene erinnerte an ein malerischeres Zeitalter der Kriegführung. Von draußen drang das Geklirr des Zaumzeugs und das Hufgeklapper der Schildwache herein. Vor den niedrigen Fenstern waren die vorbeitrabenden Schwadrone zu sehen, während im Haus die deutschen und russischen Offiziere in ihren Pelz-*Schapkas* mit einem teilnahmslosen englischen Gardeoffizier verhandelten.

Das Gespräch wurde in geselligere Bahnen gelenkt, als sich General von Pannwitz plötzlich erinnerte, Villiers schon einmal als Gast auf dem Bismarckschen Landsitz in Ostpreußen begegnet zu sein. Er lud den englischen Offizier zum Abendessen ein, doch Villiers dankte höflich und fuhr ab, nicht ohne vorher den Kosaken bewilligt zu haben, am folgenden Tag zu Pferd zu den britischen Linien zu kommen.

General von Pannwitz war über diese Begegnung sichtlich beunruhigt. Major Villiers war ein Gentleman wie er, doch seine Haltung war förmlich und steif gewesen, und seine Weisung, keine Kapitulationsbedingungen anzubieten, erfüllte ihn mit Besorgnis. Waren sich die Briten der Haltung der Kosaken wirklich bewußt? Er beschloß, noch einen Versuch zur Klärung der Situation zu machen, und entsandte einen seiner Stabsoffiziere, Oberst von Renteln, um erneut Verbindung aufzunehmen. Renteln war ein ehemaliger Gardeoffizier des Zaren und hatte 1919 während des Vormarschs auf Petrograd in General Judenitschs Weißer Armee gedient. In dieser Zeit hatte er den damaligen Major Harold Alexander, den Befehlshaber der antibolschewistischen baltischen Landeswehr, kennengelernt, freundschaftliche Beziehungen mit ihm unterhalten und ihn zwischen den beiden Kriegen gelegentlich in seinem Londoner Klub getroffen. Wenn es Renteln gelang, mit Alexander zu sprechen, würde dieser dafür sorgen können, daß die Briten aufgrund ihrer Unkenntnis der Zwangslage der Kosaken nicht einen verhängnisvollen Fehler begingen.[6]

Nördlich vom Kosakenlager waren die Panzerwagen der vordersten Einheiten der britischen 6. Panzerdivision so schnell wie möglich vorgestoßen, um der Roten Armee in Graz zuvorzukommen. Oberst Andrew Horsbrugh-Porter von den 27. *Lancers* hatte seinen Gefechtstand in Wolfsberg eingerichtet, von dem aus sich die Bergstraße über den Packsattel nach Köflach und Graz windet. Er erinnert sich an den Besuch des Obersten von Renteln und seiner Eskorte.

»Eines Tages erschien eine Kavalkade. An ihrer Spitze ritt ein überaus eindrucksvoller, hochgewachsener, fabelhaft aussehender Aristokrat, der eine riesige weiße Kosakenmütze trug. Er erklärte in vollendetem Englisch, daß er sich ergeben habe. Seine Eskorte bestand aus einem Trupp Kosaken. Mir war dieser altmodische, weltgewandte Edelmann auf Anhieb sympathisch. Er erklärte, daß er gehört habe, Alexander sei unser Oberbefehlshaber, und ›wenn ich Alex treffen kann, wird sich alles regeln lassen‹.« Die beiden Kavalleristen unterhielten sich eine Weile, dann wurde der Russe in einem Dienstwagen zum Divisionsstab geschickt.[7]

General von Pannwitz konnte das Resultat dieser Mission nicht abwarten, wenn er seine Vereinbarung mit Major Villiers einhalten wollte. Am nächsten Tag (10. Mai) ritt er auf die britischen Linien zu und traf kurz vor Völkermarkt auf ihre Vorposten. Er wurde vor den Kommandeur geführt, einen Major Henry Howard vom 1. *King's Royal Rifle Corps*. Howard lag daran, die Kosaken so schnell wie möglich zu entwaffnen und aus dem Weg zu schaffen; nicht nur hatten die jugoslawischen Partisanen unangenehm weit vorgeschobene Posten innerhalb der österreichischen Grenzen bezogen, sondern er wollte zudem die Straßen für den britischen Vormarsch auf Graz frei haben. Die Jugoslawen verlangten, die Kosaken an sie auszuliefern, hatten jedoch kein allzugroßes Interesse daran, ihnen zu nahe zu kommen, solange sie noch bewaffnet waren. Henry Howard wußte, wenn er nicht dafür sorgte, daß die Kosaken bald von der Bildfläche verschwanden, würde sein Bataillon am weiteren Vormarsch gehindert, zudem bestand die Möglichkeit, in einen unangenehmen Kampf von drei Seiten verwickelt zu werden. Er erklärte Pannwitz, daß er sein Korps am nächsten Morgen bringen solle. Hauptmann Julian Wathen erinnert sich lebhaft an seine Rückfahrt zum Kosakenlager, die er mit dem General in einem offenen Dienstwagen machte. Dort wurde er von den Offizieren bewirtet, der General gab seiner Sorge über die Pferde Ausdruck, und alles ging höchst *gentlemanlike* zu.

Am nächsten Morgen ritten die ersten Kosakeneinheiten vor und begannen, ihre Waffen auf einem Feld kurz vor Völkermarkt abzulegen. General von Pannwitz, dem Charles Villiers zur Seite stand, sah unbewegt zu. Sobald ein Regiment seine Waffen abgeliefert hatte, setzte es den Marsch in westlicher Richtung zu einem von den Briten angewiesenen Gelände fort.[8]

Dies war jedoch keineswegs das Ende der Schwierigkeiten. Sobald Titos Partisanen von der Entwaffnung der Kosaken hörten, faßten sie neuen Mut und begannen aus dem Hinterhalt zu schießen und die Pferde zu stehlen. Mit Major Howards lakonischen Worten: »Es wurde nötig, Panzerwagen zu verwenden, um für die inzwischen flüchtenden Kosaken eine Bresche durch Titos Truppen zu schlagen und letzteren mit Tanks zu drohen, falls sie nicht mit ihren Kindereien aufhörten.«

Die entwaffneten Kosaken ritten nach Regimentern geordnet durch Völkermarkt und weiter nach Westen durch St. Veit.[9] Um die unbezähmbaren »Jugs« daran zu hindern, sie zu belästigen, stationierte Major Howard in regelmäßigen Abständen Panzerwagen zum Schutz der Kolonnen. Drei Tage lang zog diese scheinbar endlose Reiterschar vorbei. Leutnant Garry Maufe war ein junger, auf einem dieser Wachtposten stationierter Offizier. Er stand mit seiner Mannschaft in der Nähe eines großen Teichs, an dem eine Schwadron nach der anderen halt machte, um ihre Pferde zu tränken. Maufe erklärte seinen Schützen, daß sie Zeugen eines Anblicks seien, den die Welt wahrscheinlich nie wieder sehen werde. Über den Maiwiesen lag leichter Dunst, während etwa zwanzigtausend Pferde und Reiter den Hügel herauf an ihnen vorbeizogen. Der Zufall wollte es, daß sie den Kosaken knappe drei Wochen später wieder begegnen sollten, allerdings unter völlig veränderten Umständen.[10]

Jenseits von St. Veit wurde das Kosaken-Korps auf zwei getrennte Plätze verwiesen, um dort ihre Lager zu errichten. General von Pannwitz und sein Stab zogen weiter nach Norden in die Gegend um Althofen, mit ihm das 3. (Kuban), 4. (Kuban), 5. (Don), 6. (Terek) und das 8. Regiment (zu Fuß). Alle außer dem 4. Kuban-Regiment gehörten zur 2. Division. Der Hauptteil der 1. Division, die sich aus dem 1. (Don) und 2. (Sibirischen) Regiment zusammensetzte und von Oberst Constantin Wagner befehligt wurde, schlug sein Lager weiter westlich in den Feldern um Feldkirchen auf. Das ganze Gebiet stand unter dem Befehl der britischen 6. Panzerdivision.[11] Oberst James Hills von der *Essex Yeomanry* übernahm die Aufsicht über Wagners Truppen. Beide Männer kamen gut mitein-

ander aus. Oberst Hills besuchte das Lager und auch das kleine Schloß am Rande des Waldes, in dem Oberst Wagner einquartiert war, häufig und war von der Disziplin und der Zuversicht der Truppen sehr beeindruckt.[12]
General von Pannwitz war in Althofen über die mißliche Lage seiner Leute zutiefst besorgt. Seinen deutschen Offizierskollegen und den Kosaken gegenüber erschien er ruhig und zuversichtlich; Oberst Wagner erklärte er, er glaube, die Engländer würden das Korps zum Wehrdienst in Persien einsetzen. Aus seinen eigenen Handlungen und den britischen Berichten geht jedoch hervor, daß er die Lage alles andere als zuversichtlich betrachtete.
Rentelns Mission war fehlgeschlagen. Er hatte mit Alexander keine Verbindung aufnehmen können und kehrte zum Korps in Althofen zurück. Jeremy Pemberton, der damals dem 61. Brigadestab der 6. Panzerdivision zugeteilt war, verbrachte einen Tag im Mai mit General von Pannwitz und Oberst von Renteln und inspizierte mit ihnen in einem Dienstwagen die Kosakenlager. Pemberton und Renteln unterhielten sich auf französisch miteinander und fanden bald heraus, daß sie in Graf Benckendorff, einem Nachbarn von Pemberton in Suffolk, einen gemeinsamen Freund besaßen. Wähend dieser freundlichen Gespräche ließ von Renteln jedoch deutlich werden, daß er sich keine Illusionen über das mutmaßliche Schicksal der Kosaken machte.[13]
Insgeheim unternahm General von Pannwitz weitere Anstrengungen, das Korps vor der Vernichtung zu bewahren. Edward Renton war damals stellvertretender Befehlshaber in Charles Villiers' SOE-Einheit und bei einer Besprechung anwesend, die mit dem General und seinem Stab in einem Haus etwas weiter nördlich vom Gefechtstand des 5. *Corps* in Klagenfurt abgehalten wurde. Pannwitz schilderte beredt das kämpferische Geschick der Kosaken und schlug hin und wieder erregt mit der Faust auf den Tisch. Er bat die Briten inständig, das Korps in ihre Dienste zu nehmen oder aber es den Amerikanern zu überantworten. Renton verließ den Raum, um von seinem Vorgesetzten telephonische Instruktionen einzuholen. Im Mittelpunkt dieses Verfahrens stand der Brigadegeneral des Generalstabs, Toby Low (jetzt Lord Aldington). Low setzte ihm ein-

gehend auseinander, daß man keinerlei Versprechungen machen könne und die Kosaken weiter in ihrem Tal warten müßten, bis eine Entscheidung gefallen sei. Bei seiner Rückkehr nach Althofen kann Pannwitz aus dieser Unterhaltung kaum Mut geschöpft haben, und es kann für ihn auch kein Trost gewesen sein, über seine österreichischen Verbindungen aus der gleichen Quelle (Major Villiers' Einheit) zu hören, daß die deutschen Offiziere gut daran täten, zu verschwinden und sich an ihren Heimatorten zu verstecken.[14] Vor seiner Umgebung verbarg General von Pannwitz seine Gefühle und setzte seine Versuche fort, mit den britischen Behörden Kontakt aufzunehmen und ihnen die Lage der Kosaken vorzutragen. Er bat Major Villiers mehrfach, sich an General McCreery zu wenden, und schickte auch einen seiner Stabsoffiziere auf eine erfolglose Mission zum Stab des 5. *Corps* in Klagenfurt.[15]

Diese Versuche waren vermutlich die Folge seiner wachsenden Verzweiflung, denn nur wenige Tage, nachdem sich das Korps in den neuen Lagern etabliert hatte, wurde den hohen Offizieren bedeutet, daß ihre Befürchtungen sich sehr wohl bewahrheiten könnten. Der Befehlshaber der britischen 6. Panzerdivision, unter deren Kontrolle die Kosaken nun standen, war Generalmajor »Nap« Murray. Er war ein bemerkenswerter und geschätzter Offizier, der nicht viel von Kommandeuren hielt, die ihre Pflicht nur im Erteilen von Befehlen sahen. »Wozu braucht man dann überhaupt Generäle?« pflegte er später zu bemerken.

Ungefähr Mitte Mai rief Murray die hohen Offiziere des Korps zu sich nach Klagenfurt. Er erklärte ihnen auf deutsch, er habe Grund zu der Annahme, daß man sie nach Rußland schicken werde, und riet ihnen, ihre Lage ernstlich zu erwägen. Bisher habe er noch keine Befehle erhalten, doch die Indizien lägen für alle, die sie sehen wollten, klar zu Tage. Mit diesen nachdrücklichen Worten beendete er die Unterredung. Pannwitz und seine Offiziere gingen mit blassen, ernsten Gesichtern hinaus.

Was Pannwitz empfunden haben mußte, kann man nur mutmaßen. Es war sinnlos, unter seinen Leuten Niedergeschlagenheit und Panik zu verbreiten. Ein von ihm ausgehendes Gerücht konnte sich nur verhängnisvoll auf die Disziplin auswirken. Auch waren General Murrays Worte keineswegs endgültig. Die Kosaken klammerten sich an die rührende Hoffung, die Engländer durch ihre Disziplin und ihr gutes Benehmen zu beeindrucken, die bei den Beratungen über ihre Zukunft ins Gewicht fallen würden. Wenn sich in den Lagern jedoch nun Disziplinlosigkeit ausbreitete, würde dies den Engländern eine Rechtfertigung für harte Maßnahmen bieten. General Murray und andere höhere Offiziere hatten den Gefangenen deutlich ihre Sympathie bewiesen, und man konnte nur gewinnen, wenn man sich weiter so benahm, daß diese gute Meinung erhalten blieb. Wenn dies auch keine befriedigende Lösung war, so blieb es der einzige vernünftige Weg, das Korps zusammenzuhalten, während weitere Versuche unternommen wurden, die Behörden zu überzeugen. Es gab auch noch einen weiteren Gesichtspunkt: während des zweijährigen Bestehens des Kosakenkorps hatte sich zwischen Pannwitz und seinen getreuen Kosaken ein starkes Band gegenseitiger Loyalität entwickelt, und er empfand eine hohe Verantwortung für sie. Solange das Korps kein Asyl im Westen finden konnte, hatte der General die Pflicht, bei den Kosaken zu bleiben und ihre Interessen zu vertreten.

Er hatte jedoch auch seinen deutschen Offizieren gegenüber eine Verantwortung, da sie sich alle freiwillig gemeldet hatten und vorzügliche Soldaten waren. Die Engländer mochten, all seinen Gesuchen entgegen, das Kosaken-Korps an ihre sowjetischen Verbündeten ausliefern. Wollte man alle besonderen Umstände außer acht lassen, konnte man die Kosaken als »Verräter« ansehen; die deutschen Offiziere jedoch konnten keinesfalls dafür gehalten werden. Darüber hinaus sah die Genfer Konvention ausdrücklich vor, Gefangene nach Einstellung der Feindseligkeiten sobald wie möglich in ihre *Heimatländer* zu repatriieren. Bestand dabei nicht die Gefahr, daß die Engländer die über verschiedene Regimenter verteilten Deutschen als integralen Bestandteil des Korps ansehen und sie daher ebenfalls an die Sowjets ausliefern würden? Es scheinen Erwägungen dieser Art gewesen zu sein, die Pannwitz dazu bewogen, aus den Deutschen ein »rein deutsches Regiment oder Bataillon« zu bilden. Diesen Vorschlag machte er den Engländern am 25. Mai. Inzwischen forderten auch die Kosaken selbst, ihre deutschen Offiziere durch Kosaken zu ersetzen, und einige Einheiten meuterten sogar. Über ihre Beweggründe lassen sich nur Mutmaßungen anstellen. Vielleicht hatten sie durch die andauernde Anspannung die Nerven verloren. Es ist auch möglich, daß sie glaubten, die Engländer würden den Beweggründen einer ausschließlich russischen, antisowjetischen Streitkraft mehr Verständnis entgegenbringen als einem scheinbaren Söldnerheer unter deutschem Befehl. Dann hatten sie Hoffnung, im Lichte einer »dritten Macht«, statt lediglich als deutsche Hilfstruppen betrachtet zu werden.

All diese verzweifelten Pläne standen jedoch kaum auf dem Boden der Realität. Das einzige Ergebnis dieser Meinungsverschiedenheiten zwischen den Kosaken und den Deutschen war, daß den Engländern dadurch ermöglicht wurde, getrennte Listen der beiden Gruppen aufzustellen, ohne Verdacht zu erregen.[16] Zudem schritt die Entwicklung mit immer größerer Geschwindigkeit voran. Am Vortag waren sowjetische und britische Offiziere in Wolfsberg zusammengetroffen, um die Pläne für die Auslieferung des gesamten Kosaken-Korps an die Sowjets zu besprechen.[17] Die Divisionskommandeure hatten endgültige Befehle erhalten, und nun mußten nur noch die technischen Maßnahmen vereinbart werden, die für die ordentliche Übergabe eines so großen Truppenteils erforderlich waren. Gegen Ende des Monats unterstanden Pannwitz' Truppen drei verschiedenen Befehlshabern innerhalb des 5. *Corps*: der 6. Panzerdivision, der 46. Infanteriedivision und der 7. Panzerbrigade. Der 6. Panzerdivision war die Verantwortung für die Mehrzahl entzogen worden, sie sollte bei den Stockungen in der Gegend Abhilfe schaffen.[18]

Die 46. Infanteriedivision, unter deren Kontrolle General von Pannwitz, sein Stab und der größte Teil seines Korps sich nun befanden, hatte bereits seit dem 16. Mai[19] ehemalige russische Kriegsgefangene und Zwangsarbeiter an die Sowjets in Judenburg ausgeliefert und traf nun Vorkehrungen, den Sowjets auch das 15. Kavallerie-Korps plötzlich und schnell zu übergeben. Hierbei war strikte Geheimhaltung von allergrößter Bedeutung, denn »wenn sie von diesem Plan gewußt hätten, hätte es massenweise Flucht- und Selbstmordversuche gegeben«.[20] Am 25. Mai waren alle Maßnah-

men für die Auslieferung an die Sowjets getroffen, und es wurde betont, daß »die deutschen Angehörigen des Kosaken-Korps ebenfalls ausgehändigt würden, da viele wegen Kriegsverbrechen angefordert worden waren«. (Es mußte jedoch allen klar sein, daß dies, wenn nicht unzutreffend, so zumindest unbewiesen war).[21]
Als vorbereitender Schritt wurde General von Pannwitz am 26. Mai mitgeteilt, daß er des Befehls über das Korps enthoben sei. Er wurde mit 144 deutschen Offizieren und 690 Gemeinen unter Arrest gesetzt. Viele von ihnen ergriffen jedoch diese Gelegenheit zur Flucht.[22] Pannwitz mußte sein bisheriges Quartier in Althofen, nördlich des kleinen Dorfes Mühlen, verlassen. Dies war die erste Strecke der Reise nach Judenburg. Wie aus Kosakenquellen hervorgeht, gaben ihm die britischen Offiziere Gelegenheit zur Flucht. Er lehnte das jedoch ab und erklärte, er sei in guten Zeiten mit seinen Kosaken zusammengewesen und werde sie auch in schlechten Zeiten nicht im Stich lassen.[23] Dies wurde auch von dem rangältesten der überlebenden Offiziere des Kosaken-Korps, Oberst Wagner, bestätigt. Er hat mir berichtet, er habe gleich nachdem ihm eine ähnliche Warnung zugekommen war, den General angerufen und ihm vorgeschlagen, zu fliehen und sich den jugoslawischen Royalisten, den Tschetniks anzuschließen. General von Pannwitz antwortete, daß es seinen Offizieren freistehe, ihre persönliche Entscheidung zu treffen, doch er selbst werde seine Kosaken jetzt nicht im Stich lassen. Seit er am 24. Mai zu ihrem Feld-Ataman (*Pochodni Ataman*) gewählt worden war, waren die Bande der Treue noch enger, denn dies war eine Ehre, die einem Fremden zuvor nie zuteil geworden war. Höhere britische Offiziere hatten der Zeremonie zwar beigewohnt, waren sich aber vermutlich über deren Bedeutung gar nicht klar gewesen.[24]
Am 28. Mai wurde General von Pannwitz mit einer Anzahl deutscher Offiziere an das NKWD in Judenburg übergeben.[25] Dort traf er in dem berüchtigten Stahlwerk seine Leidensgenossen, die Generäle Krasnow, Schkuro und Domanow. Er begleitete sie bis Baden bei Wien, blieb jedoch zurück, als die Krasnows nach Moskau geflogen wurden. Welchen Leiden er in den Händen des NKWD im Gefängnis Lubjanka und an anderen Orten ausgesetzt war, ist un-

bekannt. Wie schon im voraufgegangenen Kapitel erwähnt, wurde er 1947 zusammen mit Krasnow und Schkuro gehenkt.[26] Strenggenommen hat die britische Regierung deutsche Offiziere, die ihre Kriegsgefangenen waren, auf diese Weise ohne Prozeß zum Tode verurteilt.

Für den Hauptteil des Kosaken-Korps bestanden ähnliche Pläne, wie sie die 78. Division mit Domanows Kosaken in die Tat umgesetzt hatte. Am 25. Mai waren alle Vorkehrungen dazu getroffen.[27] Hauptmann Frewer war damals als Nachrichtenoffizier der *Royal Artillery* dem 46. Divisionsstab zugeteilt und erinnert sich noch gut an die Sorgfalt, mit der die Pläne ausgearbeitet wurden. Es wurde eine große Anzahl Drei-Tonner zusammengestellt, auf die jeweils ein Fahrer und Beifahrer sowie zwei Wachen mit geladenen Gewehren kamen. Die vorbestimmte Route wurde für allen anderen Verkehr gesperrt und in regelmäßigen Abständen von Soldaten bewacht. Hierfür mußten fünf Artillerieregimenter Mannschaften und Ausrüstung stellen. Es war ein kunstvolles Täuschungsmanöver ausgearbeitet und mit äußerstem Geschick angewandt worden. Am Tag zuvor wurde den Kosaken bekanntgegeben, daß sie in neue Lager nach Italien verlegt würden, eine Nachricht, die sie nur erfreuen konnte, da dies bedeutete, der Nähe der Sowjetzone zu entrinnen. Auf diese Weise bestiegen sie die Lastwagen ohne Schwierigkeiten.

Die ersten 20 Kilometer ging die Fahrt nach Süden, und die Kosaken spürten immer größere Erleichterung über die wachsende Entfernung, die sie zwischen sich und ihre Feinde legten. Doch dann machte die Spitze des Konvois unerwartet einen Bogen und schlug heimlich die Richtung nach Norden ein. Mit 70 bis 80 Stundenkilometern eilten die Lastwagen an kaum zu erkennenden Gruppen schwerbewaffneter britischer Soldaten vorbei. Panik brach aus, und es regnete Uhren, Ringe, Kameras, selbst Goldzähne und andere Wertsachen auf die Straße. Es wurde berichtet, daß sich trotz aller Vorsichtsmaßregeln ein oder zwei Kosaken auf die Straße in den Tod stürzten. Als die Kolonne schließlich in Judenburg hielt, sprangen viele Kosaken mit einem Salto aus den Lastwagen, in der Hoffnung, sich auf diese Weise das Genick zu brechen.

Die Berichte hierüber gingen an den Divisionsstab.[28]
Die 46. Infanteriedivision war auch für eine weitere Operation verantwortlich, in der es um die Repatriierung eines andersdenkenden Kosakenregiments ging, das sich bei der Kapitulation vom restlichen Korps abgesondert hatte. Die 5. Don-Kosaken waren das einzige Regiment des 15. Kosaken-Korps, das unter dem Befehl eines russischen Offiziers stand, des bekannten Obersten Ivan Kononov, der als erster Offizier der Roten Armee mit seiner Einheit freiwillig zu den Deutschen übergelaufen war. In gewisser Hinsicht war er ein jüngerer Schkuro, der es mit den Methoden der Kriegführung und der Aufrechterhaltung der Disziplin nicht allzu genau nahm. In seinem Gefolge hatte er seinen persönlichen Schergen, einen wüsten Burschen mit goldenen Ohrringen, halb Kosak, halb Grieche. Auf ein Zeichen von Kononov hin war dieser unangenehme Geselle bereit, jedem, der das Mißfallen seines Obersten erregt hatte, eine 9 mm Kugel in den Körper zu jagen. Als sich das Korps den Briten ergab, war Kononov zufällig nicht bei seinem Regiment gewesen, sondern als Verbindungsoffizier der Kosaken zu General Wlassow abkommandiert worden, um an den Verhandlungen über die Aufstellung verschiedener antisowjetischer russischer Einheiten, die innerhalb oder neben der deutschen Wehrmacht operieren sollten, teilzunehmen – mit dem Ergebnis, daß Kononov nicht das Schicksal der übrigen Kosaken teilte. Er ging zunächst in das amerikanisch besetzte München und wanderte später nach Australien aus.[29]
Der Befehl des Regiments war einem Rittmeister Borissow übergeben worden, der zum Oberstleutnant befördert worden war. Aus bisher unbekannten Gründen weigerte sich die »Kononov-Brigade« (wie sie von den Engländern genannt wurde), sich unter den Befehl von General von Pannwitz und seiner deutschen Offiziere zu stellen, und bestand mit Erfolg darauf, von den britischen Behörden gesondert verwaltet zu werden. Sie hatte ihr Lager bei Klein St. Paul und zeichnete sich vor allen anderen Regimentern durch ihre Tüchtigkeit aus. Vielleicht hoffte sie, die Engländer dazu zu bewegen, sie nicht dem gleichen Schicksal zu überlassen wie die übrigen, unter deutschem Befehl stehenden Regimenter.[30] Am Abend

des 27. Mai wurde Oberst Borissow mitgeteilt, daß er und seine Offiziere sich am folgenden Morgen um acht Uhr versammeln sollten. Es wurde ihm erklärt, daß sie in Lastwagen in ein Sonderlager in Norditalien überführt und von dort aus später Gelegenheit zur Auswanderung nach Kanada bekommen würden. Ihr Mißtrauen wurde durch die wiederholten Zusicherungen beschwichtigt, daß die britische Ehre niemals ihre Auslieferung an die Kommunisten zulassen werde. So wurden sie auf Lastwagen verladen und unter Bewachung nach Judenburg gebracht. Ihre Namensliste wurde dort an einen NKWD-Offizier ausgehändigt, und schon standen auch sie in dem berüchtigten Stahlwerk. Unter ihnen waren viele Weiße Emigranten, wie z.B. Hauptmann Anatol Petrowsky, der Rußland, nachdem er unter General Wrangel gekämpft hatte, im Jahre 1920 verlassen hatte. Später kehrte er nach elf grauenvollen Jahren in den Arbeitslagern mit völlig zerrütteter Gesundheit wieder in den Westen zurück.[31]

Am 30. Mai ritt das übrige Regiment, das nichts vom Schicksal ihrer Offiziere ahnte, von ihrem Lager in den Hügeln hinunter in ein Stacheldrahtlager in Brückl. Oberst Denys Worrall, der als Bataillonskommandeur der *Durham Light Infantry* für die Errichtung und Bewachung dieses Lagers verantwortlich war, erinnert sich lebhaft an die Gruppen von jeweils etwa dreißig Mann (»gutaussehende Burschen«), die unbekümmert ins Lager ritten. In dieser Nacht wurden zwei starke Scheinwerfer auf die Stacheldrähte und die von ihnen umschlossenen Zelte gerichtet. In ihrer Begeisterung über die bevorstehende Fahrt in ein Leben der Freiheit blieben die Kosaken die ganze Nacht singend und tanzend auf. Sie hatten eine vorzügliche Kapelle, und bald pfiffen auch die britischen Wachen draußen die mitreißenden Melodien mit. Am nächsten Tag fuhren alle nach Norden, mit Ausnahme der Kapelle, die am Ort behalten wurde, um auch weiteren Gruppen aufzuspielen, die während der folgenden Tage durchgeschleust wurden. Von den britischen Offizieren, die den Konvoi nach Judenburg begleiteten, hörte Oberst Worrall die üblichen tragischen Geschichten von Offizieren und Gemeinen (sogar ein Brigadekommandeur war darunter), die sich unterwegs oder bei der Ankunft das Leben nahmen.[32]

Im ganzen lieferte die 46. Infanteriedivision in der Woche, die auf den 28. Mai folgte, 17702 Kosaken (einschließlich deutscher Offiziere) an das NKWD in Judenburg aus. Darunter 47 Frauen, 5 Kinder und 7 Priester (mindestens ein Priester starb später in Karaganda, dem sowjetischen Belsen).[33] Eine ähnliche Operation, während der sich ebenfalls keine unliebsamen Vorfälle ereigneten, fand weiter nördlich in einer Gegend statt, die von der unabhängigen 7. Panzerbrigade besetzt war. Brigadegeneral K.C. »George« Cooper hatte eine große und disziplinierte Gruppe Kosaken in seinem Gewahrsam. Die Organisation des Lagers, in dem es eine Schule, ein Lazarett und ein Orchester gab, stand unter ihrer eigenen Kontrolle. Vierzehn Tage später erhielt Brigadegeneral Cooper Befehl, diese Leute an die Sowjets auszuliefern. Er war zugegen, als das Täuschungsmanöver vereinbart wurde. Auch in seinem Fall sollte den Russen erklärt werden, daß sie in ein neues Lager nach Italien verlegt würden. Sie fielen alle darauf herein, und eine sorgfältig ausgearbeitete Scharade sorgte dafür, daß sie die Wahrheit erst im letzten Augenblick erfaßten. Ihre Lastwagen fuhren nach Süden und erreichten Judenburg nach langen Umwegen. Erst als die Gefangenen im Morgenlicht die Berge zur Rechten sahen, wurde ihnen klar, daß etwas nicht stimmte. Aber nun war es zu spät, denn die Lastwagen rasten unaufhaltsam nach Judenburg. Offenbar resigniert und hoffnungslos stiegen die Kosaken an ihrem Zielort aus und gingen langsam über die Brücke.

Unter den Angehörigen der 7. Panzerbrigade herrschte über diese Operation äußerste Verstimmung. Nicht nur deshalb, weil sich Frauen und Kinder unter den Opfern befunden hatten, sondern die Offiziere und Gemeinen hatten auch Gelegenheit gehabt, den Kommunismus etwas näher kennenzulernen. Die Brigade hatte an der Seite des 2. Polnischen Korps in Italien gekämpft und von diesem zu viele Berichte aus erster Hand über die sowjetische Grausamkeit gehört, um sie wie Sartre oder O'Casey in den Wind zu schlagen. Überdies hatten sie erst vor kurzem eine Gegend besetzt, die zuvor unter sowjetischer Kontrolle gestanden hatte. Dort hatten sie mit eigenen Augen Beweise des barbarischen Benehmens der Roten Armee gesehen.

Kein schöner Gegenstand, kein Werk der Zivilisation war ihrem Wandalismus entgangen. Was sich nicht zertrümmern oder verbrennen ließ, wurde mit Exkrementen verschmiert. Ein Lieblingsspiel dieser modernen Barbaren war es, kostbare Kronleuchter aus alten Häusern und Schlössern aus den Fenstern der obersten Stockwerke zu werfen. Die Offiziere hatten hölzerne Klosettdeckel aus den Scharnieren gerissen und nach Hause geschickt – um sie dort als Bilderrahmen zu verwenden.[34]

Einige Quellen geben an, daß nicht alle Kosaken an das NKWD in Judenburg ausgeliefert wurden. Ein Offizier, offenbar ein Angehöriger des 15. Kosaken-Kavallerie-Korps, hat später seinem Mitinsassen eines GULAG-Lagers in Workuta beschrieben, wie er und andere, die angeboten hatten, für die Alliierten im Osten zu kämpfen, *auf dem Luftweg* in die Sowjetzone befördert worden seien. Dies geschah kurz bevor die Hauptauslieferungen stattfanden.[35] Obwohl es keinen Grund gibt, diese Geschichte anzuzweifeln, ist nicht ganz einzusehen, was diese Sonderbehandlung zu bedeuten hatte. In den vorhandenen britischen Dokumenten findet sich kein Hinweis auf eine entsprechende Operation.

Nun bleibt nur noch die Schilderung der Übergabe der Kosaken, die noch im Gewahrsam der 6. Panzerdivision waren. Wie schon gesagt, wurde die Kontrolle über den größten Teil der Kosaken am 22. Mai von der 6. Panzerdivision auf die 46. Infanteriedivision übertragen. Die 6. Panzerdivision behielt jedoch die Aufsicht über einen Teil der 1. Division, die unter dem Befehl von Oberst Constantin Wagner stand.

Am 26. Mai um 9 Uhr berief Generalmajor Horatius Murray, der Befehlshaber der 6. Panzerdivision, eine Besprechung ein, um die Maßnahmen für die Auslieferung dieser Gruppe festzulegen. Die Besprechung fand auf Schloß Osterwitz, dem Haus des Grafen Khevenhüller-Metsch und damaligem Quartier von Brigadegeneral Clive Usher, statt, der Murrays Artilleriebefehlshaber war. Usher waren zu der Zeit die Kosaken unterstellt. Bisher hatte General Murray allen Betroffenen gegenüber deutlich durchblicken lassen, daß er sich keine großen Sorgen machen würde, wenn den Kosaken die Flucht gelang. Wie sein Namensvetter, Horatio Nelson, wußte auch er, wann man ein Auge zudrücken sollte. Inzwischen waren jedoch eindeutige Befehle eingegangen, und er mußte für ihre Ausführung sorgen. Er erklärte den versammelten Kommandeuren der verschiedenen Einheiten, was geplant war, und gab ihnen einen Abriß der beabsichtigten Einzäunungs- und Transportmaßnahmen.

Es wurde sogleich deutlich, daß die Offiziere der 6. Panzerdivision nicht so nachgiebig wie ihre Kollegen von der 78. Division reagieren würden. General Murrays eigene Haltung drückte Abscheu aus, und viele Offiziere waren über die erhaltenen Befehle sichtlich entsetzt und aufgebracht. Oberst Robin Rose Price, von den 3. *Welsh Guards*, machte dem General offene Vorhaltungen und fügte sich erst nach einer langwierigen, zuweilen hitzigen Debatte. General Murray war ebenso angewidert wie er selbst, war jedoch nicht bereit, sich seinem Befehl offen zu widersetzen. Darüber hinaus war er der Auffassung, daß die Kosaken, denen wirklich daran lag, geflohen waren, nachdem er den deutschen Offizieren einen Wink gegeben hatte. Die Versammelten besprachen bis in den späten Nachmittag alle Einzelheiten der geplanten Maßnahmen. Es war eine heikle Prozedur, und Vorbereitung wie Ausführung mußten mit größter Sorgfalt vonstatten gehen. Oberst Rose Price kehrte erst um 18.00 Uhr zu seinem Bataillonsstab in Rosegg zurück, um seine Leute mit »der Ausführung des gemeinsten Befehls, den ich ihnen je hätte geben können, zu betrauen«.[36]

Er war nicht der einzige Offizier, der über die ihm bevorstehende Aufgabe entsetzt war. Zur gleichen Zeit, als Oberst Rose Price mißmutig seine Befehle erteilte, bestieg Brigadegeneral Usher in Schloß Osterwitz sein Pferd und ritt zu Oberst Wagner nach Sirnitz hinüber. Dort erklärte er dem Kosakenoffizier, er solle seine Mannschaften auf die Überführung in umzäunte Lager in Weitensfeld vorbereiten. Auf die Frage, wie lange er dazu brauchen werde, erklärte Wagner, von 5 bis 20 Uhr. Die Bergstraßen seien schmal und kurvenreich, und unter diesen Umständen könnten 10000 Reiter nicht sehr schnell vorwärtskommen. Usher nickte, stieg auf sein Pferd und ritt davon. Wagner gab vorläufige Anweisungen, und zwei Stunden später kehrte Usher zurück, um nachzusehen, wie weit die Vorbereitungen gediehen waren. Wagner erstattete ihm Be-

richt, sah ihn dann offen an und stellte ihm die eindeutige Frage: »Herr General, ich nehme an, daß der Abmarsch in die umzäunten Lager der erste Schritt ist? Der zweite ist dann unsere Auslieferung an die Sowjets und der dritte unser Abtransport nach Sibirien?« Worauf Brigadegeneral Usher zweideutig antwortete: »Wir sind beide Soldaten – nicht wahr?«
»Jawohl, Herr General!«
»Dann wissen Sie auch, daß wir unseren politischen Vorgesetzten gehorchen müssen.«
Etwa zur gleichen Zeit erhielt Wagner auch den Besuch des wohlgesonnenen Major Hills. »Ich erinnere mich, daß er fragte, ob man sie an die Russen ausliefern werde. Ich konnte nur erwidern, daß ich ihm darauf die Antwort schuldig bleiben müsse, doch es könne durchaus sein – er hatte ohnehin längst erraten, was gespielt wurde. Ich gab ihm zwei Forellen, die ich am Nachmittag in der Gurk gefangen hatte, und verließ ihn.«[37]
Oberst Wagner rief nun General von Pannwitz an, teilte ihm die furchtbare Nachricht mit und legte ihm die Flucht zu den jugoslawischen Tschetniks nahe. Pannwitz erklärte, daß er bei seinen Kosaken bleiben werde, fügte aber hinzu, alle Deutschen im Korps seien nun ihres Eides entbunden und könnten selbst entscheiden, was sie tun wollten. Wagner hatte sich bereits entschlossen. Er war sicher, daß die Deutschen, sobald sie in sowjetischer Hand waren, von den Kosaken getrennt und in Sonderlager geschafft werden würden, und welche Hilfe konnten die deutschen Offiziere ihren Kosaken in der Gefangenschaft leisten? Oberst Wagner entschied sich zur Flucht.
Der rangälteste Russe in seinem Regiment war Major Vladimir Ostrovsky, und ihm erklärte Wagner, was geschehen würde. Sichtlich erregt teilte er ihm seine eigene Fluchtabsicht mit und legte Ostrovsky und seinen Kameraden nahe, es ihm gleichzutun. Dann rief er seinen Burschen, einen Tataren, nahm gefühlvoll Abschied von Ostrovsky und ritt in die Berge. Er erinnerte sich an Karl Mays Indianergeschichten, die er in seiner Jugend gelesen hatte, und ritt durch steinige Flußbette und die dunkelsten Waldwinkel, um seine Fährte zu verwischen. Nach einer langen, abenteuerlichen Fahrt ge-

lang es ihm und seinem Burschen, in Bayern die Sicherheit der amerikanischen Zone zu erreichen.

In dieser Nacht waren viele Soldaten, Deutsche, Kosaken und Briten, von Zweifeln und Sorgen geplagt. In Oberst Hills' Hauptquartier befand sich auch ein junger deutscher Verbindungsoffizier, der zu Oberst Wagners Stab gehörte, ein Graf Stollberg. In der Nacht des 27. Mai arbeitete Hills »noch ziemlich spät mit meinem Adjutanten in meinem Büro, als dieser meldete, daß der junge Stollberg mich zu sprechen wünsche. Ich sagte, er solle hereinkommen. Graf Stollberg erschien und trug seinen Sattel über dem Arm. Er sagte: ›Herr Oberst, ich höre, daß wir morgen an die Russen ausgeliefert werden sollen. Sie werden uns den Hals abschneiden, doch ich möchte Ihnen gern meinen Sattel geben, da ich weiß, daß Sie ein leidenschaftlicher Reiter sind‹ – grüßte und ging.« Dennoch stellte Hills später erfreut fest, daß Stollberg schließlich doch noch geflohen war.[38]

Unter den einfachen Kosaken, die bisher keine Ahnung hatten, was ihnen bevorstand, herrschte noch immer die sorglose Fröhlichkeit, die sich ihrer seit ihrer Übergabe an die Briten Anfang des Monats bemächtigt hatte. Leutnant Garry Maufe, vom 1. *King's Royal Rifle Corps*, war beauftragt, eine Schwadron leichter Panzerwagen zu einem der Kosakenlager zu bringen und sie auf den Marsch am nächsten Tag vorzubereiten. In dieser Nacht schlief niemand. Von irgendwoher kam Alkohol zum Vorschein, und es begann ein Fest, das die ganze Nacht andauerte. Als der Morgen anbrach, schmerzte Garry Maufe der Kopf und sämtliche Glieder. Die Getränke hatten ihn mitgenommen und ihm im übrigen Mut gemacht, sein Glück auf einem Kosakenpferd zu versuchen. Überall galoppierten die Kosaken umher, sangen, brüllten und vollbrachten die phantastischsten Reiterkunststücke. Gelegentlich erklang lautes Gelächter, wenn einer der Tommies von einem widerspenstigen Pferd fiel. Als das Fest bei Morgengrauen endete, stellte ein ziemlich bleicher und angeschlagener Leutnant Maufe die Kosaken zum Abmarsch auf. Von den Panzerwagen begleitet, bewegten sie sich die Landstraße hinab und wurden weiter unten einer anderen Einheit übergeben.[39]

Ihre Route wurde streng von Infanterie, leichten Geschützen und Spähwagen überwacht. Auf der ganzen Strecke waren Spähwagen der *Derbyshire Yeomanry* aufgestellt, die sogar eine Schwadron etwa 80 Kilometer in die Berge sandte, um eine Gruppe entkommener Kosaken einzufangen.[40] Das Ziel war ein großes, mit Stacheldraht umzäuntes Lager, das die *Welsh Guards* in Weitensfeld errichtet hatten. Da inzwischen alle deutschen Offiziere verschwunden waren, blieb Major Ostrovsky nun als rangältester Kosakenoffizier übrig. Vor dem Lager meldete er sich bei dem britischen Kommandeur, Oberst Rose Price. Die beiden begannen ein erstaunlich polyglottes Gespräch, in einer Mischung aus Französisch und Englisch, wobei ein anwesender, in Amerika geborener kroatischer Offizier gelegentlich aushelfen mußte. Oberst Rose Price bedeutete, daß für die Offiziere das kleinere Gehege bestimmt sei, für ihre Mannschaften das größere. Als Ostrovsky fragte, was mit ihnen geschehen werde, erwiderte Rose Price, er wisse es nicht; der Kroate warf jedoch schnell in seiner Muttersprache (die Ostrovsky verstand) ein, er sei sicher, daß sie alle an die Sowjets verraten würden. Ostrovsky bat um Erlaubnis, einen Teil des Weges zurückzugehen, um die Weisungen des Obersten an seine Kosaken weiterzugeben. Rose Price willigte ein. Der Major fuhr in seinem Dienstwagen die Reihen der berittenen Regimenter ab. Er gab die furchtbare Nachricht an verschiedene Offizieren weiter und legte ihnen nahe, mit so vielen ihrer Leute wie möglich die Flucht zu versuchen. Er sah mit Befriedigung, daß sich einzelne und Gruppen in die Büsche absonderten. Doch im großen und ganzen war die Straße so scharf bewacht und die Kolonne schon so weit vorgedrungen, daß sich der Flut kein Einhalt mehr gebieten ließ. Ostrovsky kehrte in das für die Offiziere bestimmte Quartier zurück und beobachtete schweren Herzens, wie die dichtgedrängten Reiterzüge in das Lager strömten und absattelten.

Im Offizierslager herrschte in dieser Nacht völlige Verzweiflung. Die Nachricht hatte sich herumgesprochen, obwohl die Briten sie noch nicht offiziell bestätigt hatten. Wenige schliefen, auch wenn die meisten in ihren Zelten blieben, um dem hellen Scheinwerferlicht zu entgehen, das auf das Lager gerichtet war. Einige Offiziere

sprachen von Flucht, doch von den offensichtlichen Schwierigkeiten abgesehen, kamen schließlich alle überein, daß es unmöglich sei, die Mannschaften im anderen Lager im Stich zu lassen. Um sechs Uhr erschien ein britischer Feldwebel, schwang drohend seinen Knüppel und befahl den Offizieren aufzustehen. Sie verweigerten dies sofort und erklärten, sie würden erst gehorchen, wenn man ihnen sagte, was man mit ihnen vorhabe. Der Feldwebel erklärte, er habe keine Ahnung und holte seinen Major. Auch er erklärte, er wisse nicht, wohin man sie bringen werde. Schließlich wandte sich Major Bruce Goff an seine Vorgesetzten und kehrte mit der Mitteilung zurück, die ihre schlimmsten Befürchtungen bestätigte: sie müßten in die Sowjetunion zurückkehren.
Dies stand im Einklang mit der offen zur Schau gestellten Haltung General Murrays, der es strikt ablehnte, mit dem, was General Keightly als »Täuschungsmanöver« bezeichnet hatte, das geringste zu tun zu haben. Das, was man schlichter auch als Lüge bezeichnen kann, wurde daher zwar im Befehlsbereich der 78. und 46. Division praktiziert, nicht jedoch bei den Kosaken, die unter dem Befehl der 6. Panzerdivision standen.
Major Goffs Worte lösten einen wütenden Aufschrei aus. Die Kosakenoffiziere betonten aufgebracht, daß sie Kriegsgefangene der Engländer und nicht der Bolschewiken seien. Sie erklärten einem offenbar ahnungslosen Engländer, daß die Sowjets sie mit Sicherheit umbringen und vorher vermutlich auch noch foltern würden. Schließlich forderten sie die Briten auf, sie lieber auf der Stelle zu erschießen, statt sie später von den Sowjets auf viel brutalere Weise umbringen zu lassen.
Entsetzt von diesem unerwarteten Ausbruch, wich Major Goff vor den schreienden Kosaken zurück und verließ das Lager, wie zuvor sein Feldwebel, um weitere Weisungen einzuholen. Er kehrte mit einer Gruppe hoher Offiziere zurück, die von Oberst Rose Price angeführt wurde. Major Ostrovsky erkannte auch Oberst James Hills unter ihnen, der ihm einen mitfühlenden Blick zuwarf. Draußen vor dem Stacheldraht standen die Lastwagen bereit. Oberst Rose Price erklärte, daß er den strikten Befehl erhalten habe, sämtliche Kosaken nach Rußland zurückzuschicken, und gezwungen sei,

diesen Befehl auszuführen. Gleichzeitig wies er darauf hin, daß es hieße, Marschall Stalin habe für alle, die die deutsche Seite unterstützt hätten, eine Amnestie erlassen, daher sei es klüger, friedlich zu gehen und von diesem Angebot Gebrauch zu machen.
Dies wurde von den Kosaken mit höhnischem Gelächter quittiert. Viele hatten in der Sowjetunion gelebt und wußten, welcher Wert dem Wort eines Kommunisten beizumessen war. Wieder wurden Forderungen laut, sie auf der Stelle zu erschießen oder jedem wenigstens einen Revolver und eine einzige Patrone zu geben. Der Oberst wies diese Forderung zurück, wandte sich an Major Ostrovsky und bat ihn, seinen Kameraden zu befehlen, auf die Lastwagen zu steigen. Ostrovsky lehnte das ab und erklärte, daß er für seine Person diesen Befehl keinesfalls befolgen werde und es jedem freistehe, nach eigenem Ermessen zu handeln.
Angesichts dieser Situation gab Oberst Rose Price einen neuen Befehl. Alle Kosaken, die bereit seien, zu gehorchen, sollten sich geschlossen rechts aufstellen und alle, die unbedingt die Folgen ihres Widerstands auf sich nehmen wollten, links. Als sie sich vor die schreckliche Wahl gestellt sahen, entweder auf der Stelle erschossen zu werden oder ihren Tod zwar hinauszuzögern, ihn aber dadurch vermutlich um so grausamer zu gestalten, gerieten viele Kosaken begreiflicherweise völlig außer sich. Eine anwesende Frau, die Witwe eines Regimentsarztes, begann hysterisch zu schreien, sie seien Verdammte, die überall, wohin sie auch gingen, Tod und Verfolgung erwarte. Sie warf mit ihrem Gepäck um sich, kletterte auf den nächsten Lastwagen und blieb dort schluchzend hocken. Die Mehrzahl der anderen folgte ihren Divisionspriestern auf die Lastwagen. Doch eine Gruppe von etwa 50, unter der Führung von Major Ostrovsky, blieb beharrlich. Ein gewisser *Essaul* (Hauptmann) Busch lief zu ihnen zurück und rief: »Meine Herren, gehen wir! Es ist besser, durch eine russische Kugel zu sterben als durch eine englische! Im übrigen werden wir den Bolschewiken schon zeigen, daß Kosakenoffiziere keine Angst haben!« Er wurde von seinen angewiderten Kameraden jedoch zurückgewiesen, da sie entschlossen waren, die Sache mutig auf der Stelle zu klären.
Alle, die freiwillig auf die Lastwagen gestiegen waren, wurden etwa

einen halben Kilometer abseits gefahren. Dann wurde angehalten und abgewartet. Ein halbes Dutzend Lastwagen stand abfahrbereit vor dem Lager, doch Ostrovskys Gruppe blieb fest. Sie nahmen Abschied voneinander, und ein anwesender Priester erteilte ihnen den Segen. Er schlug dann vor, sich auf die Erde zu setzen. Inzwischen hatte sich ein »Erschießungskommando« der *Welsh Guards* vor ihnen aufgestellt, und der Priester, Vater Feodor Wlassenko, erklärte, ein sofortiger Tod sei wahrscheinlicher, wenn sie in hokkender Stellung von den Kugeln getroffen wurden. Die Minuten vergingen – es war ein Augenblick blinden Terrors. Einer der anwesenden Kosaken berichtete später: »Die Maschinenpistolen waren auf uns gerichtet; noch eine Minute – und dann Adieu! Die Gefühle, die sich angesichts des bevorstehenden Todes einstellen, waren mir nicht neu, denn 1918 führte mich die Tscheka [Lenins Geheimpolizei] siebenmal vor ein Erschießungskommando. Man möchte meinen, daß man sich an eine derartige Situation gewöhnt, aber das ist keineswegs der Fall. Jedesmal hat es die gleiche Wirkung wie zuvor, jedesmal zieht blitzschnell das ganze Leben an einem vorüber, jedesmal verliert man die Verbindung zur Realität, die einem ganz unwirklich, wie ein Traum erscheint.«
Die Kosaken blieben bleich und unnachgiebig sitzen. Auf Major Ostrovskys Zügen lag ein leicht verächtliches Lächeln. Ein Priester tröstete seine siebzehnjährige Tochter Schenja.
Oberst Rose Price wartete, bis deutlich wurde, daß es mehr als dieses Schauspiels bedurfte, um den Mut der Kosaken zu brechen. Er schickte eine Ordonnanz zu dem Offizier, der den Befehl über das »Erschießungskommando« hatte, mit der Weisung, seine Leute sollten ihre Waffen senken; dann trat er vor und befahl den Kosaken nochmals, die Lastwagen zu besteigen. Gleichzeitig stellte sich ein Panzerwagen vor der Umzäunung etwa 20 Meter von den Kosaken entfernt auf. Ehe sie es sich versahen, loderte eine riesige, ölige Flamme aus seinem Geschütz. Einige Sekunden lang hüllte sie das Weizenfeld vor sich ein, alles in ihrem Umkreis brannte hell und war in wenigen Augenblicken verzehrt. Die glühende Hitze traf die Gefangenen, dann verebbte der Flammenstrahl und hinterließ eine kahle, schwarze Spur der Zerstörung. Man hatte den Kosaken die

Wirksamkeit eines »Wasp«-Flammenwerfers vor Augen geführt. Der erste Aufprall des brennenden Strahls war so gewaltig, daß zwei in der Nähe stehende Soldaten der *Welsh Guards* beinahe davon getroffen wurden. Ein grausigerer Anblick als das plötzliche Auflodern dieses Vernichtungswerkzeugs ließ sich kaum denken; selbst die tapfersten Kosaken waren vor Schreck erstarrt, und die zwei Frauen in ihrer Mitte waren völlig verstört. Leutnant Popov, ein russischer Emigrant aus Jugoslawien, verlor die Nerven und brach mit einem fürchterlichen Schrei zusammen. Er schien einen Anfall zu haben und wurde sofort weggetragen und auf einen der Lastwagen gebracht.

In diesem psychologischen Moment erklärte Oberst Rose Price, daß er es sich anders überlegt habe: sie würden nicht erschossen, sondern statt dessen gefesselt werden – wenn nötig mit Gewalt – und dann, ob sie wollten oder nicht, auf die Lastwagen geschafft werden. Er rief eine Gruppe Soldaten heran, die in einer Hand Knüppel und in der andern Seile und Drähte trugen.

Trotz seiner Angst vermochte Major Ostrovsky seinen Zorn nicht zu unterdrücken. Den Briten war soeben ein unwiderlegbarer Beweis gegeben worden, daß die Kosaken den Tod ihrer Rückkehr in die Sowjetunion vorzogen, und dennoch wollten sie von ihrem Verrat noch immer nicht ablassen. Er stand auf und ging auf den Oberst zu. Während der kroatische Offizier stockend übersetzte, verfluchte er die Briten in fünf oder sechs Sprachen. Er beschimpfte ihre kindische Unwissenheit über die wahre Natur des Marxismus, ihre materialistische Krämerideologie, den gemeinen Verrat, den sie nun verübten, und ihre nationale Scheinheiligkeit, daß sie zwar von Demokratie, Ehre und Anstand redeten, und trotzdem dem marxistischen Moloch kriecherisch ihre Menschenopfer darbrachten.

Er war gerade im vollem Schwung, seinen Gefühlen Luft zu machen, als er hörte, wie ihm ein Kosak von hinten zurief, daß es vielleicht doch besser sei, freiwillig und ungefesselt zu gehen, wenn ihnen schon keine andere Wahl blieb. Denn ungefesselt konnten sie unterwegs entkommen oder schlimmstenfalls Selbstmord verüben. Ostrovsky salutierte und erklärte unvermittelt, sie würden nun dem Befehl Folge leisten und in die Lastwagen steigen. Er wandte sich seinen Offizieren zu, erteilte seinen neuen Befehl und gab zugleich seine Gründe dafür an. Sie gehorchten und stiegen auf die wartenden Autos. Major Goff grüßte Ostrovsky, richtete einige Worte an ihn und begleitete ihn dann aus dem Lager.

Die Kosakenoffiziere ahnten nicht, wohin man ihren Befehlshaber abgeführt hatte; wenigstens einer war überzeugt davon, daß er weggebracht worden war, um wegen seiner Unverschämtheit einem englischen Obersten gegenüber erschossen zu werden. Doch in ihren Köpfen arbeitete es fieberhaft, was sie nun tun sollten. Nun waren sie doch auf den Lastwagen, und eine Stunde später würde ihr nächster Halt der Auslieferungsplatz sein. Die Henker und Folterknechte des NKWD waren schon über ihre bevorstehende Ankunft unterrichtet und hatten ihre Vorbereitungen getroffen. Ein Kosakenoffizier begann in stockendem Deutsch eine Unterhaltung mit einem der Tommies, die seinen Wagen bewachten. Er bot ihm erst eine Zigarette an und sprach dann über Stalins Despotismus in Rußland. Als der Name des Generalissimus fiel, grinsten die Gardesoldaten und riefen: »Stalin gut!«, doch als der Kosak einwandte, er sei ein Gauner, lächelten sie wieder und nickten zustimmend. Nach ein oder zwei weiteren Versuchen über das gleiche Thema fragte der Kosak (er hieß Sukalo) geradeheraus, wie er und seine Kameraden ihrem Schicksal entrinnen könnten. Ohne eine Sekunde zu zögern schlugen ihnen die Tommies die Flucht vor. Sie setzten ihm auseinander, daß einige Kilometer weiter vorn ein steiler Anstieg käme, den die Wagen im Schneckentempo hinauffahren würden, und empfahlen ihnen, dort abzuspringen und sich schnell in die Büsche zu schlagen.

»Natürlich werden wir auf euch schießen, aber ganz gemütlich über eure Köpfe weg.«

Offensichtlich betrachteten Offiziere und Mannschaften der 6. Panzerdivision die ganze Angelegenheit mit Abscheu und Verachtung.

Von dem Entschluß, diesen wohlgemeinten Rat zu befolgen, gestärkt, hielt Sukalo seine Hoffnungen selbst dann noch aufrecht, als sich die Kolonne in Bewegung setzte. Sehr bald wurde jedoch aus unerklärlichen Gründen wieder angehalten. Was, um Himmels willen, war jetzt los? Dreißig Minuten verstrichen. Unter seiner Lastwagenplane konnte Sukalo nur das nächste Fahrzeug, ein Stückchen Weide und das umzäunte Lager dahinter sehen. Die Tommies rauchten ihre Zigaretten und unterhielten sich unbekümmert. Ihnen war das Starten und Anhalten gleichgültig, doch für die Kosaken bedeutete jeder unerklärliche Vorfall neue Hoffnungen und Ängste. In der Nacht zuvor hatten sie eine Bittschrift verfaßt, in der sie gegen den beabsichtigten Verrat protestierten. Konnte sie bereits zu unerwarteten Ergebnissen geführt haben? War es möglich, daß Feldmarschall Alexander, »mit seiner russischen Frau«, nachgegeben oder interveniert hatte? Aber vielleicht wartete man lediglich auf eine Militäreskorte, die den geplanten Fluchtversuch vereiteln würde? Plötzlich wurden hinten Stimmen laut, es schien eine erregte Diskussion zu geben. Lastwagentüren wurden zugeschlagen, und die Stimmen kamen näher. Schließlich trat eine Gruppe britischer Offiziere auf Sukalos Lastwagen zu und spähte hinein. Mit plötzlich aufflammender Hoffnung sah der Kosak, daß sich unter den Neuankömmlingen auch ein lächelnder Major Ostrovsky befand.

Major Goff hatte Ostrovsky erklärt, daß er ihm, da er nun bereit sei, mit den britischen Behörden zu kooperieren, erlauben werde, im eigenen Dienstwagen an die sowjetische Grenze zu fahren. Von seinem Fahrer, seinem Burschen und dem treuen Terrier »Karl Iwanowitsch« begleitet, sprang Ostrovsky in den Volkswagen. Da keiner der umstehenden britischen Soldaten Russisch verstand, konnte der Kosakenmajor offen mit seinen Gefährten sprechen. Nach kurzer Beratung kamen sie überein, ihren Wagen bei der ersten Gelegenheit über einen Abhang in einen Fluß zu fahren, da sie den Selbstmord einem langsamen späteren Tod vorzogen. Klopfenden Herzens, aber unweigerlich entschlossen, begannen sie den Motor anzulassen. Doch er wollte nicht starten, auch nicht, als einige stämmige Soldaten der *Welsh Guards* mithalfen. Major Goff und Oberst Rose Price, die zugesehen hatten, kamen heran. Sie befahlen, die beiden Kosaken zur Lastwagenkolonne zu bringen, während Major Goff Ostrovsky in seinem eigenen Jeep mitnahm.

Die unvorhergesehene Verzögerung hatte ihm wieder Hoffnung

gemacht, aber als sie nun die Landstraße entlangfuhren, dachte Ostrovsky traurig an seine Mutter in Deutschland und empfahl seine Seele dem Allmächtigen. Kaum hatte er sich völlig diesen niedergeschlagenen Gedanken überlassen, als er und seine Begleiter das unablässige Signal einer Hupe hinter sich hörten. Major Goff war verwundert und befahl seinem Fahrer, auf die Seite auszuweichen und zu warten. Ein englischer Offizier in Hemdsärmeln hielt mit seinem Motorrad knatternd neben ihnen an, sprang ab und kam eilig auf den Jeep zu. Noch außer Atem überbrachte er Major Goff eine offenbar dringende Botschaft. Goff hörte ihn an, gab seinem Fahrer einen Befehl, dann wendete der Jeep und raste in Begleitung des Motorrades wieder den Weg zurück, den sie gekommen waren. Was, um Himmels willen, war nun wieder los? Ostrovsky war völlig verwirrt, als sie einige Minuten später wieder mit großer Geschwindigkeit im Weitensfelder Lager ankamen. Dort riefen und gestikulierten britische Offiziere und Truppen in sichtlicher Erregung. Ostrovskys Jeep hielt im Schatten eines Baumes. Ein Offizier kam mit Tee, Gebäck und Zigaretten auf ihn zu und bedeutete ihm, daß dies helfen werde, seine Nerven zu beruhigen. Nicht zum erstenmal an diesem erstaunlichen Tag (29. Mai) glaubte Ostrovsky, seine letzte Stunde habe geschlagen und man werde ihn nun erschießen. Der gleiche britische Offizier, der ihnen auf dem Motorrad nachgejagt war und den Jeep zur Umkehr bewogen hatte, trat mit einem Dokument auf Ostrovsky zu und forderte ihn auf, es zu unterzeichnen. Ostrovsky hielt es für eine letzte Formalität vor seiner Hinrichtung. Sein Benehmen mußte diese Überzeugung deutlich gemacht haben, da ihm der britische Offizier lächelnd versicherte, daß er offenbar einem Mißverständnis unterliege.

»Sie sind gerettet und müssen jetzt nur Ihre Personalien auf diesem Formular angeben!«

Daraufhin fragte Ostrovsky völlig verwirrt, was mit seinen Kameraden geschehen solle, die noch immer auf dem wartenden Konvoi säßen. Wiederum debattierten die britischen Offiziere erregt. Ein höherer Offizier trat vor, um die Angelegenheit zu erklären.

»Als Weiße, die schon vor 1938 die Sowjetunion verlassen haben, sind Sie alle unsere Freunde und unterliegen daher nicht der Repatriierung. Sie brauchen nur Ihren Namen und die Namen all Ihrer Freunde auf dieses Formular zu schreiben.«

Ostrovsky begriff endlich, daß er tatsächlich gerettet war. Er sprang begeistert aus dem Jeep und ging mit einer Gruppe britischer Offiziere die Landstraße entlang. Dort stand die lange Lastwagenkolonne noch immer und wartete. Als sie näherkamen, rief Ostrovsky den erwartungsvollen Männern, die ihnen entgegenblickten, zu: »Freunde! Ihr habt Rußland alle zur gleichen Zeit wie ich verlassen!«

Die Gruppe trat nacheinander an jeden der sechs letzten Lastwagen heran. Jedesmal wurde die gleiche Frage gestellt und die gleichen Formulare zur Unterschrift hineingereicht. Major Ostrovsky bedeutete ihnen durch Winke und Gesten die erforderliche Antwort; daß sie als Emigranten, die vor dem Krieg geflüchtet waren, nicht als Verräter der Sowjetunion gelten könnten. Der mit dieser Aussonderung betraute britische Offizier verstand offensichtlich Russisch und verwarnte den Major, ließ jedoch gleichzeitig deutlich durchblicken, daß er auch weiterhin ein Auge zudrücken werde. Aus dem zweiten Lastwagen sah das bleiche, gequälte Gesicht des armen Popov hervor, den schon der Schrecken des Flammenwerfers fast um den Verstand gebracht hatte. Er war ein ehemaliger Offizier des Zaren und hatte nach der Revolution in der Fremdenlegion gekämpft. Jetzt versagten seine Nerven vollends. Er schrie unzusammenhängendes Zeug und wurde auf einen Krankenwagen geladen. Die nun folgende »Überprüfung« ging sehr flüchtig vor sich. Ostrovsky erteilte seine deutlichen Winke weiter, und den britischen Offizieren, die die Prüfung vollzogen, war es offensichtlich ganz recht, nicht zu gründlich zu sondieren. Major George Druzhakin erinnert sich noch heute wörtlich an das Gespräch, das er mit dem Untersuchungsoffizier führte. Er trat auf ihn zu und fragte ihn, wo er vor dem Kriege gelebt habe. Auf die Antwort »in Frankreich«, stellte er Druzhakin einige Fragen auf französisch über die Topographie der Straßen um die Place d'Italie, wo der Kosak gewohnt hatte. Da er sie befriedigend beantworten konnte (denn seine Geschichte entsprach der Wahrheit), wurde Druzhakin außerdem gefragt, woher seine Kameraden kämen.

»Sie sind alle alte Emigranten, wie ich.«
»Aber was ist mit diesen jungen Leuten, die zur Zeit der Revolution noch nicht einmal auf der Welt waren?«
Viele von ihnen waren in der Tat junge Männer, die während des Krieges aus Rußland geflohen waren, doch Major Druzhakin erklärte, sie seien die jüngere Generation der Emigranten und gebürtige Jugoslawen. Zum Glück hatten die jungen Männer während ihrer Feldzüge genug Serbokroatisch aufgeschnappt, um ihren wohlgesonnenen Prüfer zu überzeugen. Am Ende blieben nur drei übrig, die offenbar aus Dummheit zugaben, Sowjetbürger zu sein. Sie wurden auf einen der vorderen Lastwagen verladen, in denen alle saßen, die unter Druck »freiwillig« eingestiegen waren.
Der verhörende Offizier stieß einen schrillen Pfiff auf einer Pfeife aus (George Druzhakin hat das kreischende Geräusch noch heute im Ohr), und schon begannen die Motoren der vorderen Lastwagen zu dröhnen. Bei der Abfahrt riefen einige der Kosakenoffiziere in den letzten Wagen kläglich, daß auch sie alte Emigranten seien. Der diensthabende Offizier rief jedoch zurück, daß sie freiwillig in die Lastwagen gestiegen seien und daher zurückkehren müßten. Noch einen kurzen Augenblick lang waren die entsetzen Gesichter zu sehen und dann hinter einer Biegung der Landstraße verschwunden. Viele waren tatsächlich alte Emigranten, die nun der Verhörzentrale des SMERSCH in Graz und den Todeslagern der Kemerowskaja Oblast bei Tomsk in Sibirien entgegenfuhren.
Die 50 entlassenen Offiziere kehrten mit gemischten Gefühlen in das Weitensfelder Lager zurück. Sie empfanden Freude über ihre unerwartete Rettung in letzter Minute, Trauer über ihre abgeführten Kameraden und tiefes Mißtrauen, noch immer nicht wirklich in Sicherheit zu sein. Doch als sie in ihr Quartier zurückkehrten, wurde ihnen versichert, daß nun nichts mehr unternommen werden könne, um ihre Auslieferung an die Sowjets zu erzwingen. Als George Druzhakin an diesem Abend seine Mütze abnahm, sah er, daß ihm wegen der außerordentlichen Erlebnisse dieses Tages alle Haare ausgefallen waren. Am nächsten Tag wurden sie in ein weiter südlich gelegenes Lager gebracht, in dem sie zu ihrer Überraschung Tausende alter russischer Emigranten vorfanden. Der Befehlsha-

ber, Oberst Rogozhin, bestätigte, daß er den Briten Zusicherungen abgerungen habe und keiner in seinem Lager in Klein St. Veit der Repatriierung unterliege. Sie wurden später alle entlassen und fanden im Westen eine neue Heimat und Arbeit.[41]

Nun waren noch die etwa 4000 gemeinen Kosaken in ihrem Lager übrig. Der damalige Kaplan der *Welsh Guards*, T.M.H. Richards, erinnert sich lebhaft an seine Besuche, bei denen er sie in ihrem Unglück zu trösten versuchte. Die Kinderscharen nahmen seine mitgebrachte Schokolade mit Begeisterung entgegen. Viele Erwachsene waren außergewöhnlich würdevoll und gutaussehende Erscheinungen, mit einigen (vermutlich alten Emigranten) konnte sich Richards auf englisch unterhalten. Am nächsten Tag wurden sie »ohne Vorfälle« auf Lastwagen und etwas weiter unten im Tal auf der Bahnstation von Gurk auf Züge verladen. Bis 15.00 Uhr am 30. Mai waren alle nach Judenburg abgefahren, mit Ausnahme einiger zur Versorgung der Pferde zurückgelassener Stallburschen.[42]

Bis Judenburg wurden die Gefangenen von britischen Panzerwagen begleitet. Major Warre von den 27. *Lancers* besuchte dort eine sowjetische Grenzkontrollstelle. Ein Offizier der Roten Armee (oder des NKWD) erklärte ihm, daß alle Kosakenoffiziere erschossen und die Gemeinen, falls sie arbeiteten, etwas Nahrung erhalten würden.[43]

Wie bereits erwähnt, hatten die Andeutungen und Warnungen, die den Kosaken im Bereich der 6. Panzerdivision gemacht wurden, dazu geführt, daß alle in ihrem Gewahrsam befindlichen deutschen Offiziere und Gemeinen sowie auch eine große Anzahl Kosaken entkommen waren. Zudem war die von Major Ostrovsky angeführte Gruppe in Weitensfeld gerettet worden. Brigadegeneral Usher hatte es überdies, im Gegensatz zu Brigadegeneral Musson in Lienz, abgelehnt, die Zwangsrepatriierung der Frauen anzuordnen; eine Gruppe von ihnen wurde entlassen.[44] Die NKWD-Beamten in Judenburg waren außer sich vor Zorn, als deutlich wurde, wie viele an dem Beutezug dieses Tages fehlten, und schickten eine aufgebrachte Beschwerde an General Murray. Er hielt noch am gleichen Abend eine Besprechung darüber ab. Dem 1. Bataillon des *Rifle Corps* wurde befohlen, die Gegend nach Kosakenflüchtlingen abzusuchen. Major Howard, dem nur 700 Leute zur Verfügung standen, um ein ausgedehntes Terrain wegloser Berge und Wälder zu durchsuchen, äußerte Bedenken.

»Wie viele Männer, glauben Sie, sind nötig?« fragte der General.

»Ungefähr 20000«, antwortete Major Howard.

General Murray zwinkerte. »Nun schön, tun Sie ihr Bestes«, murmelte er.

Major Howards Leute sammelten schließlich etwa ein Dutzend der fehlenden Tausend wieder ein. Weder der NKWD noch General Murray erhoben Beschwerde. Der General war alles andere als unzufrieden, und als Oberst Hills Brigadegeneral Usher Meldung über die Anzal der Flüchtigen machte, wurde ihm zu seiner Überraschung gesagt, daß Usher »höchst erfreut darüber sei, wie viele entkommen seien, und er solle sich keine Sorgen machen.«[45]

Ich habe das Schicksal einer relativ kleinen Anzahl Kosaken im Bereich der 6. Panzerdivision sehr ausgiebig geschildert, und mancher Leser mag der Ansicht sein, daß die Begnadigung von nur 50 Kosaken von den insgesamt 50000, die dem NKWD in Österreich ausgeliefert wurden, kaum ins Gewicht fällt. Dieser Vorfall ist jedoch weit über die damit verbundenen Zahlen hinaus von Bedeutung, da er beweist, daß auch ein anderer Weg gangbar gewesen wäre. Wäre er eingeschlagen worden, hätten wenigstens einige, wenn nicht alle von den alten Emigranten, die so ungerechtfertigt ausgeliefert wurden, ebenso gerettet werden können wie Ostrovsky und seine Kameraden.

11

Zwischenspiel: Ein ungelöstes Rätsel

Am 26. Mai, zwei Tage bevor die Kosakenoffiziere nach Spittal gelockt wurden, hatte ein Beamter des Foreign Office bestätigt, daß »alle, die sowjetische Staatsbürger sind« an die Sowjets ausgeliefert werden sollten. Der Wortlaut des Textes war präzis und bedeutsam: ». . . alle Personen, die Sowjetbürger sind, die dem britischem Gesetz unterliegen, müssen repatriiert werden, und . . . alle Personen, die dem britischem Gesetz unterliegen und nicht (wiederhole nicht) Sowjetbürger sind, dürfen nicht (wiederhole nicht) in die Sowjetunion repatriiert werden, es sei denn auf ausdrücklichen Wunsch der betroffenen Personen.«[1]

Die Definition eines »Sowjetbürgers« lautete: »Eine Person, die innerhalb der vor dem 1. September 1939 gültigen Grenzen Rußlands geboren oder ansässig war (und keine andere Staatsangehörigkeit oder einen NANSEN-Paß angenommen hat, welch letzterer diese Person staatenlos machen würde) . . .«[2]

Diese Definition schloß, ganz korrekt, die Millionen Russen, die Rußland zur Zeit der Revolution und des Bürgerkriegs verlassen hatten, von der sowjetischen Staatsangehörigkeit aus, da sie nie unter der Sowjetregierung gelebt hatten und daher nicht als ihre Untertanen anzusehen waren. Diese wurden die »alten Emigranten« genannt, zum Unterschied von den »neuen Emigranten«, d. h. Personen, die Sowjetbürger gewesen und erst später aus der UdSSR geflüchtet waren. Die »alten Emigranten« waren ohne Ausnahme entweder staatenlos oder hatten eine andere Staatsangehörigkeit erworben. Niemand behauptete, daß diese Personen, obwohl sie Russen waren, als Sowjetbürger anzusehen wären. General Wassiljew von der sowjetischen Repatriierungskommission definierte sowjetische Staatsbürger als: »Alle diejenigen, die vor ihrer Gefangennahme oder ihrem Abtransport Bürger einer der Sowjetrepubliken waren« und erklärte zugleich, daß folglich nur solche Personen der Repatriierung unterlägen.[3] Kein alter Emigrant konnte selbständig Anspruch auf sowjetische Staatsbürgerschaft erheben. Ein Sowjetbeamter erklärte: »Unsere generelle Auffassung ist eindeutig. Jeder Russe kann einen formalen Antrag auf sowjetische Staatsbürgerschaft stellen. Doch dies ist nicht einfach. Die sowjetische Staatsbürgerschaft wird nicht leichtfertig vergeben.«[4]

Die britische Regierung machte in diesem Punkt von Anfang an deutliche Unterschiede. Nur wenige Tage, nachdem die ersten russischen Gefangenen von den Brückenköpfen der Normandie nach England gebracht wurden, legte das Foreign Office fest, daß »Repatriierungsmaßnahmen nicht auf Personen sowjetischer Nationalität [d. h. russischer], die jedoch keine sowjetischen Staatsbürger sind, angewandt werden«, und definierten dies als auf Personen bezogen, die »nicht-sowjetische Pässe oder Nansen Ausweise« besaßen.[5] Das war der Rat Patrick Deans, und das war auch die Definition, die das Foreign Office an das amerikanische State Department weitergab.[6]

Christopher Warner machte die Aktennotiz, daß »wir in unsere Zahlen nicht alte Emigranten einschließen dürfen, die womöglich Nansen-Pässe besitzen.«[7] Der Standpunkt des Foreign Office war klar umrissen: »Da . . . die Sowjetregierung nur die Repatriierung der Sowjetbürger gefordert hat und auch nur hierzu berechtigt ist, dürfen wir keinen Fall außer acht lassen, von dem wir unmittelbar oder mittelbar erfahren, daß eine zur Repatriierung bestimmte Person nicht Sowjetbürger ist.«[8]

Dieser Politik zufolge erhielten auch die russischen Emigranten in Rom Zusicherungen, daß sie von der Repatriierung ausgeschlossen seien.[9] Im März 1945 versuchte General Ratow, einen Weißen Russen an Bord eines Schiffes zu schmuggeln, das nach Odessa fuhr. Das wurde jedoch von den britischen Behörden vereitelt. Der Mann war ein Staatenloser, der unter Baron Wrangel im Bürgerkrieg gekämpft und dann zweiundzwanzig Jahre in Frankreich gelebt hatte. General Ratow gab sofort jeden Anspruch an ihn auf und erklärte, es sei ein Irrtum gewesen. Selbst Patrick Dean war hierüber so erbost, daß er vorschlug: »Wir sollten uns bei der Sowjetregierung über diesen Fall nachdrücklich beschweren«, obwohl er sogleich den typischen Foreign Office-Nachsatz anfügte: »Sobald sich eine passende Gelegenheit dazu bietet . . .«[10]

Trotzdem wurden Nikolai Krasnow sowie andere Weiße Kosaken in Österreich mit Gewalt repatriiert. Selbst die sowjetischen Behörden, die sie in Empfang nahmen, waren erstaunt, daß die Briten auch diese Leute mitgeschickt hatten. In Judenburg fragte der sowjetische General Dolmatow überrascht, warum die alten Emigranten ausgeliefert worden seien[11], die seines Wissens nach von den Sowjetbehörden gar nicht angefordert worden waren. Auch die NKWD-Untersuchungsbeamten waren ehrlich erstaunt. Als einer hörte, daß der vor ihm stehende Kosakenoffizier vor dem Krieg auf dem Balkan gelebt hatte, rief er aus: »Dann sind Sie ja ein alter Emigrant? Sie unterliegen der Repatriierung gar nicht. Genosse Stalin hat die alten Emigranten nicht angefordert. Warum sind Sie hier?«[12] Ein SMERSCH-Oberstleutnant lachte laut über die Scheinheiligkeit der Engländer, die ihre Freunde auf diese Weise verrieten.[13]

Für dieses merkwürdige Abweichen von der üblichen britischen Praxis kann es nur zwei Erklärungen geben. Entweder war ein tragischer Fehler begangen worden, oder dieses Zugeständnis beruhte auf einer vorsätzlichen politischen Entscheidung. Dieser Frage ist bisher erstaunlich wenig Aufmerksamkeit gewidmet worden.

Kosaken-Verfasser nehmen zwar häufig Bezug auf das, was sie verständlicherweise als einen weiteren Beweis britischer Befriedung und britischen Verrats betrachten, doch dies hilft uns bei der Frage nach dem Warum nicht weiter.

Lord Hankey, ein ehemaliger Beamter des Foreign Office, hat sein »sehr tiefes Bedauern« ausgesprochen, »daß es in der Hitze und in dem völligen Wirrwarr des Sommers 1945 . . . unmöglich war . . . alle Einzelfälle zu überprüfen«. Es seien »einige Fehler« unterlaufen.[14] Eine andere Theorie besagt, daß es General Domanow war, der den Briten geraten habe, die alten Emigranten auch einzuschließen.[15] Die einzigen britischen Offiziere, mit denen er Verbindung aufnehmen konnte, wissen jedoch nichts davon, und es ist auch nicht wahrscheinlich, daß General Keightly solch einer Idee Domanows nachgegeben hätte. Andere Theorien sind bislang nicht geäußert worden.

Ganz gleich, ob diese Episode ein tragischer Fehler oder Absicht war, als Folge sind jedenfalls Tausende ganz unnötig umgekommen oder schrecklichen Grausamkeiten ausgesetzt worden. Es scheint daher berechtigt, die Gründe für eine Entscheidung zu erfahren, die zu so unbeschreiblichen Leiden führte.

Hierzu ist zunächst zu bemerken – wenn die Entscheidung auf einem Irrtum beruhte, handelte es sich um einen Irrtum von gewaltigen Ausmaßen. Die Weißen Emigranten waren unter den Tausenden von Kosaken, die sich im Gewahrsam der 78. Division befanden, keine kleine Gruppe. Von allen bekannten Kosakengenerälen, die in Judenburg ausgeliefert wurden, war nur einer (Domanow) laut britischer und sowjetischer Definition Sowjetbürger. Von den übrigen waren Peter und Semjon Krasnow, Schkuro, Solamachin, Keljtsch Girei, Wassiljew und viele andere berühmte Emigranten aus der Zeit des Bürgerkriegs. Nach Statistiken, die auf den Namenslisten des *Kasatschi Stan* beruhten, wurde später geschätzt, daß nicht weniger als 68 Prozent von Domanows Offizieren alte Emigranten waren; mit anderen Worten etwa 1430 Personen.[16] Unter den Gemeinen, Frauen und Kindern wird der Prozentsatz wesentlich geringer gewesen sein, doch selbst nach vorsichtigster Schätzung wird man mit der Behauptung nicht fehlgehen, daß mindestens 3000 Kosaken im Drautal alte Emigranten und als solche von der Auslieferung ausgeschlossen waren.

Sie waren auch keineswegs zu übersehen. Sultan Girei erschien im Lager von Spittal in der vollen Paradeuniform eines Zarenoffiziers.[17] General Kutschuk Ulagai zeigte allen, die ihn sehen wollten, seinen albanischen Paß.[18] Im Peggetzer Lager sah sich Major Davies zu seinem Entsetzen von Männern und Frauen umringt, die ihm ihre Nansen-Ausweise und andere westeuropäische Pässe zeigten.[19]

Den Befehlshabern der 36. Infanteriebrigade und der 78. Infanteriedivision mag es im Gegenteil vorgekommen sein, als setzte sich die gesamte Kosakenführung aus alten Emigranten zusammen. Fast alle Wortführer der Kosaken, mit denen General Arbuthnott und Brigadegeneral Musson Verbindung hatten – General Wassiljew, Nikolai Krasnow, Olga Rotowa, Hauptmann Butlerow – waren ohne jeglichen Zweifel alte Emigranten. Die Anwesenheit »zaristischer Exilierter« unter den internierten Wlassowschen Aufgeboten wurde in Mussons Brigade-Kriegstagebuch vermerkt.[20]

Es handelte sich auch keineswegs um gewöhnliche Anhänger des Zaren. Viele der älteren hatten als englische Verbündete im Ersten Weltkrieg gekämpft, und unter den Weißen russischen Generälen waren wenige bei den Briten so beliebt gewesen wie Andrei Schkuro. Die sprichwörtliche Tapferkeit und Waghalsigkeit seiner Wölfe wurde von den britischen Soldaten ebenso bewundert wie von den Soldaten in Denikins Armee. Am 2. Juni 1919 bekam er für seine Tapferkeit vor dem Feind[21] in den gemeinsamen Kämpfen mit den britischen Interventionstruppen den Bath-Orden.[22]

Freilich hatte sich die Welt seit 1919 verändert. Die Kosaken waren nicht mehr die Verbündeten Englands. Schkuro hatte seinen, wenn auch nur nominellen, Beitrag zu den deutschen Kriegsbemühungen geleistet.[23] Dennoch bleibt die simple Tatsache bestehen, daß der Wortlaut aller britischen Befehle über die Auslieferung der Kosaken immer wieder betonte, alle nicht-sowjetischen Staatsbürger zurückzubehalten. Am 21. Mai erhielt Brigadegeneral Musson den ersten entsprechenden Befehl von General Keightley, dem Befehlshaber des 5. *Corps*. Der Text ist wesentlich:

> BETRIFFT: Definition SOWJETISCHER STAATSANGEHÖRIGER. Mit Bezug auf Stabsbesprechung des 5. CORPS am 21. Mai über die Repatriierung SOWJETISCHER STAATSBÜRGER.
>
> 1. Verschiedene Fälle sind kürzlich an diesen Stab weitergeleitet worden, da Zweifel bestanden, ob gewisse Einheiten und Gruppen, was ihre Repatriierung in die SOWJETUNION unmittelbar vom 5. CORPS angeht, als SOWJETISCHE STAATSBÜRGER zu behandeln seien. Entscheidung bezüglich dieser Fälle siehe unten.
>
> RUSSISCHES SCHUTZKORPS (inkl. Rumänen in dieser Einheit) wird bis auf weiteres NICHT als SOWJETISCHE STAATSANGEHÖRIGE behandelt.
>
> Folgende sind als SOWJETISCHE STAATSANGEHÖRIGE ZU BEHANDELN:

ATAMAN Gruppe
15. KOSAKEN KAVALLERIE KORPS (inkl. KOSAKEN und KALMÜCKEN)
Res. Einheiten von Generalltnt. SCHKURO
KAUKASIER (inkl. MUSELMANEN).
2. Einzelfälle werden NICHT in Betracht gezogen, es sei denn auf speziellen, dringenden Antrag. In diesen sowie auch in anderen Fällen des Einspruchs weiterer Einheiten und Verbände gelten die folgenden Richtlinien:
a) Jede Person in unserem Gewahrsam, die zur Zeit des Beitritts in die DEUTSCHEN Streitkräfte oder des Beitritts zu einer Einheit, die mit den DEUTSCHEN Streitkräften kämpfte, innerhalb der 1938 gültigen UdSSR-Grenzen lebte, ist in bezug auf die Repatriierung als SOWJETISCHER STAATSANGEHÖRIGER zu behandeln.
b) Jede Person, die, obwohl RUSSISCHER Abstammung, vor dem Beitritt zu den DEUTSCHEN Streitkräften seit 1930 nicht in der UdSSR gelebt hat, ist bis auf weiteres NICHT als SOWJETISCHER STAATSANGEHÖRIGER zu behandeln.
c) In allen Zweifelsfällen sind die Personen als SOWJETISCHE STAATSANGEHÖRIGE zu behandeln.[24]

Dieses Dokument sah mit einigen Ausnahmen eindeutig vor, daß dann eine Überprüfung stattfinden sollte, wenn Personen, die nach den gegebenen Definitionen nicht als Sowjetbürger galten, das Augenmerk auf ihren Status lenkten. Diese Richtlinie räumte den Befehlshabern eine gewisse Freiheit der Interpretation ein, ermächtigte sie jedoch nicht, Personen auszuliefern, die Anspruch auf nichtsowjetischen Status stellten und in der Lage waren, ihn dokumentarisch zu belegen (durch einen Paß oder einen Nansen-Ausweis). Obgleich der Wortlaut einige Unklarheiten enthielt, konnten sie jedoch einem humanen Befehlshaber (ganz gleich, wie wörtlich er sie nahm) zur Rettung vieler Menschenleben dienen.
In seinem Buch *Das letzte Geheimnis* bezieht sich Lord Bethell auf diese von General Keightley herausgegebene Definition und fährt fort, daß ihr »durch seinen Befehl vom 24. Mai widersprochen

wurde, in dem es eindeutig hieß, alle Offiziere seien ohne Ausnahme zu repatriieren. Der bindende Befehl war der vom 24. Mai.«[25]

Ein entscheidender Absatz in diesem letzteren Befehl lautet: »Es ist von äußerster Wichtigkeit, alle Offiziere und vor allem die höheren Befehlshaber zusammenzuhalten und keinem die Flucht zu erlauben. Die SOWJETISCHEN Streitkräfte messen diesem Gesichtspunkt die größte Bedeutung bei und werden vermutlich die sichere Auslieferung der Offiziere als eine Probe des britischen guten Willens auslegen.«

Hierauf stützt sich Lord Bethells Argument, daß die Rückkehr der Weißen Emigranten von General Keightley ausdrücklich befohlen wurde und seine untergeordneten Offiziere lediglich seinen eindeutigen, wenn auch ungerechtfertigten, Weisungen folgten. Aber untersuchen wir den Befehl etwas genauer. Der erste Absatz lautet:

»1. *Definition*

Im gesamten Brief bezeichnet der Begriff KOSAK diejenigen Soldaten SOWJETISCHER Staatsangehörigkeit, inkl. Lagergefolge und deutscher Kader, die mit dem Feind gekämpft oder zusammengearbeitet haben.

Bezüglich Definition SOWJETISCHER Staatsangehörigkeit, siehe Stabs-Brief 405/G vom 21. Mai.«[26]

Mit anderen Worten war die »Definition« vom 21. Mai, die Kosaken von der Repatriierung ausschloß, die ihre nicht-sowjetische Staatsangehörigkeit geltend machen konnten, nicht nur *nicht* überholt, sondern sogar bestätigt worden. Es ist nicht leicht einzusehen, wie dies übersehen werden konnte, zumal es in den Operationsanweisungen der 78. Division vom 28. Mai noch einmal wiederholt wurde:

»1. Im Einklang mit den Bedingungen des Jalta-Abkommens sind alle SOWJETISCHEN Staatsangehörigen, die sich in den Händen der anderen Alliierten befinden, an die SOWJETUNION auszuliefern.

2. Durchweg in diesem Befehl bezeichnet der Begriff ›SOWJETISCHER Staatsbürger‹ die Truppen mit SOWJETISCHER Staatsangehörigkeit, inkl. ihrem Lagergefolge, die mit dem Feind ge-

kämpft oder zusammengearbeitet haben. Eine Definition ist im Brief 405/G des 5. Corps vom 21. Mai gegeben, der nur an die 36. Brigade ausgehändigt wurde.«[27]

Alle diese Befehle wurden von Brigadegeneral Musson und seinem Stab eingesehen, jedoch nicht in der gleichen Form an die Bataillonskommandeure weitergegeben. Oberst Malcolm wurde von General Musson gesagt, daß »alle gehen müssen«; zu keiner Zeit erhielt er auch nur einen Hinweis, daß viele nicht von diesen Befehlen betroffen waren.[28] Brigadegeneral Mussons ausführlicher Bericht, den er am 3. Juli abfaßte, erklärt in Absatz 4:

»JALTA-Konferenz-Abkommen

a) Man kam auf der Jalta-Konferenz überein, alle SOWJETISCHEN Staatsbürger, die sich in den von den Alliierten besetzten Territorien befinden, in die UdSSR zu repatriieren. Der Kommandeur der 36. Infanteriebrigade wurde ungefähr am 20. Mai 1945 hierüber informiert.

b) 5. Corps-Brief 405/G vom 21. Mai 1945, von dem eine Abschrift in Anhang ›B‹ beigefügt ist, lieferte Richtlinien in bezug auf die Verbände und Einheiten, die als SOWJETISCHE Staatsangehörige zu behandeln waren. Es sei bemerkt – obwohl diese Richtlinie festlegte, daß Einzelfälle nicht in Betracht gezogen werden sollten, es sei denn auf nachdrücklichen Antrag, wurden alle Maßnahmen, die unter den zu der Zeit herrschenden Umständen möglich waren, innerhalb der 36. Infanteriebrigade ergriffen, um sicherzustellen, daß sich keine nicht-sowjetischen Staatsangehörigen unter den an die UdSSR Behörden Übergebenen befanden . . .«

Dieser letzte Satz ist verwirrend. Wenn er bedeuten soll, daß tatsächlich Aussonderungen vorgenommen wurden, ist er offensichtlich unzutreffend. Oberst Malcolm erhielt bis nach der Vollziehung des größten Teiles der Auslieferung keinen Auftrag zur Aussonderung. Es stimmt zwar, daß Major Davies stillschweigend einige Leute von der Auslieferung nach Judenburg ausschloß, doch dies war ein Akt persönlicher Barmherzigkeit, den er ohne Wissen oder Auftrag des Brigadestabs auf eigene Verantwortung machte. Oberst Malcolms Befehle waren eindeutig: alle mußten ausnahmslos zurückkehren.

Es geht hier jedoch nicht darum, ob der Bericht der 36. Brigade vom 3. Juli richtig ist oder nicht, sondern darum, daß er die kategorische Erklärung enthält, wonach die »Definition« des Brigadestabs vom 21. Mai als gültig, ja sogar als zu befolgende Richtlinie in strittigen Fällen anzusehen war. Angesichts dieses Umstandes ist es offensichtlich nicht möglich, mit Lord Bethell das Argument aufrechtzuerhalten, daß der Befehl vom 24. Mai die »Definition« vom 21. Mai überholte oder außer Kraft setzte.

Wenn, wie wir gesehen haben, Brigadegeneral Mussons Befehle in bezug auf die der Repatriierung unterliegenden sowjetischen Staatsbürger so eindeutig waren, wie konnte es dann geschehen, daß ungefähr 3000 widerstrebende alte Emigranten zur Mitreise nach Judenburg entweder überlistet oder gezwungen wurden? Brigadegeneral (heute General) Musson hat dem Verfasser erklärt, er habe von seinen Vorgesetzten *mündliche* Befehle erhalten, die ihn zwangen, alle Kosaken in seinem Gewahrsam, ungeachtet ihrer Staatsbürgerschaft, zu repatriieren. Diese mündlichen Befehle betrachtete er als Außerkraftsetzung der Möglichkeit, nicht-sowjetische Kosaken zurückzubehalten, die wiederholt in seinen schriftlichen Befehlen festgelegt worden war. General Musson erklärt, »wir alle hatten seit geraumer Zeit in aktiven Gefechten zusammengearbeitet[29] und uns daher auch daran gewöhnt, mündlichen Befehlen zu gehorchen, denen zumeist keine schriftliche Bestätigung folgte. Es wäre uns nie in den Sinn gekommen, schriftliche Befehle dazu herzunehmen, die Handlungen eines Mannes zu rechtfertigen! Das, was mir die Befehlshaber und ihre Stabsoffiziere mitzuteilen beabsichtigten, unterlag für mich keinem Zweifel.«[29a]

Die mündlichen Befehle waren völlig eindeutig und unmißverständlich:

»Ich hatte damals und habe noch heute den alles überwiegenden Eindruck, daß sämtliche Offiziere nach Osten zu schicken waren. Alle Besprechungen, die ich mit den höheren Befehlshabern und ihren Stäben hatte, bestätigten dies, und mir wurde mehr als einmal gesagt, daß der Befehl von Feldmarschall Alexanders Hauptquartier erlassen worden und im übrigen die Politik unserer Regierung sei . . . Ich wiederhole, daß mir absolut deutlich gemacht wurde, alle Offiziere zu repatriieren . . . und daß auch, ehe die ersten Auslieferungen begannen, keine individuelle Überprüfung durchführbar war, schon gar nicht in meinem Bereich.«

General Musson erklärt heute, daß dies die ihm mitgeteilten Gründe waren, alle Richtlinien bezüglich des Ausschlusses der nicht-sowjetischen Staatsbürger außer acht zu lassen. Er selbst sah diese Erklärung als bindend an. Die praktischen Einwände gegen die Ausführung offizieller Überprüfungsmaßnahmen waren gewichtig. Die Schwierigkeiten bestanden darin, mit unzureichenden Mitteln die eigentlichen Überprüfungsvorkehrungen zu treffen und diese zweitens auf eine Weise vorzunehmen, daß sie den Kosaken nicht die bevorstehende Auslieferung verrieten und zu massenweisen Fluchtversuchen führten. Hinzu kam noch die Geschwindigkeit, mit der sämtliche Maßnahmen getroffen werden mußten.

Dies waren nicht unbeachtliche Gesichtspunkte. Andere in diese Operation verwickelte Offiziere haben jedoch dem Verfasser gegenüber die Meinung geäußert, daß dies kein unlösbares Problem dargestellt hätte. Die Generäle Murray und Bredin sowie auch Major Davies, deren Aufgaben sich von der Planung der Operationen bis zur tatsächlichen Ausführung erstreckten, sind überzeugt davon, daß eine Überprüfungsaktion in Peggetz durchaus möglich gewesen wäre. Viele Emigranten besaßen schließlich ausländische Pässe und Nansen-Ausweise.

Noch schwerwiegender als diese Ansichten so erfahrener Offiziere ist, daß andernorts Überprüfungsmaßnahmen für völlig selbstverständlich gehalten wurden, einerlei ob in kleinem oder großem Umfang. Im ganzen Bereich der alliierten Streitkräfte in Italien und Österreich, mit Ausnahme des soeben besprochenen Falles, wurden Maßnahmen ergriffen, nur die befreiten oder gefangengenommenen Russen zu repatriieren, die unter die Bestimmungen des Jalta-Abkommens fielen. Das Alliierte Hauptquartier erließ am 6. Mai eine präzise Definition der sowjetischen Staatsbürgerschaft. Am 22. Mai fragte der Stab des 5. *Corps* an höherer Stelle an, um eine Bestätigung der britischen Politik zu erhalten. Am gleichen Tag antwortete das Alliierte Hauptquartier mit einem Telegramm, das deutlich erklärte, daß:

»1. Alle, die Sowjetbürger sind und den Russen unmittelbar und ohne Gewalt ausgehändigt werden können, unmittelbar von der 8. Armee auszuliefern sind.
2. Alle anderen zur 12. Armeegruppe evakuiert werden sollten.
3. Definition eines Sowjetbürgers ist im Alliierten Hauptquartier Brief vom . . . 6. Mai enthalten . . . Betr. Ihre Anfrage A 4073 vom 21. Mai über Politik bezüglich Kosaken.«[30]

Im allgemeinen wurde die eigentliche Überprüfung ziemlich großzügig durchgeführt, und man neigte dazu, die Anträge der Gefangenen auf nicht-sowjetische Staatsbürgerschaft zu begünstigen.[31] Es mag jedoch die Auffassung geherrscht haben, daß derartige Methoden, wenn es sich um eine so große Personenzahl handelte wie die in Lienz versammelten Kosaken, undurchführbar sein würden. Ist letzteres der Fall, sollten wir zwei Fälle untersuchen, die bisher noch nicht erwähnt wurden.

In der Gegend um St. Veit und Spittal nahmen die britischen Streitkräfte die Kapitulation einer disziplinierten Einheit entgegen, die aus etwa 10000 Ukrainern bestand. Ihr ursprünglicher Name war Waffen-SS Panzergrenadierdivision Galizien, doch Anfang 1945 wurde daraus die 1. Ukrainische Division, mit dem ukrainischen General Pavlo Shandruk als nominellem Befehlshaber. Dies stand im Einklang mit der etwas verspäteten Nazipolitik, zu versuchen, eine »dritte Macht« aus antibolschewistischen Slawen zu errichten. In der Praxis blieb die Division unter dem Befehl des SS-Generals Freitag, der jedoch mit seinen anderen deutschen Offizieren begreiflicherweise kurz vor der Übergabe verschwand.

Während die Division die Ankunft der 8. Armee-Einheiten erwartete, schickte Shandruk (wie General von Pannwitz zur gleichen Zeit) Botschaften an die Engländer, in denen er die Zwangslage seiner Leute darlegte und bat, sie nicht an die Sowjets auszuliefern. Überdies schickte er einen Abgesandten an den Befehlshaber des 2. Polnischen Corps, General Anders, mit der Bitte, sich bei den Briten für die Ukrainer zu verwenden. Am 3. Mai wurde ein weiterer Unterhändler zu den Briten geschickt, und die Division übergab die Waffen. Später legte Shandruk dem britischen Oberkommando Denkschriften vor, in denen er die nationale Lage der Ukrainer schilderte und wiederum darauf drang, sie nicht als sowjetische Staatsbürger zu betrachten.[32]

Shandruk selbst floh in das amerikanisch besetzte Bayern, während die 10000 Mann der Ukrainischen Division im Gewahrsam des britischen 5. *Corps* bei Spittal an der Drau lagen – der gleichen schicksalsvollen Stadt, in der Domanow und seine Offiziere des *Kasatschi Stan* die Nacht vom 28. zum 29. Mai auf dem Weg nach Judenburg verbracht hatten. Shandruks Offiziere und Gemeine hatten mehr Glück. Anstatt den Sowjets ausgeliefert zu werden, wurden sie im Mai in ein Lager in Bellaria bei Rimini an der italienischen Adriaküste verlegt. Im folgenden Oktober wurden sie in ein weiteres Lager im nahegelegenen Cesenatico gebracht, wo sie bis Mai 1947 interniert blieben.

Der sowjetische Geheimdienst wußte von dieser disziplinierten antikommunistischen Einheit, die sich aus polnischen und sowjetischen Staatsbürgern zusammensetzte. Im Juli hatte Stalin persönlich in Potsdam ihre Auslieferung an die UdSSR gefordert, und Churchill hatte versprochen, die Angelegenheit gründlich zu prüfen. In Besprechungen, die Feldmarschall Alexander am 18. August und später mit dem Repatriierungsbevollmächtigten General Basilow hatte, forderte dieser im Einklang mit dem Jalta-Abkommen die Repatriierung der »10000 Sowjetbürger«. Die britischen Militärbehörden nahmen jedoch eine strenge Aussonderung vor, und im November schrieb ein Beamter des Foreign Office, daß »alle außer 112 Mitgliedern der ukrainischen Division umstrittene Personen und *nicht* Sowjetbürger sind.« Um eine lange Geschichte kurz zu machen, wurde allen Ukrainern, mit Ausnahme einiger Dutzend, die sich freiwillig zur Rückkehr meldeten, erlaubt, im Westen zu bleiben. Obwohl man Einwände des Gewerkschaftsbundes befürchtete, kam die Mehrzahl im Sommer 1947 nach Großbritannien und füllte die Lücke an Arbeitskräften, die durch die Rückkehr der deutschen Kriegsgefangenen aus den britischen Lagern entstanden war.[33]

Mit der Ukrainischen Division war ein großer Fisch davongeschwommen. Der zweite war das Weiße Russische Schutzkorps aus Serbien. Dieses Korps hatte eine einzigartige Geschichte, denn in

Wirklichkeit war es die einzige überlebende Einheit der alten zaristisch-russischen Armee. Als Wrangels Heer 1921 aus der Krim evakuiert wurde, fanden viele seiner Offiziere und Mannschaften Zuflucht in Jugoslawien. König Alexander hieß sie willkommen, ließ ihnen materiellen Beistand zukommen und erlaubte ihnen, das Gerippe eines Heeres aufrechtzuerhalten. In einer Militärakademie wurden Kadetten als Offiziere einer zukünftigen antibolschewistischen Armee ausgebildet, und in diese jungen Leute setzten die alten russischen Emigranten die Hoffnung auf eine Erhaltung der Weißen Bewegung.[34]

Nach der deutschen Besetzung Jugoslawiens 1941 bereitete Tito seine ehrgeizigen Pläne für die Machtübernahme vor, und seine Partisanen begannen mit ständigen Angriffen auf die russischen Emigranten. Zu ihrer Verteidigung vereinigten sich diese zu einer Streitkraft, die sich aus fünf Regimentern zusammensetzte und unter dem Befehl von General Steifon stand. Die Deutschen erkannten diese Einheiten später an und rüsteten sie mit Waffen und deutschen Uniformen aus. Dies geschah 1942, und im gleichen Jahr trat Oberst Anatol Rogozhin, ein ehemaliger Offizier der zaristischen Leibgarde und Kämpfer im Bürgerkrieg, die Nachfolge von General Steifon an.

Als die deutsche Südostfront Anfang 1945 abzubröckeln begann, zog sich das Schutzkoprs kämpfend zurück und kam ungefähr zur gleichen Zeit wie Pannwitz' 15. Kosaken-Korps in Österreich an. Rogozhin gelang es ebenfalls, seine Einheit am 12. Mai 1945 dem 3. Bataillon der *Grenadier Guards* zu übergeben. Sie wurden in Klein St. Veit interniert, in dem gleichen Gebiet, wo auch Pannwitz' Mannschaften gleich nach ihrer Kapitulation gelegen hatten, und blieben dort bis zu ihrer Entlassung. Ihre Anzahl betrug etwa 4500. Sie wurden später freigelassen und erhielten die Erlaubnis, sich nach Belieben im Westen anzusiedeln.[35]

Sowohl General Shandruks Ukrainische Division als auch Oberst Rogozhins Schutzkorps setzten sich weitgehend aus Personen zusammen, die aus sowjetischen Gebieten stammten, doch die Briten entschieden, daß die Bedingungen des Jalta-Abkommens auf sie als Körperschaften nicht zutrafen. Sie wurden vor den sowjetischen

Forderungen geschützt, später entlassen und konnten sich in der freien Welt eine neue Heimat suchen. Aber warum wurden Shandruk und Rogozhin nicht mit Domanow und Pannwitz nach Judenburg geschickt? Nach außenhin bestanden ebenso gute Gründe, diejenigen, die zurückbehalten wurden, auszuliefern, wie die, die man tatsächlich zurückschickte.

Wenn wir zunächst den Fall der Ukrainer betrachten, so waren die Sowjets, was diese anging, ebenso hartnäckig und schrill in ihren Forderungen nach Repatriierung wie in allen anderen Fällen. Die Ukrainische Division war sogar die einzige derartige Einheit, die Stalin bei der Konferenz der Großen Drei zu seinem persönlichen Anliegen machte. Im Gegensatz zu den Kosaken in Lienz hatten Shandruks Leute bis kurz vor ihrer Kapitulation der Roten Armee in heftigen Kämpfen gegenübergestanden. Nach den deutschen Kapitulationsbedingungen mußten alle Militäreinheiten der Achse dort bleiben, wo sie sich gerade befanden, und sich den ihnen gegenüberstehenden alliierten Streitkräften ergeben. Strenggenommen hätte sich Shandruk Marschall Tolbuchin ergeben müssen. Zudem war die Ukrainische Division, im Gegensatz zu den Kosaken, offiziell ein Teil der Waffen-SS gewesen – ein Umstand, der es für die Sowjets noch wesentlicher machen konnte, sie in ihre Hände zu bringen, und die Briten weniger geneigt, sich solchen Forderungen zu widersetzen.

Es erscheint ebenso sonderbar, daß auch das Schutzkorps nicht von der Zwangsrepatriierung bedroht war. Als Oberst Rogozhin von dem Abtransport seiner Weißen russischen Landsleute von Lienz nach Judenburg erfuhr, fürchtete er – nicht ohne Berechtigung – daß auch er bald an der Reihe sein werde.[36] Seine Leute hatten in der gleichen Schlacht wie Pannwitz' Einheit gekämpft, wobei allerdings eingeräumt werden muß, daß die Mehrzahl seines Korps sich aus alten Emigranten zusammensetzte – doch dieser Umstand hatte weder General Krasnow noch Hunderte seiner Leidensgenossen gerettet.

Zur Zeit der Kosakenauslieferung war keine der beiden Einheiten überprüft worden, und niemand hätte genau angeben können, in welchem Verhältnis die Zahl der darin enthaltenen Sowjetbürger und umstrittenen Personen zueinander stand. In Wirklichkeit war ein hoher Prozentsatz der Ukrainer laut Definition des Jalta-Abkommens Sowjetbürger. Mykola Wolynskyj, der dazugehörte, schätzte sie grob gerechnet auf 20 Prozent. Dennis Hills, der russisch sprechende Offizier, der mit ihrer Aussonderung betraut war, setzt sie wesentlich höher an – mehr als 50 Prozent. Oberst Rogozhins Leute waren überwiegend, jedoch keineswegs ausschließlich, alte Emigranten. Es gab jedoch eine ganze Anzahl Sowjetbürger, da das Schutzkorps ein Rekrutierungsbüro im rumänischbesetzten Odessa aufrechterhalten hatte.[37]

So kam es, daß die 10000 Mann der Ukrainischen Division kurz vor der Auslieferung der Kosaken schleunigst von Österreich nach Italien in Sicherheit gebracht wurden. Gleichzeitig wurde Oberst Rogozhins Schutzkorps die Zuflucht russischer Emigranten. Da es nach dem Befehl des 5. Corps vom 21. Mai ausdrücklich nicht der Repatriierung unterlag, stellte das Lager in Klein St. Veit einen Hafen für alle alten Emigranten dar, denen es gelang, sich bis dorthin durchzuschlagen. In Lienz und in den Lagern des 15. Kavallerie-Korps erfuhren ein paar Glückliche vom unverständlichen Unterschied, der von den Briten gemacht wurde. Oberst Wagner empfahl dem alten Emigranten Ostrovsky, dort Asyl zu suchen; Ostrovsky entschied sich anders, doch verschiedenen anderen gelang es, von Lienz über die Berge dorthin zu kommen und so dem Schicksal ihrer Kameraden zu entgehen.[38] Sie wurden gerettet, hatten jedoch keine Ahnung, warum die Briten offenbar willkürlich eine Gruppe Weißer zur Repatriierung bestimmt hatten und die andere nicht. Die Gründe des 5. *Corps* für die Auswahl der »russischen« Einheiten, die der Repatriierung unterlagen, bleiben dunkel. Daß eine Wahl, und zwar eine hastige Wahl, getroffen wurde, ist offensichtlich. Innerhalb zweier Wochen waren die beiden Kosakeneinheiten ausgeliefert worden, während man die Ukrainer verschwinden und Rogozhins Leuten Immunität zusichern ließ. Im Fall der Ukrainer scheint es wahrscheinlich, daß der Appell an General Anders die britische Entscheidung beeinflußt hat, da alle Ukrainer entweder sowjetische oder polnische Staatsbürger waren. Es war nicht zu erwarten, daß Englands polnische Verbündete ruhig zusehen wür-

den, wenn Tausende ihrer Landsleute der Sklaverei ausgeliefert wurden. Und wie wäre die Reaktion des Vatikans auf die Aufopferung mehrerer Tausend frommer Katholiken gewesen? Ob Reaktionen aus dieser Ecke das Alliierte Hauptquartier oder das 5. *Corps* bereits im Mai erreichten, ist zweifelhaft. General Shandruk hatte sich jedoch an den Papst gewandt, der am 5. Juli bei den Alliierten Einspruch gegen die Zwangsrepatriierung der Ukrainer erhob.[39]
Wie aber stand es mit Rogozhins Weißen Russen in Klein St. Veit? Sie hatten keine einflußreichen Freunde, und doch gelang es Rogozhin, dem Schicksal Domanows zu entgehen. Obwohl es erstaunlich klingt, scheint das Schutzkorps durch einen einzigen Engländer gerettet worden zu sein. Oberst Rogozhin, der die ganze Geschichte hätte berichten können, ist tot, doch einer seiner Untergebenen hat dem Verfasser den ersten Kontakt mit den Briten beschrieben. Ein pensionierter britischer Offizier, der beim Roten Kreuz arbeitete, traf auf das Korps, als es in Österreich halt gemacht hatte. Einige Nachfragen brachten an den Tag, wer diese Leute waren und wie ihre Vorgeschichte aussah. Der Engländer erklärte, 1919 selbst für die Militärmission bei den Weißen Armeen in Südrußland tätig gewesen zu sein, und betrachtete auch ihre neuerlichen Gefechte mit Titos Partisanen als Fortsetzung des Kampfes gegen die Bolschewiken. Er war ein entschlossener und energischer Mann und fuhr zum britischen Gefechtstand, um dort für seine alten Kriegskameraden Himmel und Hölle in Bewegung zu setzen. Welcher Methoden und Argumente er sich dazu bediente, ist unbekannt, doch die Folge war, daß er mit einer angenehmen Nachricht zu Rogozhin zurückkehrte. Es war ihm gelungen, das ganze Korps als Weiße Russen registrieren zu lassen und als solche von der Repatriierung auszuschließen.[40]
Es ist kein dokumentarisches Material zur Hand, das Licht darauf werfen könnte, wie und auf welcher Ebene diese Entscheidung getroffen wurde. Wir wissen nur, daß Rogozhins Schutzkorps bereits am 21. Mai ausdrücklich von der Repatriierung ausgenommen war. Daß der Einspruch eines einzigen Offiziers, sofern er nachdrücklich genug angebracht wurde, in einer solchen Lage Wunder vollbringen konnte, wird an zahlreichen Beispielen deutlich. Der

Schriftsteller Bruce Marshall war damals als Oberstleutnant unter Oberst Logan Gray bei der DP-Abteilung in Österreich tätig. »Während der Abwesenheit Oberst Grays wurde mir eines Tages befohlen, den Weißen russischen Emigranten in unseren Lagern mitzuteilen, daß man sie in andere russische Lager bringen werde. Ich hatte Weisung, für die Verladung der Männer, Frauen und Kinder auf Lastwagen zu sorgen und sie dann in die russische Zone zu bringen und den Sowjets zu übergeben. Ich legte energischen Protest ein und erklärte, daß eine solche Handlung unmenschlich und unenglisch sei. Ich weiß nicht, ob mein Einspruch irgendeinen Erfolg hatte (es war deutlich, daß der sehr hohe Offizier, der mir den Befehl erteilt hatte, ihn ebenso verabscheute wie ich), aber binnen 48 Stunden wurde der Befehl widerrufen . . .«[41]

Dem Stab des 5. *Corps* war offenbar bewußt, daß er auf einem Drahtseil tanzte, und er machte jedesmal, wenn die Politik der Auslieferung nicht-sowjetischer Staatsbürger angegriffen wurde, sofort Rückzieher.

Die Fälle der Ukrainischen Division und des Schutzkorps veranschaulichen zwei wesentliche Gesichtspunkte. Erstens, daß die Aussonderung großer Menschenmengen nicht nur möglich war, *sondern tatsächlich stattfand*. Das Schutzkorps wurde als Gesamtheit als nicht-sowjetisch klassifiziert, während man die Ukrainische Division in ein Stacheldrahtlager brachte, wo eine genaue Überprüfung durchführbar war. Zudem hatte diese unnachgiebige britische Haltung keinerlei peinliche diplomatische Folgen. Wir brauchen uns daher nicht mit Spekulationen zu begnügen: beide Kosaken-Gruppen hätten einer Prüfung unterzogen werden können, so daß, wie im Jalta- Abkommen vorgesehen, nur sowjetische Staatsbürger repatriiert worden wären.

Allgemein kann gesagt werden, daß wenn untergeordnete Offiziere an höherer Stelle anfragten, wie es sich mit den nicht-sowjetischen Staatsbürgern in ihrem Gewahrsam verhalte, ihnen jeweils schleunigst Befehl gegeben wurde, sofort Überprüfungen vorzunehmen. Einige Beispiele sind bereits zitiert worden, aber ein noch bemerkenswerteres soll jetzt geschildert werden. Hierbei handelt es sich um die Angehörigen einer Einheit, die in den Befehlen stets in völlig willkürlicher Klassifizierung als Sowjetbürger bezeichnet wurden. Am Ende des letzten Kapitels wurde beschrieben, wie Major Ostrovsky und seine Gefährten im letzten Augenblick vor der Fahrt zum NKWD in Judenburg bewahrt wurden. Als alte Emigranten unterlagen sie nicht der Repatriierung, doch sie saßen schon abfahrbereit auf ihren Lastwagen, als die Nachricht kam, daß die Briten ihre Entscheidung geändert hatten. Was bisher nicht erklärt wurde, ist, wie dieser dramatische Wandel vor sich ging.

Am 28. Mai waren die Kosaken aus ihrem Lager in Plattnitz in die umzäunten, von den *Welsh Guards* bewachten Lager nach Weitensfeld gebracht worden. Das 1. *King's Royal Rifle Corps* war für die Überführung verantwortlich, doch seine Verantwortung endete mit der Einlieferung der Kosaken in ihr neues Lager. Der stellvertretende Bataillonskommandeur, Major Henry Howard, hatte jedoch eine beunruhigende Unterhaltung mit dem Kosakenoffizier George Druzhakin gehabt. Vor der Verlegung hatte ihn Druzhakin gefragt, ob man sie an die Sowjets ausliefern werde. Er hatte ehrlich geantwortet, daß er dies nicht glaube. Später hatte er das Gehege der Kosakenoffiziere in Weitensfeld besucht, und Druzhakin kam wieder auf ihn zu, grüßte und machte Howard Vorwürfe, ihn irregeführt zu haben. Major Howard erwiderte kurz angebunden, er sei Soldat und müsse gehorchen. George Druzhakin räumte dies ein, doch bat ihn dann, eine Botschaft an Feldmarschall Alexander weiterzugeben. Howard fragte überrascht und interessiert, worum es sich handele.

»Fragen Sie ihn, ob in Ihren Befehlen steht, daß wir alten Emigranten, die wir seit der Revolution gegen die Bolschewiken gekämpft haben, ausgeliefert werden sollen. Ich begreife, daß die Sowjetbürger repatriiert werden müssen, doch schließen Ihre Befehle wirklich auch uns alte Zarenoffiziere ein?«

Major Howard sah sich einem neuen und beunruhigenden Gesichtspunkt gegenüber. Er dachte in der Nacht eingehend über ihn nach und teilte seine Zweifel auch anderen Offizieren mit. Am nächsten Tag war er bei der von Brigadegeneral Usher einberufenen Konferenz anwesend.

Usher selbst hatte sich Sorgen gemacht, versucht festzustellen, ob irgendeine Kategorie der Offiziere von der Zwangsrepatriierung ausgeschlossen sei, und hörte nun aufmerksam zu, als Howard seine Einwände aussprach. Als Howards Bataillon nach Österreich gelangt war und die Kapitulation der Kosaken entgegengenommen hatte, schrieb er seinem Vater »einen ziemlich gepeinigten Bericht über die dortige Lage«. Sein Vater, Brigadegeneral Sir Charles Howard, war zu der Zeit Sergeant-at-Arms des Unterhauses. Sir Charles schrieb an seinen Sohn und erklärte ihm, daß kein von der Regierung getroffenes Abkommen die Zwangsrepatriierung von Russen, die vor dem gegenwärtigen Krieg geflüchtet waren, auch nur ins Auge fassen könne. Diese Erklärung bot Clive Usher genau das Schlupfloch, auf das er gewartet hatte. Er ging seine Papiere durch und nahm die schriftlichen Befehle heraus, die der 6. Panzerdivision erteilt worden waren. Rätselhafterweise klassifizierten diese das ganze 15. Kosaken-Kavallerie-Korps (dem Ostrovsky und seine Leute angehörten) als Sowjetbürger. In einem nachfolgenden Absatz jedoch wurde ein sowjetischer Staatsbürger als Person definiert, die seit Beginn des gegenwärtigen Krieges in Rußland gelebt hatte – und dies traf auf keinen der Leute zu, um die es hier ging.

Ein anderer Bataillonskommandeur, der bei dieser Konferenz zugegen war, notierte in seinem Kriegstagebuch, was Brigadegeneral Musson außer acht gelassen hatte: »Da unsere Befehle eindeutig feststellten, daß nur Sowjetbürger nach Rußland zurückgeschickt werden sollten, zugleich aber auch unsere spezielle Gruppe als Sowjetbürger klassifizierten, standen beide Befehle im Widerspruch zueinander, da die betreffenden 50 Kosaken seit 1920 nicht in der Sowjetunion gelebt hatten.«

Ungefähr um diese Zeit waren Major Ostrovsky und seine 50 Offiziere widerstrebend auf die Lastwagen gestiegen. Sie waren bereits in Richtung Judenburg abgefahren und auf die Hauptkolonne gestoßen, als Major Howards Jeep in halsbrecherischem Tempo in die Lager einfuhr. Er sprang heraus, eilte auf Oberst Rose Price zu und berichtete ihm über die neue Entwicklung. Oberst Rose Price, den die schmutzige Aufgabe, die seinem Bataillon übertragen worden war, über alle Maßen abstieß, trat sofort in Aktion.

»Alle rannten wie wild zum Telephon, der Transport wurde gestoppt; Verhöroffiziere wurden eilig herbeigeholt, und dann kam die Antwort, daß eine Rettung möglich sei. Die Verhöre hatten die erwartete Antwort ergeben, daß nämlich die Gruppe von 50 zu der nicht-sowjetischen Kategorie gehörten, und zur allgemeinen Freude wurden sie in ihr Gehege zurückgebracht.«[42]
Dieser Vorfall wirft aus verschiedenen Blickwinkeln neues Licht auf die parallelen Ereignisse innerhalb des Bereiches der 78. Division, aber auch auf die Charakteristik der prinzipiellen Entscheidung und Absichten des 5. *Corps*. Offensichtlich gelangten die mündlichen Befehle, denen Brigadegeneral Musson die überwiegende Bedeutung beimaß, nie an Brigadegeneral Usher, der eine genau entsprechende Verantwortung trug. Usher konnte durch genaue Auslegung seiner schriftlichen Befehle Emigranten das Leben retten. In diesem Zusammenhang ist auch zu sagen, daß die Hauptanliegen der Offiziere der 6. Panzerdivision nicht der Frage nach Roten oder Weißen Russen galt, sondern dem rein humanitären Bestreben, Menschenleben zu retten.[43]
Das 5. *Corps* hatte festgelegt, daß die Einheit, der Ostrovsky und seine Leute angehörten, »als SOWJETISCHE STAATSANGEHÖRIGE zu behandeln sind.« Trotzdem willigte das *Corps*-Kommando ohne Zögern ein, einzelne nicht-sowjetische Staatsbürger auszusondern.
Die Ereignisse im Bereich der 78. Infanteriedivision stehen in sonderbarem Gegensatz hierzu. Eine chronologische Aufstellung der Ereignisse wird dies veranschaulichen:
20. *Mai*. An diesem Tag oder kurz vorher wird Brigadegeneral Musson mitgeteilt, daß im Einklang mit dem Jalta-Abkommen, »Alle SOWJETISCHEN Staatsbürger . . . in die UdSSR zu repatriieren sind.«
21. *Mai*. Brigadegeneral Musson erhält die präzise Definition eines Sowjetbürgers. *Diese Definition scheint als Antwort auf seine eigene Anfrage gegeben worden zu sein*. Denn im Text heißt es, daß er als Antwort auf spezifische, dem *Corps*-Kommando unterbreitete Fälle herausgegeben worden sei. Und an anderer Stelle erfahren wir, daß »Brief 405/G des 5. *Corps* vom 21. Mai nur der 36. Brigade

ausgehändigt wurde.«[44] Es muß Brigadegeneral Mussons 36. Brigade gewesen sein, die um Klärung gebeten hatte, als Folge der »häufigen Gesuche« der Kosaken, die er in seinem eigenen Bericht erwähnt. Und trotzdem ging am 29. Mai, acht Tage nachdem Musson die angeforderte Definition erhalten hatte, in seinem Gefechtstand in Oberdrauburg die folgende Nachricht vom Stab der 8. *Argylls* in Lienz ein:
»GERMAGEN RODIONOFF wurde gestern mit den Kosakenoffizieren evakuiert. Er ist kein russischer Staatsbürger und hat seit 15 Jahren in PARIS gelebt. Anscheinend ist er Lehrer. Seine Familie lebt in Frankreich, und es hat den Anschein, daß seine Unterbringung im Kosakenlager ein Irrtum war. Wir bitten um Rat. Es scheint höchst wahrscheinlich, daß eine große Anzahl der im Kosakenlager Anwesenden nicht RUSSISCHEN Ursprungs sind. Wie ist die Haltung in bezug auf diese Personen?«[45]
Brigadegeneral Musson hatte seit einer Woche gewußt, wie die »Haltung in bezug auf diese Personen war«, hatte aber diese Information nicht weitergegeben. Die Anfrage über Rodionoff wurde am 29. Mai um 16.00 Uhr abgeschickt; zu dieser Zeit war jedoch der französische Lehrer bereits in den Händen des SMERSCH in Judenburg. Es waren die späteren mündlichen Befehle, die Musson inzwischen erhalten hatte, die ihn im Effekt zu diesem Schicksal verdammten.
Der einzige angegebene Grund ist, daß eine Überprüfung undurchführbar war. Und doch läßt sich kaum eine Gruppe Menschen vorstellen, die leichter zu überprüfen war, als diese Kosakenoffiziere, von denen die Mehrzahl alte Emigranten waren, sobald man sie im Gehege von Spittal in der Nacht vom 29. auf den 30. Mai isoliert hatte.[46]
Es stellt sich jedoch eine weitere Frage. Heute gibt General Musson offen zu, daß im Bereich seiner Brigade keine Überprüfung stattfand. Er ist der Ansicht, sie wäre undurchführbar gewesen; zudem habe er mündliche Befehle erhalten, die er nicht in Frage stellen konnte. Trotzdem verfaßte sein Stab am 3. Juli, kurz nach den Auslieferungen, einen ausführlichen Bericht über die Auslieferungsaktion, in dem erklärt wird, daß: »innerhalb der 36. Infanteriebrigade

alle Maßnahmen ergriffen wurden, die unter den zu der Zeit herrschenden Umständen möglich waren, um sicherzustellen, daß sich keine nicht-sowjetischen Staatsangehörigen unter den an die UdSSR-Behörden Übergebenen befanden.

Mit inbegriffen in diesen Zahlen [den Zahlen der Kosaken] war eine nicht bekannte Anzahl verschleppter Personen mit nicht-sowjetischer Staatsbürgerschaft . . . Mangel an Dokumenten sowie die Geschwindigkeit und Geheimhaltung, die bei diesen Evakuierungen zu Gebote standen, machten eine gründliche Prüfung unmöglich. Es wurden jedoch zur Zeit der Evakuierung Schritte unternommen, diejenigen Personen, die eindeutig zu dieser Kategorie gehörten, auszusondern.«[47]

Nichts dergleichen hatte stattgefunden. *Die Argylls* begannen erst am Morgen des 4. Juni mit der Prüfung. Zum erstenmal hörte Oberst Malcolm jetzt, daß lediglich Sowjetbürger repatriiert werden dürften. Im Peggetzer Lager wurde ein Büro eingerichtet, in dem sich die alten Emigranten registrieren lassen konnten, wenn sie Dokumente (echte oder gefälschte) beibrachten, die ihre nicht-sowjetische Staatsbürgerschaft bewiesen.[48] Von nun an gab es zwei Lager: eines für registrierte alte Emigranten in Peggetz; ein zweites, scharf bewachtes wurde für neue Emigranten etwas weiter unten im Tal in Dölsach eingerichtet.[49] Das Brigade-Kommando hatte mit dieser Maßnahme gezögert, bis die Mehrzahl der Kosaken sicher ausgeliefert war.

Im großen und ganzen gewinnt man den deutlichen Eindruck, daß, soweit es das 5. *Corps* anging, die Kosaken im Drautal einer speziellen Kategorie angehörten. Sie waren zwar die am wenigsten militärische aller in Österreich befindlichen russischen Einheiten; sie waren die einzigen, die nicht an der Ostfront gekämpft hatten; und es war bekannt, daß ein außergewöhnlich hoher Prozentsatz von ihnen nicht-sowjetische Staatsbürger waren. Trotzdem wurden sie geschlossen repatriiert. Innerhalb der 78. Division hatten die Offiziere auf Bataillonsebene keine Ahnung, daß zwischen alten und neuen Emigranten ein Unterschied festgelegt worden war. Höhere Offiziere, die hierüber nicht Bescheid wußten, erhielten Befehle und hatten keine andere Wahl, als sie zu befolgen.

Der Befehlshaber der 78. Infanteriedivision war Generalmajor Robert Arbuthnott. Es gibt klare Indizien dafür, daß er seine Aufgabe mit dem größten Abscheu betrachtete. Oberstleutnant H.E.N. Bredin war damals Adjutant für das Quartiermeisterwesen beim Divisionsstab in Velden. Als solcher war er für die Berurteilung aller Faktoren verantwortlich, die die Moral der Division beeinflussen konnten. In dieser Rolle kamen ihm von allen Seiten Beschwerden über die beabsichtigte Reaptriierung der Kosaken zu (auch von seinem eigenen Bataillon, dem 2. *London Irish Rifles*). Er wiederum wandte sich an Arbuthnott, um von ihm zu hören, was die Ansichten innerhalb der Division seien.

»Ich glaube, daß dies eine schwierige Sache wird, und kann mir denken, daß es die Soldaten höchst ungern tun werden, falls es zu irgendeinem Widerstand kommt.«

»Sie haben sicher recht«, antwortete Arbuthnott. »Wir können nur abwarten. Mir ist die Sache auch nicht sympathisch; aber es kann natürlich auch ganz glimpflich verlaufen, und vielleicht machen wir uns überflüssige Sorgen.«

Zu der Zeit erhielt Oberst Bredin keine weiteren Hinweise über die Einstellung des Generals, erfuhr aber später, daß er sofort zum Befehlshaber des *Corps*, Generalleutnant Keightley, gegangen war und heftigen Einspruch gegen die seiner Division übertragene Aufgabe eingelegt hatte. Brigadegeneral C.E. Tyron-Wilson war damals beim Stab des 5. *Corps*. Er erinnert sich, daß Arbuthnott zwei- oder dreimal kam, um zu protestieren. Seine Einsprüche waren so heftig, daß sich General Keightley schließlich gezwungen sah, ihm strikten Gehorsam zu befehlen. Arbuthnott fügte sich und kehrte nach Velden zurück. Er war entschlossen, die Operation wenigstens so glatt wie möglich und mit einem Minimum an Chaos und Blutvergießen durchzuführen.[50]

Die Maßnahmen, die nach den Hauptauslieferungen am 1. und 2. Juni getroffen wurden, waren ebenso außergewöhnlich und sonderbar wie alle Vorbereitungen, die voraufgegangen waren. Hunderte von Kosaken waren entkommen, und es wurden Schritte unternommen, so viele wie möglich wieder einzufangen. Streifen wurden in die Berge geschickt. Der Grad der Gründlichkeit, mit der diese Unternehmungen durchgeführt wurden, hing ganz von der Haltung der einzelnen Unteroffiziere ab, die die Streifen führten. Manche stellten nur pro forma eine Suche an und fingen nur Kosaken ein, die nicht zu übersehen waren, während andere soweit gingen, scharf zu schießen, um alle, die sich nicht einfangen ließen, entweder zu erschießen oder zu verwunden. Im ganzen wurden von einer geschätzten Gesamtziffer von 4100 1356 Kosaken und Kaukasier in der zweiten Junihälfte wieder gefangengenommen.[51]

Als weitere Vorsichtsmaßregel ließ sich der Brigadestab zu dem erstaunlichen Schritt herbei, den Sowjetbeamten (vermutlich Angehörigen von SMERSCH) zu erlauben, das ordnungsgemäße Vorgehen der Streifen zu überprüfen. Reverend Kenneth Tyson, der Kaplan der *Argylls*, erinnert sich daran, daß einer von diesen Leuten bei einer Streife dabei war.

»Er trug Felduniform, doch soweit ich mich erinnern kann, keine Rangabzeichen. Offiziell war er als Dolmetscher anwesend, aber sein Englisch war stockend und äußerst dürftig. Er benahm sich unauffällig, aber die Soldaten hatten das Gefühl, er sei dabei, um zu überwachen, daß sie ihrer Aufgabe gewissenhaft nachkamen.«

Mr. Tyson betont, daß er Beamter und kein Offizier zu sein schien. Diese »Beamten« trugen Waffen und halfen den britischen Soldaten, auf flüchtige Kosaken zu schießen. Es muß wohl die einzige Gelegenheit gewesen sein, bei der britischen Soldaten befohlen wurde, Seite an Seite mit SMERSCH-Beamten Jagd auf russische Flüchtlinge zu machen und sie zu erschießen.[52]

Im Gegensatz hierzu hatte im Bereich der 6. Panzerdivision Generalmajor Horatius Murray die deutschen Offiziere in Pannwitz' Korps bereits vor dem ihnen bevorstehenden Schicksal gewarnt, mit dem zu erwartenden Resultat, daß viele von ihnen sehr bald verschwanden. Als die Befehle durchkamen, sagte er, »machte ich keinen Versuch festzustellen, wie sie ausgeführt werden sollten. Im Gegenteil, je vager und undurchsichtiger sie waren, um so besser schien es mir zu sein.«

Flucht wurde stillschweigend geduldet. »Ich weiß nur, daß wir verdammt viele Russen verloren . . . Sicherheitsmaßnahmen gab es überhaupt nicht.« Die sowjetische Forderung, ihren Beamten, die in Wirklichkeit zu SMERSCH gehörten, zu erlauben, bei dem Unternehmen mitzuwirken, beantwortete er mit einer eindeutigen Ablehnung.[53]

Die genaue Zahl der Menschenleben, die dank dieser Haltung gerettet wurden, ist nicht festzustellen. Ohne Zweifel handelte es sich jedoch um mehrere Tausend, die mit ziemlicher Gewißheit die Mehrzahl aller waren, die sich im Gewahrsam dieser Division befanden.[54]

Das Bemerkenswerte an diesem markanten Unterschied in der Haltung ist nicht so sehr das eigentliche Geschehen. Die Einstellung zum Beruf ist verschieden, und das gleiche Problem kann auf unterschiedliche Weise behandelt werden. General Arbuthnott protestierte gegen seine Befehle, gehorchte jedoch; General Murray erhob keine Widersprüche, sorgte jedoch dafür, daß die Wirkung dieser Befehle sehr gemildert wurde. Das Wesentliche hierbei ist jedoch die Reaktion – oder das Ausbleiben einer Reaktion – des 5. *Corps*-Kommandos. Die außerordentlichsten Vorsichtsmaßnahmen wurden vor, während und nach den Hauptoperationen getroffen, um sicherzugehen, daß alle Kosaken, die sich im Bereich von General Arbuthnotts 78. Infanteriedivision befanden, repatriiert wurden. Im Gegensatz hierzu war im Bereich der 6. Panzerdivision die Umgehung der Befehle weitverbreitet und offenkundig. Trotzdem erhielten weder General Murray noch Brigadegeneral Usher den geringsten Verweis. Ihnen war nie das Äquivalent von General Mussons mündlichem Befehl zugegangen, das alle Vorkehrungen für Überprüfungen außer Kraft setzte. Im Gegenteil, als im Weitensfelder Lager alte Emigranten entdeckt wurden, genehmigte das 5. *Corps* umgehend eingehende Überprüfungsmaßnahmen.

Der Kontrast ist noch bemerkenswerter, wenn wir die unterschiedliche Haltung gegenüber den hohen Kosakenkommandeuren in Betracht ziehen. Oberst Wagner, der zweit-rangälteste Offizier im Kosaken-Kavallerie-Korps, konnte ungehindert entkommen. Das Beweismaterial zeigt, daß auch General von Pannwitz die Flucht freistand, wenn er gewollt hätte. Es wurde keineswegs nur den Deutschen ermöglicht, der Auslieferung an die Sowjets zu entrinnen. Major Ostrovsky, dem nach Oberst Wagners Verschwinden der Befehl über die 1. Division zugefallen war, wurde einer Prüfung unterzogen und sofort von der Repatriierung ausgeschlossen, als sich herausstellte, daß er alter Emigrant war. Alles dies wurde vom Stab des 5. *Corps* entweder kommentarlos hingenommen oder sogar genehmigt.

Im Bereich der 78. Division hingegen scheinen erstaunliche Maßnahmen angewandt worden zu sein, um dafür zu sorgen, daß die hohen Befehlshaber nicht entkamen. Besonderes Augenmerk scheint hierbei den Generälen Krasnow und Schkuro gegolten zu haben. Sehen wir uns zunächst den Fall Krasnow an. Er hatte zweimal an seinen alten Kriegskameraden Alexander geschrieben und ihm ausführlich die Zwangslage der Kosaken sowie seine eigene dargelegt. Wir wissen über diese Briefe aus oben zitierten Kosakenquellen, doch in den Annalen der britischen Armee ist jede Spur von ihnen verlorengegangen. Höhere Offiziere haben mir jedoch versichert, daß sie wohl ganz zweifellos ihren Adressaten erreicht haben. Wenige Tage nach Krasnows zweitem Brief wurde den Kosakenoffizieren mitgeteilt, daß sie sich zu einer besonderen Konferenz mit Feldmarschall Alexander einfinden sollten. Wie schon berichtet, waren viele mißtrauisch, Krasnow selbst jedoch begrüßte diese Nachricht. Nur er und Domanow wußten von seinem neuerlichen Appell an den Feldmarschall, und Major Davies' Mitteilung muß ihnen als unmittelbare Folge hiervon erschienen sein – die sich sogar schneller eingestellt hatte als erwartet. Krasnows positive Aufnahme der Einladung beschwichtigte das Mißtrauen vieler Offiziere. Wenn der britische Generalstab die hohen Kosakenoffiziere in eine Falle locken wollte, konnte er keine bessere Karte ausspielen. Man war allerdings auch äußerst bemüht, Krasnows Anwesenheit bei der »Konferenz« sicherzustellen. Am Abend zuvor überbrachte Major Davies diese Mitteilung an Domanow. Hauptmann Butlerow, der sie übersetzte, erinnerte sich, daß er hinzufügte: »Und ... vergessen Sie nicht, es General Krasnow zu sagen. Dem Befehlshaber liegt besonders daran, ihn zu treffen.«[55]

Einem anderen Kosaken-Augenzeugen zufolge wurde diese besondere Bitte am nächsten Morgen noch einmal wiederholt. Gegen Mittag »erschien ein hochgewachsener englischer General in Gene-

ral Domanows Hotel, der Davies' Befehl wiederholte und hinzufügte: ›Bitte vergessen Sie nicht, meine Bitte an den alten Krasnow weiterzugeben. Ich bitte Sie dringend darum.‹«[56]
Der einzige hochgewachsene britische General in der Nachbarschaft war Brigadegeneral Musson, doch dieser erklärt nachdrücklich: »Ich habe ganz gewiß Domanows Hauptquartier nicht besucht und habe auch keine Ahnung, wer es gewesen sein könnte, der angeblich am 28. Mai dort war. Wir trugen alle Felduniform, Hemdsärmel oder auch Pullover, mit einem Minimum an Rangabzeichen, Ausländer konnten sich in bezug auf Ränge sehr leicht irren.« Kann der fragliche »General« ein Stabs- oder Nachrichtenoffizier des Divisions- oder *Corps*-Stabes gewesen sein?[57]
Die sorgfältigen Vorkehrungen, die Kosakenoffiziere von ihren Mannschaften zu trennen, wurden *nur* für Domanows Gefolge getroffen. Dies läßt darauf schließen, daß der Vorwand, dies sei zur Verhinderung organisierten Widerstands notwendig gewesen, ein Täuschungsmanöver war, das in Wirklichkeit bezweckte, die Rückführung der Zarengeneräle sicherzustellen, an denen Merkulow und dem SMERSCH so sehr gelegen war. Der jetztige Lord Aldington, damals Brigadegeneral Toby Low, muß die wahren Zusammenhänge gekannt haben, kann sich aber heute leider nicht mehr an sie erinnern.
Während der ganzen heiklen Operation scheint an General Krasnow besonders großes Interesse bestanden zu haben. Er wurde in den ersten Wagen gesetzt, der Lienz in Richtung Spittal verließ. Bei der Ankunft im Stacheldrahtlager von Spittal prüfte ein britischer Offizier die führenden Kosakengeneräle und ihre Stäbe und verglich sie mit einer Liste, wobei er deutlich bemüht war, sich der Anwesenheit General Krasnows zu versichern.[58] Er war ohnehin eine nicht zu übersehende Gestalt: sein Alter, seine Auszeichnungen und der Respekt, der ihm von allen Kosakenoffizieren entgegengebracht wurde, unterschieden ihn von den übrigen. Oberst Bryar wurde ein letztes Gnadengesuch übergeben; General Krasnow hatte es auf französisch abgefaßt. Überdies wurde gebeten, Abschriften an König George VI., den Erzbischof von Canterbury und die Zentrale des Internationalen Roten Kreuzes zu schicken.

Oberst Bryar willigte ein, das Gesuch weiterzuleiten, und es besteht kein Zweifel daran, daß er dies auch getan hat. Doch wiederum ist in den Akten keine Spur davon zu entdecken; es läßt sich auch mit Sicherheit annehmen, daß das Gesuch seine Adressaten nicht erreichte.[59]

Die britische Sorge, daß General Krasnow seine Reise ohne Hindernisse vollendete, wurde von den sowjetischen Kollegen geteilt. Die Kosakenoffiziere wurden in Judenburg übergeben. Noch bevor sie aus ihrem Lastwagen steigen konnten, rief ihnen ein Oberst des NKWD zu: »Ist General Peter Krasnow in eurer Gruppe?«[60] Danach galt dem alten General besondere Aufmerksamkeit, bis er zwei Jahre später umgebracht wurde. Hohe Offiziere der Roten Armee und des NKWD drängten sich, diesen hartnäckigsten aller Widersacher des Bolschewismus aus der Nähe zu sehen. Als man ihn nach Moskau flog, reisten höhere SMERSCH-Offiziere meilenweit, nur um ihn bei der Besteigung des Flugzeugs zu beobachten. In Moskau wurde er verhört, gefangengehalten und umgebracht. Als er 78 war, hatten die Sowjets endlich Gelegenheit, für seine Siege über ihre Truppen im Jahre 1918 Rache zu nehmen.

Der nach Krasnow berühmteste unter den Kosakenoffizieren war der gefürchtete Generalleutnant Andrei Schkuro. Wiederum wurden besondere Vorkehrungen für seine Auslieferung getroffen. Zwei Nächte, ehe die Kosakenoffiziere zur »Konferenz« fuhren, war Schkuro unvermittelt in General Somachins Schlafzimmer eingedrungen. Verwirrt und vor Zorn weinend hatte er erklärt, daß die Briten im Begriff seien, ihn zu verhaften und an die Sowjets auszuliefern. Bei Morgengrauen wurde er abgeholt und mit einem Jeep nach Spittal gebracht, wo er in einem Gebäude in der Nähe des Lagers unter strenger Bewachung gehalten wurde. Als am nächsten Tag die Kosakenoffiziere ankamen, wurde er nicht mit ihnen zusammen untergebracht, sondern blieb weiter unter gesonderter Bewachung. Erst als sich die Kolonne am 29. Mai in Richtung Judenburg in Bewegung setzte, wurde er hinuntergebracht und mit den anderen abtransportiert. In Judenburg wurde er von den SMERSCH-Offizieren ebenso freudig begrüßt wie General Krasnow.

Was war der Grund für diese Sonderbehandlung? Die offiziellen britischen Dokumente erklären kurz: »General SCHKURO (vom Kosaken-Reserveregiment) war bereits zwei Tage vorher nach SPITTAL geschickt worden, da die Verlagerung seines Regiments inzwischen vollzogen war. Das Regiment wurde unter den unmittelbaren Befehl von General DOMANOW gestellt.«
Dies bezog sich auf die Verlagerung seines Regiments von Tamsweg nach Lienz, die am 20. Mai stattgefunden hatte.[61] Doch diese Erklärung ist recht dürftig. Warum sollte allein das Reserveregiment von allen im Lager befindlichen Regimentern nun, da es im Lager war, keinen Befehlshaber mehr brauchen? Warum sollte General Domanow, der ohnehin schon die Verantwortung für 25 000 Seelen trug, eines Regimentskommandeurs beraubt werden? Und warum war es überhaupt notwendig, Schkuro heimlich wegzubringen und ihn einige Kilometer weit entfernt unter Arrest zu setzen? Warum wartete man eine Woche ab, ehe dies geschah? Die Festnahme fand so heimlich statt, daß keinem der Kosaken der Vorfall zu der Zeit bekannt wurde.[62]
Die Schlußfolgerung, man habe ihn vorzeitig in Gewahrsam genommen, um zu verhindern, daß er sich seiner Repatriierung entzog, ist schwer zu umgehen. Es war nicht seine Art, die Zunge im Zaum zu halten, und er mag daher verraten haben, daß er die Absicht hätte, zu entkommen, sich zu widersetzen oder einen offenen Skandal heraufzubeschwören, was die geplante Unternehmung in Frage gestellt hätte.
Wir erhielten vermutlich einen Einblick in die wahren Tatsachen, die sich hinter Schkuros mysteriöser Entführung verbargen, wenn zwei wesentliche Dokumente nicht auf ebenso mysteriöse Weise verschwunden wären. Eine kurze, spannende Eintragung im Kriegstagebuch der 36. Brigade gibt einen Anhaltspunkt:
»Beachte: bezüglich der Beschreibung der Kosaken-Streitkräfte im allgemeinen, als auch General SCHKUROS Anteil an ihrer Organisation im besondern, siehe die beiden Briefe, die er an den Kommandeur der 36. Infanteriebrigade schrieb und die an die 78. Division als 36. Infanteriebrigade-Briefe 129/G vom 23. und 24. Mai weitergeleitet wurden.«[63]

Diese Briefe sind jedoch heute nicht mehr in den Kriegstagebüchern der 36. Brigade oder 78. Division enthalten und sind unauffindbar. General Musson erinnert sich daran, das Gesuch erhalten zu haben, kann sich aber an Einzelheiten nicht mehr erinnern.

Aus der kurzen Beschreibung läßt sich schließen, daß Schkuro die Lage der Kosaken und die Art ihres Kampfes in einiger Ausführlichkeit beschrieben hat. Er hat wohl auch biographische Einzelheiten angegeben, vermutlich seine Dienste 1918–19 als britischer Verbündeter, den ihm von König George V. verliehenen Bath-Orden und auch seinen Wohnsitz im Ausland seit dem Sieg der Kommunisten im Jahre 1919 erwähnt. All dies war mit Sicherheit General Arbuthnott vorgelegt worden, und höchstwahrscheinlich auch General Keightley. Das Erhalten dieser beiden Briefe hätte den Beweis erbracht, daß sich das britische Oberkommando in Österreich völlig bewußt war, einen Mann zur Auslieferung bestimmt zu haben, desse Übergabe moralisch und politisch nicht vertretbar war. General Keightley erklärte kurze Zeit später, daß kein Weißer Russe absichtlich ausgeliefert worden sei. Diese Erklärung hätte einen sonderbaren Gegensatz zu den in seinen Akten vorhandenen Briefen von General Schkuro abgegeben. Das bloße Vorhandensein dieser Briefe war offenbar peinlich. Sie mögen zudem Andeutungen enthalten haben, daß er beabsichtigte, offenere und vielleicht peinliche Beschwerde zu führen.

Es scheint daher, daß Schkuros Schicksal bei der Morgenbesprechung entschieden wurde, die am 21. Mai im 5. *Corps*-Gefechtstand stattfand, denn er ist der einzige Kosak, der in dem Tagesbefehl als der Repatriierung unterstehend genannt wird. Danach war er ein gezeichneter Mann, der unbedingt streng bewacht werden mußte. Im Lager von Spittal zeigte ein kaukasischer Offizier, der im Bürgerkrieg sogar Schkuros Befehlshaber gewesen war, einen Paß vor, der seine albanische Staatsangehörigkeit bewies.[64] Oberst Bryar befreite ihn, ohne vorherige Weisungen einzuholen; einen ähnlichen Antrag Schkuros lehnte er jedoch glatt ab.

Im ganzen gesehen scheint es daher viele Hinweise darauf zu geben, daß es sich bei der Auslieferung der Kosakenoffiziere in Lienz generell und der Generäle Krasnow und Schkuro im besonderen nicht um einen Irrtum handelte, den ein überarbeiteter Stabsoffizier in einer angespannten Situation beging, sondern um einen sorgfältigen Plan.

Ein weiterer bedeutsamer Umstand sei hier ewähnt. Am 28. Mai sah ein Kosak einen Engländer in Spittal, der ein schönes Schwert und einen Dolch trug, die er als Schkuros Eigentum wiedererkannte.[65] Ein merkwürdiger Bezug auf diese Waffen ist in den Weisungen des 78. Divisions-Kommandos enthalten:

»Betr: Gen. Schkuros Schwert.

Dies soll den Russen noch NICHT ausgehändigt werden. Die 78. Div. wird es einbehalten und weitere Weisungen vom 5. *Corps* einholen. Schwerter anderer Offiziere sind auszuhändigen, wie vereinbart.«[66]

Das Reiseziel dieses Schwertes war vermutlich das MWD-Museum, das auch General Krasnows Uniform beherbergte. Dieser kuriose kleine Handel beleuchtet, welche besondere symbolische Bedeutung Schkuros Gefangennahme für die Sowjets besaß, sowie auch die sorgfältigen Vorbereitungen, welche das 5. *Corps* für seine Auslieferung traf.

Wenn es sich so verhielt, dann waren die Beweggründe hierfür vermutlich, eine harmonische Zusammenarbeit mit den Sowjet-Streitkräften in Österreich zu gewährleisten. Der *Corps*-Befehl für den 24. Mai erklärt eindeutig, daß »es von höchster Bedeutung ist, alle Offiziere und *insbesondere die höheren Befehlshaber* einzusammeln und niemanden entkommen zu lassen. Die SOWJET-Streitkräfte messen dem allerhöchste Bedeutung bei . . .« Nach dem bereits dargelegten Beweismaterial sieht es so aus, als ob sich dieser Befehl auf die höheren Offiziere in Lienz bezog. Und da Schkuro der einzig namentlich angeführte Offizier in diesem Befehl war, ist es möglich, daß die Sowjets bei der Unterbreitung ihrer Forderungen auch Namen genannt hatten. Jedenfalls wurden Schkuro und die übrigen von einer sorgfältig geführten Liste begleitet, die bei der Ankunft dem NKWD-Oberst in Judenburg ausgehändigt wurde.[67] Die sowjetischen Beweggründe für den Wunsch, besonders Krasnow und Schkuro in ihre Hände zu bringen, kennen wir aus dem Mund des NKWD-Generals Merkulow persönlich.

Die Abwägung der Wahrscheinlichkeiten spricht daher für einen vorsätzlichen Plan und nicht für einen Irrtum. Wenn es jedoch solch einen Plan gab, wer hatte die Entscheidung getroffen? Leider ist die Antwort auf diese Frage nicht einfach. Je höher wir die Befehlskette hinauf verfolgen, um so spärlicher wird das Beweismaterial. Es ist jedoch eindeutig, daß die Entscheidung vom Stab des 5. *Corps* kam, der im Besitz aller wesentlichen Tatsachen war. Wie bereits erwähnt, waren Schkuros Gesuche bei der 78. Division eingegangen; ob sie an das 5. *Corps* weitergeleitet wurden, ist nicht bekannt, auch nicht, unter welchen Umständen sie aus den Akten verschwanden. Schkuros Name wurde in dem Befehl des 5. *Corps* vom 21. Mai genannt, offenbar als von der Auslieferung betroffen. Es war auch das 5. *Corps*, das entschied, daß den Einsprüchen Rogozhins und Shandruks stattzugeben und das Schutzkorps und die Ukrainische Division nicht an die Sowjets auszuliefern sei. Es muß daher angenommen werden, daß es auch die ähnlichen Gesuche Krasnows und Schkuros erhalten, jedoch abgewiesen hatte.
Der Kommandeur des 5. *Corps*, General Sir Charles Keightley, gab kurz darauf seine eigene Darstellung der Ereignisse. Im Juli kamen den britischen Rot-Kreuz-Beauftragten, die der *Spearhead*-Organisation in Österreich vorstanden, unerfreuliche Berichte zu. Den britischen Militärs wurde vorgeworfen, bei der Repatriierung unwilliger Flüchtlinge Gewalt angewendet zu haben, von denen, wie angenommen wurde, viele bei ihrer Rückkehr von den Sowjets umgebracht worden waren. Es wurde sogar behauptet, daß sich auch Weiße Kosaken, die zuvor in Westeuropa gelebt hatten, unter diesen Transporten befunden hätten. All dies stand in so völligem Widerspruch zu den Prinzipien des Roten Kreuzes, daß ein hochgestellter Vertreter den Militärs mitgeteilt hatte, »daß er die Abziehung des Roten-Kreuz-Personals empfehlen werde«. Dies war höchst beunruhigend. Das Rote Kreuz spielte eine lebenswichtige Rolle in einer schwierigen Situation, und nun drohte ein offener Skandal über ein Thema, das für öffentliche Debatten höchst ungeeignet war. General Keightley vereinbarte daher ein persönliches Treffen mit Lady Limerick, der stellvertretenden Vorsitzenden der Kriegsorganisation des Britischen Roten Kreuzes.

Lady Limerick »fragte ihn, wie die Lage der verschleppten Russen sei . . . und er erklärte mir, daß es zwei Vorfälle gegeben habe, auf der diese Geschichten beruhten. Im ersten Fall seien mehrere Tausend Kosaken gefangengenommen worden, die jedoch in den letzten 3 1/2 Jahren in deutschen Einheiten gekämpft hatten; sie trugen deutsche Uniformen und kamen in Kriegsgefangenschaft. Mit ihnen kamen etwa 1500 russische Männer, Frauen und Familien; sie stellten eine bewaffnete Gruppe dar, die in Regimenter geordnet waren. Nach der festgelegten Politik wurde entschieden, diese Menschen nach Rußland zurückzuschicken; es gab offenbar Proteste, und sie mußten, wie er mir sagte, ›zweimal schießen‹ und hätten in beiden Fällen niemanden getroffen. Es wurde dann mit ihnen gesprochen, und sie erklärten sich bereit, mit ihren Frauen und Kindern auf sowjetisches Gebiet zurückzukehren. Die Männer gingen ohne jeden weiteren Druck zurück; die Frauen protestierten zunächst, angestiftet von ihrem Preister, folgten diesem jedoch später in den Zug, und alle kehrten gemeinsam zurück. Ein britischer Offizier begleitete sie bis auf sowjetisches Gebiet, und wie ihm der Offizier, der den Befehl über die sowjetischen Streitkräfte hatte, sagte, müßten sie nun zu Sowjetbürgern umgeschult werden und bereit sein, hart zu arbeiten, doch sie würden in keiner Weise bestraft werden. Es gab keinerlei Anzeichen dafür, daß sie erschossen wurden.
Ich fragte, ob diese Kosaken aus Gegenden stammten, die von der deutschen Invasion Rußlands überrollt worden waren, oder ob sie vor dem Krieg in Mitteleuropa gelebt und das alte Regime unterstützt hätten. Er sagte, er wisse es nicht und es sei auch unmöglich, dies herauszufinden – er glaubte, einige könnten darunter sein, doch der einzige ihnen zur Verfügung stehende Hinweis sei die Tatsache gewesen, daß sie in der deutschen Wehrmacht gekämpft hatten, sie hätten jedoch keine Beweise dafür gehabt, daß sie Weiße waren.«
Aufgrund dieser Unterredung schickte Lady Limerick dem Roten Kreuz einen positiven Bericht, und die Angelegenheit wurde fallengelassen.[68] General Keightleys Version ist seither die offizielle Darstellung der Ereignisse. Am 14. Mai 1952 schrieb Oberstleutnant

Oswald Stein einen Brief an die *Times*, um Anklagen zu widerlegen, die von einer anderen hochstehenden Dame, der Herzogin von Atholl, geführt worden waren. Oberst Stein hatte 1945 einen wichtigen Posten in der Alliierten Kommission in Österreich innegehabt[69] und erklärte, daß »die einzigen Russen, die in der britischen Zone Österreichs zwangsweise und gegen ihren Willen repatriiert wurden ... Staatsbürger der UdSSR waren ...« Diese Behauptung wiederholte er in einem maßgeblichen Artikel, den er zwei Jahre später schrieb, noch einmal.[70]

Gab Keightley den Befehl zu dieser Operation auf eigene Verantwortung, oder hatte er von höherer Stelle eine entsprechende Weisung erhalten? Wußten, wenn Letzteres der Fall war, seine Befehlshaber von der Anwesenheit Weißer russischer Generäle in Lienz? Am 14. Mai schrieb Keightley an Feldmarschall Alexander:

»Auf Macmillans Rat habe ich heute dem Sowjetgeneral in Tolbuchins Stab vorgeschlagen, die Kosaken den SOWJETS sofort auszuliefern. Erklärte ihm, daß ich keine Befugnis habe, dies ohne Ihre Genehmigung zu tun, jedoch gern Tolbuchins Meinung hören würde und wenn er mit mir übereinstimme, ich bei Ihnen offiziell anfragen würde. Sehe keinen Grund, diese große Anzahl Sowjetbürger hierzubehalten, die sichtlich ein Stein des Anstoßes zwischen uns und den Sowjets sind.«[71]

Alexander erteilte die angeforderte Genehmigung nicht, und drei Tage später (17. Mai) telegraphierte er an den Gemeinsamen Stab der Alliierten um Weisung, was er mit den gefangenen Kosaken tun solle.

»Um uns bei der Beseitigung der Überfüllung in Südösterreich behilflich zu sein, bitten wir dringend um Weisung bezüglich der endgültigen Verfügung ... Ungefähr 50000 Kosaken, einschließlich 11000 Frauen, Kinder und alte Männer. Sie waren Teil der deutschen Streitkräfte und haben gegen die Alliierten gekämpft ... sie umgehend in ihre Heimat zurückzuschicken könnte jedoch für ihre Gesundheit tödlich sein. Erbitte baldmögliche Entscheidung über endgültige Verfügung.«[72]

Alexander war sichtlich beunruhigt; warum sonst sollte er Weisung in einer Angelegenheit einholen, die anscheinend durch einen Kabi-

nettsbeschluß des voraufgegangenen September bereits entschieden war?[73]
Die von Alexander betonte Dringlichkeit beruhte zum großen Teil auf der Lösung des schwierigen Problems, wie und wo die Kosaken untergebracht und ernährt werden sollten. Ihre Anwesenheit unmittelbar hinter den britischen Linien konnte sich auch als unangenehm erweisen, wenn es zu dem befürchteten Konflikt zwischen den britischen und jugoslawischen Streitkräften kommen sollte; es wurden daher Vorkehrungen getroffen, sie unter den Befehl der amerikanischen 12. Armee in Süddeutschland zu stellen.[74] Doch während solche Pläne noch erwogen und wieder fallengelassen wurden, drängte die Mission des Gemeinsamen Stabes in Washington in dieser Angelegenheit auf eine Entscheidung auf höchster Ebene und bemerkte gleichzeitig: »Wir haben den Eindruck, daß die Kosaken unter das Jalta-Abkommen bezüglich der Repatriierung sowjetischer Staatsbürger, die in unsere Hände geraten, fallen.«[75]
Am 18. Mai erwog der Gemeinsame Stab der Alliierten Alexanders Bitte um Weisung über die Zukunft der Kosaken. Am Ende des Monats debattierten die Stabschefs diese Angelegenheit noch immer.[76] Am 29. Mai bestätigte der Chef des Imperialen Generalstabs, Feldmarschall Alan Brooke, daß die Gemeinsamen Stabschefs zu der Ansicht tendierten, die Kosaken zu repatriieren. Nichtsdestoweniger wurde zwei Tage später erklärt, daß »bisher noch keine Einigung bestehe, ob Kollaborateure und Mitglieder paramilitärischer Organisationen, die alliierte Staatsangehörigkeit besitzen, an ihre jeweiligen Behörden ausgeliefert werden sollen.« Der Gemeinsame Stab erteilte seine Genehmigung zu den vorgeschlagenen Maßnahmen erst am 20. Juni. Zu diesem Zeitpunkt waren die Operationen jedoch bereits vollzogen.[77]
Die Ereignisse hatten die Debatten überholt. Mitte Mai hatte man mit den sowjetischen Vertretern in Graz vereinbart, die Kosaken auszuliefern, und Alexander berichtete dem Kriegsministerium: »Auslieferung der jeweiligen Staatsbürger an Russen und Jugoslawen vereinbart.«[78] Nun konnten die Vorkehrungen für die Auslieferung getroffen werden. Am 23. Mai eröffnete der Stab des

5. *Corps* die Verhandlungen mit den Sowjets, und am 24. Mai wurden in Wolfsberg die Routen und Empfangsstellen festgelegt.[79] Was hatte Alexander bewogen, der Entscheidung des Gemeinsamen Stabes, die er selbst angefordert hatte, zuvorzukommen? Am 17. Mai hatte er um Entscheidung gebeten, aber die Antwort kam erst einen Monat später. Wenige Tage nach seiner Anfrage gab er jedoch dem 5. *Corps* Genehmigung, die Kosaken an die Sowjets auszuliefern. Hatte er plötzlich beschlossen, ohne Weisung vorzugehen, in der Annahme, daß das Jalta-Abkommen und die bisherige Praxis eine hinreichende Befugnis darstellten?[80] Dies erscheint auf den ersten Blick unwahrscheinlich, denn in diesem Fall wäre es sinnlos gewesen, vorher um Weisung zu bitten.
Die für diese Frage wesentlichen Dokumente sind noch immer unter Verschluß, doch das zugängliche Beweismaterial zeigt, daß Alexander mit der Ausführung dieser Maßnahme gezögert hätte, bis er absolut unausweichlichen Befehl hierzu erhielt. Zwei Monate später zeigte er große Besorgnis über das Schicksal einiger Hundert Kosaken, die nach der Hauptauslieferung von Lienz wieder gefangen wurden. Es handelte sich um eine geringe Zahl; es waren alles erwachsene Männer; es war überdies festgestellt worden, daß sie unbestreitbar sowjetische Staatsbürger waren und vermutlich den gleichen Befehlen unterlagen, denen zufolge auch die Repatriierung der übrigen bereits ausgelieferten Kosaken stattgefunden hatte. Im Vergleich zu der Mehrzahl der Kosaken, deren Schicksal im Mai beschlossen worden war, stand ihr Fall auf schwachen Füßen.
Trotz all dem schrieb Alexander privat an Sir Alan Brooke: »Bisher habe ich mich geweigert, bei der Repatriierung sowjetischer Staatsbürger Gewalt anzuwenden, obwohl ich annehme, daß ich strenggenommen nicht zu dieser Haltung berechtigt bin – dennoch werde ich, sofern ich nicht gegenteilige Befehle erhalte, bei dieser Haltung bleiben. Ich habe bereits um eine Entscheidung in dieser Angelegenheit nachgesucht, jedoch noch keine Antwort erhalten. Ich hoffe, daß Sie mit meiner Ansicht übereinstimmen. Wenn nicht, hoffe ich, daß Sie mich benachrichtigen.«
Zur gleichen Zeit (23. August) schrieb er an das Kriegsministerium und legte »eine Abänderung des Abkommens« nahe, »die es ermög-

licht, diese Leute vorläufig als Staatenlose zu behandeln. Die Sache ist dringlich.«[81]

Im August blieb der Feldmarschall so beharrlich bei seiner Verzögerungstaktik, daß die betreffenden Kosaken nicht repatriiert wurden, solange er Oberster Alliierter Befehlshaber war. Im Mai hatte er versucht, Kosaken zu retten, unter denen sich große Zahlen von Frauen und Kindern befanden sowie Tausende alter Emigranten, zu deren Rettung es keiner »Abänderung des Jalta-Abkommens« bedurfte. Es scheint daher unvorstellbar, daß er ohne gute Gründe während der ganzen Zeit nicht die gleiche Verzögerungstaktik angewandt hätte.

Selbst am 22. Mai erließ sein Hauptquartier noch immer Befehle, die nur die Repatriierung solcher »Sowjetbürger . . .« vorsah, »die den Russen ohne Gewaltanwendung ausgeliefert werden können«, und begleitete sie mit eingehenden Bezügen auf die gängige Definition der sowjetischen Staatsbürgerschaft.[82] Wie schon erwähnt, verstand und unterstützte er die Sache der Weißen Armee, deren Generäle nun seine Gefangenen waren. Er hatte 1919 als Kommandeur der antibolschewistischen baltischen Landeswehr an der Seite General Krasnows gekämpft. 1920 hatte er den kaiserlichen Orden der St. Anna mit Schwertern aus der Hand des Weißen Generals Judenitsch erhalten, eine Auszeichnung, auf die er besonders stolz war.[83] Ende Mai schickte ihm General Krasnow ein bewegendes Gesuch, in dem er ihn an den gemeinsamen Kampf im Jahre 1920 erinnerte. Seine Bitte um Weisung an den Gemeinsamen Stab der Alliierten vom 17. Mai zeigt, daß er nicht der Auffassung war, bisher entsprechende Befehle erhalten zu haben.

Es erscheint daher wahrscheinlich, daß er tatsächlich Weisungen erhielt, die der Entscheidung des Gemeinsamen Stabes zuvorkamen. Am 20. Mai begann Winston Churchill, sich für diese Angelegenheit zu interessieren. Er schrieb an den Unterstaatssekretär des Kriegskabinetts, General Ismay:

»Was ist über die Russen bekannt, die von den Deutschen gefangengenommen und von uns befreit wurden? Läßt sich ein Unterschied machen zwischen denen, die lediglich Arbeiter waren, und denen, die tatsächlich gegen uns gekämpft haben?

Kann ich bitte einen weiteren Bericht über die 45 000 Kosaken haben, die Eisenhower in seinem SCAF 309 erwähnt? Wie sind sie in ihre jetzige traurige Lage geraten? Haben sie gegen uns gekämpft?«[84]

Der Premierminister war sichtlich beunruhigt über irgend etwas im Zusammenhang mit den gefangenen Kosaken sowie über den Grad der Schuld der Russen, die der Zusammenarbeit mit den Deutschen angeklagt waren. Er sollte ähnliche Besorgnisse zehn Wochen später noch nachdrücklicher in Potsdam äußern.

Die von Churchill angeforderte Information bedurfte einiger Vorbereitung, und Ismays Antwort traf erst am 5. Juni ein, als die meisten Kosaken bereits ausgeliefert worden waren. Sie war daher weitgehend sinnlos und überdies – absichtlich oder unabsichtlich – sehr ungenau. Die 45 000 Kosaken wurden darin als »primitive Kaukasus-Stämme« bezeichnet, die dem 15. Kavallerie-Korps angehört hatten und sich in Jugoslawien fürchterlicher Greueltaten schuldig gemacht hatten. In Wirklichkeit waren mehr als die Hälfte von ihnen sowie auch alle Kaukasier mit Domanow in Italien gewesen. Es wurde kein Versuch unternommen, die Anklagen »des Mordes und der Plünderung« zu beweisen.[85] Dies ist jedoch von geringer Bedeutung, da die Antwort zu spät eintraf, als daß sie Churchill bei einer Entscheidung beeinflußt haben könnte.

Es gibt Indizien dafür, daß er eine Entscheidung getroffen hatte. Am 26. Mai schrieb Geoffrey McDermott vom Foreign Office an Oberst C.R. Price, den militärischen Ministerialdirektor im Büro des Kriegskabinetts:

»Die Stabschefs haben das Foreign Office gebeten, im Einvernehmen mit dem Kriegsministerium, NAF 975 dringend zu prüfen und zu raten, welche Antwort an Feldmarschall Alexander geschickt werden soll . . . Unsere Ansicht bezüglich der drei Kategorien, deren Anwesenheit in Südösterreich Feldmarschall Alexander in Verlegenheit setzt, lautet wie folgt: a) *Kosaken*. Wir stimmen mit der Mission des Gemeinsamen Stabes überein, daß die Kosaken vom Jalta-Abkommen über den gegenseitigen Austausch der Staatsbürger betroffen sind, und halten es daher für wesentlich, alle von ihnen, die Sowjetbürger sind, im Einklang mit unserer allgemeinen diesbezüglichen Politik an die Sowjetbehörden auszuliefern. Wenn wir dies im Falle dieser Leute unterließen, käme es einem Bruch des Abkommens gleich und sähe nach einer Änderung der Politik in einer Angelegenheit aus, der die Sowjetregierung große Wichtigkeit beimißt, was sie daher als Beweis einer feindlichen Haltung ihr gegenüber ansähe. Es könnte sich auch höchst unselig auf die russische Behandlung unserer von ihnen befreiten Kriegsgefangenen auswirken. Wir schlagen vor, daß Feldmarschall Alexander mit Marschall Tolbuchin Vorkehrungen treffen soll, die Kosaken über die vorläufigen Besatzungsdemarkationslinien auszuliefern.«

Da die in Aussicht genommenen Vorkehrungen bereits ein paar Tage zuvor getroffen worden waren, mag dieser Vorschlag etwas verspätet erscheinen. Doch noch zwei Tage später, am 28. Mai, schrieb Oberst Phillimore vom Kriegsministerium übereinstimmend:

»*Kosaken*. Es steht außer Frage, daß mit ihnen entsprechend dem Jalta-Abkommen zu verfahren ist . . . Die Telegramme von der 15. Armeegruppe, die besagen, daß das 5. *Corps* die Kosaken bereits austauscht, verändert die Lage allerdings etwas in bezug auf ihre Überführung an das SHAEF. Wir sind der Auffassung, Alexander mitzuteilen, daß die Handlung des 5. *Corps* genehmigt ist und alle nach dem Jalta-Abkommen ausgetauscht werden sollen, jedoch gleichzeitig Druck auf Marschall Tolbuchin auszuüben, die Briten und Amerikaner auszutauschen.«[86]

Auf den ersten Blick erscheinen diese Erklärungen merkwürdig irrelevant: die hier befürworteten Maßnahmen waren bereits entschieden und mit ihrer Durchführung war begonnen worden. Sie zeigen uns zwar, daß weder das Foreign Office noch das Kriegsministerium Alexander Befehle zum Handeln geschickt hatte. Doch welchen Zweck verfolgte das Foreign Office damit, Argumente für eine Maßnahme vorzuschlagen, die bereits ausgeführt wurde? Ich habe diese Frage Geoffrey McDermott gestellt, der mir antwortete:

»Ich war damals ein ziemlich junger Beamter, gerade zum ersten Sekretär befördert worden. Ich arbeitete in der Abteilung Süd, die sich unter anderem mit Österreich befaßte, jedoch nicht direkt mit der UdSSR.

Ich vermute, daß Feldmarschall Alexander, vielleicht mündlich, von irgend jemand sehr Wichtigem, z.B. Winston, angewiesen worden war, die nötigen Vorkehrungen für die Repatriierung zu treffen ... und sie dann schließlich auszuführen. Dann hat das gewissenhafte Kabinettsbüro des Foreign Office um schriftliche Unterlagen gebeten. Sie wissen, wie Whitehall arbeitet. Selbst ein Brief von einem jungen Beamten wie mir reichte für die Akten aus.«

Eine andere Erklärung hierfür läßt sich schwerlich finden. Aus welchem sonstigen Grund brauchte das Kabinettsbüro die Bestätigung des Foreign Office? Weder das Foreign Office noch das Kriegsministerium oder der Gemeinsame Stab hatten Alexander eine Weisung zugehen lassen. Es blieb nur der Premierminister. Als er sich einem früheren Stadium dieses Problems gegenübersah, hatte er ungeduldig gekritzelt: »Wir sollten sie *alle* so schnell wie möglich loswerden ...«[87] Wie war seine Einstellung jetzt? Schließlich war dies die Politik, für die man sich im Vorjahr entschieden hatte, und es war gewiß schwer einzusehen, warum Alexander gerade jetzt so widerspenstig blieb. Es gibt keine Beweise, daß Churchill über die Anwesenheit Weißer russischer Emigranten in Österreich informiert war. Es erscheint unwahrscheinlich, daß er seine Zustimmung zu der unnötigen Reaptriierung von Personen gegeben hätte, deren Sache er einmal so eifrig verfochten hatte. Schließlich war er es gewesen, der im Jahre 1921 die strenge Anweisung gegeben hatte: »Kein loyaler [Weiß-] Russe darf gegen seinen Willen nach Rußland zurückgeschickt werden.«[88] Wenn die Emigranten durch die Unbilden des Exils eine andere politische Haltung angenommen hatten, veränderte das die Sachlage nicht. Churchill genehmigte das Gesuch eines russischen Generals, seinem Sohn, der von der Repatriierung nach Wladiwostok bedroht war, die Erlaubnis zu geben, sich in England niederzulassen. Als ein britischer Beamter Einspruch erhob, daß dieser Sohn »völlig unzuverlässig und sehr anti-britisch sei«, kam ein Telegramm zurück: »Wir haben unser Versprechen gegeben und können es nicht zurücknehmen. WSC.«[89]

Was Churchill zur Intervention bewegt haben könnte, läßt sich nicht ermitteln. Damals war Harold Macmillan britischer Gesandter im Mittelmeerbereich. Er stand mit dem Premierminister in ständiger und unmittelbarer Verbindung, da es seine Hauptaufgabe war, ihm über die politische Situation zu berichten.[90] Am 13. Mai flog er zu einer Besprechung mit General Keightley nach Klagenfurt, um sich über die dortige Lage zu informieren. Wie schon gezeigt wurde, war er es, der Keightley die rasche Repatriierung der Kosaken empfahl.

In seinen Memoiren erwähnt Macmillan kurz die Kosakenfrage, die er während seines Besuches bei Keightley in Klagenfurt zu erwägen hatte: »Unter den deutschen Kriegsgefangenen befanden sich ungefähr 40000 Kosaken *und Weiße Russen* (Kursiv des Verfassers) mit ihren Frauen und Kindern. Sie wurden natürlich vom russischen Befehlshaber angefordert, und wir hatten keine Alternative, als sie auszuliefern. Wir hatten auch keinerlei Mittel, mit dem Problem fertigzuwerden, falls wir uns geweigert hätten. Für mich war es jedoch ein großer Kummer, daß wir keinen anderen Weg einschlagen konnten. Wenigstens tauschten wir etwa 2000 britische Kriegsgefangene und Verwundete ein, die sich in der Gegend befanden und in deutschen Händen gewesen waren.«[91]

Soll dieser Hinweis auf »Weiße Russen« bedeuten, wie es den Anschein hat, daß Macmillan genau über die Anwesenheit der alten Emigranten unter den Kosaken Bescheid wußte? Ihm war jedenfalls der wesentliche Unterschied zwischen alten und neuen Emigranten seit langem bekannt.[92]

Mehr als zehn Jahre später wurden einige wenige alte Emigranten in den GULAG-Lagern von Chruschtschow amnestiert und erhielten die Erlaubnis, in den Westen zurückzukehren. Fünfzehn von ihnen, deren Gesundheit zerrüttet und die überdies bettelarm waren, richteten am 4. September 1958 ein Gesuch an den britischen Premierminister, ihnen eine finanzielle Entschädigung für die ihnen gesetzwidrig zugefügten Leiden zu geben. In einer Antwort vom 27. Oktober wurde dieser Antrag abgelehnt. Der Zufall wollte es, daß der damalige Premierminister der gleiche Harold Macmillan war, der dreizehn Jahre zuvor bei dem ursprünglichen Abtransport dieser Opfer in die Arbeitslager eine Rolle gespielt hatte.[93]

Die Bemerkungen in Macmillans Memoiren sind quälend kurz,

doch er hat es konsequent abgelehnt, sich weiter über sie zu verbreiten. Für den Historiker ist das Bewußtsein peinigend, daß noch Männer am Leben sind, die einmal die Antwort auf die in diesem Kapitel aufgeworfenen Fragen wußten. Zum Beispiel hat auch Toby Low (jetzt Lord Aldington), der damals als Generalstabsoffizier dem 5. *Corps* zugeteilt war und sowohl an der Besprechung am 21. Mai teilgenommen als auch am gleichen Tag den entscheidenden Befehl gegeben hatte, dem Verfasser mitgeteilt, daß er sich nichts über die Repatriierung der Kosaken in Erinnerung rufen kann. Es ist fraglich, ob wir je die vollständige Geschichte erfahren werden.

12

General Wlassows Ende

Am 28. Januar 1945 wurde in Berlin offiziell bekanntgegeben, daß die russische Armee unter dem Befehl General Wlassows nicht länger ein Teil der deutschen Wehrmacht, sondern eine unabhängige Streitkraft unter dem Befehl der KONR-Regierung sei.[1] Bislang, wie schon kurz in Kapitel 1 ausgeführt, hatte Wlassows »Armee« nur auf dem Papier bestanden, und ihr »General« war im Grunde ein Gefangener gewesen. Hunderttausende von Russen (sowie auch Ukrainer, Balten, Kaukasier, Tataren und andere »nationale« Legionen) dienten zwar in der deutschen Wehrmacht, jedoch als einzelne Einheiten, die fast ausschließlich unter dem Befehl deutscher Offiziere standen. General Wlassow war es nicht erlaubt, einem Verband seiner etwa 800 000 Mann starken russischen Armee einen Befehl zu erteilen. Hitler und Himmler weigerten sich, Wlassows Behauptung zu akzeptieren, »daß nur ein Russe die Russen schlagen könne«, und betrachteten Wlassow und seine »Armee« lediglich als Propagandamitttel, das nützlich war, um Rotarmisten zum Überlaufen zu bewegen. Für Rosenberg stand Wlassows unerschütterlicher Wille, ein geeintes, vom Bolschewismus gereinigtes National-Rußland herzustellen, in unmittelbarem Widerspruch zu seinem Lieblingsplan, Rußland in seine Einzelteile zu zersplittern. Von den Naziführern war nur Goebbels gescheit genug, zu folgender Einsicht zu kommen (29. April 1943): »Wenn wir jetzt oder früher eine etwas geschicktere Ostpolitik verfolgt hätten, wären wir schon sehr viel weiter, als wir es sind.«[2]

Der vielleicht hartnäckigste Widersacher Wlassows war der Reichsführer der SS, Heinrich Himmler. Die Vorstellung, daß Deutschland einem slawischen Untermenschen etwas schuldig sein oder etwas von ihm annehmen könnte, war ihm zuwider. Er gab seinen entsprechenden Gefühlen in einer Rede vom 14. Oktober 1943 in Bad Schachen öffentlichen Audruck:

»Herr Wlassow gibt jetzt mit der Selbstherrlichkeit, die allen Rus-

sen und Slawen gemeinsam ist, seine Meinungen von sich. Er hat erklärt, Deutschland könne Rußland niemals erobern, Rußland könne nur von Russen besiegt werden. Beachten sie bitte, meine Herrschaften, daß dieser Satz lebensgefährlich ist . . .
Das Morgen-, Mittag- und Abendgebet des deutschen Heeres sollte folgendes sein: Wir haben den Feind besiegt, wir, die deutsche Infanterie, haben jeden Feind auf der Welt besiegt. Wenn dann so ein Russe daherkommt, ein Überläufer, der vielleicht vorgestern noch ein Metzgerlehrling und gestern ein von Stalin geschaffener General war, und uns mit slawischer Dreistigkeit Vorträge hält und außerdem den Satz hinzufügt, daß Rußland nur von Russen besiegt werden kann; wenn dies alles geschieht, dann muß ich Ihnen etwas sagen: der Mann beweist mit diesem einzigen Satz, welches Schwein er ist.«
Dies war Himmlers Ansicht im Jahre 1943. Ein knappes Jahr später sollte der gleiche Himmler ein Treffen mit Herrn General Wlassow herbeiführen, bei dem er sich höflich die sarkastischen Fragen nach der gegenwärtigen Position dieser »Untermenschen« anhören mußte und auch daran erinnert wurde, daß Wlassow vor seiner Gefangennahme eine russische Armee geführt habe, die 1941 den Deutschen ernsthafte Niederlagen beigebracht hatte. Das Treffen endete damit, daß Himmler versprach, Wlassow behilflich zu sein, den Befehl über eine wirklich unabhängige russische Armee zu erhalten. Der Grund für dieses *volte face* Himmlers liegt nahe. In den vergangenen elf Monaten waren die Alliierten im Westen bis nach Ostfrankreich und Norditalien vorgedrungen; im Osten hatten die Sowjets ihr eigenes Land befreit und drangen nun unaufhaltsam durch Polen und Rumänien vor. Selbst ein so eifriger Verfechter der deutschen rassischen Überlegenheit mußte nun eingestehen, daß sich die Lage gründlich geändert hatte. Die absolute militärische Niederlage der Alliierten war ein Ziel, das in immer größere – durfte er sich eingestehen unerreichbare? – Ferne gerückt war. Es blieb zwar noch die wiederholt ausgesprochene Hoffnung, daß sich die westlichen und östlichen Alliierten uneins würden, doch bisher war kein Anzeichen davon zu bemerken. Nur die Ostpolitiker, deren Ansichten der *Reichsheini* 1943 noch mit Zuversicht verlacht hatte,

schienen jetzt eine realistische Hoffnung zu bieten. Wenn Wlassow und seine russischen Landsleute als unabhängige, mit Deutschland verbündete Armee auf dem Plan erschienen, konnte sich der Krieg im Osten in einen russischen Bürgerkrieg verwandeln; sozusagen als Wiederholung von 1917, wobei Wlassow ebenso das Werkzeug des deutschen Generalstabs sein würde, wie es Lenin für Ludendorff gewesen war. Damals hatte ein von den Deutschen unterstützter Putsch Rußland zur Aufgabe des Krieges gezwungen, und das konnte noch einmal gelingen. Ein Rußland, wie es Wlassow wiederherzustellen wünschte, konnte Deutschlands Ambitionen selbstverständlich ebenso behindern wie das Rußland Stalins. Der Führer war jedoch ein genialer Mann, und der Friedensvertrag, den er einem durch innere Kämpfe zerrütteten Rußland aufzwingen konnte, würde den von Brest-Litowsk noch großmütig erscheinen lassen.

Seit Monaten hatten gewisse Leute in Himmlers Umgebung versucht, ihn für verschiedene Gesichtspunkte der Ostpolitik zu interessieren. Der Reichsführer sah keine Widersprüchlichkeit darin, einerseits Wlassow zu verachten und andererseits jeden Menschen und jede Methode zu benutzen, um die Rotarmisten zum Überlaufen zu bewegen. Es waren vermutlich die Ereignisse des Juni und Juli 1944 – die Alliierte Landung in der Normandie und der Durchbruch der Roten Armee in Polen –, die Himmler bewogen, sich die Sache mit dem dreisten »Metzgerlehrling« noch einmal zu überlegen.

Unter den intelligenteren seiner Gefolgsleute gab es einen jungen SS-Standartenführer, Gunther d'Alquen, Redakteur des SS-Wochenblatts *Das Schwarze Korps*. Er leitete auch die SS-Propaganda an der Ostfront und hatte daher in zunehmendem Maße erkannt, wie wichtig es war, sich den Haß zunutze zu machen, den so viele Russen gegen ihr barbarisches System hegten. Im Frühling 1944 traf d'Alquen Wilfried Strik-Strikfeldt, einen Balten, der in der Wehrmacht diente und Wlassow sehr nahe stand. Strikfeldt empfahl d'Alquen, sich in seinen Aufrufen an die sowjetischen Soldaten der Propaganda der russischen Befreiungsbewegung zu bedienen. D'Alquen war von Strikfeldts Argumenten beeindruckt und willigte ein, solch eine Propagandakampagne im südlichen Frontabschnitt zu eröffnen. Das Unternehmen »Skorpion« war ein voller Erfolg, und der Zustrom sowjetischer Überläufer stieg auf das Zehnfache an. D'Alquen war von der Richtigkeit der Strikfeldtschen Argumente immer mehr überzeugt und erklärte sich bereit, mit der SS-Führung Fühlung aufzunehmen. Seine Redegewandtheit in Verbindung mit der katastrophalen Wende auf militärischem Gebiet traf auf fruchtbaren Boden, und Himmler willigte ein, den Mann zu treffen, den er neun Monate zuvor noch als »Schwein« und »Metzgerlehrling« beschimpft hatte.[3]

Das Treffen war für den Abend des 20. Juli anberaumt.[4] Dies war jedoch der Tag, an dem Graf Stauffenbergs Bombe Hitler in seiner Wolfsschanze verfehlte und der Versuch der Generäle, den wahnwitzigen Führer zu stürzen, brutal niedergedrückt wurde. Ein ungeeigneter Tag für ein Treffen. Himmler ließ Wlassow mitteilen, daß es auf einen späteren Zeitpunkt verlegt werden müsse. Am nächsten Tag hatte SS-Oberführer Dr. Eberhard Kroeger eine Verabredung mit SS-General Berger, um sich mit diesem über Fragen der dänischen Waffen-SS zu unterhalten. Am Ende ihrer Besprechung ließ Berger durchblicken, daß er von Himmler beauftragt worden sei, Wlassow in einer vorläufigen Besprechung auszuhorchen. Berger gestand, nicht recht zu wissen, was Himmler von ihm erwarte, und bat Kroeger, der als Balte russisch sprach, zur Beratung und Unterstützung mitzukommen.

Die Begegnung fand zwei Tage später statt, und Berger (der mit Wlassow schon einmal Fühlung aufgenommen hatte)[5] war von dem Russen günstig beeindruckt. Er rief Himmler an und empfahl, Wlassow die Möglichkeit zu geben, sein Programm in die Tat umzusetzen und Kroeger die Rolle des Verbindungsoffiziers zwischen der Wlassow-Bewegung und dem SS-Oberkommando zu übertragen. Himmler willigte ein, und von diesem Zeitpunkt an bis wenige Tage vor dem Ende blieb Kroeger in Wlassows Nähe und stellte das einzige offizielle Bindeglied zwischen der deutschen Führung und der Wlassow-Armee dar.

Kurz darauf teilte Himmler mit, er sei bereit, Wlassow persönlich zu treffen. Am 16. September kam Wlassow in das Hauptquartier des Reichsführers der SS nach Rastenburg in Ostpreußen. Gunther d'Alquen und General Berger waren zugegen sowie auch Dr. Kroeger als Dolmetscher. Kroeger hat dem Verfasser über diese Besprechung berichtet. Himmler war ausgesucht höflich, entschuldigte sich für das verspätete Zustandekommen der Begegnung und hörte dem hochgewachsenen, eindrucksvollen »russischen de Gaulle« mit sichtlicher Achtung zu. Er war von Wlassows Darstellung dessen, was er zu erreichen gedachte, falls man ihm freie Hand gab, so gefesselt, daß er die Besprechung sechs Stunden dauern ließ. Als Wlassow endlich wieder erschien, verkündete er Strik-Strikfeldt triumphierend, daß sie endlich auf dem Weg zu ihrem Ziel seien. Der Reichsführer hatte ihm zugesagt, dem russischen Befreiungskomitee den Status einer unabhängigen Regierung zu geben und es zu ermächtigen, unter den Millionen Russen, die sich inzwischen im Reich befanden, ein echtes Heer aufzustellen.[6]

Trotz der großen Hoffnungen, die sich die Russen jetzt machten, sahen die tatsächlichen Gegebenheiten weniger rosig aus. In Anbetracht der unerschütterlichen Allianz zwischen den westlichen Alliierten und Stalin, der großen Erfolge der Roten Armee und des entsprechenden Niedergangs des deutschen Kriegsglücks, bleibt es fraglich, ob sich Wlassows Pläne 1944 erfüllen ließen. Doch der Fanatismus der Nazis war so groß, daß ihre Führer selbst angesichts der von allen Seiten auf die Landesgrenzen vordringenden Feinde sich immer noch weigerten, die Vorstellung zu akzeptieren, ihr Land könne nur mit Hilfe eines selbständigen russischen Verbündeten überleben.

Himmlers Begeisterung für Wlassows Pläne war echt genug. Dr. Kroeger, der mit beiden Männern häufig über das Thema sprach, betont, der SS-Führer sei gescheit genug gewesen zu begreifen, daß Deutschland nur durch eine neue Politik vor der Niederlage zu retten war. Der Glaube, daß die Wehrmacht ohne Hilfe imstande sei, den Bolschewismus zu stürzen, war nicht länger aufrechtzuhalten, und wenn es Wlassow gelang, seine Versprechen einzulösen, dann mußte man sich seiner Hilfe versichern.

Goebbels sah die Unterstützung Wlassows ebenfalls als eine realistische deutsche Politik an. Doch dieser Strategie stellten sich gewichtige Interessengruppen entgegen. Rosenberg hielt sie für eine unmittelbare Bedrohung seines Plans, Rußland in seine nationalen Bestandteile zu zersplittern, und rief Dr. Kroeger zu sich, um eine Erklärung von ihm zu fordern. »Da müssen Sie meinen Chef fragen, nicht mich«, erwiderte der Oberführer sarkastisch. »Wen meinen Sie?« fragte Rosenberg. Als Kroeger den gefürchteten Namen Himmler aussprach, ließ der Minister für die besetzten Ostgebiete das Thema eilig fallen.

Der allmächtige Führer selbst war jedoch nicht auf diese Weise abzuspeisen. Obgleich er widerstrebend bereit war, seine überforderte Wehrmacht durch einige Tausend russischer Söldner zu verstärken, war Hitler jedoch nie gewillt, die Bildung eines echten Heeres ins Auge zu fassen. Er war überzeugt davon, daß sich solch eine Neuerung als Kuckucksei erweisen werde. Folglich waren Himmlers Absichten in dieser Frage von vornherein durch den aktiven oder potentiellen Widerstand Hitlers und seiner unmittelbaren Ratgeber behindert. In einem Telegramm an Wlassow bezog er sich auf die Aufstellung einer Streitkraft, die strikt auf drei Divisionen begrenzt war, während Wlassow auf zehn gehofft hatte. Er erwähnte auch ein russisches Befreiungskomitee und deutete an, daß ein entsprechender Ausschuß nicht unbedingt das Wort für alle russischen »Nationalitäten« führen könne.

Dennoch mußte man zu dieser Zeit auch für kleine Gaben dankbar sein. Von seinen Befürwortern in der SS und der Wehrmacht unterstützt, machte sich Wlassow daran, seine neue »Regierung« und sein »Heer« aufzustellen. Viele einflußreiche Deutsche waren der Ansicht, das Ausspielen der »Wlassow-Karte« habe größere und realistischere Erfolgschancen als die vielgerühmte »Wunderwaffe«. Himmler, Goebbels, Göring und Ribbentrop bemühten sich alle um Wlassow. Den verschiedenen »nationalen Komitees« – Schützlinge Rosenbergs –, die die Balten, Ukrainer, Georgier und andere nationale Minderheiten vertraten, wurde empfohlen, sich unter der neuen Führung zu vereinen. Da gab es nicht nur die charismatische Gestalt Wlassows, sondern auch Sergei Bunjatschenko, einen unabhängig gesinnten und aufbrausenden Ukrainer; Malyschkin und Truchin, ehemalige Offiziere der Roten Armee und noch früher

Unteroffiziere des Zaren; Wladimir Bojarski, der eine sowjetische Garde-Division kommandiert hatte. Die fesselndste Persönlichkeit von allen war Grigori Schilenkow. Er hatte zu den Heerscharen verwaister Kinder (*besprisorni*) gehört, die ihre Eltern in der Revolution verloren hatten, und war in den Elendsvierteln von Moskau allein aufgewachsen. Später trat er den Kommunisten bei und stieg als *Politruk* in der Moskauer Partei zu hohem Rang auf. Als er in deutsche Kriegsgefangenschaft geriet, wurde er zu einem eifrigen Anhänger der russischen Befreiungsbewegung. Sein beweglicher Geist brachte ihn sehr bald nach oben, und er wurde der inoffizielle »Propagandaminister« der Wlassow-Bewegung.[7]

Die komplizierten Manöver, die notwendig waren, um die Bewegung zu entwickeln, fanden bald ein tragisches Ende. Die Führer der Bewegung waren keineswegs naive Optimisten. Als der Winter fortschritt und der Stern der Alliierten immer höher stieg, suchten Wlassow, Bunjatschenko und die andern mehr und mehr ihren Trost bei der Flasche.

Am 14. November 1944 kam der Augenblick, von dem man hoffte, daß er die Gründung der neuen russischen Nationalbewegung war: das KONR (Komitee für die Befreiung der russischen Völker). Fünfhundert Delegierte, die sowohl die nationalen Minderheiten als auch die Russen vertraten, versammelten sich in Prag. Um drei Uhr nachmittags wurde im Spanischen Saal des Hradschin unter großem Jubel das Manifest des KONR verkündet. Dieses wichtige Dokument sah den Umsturz der bolschewistischen Diktatur und die »Gründung einer neuen demokratischen Ordnung« vor.

Zum Thema der Beziehungen mit Deutschland erklärte das KONR, man »werde deutsche Hilfe begrüßen, vorausgesetzt, daß diese Hilfe mit der Ehre und Unabhängigkeit unseres Heimatlandes vereinbar ist. Diese Hilfe stellt im Augenblick die einzige praktische Möglichkeit des bewaffneten Kampfes gegen die stalinistische Clique dar.« Der Nationalsozialismus, seine Doktrinen und sein Führer wurden nicht erwähnt, und widerwärtige Grundsätze wie Antisemitismus oder auf Vorstellungen rassischer Überlegenheit gestützte Aggression wurden nicht gutgeheißen. Das Dokument war ein Aufruf zur Freiheit.

Nicht nur in Deutschland und Rußland wirkte die Verkündung des Prager Manifests mitreißend. Eine Stunde von Paris entfernt lag das Lager Beauregard, in dem viele Tausend in Frankreich befreite Russen vereint waren. Einer der Insassen, ein junger Mann, dessen Vater »abgeführt« worden war und der als Kind gezwungen gewesen war, in Stalins Rußland als Streuner zu leben, erinnert sich, wie seine Kameraden die Nachricht über das Manifest aufnahmen. Sie standen dicht um ein tragbares Radio gedrängt und lauschten mit wachsender Hoffnung und Begeisterung Worten wie »Abschaffung der Zwangsarbeit«, »Abschaffung der Kolchosen«, »Unverletzbarkeit des durch eigene Arbeit erworbenen Besitzes« –, die auf russisch gesendet wurden.[8] Die Insassen des Lagers Beauregard sollten jedoch sehr bald in die Sowjetunion zurückgeschickt werden. Aber selbst in den GULAG-Lagern von Workuta und Kamyschlag sprachen die früheren Wlassow-Soldaten noch immer mit Stolz über die im Prager Manifest enthaltenen Ideale. Sie »hielten sich selbstverständlich für eine Art Elite unter den politischen Gefangenen«, waren stolz auf ihren erfolglosen Freiheitskampf und verachteten ihre Gefährten, die sich den (in ihren Augen) sklavischen Doktrinen des Marxismus ergeben hatten.[9]
Das Manifest vom 14. November war in einer dunklen Stunde verkündet worden, und als das Jahr 1944 zu Ende ging, war die Möglichkeit, das Sowjetregime von außen zu stürzen, höchst unwahrscheinlich geworden. Eine Meuterei innerhalb der Roten Armee auf ausreichend breiter Basis, um die Parteioligarchie zu stürzen, war unvorstellbar. Die Begeisterung, die den militärischen Erfolgen folgte, die weitverbreitete Illusion, daß der Sieg auch eine weitgehende Milderung der bolschewistische Härten mit sich bringen würde, konnten nicht von Versprechungen der Freiheit durch eine Wlassow-Bewegung aufgewogen werden, falls diese den einfachen Russen überhaupt zu Ohren gekommen waren. Im Gegenteil, die von den Deutschen während ihrer Besatzung begangenen Verbrechen hatten sich unauslöschlich in das russische Bewußtsein eingegraben, und alles, was aus solch einer Quelle kam, erschien unweigerlich suspekt und vergiftet.
Die Frage, was durch eine ungehinderte russische Freiheitsbewe-

gung zu erreichen gewesen wäre, muß akademisch bleiben. Denn selbst zu dieser späten Stunde war die deutsche Führung nicht zu überreden, die Wlassow-Karte auszuspielen, ohne hierbei die schlimmsten Zweifel zu hegen. Vierundzwanzig Stunden vor dem Prager Treffen hatte Berlin plötzlich den Reichsministern und dem diplomatischen Korps die vorher geplante Beteiligung verboten. Am folgenden 27. Januar ließ Hitler nach einer Besprechung im Führerhauptquartier eine wilde Schmährede auf Wlassow los, die schließlich auch Pannwitz' Kosaken mit einschloß. Der inzwischen kranke Führer lebte bereits in einer Phantasiewelt und scheint wenig von dem, was um ihn geschah, wahrgenommen zu haben, denn am folgenden Tag wurde die Unabhängigkeit der KONR-»Regierung« bekanntgegeben.

Die wesentlichste Forderung des KONR war nicht, eine illusorische Unabhängigkeit zu gewinnen, auch nicht die Befugnis, Proklamationen oder Propaganda herauszugeben. Es ging vielmehr darum, eine unabhängige Machtgrundlage zu schaffen: das Recht, Truppen aufzustellen. Trotz aller vom deutschen Oberkommando auferlegten Einschränkungen wurden im Winter 1944/45 (zum erstenmal seit 1921) selbständige russische Militäreinheiten geschaffen, die gegen die Rote Armee zu Felde zogen. Zudem gab es für einige wenige Monate einen freien russischen Staat in Miniatur. Angesichts der fortschreitenden Zerstörung Berlins wurde die KONR-»Regierung« von Dahlem nach Karlsbad verlegt, während Wlassows »Generalstab« nach Heuberg auswich. Das Propagandabüro und die Offiziersausbildungsschule zog von Dabendorf auf Schloß Gieshübel im Sudentenland um. Verhandlungen mit anderen, bereits bestehenden russischen Einheiten wurden aufgenommen, und am Ende des Krieges gehörten sowohl Pannwitz' und Domanows Kosaken als auch Rogozhins serbisches Schutzkorps formell dem KONR an. Mit den Ukrainern hatte Wlassow jedoch weniger Glück. Zwar waren Vertreter einiger Kontingente in Prag anwesend gewesen, doch die wichtige galizische Division unter General Shandruk hatte ihre Unabhängigkeit bewahrt.[10]

All das war natürlich nur der Schatten politischer Macht, und es war Wlassows Hauptziel, eine echte KONR-Armee aufzustellen. In

Münsigen in Württemberg wurde Bunjatschenko der Befehl über die erste der drei Divisionen, die der vorsichtige Himmler bewilligt hatte, übergeben. Ihren Kern bildeten 5000 Mann, die zuvor unter dem Befehl des verbrecherischen Bronislaw Kaminsky in Polen gestanden hatten, sowie eine weitere Gruppe, die bisher Angehörige einer weißrussischen Division der Waffen-SS (»Ruthenia«) gewesen waren. Hinzu kamen Rekruten aus Kriegsgefangenen- und Ostarbeiterlagern. Zudem wurde damit begonnen, eine zweite Division unter General Swerew im nahen Heuberg auszubilden, und schließlich sollte auch ein Flieger-Korps (vorläufig ohne Flugzeuge) unter Wladimir Malzew aufgestellt werden, über das General Aschenbrenner, der ehemalige deutsche Luftwaffenattaché in Moskau, die Oberaufsicht erhalten sollte.[11]

Dr. Kroeger fiel die Verschwommenheit aller dieser Vorbereitungen auf, als er Malzew und Aschenbrenner auf einem Besuch bei Göring in Karinhall begleitete. Der Zweck ihrer Mission war, Malzew vom Reichsmarschall zum General ernennen zu lassen. (Trotz der »Souveränität« des KONR durfte Wlassow über den Rang des Obersten hinaus keine Beförderungen ohne deutsche Bestätigung vornehmen.) Während des Gesprächs, das auf die kurze Zeremonie folgte, gestand Göring, daß er zwar über gewisse Kenntnisse über Engländer, Franzosen und Amerikaner verfüge, die wahre Natur Rußlands und der Russen jedoch nie begriffen habe. Daß ein Mann, der so lange Zeit den zweiten Machtposten des Reiches innegehabt hatte, zu so später Stunde solch ein Geständnis machen konnte, erschien Dr. Kroeger recht makaber. Um so mehr als diese Unterhaltung hin und wieder von einem Beben untermalt wurde, das Möbel und Fenster erschütterte. Es war das Donnern der Artillerie Schukows, die bereits am Westufer der Oder stand.

Aber selbst diese begrenzten Zugeständnisse wurden noch weiter eingeschränkt, da man besorgt war, Hitler nicht zu einer Wiederholung seiner brutalen Unterdrückungsmaßnahmen des Jahres 1943 zu provozieren. Obwohl Bunjatschenko und Swerew mit der Aufstellung ihrer Armee fortfuhren, wurden ihnen weder Waffen noch Munition gestellt, noch gab es Hinweise auf einen baldigen Fronteinsatz. Schließlich entschied General Köstring, der als Inspekteur

der Osttruppen die eigentliche Verantwortung für die verbündeten Russen trug, daß der einzige Weg, das Oberkommando und auch Himmler von ihrer Tüchtigkeit zu überzeugen, ihre Bewährung im Einsatz war.
Bunjatschenko lehnte es ab, seine Einheiten einzusetzen, ehe nicht Ausbildung und Ausrüstung vollständig waren. Statt dessen wurde eine Einheit Freiwilliger vorgeschickt, die sich aus in Stettin stationierten Russen rekrutierte. Sie stand unter dem Befehl zweier Weißer russischer Emigranten, Oberst Sacharow und Graf Lambsdorff, und zeichnete sich in einem Angriff auf einen befestigten Brückenkopf bei Neulowin an der Oder aus. Köstring und später auch Himmler waren jedoch noch mehr davon beeindruckt, daß 100 Angehörige der Roten Armee zu ihnen überliefen. Welche Wirkung mochte solch ein Experiment erst haben, wenn man es in größerem Umfang wiederholte? Zur Erfüllung derartiger Hoffnungen war es natürlich drei Jahre zu spät. Es bleibt dennoch interessant, daß es, selbst als Deutschlands Niederlage nur noch eine Frage von Wochen war, antikommunistischen Einheiten in Pommern und Jugoslawien noch immer gelang, beträchtliche Gruppen von Überläufern anzuziehen.[12]
Himmler war von dieser Leistung sehr beeindruckt und schickte Wlassow ein entsprechendes Telegramm. Heinz Herre, der für die Aufstellung russischer Einheiten hauptverantwortliche deutsche Offizier, besuchte Himmlers Hauptquartier am 23. Februar und erhielt dessen Genehmigung, die KONR-Truppen an der Ostfront einzusetzen. Herre kehrte triumphierend zurück, doch der standhafte Bunjatschenko, dessen Division für diese Aufgabe vorgesehen war, erklärte als russischer General nur den Befehl seines eigenen Oberbefehlshabers annehmen zu können. Dr. Kroeger erinnert sich an Bunjatschenko als an einen tapferen und fähigen Soldaten, der es den Deutschen jedoch nicht leicht machte. Seine Erfahrungen seit seiner Gefangennahme im Jahre 1942 (vorher hatte er zu Timoschenkos Stab gehört) hatten ihm einen berechtigten Zynismus eingeflößt, und die eindeutig bevorstehende Niederlage des deutschen Verbündeten führte bei ihm zu Momenten der Verzweiflung, in denen er zur Flasche griff.

Inzwischen hatte Wlassow seine Genehmigung erteilt, und die 1. KONR-Division setzte sich, wie geplant, in Bewegung. Die Wehrmacht konnte ihnen keinen motorisierten Transport zur Verfügung stellen, und die Bahnlinie zwischen Ulm und Nürnberg war alliierten Bombenangriffen zum Opfer gefallen, so daß die Division die ersten 200 Kilometer mit der gesamten Ausrüstung zu Fuß zurücklegen mußte. Auf dem Wege kamen weitere Ostarbeitergruppen und Kriegsgefangene dazu, und als die Division am 19. März Nürnberg erreichte, war ihre Zahl auf 3000 angewachsen.[13]
Während der Eisenbahnverladung bezog Bunjatschenko im nahegelegenen Herzogen-Aurach Quartier. Dort kam es zu einem unangenehmen Zwischenfall. General Wlassow erschien – wie gewöhnlich in Begleitung Dr. Kroegers –, um dem Abtransport seiner Truppen an die Front beizuwohnen. Der General und der Oberführer kamen unangemeldet um acht Uhr morgens in Bunjatschenkos Quartier. Ein Adjutant, dem die Sache offensichtlich peinlich war, erklärte, Bunjatschenko sei nicht zu sprechen, da er fürchterliche Zahnschmerzen habe. Als sie ihn bedrängten, versuchte er, sich ihnen in den Weg zu stellen, doch der hünenhafte Wlassow (er war 1.96 m groß), schob ihn beiseite und betrat das Zimmer. Dort saßen General Bunjatschenko und sein Stabschef volltrunken an einem Tisch, auf dem Wodkaflaschen und halbleere Gläser standen. Die übrige Gesellschaft bestand aus zwei jungen Offizieren und zwei halbentkleideten Mädchen von sehr unmilitärischem Aussehen. Es versteht sich, daß Wlassow wütend war, da Bunjatschenko den Transport der Division beaufsichtigen sollte. Zudem fürchtete er wohl auch, daß Dr. Kroeger über dieses Beispiel russischer Disziplinlosigkeit Berger oder Himmler Bericht erstatten werde. Von diesem Tag an gewann Kroeger den Eindruck, daß General Bunjatschenko ihm den größten Abscheu entgegenbrachte.
Die Truppen setzten sich jedoch pünktlich in Bewegung, und bis zum 26. März waren auch die letzten Einheiten im Ausbildungslager Lieberose, nördlich von Cottbus angekommen. Das Eintreffen dieser unerwarteten Verstärkung überraschte den deutschen Befehlshaber der Armeegruppe Weichsel, General Henrici, und zu-

nächst wußte er nicht, wo er sie einsetzen sollte. Schließlich wurde beschlossen, sie durch einen Angriff auf den Brückenkopf der Roten Armee bei Erlenhof südlich von Frankfurt an der Oder zur Ader zu lassen. Ein erfolgloser Angriff auf diese Stellung hatte bereits stattgefunden, und seither war sie noch stärker befestigt worden. Die Aufgabe war furchterregend, doch Bunjatschenko willigte unter der Voraussetzung ausreichender Artillerieunterstützung ein. Der Angriff begann am 14. April um fünf Uhr morgens, mit verheerenden Folgen. Da man den KONR-Truppen weder die geforderte Artillerie- noch Luftunterstützung gegeben hatte, warfen sie sich in Wellen auf die stark befestigte sowjetische Stellung. Unter mörderischem Flankenfeuer kämpften Bunjatschenkos Leute vier Stunden lang erbittert, bis ihr Kommandeur die sinnlose Vernichtung seiner ganzen Division voraussah und Befehl zum Rückzug gab.

Nach Lieberose zurückgekehrt, versuchte die 1. Division über die erlittene Schlappe hinwegzukommen, während Bunjatschenko und sein Stab den nächsten Schritt berieten. Der Zusammenbruch ihrer deutschen Verbündeten stand unmittelbar bevor, und den Kampf unter den auferlegten Bedingungen weiterzuführen, war offensichtlich sinnlos. Wlassow und seine höheren Offiziere hatten solch eine Situation bereits erwogen, da sie ohnehin nur zu sehr im Rahmen der Möglichkeiten lag. Eines war klar: das Verbleiben in Deutschland bedeutete sicheres Unheil. Das Zusammentreffen der amerikanischen und russischen Armeen war nur noch eine Frage von Tagen, und selbst wenn es zu dem erhofften Bruch zwischen den Alliierten kommen sollte, war dies für die KONR-Einheiten zu spät. Sie würden zwischen den beiden Mühlsteinen zermalmt werden. Nur im Südosten war noch ein Hoffnungsschimmer zu sehen, da den Sowjets noch der Vormarsch an der Donau entlang nach Böhmen bevorstand. Die tschechischen, ungarischen und jugoslawischen Nationalisten setzten der sowjetischen Beherrschung ihrer Länder erbitterten und zum Teil noch bewaffneten Widerstand entgegen, und in Griechenland hatten britische Truppen einen kommunistischen Versuch vereitelt, die Macht zu übernehmen. In KONR-Kreisen wurde viel über die Schaffung einer »dritten

Macht« aus derartig disparaten, doch beharrlich antikommunistischen Elementen gesprochen.
Und dann blieben noch die Kosaken. Pannwitz, Domanow und Krasnow hatten der Angliederung ihrer Einheiten zum KONR zugestimmt. Dr. Kroeger war bei einem großen Abendessen im Hotel Kaiserhof in Berlin anwesend, zu dem sich die Vertreter der Kosaken und des KONR eingefunden hatten. Er erinnert sich, daß alle, trotz der ungünstigen Lage, von neuer Begeisterung und Hoffnung erfüllt waren.
Jedenfalls lag jede, wenn auch noch so schwache Hoffnung auf Überleben im Süden. Bunjatschenko legte ein wenig verspätet die brillante Seite seines unausgeglichenen Charakters an den Tag und begann mit seiner 1. Division den erstaunlichen, 500 Kilometer langen Marsch nach Süden, der nicht ohne Berechtigung mit dem Xenophons verglichen worden ist. Zu ihrer Linken lag die vordringende Rote Armee, und überdies galt es, die emsigen Bemühungen der deutschen Armeegruppe Mitte zu vereiteln, sie an die Front zurückzuschicken. Der brutale General Schörner forderte die Herausgabe des ungehorsamen Bunjatschenko, um ihn standrechtlich erschießen zu lassen. Bunjatschenko stellte seine Truppen sogleich zu einer defensiven »Igel«-Formation auf, die bereit war, sich bis zum letzten Mann zu verteidigen. Sogar Schörner mußte sich den Gegebenheiten der Lage fügen (einige Tage später wurde er amerikanischer Kriegsgefangener), und Bunjatschenko konnte seinen Marsch unbehindert fortsetzen. Er zog östlich von Dresden an Hoyerswerda und Radeberg vorbei und gelangte südlich von Bad Schandau in die Tschechoslowakei. Am 29. April richtete die 1. KONR-Division ihr Hauptquartier nördlich von Prag in Kosojedi, im Schutz des Erzgebirges, ein. Hier konnten Bunjatschenko und seine 25 000 Truppen rasten und den nächsten Schritt erwägen.
Mittlerweile standen zwei russische Einheiten in Böhmen. Am 19. April waren die KONR-Ausbildungslager in Münsingen und Heuberg in Anbetracht des Vordringens der amerikanischen 7. Armee evakuiert worden. Swerews 2. KONR-Division, zusammen mit Malzews Flieger-Korps und anderen Reserveeinheiten (insgesamt etwa 22 000 Mann) marschierten nach Fürstenfeldbruck,

westlich von München. Von dort wurden sie mit der Bahn nach Linz transportiert und marschierten dann in nördlicher Richtung auf Prag zu. Am 4. Mai standen Swerews Truppen zwischen Budweis und Straknitz. Hier war der am nächsten liegende Feind nicht die Rote Armee, sondern General Pattons amerikanische 3. Armee, die bereits an der böhmischen Grenze stand. In Unkenntnis des Geheimabkommens der westlichen Alliierten, wonach die gesamte Tschechoslowakei bereits den Sowjets überantwortet worden war, glaubte der KONR-Stab, daß Böhmen unter amerikanische Kontrolle kommen werde.

Die drei Divisionen und der KONR-Stab begannen nun wieder zu zersplittern. Die berauschenden Pläne, sich mit den Kosaken oder mit den antikommunistischen Jugoslawen zu vereinen, zerstoben angesichts der sich rasch verschlechternden militärischen Lage, und die verschiedenen KONR-Einheiten erkannten, daß sie versuchen mußten, ihre Bedingungen getrennt auszuhandeln, solange ihnen noch eine gewisse Bewegungsfreiheit blieb. Sie sahen nach und nach ein, daß ihnen nur übrig blieb, mit den Amerikanern Kapitulationsverhandlungen aufzunehmen, und von ihnen, wie sie hofften, annehmbare Garantien zu erhalten.

Den ersten entsprechenden Versuch unternahm General Aschenbrenner, den die Luftwaffe Malzews Flieger-Korps zugeteilt hatte. Ende März hatte Aschenbrenner die Bekanntschaft eines unternehmungsfreudigen Akademikers, Theodor Oberländer, gemacht. Oberländer kannte die russischen Verhältnisse vorzüglich. Gegen Ende der zwanziger und Anfang der dreißiger Jahre hatte er, als Professor für Landwirtschaft an der Universität Königsberg, Rußland besucht und sich dort mit Bucharin (dessen Fähigkeiten er schätzte) in Karl Radeks Villa außerhalb Moskaus beraten. Da er die Rubel, die er in Rußland verdiente, nicht mitnehmen konnte, hatte er zwei Reisen nach Georgien gemacht. Als das Unternehmen »Barbarossa« geplant wurde, machten ihn seine so erworbenen gründlichen Kenntnisse für die Abwehr interessant. Zu Beginn der Invasion wurde er dem unter dem Befehl deutscher Offiziere stehenden ukrainischen Bataillon »Nachtigall« zugeteilt; als die Deutschen 1942 in den Kaukasus vordrangen, wurde ihm, wegen seiner früheren Besuche in Georgien, der Befehl über eine antisowjetische Gebirgsjäger-Einheit übergeben. Diese Einheit, die ursprünglich aus 1100 kaukasischen Kriegsgefangenen bestand, wurde um weitere 1600 Überläufer der ihnen gegenüberstehenden Roten Armee bereichert. Am 22. Juni 1943, genau zwei Jahre nach der Invasion, legte Oberländer eine breiten militärischen Kreisen zugängliche Denkschrift über die deutsche Rußlandpolitik vor. Entsetzt über die Blindheit, mit der sich die Behörden durch sinnlose Grausamkeiten die Einwohner zu Feinden machten, die sie zunächst als Erlöser empfangen hatten, plädierte er in zehn fundierten Vorschlägen (unter dem passenden Titel *Bündnis oder Ausbeutung*) dafür, eine humanere und klügere Politik zu verfolgen, ehe es zu spät sei. Dieser kühne Schritt erregte jedoch den Zorn der Obrigkeit. Keitel enthob ihn seines Befehls; Himmler versuchte ihn in ein Konzentrationslager zu sperren. Vor diesem Schicksal wurde er nur durch das Eingreifen von Staatsminister Frank in Prag bewahrt. Schließlich holte man ihn aus der halben Vergessenheit wieder hervor und setzte ihn als letzten Kommandanten der KONR-Offiziersausbildungsschule ein, nachdem diese von Dabendorf in das Sudetenland verlagert worden war.[14]

Oberländer war in Prag, als Aschenbrenner ihn aufsuchte und mit nach Marienbad nahm. Dort traf er Malzew und andere Offiziere des KONR-Flieger-Korps, die über ihre Lage offensichtlich besorgt waren. In der folgenden Diskussion stimmte Oberländer denen zu, die darauf drängten, sich den Amerikanern zu ergeben. Er war überzeugt davon, daß die völlig undenkbare andere Alternative war, den Sowjets in die Hände zu fallen. Aschenbrenner wandte sich an ihn und fragte, ob er Englisch spreche. Als er dies bejahte, stellte ihm der General eine weitere Frage: würde er als Unterhändler zu den Amerikanern gehen und mit ihnen Verhandlungen über die Übergabe des Flieger-Korps aufnehmen? Oberländer willigte ein und machte sich am folgenden Tag auf den Weg. Einen Brief Aschenbrenners hatte er in seinem Schuh versteckt. Das ganze Unternehmen mußte streng geheimgehalten werden, da nicht nur die Befürchtung bestand, daß Dr. Kroeger sie seinen SS-Vorgesetzten melden könnte, sondern auch, daß Oberländer von Fronteinheiten der SS aufgehalten wurde, die kurzen Prozeß mit »Verrätern« machten.

Lediglich mit einer Pistole bewaffnet, schlängelte er sich durch die Front und gelangte zum Schloß des Herzogs von Coburg. Dort wartete Oberländer drei Tage, bis amerikanische Panzer zu beiden Seiten des Dorfes auf ihrem Weg nach Osten vordrangen. Er ergab sich einem amerikanischen Offizier, Major Stein, und erklärte ihm zugleich, er wünsche mit dem kommandierenden General zu sprechen. Stein schickte ihn auf dem Instanzenweg weiter nach oben, und am nächsten Tag (24. April) wurde er in ein Konferenzzimmer gebracht, an dessen Wänden eilig verdeckte Lagekarten hingen. Oberländer stand General Kennedy und sechs Obersten gegenüber. Nach dem Zweck seiner Mission befragt, erklärte er, daß er über die Übergabe von Malzews Flieger-Korps verhandeln wolle. Die einzige Bedingung sei, so erwiderte er auf eine Frage, sie nicht an die Sowjets auszuliefern. Der General fragte in einiger Verwirrung, ob es sich bei diesen Russen um Verbündete Deutschlands oder der Vereinigten Staaten handele. Oberländer setzte ihm auseinander, daß sie einen Teil der antikommunistischen Wlassow-Armee darstellten. Sie hätten zwar nie gegen die Amerikaner gekämpft, aber würden sich natürlich verteidigen, wenn man sie angriffe, und auf diese Weise würden Amerikaner zwangsläufig ihr Leben sinnlos zum Opfer bringen. Der General erwiderte, daß er eine derartige Situation tunlichst vermeiden wolle, doch ehe er sich festlege, müsse er zuvor mit dem Befehlshaber dieser Russen sprechen.

Oberländer willigte ein, wurde bis zu den amerikanischen Vorposten geleitet, und nahm von dort seinen Weg durch Furth im Wald zurück zum KONR-Flieger-Korps. Ehe er zu Aschenbrenner und Malzew in Spitzberg gelangen konnte, wurde er von einer SS-Einheit angehalten, konnte sich aber durchlügen. Er berichtete über seinen bisherigen Erfolg und kehrte mit Aschenbrenner zu General Kennedys Gefechtstand in Bodenwöhr zurück. Sie machten ihre gefährliche Fahrt mit einem weißbeflaggten Dienstwagen bei Nacht auf Straßen, die wegen Panzersperren kaum befahrbar waren. In Bodenwöhr konferierte Aschenbrenner lange und eingehend mit General Kennedy. Der Luftwaffengeneral war ein eindrucksvoller

Mann, der allen Vertrauen einflößte. Seiner würdevollen und zugleich sympathischen Persönlichkeit gelang es, Kontakt zu General Kennedy zu finden, der seinerseits am KONR sehr interessiert war. Er war überdies, wie Oberländer überrascht feststellte, recht gut informiert. Als Ausweis hatte er von seinem Besucher eine Unterschrift verlangt und sie dann mit der Unterschrift auf Oberländers Denkschrift vom 22. Juni 1943 verglichen! Sie war an viele hohe Wehrmachtsoffiziere geleitet worden, und zweifellos war der amerikanischen 3. Armee unter den in Frankreich und Deutschland erbeuteten Dokumenten eine Abschrift in die Hände gefallen. Wie sehr wiederum das amerikanische Armee-Kommando an dem interessiert war, was es von dem früheren Obersten der Roten Luftstreitkräfte Malzew erfahren konnte, zeigte ein von General Patton persönlich unterschriebener Befehl, den Oberländer einsah.

Schließlich willigte Kennedy in den Handel ein. Er gab sein Wort, die sich ergebenden Truppen nicht an die Sowjets auszuliefern, und traf Maßnahmen, Malzews Flieger-Korps unter weißer Flagge zur Entwaffnung in Empfang zu nehmen. Auf Oberländers Vorschlag hin wurde vereinbart, daß sie danach in ihr ehemaliges Lager nach Münsingen zurückkehren und unterwegs von den Amerikanern bewacht und verpflegt werden sollten. In der folgenden Nacht verbrachte Aschenbrenner qualvolle Stunden und grübelte, ob diese Vereinbarung auch richtig und ehrenhaft war. Oberländer, der überzeugt war, daß gar keine andere Wahl blieb, konnte ihn jedoch beruhigen, und am nächsten Tag kehrte der General nach Spitzberg zurück und teilte Malzew den Plan mit.

Wie Professor Oberländer heute betont, gelang es auf diese Weise, binnen vier Tagen 8000 Mann zu retten, denn es gibt Beweise dafür, daß General Kennedy Wort hielt, vermutlich unter dem mächtigen Schutz General Pattons, und daß die meisten, wenn nicht alle von Malzews Leuten Zuflucht im Westen fanden. Bestätigt wurde dies auf außergewöhnliche Weise. Zehn Jahre später machte Oberländer als Bundesvertriebenenminister einen offiziellen Besuch in Washington. Er und seine Frau erhielten eine unerwartete Einladung zu einem Empfang in einem Hotel, wo sie eine Gruppe früherer Offiziere des KONR-Flieger-Korps trafen. Sie erklärten ihm bei diesem

Wiedersehen, daß die Amerikaner tatsächlich Wort gehalten und Malzews Korps schließlich entlassen hatten. Als Oberländer 1974 wieder einmal im Hilton in Washington zu Besuch war, kam ein Mann auf ihn zu und lud ihn zum Abendessen ein. Er war ein Georgier, der auch zu Malzews Einheit gehört hatte und Oberländer versicherte, daß sein Einschreiten 1945 ihnen allen das Leben gerettet habe.

Allen, mit Ausnahme eines Mannes. Malzew selbst wurde von seinen Leuten abgesondert, zunächst nach Belgien, später in die Vereinigten Staaten gebracht und ein Jahr darauf, im Mai 1946, an die Sowjets ausgeliefert. Seine Hinrichtung durch den Strang wurde kurz darauf vom Militärkollegium des Obersten Sowjet bekanntgegeben.[15] Obwohl es bedauerlich ist, daß solch eine Ausnahme gemacht wurde, ist es dennoch gerechtfertigt, mit Professor Oberländer übereinzustimmen und das Andenken und die ungewöhnliche Haltung General Kennedys zu ehren. Es wurde erklärt, daß die wahre Heldin der Repatriierungstragödie eine Dame war, die einen Russen und einen Offizier rettete, die sich weigerten, die Handlungen der früheren Wlassow-Leute zu verurteilen[16], doch auch ein amerikanischer General, der 8000 Menschen rettete, darf hier nicht vergessen werden.

Während Theodor Oberländer in Bodenwöhr auf seine Besprechung mit General Kennedy wartete, hatte Aschenbrenner General Wlassow und andere Angehörige des KONR-Stabes in das Haus eines deutschfreundlichen Mannes an der österreichischen Grenze begleitet. Es herrschte tiefe Niedergeschlagenheit; alle lang gehegten Hoffnungen auf ein freies Rußland schwanden dahin. Alle waren inzwischen übereingekommen, daß das Hauptziel nun die Übergabe an die westlichen Alliierten war. Wie sollte man die Verbindung aber herstellen? Wlassow hatte bereits ein Mitglied des KONR-Ausschusses, Juri Scherebkow, auf eine erfolglose Mission nach Genf geschickt, um mit Hilfe des Internationalen Roten Kreuzes zu unterhandeln.[17] Aschenbrenner hatte noch keine Nachricht von Oberländer. Würde ein weiterer Versuch Erfolg haben? Es gab wenig Alternativen, und man entschloß sich zu einer erneuten Mission.

Dieses Mal wurde General Wassili Malyschkin ausgewählt, ein stiller, kultivierter Mann, der zur Zeit der Tuchatschewski-Säuberungsaktion vom NKWD gefangengenommen und gefoltert worden war. Als der deutsche Angriff begann und das bolschewistische Regime uneins wurde und fast auseinanderbrach, hatte man ihn eilig wieder zur Roten Armee zurückgeschickt. Dann war er in deutsche Gefangenschaft geraten, hatte schreckliche Bedingungen in einem Kriegsgefangenenlager überdauert und war schließlich 1942 dem Charme und den Ideen Wlassows erlegen und seiner Bewegung beigetreten. Vom getreuen Strik-Strikfeldt begleitet, sollte er den nächsten amerikanischen Befehlshaber ausfindig machen. Dr. Kroeger gab ihnen Ausweise, um sie vor Belästigungen der SS-Einheiten zu schützen.

Strik-Strikfeldt nahm (wie er in seinen Memoiren beschrieben hat) traurigen Abschied von einem Vorgesetzten, den er bewunderte und liebte. Wlassow sah keine Möglichkeiten mehr, doch obwohl er die Zerstörung aller Hoffnungen beklagte, erklärte er mit Nachdruck, daß trotz dieses vielleicht unweigerlichen Endes kein anderer Weg ehrenhaft gewesen wäre. Er erklärte, wenn er ein Verräter sei, weil er sein Land von der Unterdrückung befreien wollte, seien es George Washington und Benjamin Franklin zu ihrer Zeit ebenfalls gewesen.

»Ich habe verloren«, fuhr er fort, »und darum bleibe ich solange ein Verräter, bis in Rußland Freiheit mehr gilt als falscher sowjetischer Patriotismus. Wie ich Ihnen schon gesagt habe, glaube ich nicht an die Hilfe der Amerikaner. Wir haben ihnen nichts zu bieten. Wir sind kein Machtfaktor. Aber unsere russischen Hoffnungen auf Freiheit und menschliche Werte aus Unwissenheit und Opportunismus mit Füßen getreten zu haben ist etwas, was die Amerikaner, Engländer, Franzosen und vielleicht auch die Deutschen eines Tages bitter bereuen werden.«

In Nesselwang an der österreichischen Grenze trafen Malyschkin und Strik-Strikfeldt auf die amerikanische 7. Armee. Als sie den Zweck ihrer Mission erklärten, wurden ihnen die Augen verbunden, und sie wurden in Jeeps zum Gefechtstand des Kommandeurs, General Patch, gebracht. Ebenso wie Kennedy war auch

Patch sehr interessiert an der Geschichte dieser KONR-Vertreter; er hörte einer langen, leidenschaftlichen Rede Malyschkins aufmerksam zu (es war ein Dolmetscher zur Hand). Malyschkin schilderte bewegend die bolschewistische Machtübernahme 1917, die unter Lenin und Stalin verübten Grausamkeiten und schließlich den seit 1941 geführten Kampf, diesen Barbaren die Macht zu entreißen. Natürlich war Hitler ein unangenehmer und verräterischer Verbündeter, aber welche Wahl blieb ihnen? 1919 hatten sie die Hilfe der Engländer und Amerikaner mit Freude angenommen. Die aber hatten inzwischen mit den Bolschewiken Frieden geschlossen und konnten den Millionen, die in Rußland für Freiheit und Gerechtigkeit kämpften, nichts mehr bieten. Hitler war der letzte Verbündete, den sie sich freiwillig ausgesucht hätten, aber 1941 hatten sie keine freie Wahl.
General Patch hörte Malyschkin bewegt und beeindruckt bis zu Ende an. Als Antwort auf das Gesuch des Russen, allen KONR-Angehörigen Asyl zu gewähren, erwiderte er: »Leider liegt das, worum Sie bitten außerhalb meiner Kompetenz. Aber ich verspreche Ihnen, Ihr Gesuch an General Eisenhower weiterzuleiten. Ich will gern mein Bestes versuchen.«
Am nächsten Tag erklärte Patch bei einer weiteren Unterredung, daß er die Übergabe der russischen Divisionen annehmen könne. »Bedeutet das, Herr General, daß die Russen nach den Bedingungen der Genfer Konvention behandelt werden?« warf Strik-Strikfeldt ein. General Patch gab keine unmittelbare Antwort darauf, sondern betonte nur, »daß sie genau entsprechend den bestehenden Vorschriften über die Behandlung deutscher Kriegsgefangener behandelt würden«. Er beendete die Unterredung mit einer etwas freundlicheren Note. »Es tut mir leid, aber als General der amerikanischen Armee kann ich Ihnen nicht mehr sagen. Persönlich gesprochen muß ich mein Bedauern ausdrücken, daß es sich so verhält. Ich begreife Ihren Standpunkt und möchte Sie meiner persönlichen Achtung versichern. Aber wie Sie verstehen werden, bin ich Soldat.«
Als Mitgliedern einer Delegation war es Malyschkin und Strik-Strikfeldt erlaubt, über die Front hinweg zurückzukehren. Sie wur-

den aber, absichtlich oder nicht, einige Tage zurückgehalten und am 8. Mai über die deutsche Kapitulation informiert, was bedeutete, daß sie nun keine Abgesandten, sondern Kriegsgefangene waren.[18] Da keine Antwort von den Abgesandten kam, jagten Wlassow und seine Generäle während des letzten verzweifelten Aufbäumens des KONR verschiedenen Luftschlössern nach. Anfang Mai hatte Wlassow sein Quartier im Dorf Kosojedi, nördlich von Prag. Hier bemerkte Dr. Kroeger zum erstenmal, daß einige Russen begannen, ihre deutschen Kollegen mit einem gewissen Mißtrauen zu betrachten. Daß etwas in der Luft lag, war offenbar, doch er konnte nicht feststellen, ob es mehr als nur die zwischen Menschen in einer Notlage üblichen Reibereien waren. Um den 4. Mai herum wurde Wlassow mit immer deutlicheren Anzeichen des Spaltes konfrontiert, der sich im russisch-deutschen Bündnis entwickelt hatte. Mit Dr. Kroeger zusammen war er zu Panzergeneral Fritz Hoth ins Erzgebirge gefahren, um festzustellen, ob weiterer bewaffneter Widerstand möglich sei. Auf dem Weg waren sie an einem deutschen Vorposten vorbeigekommen, der unter dem Befehl eines jungen Leutnants stand. Auf der Rückfahrt sahen sie, daß meuternde russische Soldaten den Vorposten angegriffen und den Offizier getötet hatten. General Wlassow war, ebenso wie Krasnow einige Tage vorher in Mauthen, außer sich über diese heimtückische Attacke auf Soldaten, die noch immer ihre Verbündeten waren. Er erklärte, wenn seine Soldaten imstande seien, ihre Ehre so zu besudeln, könne er sich ebensogut erschießen.

In sein Hauptquartier zurückgekehrt, empfing Wlassow den Besuch von General Bunjatschenko. Die Einzelheiten über diese Unterredung erfuhr Dr. Kroeger später von Buniatschenkos Adjutanten, doch er selbst wußte zu der Zeit nichts darüber. Bunjatschenko erklärte Wlassow, daß er inzwischen Verhandlungen mit den tschechischen Nationalisten begonnen habe. Er sei zu der Überzeugung gekommen, daß ihre einzige Hoffnung nun darin bestehe, die fatalen Beziehungen zu den besiegten Deutschen abzubrechen. Wenn sie, ehe es zu spät war, einen Schlag führen konnten, der den Tschechen half, ihren Staat wiederherzustellen, bestand die Möglichkeit, daß die neue tschechische Regierung ihren slawischen Vettern vom

KONR Asyl gewähren werde. Auf dieses Argument erwiderte Wlassow eindringlich, daß er es für abslolut ehrlos und undurchführbar halte. Was immer die Verfehlungen und Grausamkeiten der Nazipolitik in der Vergangenheit gewesen sein mochten, die deutschen Soldaten hätten sich als treue Verbündete erwiesen, und es einen Akt des niederträchtigsten Verrats darstellte, sie ausgerechnet jetzt anzugreifen. Die Rote Armee werde ohnehin bald in Prag eintreffen, und das ganze Unternehmen werde sich damit erübrigen. Bunjatschenko hörte ohne Überzeugung zu. Die Deutschen hätten die Bestrebungen der Russen, ihr Land zu befreien, fortwährend behindert oder ausgenützt; ihre Politik sei einzig und allein auf Opportunismus begründet, und es sei die erste Pflicht der KONR-Kommandeure, für das Überleben ihrer Truppen zu sorgen. Die beiden trennten sich, und beide beharrten auf ihrem Standpunkt.

Zur gleichen Zeit, am 5. oder 6. Mai, verließ Dr. Kroeger Kosojedi, um mit Reichsstatthalter Frank in Prag die Lage zu besprechen. Er sah Wlassow nie wieder. Ein oder zwei Tage nach seiner Ankunft saßen Kroeger und Frank als Gefangene im Hradschin. Inzwischen waren Widerstandsgruppen aufgetreten und hatten die Wiederherstellung des tschechischen Staates proklamiert. Da es in Prag eigentlich keine deutsche Garnison mehr gab, gelang es ihnen, die Kontrolle über fast die ganze Stadt in die Hand zu bekommen. Dieser zeitweilige Erfolg zeigte jedoch nur das Unvermögen der tapferen, aber schlecht bewaffneten Tschechen. SS-Einheiten, die entschlossen waren, nicht die gleichen Vorwürfe zu ernten, die Hitler ihren Vorgängern des Jahres 1918 gemacht hatte, stürmten die Stadt. Deutschland mochte geschlagen sein, aber es war die Pflicht der SS, bis zum letzten Mann zu kämpfen. Durch diesen Rückschlag beängstigt, wandten sich die tschechischen Führer an Bunjatschenko und erinnerten ihn an sein Versprechen.[19]

Bunjatschenko war die Gelegenheit sehr willkommen, sich öffentlich von der deutschen Sache loszusagen und sich zugleich (so hoffte er) der Dankbarkeit der Tschechen zu versichern. Die 1. KONR-Division war um Beroun einquartiert, einige Kilometer westlich von Prag in Richtung Pilsen. Bunjatschenko gab sogleich Befehl, auf die Hauptstadt vorzurücken; gleichzeitig erhielt General Swerew Weisung, die zweite Division aus dem Süden heranzuführen. Ohne Swerews Reaktion abzuwarten, bahnten sich die 25000 gut bewaffneten Soldaten der 1. Division ihren Weg in die Stadt. Nach erbitterten Kämpfen besetzten sie den Flugplatz, die Rundfunkstation und andere Stützpunkte, und am Abend war Prag unter russischer und tschechischer Kontrolle. Zwei Divisionen der Roten Armee waren im Anmarsch aus dem Osten, doch die Prager, die sich vielleicht an den sowjetischen Verrat Warschaus im Vorjahr erinnerten, waren ihren unmittelbaren Erlösern sehr dankbar. Sendungen auf russisch und tschechisch proklamierten abwechselnd die Errichtung eines panslawischen Staates, der beiden Völkern eine Heimat gewähren werde.

Unterdessen erfuhren Frank und Kroeger im belagerten Hradschin von den deutschen Posten, die noch in den Prager Außenbezirken übriggeblieben waren, daß auf den Straßen inzwischen bewaffnete Verbände tschechischer Kommunisten mit roten Fahnen zu sehen seien. Ihr Sieg stand bevor, und auf die Begeisterung über die Rettung Prags folgte für Bunjatschenko schnell die Realisierung der üblen Tatsache, die das Vordringen der Roten Armee für ihn bedeutete.

Inzwischen traf die Nachricht über die bedingungslose Kapitulation Deutschlands ein. Bunjatschenko bat die provisorische (patriotische) tschechische Regierung um Erlaubnis, seine Division in westlicher Richtung aus der Stadt zu evakuieren, und diese Erlaubnis wurde ihm gegeben. Um sich ihre gute Beute nicht entgehen zu lassen, versuchten die Kommunisten, Prag zu umzingeln und den Abzug zu verhindern. In dieser wirren Situation sahen sich die KONR-Truppen abermals an der Seite der Deutschen, die ebenfalls versuchten, der Gefangennahme durch die Rote Armee zu entgehen. Mit Hilfe zweier Kompanien der SS-Panzerjäger gelang es ihnen, sich einen Weg durch die Umzingelung zu schlagen. Am 9. Mai war die 1. Division wieder in Beroun. Ganz unversehens hatten sie dadurch, daß sie den Zusammenprall der SS und der Roten Armee verhinderten, die Stadt Prag davor gerettet, zum Schlachtfeld zu werden.[20]

Was war inzwischen mit Wlassow sowie mit Swerews 2. KONR-Division geschehen? In den letzten Apriltagen hatte Swerew in Begleitung von Wlassows Stabschef Feodor Truchin seine Truppen von Linz in nördlicher Richtung auf Prag zugeführt. Keiner von beiden wußte von Bunjatschenkos Plan, den Tschechen zu Hilfe zu kommen. Sie begannen am 5. Mai Unterhandlungen über ihre Übergabe an die Amerikaner, die ihnen sechsunddreißig Stunden gewährten, an ihre Linien zu kommen und ihre Waffen niederzulegen. Als Truchin diese Nachricht erhielt, schickte er General Bojarski zu Wlassow und Bunjatschenko, um ihnen die beabsichtigte Kapitulation mitzuteilen und ihnen zugleich nahezulegen, das gleiche zu tun, ehe es zu spät war. Truchin wartete; es kam keine Antwort, und der von den Amerikanern gesetzte Termin rückte näher, daher entschloß er sich, selbst nach Norden zu fahren. In Begleitung eines anderen Generals und seines Adjutanten Romaschkin erreichte er die kleine Stadt Przibram. Vorsichtsmaßnahmen trafen sie nicht, denn die Tschechen hatten sich den Russen gegenüber immer wohlwollend gezeigt. Und so fuhren sie geradewegs in eine Falle. Ein Hauptmann der Roten Armee hatte in Przibram eine Partisaneneinheit aufgestellt, die die KONR-Generäle nacheinander auf der Durchfahrt gefangennahm. Truchin erfuhr, daß Bojarski auf ähnliche Weise festgenommen und sofort gehenkt worden war. Truchin selbst wurde nach Moskau gebracht und der ihn begleitende General sofort erschossen, ebenso wie ein weiterer General, der auf die Suche nach Truchin geschickt worden war. Diese Ereignisse brachte ein Hauptmann der 3. Division in Erfahrung, der mit seiner Einheit in Przibram eintraf und dort Truchins Adjutanten als Gefangenen vorfand.

Auf diese Weise war nicht nur eine Reihe Offiziere verschwunden, sondern auch der Befehlshaber war unauffindbar. General Swerew und seine vorgeschobenen Einheiten lagen im entfernten Kaplitz und waren in die trübselige Lethargie versunken, die angesichts eines überwältigenden Schicksals so oft die letzte Zuflucht der Russen ist. Der nun übriggebliebene rangälteste Offizier, General Meandrow, wagte nicht, den von den Amerikanern gesetzten Termin zu überschreiten und führte alle verfügbaren Einheiten der 2. Division in die amerikanische Gefangenschaft. Swerew blieb in einem Zustand melancholischer Trägheit zurück. Seine Geliebte hatte sich umgebracht, und er weigerte sich, ihren Leichnam zu verlassen. Schließlich geriet er und sein Gefolge in sowjetische Gefangenschaft, und er wurde, wie Truchin, nach Moskau geschickt. Nur einem seiner Regimenter gelang die Flucht. Auf Initiative der Offiziere marschierte es rechtzeitig nach Westen und schloß sich Meandrow an.

Unterdessen hatte sich Wlassow und eine Gruppe seiner Gefolgsleute auf den Weg nach Pilsen gemacht, ebenfalls mit der Absicht, sich den Amerikanern zu ergeben. Einer seiner Begleiter war Ivan Kononov, der Oberst eines der Pannwitzschen Regimenter. Er hatte die Verhandlungen über die Angliederung der Kosaken an die KONR-Einheiten geführt. Nun kam aber die Nachricht von der deutschen Kapitulation, und er verabschiedete sich mit der Erklärung, er müsse zu seinen Kameraden im Süden zurückkehren. Später am gleichen Abend erreichte Wlassow und seine Gruppe die ersten amerikanischen Vorposten. Ein hilfsbereiter Major begleitete sie nach Pilsen, wo ihnen der befehlshabende Oberst einen freundlichen Empfang bereitete. Er lebte in fröhlicher Unkenntnis über die Existenz einer russischen Befreiungsarmee und glaubte, eine Delegation der Roten Armee vor sich zu haben. Dieses Mißverständnis wurde jedoch bald aufgeklärt. Am nächsten Morgen wurde Wlassow einem General vorgeführt, der erklärte, er sei nicht befugt, ihm eine Garantie darüber zu geben, daß man sie nicht an die Sowjets ausliefern werde. Falls er und Bunjatschenkos Division bereit seien, sich bedingungslos zu ergeben, könnten die Amerikaner sie in Empfang nehmen, andernfalls jedoch nicht.

Während Wlassow dies noch in Erwägung zog, erschien ein weiterer amerikanischer Offizier, der ihm mitteilte, daß Bunjatschenkos Division im nahegelegenen Schlüsselburg angekommen sei. Er schlug Wlassow vor, sich ihnen anzuschließen, und fragte überdies, ob der General auch genug Benzin für seinen Wagen habe. Vermutlich wollte er ihm damit andeuten, daß man bei einem Fluchtversuch durch die Finger sehen werde. Dies war nicht das einzige Mal, daß ein ritterlicher amerikanischer Offizier Mitgefühl zeigte, aber

Wlassow war inzwischen in apathische Verzweiflung versunken. Die Sache der russischen Freiheit war nun für wer weiß wie lange Zeit verloren. Für eine oder zwei Generationen? Sein persönliches Schicksal war daher unwichtig geworden. Er willigte ein, nach Schlüsselburg zu gehen.

Die Amerikaner begleiteten ihn und seine Gruppe zu den Lastwagen zurück. Als sie auf der Straße erschienen, kamen begeisterte Tschechen herbei, drückten ihnen Blumen in die Hand und gratulierten dem Retter ihres geliebten Prag. Mit ausdruckslosem Gesicht und starrem Blick setzte sich Wlassow in einen der Lastwagen und wartete. Die Kolonne setzte sich in Bewegung und erreichte Schlüsselburg in der Dämmerung. Die amerikanische Garnison lag in einem Schloß am Rande der Stadt, und dort fuhren die Lastwagen nun vor. Rufe und Gesang drangen durch die warme Abendluft: Bunjatschenkos Streitkräfte biwakierten ringsum in den Feldern. Man ließ Wlassow und seine Gefährten etwas warten und bat sie dann einzutreten. In einem der Empfangsräume des Schlosses wurden sie vor den Befehlshaber, einen Hauptmann Donaghue, geführt. Er betrachtete seinen Gast mit Interesse und fragte ihn dann, warum er gegen sein eigenes Land gekämpft habe. Als ihm der Dolmetscher diese Frage übersetzte, erwiderte Wlassow mit müder Stimme, daß es zwecklos sei, zu antworten. Donaghue, dessen Gesicht freundliches Interesse ausdrückte, drängte weiter: seine Frage habe keine Kritik enthalten; er habe gehört, daß Wlassow ein Gegner Stalins sei, und interessiere sich für seine Gründe. Der andere blickte auf, sah den aufrichtigen Gesichtsausdruck des Amerikaners und brach in einen Redeschwall aus. Nun konnte er einem alliierten Soldaten die wahre Lage darstellen. Die Beschaffenheit des marxistischen Terrors; der Krieg, der seit einem Vierteljahrhundert sowohl gegen Millionen gutherziger Menschen als auch gegen die höchsten Ideale der Zivilisation und Kultur geführt wurde; Sklaverei und Folterung als Institutionen des Staates; der Verrat der 1941 durch Untüchtigkeit an der russischen Armee verübt worden war. All dies beschwor Wlassow nun mit wachsender Leidenschaft herauf und sprach lange und erregt.

Als er geendet hatte, betrachtete ihn Donaghue mit ehrlicher Bewunderung. »Ich danke Ihnen, Herr General. Was ich für Sie tun kann, will ich tun.«

Am nächsten Tag, dem 11. Mai, hörte Wlassow, daß seine 1. Division sechs Kilometer nördlich der Stadt lagerte. Auf amerikanischen Befehl hatte sie ihre Waffen niedergelegt, hielt jedoch immer noch ihre einwandfreie Disziplin aufrecht. Donaghue erklärte, daß sich die amerikanischen Truppen am folgenden Abend aus dieser Gegend hinter die zwischen Eisenhower und Schukow vereinbarte Grenze zurückziehen würden. Er hatte keinen Befehl, die gefangenen Russen mitzuführen, und machte den Vorschlag, Wlassow solle sich unabhängig zu den Briten durchschlagen und versuchen, mit ihnen zu verhandeln. Keiner von beiden konnte wissen, daß dies hieß, vom Regen in die Traufe zu kommen, und Wlassow war sehr geneigt, diesen Vorschlag anzunehmen. In Schlüsselburg traten bereits die ersten Sowjetoffiziere und tschechischen Partisanenführer in Erscheinung. Er erinnerte sich an das Schicksal Bojarskis und Truchins und hielt ein längeres Bleiben für gefährlich. Er fuhr zu Bunjatschenko, schilderte ihm die Situation und riet, daß sich die Truppen der 1. Division in kleine Gruppen auflösen und den zurückweichenen Amerikanern folgen sollten. Wenn sie in größeren Gruppen aufträten, würden ihnen die Amerikaner womöglich den Zutritt in ihre Zone versagen. Als er in das Schloß zurückkehrte, empfing ihn Donaghue mit der Nachricht, daß er eine Anfrage aus dem Hauptquartier erhalten habe, ob sich Wlassow in der Stadt befinde.

»Sind Sie hier?« fragte der freundliche Amerikaner und blickte ihn bedeutungsvoll an. Wlassow erkannte den großherzigen Wink, erwiderte jedoch resigniert: »Ja, ich bin hier.«

An diesem Abend waren um sieben Uhr bereits die sowjetischen Panzer zu hören, die sich ihren Weg durch das Unterholz bahnten, und Bunjatschenko gab seiner Division eilig Befehl, sich aus dem Dorf, in dem sie lagen, zurückzuziehen und in den umliegenden Wäldern Zuflucht zu suchen. Eine sowjetische Panzerbrigade hatte drei Kilometer vor den amerikanischen Linien halt gemacht, und sofortiges Handeln war geboten. In seinem Dienstwagen fuhr Bunjatschenko so schnell er konnte und versuchte dabei in gefährlichem

Tempo die von den Amerikanern aufgestellten Panzersperren zu umgehen. In Schlüsselburg bat er um die Erlaubnis, sich mit seiner Division den Amerikanern bei ihrem Rückzug anzuschließen. Hauptmann Donaghue, der ebenso wie fast jeder andere alliierte Befehlshaber, der mit solch einer Frage konfrontiert war, nicht wußte, was er sagen sollte, mußte die Weisung seiner Vorgesetzten einholen. Bunjatschenko wurde gebeten, sich am nächsten Morgen um zehn Uhr einzustellen, um deren Entscheidung zu hören.

Bunjatschenko kehrte sehr besorgt zu seinem Stab zurück. Was sollte geschehen, wenn der sowjetische Befehlshaber der Panzereinheit beschloß, bei Morgengrauen unmittelbar an die amerikanischen Linien zu rücken? Seit Stalingrad waren die antisowjetischen Russen von der aus Osten und Westen andrängenden Nemesis bedrängt worden, die Schlingen hatten sich unaufhaltsam enger gezogen, und Bunjatschenkos Tausende waren nun auf einen kaum drei Kilometer breiten Streifen zusammengezwängt. Wenn die Amerikaner ihre Erörterungen ein oder zwei Stunden hinauszögerten oder wenn die Rote Armee vorzeitig vorrückte, war es um sie geschehen. Nur Minuten trennten Massaker oder ehrenhafte Gefangenschaft und mögliche Rettung voneinander.

Ein merkwürdiger Zwischenfall wurde für ihr Schicksal bestimmend. Oberst Artemjew, der Befehlshaber des 2. Regiments, machte sich noch am gleichen Abend auf, um von Bunjatschenko den nächsten beabsichtigten Schritt zu erfahren. Auf seinem Weg durch den Wald begegnete er unerwartet einem Offizier der Roten Armee. Dies schien das sichere Ende zu sein, da der andere selbstverständlich die Rangabzeichen eines KONR-Offiziers erkannte. Doch Artemjew war ein gerissener Mann. Ohne zu zögern drückte er seine Freude über diese unerwartete Begegnung aus und erklärte, man habe ihn als Unterhändler entsandt, um mit dem nächsten Befehlshaber der Roten Armee die Übergabe der KONR-Division zu vereinbaren. Entzückt, der Überbringer einer so guten Nachricht zu sein, führte ihn der sowjetische Offizier zu seinem Kommandeur, einem Oberst Mischtschenko.

Als Mischtschenko erfuhr, wer sein Gast war, hieß er ihn aufs herzlichste willkommen. Natürlich müßten sie sich ihm ergeben! Sobald sie ihre Waffen niedergelegt hätten, würden sie wieder wie die verlorenen Söhne aufgenommen werden. Wie bald könnten sie herüberkommen? Artemjew erklärte, er müsse erst mit Bunjatschenko sprechen. Mischtschenko stimmte zu, und mit vielen Versicherungen des guten Willens begleitete er den KONR-Offizier hinaus. Zu seiner Division zurückgekehrt, berichtete Artemjew dem verängstigten Bunjatschenko von der gastfreundlichen Einladung des Sowjetoffiziers. Da die Verabredung des Generals mit dem amerikanischen Befehlshaber auf zehn Uhr angesetzt war, mußte ein verfrühtes Vordringen Mischtschenkos unbedingt verhindert werden. Er beauftragte den Obersten, mit dem Vorschlag, die Übergabe um 11 Uhr stattfinden zu lassen, zu Mischtschenko zurückzukehren. Artemjew ging noch in der gleichen Nacht mit dieser Botschaft zu den Sowjets zurück. Um die Sache noch überzeugender zu gestalten, bat er um eine schriftliche Zusicherung der Sicherheit für die ganze Division. Mischtschenko willigte sehr zuvorkommend ein, unterzeichnete eine Garantie und lud dann Artemjew zum Abendessen ein. Während des Essens floß der Wodka, und der sowjetische Oberst lallte Geschichten über das schöne Leben in Stalins Rußland. Er blinzelte seinen Gast listig an und schlug ihm vor, nicht auf Bunjatschenko zu warten, sondern sein Regiment noch in der gleichen Nacht herzubringen. Er werde dadurch, so erklärte er, nicht nur keinen Schaden haben, sondern man werde ihm sogar erlauben, seinen gegenwärtigen Rang auch in der Roten Armee beizubehalten. Artemjew fand höfliche Vorwände und verabschiedete sich morgens von seinem Gastgeber. Mischtschenko hatte versprochen, vor elf Uhr keinen Finger zu rühren, und das gab Bunjatschenko für seine Verhandlung mit den Amerikanern genau eine Stunde Galgenfrist.

Zum Glück hatte Donaghue über Nacht eine Funkbotschaft von seinem Oberkommando erhalten, in der erklärt wurde, daß sich die 1. KONR-Division in die amerikanische Zone zurückziehen dürfe. Er schlug vor, daß es trotz dieser Erlaubnis klüger sei, wie vorher verabredet, in kleinen Gruppen herüberzukommen. Als Bunjatschenko um zehn Uhr eintraf, fand er Wlassow vor, der ihm diese Botschaft übermittelte. Bunjatschenko raste zurück, um dort seiner

Division den letzten Befehl zu erteilen. Als er verkündete, daß sich alle so schnell wie möglich nach Süden zurückziehen sollten und sie überdies ihres militärischen Eides entbunden seien, brach beinahe Panik aus. Mit nervöser Hast vernichteten die Soldaten Dokumente, Rangabzeichen und andere Beweisstücke ihres Militärdienstes. Sie scharten sich um ihre früheren Offiziere und fragten, wohin sie gehen sollten. Nach Süden! hieß es, doch bald wurden Zweifel wach. Würden die Amerikaner sie nicht an die Sowjets verraten? Von den Anstrengungen der letzten Monate seelisch und körperlich erschöpft, beschloß eine große Anzahl, daß es vielleicht doch besser wäre, sich trotz aller offensichtlich damit verbundenen Gefahren sofort den Sowjets zu ergeben. Einige von ihnen würden schließlich die Verbannung in die Zwangslager überleben. Dieser Weg setzte wenigstens aller weiteren Spannung ein Ende. Etwa 10000 trafen diese Wahl. Noch Wochen später wurde in den Wäldern auf die Flüchtlinge unter ihnen von Einheiten der Roten Armee und den tschechischen Partisanen in sowjetischen Diensten Jagd gemacht. Kaum einer entkam dem Tod oder dem Abtransport in die Arktis. Die übrigen gingen in die amerikanische Zone, doch die Mehrzahl wurde kurz darauf an die Sowjets ausgeliefert. Das war das Ende dieser KONR-Division.

Nun blieben nur noch Wlassow, Bunjatschenko und einige wenige Gefährten. Um 14 Uhr an diesem Nachmittag (12. Mai) setzte sich ein kleiner motorisierter Zug vom Schlüsselburger Schloß aus in Bewegung. Donaghue nahm herzlichen Abschied von Wlassow und bedauerte offen, daß er nicht von der gebotenen Fluchtmöglichkeit Gebrauch gemacht hatte. Im ganzen waren es acht Lastwagen in Begleitung eines amerikanischen Spähtruppwagens. Sie waren kaum zwei Kilometer gefahren, als aus dem Wald ein getarnter Wagen kam und den Lastwagen den Weg versperrte. Die Russen spähten hinaus und sahen, daß an der Spitze der Kolonne ein Lastwagen mit rotem Stern gehalten hatte. Zwei Männer sprangen heraus, der erste war ein Bataillonskommissar der Roten Armee namens Jakuschew, der andere Kutschinski, ein ehemaliger Hauptmann der KONR-Armee, der nach Drohungen eingewilligt hatte, seine Kameraden nach der Gefangennahme zu identifizieren.

Die zwei Männer traten auf den ersten Lastwagen zu und sahen hinein. Drinnen saß der gefürchtete Bunjatschenko. Jakuschew befahl ihm auszusteigen, doch Bunjatschenko lehnte dies schroff ab und erklärte mit lauter Stimme, er sei Gefangener der Amerikaner und auf dem Weg zu ihrem Oberkommando. Das wachsame Auge des amerikanischen Begleitoffiziers auf sich fühlend, gab Jakuschew nur ein Brummen von sich und ging weiter. Der Zufall wollte, daß Kutschinski den ehemaligen Befehlshaber der 1. Division nicht erkannte. Die zwei Männer gingen die Lastwagenkolonne ab und spähten in jedes Fahrzeug. Im letzten saß General Wlassow. Jakuschew befahl ihm auszusteigen. Um den riesigen General zu erkennen bedurfte es nicht des Überläufers Kutschinski. Die KONR-Offiziere, die nicht einmal mehr Pistolen hatten, konnten sich nicht zur Wehr setzen, doch Wlassow ging, von einem Leutnant Ressler begleitet, an den beiden Männern vorbei zum Wagen des amerikanischen Offiziers. Ressler konnte etwas Englisch, und über ihn forderte Wlassow, als amerikanischer Gefangener seine Fahrt ungehindert fortzusetzen. Der Amerikaner starrte teilnahmslos zurück und antwortete nicht. Entweder verstand er wirklich nicht, oder er tat nur so.
Kommissar Jakuschew schätzte die Situation ganz richtig ein und zog seinen Revolver. Wlassow öffnete sogleich seinen Mantel und forderte den andern auf, ihn zu erschießen. Jakuschew antwortete: »Ich nicht, aber Genosse Stalin wird dir den Prozeß machen!« In diesem Augenblick ließ einer der amerikanischen Lastwagen den Motor an, wendete eilig und fuhr in der Richtung, aus der sie gekommen waren, zurück. Noch Jahre später erinnerte sich Ressler an die leise Hoffnung, die plötzlich wieder in ihm auflebte. Vielleicht würde der Wagen Schlüsselburg rechtzeitig erreichen und Hauptmann Donaghue zur Rettung herbeibringen? Doch der Mai 1945 bedeutete das Ende vieler Hoffnungen, und Jakuschew konnte Wlassow und Ressler ungehindert auf seinen Lastwagen zwingen. Sie ließen ihre Kameraden zurück und fuhren mit rasender Geschwindigkeit an Schlüsselburg vorbei. Auf den Feldern ringsum feierten die sowjetischen und amerikanischen Truppen die neue internationale Verbrüderung. Bald darauf fuhr der Lastwagen mit

Wlassow vor einem Gefechtstand der Roten Armee vor. Dort saßen Amerikaner und Russen zur Siegesfeier um einen festlichen Tisch versammelt. Wlassow stand am Eingang und beobachtete sie. Jakuschew kehrte in Begleitung eines freudestrahlenden sowjetischen Obersten zurück, der verlangte, daß der General eine formale Übergabeerklärung für das gesamte KONR unterzeichnen solle. Wlassow lehnte ab und erklärte, das KONR bestehe nicht mehr. Er war beherrscht von der Apathie völliger Verzweiflung.

Was dann mit dem Mann geschah, auf den so viele Russen ihre Hoffnungen gesetzt hatten, blieb lange Zeit ein Rätsel. Als Hauptmann Donaghue von seiner Entführung im Wald erfuhr, schickte er Suchstreifen in alle Richtungen aus, doch vergeblich.[21] Einen Monat später konnte das SHAEF noch immer berichten, daß »der Aufenthalt von Wlassow und Schilenkow unbekannt ist«.[22]

Der amtierende amerikanische Außenminister Grew erklärte, daß sie im Fall ihrer Auffindung auszuliefern seien.[23] Erst über ein Jahr später gab die amerikanische Armee öffentlich bekannt, daß Wlassow an die Rote Armee ausgeliefert worden sei. Doch selbst diese Nachricht war – bewußt oder unbewußt – völlig unzutreffend, da sie besagte, daß er »nach seiner Gefangennahme in Prag am 5. Mai 1945 von den tschechischen Behörden an die Russen übergeben wurde«.[24]

Später konnte festgestellt werden, daß Wlassow nach seiner Gefangennahme in das SMERSCH-Büro in Dresden gebracht, dort verhört und dann nach Moskau geflogen wurde.[25] Am 12. August 1946 sendete Radio Moskau einen Bericht, in dem Wlassows Name zum erstenmal nach seiner Gefangennahme in der UdSSR erwähnt wurde.

»Innerhalb der letzten Tage hat das Militärkollegium des Obersten Gerichtshofs der UdSSR die Anklagen gegen Andrei Andrejewitsch Wlassow, Malyschkin, Schilenkow, Truchin, Sakutny, Blagoweschtschenski, Malzew, Bunjatschenko, Swerew, Korbukow und Schatow gehört. Sie sind des Hochverrats, der Spionage und der Terroraktionen gegen die UdSSR als Agenten des deutschen Spionagedienstes angeklagt – mit anderen Worten Verbrechen, die unter Paragraph 58, Absatz 1, 8, 9 und 10 des Strafgesetzes der UdSSR fal-

len. Alle Angeklagten haben ihre Schuld gestanden und wurden nach Punkt 1 des Befehls des Obersten Sowjet vom 19. April 1943 zum Tode verurteilt. Die Urteile sind vollstreckt worden.«
Alle außer Truchin, Swerew, Blagoweschtschenski und Wlassow waren von den amerikanischen Militärbehörden an Stalin ausgeliefert worden. Die Umstände, die einige dieser Auslieferungen umgaben, bleiben im Dunkeln. Vor allem stellt sich die Frage, warum in vielen prominenten Fällen die Auslieferung um ein Jahr hinausgezögert wurde.[26] Im Falle von Malzew hat Professor Oberländer bestätigt, daß er zunächst nach Belgien gebracht wurde und von dort in die Vereinigten Staaten, ehe er im Mai 1946 an die Sowjets übergeben wurde. Ist es in Anbetracht des von General Patton unterzeichneten Befehls, in dem das amerikanische Interesse an Malzews genauen Kenntnissen der sowjetischen Luftstreitkräfte zum Ausdruck kam, möglich, daß der amerikanische Geheimdienst Monate damit verbrachte, diese Leute zu verhören, die einzigartige Kenntnisse über das militärische Potential eines möglichen zukünftigen Feindes besaßen, ehe sie ausgeliefert wurden? Die Antwort hierauf steht noch aus. Doch ein russischer General, der später nicht repatriiert wurde und noch am Leben ist, hat dem Verfasser über einen Besuch berichtet, den er nach seiner Internierung im neutralen Liechtenstein erhielt. Der Besucher war ein sehr wißbegieriger Allen Dulles, der während des Krieges der Chef des amerikanischen Geheimdienstes in der Schweiz war.[27]
Siebenundzwanzig Jahre nach der Hinrichtung Wlassows war weder innerhalb noch außerhalb der UdSSR über die Umstände mehr bekannt als nur die nüchterne, im bereits zitierten Bericht genannte Tatsache seines Todes. Dann erschien Anfang 1973 in einem Artikel einer sowjetischen Juristenzeitschrift zum erstenmal ein Bericht über seinen Prozeß. Der Grund für die Veröffentlichung dieser Einzelheiten mag in Solschenizyns im gleichen Jahr erschienenem Buch *Der Archipel Gulag* zu suchen sein, da es die Zwangslage Wlassows und seiner Anhänger mitfühlend behandelt.[28]
Der Ton des Artikels ist sehr polemisch und sein Hauptzweck, »die sowjetischen Leser davon zu überzeugen, daß Wlassow ohne Zweifel ein Verräter und ein Feind des sowjetischen Volkes war«.[29] Ein-

gangs steht die Behauptung, daß Wlassow im Juni 1942 auf eine echte Chance, seine zweite Armee an der Wolchow-Front zu retten, verzichtet und absichtlich die Gelegenheit wahrgenommen habe, sich den Deutschen zu ergeben. Wir haben hier nicht den Raum, diese Anschuldigungen im einzelnen zu widerlegen, alle kompetenten Beurteiler loben jedoch den Mut und die Beharrlichkeit der Wlassowschen Verteidigung. An seiner Umzingelung trugen Stalins Fehler bei der Charkow-Offensive fast die alleinige Schuld, und unter den damals herrschenden Umständen war es Wlassow unmöglich, seine Armee zu retten.[30]

Der Hauptteil des Artikels befaßt sich mit wilden Anschuldigungen gegen das KONR und seine Führung, die ausschließlich, wie behauptet wird, von den niedrigsten Motiven beseelt waren. Aber, so gesteht der Verfasser zu: »Wlassow hat während der Voruntersuchungen und des Prozesses stets beharrlich jegliche Verantwortung für die Organisation von Spionage-, Ablenkungs- und Terrormanövern innerhalb der Roten Armee bestritten und von sich gewiesen, ebenso wie er auch bestritt, unmittelbaren Anteil an den Kämpfen gegen Antifaschisten in Kriegsgefangenenlagern und ROA-Einheiten gehabt zu haben. Hier war es nötig, sich für seine Verurteilung auf die Erklärungen anderer Angeklagter, Zeugenaussagen, Gegenerklärungen und Indizienbeweise zu stützen.«

Derartige Einblicke in die Gerichtsverfahren sind zweifellos interessant. In einem anderen Absatz heißt es:

»In seinen Aussagen über die Unterredungen mit Kroeger und Radezky maßte sich Wlassow die Haltung eines ›hohen Politikers‹ an: ›Gewiß habe ich bewaffneten Krieg gegen den Sowjetstaat geführt und die Truppen der Roten Armee zur Meuterei aufgerufen. Ich wollte die SS und den SD dazu benützen, Leute zum bewaffneten Widerstand gegen die Sowjets innerhalb der UdSSR auszubilden. Mit der Ausbildung von Spionen für die Hitlerleute hatte ich nichts zu tun. Ich weiß nicht‹, (sagte Wlassow) ›ob meine Untergebenen etwas in dieser Richtung unternommen haben, wenn ja, dann ohne mein Wissen.‹«[31]

Wenn wir alle typischen, ausfallenden Urteile über die Angehörigen des KONR als Redaktionsarbeit ausklammern, mögen Wlassows abschließende Worte sehr wohl ein Teil seiner wirklichen Rede gewesen sein: »Von seiner Schuld gegenüber seinem Vaterland sprechend, erklärte Wlassow weiter: ›Es gelang mir, den ganzen Bodensatz zusammenzukratzen, ein Komitee daraus zu machen und eine Armee zum Kampf gegen den Sowjetstaat aufzustellen. Ich habe gegen die Rote Armee gekämpft. Ich habe allerdings einen sehr aktiven Kampf gegen die Sowjets geführt und nehme die volle Verantwortung dafür auf mich.‹«

Über den letzten Satz können sich alle Russen, ob Rot oder Weiß, einig sein. Seit Lenins Sieg im Jahre 1921 ist Andrei Wlassow bisher der einzige Russe gewesen, der auf russischem Boden einen offenen politischen und militärischen Kampf gegen das Sowjetregime geführt hat. Wie spätere Generationen über den Charakter und den Wert der KONR-Bewegung urteilen, wird unweigerlich von der zukünftigen Entwicklung Rußlands beeinflußt werden.

13

Massenrepatriierungen in Italien, Deutschland und Norwegen

Trotz der Gerüchte, die damals beabsichtigt oder nicht in Umlauf kamen und seither wiederholt worden sind, hatte keiner der Kosaken je gegen die Briten oder Amerikaner gekämpft. Aber es gab eine »russische« Einheit, die in Italien lange und verbissen in den Heeren Kesselrings und von Vietingshoffs gekämpft hatte. Dies war die 162. Turkmenische Division, die sich aus Kaukasiern und weiter östlich beheimateten Turkvölkern zusammensetzte. Die Rekruten waren entweder in Kriegsgefangenenlagern eingezogen worden oder unter Flüchtlingen, die nach Stalingrad in den Westen kamen. Die so aufgestellte Division kam zur Ausbildung nach Neuhammer in Schlesien und wurde im Sommer 1944 an die italienische Front geschickt. Nach einigen anfänglichen Schlappen bewährten sie sich als harte Kämpfer in jenem sonderbaren Krieg, in dem – wie erzählt wird – Kalmücken aus den Steppen Innerasiens japanischen Amerikanern gegenüberstanden.[1]

Als die Alliierten allmählich nach Norden vordrangen, fielen diese Leute freiwillig oder unfreiwillig in ihre Hände. Im Jahre 1944 wurde die Mehrzahl dieser Kriegsgefangenen nach Ägypten und von dort über den Nahen Osten nach Rußland zurückgebracht. Im Frühjahr 1945 war es jedoch möglich, den direkteren Seeweg durch die Dardanellen und das Schwarze Meer zu nehmen. Am 22. März wurde eine Gruppe von 1657 ehemaligen turkmenischen Soldaten in Taranto in Richtung Odessa eingeschifft. In Taranto befand sich ein großes Lager für gefangene oder befreite Sowjetbürger, das von Offizieren der Repatriierungskommission General Sudakows verwaltet wurde. Den Gefangenen wurden bei der Ankunft britische Felduniformen, Zelte und Nahrung zugeteilt, im übrigen überließ man sie mehr oder weniger der Selbstversorgung. Sie improvisierten Theatervorstellungen mit hervorragenden Aufführungen traditioneller kirgisischer Stücke, swanetischen Tänzen und ossetischem

Chorgesang. Aber jetzt bestieg die Mehrzahl der Lagerinsassen das britische Schiff *Arawa*. Vom Deck aus sahen Major Gramasow von der sowjetischen Repatriierungskommission und Hauptmann Dennis Hills, der britische Befehlshaber der Begleitmannschaft, der Einschiffung zu.

Hills erinnert sich, daß die meisten willig an Bord kamen[2], obgleich es ein Handgemenge gab. Ihm wurde gesagt, es habe sich um einen Betrunkenen gehandelt. Bald waren alle an Bord, und die *Arawa* konnte die Reise beginnen. Erst als sie das Ägäische Meer hinter sich gelassen hatten und die Dardanellen passierten, begannen einige, ihren Zweifeln – wenn auch gedämpft – Ausdruck zu geben. Verschiedene wandten sich besorgt an den russisch sprechenden Hauptmann Hills, um zu erfahren, was mit ihnen geschehen solle. Sie schienen vor dem sie erwartenden Empfang Angst zu haben, und viele beteuerten, an der Seite nazifeindlicher Partisanen gekämpft zu haben. Sie brachten ihre Einwände trübselig und gedämpft an. Die meisten schienen ihr Schicksal mit orientalischem Fatalismus hinzunehmen. Ein hoher Prozentsatz war völlig ungebildet oder sogar Analphabeten. Hills wies ihre Befürchtungen ungläubig zurück: alles in den vergangenen vier Jahren Gehörte und Gelesene hatte ihm ein Bild Rußlands vermittelt, das von Menschen regiert war, die ihr Leben der Beseitigung der Tyrannei und der Herstellung der Vier Freiheiten gewidmet hatten.

Als sie Odessa näherkamen, malte sich Hills sogar den Empfang dort aus. An diesem unglückseligen Kai – der für so viele zum anderen Ufer des Styx wurde – herrschte jedoch nur Stille und Teilnahmslosigkeit. Zwei Tage lang wurde das Schiff nicht einmal ausgeladen. Das sowjetische Empfangskomitee bestand lediglich aus dem Kanonenboot, das sie in den Hafen geleitet hatte. Am dritten Tag wurde mit der Ausschiffung begonnen, und Major Gramasow strich jeden von einer Liste ab. Auf dem Kai wurden sie in Reih und Glied aufgestellt und marschierten ab. Dennis Hills, der vom Bordleben gelangweilt war, verschaffte sich einen Passierschein und wanderte in die zerstörte Hafenstadt.

Dort traf er auf einem Platz seine früheren Schützlinge wieder, die unter einem riesigen Stalinbildnis standen und sich die hochtrabende Willkommensrede eines Parteisprechers anhörten. Dann wurden sie abgeführt. Von den Umstehenden, die sich Hills in der Hoffnung auf Tabak genähert hatten, erfuhr er, daß die Turkmenen in ein besonderes Konzentrationslager außerhalb der Stadt gebracht würden. Er lernte die Russen im Westen später noch sehr viel genauer kennen, doch dieser Besuch hatte ihm die Augen geöffnet. Die *Arawa* kehrte zurück und führte ein Kontingent befreiter Franzosen nach Marseille. Dort wurden 1950 Russen aus einem nahegelegenen Lager eingeschifft[3], und wiederum nahm die *Arawa* Kurs nach Osten. Dennis Hills selbst wurde von Marseille auf dem Landweg nach Taranto gebracht und sah Odessa nicht wieder. Für ihn war die ganze Episode überraschend und beunruhigend gewesen. Ein Weißer russischer Dolmetscher, der die Gruppe begleitet hatte, war von den Sowjetbehörden in Odessa auf Nimmerwiedersehen entführt worden, obwohl er seit seiner Kindheit in Italien gelebt hatte.

Der größte Teil der Turkmenischen Division ergab sich im Mai bei Padua, nachdem das deutsche Heer in Italien kapituliert hatte. Alliierte Offiziere haben gelegentlich ihren Groll darüber geäußert, daß diese fremden Soldaten das Reich bis zuletzt so erbittert verteidigten, und damit auch die harte Behandlung gerechtfertigt, die ihnen später zuteil wurde.[4] Einige waren allerdings schon früher übergelaufen. Es ist dennoch kaum überraschend, daß so viele verzweifelt weiterkämpften, da sie nur zu genau wußten, was ihnen bevorstand, wenn sie sich ergaben. Einer von ihnen, ein Aserbaidschaner, war einige Monate vorher in amerikanische Kriegsgefangenschaft geraten. Er gehörte zu den Gefangenen, die über den Nahen Osten in die UdSSR zurückgeschickt wurden und von dort in sibirische Zwangslager kamen. Kurz darauf wurde er jedoch aus dem Lager geholt und zu einem Strafbattaillon an die Front geschickt. Sie wurden zumeist zur Säuberung der Minenfelder herangezogen, wobei man sie in Schüben vorausschickte und sie von rückwärts mit Maschinengewehrfeuer bedrohte, bis die Gefahrenzone klar war. Der Gefangene war gewitzt, und es gelang ihm, seinen Wachen zu entkommen und abermals überzulaufen. Die Deutschen verhörten ihn und schickten ihn dann zu seiner Einheit nach Italien zurück. Sein

Bericht war nicht dazu angetan, seine Kameraden zum Überlaufen zu den Alliierten zu ermuntern.[5] Auch wenn sie es getan hätten, hätte es an ihrem Schicksal nichts geändert.

Die Turkmenen der 162. Division wurden mit der Bahn in das Lager von Taranto befördert und einige Wochen später nach Odessa verschifft. Diese Reise war jedoch nicht so ereignislos, wie die, die Dennis Hills auf der *Arawa* gemacht hatte. Vor der Abreise gab es einen furchtbaren Vorfall, da sich ein *Mulla* als Protest gegen die Rückführung bei lebendigem Leibe verbrannte. Viele ertränkten sich im Schwarzen Meer, um dem Elend eines sowjetischen Arbeitslagers zu entgehen.[6]

Die meisten wurden jedoch daran gehindert, ihrem Schicksal auf diese Weise zu entrinnen. Einer von ihnen war ein aserbaidschanischer Arzt, der in das Lager Workuta in der Arktis kam.[7] Der Mehrzahl wurde jedoch mit der Trockenlegung der überschwemmten Donez-Kohlenbergwerke die vermutlich schwerste und gefährlichste Arbeit auferlegt. Dies erfuhr Dennis Hills 1948/49 von Deutschen, die er nach ihrer Rückkehr aus russischer Kriegsgefangenschaft verhören mußte. Alle Turkmenen waren zu zwanzig Jahren Strafarbeit verurteilt worden.

Wieder andere wurden zwar auch repatriiert, erreichten jedoch weder Workuta noch das Donez-Becken. Im Herbst 1945 erhielt Hills den Auftrag, eine Gruppe Turkmenen und andere Russen zu begleiten, die aus einem Lazarett in Udine in Norditalien zurückgeschickt wurden. Das Lazarett war »ein sehr trauriger Ort«, da die meisten durch Minen fürchterliche Verwundungen und Verstümmelungen erlitten hatten. Die Mehrzahl waren Amputierte, und über allem lag der üble Geruch, den die vielen Tuberkulose- und Krebskranken verbreiteten. Ihre Repatriierung war mit der sowjetischen Mission vereinbart worden. Die Sowjets hatten zugleich verlangt, den gesamten Inhalt des Lazaretts mitzuschicken. Die Briten blieben jedoch fest, und so bekamen die Sowjets nur die Patienten, die für sie von eher zweitrangiger Bedeutung waren.

Die Turkmenen konnten wählen, ob sie zurückkehren wollten oder nicht. Da sie vermutlich glaubten, in der Heimat am besten versorgt zu werden, willigten sie in die Rückkehr ein und wurden in einem

Lazarettzug in die sowjetische Zone Österreichs gebracht. Der übliche sowjetische Versuch, am Semmering die Lokomotive zu stehlen, ließ sich vereiteln, und schließlich erreichten Hills und seine Schützlinge die ungarische Grenze. Dort mußten sie vierundzwanzig Stunden warten, während in den Waggons die Patienten jammerten.

Zu guter Letzt erschienen einige Sowjetbeamte, die bekanntgaben, daß sie nicht mit dem Ausladen beginnen würden, wenn Hills nicht ein Dokument unterzeichne, in dem er die grobe britische Mißhandlung der heimkehrenden Leidenden zugab. Hills lachte ihnen ins Gesicht und erklärte, daß die einzige Unmenschlichkeit in der von ihnen verschuldeten Wartezeit bestanden habe. Dann überraschte er sie. Mit offen an den Tag gelegter Verachtung für die Repräsentanten einer Ideologie, die so grausame und kindische Täuschungen für nötig hielt, unterschrieb er fröhlich die belastende Bestätigung. Die Verwundeten, zumeist hilflose, fiebernde Bündel ohne Gliedmaßen wurden auf Pferdewagen geladen. Das Letzte, was Hills von diesen unglücklichen Opfern des erbitterten Kampfes zweier übler Ideologien sah, waren ihre drei- oder vierfach aufeinander gestapelten Körper, die den Hügel hinauf weggefahren wurden.

Nicht alle kaukasischen Soldaten wurden jedoch planmäßig aus Italien repatriiert. In Aversa bei Neapel gab es ein Lager, in dem sich auch 800 Tschetschenen, Inguschen und andere sowjetische Moslems befanden. Der Lagerkommandant war ein Oberst Charles Findley von der *Royal Artillery*, der jedoch zu der Zeit für eine Abteilung der Flüchtlingskommission tätig war. Kurz nach Ende des Krieges in Europa traf Weisung ein, diese Sowjetbürger nach Livorno zu schaffen, wo sie von der sowjetischen Repatriierungskommission nach Hause geschickt werden sollten. Der Zug setzte sich in Bewegung; der Transport wurde von einem amerikanischen und einem englischen Offizier begleitet. Der britische Offizier, von dem dieser Bericht stammt, war (damals keine Seltenheit) selbst ein Weißer Russe. Er hieß George Hartman. Oberst Findley, der sowohl körperlich als auch moralisch ein außergewöhnlich großer Mann war, verabscheute die ihm übertragene Aufgabe. Daher löste

er sie auf eine Weise, die weder das Kriegsministerium und schon gar nicht das Foreign Office vorgesehen hatten. ·Der Zug traf pflichtschuldig in Livorno ein . . . und rollte dann ebenso brav wieder den ganzen Weg zurück. In Neapel wurden die Gefangenen eilig nach Ägypten verschifft und unter den Schutz König Faruks gestellt.[7a]
König Faruk, der Mufti von Jerusalem, das Sekretariat der Arabischen Liga und andere Moslemführer gaben sich alle Mühe, ihren verfolgten Religionsgenossen zu helfen. Es wurde vereinbart, daß verschiedene arabische Länder jeweils eine Quote der sowjetischen Moslems aufnehmen sollten. Dennis Hills hörte viele Jahre später, daß eine Gruppe von 100 Kabardinaren, die er im Mai 1947 durch eine Überprüfung vor der Repatriierungsaktion »Eastwind« bewahrt hatte, nach Damaskus gezogen waren, wo einige von ihnen noch immer leben. Wie viele auf diese Weise ingesamt gerettet wurden, wird sich nie feststellen lassen. Im Jahre 1946 wurde jedoch geschätzt, daß etwa 80000, deren gewaltsame Repatriierung inzwischen unwahrscheinlich war, noch immer im Westen waren.[8]
Wir müssen uns nun dem Ende des Krieges in Europa zuwenden und den Massenrepatriierungen, die auf die deutsche Niederlage im Mai 1945 folgten. Bis zu dieser Zeit waren alle Repatriierungen, ebenso wie die oben beschriebenen, auf dem Seeweg erfolgt. Hiermit waren lange und gelegentlich gefährliche Fahrten durch das Mittelmeer, die norwegischen Gewässer und den pazifischen Ozean verbunden. Obgleich Tausende auf diese Weise transportiert wurden, war diese Zahl vergleichsweise gering. Der kriegsbedingte Mangel an Schiffen verzögerte die Gefangenentransporte um Monate, und zudem stand die Befreiung der überwiegenden Mehrzahl der Russen, die sich als »Hiwis« bei Einheiten der Wehrmacht oder als Ostarbeiter in Fabriken und der Landwirtschaft befanden, noch aus. Mit der bedingungslosen Kapitulation Deutschlands am 8. Mai waren diese Millionen plötzlich befreit, und mit dem Zusammentreffen der alliierten Armeen im Herzen Deutschlands stand jetzt auch der Landweg zum Austausch der Gefangenen offen.
Bereits Anfang Mai war vereinbart worden, »prinzipiell den von Wyschinski gemachten Vorschlag bezüglich zukünftiger Aus-

tauschaktionen auf dem Landweg anzunehmen« und ein Treffen zwischen Vertretern des Sowjetoberkommandos einerseits und des SHAEF (Deutschland) und AFHQ (Italien) andererseits zu organisieren, um sich über die konkreten Maßnahmen zu einigen.[9]
Das SHAEF-Treffen fand in Halle statt. Am 22. Mai wurde ein Plan unterzeichnet, der vorsah, »alle früheren Kriegsgefangenen und Staatsbürger der UdSSR, die von den alliierten Streitkräften befreit worden sind, sowie die Staatsbürger der alliierten Nationen, die von der Roten Armee befreit worden sind, über die jeweiligen Linien der Armeen hinweg an die zuständigen Armeebehörden beider Seiten auszuliefern«. Empfangs- und Auslieferungsstellen wurden festgelegt, und es sollte keine Zeit verloren werden, mit den Vorkehrungen für dieses gewaltige Unternehmen zu beginnen. »Mit der Auslieferung und dem Empfang wird vierundzwanzig Stunden nach Unterzeichnung dieses Planes begonnen werden . . .«
Vor Beginn der ersten alliierten Kontakte mit der Roten Armee hatten inoffizielle Austauschaktionen der jeweiligen Staatsbürger stattgefunden, und etwa 20000 Russen waren auf diese Weise bereits ausgeliefert worden.[10] Ein russischer Hauptmann, vermutlich der einzige Insasse, dem die Flucht gelang, erinnerte sich, daß die Amerikaner 3000 seiner Landsleute bei Plauen an die Rote Armee am andern Elbeufer auslieferten. Am 14. Mai erschien »eine riesige Flotte Studebakers«, um die Gefangenen abzutransportieren. Widerstand oder organisierte Proteste scheint es nicht gegeben zu haben, da sich das Lager bereits im festen Griff »eines Parteikomitees befand«.[11]
Nach der Unterzeichnung des Haller Abkommens kam die Sache ins Rollen. Bis zum 4. Juli waren nicht weniger als anderthalb Millionen Russen in die Sowjetzone ausgeliefert worden.[12] Wie hoch die Zahl derer, die freiwillig gingen, im Vergleich zu den Widerstrebenden war und inwieweit sich die alliierten Offiziere der Haltung der Russen bewußt waren, wird sich nie mit Genauigkeit feststellen lassen, aber durch die Aussagen derer, die mit dieser Aufgabe betraut waren, ergibt sich ein ziemlich klares Bild. Wie Menschen, die plötzlich nach langer Gefangenschaft im Dunkeln in helles Sonnen-

licht treten, waren die Russen zumeist geblendet und ließen sich willig führen. Zeit zum Überlegen hatten sie nicht, auch waren die Geschichten über das, was ihnen bevorstand, noch nicht durchgesickert.

Mitte April 1945 übernahm Generalmajor Bevil Wilson, der für die UNRRA arbeitete, von der amerikanischen Armee ein Lager für russische Verschleppte in der Verdun-Kaserne in Gießen. Seine Erinnerungen an das Leben der Insassen sind im großen und ganzen ungetrübt von Geschichten der Angst oder Gewaltsamkeit. Fast 5000 Menschen waren in dieser Kaserne versammelt, und fast ausschließlich mit der Ausplünderung der Gegend, Schwarzhandel, Tanzen, Saufereien und anderen Vergnügungen beschäftigt.

»Wir stellten fest, daß nur für 1798 der 4439 Erwachsenen Betten vorhanden waren. In den Einzelbetten schliefen natürlich immer zwei, vor allem nach dem Mittagessen, wenn sich die ganze Kaserne *l'amour*, wie es die Franzosen bezeichnen, widmete. Alle, die keine Partner hatten, schliefen auf umgekippten Schränken, zusamengestellten Tischen oder einfach auf dem Fußboden.«

In Gießen, wie überall, wo Russen zusammenkamen, war Trinken ein noch begehrterer Zeitvertreib als der Beischlaf, aber auch schwerer zu haben.

»Ehe wir die Bierkantine in Schwung brachten, war keinerlei Alkohol zu bekommen. Kurz nach unserer Ankunft starben in einer Nacht zwölf DPs, weil sie anstatt Schnaps Chloroform getrunken hatten. Sie wurden im Lager begraben.«

Andere Vergnügungen waren für die Beteiligten weniger gefährlich. Die DPs richteten einen Altwarenmarkt ein, und eines Tages wurde »dieser Markt von zwei Russen besucht, von denen einer als Bär und der andere als Bärenführer verkleidet war. Der Bär war sehr gelenkig und naturgetreu und umarmte alle Frauen, die er erwischen konnte. Zuerst hatten die Kinder Angst, aber sehr bald sahen sie den rauhen Umarmungen mit fröhlichem Geschrei zu und folgten dem Bären auf Schritt und Tritt.«

Schließlich nahte der Augenblick der Rückkehr nach Rußland. Die DPs wurden in amerikanischen Zehn-Tonnen-Lastwagen auf ein Bahngleis im Wald geführt, und von dort nahm ihre lange Reise den

Anfang. Fast alle machten einen fröhlichen Eindruck und schienen ihre Repatriierung mit Gleichmut hinzunehmen. Am 6. Juni war auch das letzte Kontingent abgefahren. Obwohl General Wilson eine ziemlich genaue Vorstellung von dem hatte, was sie erwartete, sahen die Flüchtlinge offensichtlich nicht das Grauen voraus, das ihnen bevorstand.[13]

Einige Wochen nach dem Sieg in Europa wurden in Deutschland und Österreich die Zonengrenzen wie vereinbart bereinigt. Am 29. Juni besprach General Clay mit Marschall Schukow die Einzelheiten.

»Marschall Schukow sprach die Frage der Sowjetbürger an – frühere Kriegsgefangene – Verschleppte . . . Er forderte, die Lager intakt zu lassen, so daß sie von den russischen Militärbehörden übernommen werden könnten . . . Die Russen schlagen vor, daß die Amerikaner die anderen Verschleppten übernehmen und abtransportieren sollen, nicht aber die Russen. General Clay sagte, daß die Amerikaner allen, die nicht mit ihnen gehen wollten, erlauben würden zu bleiben, aber keine Russen mitnehmen würden, und wenn es hierbei Irrtümer gäbe, diese später korrigiert werden können.«[14]

Das war eine bequeme Methode, sich einer beträchtlichen Anzahl Russen, ohne die ohnehin überforderten Transportmittel, zu entledigen. Hauptmann N.F. Chawner von der *Royal Artillery* war Kommandant solch eines Lagers, das in einer Gegend lag, in der die Besatzungsmacht nun wechseln sollte. Es war in Hagenow in Mecklenburg und enthielt unter anderem auch 2000 Russen. Wie General Wilson fand er, daß sie einfache, unbekümmerte Seelen waren. Er konnte allerdings auch einige der Vorbereitungen beobachten, die die Sowjetregierung für sie traf. Schon vor dem Zeitpunkt, zu dem die Sowjets weiter nach Westen rücken sollten, wurden einige Eisenbahntransporte mit Russen abgeschickt. Ein Kollege Hauptmanns Chawners begleitete sie. Er berichtete, daß der Zug, bereits kurz bevor er an seinem Ziel eintraf, von sowjetischen Wachen angehalten wurde. Die Gefangenen (von denen fast alle Zwangsarbeiter waren, die die Nazis entführt hatten), wurden in den umliegenden Wald geführt. Durch die warme, tannenduftende Luft drang das Knattern einer ausgedehnten Schießerei. Danach wurde die dezimierte Kolonne wieder zum Zug geführt und an der Grenze selbst von Willkommens-Bannern und Blasmusik begrüßt. Bald darauf kam die Nachricht, daß die Rote Armee die Gegend am 4. Juli besetzen werde. Einige Tage zuvor erschien eine Delegation in Zivilkleidung (zweifellos SMERSCH-Beamte) im Lager, um die Zügel zu übernehmen. Hierbei war typisch, daß der erste Mensch, der unter ihrem Mißfallen zu leiden hatte, der selbstgewählte Lagerkommissar war. Obgleich er konsequent das Loblied des Sowjetregimes gesungen hatte und sich um die lückenlose Repatriierung aller Lagerinsassen bemüht hatte, wurde er in Ungnade zu den sowjetischen Linien zurückgeschickt. Die erste Nacht unter seinen Landsleuten verbrachte er im Straßengraben, was weiter mit ihm geschah, ist unbekannt.

Unter der Menge der im allgemeinen sehr einfachen Verschleppten befand sich auch ein gebildeter Mann, ein russischer Ingenieur, den die Deutschen gemeinsam mit seiner Frau gefangengenommen hatten. Er wußte, daß er sofort nach der Repatriierung von seiner Frau getrennt und in ein Lager in der Arktis geschickt werden würde. Er bat um Erlaubnis, sich der nichtrussischen Gruppe, die mit den Briten zurückweichen sollte, anschließen zu dürfen. Chawner hätte es zwar gern erlaubt, aber in seinen Befehlen waren solche Zugeständnisse eindeutig nicht vorgesehen. Was aus diesem intelligenten und sympathischen Mann wurde, hat er nie erfahren. Das letzte, was einer von Chawners Kollegen im Hagenower Lager sehen konnte, war ein großer Galgen, der unter Anleitung der soeben eingetroffenen Kommissare errichtet wurde. Es war nicht anzunehmen, daß dieses passende Symbol der marxistischen Macht lange untätig blieb. Laut Vereinbarung unterlagen jedoch die Angehörigen der drei inzwischen von den Sowjets besetzten baltischen Länder nicht der Repatriierung, und Hauptmann Chawner traf sorgfältige Maßnahmen, sie rechtzeitig nach Westen zu bringen.[15]

Das SHAEF-Oberkommando wurde durch die große Anzahl Russen in wirkliche Verlegenheit gesetzt. Sie mußten nicht nur verpflegt und untergebracht werden; jeder, der sich an die erste Nachkriegszeit erinnert, weiß von Trunkenheit sowie von Vergewaltigungen und Plünderungen zu erzählen, die die soeben befreiten

Russen in der Gegend verübten. Ein furchtbarer Vorfall in der Nähe eines russischen Ostarbeiterlagers in Vorhalle im Ruhrgebiet, bei dem eine Bauerntochter vergewaltigt wurde und ihr die Brüste abgeschnitten wurden, war kein Einzelfall.[16]
Den mit der Aufgabe betrauten britischen und amerikanischen Soldaten erschien die Repatriierung der einzig logische Weg, mit diesen undisziplinierten Horden fertigzuwerden. Welche Alternativen gab es? Viele waren sich im klaren, daß die Lebensbedingungen in Rußland hart, ja grausam waren. Aber andererseits war die Schlußfolgerung schwer zu umgehen, daß solche Menschen ein wenig hart angefaßt werden mußten, um Ordnung aufrechtzuerhalten. Zudem legten nur wenige ernstlichen Widerspruch gegen ihre Heimkehr ein. Was immer sie über das sie erwartende Schicksal vorausahnten, sie waren zu sehr daran gewöhnt, unter vielen Schlägen und ohne lange Erklärungen herumgestoßen zu werden, um sich viel von Protesten zu versprechen. Oft schienen auch die Umstände ihrer Abreise nur ihre unrettbare Verrohung zu bestätigen. General Wilson und andere Augenzeugen haben berichtet, daß es »ihre Gewohnheit war, die Lager beim Verlassen . . . zusammenzuschlagen . . . Die DPs schienen ehrliches Vergnügen daran zu finden, Möbel, Beleuchtung, Autos, Fenster und alles, was sich leicht und geräuschvoll zerstören ließ, zusammenzuschlagen«. Wilson glaubte, daß dies an ihrem Haß auf alles Deutsche lag. Eine naheliegendere Erklärung ist von einem Polen geliefert worden, der lange Zeit mit einem sowjetischen Gefährten in einer Zelle der Lubjanka eingesperrt war. Der Pole war beeindruckt, »daß diesem Mann jeglicher Besitzinstinkt abging und er keine Achtung vor Dingen hatte, die nicht zum unmittelbaren Nutzen oder Verzehr geeignet waren. Hierin ist auch der Grund zu suchen, daß die sowjetische Armee alles, was auf ihrem Weg ist oder ein Hindernis darstellt, zerstört. Ihre Soldaten ahnen nicht, daß die Gegenstände, die sie vernichten, von vielen Generationen angesammelt worden sind und sie mit ihrer Zerstörung der Zivilisation unermeßlichen Schaden zufügen. Diese barbarische Lebensauffassung gibt ihnen im Krieg einen großen Vorteil.«[17] Diese Beschreibung könnte ebensogut Herodot von einem rückständigen Hyperboreerstamm gegeben haben.

Ganz gleich, ob es die Barbaren waren, die das System verursachten, oder ob das System die Barbaren hervorbrachte, waren die meisten britischen und amerikanischen Offiziere erlöst, sobald sie sich ihrer mühsamen Schützlinge entledigen konnten, selbst wenn ihnen eine harte Zukunft bevorstand. Erst als nach den ersten eiligen Unternehmungen im Mai und Juni die Zahlen beträchtlich reduziert worden waren, ergaben sich ernsthafte Gewissensprobleme und somit auch der Widerstand gegen die Repatriierung. Vielleicht war das auch deswegen nicht früher eingetreten, weil die Nachrichten über das Schicksal der Heimkehrer noch nicht durchgesickert waren. Es ist auch möglich, daß es denen, die ernstlich entschlossen waren, im Westen zu bleiben, bisher gelungen war, ihrer Repatriierung zu entgehen. Oberst Vernon E. McGuckin, der als Stabsoffizier der amerikanischen 94. Infanteriedivision im Mai 1945 unter anderem auch für 55000 russische Verschleppte verantwortlich war, berichtet, daß die meisten freiwillig zurückkehrten, und erinnert sich im Mai und Juni innerhalb seiner Division an keinen Fall, der Gewaltanwendung nötig machte.[18]

Die zwischen Clay und Schukow am 29. Juni getroffene Vereinbarung sah vor, die Sowjetbürger, die sich bereits in der Gegend befanden, die nun unter sowjetische Besatzung kommen sollte, in ihren Lagern zu belassen. Zugleich nahm man auch die Gelegenheit wahr, andere, die in weiter westlich gelegenen Lagern untergebracht waren, hierher zu verlegen. Geoffrey Dunn war damals britischer Artillerieoffizier, und ihm fiel die Aufgabe zu, den Abtransport der Russen aus einem DP-Lager bei Salzgitter, neben den Hermann-Göring-Stahlwerken, in denen sie gearbeitet hatten, zu überwachen. Er hatte »den Auftrag, Militärlastwagen mit je 750 Russen pro Konvoi zu beladen und nach Magdeburg – damals noch in der britischen Zone – zu schicken. Dort wurden sie in einem Lager untergebracht und sollten die Übernahme dieser Gegend durch die Sowjets abwarten, die auf die endgültige Zonenbereinigung folgte . . .«[19]

Insgesamt verlegten SHAEF-Streitkräfte etwa 165000 Sowjetbürger in die Gegend, die am 4. Juli unter die Besatzung der Roten Armee gelangen sollte. Zehn Tage später hatte der sowjetische Moloch sie verdaut und war gewillt, die reguläre Repatriierung fortzusetzen. Insgesamt wurden inzwischen 1584000 Personen vom SHAEF als ausgeliefert geführt, und die Tagesquoten begannen sich nun deutlich zu verringern.[20] Gleichzeitig bemerkten die alliierten Offiziere, daß es dabei gewisse Elemente gab, denen die Repatriierung widerstrebte. Leutnant Michael Bailey gehörte *Princess Louise's Kensington Regiment* an, das die amerikanische Besatzung in der Gegend von Hagen-Haspe an der Ruhr ablöste. Nach seiner Erinnerung »mußten wir die Russen auf den Bauernhöfen der Umgebung einsammeln, wo sie gearbeitet hatten – zumeist alte Männer und Frauen. Wir waren überrascht und ziemlich ratlos, als diese Menschen, die auf deutschen Höfen buchstäblich als Sklaven gearbeitet hatten, vor uns auf die Knie fielen und bettelten, bleiben zu dürfen, und bitterlich weinten – nicht vor Freude –, wenn man ihnen sagte, daß sie nach Rußland zurückgeschickt würden . . . Uns war es unbegreiflich, aber als wir mit Polen darüber sprachen (vermutlich von ihrer Panzerdivision), erklärten sie uns, daß es den russischen Bauern in Deutschland natürlich besser ginge und warum wir nicht die Finger von der Sache ließen.«[21]

Das erbarmungslose Benehmen der sowjetischen Repräsentanten in den westlichen Zonen war für die britischen Offizieren beunruhigender Beweis der offiziellen sowjetischen Haltung. Major W. Thompson war in einer besonders günstigen Lage, sich über die Repatriierungsmaßnahmen während des Sommers 1945 ein genaues Bild zu machen. Als Ingenieur-Offizier stand er in Verbindung mit den deutschen Bahnbehörden, die die Transportmittel für die Evakuierung der russischen Zwangsarbeiter aus dem Ruhrgebiet zur Verfügung stellen mußten. Diese Russen wurden in einem Güterbahnhof in Wuppertal verladen und von dort nach Magdeburg geschickt, das inzwischen zur Sowjetzone gehörte.

»Die sowjetischen Behörden hatten viele Waggons mit Girlanden, Fähnchen und Stalinbildern schmücken lassen und auch ein Orchester gestellt, das patriotische Weisen spielte. Alle Züge fuhren verspätet ab, denn, wie mir berichtet wurde, gab es beim Verladen auf die Lastwagen und später auf die Bahn Schwierigkeiten, da sich die Menschen unter Waggons und in anderen passenden Verstecken verbargen. Viele widersetzten sich der Verladung, und auf jedem Zug waren ein oder zwei Waggons für angeblich gefährliche Typen reserviert – sie wurden sorgfältig von außen verriegelt, um jede Flucht zu verhindern . . . Ich erhielt über jeden dieser Bahntransporte Berichte, die zeigten, daß es bei jedem Transport einige Selbstmorde und Morde gab. Die deutschen Eisenbahnbeamten berichteten auch, daß auf der Durchfahrt aus den Zügen Schüsse auf alle abgegeben wurden, die auf den Bahnsteigen standen. Als Folge hiervon telegraphierten die Deutschen jeweils den nächsten Stationen, so daß die Bahnsteige geräumt werden konnten.«[22]

Major Thompsons Bericht über die Schüsse auf flüchtige Russen in den westlichen Zonen wird von vielen Soldaten bestätigt, die damals in Deutschland waren. Hauptmann J. Pereira von den *Coldstream Guards* hatte den Befehl über den Bewachungstrupp eines Lagers bei Köln. Von der Vorgeschichte der Insassen oder ihren Zukunftsaussichten wußte er wenig. »Ich weiß nur, daß uns der russische Verbindungsoffizier als Folge von internen Zankereien im Lager eine Liste von etwa 100 Personen gab, die nach Rußland zurückgeschickt werden sollten. In Anbetracht des damaligen Eisenbahnchaos war dies nicht einfach. Als es geschehen konnte, hörte ich, daß eine große Anzahl auf der Flucht aus dem Zug erschossen worden war, einige entkamen jedoch, und andere gelangten bis nach Rußland.«[23]

Es ist unbestreitbar, daß viele heimkehren wollten. Eine Polin hat mir über ihren Besuch in einem Lager von 1000 Russen in Mittlerer Landweg bei Bergedorf geschrieben. Sie »sah, wie die Menschen mit ihrer Habe auf Militärlastwagen verfrachtet wurden. Sie wirkten bei der Aussicht auf ihre Heimkehr recht vergnügt, wollten gern zurückkehren und ein neues Leben beginnen und waren erlöst, daß der Krieg zu Ende war.« Die Erfahrung von Mr. N. Lambert war noch bemerkenswerter. Er gehörte damals zur Royal Air Force in Delmenhorst bei Bremen und traf 1944 »zwei Russen, die zurückkehrten, obgleich sie seit der Revolution 1917 in Paris gelebt hatten. Wie sie mir sagten, wollten sie ein neues Rußland aufbauen.« Es wäre allerdings überraschend, wenn niemand die Rückkehr einem Leben in Flüchtlingslagern auf unbestimmte Zeit vorgezogen hätte und keiner von den Gerüchten über die versprochene totale Amnestie angelockt worden wäre. Tatsächlich stimmte in dem einzigen Fall, in dem die Russen wirklich freie Wahl hatten – nämlich in Liechtenstein – ein großer Prozentsatz für die Rückkehr. Ihr General hat mir gesagt, daß die Beweggründe der Rückkehrer hauptsächlich Heimweh, Angst vor einem einsamen Exilleben und der Glaube an die angebotene Amnestie waren. Dieses Beispiel gibt vermutlich ein grobes, aber zutreffendes Bild über den Prozentsatz jener Russen, die die Rückkehr vorzogen, und auch über ihre Beweggründe.[24]

Wie unterschiedlich die Hoffnungen und Wünsche der Russen auch gewesen sein mögen, während sie noch im Westen waren, die Behandlung, der sie ausgesetzt waren, als sie in die Hände ihrer Landsleute kamen, blieb mehr oder weniger gleich. Den meisten im Westen blieb dies zu jener Zeit verborgen, und nur die Aufgaben, die manchen Soldaten hierbei zufielen, erlaubten einen gelegentlichen Blick auf das, was gleich hinter dem Vorhang geschah. Hauptmann Anthony Smith war im Winter 1945/46 von seinem Artillerieregiment zu einer Gruppe abkommandiert worden »die (aufgrund ihrer Zusammenstellung) einer inoffiziellen Einheit gleichkam, da sie (Rang für Rang) ungefähr die gleiche Anzahl britischer und russischer Soldaten enthielt . . . im ganzen etwa 30 Mann . . . Wir sollten den Russen bei der Repatriierung ihrer Zivilbevölkerung von der britischen Zone in die russische Zone behilflich sein.« Die Gegend, in der sie diese Operation durchführten, lag um Winsen, südöstlich von Hamburg.

Zunächst betrachtete Hauptmann Smith seine neuen Pflichten als willkommene Abwechslung von seinem langweiligen Aufgabenkreis im besetzten Deutschland. Doch sehr bald sah er sich unweigerlich in Vorfälle verwickelt, die ihn noch immer mit Abscheu erfüllen und die er auch heute nur widerstrebend beschreibt. Die Russen, denen sie nachjagten, waren fast ausnahmslos verschleppte Zwangsarbeiter.

»Es wurde sehr bald offenbar, daß 99 Prozent dieser Leute nicht ins Vaterland zurückkehren wollten, weil sie sich a) vor der Kommunistischen Partei und dem Leben, das sie in Sowjetrußland geführt

hatten, fürchteten und b) ihr Leben als Zwangsarbeiter in Nazi-Deutschland besser war als ihr Leben in Rußland.
Jede nur mögliche Lüge und Täuschung wurde benutzt, um diese Menschen zur Rückkehr nach Rußland zu bewegen, und wir mußten dies unterstützen. Aber sobald sie wieder unter sowjetische Gesetzbarkeit fielen, verwandelte sich diese freundliche Haltung in rachsüchtige Grausamkeit.«
Hauptmann Smith und seine Leute waren sehr bald von dem Benehmen und den Methoden angewidert, die sie bisher nur den übelsten Elementen der SS zugetraut hatten.
»Der Vorfall, der unsere spätere Einstellung zu dieser Angelegenheit entscheidend beeinflußte, wurde nur vom Feldwebel und den Fahrern unserer Transporte beobachtet, die eine Gruppe Heimkehrer zum Sammelplatz in die Ostzone brachten. Der Bericht, den sie mir darüber machten, war so, daß es zu einer Meuterei gekommen wäre, wenn wir danach weiter freiwillig mitgeholfen hätten; aber selbstverständlich hätte kein britischer Soldat nach diesem Vorfall weiter mitgemacht . . . Der Bericht lautete etwa folgendermaßen: Die Verschleppten wurden von uns verladen, mitsamt ihrem persönlichen Besitz in Stoffbündeln und alten Koffern etc. Man hatte ihnen gesagt, daß sie diesen Besitz behalten dürften, bei dem es sich hauptsächlich um Kleidung und kleine Gebrauchsgegenstände handelte. Als der Transport auf dem Sammelplatz eintraf, wurden alle Personen und ihr Gepäck ausgeladen. Die Bündel und Koffer wurden einfach auf einen großen Haufen in der Mitte zur Verbrennung geworfen. Dies führte zu kummervollen Szenen der DPs, die sich bald verschärften, als Kinder, arbeitsfähige Männer, junge Frauen und alte Leute in getrennte Gruppen aufgeteilt wurden. Der Feldwebel berichtete, daß die Russen ihn und die Fahrer mehr oder weniger mit Waffengewalt zur Abfahrt zwangen, aber nicht, ehe sie Zeugen des obigen und anderer Vorfälle wurden. Bevor der Feldwebel abfuhr, sah er, daß Gruppen alter Leute abgeführt wurden, dann hörte er Schüsse – und er sah, daß einige Mädchen vergewaltigt wurden.« Die alten Leute wurden vernichtet, weil sie für einen Staat, der in diesem Sinne buchstäblich ein »Arbeiterstaat« war, nutzlos waren.[24a]

Von nun an begann Hauptmann Smith (auf den Vorschlag seines Feldwebels) ein System zu entwickeln, das die Absichten seiner sowjetischen Kollegen weitgehend vereitelte. »Sobald wir wußten, welche Gegend wir am nächsten Tag besuchen würden, schickten wir am Abend zuvor (ohne Wissen der Russen und auch meines eigenen Oberststs) jemanden aus, um die Männer zu warnen, sich zu verstecken, denn technisch waren sie für ihre Frauen und Kinder verantwortlich. Auf diese Weise machten wir, sehr zum Ärger der russischen Offiziere, viele vergebliche Besuche.«[25]
Major Jack Wolfe, ein Offizier, der den Befehl über die Zivilpolizei in Delmenhorst bei Bremen hatte, erinnert sich an ebenso furchtbare Szenen. Eines Tages erhielt er in seinem Büro im Rathaus den Besuch eines Majors und eines Leutnants der sowjetischen Repatriierungskommission, die in Begleitung eines britischen Hauptmanns erschienen. Ihnen war die Aufgabe übertragen worden, die Sowjetbürger in einem großen Flüchtlingslager in der Stadt zu überprüfen und zu repatriieren.
Am nächsten Morgen wurde ungefähr um zwei Uhr das Lager von britischen und sowjetischen Militärfahrzeugen umstellt. Auf Verabredung schalteten alle gleichzeitig die Scheinwerfer ein, die das Lager hell erleuchteten. Die Insassen eilten von Panik ergriffen aus ihren Hütten und wurden von den Maschinengewehrsalven der sowjetischen Wachen begrüßt. Major Wolfe und andere britische Soldaten, die anwesend waren, sahen etwa ein Dutzend Menschen – Männer, Frauen, Kinder und sogar Säuglinge mit ihren Müttern – die auf diese Weise auf der Stelle niedergemetzelt wurden. Viele andere wurden verwundet. Die Überlebenden wurden zu einer nahegelegenen Kirche gebracht und dort eingesperrt. Um zehn Uhr erschienen Sowjetoffiziere mit ihren britischen Begleitern, um eine oberflächliche »Überprüfung« vorzunehmen. Der sowjetische Major entschied allein, ohne Einmischung des britischen Beobachters, wer Sowjetbürger war und wer nicht.
Draußen warteten drei britische Drei-Tonnen-Lastwagen. Die Gefangenen wurden in drei Gruppen eingeteilt: Kinder unter 16, Männer und Frauen zwischen 16 und 60 und alte Leute über 60. Jede Gruppe fuhr in getrennten Fahrzeugen. Die arbeitsfähige Mit-

telgruppe wurde in Arbeitslager geschickt, während die Kinder und die Alten weggebracht und niedergemacht wurden.

Major Wolfe verließ Delmenhorst kurz darauf, doch als er sechs Monate später zurückkehrte, sah er, daß diese schrecklichen Aktionen noch immer fortgeführt wurden, und mußte sich weitere Metzeleien mitansehen. Als er seinem Oberst, Peter Lane vom *Intelligence Corps* darüber berichtete, wurde ihm gesagt, dies sei die Politik der britischen Regierung und daran könne man nichts ändern.

Diese wenigen Darstellungen müssen genügen, um ein wenn auch noch so unvollständiges Bild der menschlichen Tragödien zu geben, die durch diese großen Repatriierungsmaßnahmen in Deutschland verursacht wurden. Gegen Ende September, als die Auslieferung weitgehend zum Stocken kam, waren etwa 2 035 000 Russen aus den westlichen alliierten Zonen in Deutschland und Österreich ausgeliefert worden. In den von der Roten Armee besetzten Gebieten wurden, wie die Sowjets selbst zugaben, bis zu diesem Zeitpunkt weitere 2 946 000 eingesammelt.[26] Wie viele freiwillig und wie viele unfreiwillig zurückkehrten, wird sich niemals feststellen lassen. Aus Berichten, die in diesem und anderen Büchern zitiert werden, ergibt sich deutlich, daß eine große Anzahl große Angst vor der Rückkehr hatte. Ein britischer Reporter erfuhr aus sowjetischer Quelle, daß 40 Prozent im Westen bleiben wollten.[27] Wie das vorhandene Beweismaterial eindeutig darlegt, hatten sie hierzu guten Grund.

Während diese große Bevölkerungsverlagerung in Deutschland stattfand, wurde in Norwegen ein anderes, großangelegtes Unternehmen durchgeführt. Zu Ende des Krieges stand das Land noch ganz unter der Kontrolle der deutschen Besatzung, und es vergingen einige Tage, ehe eilig alliierte Streitkräfte herbeigebracht werden konnten, um die Übernahme zu vollziehen. Unterdessen wurde den Deutschen befohlen, auf ihren Plätzen zu bleiben und insbesondere auch die Kriegsgefangenen- und Zwangsarbeiterlager weiter zu verwalten und zu bewachen. Dies taten sie so gewissenhaft und tüchtig, daß ihnen die eintreffenden britischen Offiziere Bewunderung zollten – ehe sie begannen, die an den unglücklichen Gefangenen begangenen Verbrechen aufzudecken, die ihre Bewunderung in Abscheu verwandelte.

Im SHAEF-Hauptquartier trafen Berichte ein, daß sich unter den Gefangenen etwa 76000 Russen befanden, und es wurden sogleich Maßnahmen für ihre umgehende Repatriierung getroffen. Hierfür gab es zwei mögliche Transportwege:

»a) auf dem Seeweg direkt von Norwegen in russische Häfen;

b) auf dem Landweg zu schwedischen Häfen und dann über die Ostsee nach Rußland.«

Das SHAEF ordnete die Beschaffung von Schiffen an sowie auch Verhandlungen mit der neutralen schwedischen Regierung, die Durchfahrt durch ihr Hoheitsgebiet zu erlauben.[28] Letzteres stellte keine Schwierigkeiten dar, da die Schweden den Sowjetbehörden ebenso bereitwillig Transportmittel zur Verfügung stellten, wie sie 1940 den Nazis bei der Eroberung Norwegens behilflich gewesen waren. Am 20. Mai war das schwedische Angebot eingetroffen[29], und Anfang Juni fand eine Konferenz in Oslo statt, zu der sowjetische, schwedische und alliierte Vertreter eintrafen, um die Maßnahmen zu vereinbaren.[30] Ein britischer Offizier, der eingeflogen wurde, um die Russen auf dem Seeweg zu begleiten, erfuhr einige Tage später, daß die »Schweden dritte Klasse (für Mannschaften) und zweite Klasse für Offiziere angeboten hatten, doch der Russe lehnte ab und forderte ›Viehwagen‹, da sie in Rußland auch nichts Besseres bekommen würden«.

Am 19. Juni begegnete der gleiche Offizier, Major Ian Nicholls, solch einer Eisenbahnladung gleich nach der schwedischen Grenze. »Sobald sie merkten, daß wir Engländer waren, erhob sich ein großes Freudengeschrei, sie sprangen aus dem Zug, umringten unseren Waggon und riefen ›Vivat!‹ und ›Hoch lebe England!‹. Wir gaben ihnen alle Zigaretten, die wir bei uns hatten. Sie waren außer sich vor Freude, sahen gesund und vergnügt aus, und ihre Moral war fabelhaft. Alle waren sehr diszipliniert.[31] In der westlichen Presse erschienen jedoch keine derartigen Beschreibungen, da die schwedischen Journalisten am 11. Juni auf Gesuch der Inter-Alliierten Kommission in Oslo plötzlich Nachrichtensperre erhielten. »Laut Informationen aus gut unterrichteter Quelle haben sowohl die Russen als auch die westlichen Alliierten, wenn auch aus verschiedenen Gründen, gegen jede Verlautbarung Einspruch eingelegt.«[32]

Die Mehrzahl der in Norwegen vorgefundenen Russen wurde auf diese heimliche Weise abgeschickt; ein kleinerer Teil aus den nördlichen Lagern wurde auf dem Seeweg über das Nordkap transportiert.[33] Der erste Schiffs-Konvoi verließ Tromsö am 23. Juni. Major Nicholls war an Bord des norwegischen Passagierschiffes *Kong Dag*, das 600 Russen mit sich führte. »Der befehlshabende Oberst erklärte mir, daß sie unter den Deutschen furchtbarem Elend ausgesetzt gewesen und wie Tiere behandelt worden seien. Sie wurden zur Sklavenarbeit herangezogen und unter dem geringsten Vorwand geprügelt. Die britischen Offiziere, die sie an der Küste bewacht hatten, waren sehr bemüht, sie sicher zu verladen, da die sowjetischen Vertreter den ganzen Morgen über eine Reihe von ihnen erschossen hatten. ›Einen, der mit den Deutschen gekämpft hatte, und andere, die nicht zurückkehren wollten‹.« Von diesen abgesehen, machten die anderen jedoch den Eindruck, von ihrer bevorstehenden Rückkehr nach allen durchgemachten Leiden begeistert zu sein. Am nächsten Tag, bald nach der Abfahrt, wurde der Anblick mehrerer Wale in der Nähe mit Freude begrüßt. Um den Minenfeldern in der Küstennähe zu entgehen, war ein Umweg von 80 Meilen nötig. Die Russen verbrachten den sonnigen Tag singend und lachend an Deck.
Um Mittag des nächsten Tages kam Land in Sicht – russischer Boden! Die Männer gaben sich die größte Mühe, ihre zerlumpten Kleider so gut wie möglich herzustellen. Von den Masten flatterte die sowjetische Fahne. Als sie sich der Kola-Mündung näherten, lag dort das sowjetische Kriegsschiff *Archangel* vor Anker. Auf den Decks waren Hunderte von Seeleuten zu sehen. Die Russen auf der *Kong Dag* gerieten außer sich beim Anblick ihrer Landsleute, von denen sie so lange Zeit getrennt gewesen waren, sie schrien und winkten begeistert. Doch von der *Archangel* wehte es bedrohlich kalt herüber. Keiner rührte sich oder gab einen Laut. Alle standen da wie zuvor und starrten schweigend auf die vorübergleitende *Kong Dag*. Die Stimmung der heimkehrenden Russen veränderte sich von wilder Begeisterung zu Niedergeschlagenheit und Sorge. Ihr Empfang in Murmansk war ebenfalls nicht dazu angetan, ihre Besorgnis zu zerstreuen. Noch eine Nacht mußten sie abwarten, bis

das Schwesterschiff seine Ladung ausgeladen hatte, dann konnte auch die *Kong Dag* an der Mole vertäut werden.
Kaum waren die Fallreeps herabgelassen worden, sprang einer der Russen aus der an Deck wartenden Menge hervor und lief auf den Kai hinunter. Spätere Ereignisse bewiesen, daß er ein verkappter SMERSCH-Mann war, der zweifellos die üblichen Listen angelegt hatte. An Land wurde kein Willkommen vorgetäuscht, wie es noch bei früheren Konvois geschehen war. Überall waren Militär und Polizei zu sehen; die Atmosphäre war eisig. Das gesamte Ausladungsgelände war mit Stacheldraht umgeben. Nach langer Wartezeit, während derer sich kein sowjetischer Beamter in der Nähe des Schiffes blicken ließ, wurde die Ausladeerlaubnis erteilt. Auf Befehl mußten alle persönlichen Gepäckstücke auf einen Haufen auf dem Kai geworfen werden. Nach einer kurzen ärztlichen Untersuchung ließ man die Gefangenen innerhalb des umzäunten Geländes in Gruppen stehen. Ungefähr zwanzig wurden abgesondert und unter Bewachung auf einen wartenden Lastwagen gebracht. Dann gab es wieder einen langen Aufschub, und schließlich wurden alle unter Bewachung abgeführt – in ein Straflager, wie die Dolmetscher Major Nicholls erklärten. Dies war das letzte, was er von seinen Schützlingen sah. Auf der Rückfahrt durch die Flußmündung kam das Schiff an einem sowjetischen Flottenstützpunkt vorbei. Hier gab ihnen ein Flugzeug der Roten Luftwaffe, das beide Ufer kilometerlang »sehr gefährlich« einnebelte, einen kurzen Anschauungsunterricht über die Einstellung der Sowjets zu ihren Bundesgenossen.
In der Mitte des folgenden Monats fuhr ein weiterer Konvoi von Tromsö ab, dessen Empfang in Rußland ebensowenig herzlich war. Ein junger britischer Offizier, der mit an Bord war, berichtete bei seiner Heimkehr über die erstaunliche Unmenschlichkeit, die diesen Unglücklichen entgegengebracht wurde, die bereits unter den Deutschen in Norwegen so sehr gelitten hatten. Beim Ausstieg wurde ihnen nicht geholfen, und selbst die Krüppel mußten zusehen, wie sie allein fertig wurden. Die Einstellung »einiger junger Mädchen in Feldwebeluniformen, von denen mir gesagt wurde, daß sie Krankenschwestern seien« erschien ihm besonders hartherzig.

Den Offizier, der diese Eindrücke niederschrieb, stellte die Unmenschlichkeit der Sowjets gegenüber ihren leidenden Landsleuten vor ein Rätsel. Er bemerkte hierzu, daß die einfachen britischen Soldaten, die Zeugen dieser Szenen wurden, »es sehr deutlich empfanden – mehr vielleicht als manche Offiziere – und einige recht vorschnelle Schlüsse daraus gezogen haben«.[34]

Im gleichen Konvoi fuhr auch das Lazarettschiff *Aba*, das zuvor mit einer Gruppe kranker Russen von Hull nach Trondheim gekommen war. Ein britischer Leutnant von der Russischen Verbindungsgruppe begleitete diese Fahrt. Dieser Vladimir Britniev war russischer Abstammung und erinnert sich an den beklagenswerten Zustand der Russen. »Ich würde sagen, daß sie fast alle todkrank waren, und glaube, sie wußten es im Grunde auch. Entweder waren sie verstümmelt oder im letzten Stadium der Schwindsucht. Bei den letzteren half ich; wir stachen eine Nadel tief in ihre Lungen und füllten eine Flasche mit Eiter. Dies mußte täglich geschehen, manchmal sogar zweimal am Tag.«

Britniev verließ das Schiff in Trondheim und wurde von Czeslaw Jesman abgelöst, dessen Berichte über die Überprüfung der Gefangenen in britischen Lagern seitens der Russischen Verbindungsgruppe bereits zitiert wurden. Jesman sprach fließend Russisch und kannte die Leidensgeschichten dieser Leute unter der deutschen Besatzung aus den Gesprächen, die er seit einem Jahr mit Hunderten von Gefangenen geführt hatte. In Trondheim wurden noch weitere kranke Russen aufgenommen, so daß die *Aba* mit 399 Patienten nach Murmansk weiterfuhr. Der Empfang dort war ebenso eisig wie der der vorausgegangenen Schiffe. Für alle, die nicht laufen konnten, stellten die sowjetischen Behörden einige beschädigte Bahren, aber keine Decken zur Verfügung. Die *Aba* lag vier Tage in Murmansk. Als sie abdampfte, lagen die unglücklichen Patienten noch immer auf dem gleichen Fleck, auf dem man sie am ersten Tag abgestellt hatte. Eine Reihe von ihnen waren auf dem Kai verdurstet. Die britischen Seeleute und Krankenschwestern hatten vom Schiff aus unaufgefordert getan, was sie konnten, doch ihre Vorräte waren begrenzt. Die kaltschnäuzigen jungen Russinnen in Uniform, die wir bereits aus den Berichten anderer kennen, kamen gelegentlich herbei und sahen zu. Jesman erfuhr, daß sie die Geliebten der Offiziere waren, die in der Roten Armee eine anerkannte Position hatten. Nur eine von ihnen legte zeitweiliges Interesse an den Tag. Als ein englischer Seemann die Reihen entlangging, um an die stöhnenden Kranken ein wenig des kostbaren spärlichen Wassers auszuteilen, drückte diese junge Dame ihren Ekel über seine »Unkultiviertheit« aus, den Löffel nicht nach jedem Patienten zu reinigen.

In anderer Beziehung waren die Sowjetbehörden jedoch nicht müßig. Wie wir gesehen haben, war es üblich, die Offiziere unter den zurückkehrenden Gefangenen zu erschießen. Aber unter diesen traurigen, menschlichen Überresten waren keine Offiziere. Was sollte geschehen? Dieses Problem ließ sich jedoch lösen. Das NKWD führte die zwei Ärzte und den Lazarettgehilfen in eine etwa vierzig Meter weit entfernt gelegene Scheune und erschoß sie. So wurden die marxistischen Normen doch erfüllt. Jesman hörte Schmerzensschreie und Flüche und sah später auch die Leichen. Von der Schiffsbesatzung hörten viele ebenfalls Schüsse.

Nach erledigter Mission kehrten die *Aba* und ihre Begleitschiffe wieder in die norwegischen Gewässer zurück. Als beim Foreign Office der Bericht über den sowjetischen Empfang der Kranken einging, bezeichnete ihn Thomas Brimelow als »widerwärtig und deprimierend«, hielt ihn aber für nützliche Munition (für internen Gebrauch), um General Golikows Behauptungen entgegenzutreten, daß die heimkehrenden Russen mit Fürsorge behandelt würden.[35] Das Foreign Office war allerdings nicht so taktlos, offene Beschwerde zu führen; dies blieb einem Mann vorbehalten, der in einer sehr viel exponierteren Position war, als die gemütlich in Whitehall sitzenden Beamten.

Während seiner Tätigkeit für die Russische Verbindungsgruppe hatte Czeslaw Jesman sein Gegenüber bei der sowjetischen Militärmission gut kennengelernt. Dies war ein Major Scherschun vom SMERSCH. Er war Weißrusse und behauptete, einige von Jesmans Verwandten in seiner ehemaligen Heimat zu kennen. Jesman beschreibt Scherschun abwechselnd als »ehrlichen Räuber« und »sehr sympathischen Bauern«. Er war ein Rohling, und Jesman würde es nicht geschätzt haben, seiner Macht ausgeliefert und von ihm verhört zu werden. Offenbar hatte er jedoch Charme. Nun mußte Jesman mit diesem Menschen auf der Reise nach Murmansk und zurück eine Kabine teilen. Britniev gegenüber hatte sich Scherschun auf der Fahrt von Hull ablehnend und mißtrauisch verhalten, doch bei Jesman taute er auf. Es kann nur wenige geben, die sich rühmen können, die zartblauen Pyjamas gesehen zu haben, die zur offiziellen Ausrüstung eines SMERSCH-Offiziers gehörten. Alles in allem empfand Jesman für diesen vielschichtigen Charakter eine gewisse Sympathie.

Als die *Aba* wieder abfuhr, begleitet von den anklagenden Blicken der Versehrten und Sterbenden auf dem Kai, legte Scherschun eine unerwartete Seite seines Wesens an den Tag. In dem später eingereichten Bericht stand:

»Es fiel auf, daß Major Scherschun auf der Rückreise nie in die Offiziersmesse kam und seine Kabine nur zu den Mahlzeiten verließ. Er hatte auch keinen Umgang mit den Offizieren wie vorher. Durch Anfragen über den Dolmetscher kam heraus, daß er dem russischen Oberst im Lazarett in Murmansk, nachdem sich die Briten verabschiedet hatten, erklärt hatte, nach seiner Ansicht sei der den Briten zuteil gewordene Empfang ›nach allem, was wir für ihre Kranken getan hätten‹, sehr dürftig gewesen und hätte sehr viel besser sein müssen.«

Czeslaw Jesman erinnert sich, daß Scherschun in der Kabine auf seiner Koje saß und den Kopf in die Hände stützte. »Ich schäme mich so«, stöhnte er mehrmals.

Leider waren seine früheren Bemerkungen von wachsamen sowjetischen Kollegen überhört worden.

»Er wurde sofort beschuldigt, von den Briten ›infiziert‹ zu sein. Ihm wurde mitgeteilt, daß er von Norwegen aus in drei Wochen nach Rußland zurückkehren müsse und dort ›eliminiert‹ würde. Zur großen Empörung des kommandierenden britischen Offiziers kamen am 25. Juli im Hafen von Tromsö zwei NKWD-Offiziere an Bord der *Aba* und führten Scherschun ab.

Es scheint jedoch, daß dieser wendige Mensch nach seiner Rückkehr nicht ›eliminiert‹ wurde. Ob er hochgestellte Freunde besaß

oder seinen beträchtlichen Charme spielen ließ, werden wir vermutlich nie erfahren. Doch er trat wieder in Erscheinung, denn Jesman begegnete ihm später in Ägypten und Istanbul.[36]
Bald danach konnte der Gemeinsame Stab der Alliierten berichten, daß »am 22. Juli die Repatriierung von ungefähr 81 000 vollzogen war. 65 000 von ihnen wurden mit der Bahn von Norwegen nach Schweden und von dort auf russischen und finnischen Schiffen transportiert. Es verblieben noch ungefähr 3000 Russen in Norwegen, die voraussichtlich bis Ende Juli 1945 evakuiert sein sollten.«[37] Diese letzteren, wiederum Lazarettfälle, wurden am 29. Juli in Murmansk ausgeladen. Ein britischer Begleitoffizier berichtete über ihren Empfang: »Alles verlief genau wie bei dem vorigen Besuch.«[38]
Auf diese Weise endete ein vergessenes Kapitel der Repatriierungsgeschichte. Die sowjetische Nachrichtenagentur TASS hatte die Unverfrorenheit, zu melden, daß die Russen in Norwegen von den Engländern mißhandelt worden seien.[39] Auf der Potsdamer Konferenz behauptete Molotow am 30. Juli, daß eine Gruppe Russen noch immer gegen ihren Willen zurückgehalten werde.[40] Dies waren jedoch Balten, Polen und andere, die die Briten nicht als Sowjetbürger anerkannten und daher auch nicht auslieferten, sondern vor dem britischen Abzug aus Norwegen nach Deutschland verlagerten. General Ratows Agenten (Ratow war persönlich aus England gekommen, um die Unternehmung im August und September zu überwachen) wurden verschiedentlich bei der Entführung und gar Ermordung dieser Leute ertappt.[41] General Ratows Mission umfaßte nicht nur die Repatriierung »sowjetischer Staatsbürger«; wie auch andernorts gab die Anwesenheit der sowjetischen Repatriierungskommission verbunden mit der Anweisung des Foreign Office, ihr den Aufenthalt so lange wie möglich zu erlauben, eine ausgezeichnete Deckung für die Aufrechterhaltung von Spionagegruppen im Westen ab. Wenn nach dem britischen Abzug im Oktober beschlossen worden wäre, die sowjetischen Besatzungstruppen in Kirkenes weiter nach Süden zu verlagern und in Oslo ein sozialistisches Regime einzurichten, hätte sich die Anwesenheit General Ratows und seiner 167 Offiziere als sehr nützlich erwiesen.[42]

Zu dieser Geschichte gab es einen sonderbaren Epilog: »Etwa zweihundert sowjetische Staatsbürger starben in deutschen Konzentrationslagern in Norwegen, und bei der Befreiung der nördlichsten Provinz fielen auch einige Angehörige der Roten Armee. Als freundschaftliche Geste erlaubte Norwegen einer Sowjetkommission, die Sorge für die russischen Gräber in Norwegen zu übernehmen. Dies wurde als Deckung für Spionage ausgenützt.«[43]

In den Sommermonaten von 1945 wurden so Männer, Frauen und Kinder in einem Umfang, der beinahe der Bevölkerung Norwegens gleichkam, von den siegreichen Westmächten an den Zonengrenzen oder in den Häfen von Odessa und Murmansk an den SMERSCH ausgeliefert.[44]

14

Der Widerstand der Soldaten

Sobald die Mehrzahl der sowjetischen Staatsbürger – zwei Millionen oder mehr – an Stalin ausgeliefert worden war, begannen die Dinge ein anderes Gesicht anzunehmen. Inzwischen waren auch so gut wie alle von der Roten Armee befreiten westlichen Kriegsgefangenen heimgekehrt, und damit entfiel das ursprüngliche Hauptargument für die Zwangsrepatriierung. In Europa konnte man damit beginnen, sich den Realitäten der Nachkriegszeit zu widmen, und einzelne Probleme ließen sich nun in einen größeren Zusammenhang stellen, da die alles andere in den Hintergrund drängenden Anforderungen des totalen Krieges inzwischen in der Vergangenheit lagen. Zudem wurden auch die Absichten der Sowjets auf ihre Nachbarländer Polen, Bulgarien und Rumänien allen, die es sehen wollten, immer deutlicher. Die wenigen Tausend Sowjetbürger, die noch im Westen verblieben, stellten kein ernstes administratives Problem mehr dar, sondern waren lediglich Tausende unter den Millionen, für deren Unterbringung, Einkleidung und Ernährung die UNRRA zu sorgen hatte. Schließlich war es auch weiten Militär- und Regierungskreisen im Westen bekannt geworden, mit welch ungerechtfertigter Grausamkeit die Sowjets ihre Heimkehrer behandelt hatten. Staatsmänner, Diplomaten und Militärs waren nun in der Lage, sich ein fundiertes Urteil zu bilden und die moralischen und politischen Implikationen mit größerer Muße abzuwägen. Hierbei trafen unterschiedliche Interessen und starke Gefühle aufeinander. Konnte England Edens feierliches Versprechen brechen und die Auslegung der in Jalta übernommenen Verpflichtungen ändern? Würden die Vereinigten Staaten bei dem Prinzip bleiben, daß die Uniform die Staatsangehörigkeit bestimme, und den russischen Angehörigen der Wehrmacht das Recht zugestehen, als Deutsche behandelt zu werden? Kurz, sollten alle, einige oder keiner der verbleibenden Russen ungeachtet ihrer eigenen Wünsche ausgeliefert werden? Die Ansichten hierüber begannen sich jetzt zu

kristallisieren, und im geheimen tobte eine leidenschaftliche Debatte, von der das Schicksal Tausender Ahnungsloser abhing.
Die Vereinigten Staaten waren nie enthusiastische Befürworter der Zwangsrepatriierung gewesen. Millionen Amerikaner waren selbst Flüchtlinge der Unterdrückung oder die Nachkommen jener, die solcher Unterdrückung entronnen waren. Man hatte widerstrebend zugestanden, daß es »amerikanische Politik ist, alle Antragsteller auf sowjetische Staatsbürgerschaft, deren Antrag von den Sowjetbehörden angenommen wird, in die Sowjetunion zu repatriieren. In der Praxis bedeutet dies . . ., daß sowjetische Staatsbürger, die aus Gegenden innerhalb der sowjetischen Grenzen von 1939 stammen, repatriiert werden, ungeachtet der Wünsche einzelner.«[1] Das SHAEF gab eine entsprechende Weisung heraus.[2] Trotz der leisen Entschuldigung, in dem soeben zitierten Satz (»in der Praxis . . .«) fielen die an Ort und Stelle daraus resultierenden Maßnahmen unvermeidlich hart aus. Was diese Praxis wirklich beinhaltete, stellt der Brief eines früheren amerikanischen Offiziers dar.
»Im Sommer 1945 war ich einer von mehreren Artillerieoffizieren der 102. Infanteriedivision, die den Auftrag erhielten, einen Konvoi aller in meinem Bataillon vorhandenen Lastwagen anzuführen und russische Kriegsgefangene aus den deutschen Internierungslagern abzuholen und an russische Beamte in Chemnitz auszuliefern. Ungefähr zwei Wochen lang führte ich auf dieser Mission etwa siebzehn Lastwagen im Pendelverkehr durch ganz Frankreich und Deutschland. Tausende anderer Lastwagen waren mit der gleichen Aufgabe beschäftigt. Wir fanden bald heraus, daß viele Russen nicht repatriiert werden wollten, und fanden auch sehr bald heraus warum. Sie glaubten, daß alle kriegsgefangenen Offiziere bei der Rückkehr der Hinrichtung entgegensahen und den kriegsgefangenen Mannschaften eine Strafzeit in Sibirien bevorstand. Die Folge hiervon war, daß wir mit Gewehren hinter ihnen standen und unser Befehl lautete, scharf zu schießen, falls sie versuchen sollten, unserem Konvoi zu entkommen. Es erübrigt sich zu erwähnen, daß viele die Lebensgefahr auf sich nahmen, um zu fliehen.«[3]
Die Zweifel der Soldaten, die diese harte Politik ausführen mußten, wurden auch vom State Department geteilt. Als Antwort auf eine

Anfrage von Außenminster Stettinius legte Botschafter Harriman am 11. Juni einen Bericht über die sowjetische Behandlung der heimkehrenden Gefangenen vor.
»Obwohl der Botschaft keine Beweise vorliegen, die die Berichte über die strenge Behandlung der aus den alliierten Gebieten repatriierten Sowjetbürger bestätigen, wäre es jedoch unklug, die Prämissen dieser Berichte in Frage zu stellen. Die sowjetische Regierung und die Militärs haben aus ihrer Verachtung für die in Kriegsgefangenschaft geratenen sowjetischen Truppen nie einen Hehl gemacht. Die Sowjetregierung hat die Genfer Konvention nicht unterzeichnet und während des ganzen Krieges alle Annäherungen der Feindmächte zurückgewiesen, eine Vereinbarung über die Behandlung der Kriegsgefangenen zu erreichen, die auch eine Verbesserung der Lebensbedingungen der sowjetischen Gefangenen in Deutschland bedeutet hätte. Obwohl die Repatriierung der befreiten Sowjetbürger bereits seit Monaten stattfindet, ist der Botschaft nur ein einziger Fall eines Gefangenen bekannt, der zu seiner Familie in Moskau heimgekehrt ist und seiner Vorkriegsbeschäftigung wieder nachgeht. Dieser Mann litt unter Tuberkulose und wurde nach viermonatiger Haft in einem Lager bei Moskau entlassen.
Es ist bekannt, daß die Repatriierten an den Ankunftshäfen von Polizeiwachen in Empfang genommen und in unbekannte Richtung abgeführt werden. Ganze Eisenbahntransporte mit Rückkehrern kommen durch Moskau und fahren weiter nach Osten. Während sie auf Moskauer Güterbahnhöfen halten, wird den Passagieren keinerlei Verbindung mit der Außenwelt erlaubt. Obgleich es nur wenige Informationen hierüber gibt, wird jedoch angenommen, daß die Repatriierten zunächst einer intensiven polizeilichen Überprüfung unterzogen werden ... Es ist durchaus möglich, daß Leute, die der vorsätzlichen Desertion oder staatsfeindlicher Akte angeklagt sind, erschossen werden, während einige, die sich im Krieg gut geführt haben und entweder als Verwundete oder unter ähnlichen Umständen in Gefangenschaft gerieten und sich geweigert haben, für die Deutschen zu arbeiten, nach Hause entlassen werden. Es ist jedoch zu vermuten, daß die Mehrzahl der Repatriierten in Zwangsarbeiter-Bataillone kommt und unter polizeilicher Aufsicht

zu Aufbauprojekten im Ural, Innerasien, Sibirien und im hohen Norden herangezogen wird.«

Dieser Lagebericht, der offensichtlich in gutem Glauben gemacht wurde, vermittelte den Eindruck einer relativ rauhen und pauschalen Justiz. Dem State Department standen die bewegenden Berichte der Massaker und Mißhandlungen in Odessa und Murmansk, die in den Akten des Foreign Office lagen, nicht zur Verfügung. Trotzdem wandte es sich am 11. August noch einmal um weitere Informationen an die amerikanische Botschaft in Moskau. Diesmal ging es darum, »ob von der Sowjetregierung während des Krieges irgendwelche Dekrete erlassen worden sind, die sowjetischen Staatsbürgern, wenn sie in die Gefangenschaft des Feindes gerieten, ihre Staatsbürgerschaft absprachen«. Offensichtlich war man bemüht, zur Umgehung gewaltsamer Repatriierungen ein juristisches Schlupfloch zu finden. Am 16. August antwortete die Botschaft jedoch, daß ihr keine derartigen Dekrete bekannt seien.[4]

Angesichts dieser Versicherungen scheint Stettinius der Auffassung gewesen zu sein, keine andere Wahl zu haben, als den sowjetischen Forderungen weiterhin nachzukommen. Kein Amerikaner hatte über Verbrechen berichtet, wie sie am 18. April und 10. Juni vor britischen Zeugen verübt wurden, noch waren amerikanische Soldaten bisher gezwungen gewesen, an so demoralisierenden Unternehmen wie dem am 1. Juni in Lienz teilzunehmen. Die Amerikaner waren auf ihre Repatriierungspolitik nicht stolz, glaubten aber, keine ausreichende Rechtfertigung zu haben, sich den sowjetischen Forderungen zu widersetzen.

Das britische Foreign Office stand noch immer (14. Juli) unter dem Eindruck, daß die »Amerikaner die in deutschen Wehrmachtsuniformen befreiten Russen stets fragen, ob sie freiwillig in die UdSSR zurückkehren wollen. Wenn diese Leute Anspruch auf den Schutz der Genfer Konvention erheben, können sie deutsche Kriegsgefangene bleiben.«[5] Doch die amerikanische Politik hatte sich in dieser Beziehung grundlegend geändert, und diese Umkehrung der früheren ehrenhaften Haltung wurde von Joseph C. Grew bekanntgegeben, der zuvor noch den Vorrang der Prinzipien über die Zweckmäßigkeit verteidigt hatte. Der amtierende Außenminister hatte lang und unmißverständlich argumentiert, daß die Genfer Konvention von 1929 den Vereinigten Staaten die Verpflichtung auferlege, allen Kriegsgefangenen in deutscher Uniform den Status deutscher Soldaten zuzuerkennen. Die Vereinigten Staaten hatten mit Erfolg den gleichen Schutz für ihre eigenen Soldaten gefordert und konnten sich, wie Grew Nowikow gegenüber erklärte, in der Anerkennung ihrer völkerrechtlichen Verpflichtungen nicht weniger gewissenhaft als die deutsche Regierung verhalten. Nun gab es einen unvermittelten Positionswechsel.

Im Winter 1944/45 hatte die UdSSR auf die Repatriierung einer kleinen Gruppe Russen gedrungen, die sich entschieden gegen die Auslieferung gewehrt hatte und gewitzt genug war, den Anspruch zu erheben, daß sie ihre deutsche Uniform (sie hatten alle in Wlassow-Einheiten gedient) berechtige, als deutsche Kriegsgefangene behandelt zu werden. Seit der Landung in der Normandie hatte ein gewisser Prozentsatz früherer sowjetischer Staatsbürger, die sich unter den nach Amerika verschifften deutschen Kriegsgefangenen befanden, solche Proteste laut werden lassen.[6] Die Mehrzahl versäumte es jedoch, diesen Anspruch zu stellen, und etwa 4500 waren bereits nach Wladiwostok verschifft worden. 118 hatten den Schutz der Genfer Konvention angerufen[7], und Grew hatte Nowikow noch am 5. Mai mitgeteilt, daß die Vereinigten Staaten die Repatriierung aller Sowjetbürger unterstützen werde, jedoch mit Ausnahme dieser Gruppe.[8]

Drei Tage später kam das Kriegsende, und vier Tage später schrieb Grew an Forrestal, den Marineminister. Er gab ihm zunächst einen kurzen Rückblick über die Geschichte der 118 Russen, die unter diese Kategorie fielen, sowie über die konsequente Weigerung des State Department, ihrer Auslieferung an die Sowjets zuzustimmen, und fuhr dann fort: »Ich nehme an, daß nach der nunmehr erfolgten bedingungslosen Kapitulation Deutschlands alle amerikanischen Kriegsgefangenen, die im Gewahrsam der deutschen Streitkräfte waren, befreit worden sind und daher auch keine Gefahr deutscher Repressalien gegen diese amerikanischen Kriegsgefangenen mehr besteht. Ich halte es daher für ratsam, den Sowjetbehörden diese 118 zur Auslieferung an die Sowjetunion zu übergeben, ebenso wie auch andere Personen mit ähnlichem Status, die in Zukunft in amerikanischen Gewahrsam geraten.«

Ob weitere Diskussionen hierüber stattfanden, ist unbekannt, doch am 18. Mai wurde der Vorschlag vom Kriegs- und Marinekoordinationskomitee gebilligt und dem Außenminister am 23. Mai mitgeteilt.[9]

Auf diese fast beiläufige Art waren die Vereinigten Staaten nun zu einer Handlungsweise bereit, die Grew früher als »Verletzung der Absichten der Genfer Konvention« angesehen hatte – d.h. daß »Kriegsgefangene das Anrecht haben, aufgrund der Uniform behandelt zu werden, die sie bei ihrer Gefangennahme tragen, und die Gewahrsamsmacht nicht ohne ihre Einwilligung hinter diese Uniformen blicken darf, um ihre Staatsbürgerschaft oder Nationalität zu bestimmen.«[10] Der für dieses *volte-face* angegebene Grund ist besonders deprimierend: da die Vereinigten Staaten nun nicht mehr von der Genfer Konvention profitierten, konnten sie es sich leisten, deutschen Soldaten ihren Schutz zu versagen.

Nachdem die Bewilligung des Außenministers eingegangen war, wurden die ursprünglichen 118 Antragsteller auf deutsche Staatsbürgerschaft sowie weitere 36 Antragsteller in einem Stacheldrahtlager in Fort Dix in New Jersey zusammengelegt.[11] Dort wurde ihnen mitgeteilt, daß sie am Nachmittag des 29. Juni eingeschifft und in die UdSSR repatriiert würden. Die Gefangenen waren schon vorher mißtrauisch und »mürrisch« gewesen, da sie zweifellos die Absicht errieten, die hinter der Internierung in dieses Lager stand. Aber als sie diese Nachricht erhielten, bereiteten sie sich auf verzweifelte Gegenmaßnahmen vor. Die Ankündigung ihres bevorstehenden Abtransports war am frühen Morgen vom Lagerkommandanten, Oberstleutnant G.M. Treisch, gemacht worden. Die Russen verbarrikadierten sich sofort in ihren Unterkünften, weigerten sich, herauszukommen oder jemanden einzulassen. Oberstleutnant Treisch wurde informiert und kam sofort in das Lager. Einige der Russen waren Offiziere in der Wehrmacht gewesen. Er forderte die drei Rangältesten auf, herauszukommen und die Angelegenheit zu besprechen. Von innen kam keine Antwort, und kurz darauf quollen aus einem der Fenster Rauchwolken.

Oberst Treisch befahl sofort, das Gelände mit Tränengas zu beschießen. Nun war die Hölle los, eine rückwärtige Tür wurde aufgestoßen, und die verzweifelten Männer drängten heraus. Sie schwangen improvisierte Waffen, Messer mit zwölf Zentimeter langen Klingen, die zu ihrem Feldgeschirr gehörten, sowie Stuhl- und Tischbeine. Obwohl das Gebäude von Soldaten umstellt war, wurden die Amerikaner von dem Angriff überrumpelt. Drei Soldaten, die vor ihren Kameraden vorgedrungen waren, gerieten in das Gemenge und wurden verletzt. Hinter ihnen stand eine Reihe Soldaten, bewaffnet mit Maschinengewehren und Karabinern. Als die Russen auf sie eindrangen, erhielten sie einen eiligen Befehl. Sie schossen, und sieben Russen fielen zu Boden. Nach einem halbstündigen Kampf gelang es, die übrigen Gefangenen zu überwältigen, wobei zwei von ihnen bei dem Versuch, durch den Stacheldraht zu entkommen, schwere Schnittwunden erlitten.

Die Amerikaner traten nun in das noch immer von Tränengas durchdrungene Gebäude ein. In ihren Gasmasken müssen sie ein furchterregendes Bild abgegeben haben, doch was sie nun vor sich sahen, war noch weitaus erschreckender. Von den Deckenbalken baumelten drei Leichen, und daneben hingen noch weitere fünfzehn Schlingen bereit. Als die überlebenden Gefangenen später verhört wurden, erklärten sie, daß nur Oberst Treischs prompter Befehl, Tränengas anzuwenden, alle 154 daran gehindert habe, Selbstmord zu begehen. Die unfreiwillig Überlebenden wurden unter scharfer Bewachung zum Hafen gebracht. Der Vorfall erregte in der Presse großes Aufsehen.[12]

Die Männer wurden von Fort Dix in das Camp Shanks im Staat New York gebracht und von dort zum Pier 51 in Jane Street, am New Yorker North River. Die Gesunden wurden auf Lastwagen befördert, die je vier Russen und fünf bewaffnete Wachen enthielten, die Verletzten in bewachten Krankenwagen. Der Eingang zum Pier war von 80 mit Maschinengewehren ausgerüsteten Militärpolizeiwagen umstellt. Vor Anker wartete der ehemalige italienische Luxusdampfer, *Conte Grande*, der nun, als Transportschiff der amerikanischen Marine, *Monticello* getauft worden war. Die Gruppe traf am frühen Nachmittag ein. Eine Viertelstunde nach ihrer Ankunft erhielt Oberst John Landis, der Kommandeur der Eskorte, einen neuen Befehl. Die Einschiffung sollte nun doch nicht stattfinden und die Russen in ihr Lager zurückkehren. Am 30. Juni um 15.30 Uhr fuhren die 150 Russen mit ihren 200 Wachen nach Fort Dix zurück. Dieser unerwartete Planwechsel wurde nicht erklärt, es wurde jedoch angedeutet, daß das Kriegsministerium den Fall einer weiteren Überprüfung unterziehen wolle. Im Lager wurden jetzt erstaunliche Vorkehrungen getroffen, um weitere Selbstmordversuche zu verhindern. »Bei der Rückkehr nach Fort Dix wurden die Männer in das Kriegsgefangenenlager gebracht und in Unterkünften einquartiert, aus denen außer Matratzen sämtliche Möbel entfernt worden waren. Auch alle bei einem Selbstmord verwendbaren Kleidungsstücke wurden ihnen weggenommen.«[13]

Der ganze Vorfall war für die beiden betroffenen Regierungen äußerst peinlich. Die bewaffneten Wachen am Pier 51 hatten eine Ansammlung neugieriger New Yorker zurückhalten müssen, und alle Zeitungen sprachen vom ersten öffentlichen Beweis, daß die Russen den Tod der Repatriierung vorzogen. Die Sowjetregierung war auch nicht glücklich. Sie ermächtigte General Golubew, am 3. Juli eine Stellungnahme zu veröffentlichen. Darin bezichtigte er die Vereinigten Staaten der Gewaltanwendung, um die Rückkehr von Männern zu verhindern, die sich verzweifelt danach sehnten, zu ihren Genossen in die Heimat zurückzukehren. Auch der amerikanische Hinweis, daß die sowjetische Militärmission die Erlaubnis gehabt hatte, die Leute zu besuchen, und sämtliche bei dieser Gelegenheit vorgebrachten Drohungen und Überredungskünste nur einen freiwilligen Rückkehrer unter den 154 zum Ergebnis gehabt hatten, brachte ihn keineswegs in Verlegenheit. Was war schon von amerikanischen Behörden zu erwarten, die, wie Golubew erklärte, bösartig und schadenfroh versucht hatten, einige der wehrlosen Gefangenen zu vergiften. Die Amerikaner begriffen nach einigem Grübeln, daß damit ein Vorfall gemeint war, als einige der unglücklichen Russen »in einen Vorratsraum eingebrochen waren und große Mengen Methylalkohol getrunken hatten«.[14]

Die 151 Überlebenden mußten auf die Entscheidung des State Department warten. Am 11. Juli schrieb Grew, daß man »in Erwägung zieht, diese Gruppe nach Deutschland zu schicken, wo sie ihren Kriegsgefangenenstatus verlieren und dann den Sowjetbehörden übergeben werden können.«[15] Diese Ausflucht sollte zweifellos dazu dienen, jeder Anklage, bestehende Verpflichtungen verletzt zu haben, zuvorzukommen. Sobald man sie in Deutschland aus dem Kriegsgefangenenstatus entließ, konnten sie nicht länger den Schutz als Angehörige eines nicht mehr bestehenden Heeres beanspruchen, ihren vorherigen Status als Sowjetbürger zurückerhalten und als solche ausgeliefert werden.

Grew befürchtete jedoch, daß solche Maßnahmen erneut unliebsames Aufsehen erregen könnten. Vor allem mußte die zweifellose sowjetische Staatsbürgerschaft dieser Leute etabliert werden. Es wurde eine weitere genaue Überprüfung angeordnet.[16] Unterdessen wurde Außenminister James F. Byrnes (der am 3. Juli die Nachfolge Stettinius' angetreten hatte) am 7. August von Alexander Kirk aus Italien berichtet, daß die ursprünglichen 118 Gefangenen »im Namen der Menschlichkeit« Asylgesuche an General Marshall und an das Internationale Rote Kreuz gerichtet hätten. Besorgt über die Anzeichen dafür, daß die Vereinigten Staaten ihre traditionelle menschliche Rolle in internationalen Fragen aufgegeben haben könnten, bat Kirk, alle Maßnahmen aufzuschieben, bis sein Bericht dem State Department vorliege und dieses seine Stellungnahme mitgeteilt habe«. Diese Bitte stieß auf taube Ohren. Byrnes antwortete, »im Einklang mit den in Jalta eingegangenen Verpflichtungen« würden alle Mitglieder der Fort Dix-Gruppe repatriiert, deren sowjetische Staatsbürgerschaft nachweisbar sei.[17] Schließlich wurde diese Gruppe nach Deutschland geschafft und dort unter völliger Geheimhaltung dem SMERSCH übergeben. So wurde auch das letzte Kapitel dieser tragischen Affaire ohne öffentliches Aufsehen abgeschlossen. Das resolute Handeln der Gefangenen am 29. Juni hatte jedoch das State Department erschüttert und beeinflußte zweifellos auch die grundsätzlichen Entscheidungen in bezug auf die Repatriierungspolitik während des Sommers 1945.[18]

Die britischen Aktionen in Lienz und Oberdrauburg am 30. Mai und 1. Juni hatten ohne öffentlichen Kommentar stattgefunden. Dies war nur dank der Geheimhaltung und Geschwindigkeit der

Durchführung möglich gewesen. Es gab jedoch eine Gruppe, die sehr genau über die gewaltsame Repatriierung, ihre Bedeutung und ihre Folgen, Bescheid wußte. Dies waren die Soldaten, die mit der unangenehmen Aufgabe der Durchführung beauftragt waren. Der brutale Verrat in Lienz hatte die meisten Beteiligten empört, und es war fraglich, ob viele dieser Soldaten noch einmal solch eine Aufgabe übernehmen würden. Die schwerste Verantwortung trug der Oberkommandierende im Mittelmeergebiet, Feldmarschall Alexander. Wie sein damaliger Stabschef, General Sir William Morgan, dem Verfasser erklärt hat, war Alexander entsetzt, als er von der Tragödie des 1. Juni erfuhr, und entschlossen, die Wiederholung solcher Szenen, sofern es in seiner Macht stand und solange er den Oberbefehl hatte, nicht zuzulassen.

Ungefähr zwei Wochen später schickte er ein chiffriertes Telegramm an das Kriegsministerium:

1. 55 Sowjetbürger, darunter 16 Frauen, 11 Kinder; Mehrzahl erklären, seien politische Flüchtlinge, überprüft im Einklang mit Jalta-Abkommen, weigern sich, freiwillig in die Sowjetunion zurückzukehren.

2. Sowjetmission hat ihre Übergabe gefordert. Dies würde Gewaltanwendung bedeuten sowie Handschellen und Fahrt unter Bewachung in plombierten Waggons.

3. Wir glauben, daß die Auslieferung dieser Personen mit ziemlicher Sicherheit ihren Tod bedeuten würde.

4. Es sind viele weitere entsprechende Fälle vorauszusehen.

5. Fordere baldmöglichste Weisung, was mit diesen Personen geschehen soll, da hiesige Sowjetkommission sicher auf ihrer Auslieferung bestehen wird.

Die erste Reaktion des Foreign Office hierauf war gelinde Überraschung, daß die Frage überhaupt gestellt wurde. Die Beamten fuhren dann erläuternd fort, der Weg sei klar, vorausgesetzt, daß auch die Amerikaner ihre Einwilligung gäben. Thomas Brimelow meinte, die Sowjetmission solle ersucht werden, eine bewaffnete Eskorte zu stellen, die auch » die notwendigen Zwangsmaßnahmen anwenden könne«. Wenn eines der Kinder noch zu jung sei, um innerhalb der Sowjetunion geboren zu sein, könnten sich allerdings Probleme

der Staatsangehörigkeit ergeben. In allen anderen Fällen »ist das Jalta-Abkommen bindend, und ich bin nicht der Auffassung, daß wir irgend etwas unternehmen können, um sie vor ihrem Schicksal zu bewahren«. Patrick Dean stimmte zu und war nicht der Ansicht, daß man sich um das Problem der kleinen Kinder »zu kümmern brauche«; die einzig mögliche Einschränkung sei die Gefahr amerikanischer Einwände. Er hielt es für möglich, daß sie im »Fall sowjetischer Frauen und Kinder, die strenggenommen keine Kriegsgefangenen sind, zartbesaitet sein können«. Es erschien jedoch unwahrscheinlich, daß die Arrangements auf die Dauer auf Hindernisse stoßen könnten. Brimelow faßte die ganze Sache mit der Feststellung zusammen, daß man notfalls auch Gewalt anwenden und wenn nötig auch die amerikanische Zustimmung einholen müsse.[19] Gleichzeitig bat das Kriegsministerium um nähere Einzelheiten. Wo waren die Russen gefunden worden? Alexander antwortete, daß sie in deutschen Zwangsarbeitslagern in Deutschland und Österreich gewesen seien; nun befänden sie sich im römischen Durchgangslager (Cinecittà). In einem weiteren Telegramm betonte er, es sei unwahrscheinlich, daß noch weitere Sowjetbürger hinzukämen. Alexanders Befürchtungen fanden ein Echo im Kriegsministerium. General Gepp, der Direktor für Kriegsgefangene, hielt es für unwahrscheinlich, die Zustimmung der Amerikaner für solche Maßnahmen zu erhalten. (Die *Times* hatte an diesem Tag (2.7.45) die Nachricht veröffentlicht, daß in letzter Minute die Verschiffung der Gefangenen auf der *Monticello* abgesagt worden war.) Er wandte ferner ein, daß das Alliierte Hauptquartier in Italien nicht der Ansicht sei, man könne britische Soldaten überreden, Menschen gewaltsam zu verladen, »die nicht in ihre Heimat zurückkehren wollten und die, wenn sie dort ankamen, ›um die Ecke gebracht würden‹.«[20]
Es sei hier zur Erklärung erwähnt, daß es sich bei diesen 20 Russen um die überlebenden Insassen eines alten Durchgangslagers für Flüchtlinge und Verschleppte handelte, das sich in den ehemaligen Filmstudios außerhalb Roms befand. Die Sicherheitsvorkehrungen in diesem Lager waren nie sehr groß gewesen. Ein Vorfall im voraufgegangenen November hatte den Zorn der sowjetischen Mili-

tärmission erregt. 47 Russen, die gerade in ein sowjetisches Lager in Resina verlegt werden sollten, weigerten sich, die Lastwagen zu besteigen, und rissen aus. In der Nacht stahlen sie sich in das Lager zurück und holten ihr Gepäck ab. Kurz vor Morgengrauen bestiegen sie einen Sieben-Tonnen-Lastwagen, der im Lager geparkt hatte, und fuhren stolz davon, nicht ohne bei der Ausfahrt auch noch das Lagertor zertrümmert zu haben.[21] Dennis Hills, der russisch sprechende britische Offizier, kam im Mai 1945 in diesem Lager an und fand dort noch etwa 500 Flüchtlinge. Der Bezirkskommandeur ließ deutlich durchblicken, daß es ihm ganz lieb wäre, wenn auch dieser Rest »verschwinden« würde. Ihrem Kommen und Gehen wurden im Lager keine Beschränkungen auferlegt. Die ukrainische katholische Gemeinde (*Russikon*) in Rom war für viele eine Zuflucht. Hills stellte ihrem Auszug nichts in den Weg, sondern besuchte sogar die *Russikon*-Herberge, »wo ich meine alten Freunde in der Sonne herumspazieren sah«. Etwa die Hälfte entschloß sich jedoch, im Lager zu bleiben. Die laxe Behandlung bestärkte sie vermutlich in dem Glauben, daß man sie nicht an die Sowjets ausliefern werde (weder Hills noch sein Oberst ahnten, daß ihnen diese Gefahr drohte), und die britischen Lebensmittelrationen waren besser als die Nahrung, die ihnen die bedrängten *Russikon*-Priester geben konnten. Um diese restlichen 55 ging es in Alexanders Telegramm.

Nun ergab sich ein weiteres Problem. Nach der Auslieferung der Domanowschen Kosaken Anfang Juni waren die im Drautal stationierten britischen Soldaten ausgeschickt worden, die Berge zu durchkämmen und alle Flüchtlinge zurückzubringen. Obwohl viele trotzdem entkamen, wurde eine Reihe zurückgebracht und im Peggetzer Lager interniert. Das Kriegstagebuch der 36. Infanteriebrigade erklärt, warum sie nicht an die Sowjets übergeben wurden: »Normalerweise wären diese Kosaken in die sowjetische Zone befördert worden, doch dieser Moloch war offenbar gesättigt, denn nun baten sie, ihnen keine weiteren Kosaken auszuliefern. Dies bedeutet, daß wir mehrere Hundert verdrießliche Kosaken in unserem Gewahrsam hatten und auch noch haben.«[22]

In Peggetz wurde Major Rusty Davies beauftragt, die Überprüfung alter und neuer Emigranten vorzunehmen. Er haßte seine Aufgabe und erlaubte einer Anzahl, zu entkommen oder sich unter falschen Papieren als nicht-sowjetische Staatsbürger registrieren zu lassen. Viele waren jedoch Flüchtlinge, die Rußland nach 1939 verlassen hatten, und überdies sorgte die Isolierung des Lagers für Denunziationen und Intrigen. Der Lagerführer war ein Russe aus Belgrad namens Schelikow, dem weder Rusty Davies noch die Kosaken trauten. Er wurde Ende 1945 entlassen und durch einen sehr viel besseren Mann, einen Jugoslawen namens Lakić ersetzt. Alle, deren sowjetische Staatsangehörigkeit keinem Zweifel unterlag, wurden in einem etwas talabwärts in Dölsach gelegenen Sonderlager untergebracht. Hauptmann Duncan Macmillan war der Befehlshaber der Kompanie, die das Lager bewachte, und erinnert sich, daß es fest umzäunt war und fortwährend von Streifen bewacht wurde. Hier lagen etwa 500 »überprüfte« Sowjetbürger.[23] Am 8. Juli telegraphierte Feldmarschall Alexander an das Kriegsministerium: »Wir haben jetzt 500 Kosaken in Gewahrsam, die in Österreich eingesammelt wurden. Als die Kosaken an die Sowjets ausgeliefert wurden, entkamen sie und sind nicht bereit, sich ihnen übergeben zu lassen. Die Russen drängen auf die Rückgabe dieser Personen, und es steht zu erwarten, daß dies Gewaltanwendung unsererseits zur Folge haben würde. Erbitte Weisung, wie mit diesen Personen zu verfahren ist.«

Das Foreign Office beriet über diese neue Entwicklung. John Galsworthy war der Auffassung, daß »dieses neueste Telegramm die Lage nicht verändert«. Er, Brimelow und Patrick Dean hielten es für das Beste, wenn die Militärs die Repatriierungsfrage mit dem Gemeinsamen Stab der Alliierten klärten. Schließlich setzte Brimelow einen Brief für seinen Vorgesetzten Christopher Warner auf, in dem dem Kriegsministerium dringend nahegelegt wurde, die sowjetische Militärmission zu überreden, die zum Abtransport der Widerwilligen notwendigen bewaffneten Kräfte selbst zu stellen. Um sich auch der amerikanischen Einwilligung zu versichern, sollte der Gemeinsame Stab zu Rate gezogen werden, »doch deren Entscheidung wird nicht auf die 55 Personen in Rom anzuwenden sein, da Frauen und Kinder vermutlich nicht als Kriegsgefangene gelten können; sie wird jedoch auf die Kosaken in Österreich, die Kriegsgefangene sind, anwendbar sein. Wenn diese Annahme zutrifft, ergibt dies einen zusätzlichen Grund, zunächst die Frage der kleinen Gruppe in Rom zu lösen und dann erst die der Kosaken.« Die unterschiedlichen Auffassungen der Militärs und des Foreign Office kamen bei einer Besprechung der beiderseitigen Vertreter am 31. Juli zum Ausdruck. Thomas Brimelow erklärte, obwohl »diese Politik peinlich ist, da sie von der seit langem etablierten Politik der britischen Regierung bezüglich politischer Flüchtlinge abweicht«, sei das Foreign Office dennoch der Ansicht, Kriegsgefangene und Flüchtlinge »gleich zu behandeln und sie den Russen auszuliefern, einerlei ob sie das wollen oder nicht«. Worauf Generalmajor A.V. Anderson erwiderte, »daß nach seiner Auffassung das Jalta-Abkommen bezweckt habe, durchführbare Maßnahmen für die Repatriierung befreiter Sowjetbürger festzulegen, damit jedoch nicht beabsichtigt gewesen sei, für die gewaltsame Repatriierung politischer Flüchtlinge zu sorgen, die keiner Unterstützung der Achsenmächte schuldig waren und auch nicht nach Rußland zurückzukehren wünschten«. Brimelow gab keine Antwort.[24]

Doch trotz des Drängens des Foreign Office erhoben sich immer unüberwindlichere Hindernisse gegen seine Politik. Die amerikanische Einwilligung, die in den Gebieten, in denen Russen unter gemeinsamer alliierter Kontrolle standen, unabdingbar war, erschien zweifelhaft. Die Nachricht über die Absage des Transports auf der *Monticello* war inzwischen durchgekommen, und bisher war nicht bekannt, daß es sich dabei lediglich um eine taktische Verzögerung des State Department handelte. Überdies gab es beunruhigende und unverständliche Berichte über Behinderungsmaßnahmen seitens der amerikanischen Militärs. Am 29. Juli hörte das Foreign Office mit Besorgnis, daß General Paul Paren von der amerikanischen 26. Infanteriedivision »auf Weisung höherer militärischer Instanzen gehandelt habe, als er militärische Streitkräfte, die in deutscher Uniform in Kriegsgefangenschaft geraten waren, nicht übergab«. Hierbei handelte es sich um »mehrere Tausend« früherer russischer Wehrmachtsangehöriger.[25]

Es sollte noch ärger kommen. In Jalta hatten sich die drei großen Verbündeten getroffen, um die Strategie für den endgültigen Sieg über Nazideutschland zu planen. Diese Aufgabe war jetzt, sechs Monate danach, vollzogen, und am 17. Juli trafen sich Truman, Churchill und Stalin im Cäcilienhof in Potsdam. Die Grenzen dessen, was Churchill früher einmal den »bolschewistischen Affenstall« genannt hatte, waren 1000 Kilometer weiter nach Westen, von den nebligen Sümpfen des Pripet zur rasch-fließenden Elbe im Herzen Europas, vorgerückt. Nun blieb abzuwarten, wie die Staatsmänner sich das Auferstehen eines neuen Europa aus den Trümmern des alten vorstellten.

Die Frage der russischen Flüchtlinge stand unweigerlich auf dem Diskussionsprogramm. Die Mehrzahl von ihnen war bereits repatriiert worden, doch die Zurückgebliebenen stellten in vielerlei Hinsicht ein noch beängstigenderes Problem dar. Diejenigen, die die Barbareien der Massenrepatriierungen hingenommen hatten, hatten nun doch Gewissenskonflikte. Die unvorhergesehenen Horrorszenen in Lienz, Odessa und an anderen Orten hatten Abscheu und auch die Furcht vor unliebsamem Aufsehen erweckt. Was würde geschehen, wenn die Wahrheit über die Zwangsrepatriierungen an die Öffentlichkeit drang? Heute ist keine der Personen, die damals mit den Maßnahmen und ihrer Durchführung zu tun hatten – was zugleich eine Zusammenarbeit mit dem SMERSCH bedeutete –, bereit, über die Angelegenheit zu sprechen. Was wäre gewesen, wenn sie 1945 aufgefordert worden wären, ihre Entscheidungen zu rechtfertigen?

Bei der Plenarsitzung am 22. Juli in Potsdam behauptete Molotow, daß die Briten eine große Anzahl sowjetischer Staatsbürger in einem Lager in Cesenatico bei Ravenna zurückhielten. Das daran so besonders Bedrohliche war, daß sie noch immer als ganze, aus zwölf Regimentern bestehende Division organisiert waren. Die Offiziere waren noch von den Deutschen eingesetzt worden, und die Gesamtziffer belief sich auf nicht weniger als 10000. Churchill antwortete, daß er diesen Bericht sofort prüfen lassen werde, und Feldmarschall Alexander schickte ein Telegramm mit der Bitte um Einzelheiten an General Morgan im Alliierten Hauptquartier.

Morgans Antwort traf bald ein, doch der Vorfall hatte den Premierminister sichtlich beunruhigt. Am nächsten Tag schrieb sein

Privatsekretär, Leslie Rowan, an Edens Assistenten, Pierson Dixon: »Der Premierminister ... hat die Ansicht ausgedrückt, daß ein Wandel in unserer gegenwärtigen Politik in bezug auf die Repatriierung sowjetischer Staatsbürger in unserem Gewahrsam stattfinden solle. Er schlägt vor, die Haltung einzunehmen, daß auch wir nicht auf unfreiwilliger Repatriierung etwaiger britischer Untertanen in sowjetischem Gewahrsam bestünden. Auch sie sollten freie Wahl haben, ob sie heimkehren wollten oder nicht. Daraus würde folgen, daß man die sowjetischen Staatsbürger in unseren Händen auf die gleiche Weise behandeln könnte, d.h. daß sie nicht gezwungen wären, gegen ihren Willen in die UdSSR zurückzukehren.«
Diese Note wurde sofort mit der Bitte um Kommentar an den Rechtsexperten des Foreign Office, Patrick Dean, weitergeleitet. Dean notierte, daß es »ernstliche Einwände« gegen die Ansicht des Premierministers gebe. Es stimme, daß ein britischer Offizier (Youmatoff) die »Hinrichtung« von 35 Russen auf dem Kai von Odessa gesehen habe. Es gebe jedoch »sehr gewichtige« Gründe, die gegen die vorgeschlagene Änderung der Politik sprächen, obwohl man wahrscheinlich Anstrengungen unternehmen könne, den einen oder anderen offensichtlich Unschuldigen zurückzubehalten. Abschließend bemerkte er: »Wenn der Premierminister, wie es den Anschein hat, durch Molotows Beschwerde über die 10000 Ukrainer in Italien bei der kürzlichen Plenarsitzung hierzu bewogen worden ist, darf nicht vergessen werden, daß viele von ihnen Polen sind, die ohnehin nicht repatriiert werden, und sie anscheinend eine Gesamteinheit darstellen, die unter deutschem Befehl gekämpft hat, und wir ihnen daher kein übertriebenes Mitgefühl entgegenzubringen brauchen.«[26]
Unterstaatssekretär Sir Alexander Cadogan setzte daher eine Aktennotiz für Dixon auf, in der dem Premierminister mit größter Dringlichkeit nahegelegt wurde, seinen Vorschlag fallenzulassen. Alle wohl bekannten Argumente wurden wiederum angebracht: die von Eden gegenüber Molotow in Moskau und Jalta gemachten Versprechungen, die Notwendigkeit, eine baldige Rückkehr der britischen Kriegsgefangenen sicherzustellen, die Unmöglichkeit, wirksame Überprüfungen durchzuführen, und die Notwendigkeit, sich

den Sowjets behilflich zu zeigen. Die Russen, um die es ging, seien praktisch alle »mehr oder weniger Kollaborateure der Deutschen gewesen« und viele von ihnen seien »höchst unerfreuliche Typen«. Vor allem aber »sehen wir nicht, wie wir das Versprechen zurücknehmen können, ohne uns in einen ernstlichen Streit mit der Sowjetregierung zu verwickeln«.

Vom Premierminister kam mehrere Tage keine Antwort. Unterdessen telegraphierte General Morgan aus Italien, daß die von Molotow beanspruchten 10000 »Sowjetbürger« in Wirklichkeit Ukrainer überwiegend polnischer Staatsangehörigkeit seien, die ohnehin gerade von der sowjetischen Militärmission überprüft würden. Als Alexander dieses Telegramm in Potsdam erhielt, gab er seinem äußersten Mißfallen darüber Ausdruck, daß Molotow eine so unbegründete Beschwerde geführt hatte, ohne sich vorher mit dem Alliierten Hauptquartier in Verbindung zu setzen. Zur gleichen Zeit unterbreitete das Foreign Office Churchill eine Information, die, in Miniatur, die Auffassung des Foreign Office darlegte, wie mit den Sowjets zu verhandeln sei. General Morgans Aussage sei fabelhaft dazu geeignet, Molotow und Golikow einen Hieb zu versetzen, da beide offenbar einen diplomatischen Schnitzer gemacht hatten. Man solle jedoch den Triumph nicht zu weit treiben: »Es wäre sehr gefährlich, wenn wir der Sowjetregierung andeuteten, daß wir uns das Recht vorbehalten, nachweisbare Sowjetbürger, die nicht repatriiert werden wollen, zurückzuhalten.«

Bald darauf schickte Rowan, im Auftrage Churchills, eine Antwort an Dixon: »Vielen Dank für Ihre Aktennotiz vom 27. Juli über die Repatriierung der Sowjetbürger in die Sowjetunion. Ich stimme mit Ihnen überein, daß es nicht nötig ist, in dieser Angelegenheit weiter etwas zu unternehmen.«[27]

Was hatte Churchill bewogen, seine Ansicht zu ändern? Wir wissen heute, daß die britischen Offiziere, die die Ukrainer in Cesenatico bewachten und von den Ereignissen in Österreich hörten, »eindringlichste Appelle an die Behörden richteten, die Ukrainer nicht einem ähnlichen Schicksal zu überantworten.«[28] Hauptmann Tom Gorringe, der dieses Lager verwaltete, schickte einen noch eindeutigeren Protest. Sowohl er als auch die im Lager internierten Ukrainer hatten den Eindruck, daß ihre Repatriierung bereits beschlossene Sache sei. Von dem Augenblick an wurden die Selbstmorde der Lagerinsassen auf einen oder zwei pro Tag geschätzt. Hauptmann Gorringe war über diese Aussicht so erregt, daß er »in einem Augenblick der Wut« folgendes Gesuch einreichte: »Wenn Befehl ausgeführt wird, bitte Beerdigungskommando schicken.« Er erfuhr später, daß seine Nachricht an das Foreign Office weitergeleitet worden war, vermutlich vom freundlich gesinnten Alliierten Hauptquartier.[29]

Es stand diesesmal nicht zu erwarten, daß sich solch eine Operation geheimhalten lassen würde. Einflußreiche Kreise hatten ihr Interesse kundgetan – General Anders, der Befehlshaber des Polnischen 2. Corps hatte sich beschwert, daß die sowjetische Militärmission in Italien versuche, polnische Staatsangehörige zu entführen[30] – und es war wahrscheinlich, daß sich viele der von den Sowjets angeforderten Soldaten auf ihre polnische Staatsbürgerschaft berufen konnten. Am 5. Juli hatte der Vatikan dem Foreign Office und dem State Department die Bitte zugehen lassen, die Tausende Ukrainer im Westen nicht zurückzuschicken. Hierauf antworteten die Vereinigten Staaten, daß man nur Personen repatriieren werde, die 1939 sowjetische Staatsbürger gewesen seien. Für das Foreign Office machte John Galsworthy folgende Aktennotiz: »Wir wünschen nicht, das Augenmerk auf diesen Aspekt des Abkommens zu richten, das allerdings im Widerspruch zu unserer traditionellen Einstellung gegenüber politischen Flüchtlingen steht; ich schlage vor, daß es besser ist, diese Mitteilung nicht zu beantworten . . .«[31]

Es scheint daher am wahrscheinlichsten, daß Churchill eine blutige und öffentliche Wiederholung der Juni-Ereignisse in Lienz befürchtete. Als man ihn über diesen Punkt beruhigen konnte, zog er seinen Einspruch zurück.[32] Obwohl die Frage während der Konferenz verschiedentlich erhoben wurde[33], wobei ihr die sowjetische Seite ganz eindeutig große Wichtigkeit beimaß, blieb die alliierte Haltung in bezug auf Zwangsrepatriierung weigehend unverändert.[34]

Sowjetische Versuche, auch Staatsangehörige nach 1939 eroberter Länder anzufordern, wurden nie ernsthaft diskutiert. Sowohl die

Amerikaner als auch die Briten ließen keinen Zweifel daran bestehen, daß sie weder Polen noch Balten der sowjetischen Vergeltung überantworten würden. Von Anfang an war die Bezeichnung »sowjetischer Staatsbürger« (die im Jalta-Abkommen nicht näher definiert wurde) als auf Personen zutreffend ausgelegt worden, die innerhalb der 1939 gültigen Grenzen der Sowjetunion gelebt hatten.[35] Tausende oder gar Millionen von Esten, Letten, Litauern, Ostpolen und Bessarabiern fielen unter die Rubrik »umstrittene Personen«, d.h. sie wurden von den Sowjets als Staatsbürger beansprucht, jedoch von den Westmächten nicht als solche anerkannt. Viele Monate, und sogar jahrelang lebten diese Menschen in der Furcht, auch an die UdSSR ausgeliefert zu werden. In Wirklichkeit zogen die Alliierten jedoch, soweit bekannt, ihre Rückkehr nie in Betracht. Die internationale Empörung und die Rückwirkungen wären zu gewaltig gewesen. Der Umstand, daß die Sowjets zwar murrten, sich aber in diese Begrenzungen schickten, deutet an, daß sie vermutlich auch nicht drastisch durchgegriffen hätten, wenn die Alliierten andere, die sie zurückschickten, einbehalten hätten. In ihren schrillen Forderungen machten die sowjetischen Sprecher zwischen Staatsbürgern vor und nach 1939 keinen Unterschied, und im Fall der »umstrittenen Personen« folgten sie offensichtlich ihrer üblichen Taktik, alles zu fordern und sich dann im stillen mit dem zufriedenzugeben, was sie bekamen.

Eine Gruppe, die berechtigte Angst vor einem alliierten Handel auf ihre Kosten zu haben glaubte, waren die Angehörigen der Lettischen Legion der Waffen-SS. Von ihren zwei Divisionen saß die 19. bei Kriegsende in Kurland in der Falle. Die andere, die 15., hatte jedoch das Glück, nach erbitterten Kämpfen an der Ostfront im April 1945 zur Neuausrüstung nach Deutschland zurückbeordert zu werden. Als die Niederlage nahte, marschierten sie nach Westen und ergaben sich bei Schwerin den Amerikanern. Von dort wurden sie in ein Lager in Ludwigslust verlegt, in dem auch andere SS-Einheiten interniert waren. Als die Amerikaner im Juli Maßnahmen für die Verlegung der sowjetischen Grenze nach Westen trafen, wurden die anderen Einheiten mit der Bahn in ein Lager bei Hamburg gebracht. Ian Bogaert, der damals bei der flämischen Langemark-Di-

vision der Waffen-SS diente, erinnert sich, daß die Letten in Ludwigslust »hochdiszipliniert waren, von ihrem eigenen Offizier angeführt immer zum Appell und zum Flaggeneinholen antraten und dabei ihre Nationalhymne sangen«. Das Maskottchen ihrer Division war »ein fünf- oder sechsjähriger Junge, der eine Miniaturuniform der Waffen-SS trug«. Bogaert und seine Gefährten hörten, daß die Letten »den Russen *en bloc* ausgeliefert werden sollten, vermutlich wenn das Gebiet von den Russen übernommen werde«.[36]
Die Letten selbst befürchteten das Schlimmste. Doch ihre Ängste wurden, jedenfalls für den Augenblick, zerstreut, da auch sie weiter nach Westen gebracht wurden. Sie wurden in Ostfriesland an der holländischen Grenze interniert. John Antonevics war damals ein Soldat der 15. Division und erinnert sich noch gut an die Periode der Spannung, die dann folgte. Sie blieben monatelang im Lager, wurden so gut versorgt, wie es die britischen Mittel zuließen, und waren den Umständen entsprechend guten Mutes. Aber was sollte mit ihnen geschehen? General Dragun von der sowjetischen Mission in Paris wußte zweifellos, wo sie waren, und setzte gewiß jedes Druckmittel ein, um die Briten zur Übergabe dieser erbittert antisowjetischen Truppen zu bringen.[37] Wie hartnäckig würden sich die Engländer für eine Division verwenden, die so verbissen gegen die Sowjets gekämpft hatte? Überdies hatten sie (wenn auch nicht freiwillig) der Waffen-SS angehört – ein Umstand, der sie Mißverständnissen aussetzen mußte.
Gerüchte und Spekulationen waren an der Tagesordnung, doch die britischen Truppen und die UNRRA-Vertreter, die sie versorgten, wußten selbst auch nichts. Dann kehrte plötzlich der Befehlshaber, Oberst Osis, von einem seiner regulären Besuche beim britischen Stab zurück. Er war in höchster Aufregung, und bald sickerte im Lager die Nachricht durch, daß die ganze lettische 15. Division »verschwinden« solle. »Jeder Mann muß für sich selbst sorgen«, erklärte Oberst Osis, »sonst werden wir ausgeliefert.« Sofort ging es im Lager zu wie in einem Ameisenhaufen. Mit Hilfe ihrer Landsleute in Verschlepptenlagern verschafften sich die Soldaten Zivilkleidung und Papiere – die Papiere waren, im Jargon der Flüchtlinge, »von den Lindenbäumen gefallen«. John Antonevics machte

sich am Silvesterabend aus dem Staub. Als das Jahr 1946 anbrach, war die ganze Division verschwunden, und die Mehrzahl hatte Unterschlupf in der relativen Sicherheit der Verschlepptenlager gefunden.[38]

Die britischen Befehlshaber, vielleicht durch die sowjetischen Forderungen gewarnt, hatten mit dieser praktischen Methode ein womöglich peinliches Problem gelöst. Die Letten wurden gerettet, doch andere Balten hatten weniger Glück. In der zweiten Hälfte 1945 war Anthony Shorland Ball, ein Hauptmann in einem *Leicestershire*-Regiment zur Militärregierung in Greven bei Münster abkommandiert worden. In Greven gab es ein russisches »Dorf«, das von sowjetischen Truppen überwacht wurde. Es gehörte zu Shorland Balls Pflichten, Transportmittel zur Verfügung zu stellen, sobald eine weitere Gruppe Russen zur Heimreise bereit war. Im allgemeinen lieferte er jeweils zehn Lastwagen, und sobald alles vorbereitet war, war er gewöhnlich bei der Abfahrt anwesend. Ehe dies beginnen konnte, mußte er jedoch prüfen, ob auch alle Passagiere tatsächlich Sowjetbürger waren. Diese Prüfung wurde genau nach den Vorschriften folgendermaßen vollzogen:

Die Gefangenen, jeden Alters und beiderlei Geschlechts, wurden unter Bewachung zu einem Sammelplatz gebracht und dort auf die wartenden Lastwagen verladen. Shorland Ball ging dann nacheinander auf jeden Lastwagen zu. Er führte eine Kopie des Jalta-Abkommens[39], mit sich und eine Landkarte, auf der die 1939er Grenzen der UdSSR klar eingezeichnet waren. Er hielt diese Landkarte hoch und erklärte dann (mit Hilfe eines Dolmetschers), niemand, der damals *westlich* dieser Grenzen gelebt habe, könne zur Rückkehr gezwungen werden, und jede entsprechende Person, die nicht abreisen wolle, dürfe aussteigen. Von August bis Dezember versah Hauptmann Shorland Ball diese Pflicht regelmäßig. Jeder russische Transport bestand aus etwa 250 Personen. Bei keiner Gelegenheit reagierte einer der Flüchtlinge auf seine Bekanntmachung, noch äußerten sie ein Wort. Ihre Zurückhaltung ist kaum überraschend, da sie von sowjetischen Truppen mit Maschinengewehren umringt waren. Die Offiziere sahen noch bedrohlicher aus, da ihre Hände griffbereit auf ihren Pistolen lagen. Shorland Ball erinnert sich sehr deutlich, daß »keiner wagte, ein Wort zu sagen, und alle Todesangst vor den Soldaten hatten ... Sie saßen nur trübselig und stumm da«. Selbst seine lettische Dolmetscherin war sichtlich terrorisiert und wich nicht von seiner Seite.[40] Die Schlußfolgerung, daß auf diese Weise auch eine Anzahl von Balten und Polen mitgeführt wurden, ist nicht zu umgehen.

Im Spätsommer 1945 erschien die Zwangsrepatriierung zwar in der Theorie eindeutig, war jedoch in der Praxis konfus. Die Briten waren ohne Einschränkung für Gewaltanwendung, und die Amerikaner hatten zögernd die gleiche Haltung angenommen. Unter den Soldaten beider Länder herrschte jedoch weitverbreitete Opposition gegen diese Politik. Während ein britischer General wie Alexander stillschweigend eindeutige Weisungen ignorieren konnte, standen die amerikanischen Politiker sowie auch die Militärs an Ort und Stelle in bezug auf die Politik ihrer Regierung offenbar noch vor einem völligen Rätsel. Dies spiegelte die anhaltenden Zweifel und Befürchtungen des State Department gegenüber einer Maßnahme wider, die nur mit äußerstem Widerstreben durchgeführt worden war.

Bereits im Dezember des Vorjahres hatte Alexander Kirk, als der politische Berater in Italien, eine kategorische Erklärung von Stettinius erhalten, daß es die Politik der Vereinigten Staaten sei, alle Sowjetbürger zu repatriieren, »einerlei, ob sie selbst ausgeliefert werden wollen«.[41] Doch am 7. August 1945 bat er in der gleichen Angelegenheit wieder um Weisung. Der neue Außenminister Byrnes antwortete umgehend und bestätigte, daß dies noch immer die Politik der Vereinigten Staaten sei.[42] Hinter Kirks Begriffsstutzigkeit mag sich Absicht verborgen haben. Er wußte, wie ungemütlich sich das State Department in dieser Sache fühlte, und war vermutlich der Ansicht, daß es nicht schaden könne, wenn man es zwang, schwarz auf weiß darzulegen, was in seinem Namen auf der anderen Seite des Atlantik geschah. Ohne daß Kirk es wußte, war jedoch bereits eine Bewegung im Gange, die in wenigen Tagen den amerikanischen Soldaten eine Kostprobe dessen geben sollte, was die Briten in Österreich unternommen hatten. Begriffsstutzigkeit und Umgehungstaktik konnten nichts an der herben Tatsache ändern, daß das

State Department in der Tat seine Zustimmung erteilt hatte, auch Bajonette zu benutzen, um Menschen der Sklaverei, der Folter und dem Tod auszuliefern. Der Umstand, daß es Widerstreben zeigte, wo das Foreign Office Eifer an den Tag gelegt hatte, änderte nichts an der Tragödie selbst.

In Kempten waren mehrere Hundert Kosaken und Russen der Wlassow-Armee interniert. Trotz des ihnen entgegengebrachten Widerstands gelang es den amerikanischen Behörden nach einer Weile, ziemlich genaue Listen aufzustellen und die alten Emigranten von den neuen zu trennen. (Im Gegensatz zu den Briten in Österreich zogen die Amerikaner zu keiner Zeit auch nur in Betracht, den Sowjets Menschen auszuliefern, die seit über zwanzig Jahren Flüchtlinge gewesen waren.) Am 22. Juni traf ein Befehl ein, demnach die neuen Emigranten in ein Lager bei München verlegt werden sollten. Da sich diese vor dem tieferen Sinn dieses Unternehmens fürchteten, legten sie heftigen Protest ein, und die örtlichen Militärbehörden widerriefen den Befehl. Ein Friede, dem erniemand traute, legte sich wieder über das Lager, obwohl sofort erneute Besorgnisse wach wurden, als die Gefangenen von den britischen Auslieferungen in Österreich erfuhren. Diese Nachricht hatte anderthalb Monate gebraucht, zu ihnen zu gelangen: ein Kuban-Kosak erschien am 16. Juli mit dieser Sensation.[43] Eine Weile geschah weiter nichts, bis den Insassen am 11. August mitgeteilt wurde, daß die Sowjetbürger am folgenden Tag in die UdSSR zurückgeschickt würden – aufgrund der gleichen Erwägungen, die schließlich auch das Schicksal der Gefangenen in Fort Dix besiegelten. Nach sorgfältiger Überprüfung standen 410 Mann auf der Repatriierungsliste. Eine Gruppe entkam über Nacht, da es die amerikanischen Wachen mit ihren Pflichten offenbar nicht sehr genau nahmen. Die übrigen bereiteten sich auf Widerstand vor, und es folgten Szenen, die an jene erinnerten, die die britischen Offiziere im Drautal zehn Wochen zuvor miterlebt hatten. Am frühen Morgen des 12. Juli war die Lagerkirche (eine verwandelte Turnhalle) mit Russen besetzt, von denen eine Reihe alte Emigranten waren und nicht der Repatriierung unterlagen, aber aus Solidarität zu ihren unglücklichen Kameraden hielten.

Als die amerikanischen Truppen das Gebäude betraten, um die Sowjetbürger abzuholen, trafen sie eine ganze Kirchengemeinde, die sich eng zusammendrückte und weinend um Gnade flehte. Der amerikanische Major war mit einer Situation konfrontiert, die in seiner militärischen Ausbildung nicht vorgesehen war, und gab seinen Leuten Befehl, sich zurückzuziehen. Weder er noch die Soldaten waren bereit, mit der notwendigen Gewalt vorzugehen, und seine Vorgesetzten übertrugen die Aufgabe einem Trupp Militärpolizei unter dem Befehl eines Oberst Lambert. Nachdem diese wiederum erfolglos alle zur Rückkehr Ausersehenen aufgefordert hatten, das Gebäude zu verlassen und auf die wartenden Lastwagen zu steigen, drang der Trupp auf die verschreckte Gemeinde ein, die zur gegenüberliegenden Wand zurückwich. Nun warf sich die Militärpolizei auf die widerstrebende Menschenmenge, griff einzelne heraus und brachte sie mit Gewalt ins Freie. Der Vorfall war für sämtliche Anwesenden um so abstoßender und erschreckender, als er sich in einer Kirche zutrug. Die Militärpolizisten droschen auf die Leute ein und schlugen sie mit Gewehrkolben bewußtlos; der Altar wurde umgeworfen; Ikonen wurden zertrümmert; Meßgewänder wurden zerrissen. Draußen sahen die NKWD-Offiziere belustigt den energischen Anstrengungen der Amerikaner zu, sich ihnen gefällig zu erweisen.

Schließlich waren alle aus dem Gebäude gezerrt worden, und in der Kirche waren nur die zerstörten Heiligtümer, Blutflecken und Kleiderfetzen übriggeblieben. Im Freien wurden die Russen wieder in zwei Gruppen aufgeteilt und die Sowjetbürger auf die Lastwagen gebracht, während die alten Emigranten in ein nahegelegenes Schulgebäude in der Salzmannstraße gebracht wurden. Die in der Schule untergebrachten Russen waren jedoch noch nicht in Sicherheit. Einer von ihnen, der versuchte, durch ein Fenster zu entkommen, wurde von den Amerikanern beschossen.[44] Die Gruppe auf den Lastwagen wurde zum Bahnhof gebracht und dort auf einen Güterzug verladen, der jedoch erst am nächsten Morgen in die Sowjetzone abfuhr, so daß einigen noch die Flucht gelang. Zu diesem Zeitpunkt zeigten die Amerikaner wenig Neigung, Fluchtversuche zu verhindern, und die Gruppe, die schließlich die Sowjetzone erreichte, bestand nur noch aus etwa 40 Gefangenen. Selbst von ihnen hätten noch manche entkommen können, wenn nicht kommunistische Sympathisanten unter der UNRRA-Belegschaft des Lagers eifrig aufgepaßt hätten. Wie berichtet wird, tat sich darin vor allem eine mit einem französischen Kommunisten verheiratete Russin bösartig hervor.

Den zuschauenden sowjetischen Offizieren war die Zerstörung einer Kirche und die Abführung der Gemeinde ein ebenso vertrauter Anblick wie Lenins kalmückischen Vorfahren während der Tatareneroberungen. Auch gehörten solche Bilder in dem vergangenen Vierteljahrhundert in Rußland zur Tagesordnung. Anderen Anwesenden jedoch erschienen sie ungerechtfertigt und grauenvoll. Die beschämten Amerikaner sahen, daß sich ihr angesehener schwarzer Landsmann Dr. Washington an die Kirchenwand lehnte und wie ein Kind weinte.[45]

Unter den amerikanischen Soldaten rief der Vorfall weitgehend Abscheu hervor. Am 4. September forderte Eisenhower persönlich, diese ganze Politik noch einmal einer dringenden Prüfung zu unterziehen.[46] Der amerikanische politische Berater in Deutschland, Robert Murphy, war ebenfalls tief beunruhigt. Vierzehn Tage später telegraphierte er an den Außenminister und fragte: »Haben wir in Jalta die ausdrückliche Verpflichtung auf uns genommen, diese Russen wenn nötig auch mit Gewalt zu repatriieren?«

Die Antwort traf zwei Tage später ein. Sie war von H. Freeman Matthews, dem Direktor des Büros für europäische Angelegenheiten, im Namen des Außenministers verfaßt worden. In Jalta war »Doc« Matthews ein einflußreiches Mitglied der Entourage Roosevelts gewesen, und auch in Potsdam »verließ sich Byrnes sehr auf ihn«.[47] Matthews erläuterte in etwas weitschweifigem Stil, daß die amerikanische Politik in dieser Angelegenheit allerdings eine enge Zusammenarbeit mit den Sowjets beinhalte. Auch in den Vereinigten Staaten habe es Widerstände und Gewaltanwendung gegeben. Er endete in einem Ton, der schon aus einem früheren Stadium der Verhandlungen vertraut war: »Zu Ihrer vertraulichen Kenntnisnahme – das State Department versucht, diese Fälle so zu behandeln, daß den Sowjetbehörden keinerlei Vorwand geboten wird, die

Rückkehr der Amerikaner in japanischer Kriegsgefangenschaft, die jetzt vor allem in der Mandschurei unter sowjetischer Kontrolle stehen, zu verzögern.«[48]

Diese Antwort war jedoch keineswegs die kategorische Definition einer Politik, die auch Gewaltanwendung vorsah. Die Vereinigten Staaten waren bereit, sich bei der Zufriedenstellung der Sowjets einige Mühe zu geben, doch in welchem Ausmaß und für wie lange, blieb dabei dunkel. Ihre Haltung war pragmatisch und empirisch. Die Einstellung des britischen Foreign Office war völlig anders. Die Möglichkeit, daß die Sowjets in der Mandschurei einige Hundert britischer Kriegsgefangener entdecken könnten, war auch hier, genau wie für das State Department, ein Gesichtspunkt.[49] Das Hauptanliegen war jedoch, Edens im Oktober 1944 gegebenes Versprechen solange zu halten, bis der letzte zu repatriierende Russe auch sicher übergeben war. Trotz der Einwände des Kriegsministeriums, die General Anderson bei einer Besprechung am 31. Juli vorbrachte, wurde betont, daß diese Haltung nicht aufgegeben werden dürfe.

Man hätte annehmen können, daß der Regierungsantritt der Labour Partei Ende Juli eine Überprüfung der Politik Edens zur Folge haben würde. Aber der neue Außenminister, Ernest Bevin, hielt diese von seinen höchsten Beamten so sehr befürwortete Haltung weiterhin aufrecht.[50] General Anderson hatte um ministerielle Weisung über die 55 Zivilisten in Rom gebeten, deren Repatriierung in Frage stand, doch nach kurzer Besprechung mit Sir Alexander Cadogan kritzelte Bevin an den Rand der Aktennotiz nur die wenigen Worte: »Lassen Sie sie gehen.«[51]

Vierzehn Tage später versicherte er dem sowjetischen Botschafter Gussew in einer langen Unterredung, daß die britische Politik unverändert bleibe.[52] Mit der Weisung seines Ministers ausgerüstet, teilte Christopher Warner General Anderson mit, daß die Entscheidung getroffen sei, und schloß zuversichtlich: »In Anbetracht dieser ministeriellen Weisung nehmen wir an, daß Sie die Angelegenheit nicht dem Gemeinsamen Stab vorlegen werden und jetzt mit der Überführung dieser Leute begonnen werden kann.«[53]

Alles schien geregelt. Das Foreign Office hatte gesprochen, die Soldaten mußten gehorchen. Die Auslieferung der 500 Gefangenen in Dölsach und der 55 in Cinecittà an das NKWD war beschlossene Sache; als Gegenleistung würden die Sowjets zweifellos ihrerseits auch zu Konzessionen bereit sein. Aber die Soldaten waren widerspenstig, und der halsstarrigste war Feldmarschall Sir Harold Alexander. Während Warner an Anderson schrieb, hatte Alexander in Italien eine Besprechung mit dem sowjetischen Sonderbeauftragten für Repatriierungsfragen, Generalmajor J.D. Basilow, der gerade auf »besonderer Mission« aus Moskau eingetroffen war. Ohne jegliche Vorrede forderte Basilow die sofortige Repatriierung der 10000 »Sowjetbürger« im Lager Cesenatico. Alexander erklärte ihm, daß seine Befehle audrücklich Personen von der Repatriierung ausnahmen, die 1939 außerhalb der UdSSR-Grenzen gelebt hatten, und stellte fest, daß er »im Augenblick . . . nicht ermächtigt sei, Menschen gegen ihren Willen zur Rückkehr zu zwingen«. Als Basilow dies in Frage stellte, fügte Alexander hinzu, »wenn er den Befehl erhalte, werde er bei der Repatriierung auch Gewalt anwenden«. Er wolle über diesen Punkt sogleich die Weisung seiner Vorgesetzten einholen. Basilow nickte und forderte dann kühl die Repatriierung »der 30000 sowjetischen Staatsbürger im Polnischen Corps« – vermutlich solcher Polen, deren Heimat inzwischen in sowjetisch besetzten Gebieten lag. Alexander lehnte dies schroff ab. »Es muß deutlich festgehalten werden, daß die Polen unsere Verbündeten sind.« Er war über Basilows Forderung »äußerst überrascht«.[54]

Gleich nach dieser Zusammenkunft schrieb Alexander einen persönlichen Brief an den Oberkommandierenden des Imperialen Stabs, Sir Alan Brooke, und erklärte ihm, daß er entschlossen sei, den Sowjets nichts zuzugestehen, worauf sie kein striktes Anrecht hätten. Insbesondere würde er sich weigern, bei der Repatriierung von Sowjetbürgern Gewalt anzuwenden, es sei denn, er erhalte den ausdrücklichen Befehl hierzu.[55] Er schickte zudem eine Bitte um Weisung an das Kriegsministerium, verbunden mit einem ausführlichen und bewegenden Appell, seine Soldaten nicht dazu einzusetzen, unwillige Heimkehrer mit Bajonetten zur Rückkehr zu zwingen.[56]

Im August 1945 herrschte bei allen betroffenen Parteien Unzufriedenheit. Die Sowjets führten ihre üblichen lauten Beschwerden, daß die britische Armee in Deutschland die Einschüchterung und Behinderung der Sowjetbürger zulasse, die sich danach sehnten, zurückzukehren.[57] Das Foreign Office war aufgebracht, da die seit Jalta unverändert bestehenden Weisungen auf unverständliche Weise vereitelt wurden. Und nun kamen auch noch die ständigen Beschwerden der von der Angelegenheit am unmittelbarsten Betroffenen hinzu: der Soldaten, die die Maßnahmen an Ort und Stelle auszuführen hatten.

In Italien hatten die Offiziere, die die 10000 Ukrainer in Cesenatico bewachten, »die heftigsten Proteste« gegen die Zwangsrepatriierung ihrer Schützlinge erhoben.[58]

In Österreich war der Widerstand noch offener. Im Juli hatte Oberst Alex Wilkinson die Militärregierung der Provinz Steiermark übernommen. Mit der delikaten Diplomatie des Foreign Office hatte er nichts zu schaffen. Seine eigenen Worte geben seine Haltung am besten wieder, und ich zitiere daher den Bericht, den er mir freundlicherweise gegeben hat, wörtlich:

»In der Steiermark hatten wir mehrere Flüchtlingslager, für die wir sorgen mußten. Eines davon, mit etwa 1500 Insassen, lag unweit von Bruck an der Mur.

Es dauerte nicht lange, bis ich in Graz den Besuch zweier NKWD-Offiziere aus Wien erhielt, die mich auf das Jalta-Abkommen aufmerksam machten und erklärten, ich solle die Flüchtlinge auf eine Bahn verfrachten und nach Wien schaffen. Das Jalta-Abkommen bedeutete mir nichts, und ich erklärte den Russen, daß ich ihren Wünschen nachkommen würde, aber *nur* wenn die DPs *freiwillig* gingen. Diese zwei Halunken riefen dann Wien an und kamen eine Stunde später mit der Mitteilung zurück, die DPs auf einen Zug zu verladen. Hierauf gab ich ihnen die gleiche Antwort. Dann sagten sie, sie wollten sie besuchen und mit ihnen sprechen; ich willigte ein. Ich ließ den DPs Nachricht über das Vorgefallene zukommen und erklärte ihnen, daß der Besuch für den nächsten Tag um 10 Uhr anberaumt sei. Die NKWD-Halunken zogen ab, um ihr Werk zu verrichten. Das Treffen fand um 10 Uhr statt, aber nur 15 DPs fanden sich ein. Die Russen kehrten recht unwirsch nach Graz zurück und beschuldigten mich. Alles, was sie aus mir herauskriegen konnten, war, daß *falls* die 15, die zu dem Besuch erschienen waren, wirklich nach Rußland zurückkehren wollten, ich mich darum kümmern würde. Danach hörte ich nichts mehr über die Sache.«[59]

Auch in Deutschland gingen unentwegt Proteste ein. Oberst R.B. Longe leitete die Abteilung des Stabs der 21. Armeegruppe, die für die mit dem Jalta-Abkommen zusammenhängenden Durchführungsmaßnahmen verantwortlich war. Er hörte ständig von Selbstmorden, wobei sich die Russen unter Lastautos warfen und flehten, sie nicht in ihre Heimat zurückzuschicken. Viele Offiziere riefen ihn an und beklagten sich bitter über die ihnen übertragene Aufgabe; es kam auch häufig vor, daß sich die Soldaten weigerten, die nötige Gewalt anzuwenden, um widerstrebende Frauen und Kinder auf Lastwagen zu schaffen.[60]

Einer dieser Offiziere war Oberst Laurence Shadwell. Er war Befehlshaber der 506. Entsatzeinheit der britischen Rheinarmee bei der Militärregierung in Kiel und als solcher für eine Reihe großer Flüchtlingslager in der Gegend verantwortlich. Als überzeugter Christ gab Oberst Shadwell deutlich zu verstehen, daß er sich nicht in Repatriierungsmaßnahmen verwickeln lassen werde, sofern sie Gewaltanwendung bedeuteten. Wie in solchen Fällen üblich, wurde es daher auch nicht von ihm verlangt. Die meiste Zeit verbrachte er damit, sich gegen die fortwährenden Übergriffe der örtlichen sowjetischen Verbindungsoffiziere zur Wehr zu setzen, gegen die Einschüchterungen der Polen und anderer Nichtrussen, gegen Entführungen und in einem Fall sogar Mord. Von einem freundlichen kanadischen Ukrainer, der auch in der Militärregierung arbeitete, aufgeklärt, ließ Shadwell eine große Anzahl Ukrainer als Polen registrieren, einerlei ob sie es waren oder nicht. In seinem Befehlsbereich fanden keine Zwangsrepatriierungen statt. Anfang August trafen in seinem Lager jedoch drei Ukrainer aus dem nahegelegenen Flensburg ein. Sie erzählten fürchterliche Geschichten. Ein Lager mit 500 Insassen in Flensburg war von britischen Truppen und sowjetischen Offizieren umstellt worden. Nach wüsten Szenen hatte man die Gefangenen zur Repatriierung auf Lastwagen gebracht. Während des Gemenges war ein Gefangener von einem NKWD-Mann »auf der Flucht« erschossen worden. Die anwesenden Sowjetoffiziere waren in ihren Methoden nicht eben zart: in der gleichen Woche war in Flensburg NKWD-Leutnant Okorokow von der Militärregierung ausgewiesen worden, da er einen Polen aus Galizien brutal ermordet hatte. Das blutige Unternehmen in Flensburg trug sich fast zur gleichen Zeit zu wie die Parallelaktion der Amerikaner in Kempten.[61]

Es ist wahrscheinlich, daß alle, oder zumindest ein Teil der 500 so ausgelieferten Russen Angehörige eines Kosakenregiments waren, das Anfang Mai bei Flensburg von der *Shropshire Light Infantry* gefangengenommen worden war. Ein ehemaliger Gefreiter des englischen Regiments erinnert sich, daß ein russischer Oberst kam, um sich zu ergeben. »Er fragte mich, ob ich deutsch spräche, und erklärte: ›Ich bin der Oberst eines Kosakenregiments und bin hergekommen, um meine Soldaten in aller Form zu übergeben.‹« Er erläuterte, daß seine Soldaten Flüchtlinge vor dem Kommunismus seien und zu einem der Wehrmacht angegliederten Regiment zusammengestellt worden waren. »Ihre Hauptaufgabe war, die Deutschen mit Pferden zu versorgen. Zu jener Zeit hatten sie ihr Lager in einem etwa drei Kilometer entfernten Wald.« Einige Abende später begleitete der Gefreite Fred Ralph zwei seiner Kompanieführer zum Kosakenlager, wo ihre Gastgeber ihnen einen unvergeßlichen Abend mit Wodka, einem fabelhaften Essen und Kosakengesang boten. Im Lager befanden sich auch viele Frauen und Kinder.[62]

Die Ukrainer in Oberst Shadwells Lagern blieben die ganze Nacht erschrocken wach, und ihre begreifliche Panik legte sich auch in den folgenden Tagen nicht. Ein paar Tage später hatte Shadwell Gelegenheit, die Berichte über die Vorfälle in Flensburg zu lesen, und empfand, daß etwas unternommen werden müsse. Sein kanadischer Freund war im Begriff, einen Besuch in London zu machen. Mit Oberst Shadwells Beweismaterial ausgerüstet, legte er an hoher Stelle Protest ein. Er informierte einen Ratgeber Präsident Trumans in London sowie auch die Herzogin von Atholl und das Foreign Office.[63]

Offenbar hatte sich folgendes zugetragen. Die vielen im Mai, Juni und Juli repatriierten Russen stellten die überwiegende Mehrzahl jener von einem unerbittlich feindseligen Schicksal Gebeugten und Betäubten dar, die mehr oder weniger freiwillig zurückgekehrt waren. Jedenfalls war hierzu Gewaltanwendung in größerem Umfang nicht erforderlich gewesen. Als der August kam, war ihre Zahl bereits stark reduziert, doch die noch Verbleibenden waren diejenigen, welche die entschlossensten Schritte unternommen hatten, ihrer Repatriierung zu entgehen. Sei es, weil ihre Anzahl inzwischen so reduziert war, daß man auch diese Widerstrebenden in den Griff bekommen konnte, oder weil die anglo-amerikanische Militärregierung nun bereit war, auch dieses heiße Eisen in einer konzertierten Aktion anzufassen, kam es im August bei der Repatriierung Widerwilliger zu klarer Gewaltanwendung.[63a]

Jedenfalls ist festzustellen, daß erst im August Unternehmen stattfanden, die die wilde Verzweiflung der Gefangenen und die Empörung vieler damit beauftragter britischer und amerikanischer Soldaten auslöste. John Gray, ein Quäker, der mit einer Gruppe Zivilisten für ein Hilfswerk in den Verschlepptenlagern um Salzgitter tätig war, richtete am 4. August ein dringendes Gesuch an den britischen Außenminister. Darin legte Gray dar, daß die Militärbehörden am 3. August Befehl erhalten hatten, für die sofortige Auslieferung aller Sowjetbürger zu sorgen (es muß der gleiche Befehl gewesen sein, der die brutalen Vorfälle in Flensburg zur Folge hatte), und erhob heftigsten Einspruch gegen die damit verbundene Unmenschlichkeit. Er führte aus, daß viele der Bedrohten schworen, eher Selbstmord zu begehen, als zurückzukehren, und erklärte: »es läuft den liberalen britischen Traditionen gegenüber Flüchtlingen zuwider, diese Menschen gewaltsam zu repatriieren.« Die Geschäftsführer der UNRRA und des Roten Kreuzes seien entsetzt, und Gray beschwor Bevin, »die Angelegenheit zu überprüfen und eine humanere und christlichere Lösung für das Problem dieser heimatlosen Menschen zu finden.«[63b]

Obgleich Gray deutlich gemacht hatte, daß er sich auf die Gefahr bezog, die den unbestrittenen sowjetischen Staatsangehörigen, die östlich der Curzonlinie beheimatet waren, drohte, tat die (sieben

Wochen später erteilte) Antwort des Foreign Office so, als habe er sich nur auf Menschen bezogen, die aus Gegenden *westlich* dieser Demarkationslinie stammten. Daher war es möglich, die Repatriierung solcher Personen zu leugnen und die ganze Sache so darzustellen, »als beruhe sie auf einem Mißverständnis«. Inzwischen wurde der politische Berater in Deutschland angewiesen, den Militärs mitzuteilen, daß Zwangsrepatriierung nach wie vor auf dem Programm stehe.[64] Alles, was der britischen Rheinarmee zu tun übrig blieb, war, am 30. August einen Befehl herauszugeben, der noch sorgfältigere Maßnahmen festlegte, um die Repatriierung von Russen zu verhindern, die nach britischer Auslegung nicht eindeutig sowjetische Staatsangehörige waren.[65] Die Gangstertaktiken der sowjetischen Repatriierungsbeamten hatten jedoch den wachsenden Abscheu der britischen Offiziere und Mannschaften hervorgerufen, die nun in vielen Fällen die Politik ihrer Regierung entweder ignorierten oder vereitelten. Im ganzen hatte die heftige Reaktion auf die Gewaltanwendung im August zur Folge, daß die härteren Aspekte der Foreign-Office-Maßnahmen wesentlich gemildert wurden, auch wenn die Politik als solche weiterhin bestehen blieb.[66]

In Italien übte die sowjetische Mission unter General Basilow starken Druck aus, um die Rückführung der Sowjetbürger im allgemeinen, vor allem aber der Ukrainischen Division, zu erreichen. Nur eine verschwindende Minderheit der Ukrainer hatte sich freiwillig zur Heimkehr gemeldet, und alle Versuche Basilows, auch die Übrigen loszueisen, wurden von Feldmarschall Alexander schroff vereitelt. Als sich Basilow besonders eindringlich um eine Gruppe von 400 Kindern bemühte, erklärte der Alliierte Oberbefehlshaber scharf, daß er solche Einschüchterungsmanöver nicht dulde. Er erklärte sich bereit, freiwillige Heimkehrer auszuliefern, war aber »noch immer nicht ermächtigt, ihre Repatriierung mit Gewalt herbeizuführen«.[67] Unterdessen hatte (am 28. August) Alexanders Stabschef, General Morgan, seinen eigenen bewegenden Appell an das Kriegsministerium gerichtet. Er stellte zunächst fest, daß »Gewaltanwendung vermutlich auch dazu führen würde, sie mit Bajonetten in die Eisenbahnwaggons zu treiben und einzusperren und möglicherweise auch eine Reihe von ihnen mit Handschellen zu fesseln«, und erklärte dann: »Derartige Behandlung, verbunden mit dem Bewußtsein, daß diese unseligen Menschen in den ziemlich sicheren Tod geschickt werden, ist mit den Traditionen der Demokratie und Gerechtigkeit, wie wir sie verstehen, völlig unvereinbar. Überdies ist es auch höchst unwahrscheinlich, daß der britische Soldat, sobald er weiß, welchem Schicksal diese Leute überantwortet werden, bei den Maßnahmen, die nötig sind, um ihre Abreise zu erzwingen, ein williger Helfer sein wird.«

Eine Abschrift dieser Botschaft wurde an das Foreign Office weitergeleitet. Die Beamten dort lebten in der Vorstellung, daß Bevins Weisung der Angelegenheit ein Ende gesetzt habe, und waren begreiflichermaßen überrascht und verärgert. Man hatte angenommen, daß Bevins Bestätigung der Gewaltanwendung an das Alliierte Hauptquartier weitergegeben worden war. Sie war statt dessen im Kriegsministerium aufgehalten worden, da die Beamten dort noch immer die Folgen erwogen.[68] Am 1. September traf ein Telegramm des Foreign Office in Caserta ein und bestätigte noch einmal geduldig, daß die Politik festgelegt und unwandelbar sei. Frank Roberts von der Botschaft in Moskau wies darauf hin, daß die Sowjets einer Lockerung dieser Politik niemals zustimmen würden und es im gegenwärtigen Stadium außer Frage stehe, eine Alternative in Betracht zu ziehen.[69] Die Angelegenheit schien nun endlich geklärt zu sein, und General Blomfield im Kriegsministerium erteilte seine Zustimmung. »In Anbetracht der Weisung des Foreign Office bin ich der Ansicht, daß nichts anderes übrigbleibt, als den Sowjets diese Unglücklichen mit dem Minimum an Gewalt auszuliefern. Mir ist die Sache nicht sympathisch, aber ich sehe keine andere Möglichkeit.«[70]

Trotz seiner resignierten Worte nahmen die von den Militärs entgegengesetzten Hindernisse kein Ende. Wie Winston Churchill bei anderer Gelegenheit bemerkt hatte, gab es immer noch »alle möglichen Verzögerungsmanöver«. Wiederum war es Feldmarschall Alexander, der die erste Breitseite schoß. Er »nahm sicher an«, daß die festgelegten Maßnahmen nicht auf Italien zuträfen (sie waren ausdrücklich an Italien gerichtet!) und erhob noch einmal Einspruch gegen Gewaltanwendung, zumal gegen Frauen und Kinder.

Er war nicht nur von den brutalen Folgen seiner Befehle angewidert, sondern auch immer gereizter über die selbstherrlichen Unternehmungen, die General Basilow in Italien vornahm.[71] Aber wenn Alexander Basilow mühsam fand, so betrachtete seinerseits das Foreign Office den Feldmarschall als lästigen Störenfried. Obwohl John Galsworthy zugab, daß Soldaten zimperlich sein könnten, wenn es darum ging, mit Bajonetten auf Frauen und Kinder loszugehen, war es trotzdem »nicht zu dulden«, eine klare Weisung des Außenministers über einen Monat im Kriegsministerium aufzuhalten. Das Foreign Office hatte dem sowjetischen Botschafter versichert, daß alles in Ordnung sei, und dieser unvorhergesehene Aufschub brachte es nun in Gefahr, dumm dazustehen. Noch ärger war, daß die sowjetische Delegation diese Angelegenheit bei dem bevorstehenden Treffen der Außenminister vorbringen und auf diese Weise einen diplomatischen Sieg verbuchen konnte.

Alexanders Ansehen war jedoch so groß, daß seine Einwände sehr leicht zu weiteren Behinderungen und Verzögerungen seitens des Kriegsministeriums führen konnten. Dies machte Galsworthy Sorgen. Konnten denn nicht die Sowjets »Wachen« stellen, um die Schmutzarbeit zu leisten? Aber die Tatsache blieb bestehen, daß jede Änderung der Politik des Foreign Office in diesem späten Stadium » große Schwierigkeiten bereiten würde«. »Schließlich haben wir schon vor langer Zeit beschlossen, nicht zu versuchen, die Russen vor ihrer Regierung zu retten, wie wünschenswert dies auch aus rein menschlichen Gründen sein möge.«[72]

Ein Grund, der es erschwerte, wirksamen Druck auf Alexander auszuüben, lag bei den Amerikanern, die es unterließen, bei der strikten Durchführung dieser Maßnahmen mitzuhelfen. Alexander war immerhin Oberster Alliierter Befehlshaber, und strenggenommen mußte jede Neuerung im italienischen Bereich von beiden Mächten bewilligt werden. Alexander hatte ausdrückliche Befehle erhalten. Das Foreign Office war jedoch nicht gewillt, ein Risiko einzugehen, und führte daher seinen Angriff auf zwei Fronten. Zunächst übte es Druck auf das amerikanische State Department aus, der in einer Note Bevins an Byrnes gipfelte (beide waren auf der Außenministerkonferenz in London).[73] Zweitens wurde die britische Mission des Gemeinsamen Stabes in Washington dringend ersucht, den Gemeinsamen Stab der Alliierten um Erteilung unmißverständlicher Weisungen zu bitten. Die Mission berichtete, daß die Amerikaner unter Umständen mit den Briten über die Definition eines Sowjetbürgers nicht einig seien.[74] Im übrigen schien aber nun endlich die Bahn frei zu sein. Lord Halifax berichtete aus Washington, es sehe so aus, als ob die Amerikaner ihre früheren Einwände gegen die Zwangsrepatriierung fallen ließen, und John Galsworthy notierte dankbar, es habe den »Anschein, daß Feldmarschall Alexander endlich Weisung erhalten wird . . .«[75]

Die Dinge entwickelten sich zwar, waren aber noch keineswegs geregelt. Byrnes erwiderte auf Bevins Note, daß er den Rat des State Department in der Angelegenheit einholen werde, und telegraphierte unterdessen an den amtierenden Außenminister Dean Acheson in Washington. Er betonte, daß Bevin besonders daran gelegen sei, die 500 wieder eingefangenen Kosaken zu repatriieren, und fügte hinzu: »Bevin weist darauf hin, daß die Repatriierung dieser speziellen Gruppe Gewaltanwendung mit sich bringen könnte. Ich würde in bezug auf Gewaltanwendung selbstverständlich zögern.« Achesons Antwort enthielt eine volle Zusammenfassung der Lage und erklärte gleichzeitig, daß die Angelegenheit nun dem State Department-Kriegs-Marine-Koordinationskomitee zur Beurteilung vorgelegt worden sei. Seiner Ansicht nach war es wahrscheinlich, daß man das Jalta-Abkommen als Gewaltanwendung ausschließend auslegen werde. Andererseits war jedoch »vorgesehen, diese Auslegung des Abkommens nicht auf Sowjetbürger anzuwenden, die sich den feindlichen Streitkräften angeschlossen haben, daher als Verräter eines amerikanischen Verbündeten galten und auch als Verräter, notfalls mit Gewalt, in ihre Heimat zu repatriieren seien. Andere Kategorien sowjetischer Staatsbürger sollten jedoch nicht gegen ihren Willen repatriiert werden.« Die 500 Kosaken fielen unter die Kategorie der »Verräter« und müßten daher zurückkehren – besonders in Anbetracht des kürzlichen amerikanischen Unternehmens in bezug auf die Gefangenen in Fort Dix.[76]

Bevin war über den vorauszusehenden Aufschub enttäuscht. Er

hatte gehofft, Molotow eine befriedigende Antwort geben zu können. Die britische Botschaft in Washington wurde ersucht, auf eine baldige Entscheidung zu drängen, doch Lord Halifax konnte weiterhin nur antworten, daß bisher keine getroffen worden sei. Die Amerikaner würden vermutlich in die Repatriierung der 500 »Verräter« einwilligen, es war jedoch unwahrscheinlich, daß sie Gewaltanwendung im Fall der 55 Zivilisten akzeptieren würden. Nach Ansicht des Foreign Office war solch eine Entscheidung verheerend; schließlich »gibt es unter den Zivilisten viele, deren Benehmen nicht weniger verwerflich« als das der Kosaken gewesen sei. Ihre Schuld von vornherein anzunehmen, schien unter diesen Umständen nur gerechtfertigt. Es war zu erwarten, daß sich die amerikanische Auffassung in bezug auf die Frage auf diametral entgegengesetzte Prinzipien stützen würde. Das State Department sah »heftige Kritik seitens der Öffentlichkeit und des Kongresses voraus, die sowohl von humanitären Gesichtspunkten als auch von der traditionellen amerikanischen Auffassung über Asylrecht bestimmt sind, wenn die Regierung der Vereinigten Staaten Gewalt anwendet, um (Zivilisten) gegen ihren Willen zu repatriieren.«[77] Das Kriegsministerium, das mit der Weitergabe der Weisung an Alexander solange gezögert hatte, trug die alleinige Schuld an dem Aufschub, und das Foreign Office war der Ansicht, daß sich die Militärs »milde ausgedrückt, schäbig benommen hatten«. Daran ließ sich aber jetzt nichts mehr ändern, und man konnte nur abwarten und hoffen.[78]

Unterdessen stand den Auslieferungen in den von den Briten allein verwalteten Besatzungszonen in Österreich und Deutschland nichts entgegen. Hier bedurfte es keiner Zustimmung der Amerikaner. Doch selbst hier wurden die frommen Hoffnungen des Foreign Office unerwartet vereitelt. Die Bombe platzte am 5. Oktober, als John Galsworthy am Morgen seine *Times* aufschlug. Ein kurzer Artikel mit dem Titel »Männer, die sich weigern, nach Rußland zurückzukehren« fiel ihm ins Auge. Der einleitende Satz berichtete: »Die Anwendung von Gewaltmaßnahmen, um russische Staatsbürger zwangsweise aus der amerikanischen Zone Deutschlands in sowjetisches Hoheitsgebiet zu überführen, ist auf Befehl General Eisenhowers vorläufig abgesagt worden, bis die Regierung der Verei-

nigten Staaten ausdrücklich Weisung erteilt, amerikanische Truppen für solche Zwecke einzusetzen.«
Nach Schätzungen würden 26400 Sowjetbürger in Flüchtlingslagern von der zeitweiligen Außerkraftsetzung dieser Maßnahme profitieren, fuhr der Bericht fort.
»Auf die Frage, ob die Berichte, wonach Soldaten über die Köpfe der Russen oder in den Boden vor ihnen geschossen haben, um sie zu zwingen, auf die Züge zu steigen, die sie nach Rußland zurückbringen sollten, zuträfen, antwortete ein Offizier: ›Es ist möglich, daß eine Zeitlang einige von ihnen ohne langes Fragen auf die Züge gestoßen wurden, doch das hat jetzt alles aufgehört‹«.[79]
Ebenso wie Alexander hatte auch Eisenhower seit langem diese unsoldatische Aufgabe mit Widerwillen betrachtet. Am 4. September hatte er den Gemeinsamen Stab der Alliierten um definitive Weisung gebeten; bald darauf legte er die Maßnahme fürs erste auf Eis. Auf diese Weise schoben er und Alexander die Verantwortung für diese Politik dem Gemeinsamen Stab und ihren Regierungen zu.
Während eines Treffens am 29. Oktober in Berlin notierten die Vertreter der britischen Militärregierung, »daß der Oberbefehlshaber jetzt nicht bereit ist, bei der Repatriierung der sowjetischen Staatsbürger Gewalt anzuwenden; diese Entscheidung soll nicht öffentlich bekanntgegeben werden.«[80] Feldmarschall Montgomery ist häufig als mitleidlos und hartherzig dargestellt worden, doch in der Sache der russischen Flüchtlinge war er ebenso entschlossen, unmenschliche Befehle zu ignorieren wie seine Kollegen Eisenhower und Alexander. Zweifellos war er durch Eisenhowers bereits voraufgegangene Maßnahmen in der amerikanischen Zone beeinflußt, doch er vertrat eindeutig die Auffassung, daß es nicht zu den Aufgaben eines Soldaten gehöre, gegen Kriegsgefangene, Zivilisten, Frauen und Kinder Krieg zu führen. Jedenfalls sollte in den Gebieten, wo sein Befehl galt, solches nicht mehr geschehen.
Im Foreign Office rief Montgomerys eigenmächtiges Handeln verärgerte Reaktionen hervor. Weder das Foreign Office noch das Kriegsministerium hatten eine Änderung der Politik genehmigt, und es stand den Dienern der Krone, wie hervorragend sie auch sein mochten, nicht zu, selbstherrlich solche Entscheidungen zu treffen.

Eine Flut von Aktennotizen verließ die Tische Brimelows und Galsworthys. Beide waren »erstaunt und beunruhigt über diese Bekanntgabe, die selbstverständlich in völligem Gegensatz zur Politik der Regierung Seiner Majestät steht«; »diese Entscheidung ist äußerst besorgniserregend. Es ist die Politik der Regierung Seiner Majestät, *alle* Sowjetbürger zu repatriieren . . . ungeachtet ihrer Wünsche und notfalls auch mit Gewalt.« Der vielleicht beunruhigendste Gesichtspunkt war, daß eine Beschwerde des Sowjetgenerals Sokolowski, daß die Briten Flüchtlinge vorsätzlich zurückhielten, offenbar nicht unbegründet war. Das Kriegsministerium erhielt eine schroffe Note mit der Weisung, die Angelegenheit zu untersuchen und für die unverzügliche Wiedereinführung der korrekten Politik zu sorgen.[81]

Es blieb jedoch Tatsache, daß fast kein Soldat, einerlei ob Brite oder Amerikaner, mit der gewaltsamen Repatriierung einverstanden war. Zur gleichen Zeit war das Gericht in Nürnberg im Begriff, deutschen Generälen wegen Verbrechen gegen die Menschlichkeit den Prozeß zu machen. Eine prinzipielle Entscheidung dieses Gerichts lautete: »Der Umstand, daß ein Angeklagter den Befehlen seiner Regierung oder seiner Vorgesetzten gehorcht hat, befreit ihn nicht von der Verantwortung, und der wahre Prüfstein ist nicht das Vorhandensein solch eines Befehls, sondern die Frage, ob eine moralische Wahl tatsächlich möglich war.« Ohne diese Grundsatzentscheidung wäre der Kommission für Kriegsverbrechen die Grundlage für die Anklage entzogen worden. Solch ein Konzept war freilich keine Neuentdeckung. Daß Soldaten weder Kriegsgefangene noch Frauen und Kinder mißhandeln durften, hatte seit dem Mittelalter zu den Kriegsmaximen gehört. Bereits ein Jahrhundert vor der ersten Haager Konvention hatte sich der ritterliche Admiral Sir Sydney Smith nachhaltig auf die »korrekten und etablierten Rechte – die geheiligten Rechte der Kriegsgefangenen« berufen.[82]

Generalmajor Sir Alec Bishop war bei der Konferenz am 29. Oktober zugegen, die der gewaltsamen Repatriierung aus der britischen Besatzungszone Deutschlands ein Ende setzte. Er erinnert sich noch genau an die entgegengesetzten Auffassungen, die damals von Soldaten und Diplomaten vertreten wurden:

»Ich erinnere mich gut an die Spannung, die sich zwischen der Armee und den Mitgliedern der Militärregierung (die sich zu der Zeit hauptsächlich aus Offizieren zusammensetzte) einerseits und den zivilen Vertretern des F.O. andererseits über die ganze Frage der Zwangsrepatriierung entwickelte. Der Armee wiederstrebte die Aufgabe, russische Soldaten oder Menschen irgendeiner Staatsangehörigkeit gegen ihren Willen und mit Gewalt zu repatriieren, und sie war äußerst aufgebracht, daß ihr solche Maßnahmen zugemutet wurden. Die Foreign Office-Vertreter, die selbst natürlich nicht gezwungen waren, an solchen widerwärtigen Unternehmungen teilzunehmen, vertraten die Ansicht, daß diese Politik aus politischen Gründen durchgeführt werden müsse.«[83]
Sir Alecs Erinnerung trifft zweifellos den Sachverhalt. Eisenhower und Montgomery lehnten die Ausführung dieser Politik glatt ab, während Alexander ihr taktische Hindernisse in den Weg legte. Die amerikanischen Generäle Bedell Smith und Patch vertraten eine ebenso entschiedene Haltung wie Eisenhower[84], und in den Archiven weist nichts darauf hin, daß auch nur ein alliierter Soldat, einerlei welchen Ranges, je Gewaltanwendung befürwortete.
Selbst die Offiziere der Roten Armee, wenn ein einziges Beispiel gelten darf, waren gelegentlich bereit, traditionelle Asylrechte anzuerkennen. General Bishop war als stellvertretender Stabschef der britischen Zone in Deutschland 1947 für die letzte Abwicklung der Repatriierungsmaßnahmen mit den Sowjets verantwortlich. Sein Gegenüber war ein Sowjetgeneral, dessen Name aus Gründen, die sogleich deutlich werden, nicht genannt werden kann. Damals befanden sich schätzungsweise noch etwa 250000 »Russen« in britischem Gewahrsam, von denen die meisten umstrittene Personen waren. Die Sowjets drangen auf ihre Repatriierung, doch es war nun nicht mehr britische Politik, diesen Forderungen nachzukommen. General Bishop schlug einen Kompromiß vor: die Sowjets sollten alle Möglichkeiten erhalten, die Flüchtlingslager zu besuchen und die Insassen zur Rückkehr zu überreden. Alle, die es wünschten, konnten zurückkehren, aber die übrigen werde man zurückbehalten. Der Sowjetgeneral war ein freundlicher und unkomplizierter Mann; er war in der Roten Armee vom einfachen

Soldaten zum General aufgestiegen und machte aus seiner Überraschung, wie er zu seinem gegenwärtigen diplomatischen Posten gekommen war, keinen Hehl. Als echter Bauer war er glücklicher, wenn er seinem Burschen helfen konnte, die Hühner zu versorgen, die er hinter seiner Dienstwohnung hielt. Er ging fröhlich auf Bishops Vorschlag ein, da auch er ihn sehr vernünftig fand. Endlich einmal schienen Ost-West-Verhandlungen harmonisch zu verlaufen. Zwei Tage später erschien jedoch ein total verschreckter Roter General abermals bei General Bishop. In seiner Einfalt hatte der Russe den Kompromißvorschlag für gut befunden. Als er ihn jedoch mit seinen Kollegen erörterte, wurde ihm bewußt, daß er einen unglaublichen Schnitzer gemacht hatte. Kurz darauf, so erklärte er, sei Befehl aus Moskau gekommen, er solle umgehend heimkehren. Was er damit sagen wollte, blieb unausgesprochen, doch er zitterte und war grün vor Angst. Der mitfühlende General Bishop versuchte, ihn vor seinem Schicksal zu bewahren, und verweigerte ihm den Passierschein, den er zur Ausreise aus der britischen Zone benötigte. Doch aus Berlin kam unweigerlich die brüske Weisung, den Passierschein sofort auszustellen. Der arme Bauerngeneral reiste in sichtlicher Panik ab.

Die Abscheu vor der Politik des Foreign Office beschränkte sich nicht, wie General Bishop richtig betont, auf Generäle. Im Oktober 1945 war der Repatriierungsstrom fast völlig ins Stocken geraten[85], obwohl es weiterhin gelegentliche Auslieferungen gab. Oberst David Rooke war damals Kommandeur des 7. Bataillons des *Royal Hampshire Regiment*, das in Soltau, südlich von Hamburg, stationiert war. Es gehörte zum Aufgabenbereich des Bataillons, einer sowjetischen Verbindungsgruppe bei der Einsammlung und Überprüfung befreiter russischer Zwangsarbeiter in einem großen Flüchtlingslager in Munster-Lager behilflich zu sein. Schließlich erhielt Oberst Rooke Befehl, alle eingesammelten Russen auf Lastwagen zu verladen, um sie in die Sowjetzone zu befördern. Da der Krieg schon seit sechs Monaten beendet war und Oberst Rookes Mannschaften nur noch ihre Heimkehr im Sinn hatten, glaubte er, daß sich auch die Russen auf diese Aussicht freuen würden.

Er war dementsprechend überrascht und entsetzt, als er feststellte,

daß die ganze aus über 1000 Männern, Frauen und Kindern bestehende Gruppe in einen Zustand völliger Verzweiflung und Angst geriet. Der schlimmste Augenblick kam, als sich eine Frau im Schnee dem britischen Offizier zu Füßen warf, seine Beine umklammerte und ihn anflehte, sie nicht zurückzuschicken. Oberst Rooke war zwar sehr aus der Fassung gebracht, doch es gelang ihm, die unglücklichen Flüchtlinge auf die Lastwagen zu schaffen. Trotz ihrer Verzweiflung waren sie zahm und folgsam, so daß es keiner großen körperlichen Gewalt bedurfte.
Die Soldaten der *Royal Hampshires* waren über die ihnen auferlegte unangenehme Pflicht entsetzt. Auch Oberst Rooke war angewidert und erstattete seinem Brigadekommandeur Aubrey Coad Bericht. Er gab höflich aber bestimmt seiner Hoffnung Ausdruck, nie wieder mit solch einer Aufgabe betraut zu werden. Wenn es geschehe, so würde er Gefahr laufen, einer bisher (in aller Bescheidenheit) vielversprechenden militärischen Laufbahn durch Befehlsverweigerung ein jähes Ende zu setzen. Brigadegeneral Coad sagte wenig, doch sein ganzes Benehmen drückte Sympathie für Rookes Haltung aus. Rooke brauchte sich solch einer Qual nicht noch einmal auszusetzen, doch die Erinnerung daran ist er nicht losgeworden. Gleich nach der Aktion hatte er den SMERSCH-Verbindungsoffizier gefragt, was mit diesen Leuten geschehen werde. Sie hätten für die Deutschen gearbeitet, erwiderte der Russe. Die Frauen und Kinder würden nach Sibirien geschickt, und die Männer würden sehr wahrscheinlich erschossen. Oberst Rooke hatte seit Afrika in einem harten Krieg gekämpft und sein Bataillon durch erbitterte Gefechte aus der Normandie bis nach Norddeutschland geführt, doch von allen Ereignissen dieser schrecklichen Jahre haben sich seiner Erinnerung vor allem zwei Erlebnisse eingeprägt. Das erste war ein Besuch in Belsen, kurz nach dessen Befreiung, und das zweite die Repatriierung der russischen Geiseln.[86]
Abgesehen vom Widerstreben der Militärs, begann sich auch politischer Druck zu entwickeln. Im Parlament wurden Anfragen über die Politik der Zwangsrepatriierung im allgemeinen und ihrer Anwendung auf den Fall der Ukrainer im besonderen, sowohl von einem Konservativen als auch von einem Labour-Abgeordneten ge-

stellt.[87] Angesichts dieser drohenden Gefahren blieb dem Foreign Office nur ein Weg, nämlich so viele Russen wie möglich zurückzuschicken, ehe ernstliche Schwierigkeiten entstanden. Insbesondere mußten die 55 Zivilisten und 500 Kosaken, die unter der Kontrolle des Alliierten Hauptquartiers interniert waren, möglichst rasch ausgeliefert werden. Wenn man die Amerikaner nur bewegen könnte, ihre Entscheidung zu beschleunigen! Aber wie man hörte, ging das State Department anscheinend mit größter Vorsicht vor. Die Verfolgung von Flüchtlingen wurde von breiten und einflußreichen Kreisen der amerikanischen Öffentlichkeit nicht hingenommen. Die republikanische Kongreßabgeordnete Clare Booth Luce protestierte am 17. November öffentlich gegen die beabsichtigte Repatriierung dreier junger, auf Ellis Island befindlicher Russen, die starken Widerwillen gegen ihre Auslieferung »in die Haft und wahrscheinlich Hinrichtung« an den Tag gelegt hatten.[88]
Es war daher eine angenehme Überraschung, als das Foreign Office erfuhr, daß die britischen Militärbehörden in Italien unerwartet 55 Zivilisten, die zuvor in Rom gewesen waren, ausgeliefert hatten. Offenbar hatte irgend jemand endlich dem unausgesetzten Druck nachgegeben, und dieses *fait accompli* war geeignet, auch die amerikanische Entscheidung zu beschleunigen, da es gerade die Repatriierung dieser 55 Zivilisten gewesen war, die sie in Verlegenheit gesetzt hatte. Jetzt, da sie gegangen waren, würde es, was die 500 »verräterischen« Kosaken anging, sicher keine Schwierigkeiten mehr geben.[89]
Unterdessen sollten die Oberkommandierenden der britischen Zonen in Deutschland und Österreich erneut Weisung erhalten, die Zwangsrepatriierung fortzuführen. Sie unterstanden unmittelbar der britischen Regierung, und die amerikanische Billigung war nur in Italien notwendig, wo weiter ein gemeinsames Kommando bestand. Unter Druck gesetzt, teilte das Kriegsministerium General Montgomery mit, daß die Jalta-Politik in Deutschland *nicht* widerrufen werden könne.[90] Gleichzeitig wurde General McCreery in Österreich angewiesen, die etwa 1300 Sowjetbürger in Österreich umgehend zu übergeben, zusammen mit den etwa 1500 oder 1800, die, wie man annahm, noch auf freiem Fuße waren. Seit der Auslie-

ferung der Kosaken im Sommer hatten in Österreich keine größeren Repatriierungen stattgefunden. Inzwischen war das Land jedoch in verschiedene Besatzungszonen aufgeteilt worden, und McCreery konnte unabhängig vom Allierten Hauptquartier handeln.

McCreery erhob sofort heftige Einwände. Wie Alexander verabscheute auch er es, britische Soldaten dazu einzusetzen, Frauen und Kinder zu bedrohen. Darüber hinaus behauptete er, nicht genug Leute zur Verfügung zu haben, um die noch nicht internierten Russen einzutreiben, und glaubte auch, daß jeder gewaltsame Repatriierungsversuch nur noch weitere Flüchtlinge zur Folge haben würde, die dann gezwungen wären, sich durch Diebstahl am Leben zu erhalten. Erst vor kurzem war eine Gruppe von etwa 400 nach einem Besuch der sowjetischen Repatriierungskommission in die Berge entkommen. John Galsworthy erschienen diese Argumente »unehrlich und wirr«. Da sich Bevin zu einer Konferenz in Moskau befand und womöglich auf Molotows Fragen zu antworten haben würde, lag dem Foreign Office sehr daran, bestätigen zu können, daß die Repatriierungspolitik in Österreich gewissenhaft angewandt werde. Es schickte drei Kopien des Jalta-Abkommens mit dem Flugzeug nach Wien, zusammen mit einem Brief von Thomas Brimelow, in dem erläutert wurde, warum ein Abkommen, das Gewaltanwendung mit keinem Wort erwähnte, diese dennoch implicite enthielte.[91]

15

Die endgültigen Operationen

In seinen Memoiren entwirft Marschall Schukow ein kurzes Bild der sowjetischen Seite der in diesem Buch beschriebenen Repatriierungen. Nach seiner Darstellung gelang es den westlichen Alliierten, eine so wirkungsvolle Gehirnwäsche an den loyalen sowjetischen Staatsbürgern zu üben, daß sich viele verwirrte Russen weigerten, heimzukehren. Schukow habe sich persönlich bei General Eisenhower und General Clay beschwert, die sich auf angebliche humane Motive berufen hätten. Schließlich hätten sie jedoch dem sowjetischen Druck nachgegeben und den inzwischen vollkommen heimwehkranken Russen verspätet die Rückkehr erlaubt.[1] Allerdings gab es schließlich ein *volte face* in der amerikanischen Politik, und dieses soll nun untersucht werden.

Im Herbst 1945 hatte Eisenhower, von den Berichten über die blutigen Repatriierungsszenen in Kempten angewidert, eigenmächtig die Anwendung von Gewalt bei der Repatriierung sowjetischer Staatsbürger in seinem Befehlsbereich verboten. Darin wurde er von seinen eigenen Generälen Clay, Bedell Smith und Patch sowie anderen hohen Offizieren voll und ganz unterstützt, während die politischen Berater, Murhpy in Deutschland und Kirk in Italien, ebenso versuchten, Maßnahmen ein Ende zu setzen, die allen Prinzipien, für die die Vereinigten Staaten so hart gekämpft hatten, zuwiderliefen. Mehrere Wochen lang ließ Washington Eisenhowers kühne Entscheidung ohne Einmischung bestehen, und als General Bedell Smith im Januar 1946 aus Deutschland heimkehrte, glaubte er mit Berechtigung annehmen zu können, daß diese Maßnahmen der Vergangenheit angehörten.[2]

In Wirklichkeit waren die Vereinigten Staaten jedoch in der Repatriierungsfrage endlich zu einer Regierungsentscheidung gekommen, die eine Welle weiterer blutiger Unternehmungen zur Folge haben sollte. Seit Außenminister Byrnes im September Bevins

Drängen, die britische Politik zu akzeptieren, nicht nachgegeben hatte, war die Angelegenheit Gegenstand dringlicher Erwägungen gewesen. Am 21. Dezember 1945 fällte das State Department-Kriegs-Marine-Koordinationskomitee endlich eine prinzipielle Entscheidung. Darin wurde ausgeführt, daß über 2034000 sowjetische Staatsbürger bereits aus Westdeutschland repatriiert worden und schätzungsweise noch 20000 verblieben seien. Von diesen unterlägen gewisse, klar umrissene Kategorien der Repatriierung, »ungeachtet ihrer Wünsche und falls nötig mit Gewalt«:

a) Alle, die in deutscher Uniform gefangengenommen wurden.

b) Alle, die am 22. Juni 1941 oder danach Angehörige der sowjetischen Streitkräfte waren und danach nicht aus ihnen entlassen worden sind.

c) Alle, die von der Sowjetunion angeklagt werden, dem Feind geholfen und ihn unterstützt zu haben ... vorausgesetzt, daß von den Sowjetbehörden hinreichende Beweise für solche Hilfe erbracht werden können.

Dieses Dokument wurde den amerikanischen Befehlshabern in Deutschland und Österreich übermittelt, den Generälen Joseph T. McNarney und Mark W. Clark, und wurde daher als »McNarney-Clark-Direktive« bekannt.[3]

Die Absicht war, alle, die nach gängigen Begriffen Verräter waren, nach Hause zu schicken, damit sie dort ihre verdiente Strafe zu erhielten, aber andere, weniger kompromittierte Flüchtlinge im Einklang mit der traditionellen amerikanischen Politik zu behandeln. Dies schien ein tragbarer Kompromiß zu sein, befriedigte aber weder die Sowjets noch die Briten.[4] Die amerikanische Direktive ist »ein Schritt in der rechten Richtung«, aber »wir sind der Auffassung, daß alle Sowjetbürger repatriiert werden sollten, notfalls mit Gewalt«, schrieb Thomas Brimelow am Weihnachtstag 1945. Die amerikanische Weisung ließe große Lücken bestehen, die es allen möglichen unerwünschten Personen erlaube, durchzuschlüpfen. Ihm lag ein besonders offenkundiger Fall vor. Während die Kirchenglocken in ganz London Christi Geburt verkündeten, betrachtete er einen Brief, der vor ihm auf dem Tisch lag:

64 Allgemeines Krankenhaus
Mailand, Italien
1. Dezember 1945

»Von Valentin Kalkany
Sehr geehrter Herr,
würden Sie mir bitte in meinen Schwierigkeiten helfen, Herr Premierminister, da ich jetzt unter Ihrer Herrschaft stehe, d.h. in dem von Ihnen besetzten Gebiet Italiens, und nun im (britischen) Hospital liege, da mir bei einer Motorradfahrt die rechte Hand und das rechte Bein verletzt wurden. Ich hoffe, Sie haben bitte nichts dagegen, Herr Premierminister, wenn ich, sobald ich wieder gesund bin, eine Heimat suche. Denn ich bin ein Russe, will aber nicht nach Rußland zurückkehren, da ich mit dem kommunistischen System nicht übereinstimme, sondern mir zum Beispiel ein System wie in England oder Amerika wünsche. Wenn es möglich wäre, ein Fleckchen für mich zu finden, denn ich bin noch jung, erst 20 Jahre alt – wenn es möglich wäre, mich in Ihre Armee aufzunehmen, dann würde ich dort dienen wie meinem eigenen Vater. Wenn das nicht möglich ist, dann bitte ich, es mir zu schreiben und mir zu sagen. Ich bitte Sie darum, wie ich meinen eigenen Vater bitten würde.
Hiermit verabschiede ich mich.
An Mr. Clement Attlee, Premierminister.«
Brimelow nahm die Feder und vermerkte, der Bittsteller müsse »unbedingt in die UdSSR zurückkehren«.[5]
Aber dennoch gab es Hindernisse. Das State Department widersetzte sich einem Gesuch der britischen Botschaft, alle Sowjetbürger ungeachtet ihres Alters, Geschlechts oder ihrer Vorgeschichte in die Gruppe einzuordnen, auf die auch Gewalt angewendet werden konnte.[6] Dies bedeutete, daß in den Gebieten der gemeinsamen Kontrolle, wie in Italien, noch immer keine einmütige Politik realisiert werden konnte. Sowohl hier als auch in der britischen Zone Österreichs schienen britische Kommandeure noch immer absichtlich die Instruktionen des Foreign Office zu ignorieren oder sie nicht zu befolgen. Am 4. Februar erließ es eine klagend klingende Weisung, in der es hieß, daß während die britische Politik in der bri-

tischen Zone Österreichs ungeachtet der amerikanischen Direktiven durchgeführt werden könne, man sich in Italien noch immer um eine gemeinsame Politik bemühe.[7]

Es waren keineswegs nur die hohen Befehlshaber wie McCreery, die Widerstand leisteten. In der Steiermark blieb auch Oberst Alex Wilkinson ähnlich beharrlich:

»Ich wurde von unserem Hauptquartier in Wien angewiesen, einer Besprechung in Bruck beizuwohnen, um Maßnahmen für die Heimkehr einer weiteren Gruppe Flüchtlinge zu treffen . . . Mir wurde *befohlen*, Züge für die Repatriierung der Flüchtlinge zur Verfügung zu halten. Ich gab wieder die gleiche Antwort: *nur wenn sie freiwillig gehen*. Dann wurde mir vorgeschlagen, sie, ob sie wollten oder nicht, einzusammeln und zu verladen. Darauf fragte ich, wie sie verladen werden sollten. Und mir wurde gesagt, daß man sie mit ein paar Maschinengewehren schon zur Raison bringen könnte. Ich antwortete: ›Solange ich hier bin, wird das nicht geschehen.‹ Dann bot ich folgenden Kompromiß an. Ich sei bereit, die Flüchtlinge auf Züge zu verladen, aber nur unter der Bedingung, daß diese nach Westen und NICHT NACH OSTEN gingen. Ich fügte hinzu, daß diese, sobald sie die Steiermark verlassen hatten, nicht mehr unter meiner Verantwortung stünden. Vierzehn Tage nach dieser Besprechung wurde ich von meinem Befehl abgelöst und nach England zurückgeschickt, mit dem Vermerk, daß ›es mir an Durchschlagskraft fehle‹ . . . Ich glaube nicht, daß irgendwelche DPs von der Steiermark aus ›heimgeschickt‹ wurden, gewiß nicht, solange ich dort war . . . Sie kennen ja unsere Devise: ›Steiermark über alles.‹«

Das Paradoxe war nun, daß die lange aufgeschobene amerikanische McNarney-Clark-Direktive mit ihrer strengen Kategorisierung aller, die der Repatriierung unterlagen, weitaus blutigere Szenen heraufbeschwören sollte als die in Kempten, die Eisenhower zu seinem Verbot bewogen hatten. Denn obgleich jetzt nur gewisse Sowjetbürger zur Rückkehr gezwungen werden konnten, war all jenen, die unter diese Kategorie fielen, nun kein weiterer Aufschub mehr gegönnt. Die amerikanischen Militärbehörden in Deutschland empfahlen, Vorkehrungen für die Massenauslieferungen zu treffen.

Im Lager Dachau, dem Ort der fürchterlichen Naziverbrechen, waren russische Gefangene interniert, die der Wlassow-Armee angehört hatten. Die Amerikaner beschlossen nun, unter ihnen nach der McNarney-Clark-Direktive die ersten Heimkehrer auszusuchen. Die Gerüchte über das, was bevorstand, verbreiteten sich, und als man die Russen am 17. Januar für die Verladung bereitmachen wollte, weigerten sie sich hartnäckig, auf die Lastwagen zu steigen. Die amerikanischen Soldaten bedrohten sie mit Schußwaffen, aber sie baten nur, auf der Stelle erschossen zu werden – alles sei ihnen lieber, als dem NKWD ausgeliefert zu werden. Die verdutzten amerikanischen Wachen schickten sie in ihre Unterkünfte zurück. Es wurde klar, daß nur massive Gewalt zum Ziel führen konnte. Zwei Tage später erschien vor dem Lager ein aus 500 amerikanischen und polnischen Wachen bestehender Trupp. Was nun folgte, wurde in einem Bericht an Robert Murphy sehr lebendig dargestellt:

»Im Einklang mit unserem Abkommen mit den Sowjets wurde der Versuch unternommen, 399 ehemalige russische Soldaten, die in deutscher Uniform gefangengenommen worden waren, am Sonnabend, den 1. Januar, vom Sammelplatz in Dachau auf Züge zu verladen.

Alle widersetzten sich der Verladung. Sie baten, erschossen zu werden. Sie zogen ihre Kleidung aus und weigerten sich, ihre Unterkünfte zu verlassen, um nicht verladen zu werden. Es war nötig, Tränengas und einige Gewalt anzuwenden, um sie herauszuholen. Das Tränengas zwang sie, aus den Gebäuden in den Schnee herauszukommen, wo alle, die sich Schnitt- oder Stichwunden zugefügt hatten, erschöpft und blutend in den Schnee sanken. 9 Männer erhängten sich, einer erdolchte sich, und ein anderer starb später an den sich zugefügten Schnittwunden. 20 weitere sind noch immer mit selbst beigebrachten Wunden im Lazarett. Schließlich wurde die Verladung von 368 Männern vollzogen, die in Begleitung eines russischen Verbindungsoffiziers auf einem von Amerikanern bewachten Zug abfuhren. Sechs entkamen unterwegs. Eine Reihe Leute in der Gruppe behaupteten, keine Russen zu sein. Dies wurde, nach vorheriger Überprüfung durch die örtlichen Militärbehörden, dem russischen Verbindungsoffizier mitgeteilt, und folglich wurden elf Personen von den Russen als nicht-sowjetische Staatsbürger wieder zurückgegeben.«

Der Bericht faßte dann noch einmal die furchtbaren Leiden der Russen zusammen, denen kaum eine andere Wahl geblieben war, als deutsche Uniformen zu tragen. Abschließend hieß es: »Der Vorfall war schockierend. Unter den amerikanischen Offizieren und Mannschaften herrscht beträchtliche Unzufriedenheit darüber, daß ihnen von der amerikanischen Regierung zugemutet wird, diese Russen zu repatriieren . . .«

Ein besseres Beispiel, um die gegensätzliche Haltung der Beamten des britischen Foreign Office und der des State Department zu beleuchten, läßt sich kaum finden. Murphy leitete diesen Bericht mit einem empörten Begleitbrief an den amerikanischen Außenminister weiter. Er betonte besonders den Gesichtspunkt, den sein britischer Kollege in Italien, Harold Macmillan, im Falle der Kosaken mit soviel Gleichmut hingenommen hatte: die Auslieferung nicht-sowjetischer Staatsbürger an die Sowjets.[8] Pressemeldungen über die Vorfälle in Dachau riefen auch Proteste anderer bedeutender, nicht-amerikanischer Persönlichkeiten hervor. General Denikin, dessen Heer um ein Haar den Bolschewismus bei seiner Geburt vernichtet hätte, richtete einen bewegenden Appell an General Eisenhower. Drei Wochen später verkündete Papst Pius eine heftige Verurteilung der (noch immer) geheimen, in Jalta getroffenen Vereinbarung und erhob Einspruch gegen die »unfreiwillige Repatriierung von Menschen und die Weigerung, ihnen Asylrecht zu gewähren.«[9]

Inzwischen entwickelten sich die Ereignisse nach ihrer eigenen Schwerkraft. Wie wir im Kapitel 12 gesehen haben, war Wlassows 2. KONR-Division angesichts des sowjetischen Vormarsches in der Tschechoslowakei auseinandergefallen. Ihr Befehlshaber General Swerew wurde gefangen, aber verschiedenen Regimentern unter General Meandrow gelang es, auf die amerikanischen Linien zu stoßen. Sie wurden zunächst unter täuschend nachlässiger Verwaltung in Landau interniert, im September 1945 jedoch etwas weiter östlich in ein umzäuntes, bewachtes Lager in Plattling bei Regens-

burg verlegt. Nun waren sie an der Reihe. Im Lager Plattling gab es ungefähr 3000 Russen, von denen die Hälfte nach der Überprüfung unter die Zwangsrepatriierung fielen.
Das Unternehmen wurde nach dem bereits in Dachau erlebten Muster vollzogen, nur wurden diesmal drastische Vorkehrungen getroffen, um Selbstmorde zu verhindern. Wiederum gab es, als Meandrows Leute ihr Reiseziel errieten, zunächst eine Meuterei. Sie weigerten sich, die Lastwagen zu besteigen, und verbarrikadierten sich in ihren Unterkünften. Der amerikanische Kommandant wollte ein weiteres Blutvergießen verhindern, und es gelang ihm, die Ängste der Gefangenen mit der Versicherung zu zerstreuen, daß man sie in Kürze in ein neues, von der Sowjetzone weiter entferntes Lager überführen werde. Die unglücklichen Russen, deren Mißtrauen, wie es scheint, nur zu leicht zu beschwichtigen war, beruhigten sich allmählich und gingen wieder ihrem gewohnten Lageralltag nach.
In den frühen Morgenstunden des 24. Februar wurde einer der Gefangenen durch ein leichtes Geräusch geweckt, das von außerhalb des Stacheldrahts zu ihm drang. Er schlüpfte aus seiner Hütte und sah zu seinem Schrecken, daß sich amerikanische Panzer dem Lager näherten. Er hielt sich im Schatten versteckt und beobachtete, daß sich eine große Anzahl Wachen auf Gummisohlen wie geräuschlose Gespenster auf die Tore zubewegten. Am Tor hielten sie flüsternd inne und erhielten besonders verstärkte lange Knüppel. Dem einsamen Beobachter genügte dies. Er machte sich auf die Socken und kroch unter dem Stacheldraht hindurch in das benachbarte Gehege für nichtrussische Gefangene.
Unterdessen hatten sich die amerikanischen Truppen in verschiedene Kompanien aufgeteilt und stahlen sich durch die Schatten leise auf alle Schlafhütten zu. Sie schlichen geräuschlos umher und verständigten sich nur mit Zeichen. Von den am Zaun angebrachten Scheinwerfern drang Licht herein, so daß man die kriechenden Gestalten hier und dort auftauchen und wieder verschwinden sah, während die Lampen im kalten Nachtwind schwankten. Schließlich herrschte wieder völlige Stille. Gelegentlich bewegte sich ein Russe im Schlaf und murmelte etwas; gelegentlich knarrte eine Diele,

sonst war nur das regelmäßige Atmen der Schläfer zu hören. Neben jedem Bett standen zwei reglose Gestalten.
Plötzlich wurde die Stille des Lagers von einem schrillen Pfeifgeräusch durchbrochen. Meandrows Leute wachten erschreckt auf und sahen um sich. Sogleich brach um sie herum fürchterliches Gebrüll aus. Ohne jede Warnung und mit Schreien und Flüchen begannen die Amerikaner nun mit ihren Knüppeln auf die Liegenden einzudreschen. »Mak snell! Mak snell!« riefen sie in gebrochenem Deutsch und trieben die verwirrten Männer aus ihren Betten, aus den Hütten und zu den Lagertoren. Jeder, der nicht schnell genug aus dem Bett kroch, wurde wüst geschlagen, bis auch er in seinen Unterkleidern in die Nacht hinaus flüchtete. An den Toren stand eine Kolonne Lastwagen mit laufenden Motoren, auf die die Gefangenen von den johlenden Wachen getrieben wurden. Dann ratterte der Konvoi immer schneller über die dunklen Landstraßen. Es folgte eine eilige Verladung auf Eisenbahnwaggons, und die Reise dauerte wieder mehrere Stunden. Der Zug rollte nach Osten, wo sich langsam das erste kalte Morgenlicht am dunklen Himmel zeigte.[10] In der Nähe der tschechischen Grenze, hinter Zwiesel, machte der Zug im Bayerischen Wald halt. Dort warteten bereits Soldaten in blauen Kappen auf sie; die Offiziere tauschten mit Hilfe eines Dolmetschers einige Worte aus, und die geschlagenen, verängstigten Männer der Meandrowschen Division wurden die Bahnhalde hinuntergeführt und blieben in betäubten Grüppchen in den Pfützen stehen. Die amerikanischen Wachen, denen das alles peinlich war, sagten kein Wort, sprangen in die Waggons zurück und machten sich zur Abfahrt bereit. Die Lokomotive pfiff kurz, ihre Kolben setzten sich zischend in Bewegung, und die Wlassow-Leute beobachteten starr, wie die Rücklichter langsam kleiner wurden.
Die Amerikaner kehrten sichtlich beschämt nach Plattling zurück. Ehe sie den Auslieferungsplatz im Wald verließen, hatten viele von ihnen reihenweise Leichen an nahen Bäumen hängen sehen. Bei ihrer Rückkehr wurden sie selbst von den SS-Männern im Nachbargehege für ihr Benehmen beschimpft und waren zu beschämt, um eine Antwort zu finden.
Die Methode hatte sich jedoch als erfolgreich erwiesen. Die Ge-

waltsamkeit und Geschwindigkeit des Unternehmens hatten dafür gesorgt, daß es, im Gegensatz zu Dachau, im Lager selbst keine Selbstmorde gab. Das Hauptquartier der 3. amerikanischen Armee konnte mitteilen, daß die Übergabe »ohne Zwischenfälle« stattgefunden habe. Aber im Dunkel der Eisenbahnwagen hatte es dennoch fünf erfolgreiche Selbstmorde und verschiedene Selbstmordversuche gegeben. Nur zwei Gefangenen war es gelungen, sich noch in Plattling selbst zu verwunden. Einer von ihnen wurde für die amerikanische Militärzeitung *Stars and Stripes* photographiert. Über die Ereignisse in Plattling drehte eine Einheit des Nachrichten-Corps einen kurzen Film, vermutlich als Anleitung für zukünftige Unternehmungen. Dies scheint das einzige in den Archiven vorhandene Filmmaterial über die alliierte Zwangsrepatriierung zu sein.[11]

Drei Monate später wurde eine weitere, aus 243 Russen bestehende Gruppe von Plattling nach Osten geschickt.[12] Erst im folgenden Jahr gab General McNarney bekannt, daß *alle* in der amerikanischen Zone lebenden Sowjetbürger nun vor der Zwangsauslieferung sicher seien.[13] Die Abfahrt der Hauptgruppe der Gefangenen aus Plattling stellte im Grunde das Ende solcher Unternehmungen in Deutschland dar. Die amerikanischen Soldaten aller Ränge waren entsetzt über das, was in ihrem Namen geschehen war. Das State Department hatte die McNarney-Clark-Direktive in der Hoffnung herausgegeben, daß sie eine vertretbare Mitte hielte zwischen der Ablehnung aller sowjetischen Forderungen und dem britischen Wunsch, alle, die auch nur entfernt der Repatriierung unterlagen, auszuliefern. Doch selbst dieser Kompromiß rief Abscheu, Empörung und fast einstimmigen Widerspruch hervor. Hierbei darf auch nicht vergessen werden, daß die Amerikaner nur im Falle von einigen Hundert früheren Wehrmachtsangehörigen Gewalt angewendet hatten und zu keiner Zeit in Erwägung zogen, mit Bajonetten auf Frauen und Kinder loszugehen.

Die Gründe, auf denen die amerikanischen Einsprüche fußten, sind aufschlußreich und stehen in interessantem Gegensatz zur offiziellen britischen Haltung. Am 19. April bat General McNarney um Erläuterung der McNarney-Clark-Direktive und wies darauf hin, daß die »Repatriierungsausschüsse, die sich nur der amerikanischen Gesetze und Verfahren bedienen könnten, in mehreren Hundert Fällen gegen die Repatriierung entschieden hätten, weil die Betreffenden keine Bürger seien, da ihnen eines oder mehrere ihrer Bürgerrechte, wie das Wahlrecht, das Recht, Waffen zu tragen, usw. vorenthalten worden oder sie Mitglieder von verfolgten Gruppen usw. gewesen waren.« Eine Woche später schrieb McNarney noch einmal und bemerkte überdies: »Wenn wir uns strikt an die amerikanische Auslegung der Staatsbürgerschaft gehalten hätten, wären alle betreffenden Sowjets entlassen worden.«

Der Gemeinsame Stab der Alliierten erwiderte kühl: »Da das in der Sowjetunion herrschende politische System von dem der Vereinigten Staaten grundverschieden ist und Fragen der Bürgerrechte der sowjetischen Staatsbürger daher einzig und allein Sache der Sowjetregierung sind, stellt sich das Problem nicht . . . Die amerikanischen Regeln über Staatsbürgerschaft treffen nicht auf Sowjetbürger zu . . .«[14] Hätte man diesem Konzept allgemeine Gültigkeit zugestanden, wäre es der Verteidigung in den Kriegsverbrecherprozessen, die zur gleichen Zeit in Nürnberg stattfanden, sehr zugute gekommen.

Der offenbar unerbittlichen Direktive zum Trotz scheinen jedoch örtliche Befehlshaber sowie politische Einwände zunächst die Suspendierung und schließlich die Aufhebung dieser Maßnahmen bewirkt zu haben, kurz nachdem im Mai die zweite Auslieferung der Wlassow-Leute aus Plattling stattgefunden hatte.[15]

Auf diese Weise wurde die Zwangsrepatriierung der Russen in den westlichen Zonen Deutschlands und Österreichs beendet. Es blieb jedoch noch ein Bereich, der von der McNarney-Clark-Direktive ausgenommen war, und diesem wendete sich nun das britische, nicht aber das amerikanische Augenmerk zu. Wie wir schon in den zwei vorhergehenden Kapiteln gesehen haben, waren sämtliche Versuche, die Repatriierung der sowjetischen Staatsbürger in Italien zu erzwingen, bisher fehlgeschlagen. Die Vereinigten Staaten hatten es abgelehnt, sich mit der britischen Regierung über eine ausnahmslose Repatriierung aller sowjetischen Flüchtlinge zu einigen, und das britische Oberkommando konnte nicht unabhängig handeln, da Italien noch immer unter der gemeinsamen Kontrolle der Alliierten stand.

Man könnte annehmen, daß der Erlaß der McNarney-Clark-Direktive im Dezember 1945 den Briten ermöglicht hätte, darauf zu bestehen, wenigstens alle diejenigen aus Italien zu repatriieren, die unter die Repatriierungskategorie dieser Direktive fielen. Die Briten zögerten dies jedoch zunächst hinaus. Nach »McNarney-Clark« sollten Hunderte von Zivilisten der Repatriierung entgehen, und solange noch eine Chance bestand, die Amerikaner zur Annahme der britischen Auffassung zu bewegen, zögerten die Briten, auf den mit der amerikanischen Haltung verbundenen Kompromiß einzugehen.[16]

Der Frühling 1946 ging vorüber, und schließlich mußte sich das Foreign Office den Gegebenheiten fügen. Es bestand nicht die geringste Chance, daß das State Department seine Meinung ändern würde. Die amerikanischen Einwände waren zu stark gewesen. Der neue *Chancellor of the Duchy of Lancaster* in der Labour-Regierung, Mr. J. Hynd, hatte moralische Einwände erhoben und im Januar erreicht, daß die Gewaltanwendung zeitweilig »auf Eis« gelegt wurde. Seine Ansicht wurde von dem neuen Chef der Abteilung Nord, Robert (heute Lord) Hankey unterstützt, da dieser der Auffassung war, daß die Annahme der amerikanischen Haltung die Zivilisten retten und somit die Einwände der britischen Militärs beilegen würde.[17] Das Foreign Office empfahl daher, die McNarney-Clark-Direktive auch für England zu übernehmen.

Bevins Entscheidung, die McNarney-Clark-Definition anzunehmen, und die sich daraus ergebende Zwangsrepatriierung der Russen in britischem Gewahrsam war eine Folge des von den britischen Berufsdiplomaten ausgeübten Drucks. Wie dies geschah, ist erst vor kurzem zu Tage gekommen. Bald nachdem gegen Ende 1945 die Zwangsrepatriierung in den britisch besetzten Zonen Deutschlands und Österreichs zeitweilig »auf Eis« gelegt wurde, hatte Bevin einen ausführlichen Bericht darüber angefordert, was diese Unternehmungen bisher beinhaltet hatten. Am 18. Januar 1946 teilte der Chef der Abteilung Nord, Christopher Warner, dem Außenminister mit: »Soweit bekannt, sind nie gewaltsame Maßnahmen angewendet worden. Die Gegenwart britischer Truppen reichte aus, wenn Widerstrebende transportiert wurden.« Diese bemerkenswerte Lüge wurde von Thomas Brimelow unterstützt, der überdies vermerkte, »daß es in der Vergangenheit möglich war, Gewalt zu vermeiden«. Brimelow fuhr, vermutlich zutreffend, fort, daß die Amerikaner nur »unter britischem Druck der Repatriierung der 500 Kosaken aus Italien« zugestimmt hätten, die unter die McNarney-Clark-Direktive fielen.

Es scheint daher wahrscheinlich, daß Bevin erwogen hatte, diese Politik ganz aufzugeben. Eine potentiell peinliche Überprüfung des Falles einiger Georgier, die auf der Texel-Insel tapfer gegen die Deutschen gekämpft hatten, war angestrengt worden, wurde aber nun aufgegeben.[18] Da die Amerikaner, wie Brimelow darlegte, weitgehend unter britischem Druck handelten, erscheint es wahrscheinlich, daß die Intervention der Beamten allein die Zwangsrepatriierung noch um weitere anderthalb Jahre verlängerte. Wenn Bevin glaubte – und es bestand für ihn kein Grund, es nicht zu glauben –, daß zur Repatriierung der Russen nie Gewalt nötig war, dann ist es verständlich, wenn er angesichts der sowjetischen Einsprüche keine Notwendigkeit sehen konnte, diese Maßnahme aufzugeben. Diese Episode bewahrheitet den Ausspruch von Sir Herbert Butterfield auf bemerkenswerte Weise: »Die Bedeutung, die die höheren Beamten im Foreign Office haben, wird nun als allgemein bekannte Tatsache hingenommen; es ist oft festgestellt worden, wie weitgehend der Außenminister in ihren Händen ist. Es ist sogar behauptet worden, daß wenn es den Beamten schon nicht gelingt, dem Außenminister ihre Politik aufzuzwingen, sie jedenfalls mächtig genug sind, ihn an der Ausführung seiner eigenen Politik zu hindern.«[19] Bei einer Kabinettssitzung am 6. Juni wurde der Vorschlag des Außenministers Bevin angenommen, daß sich England der amerikanischen Direktive angleichen solle. Das Kriegsministerium begrüßte die Entscheidung, denn es nahm an, »daß von den Soldaten nun nicht verlangt wird, Gewalt gegen Menschen anzuwenden, für deren Widerwillen gegen die Rückkehr in die UdSSR sie Verständnis haben«.[20]

Das Kriegsministerium scheint, wenigstens zu Anfang, den Zweck dieses neuen Schachzugs nicht erkannt zu haben. Es war nicht beabsichtigt, widerstrebende Russen vor der Repatriierung zu bewahren, sondern die wenigen noch Verbleibenden zurückzuschicken, die andernfalls nicht ausgeliefert werden konnten. Trotzdem waren die Folgen zu Anfang günstig. Alle »umstrittenen Personen« konnten entlassen werden und nach Belieben oder Möglichkeiten eine Heimat finden; es wurde überdies angedeutet, daß die Ukrainer in Bellaria nicht als sowjetische Staatsbürger anzusehen seien.[21] Alle, die laut McNarney-Clark-Direktive der Repatriierung nicht unterlagen, waren von jetzt an in Sicherheit.

Aber nun begann die Jagd auf die übrigen. Das Oberkommando in Italien erließ Instruktionen, alle internierten Russen, die unter die Repatriierungskategorien der McNarney-Clark-Direktive fielen, in zwei Lager bei Neapel zu bringen. Gegen Ende Juli waren etwa 1000 »Russen« in den Lagern in Bagnoli und Aversa versammelt worden. Da seit Dezember 1944 über 4200 Sowjetbürger aus diesem Bereich repatriiert worden waren[22], ging es hier offensichtlich mehr um das Prinzip als um die Anzahl. Soweit bekannt, waren dies die letzten Sowjetbürger in alliiertem Gewahrsam, die noch der Auslieferung unterlagen. Nachdem auch die Briten zur McNarney-Clark-Direktive bekehrt waren, nahmen die Dinge einen raschen Gang. Genau einen Monat, nachdem der Kabinettsbeschluß dem Alliierten Hauptquartier mitgeteilt worden war, wurde ein detaillierter Plan festgelegt, die Gefangenen in norditalienische Lager zu bringen und sie dort zu überprüfen, ehe man sie an die Sowjets auslieferte.

Dieser Plan trug den Namen »Operation Keelhaul«. »Kielholen« war eine Strafe, die früher in der englischen Marine üblich war[23] und darin bestand, die Seeleute an Seilen unter den Kiel eines Kriegsschiffes zu tauchen. Die Glücklicheren lebten noch, wenn sie halb ertrunken und zerschunden auf der anderen Seite des Schiffes wieder zum Vorschein kamen, aber für viele bedeutete es den Tod. Mit »Operation Keelhaul« begann eine ähnliche Folter, die nur wenige zu überleben hoffen konnten. Im allgemeinen hatten diese Decknamen keine absichtliche Beziehung zu den geplanten Ereignissen[24], doch es gab hierbei Ausnahmen.[25] Es erscheint möglich,

daß der Name *Keelhaul* entweder zynisch als passend empfunden wurde oder bewußt als Zeichen des Widerwillens gedacht war.[26] Die Gefangenen in Bagnoli und Aversa waren bereits einer eingehenden Überprüfung unterzogen worden. Am 14. August trat das Unternehmen *Keelhaul* in Aktion. Sorgfältige Vorkehrungen wurden getroffen, um Selbstmordversuche zu verhindern, und die Begleittruppen führten Waffen, Handschellen und Tränengas mit sich. Die Fahrt ging über Rom, und beide Gruppen trafen am nächsten Tag in den neuen Lagern ein. Die 489 aus Bagnoli kamen in ein britisches Lager in Riccione bei Rimini, während die 432 aus Aversa (vor allem Turkmenen) in ein amerikanisches Lager bei Pisa gebracht wurden. »Der Transport der Sowjetbürger ... unterlag der gemeinsamen amerikanisch-britischen Verantwortung« und erforderte daher diese Vorkehrungen. Der unmittelbare Vorteil, der sich aus der Maßnahme ergab, war, daß das Alliierte Hauptquartier nun die Zurückziehung der sowjetischen Repatriierungskommission fordern konnte, da sie keinen Grund mehr hatte, zu bleiben. Im September wurde vermerkt: »Die Mission hat in Repatriierungsfragen seit einigen Monaten keine sonderlichen Schwierigkeiten gemacht, vom Sicherheitsstandpunkt aus war jedoch ihre Tätigkeit in ganz Italien lästig.«[27]
Die amerikanischen und britischen Militärbehörden wußten seit langem, daß Spionage zu den Hauptaufgaben der sowjetischen Repatriierungskommissionen gehörte. In dem gleichen Maße, in dem ihr Treiben immer offenkundiger wurde, begannen sie auch die alliierte Geduld auf härtere Proben zu stellen. In Österreich war eine Gruppe SMERSCH-Agenten als amerikanische Militärpolizei verkleidet aufgefunden worden. General Mark Clark weigerte sich, der Kommission Zutritt in seinen Bereich zu gewähren, falls sie sich nicht streng an gewisse Bedingungen hielt.[28] Das Alliierte Hauptquartier machte ähnliche Erfahrungen. In Griechenland hatte die sowjetische Kommission mit dem kommunistischen ELAS zusammengearbeitet, um durch einen bewaffneten Staatsstreich die Macht an sich zu reißen. Nachdem die britischen Streitkräfte diesen Aufstand unterdrückt hatten, blieben die Sowjets jedoch weiter im Land. Am 2. September 1945 forderte Feldmarschall Alexander die

Zurückziehung der Repatriierungskommission und wies darauf hin, daß es in Griechenland keine Sowjetbürger mehr zu repatriieren gebe. Seine Forderung wurde vom Foreign Office abgewiesen. Thomas Brimelow hatte einem sowjetischen Anspruch stattgegeben, daß eventuell noch zwei Sowjetbürger in Kreta versteckt seien. Gegen Ende des Jahres begann selbst das Foreign Office, Verdacht über die Aktivitäten der Kommission zu schöpfen, und schlug vor, sie zu beobachten – aber nicht, ihr das Handwerk zu legen.[29]

Nun, da alle noch Auszuliefernden versammelt waren, stand lediglich eine letzte Aussonderung bevor, ehe die endgültige Übergabe stattfinden konnte. Das Foreign Office teilte dem Alliierten Hauptquartier mit, daß man die Gefangenengruppen, die nicht unter die McNarney-Clark-Direktive fielen, sehr gut auch zu den von den Briten ausgelieferten hinzugesellen könne.[30] Diese Empfehlung wurde jedoch von den mit der Überprüfung Beauftragten ignoriert.

In den neuen Lagern wurden die Gefangenen einer weiteren Überprüfung unterzogen. Sie waren bereits von einem Major Simcock in ihrem unsprünglichen Lager verhört und ausgewählt worden, doch nun sollte ein russisch sprechender Offizier diese Überprüfung noch einmal strenger wiederholen. Dies war Dennis Hills, dem wir in diesem Buch schon im Cinecittà-Lager bei Rom begegnet sind und davor auf der Schiffsreise nach Odessa, als er im März 1945 die Turkmenen aus Taranto begleitete. Seit dieser Erfahrung hatte er sich über das den Gefangenen bevorstehende Schicksal keine Illusionen mehr gemacht und war daher entschlossen, so viele Gefangene wie möglich durch das Netz schlüpfen zu lassen. Die Überprüfung war keineswegs einfach, da es kaum je Mittel gab, die Wahrheit der Aussagen zu prüfen. Hills verfuhr folgendermaßen: vor sich auf dem Tisch hatte er eine Kopie der McNarney Clark-Direktive[31], und aufgrund dieser begann er alle jene abzusondern, die ohne Zweifel in der deutschen Wehrmacht gedient hatten. Nur diese mußten zurückkehren, und er sorgte dafür, daß nicht ehemalige Angehörige der Organisation Todt und anderer paramilitärischer Organisationen zu ihnen gerechnet wurden.[32] Dem Hauptquartier unterbreitete er ein oder zwei Modellfälle zur Prüfung und begann nach und nach, ein möglichst faires System zu entwickeln. Trotz-

dem hatte er eine gewisse Entscheidungsfreiheit und konnte ohne Furcht vor Folgen ganz willkürlich die »Schafe« von den »Geißen« trennen. Die Vertreter der sowjetischen Repatriierungskommission forderten gewisse Gefangene speziell an, die sie entweder der Kriegsverbrechen bezichtigten oder aus sonstigen triftigen Gründen in Anspruch nahmen. Diese Forderungen gingen an Hauptmann Tom Gorringe, der sie an Dennis Hills weiterleitete. Die Namen der Angeforderten standen auf schäbigen Zetteln, und die Informationen kamen gewöhnlich von Spitzeln, die von den Sowjetoffizieren dafür bezahlt wurden, in den Lagern herumzulungern und geeignetes Material zu sammeln. Gorringe wies alle zurück, die auch nur die kleinste Ungenauigkeit enthielten – wie sich herausstellte, waren diese in der Mehrzahl. Er hatte den Wert sowjetischer Beschuldigungen bereits kennengelernt, als sie ihm eine Landkarte vorlegten, auf der die Curzon-Linie auf mysteriöse Weise viele Kilometer weiter nach Westen gerückt war.
Dennis Hills erkannte bald, daß er sich in einer äußerst heiklen Lage befand. Die ihm übertragene Aufgabe bedeutete im Grunde, daß er die Macht hatte, Menschen zum Leben oder zum Tode zu verurteilen – eine Zwangslage, die ihm deutlich in Erinnerung gerufen wurde, als er fast dreißig Jahre später selbst vom Todesurteil eines ruchlosen Diktators bedroht war. Seine Sympathien waren auf Seiten der Gefangenen, und wenn er freie Wahl gehabt hätte, hätte er alle als nicht repatriierbar registriert. Dies stand jedoch offensichtlich ganz außer Frage. Das Hauptquartier akzeptierte sämtliche Gnadenvorschläge Hills', doch es verstand sich, daß eine repräsentative Gruppe zurückgeschickt werden mußte. Das Foreign Office würde auf der Repatriierung einer gewissen Anzahl von Opfern bestehen, und selbst die Nachsicht des Alliierten Hauptquartiers hatte Grenzen, über die man nicht hinausgehen konnte.
Schließlich unterdrückte Hills seine Sorgen und übte, wie er ehrlich zugibt, Günstlingswirtschaft. Da keiner der Leute im strengen Sinne irgendwelcher Kriegsverbrechen schuldig war, gründete er seine Urteile weitgehend auf der Fähigkeit der einzelnen, in Zwangsarbeitslagern zu überleben. Hundert Kabardinaren sonderte er als geschlossene Gruppe ab und hörte viele Jahre später, daß

sie in Damaskus eine Heimat gefunden hatten. Die Zahl wurde allmählich reduziert – einige entkamen auch –, und Hills gelangte zu der Grenze, über die hinaus das Hauptquartier, wie er wußte, keine weitere Kürzung zulassen würde. Er erklärte den Überlebenden später bekümmert: »Wenn die Sowjetunion 400 Leute verlangt, kann ich nicht nur 20 schicken.« Da es sich so verhielt, gesteht er heute, gelegentlich auch Leute als repatriierbar registriert zu haben, die ihm unsympathisch waren. Unter den herrschenden Umständen war dies begreiflich, doch es vergrößerte seine späteren Gewissensqualen.

Der Lagerführer in Riccione, ein ehemaliger Offizier der Roten Armee, Major Pawel Petrowitsch Iwanow, hatte großen Einfluß auf seine russischen Landsleute. Iwanow glaubte, genau wie die Kosaken in Österreich, daß eine getreuliche Zusammenarbeit mit den britischen Lagerbehörden helfen würde, es den Insassen durch anständige Behandlung zu lohnen. Er bremste Fluchtversuche und gab seinen Gefährten den – unseligen – Rat, Major Hills' Fragen ehrlich zu beantworten. Auf diese Weise gestanden viele ihre Wehrmachtszugehörigkeit und fällten ihr eigenes Todesurteil.

Inzwischen waren die Vorbereitungen im Gange, alle, die als ehemalige Wehrmachtsangehörige registriert waren, an die Sowjets auszuliefern. Das Hauptquartier konnte aus seinen Erfahrungen eine Lehre ziehen und sorgfältige Vorkehrungen treffen, um die abscheulich blutigen Szenen, die die früheren Operationen so widerwärtig gemacht hatten, zu vermeiden. Die Gefangenen in Pisa und Riccione sollten in einer einzigen raschen Operation übergeben werden, und man traf strikte Vorsichtsmaßnahmen, um Flucht und Selbstmord zu verhindern, wobei die Wachen gleichzeitig angehalten waren, falls nötig auch sofort scharf zu schießen. Als Auslieferungsort war St. Valentin bei Linz bestimmt, das Judenburg im Juli 1945 als gängiger Empfangsort abgelöst hatte.[33] Die Operation erhielt am 2. April 1947 den ominösen Decknamen *East Wind*.

Oberst Jakowlew von der sowjetischen Mission in Rom schrieb an Major Simcock von der Flüchtlings-Abteilung: »Bitte schicken sie alle Sowjetbürger in das Lager No. 300 in San Valentino (Österreich). Dort aless fertick für sie.«

Jakowlew hatte einen seiner Offiziere zu Oberst Starow nach Wien geschickt, um die Vorbereitungen zu treffen. Der Offizier, der diesen Auftrag erhielt, war unser alter Freund Major Scherschun, dem wir zuletzt begegneten, als ihn das NKWD von einem britischen Schiff in Norwegen entführte. Wie Sieyès war er jedoch am Leben geblieben und noch immer in der gleichen Branche tätig. Die Befehle auf alliierter Seite sahen den »Gebrauch von Handschellen, Tränengas, Zwangsjacken und zunächst Knüppeln« vor, »Schußwaffen bleiben als letzter Ausweg vorbehalten«. Für den Fall irgendwelcher Unannehmlichkeiten hatten die alliierten Unterhändler jedoch mit Oberst Jakowlew vereinbart, daß die Sowjets auch Leichen am Zielort akzeptieren würden. Sobald alle Präliminarien geregelt waren, kam man überein, alle in Pisa und Riccione internierten Russen, die der Repatriierung unterlagen, am 8. und 9. Mai nach Norden zu schicken. Sie waren genau zwei Jahre in westlicher Gefangenschaft gewesen.

Am Tag der Unternehmung fand eine merkwürdige Zeremonie im Lager statt. Zwölf der todgeweihten Männer hatten Frauen und Kinder bei sich. Man hatte sie von ihren Kameraden abgesondert, und nun wurde ihnen mitgeteilt, was mit ihnen beabsichtigt war. Was dann folgte, gibt der Bericht, den Dennis Hills eine Woche später verfaßte, am besten wieder:

»Vor der Verladung wurden die Familien, deren Männer der Repatriierung unterlagen, über die Entscheidung, sie an die Sowjets auszuliefern, unterrichtet. Nachdem jede Vorsichtsmaßregel getroffen worden war, sie an der Selbstverstümmelung zu hindern, gab man ihnen 24 Stunden Bedenkzeit, ob sie allein oder in Begleitung ihrer Familien abfahren wollten.

Es folgten sehr traurige und qualvolle Szenen, die 24 Stunden lang durchgehalten werden mußten. Als es zur endgültigen Entscheidung kam, lehnten die Männer die Begleitung ihrer Familien ab – welche andere Entscheidung hätte auch fallen sollen. Wir wurden Zeugen weiterer qualvoller, unerträglicher Abschiedsszenen.

Der Umstand, daß auch nicht ein Ehemann zuließ, von Frau und Kindern begleitet zu werdern, einerlei ob seine Frau dazu bereit war oder nicht, ist ein hinreichender Beweis dafür, mit welcher Furcht

sie ihrer Auslieferung an die Sowjets entgegensahen. Die Einstellung der Männer wurde von einem folgendermaßen zusammengefaßt: ›Bitte erschießen Sie mich jetzt – damit ich einen gnädigen Tod finde und nicht ein Ende unter Schrecken, Qualen und Folter.‹ Diese Menschen sind keine Helden, sondern, mit einer Ausnahme, gewöhnliche Sterbliche, und es ist nicht zu vermuten, daß sie ein anderes Verbrechen auf dem Gewissen hatten, als sich gegen ein verhaßtes Regime erhoben zu haben.
Die Schmerzlichkeit dieses Aspektes der Operation *East Wind* läßt sich nicht überbetonen. Den Familien beizubringen, daß sie repatriiert werden sollten, kam der Verkündung eines Todesurteils gleich. Die Umstände waren um so makaberer, als man den Frauen und Kindern freistellte, das Schicksal ihrer Männer zu teilen. Rückblikkend ist man zu der Überzeugung gekommen, es wäre humaner gewesen, die Männer zu ergreifen und auszuliefern, ohne sie zu fragen, ob sie ihre Familien mitnehmen wollten oder nicht, da das Endresultat das gleiche blieb.«
Unterdessen mußten die übrigen 171 Russen in ihrem Gehege warten. Es war noch vor Morgengrauen, als die Männer zitternd und Unheil ahnend in Reih und Glied standen. Eine Lastwagenkolonne raste heran und machte vor dem Zaun halt. Ein großer Haufen britischer Soldaten sprang heraus und lief auf die Tore zu. Ein Teil davon kam ins Lager, begann die Gefangenen hinauszutreiben und ließ sie durch ein Spalier bewaffneter Soldaten passieren. Nachdem man die Opfer durch diese Menschengasse gejagt hatte, wurden sie in Gruppen von je 15 auf die Lastwagen gebracht. Unter den emigrierten Kosaken entstanden zwar später Legenden über wüste Gewaltanwendung, aber die Vorbereitungen der britischen Armee waren zu sorgfältig, als daß sie Flucht oder Widerstand ermöglicht hätten. Die Eskorte unter dem Befehl von Major Ben Dalton bestand aus 6 Offizieren und 210 Soldaten des *Royal Sussex Regiment*. Zwei mit Maschinengewehren ausgerüstete Jeeps sowie bewaffnete Motorradfahrer überwachten den Konvoi, als er über die einsamen Landstraßen nach Riccione fuhr.
Die Bahnstation war völlig vom Militär beschlagnahmt worden. Das ganze Gelände war zeitweilig mit Stacheldraht umgeben und

von mehr als einer Kompanie des *Sussex Regiment* bewacht. Obwohl die Gefangenen bereits im Lager durchsucht worden waren, wurden sie noch einmal gründlich untersucht, um sicherzugehen, daß sie keine Selbstmordwaffen mit sich führten. Auf einem Nebengleis stand ein leerer Zug. Die Türen waren verriegelt und die Fenster mit Eisengittern versehen. Nun konnte es über ihr Reiseziel keinen Zweifel mehr geben. Während der Untersuchung der Gefangenen (bei der einige Taschenmesser und Rasierklingen aufgefunden wurden) bat der Lagerführer, Pawel Iwanow, um Erlaubnis, mit dem in der Nähe stehenden Dennis Hills zu sprechen.
Es hatte zu Hills' qualvollsten Entscheidungen gehört, diesen Mann zur Repatriierung auszuwählen. Er war intelligent und sympathisch und hatte sich in der Erledigung der Lagerangelegenheiten besonders hilfsbereit und loyal gezeigt. Nach langen inneren Kämpfen hatte Hills entschieden, daß er zu denen gehörte, die für das, was ihnen bevorstand, die körperliche und seelische Widerstandskraft besaßen. Derartige Kriterien waren bei der Darbietung der letzten britischen Opfergabe an Stalin und Berija notwendig. Nun trat er auf Hills zu und sah ihn vorwurfsvoll – aber nicht rachsüchtig – an: »Jetzt schicken Sie uns also doch in den Tod. Und ich habe Ihnen vertraut. Wir sind von der Demokratie verraten worden.«
Die Gefangenen und ihre Wachen bestiegen den Zug. Major Dalton wurde von einem jungen britischen Nachrichtenoffizier, Alexander Wainman, als Dolmetscher begleitet, da dieser fließend Russisch sprach. So erfuhr er etwas über die Gefühle, die diese Verdammten auf ihrer Reise ins Dunkel bewegten.
»Nun begann meine Aufgabe, nämlich den Leuten zu erklären, daß sie nicht laut sprechen dürften, sitzen bleiben müßten und wenn sie auf das Klosett gehen wollten, ihre Hand heben sollten, dann werde sie eine bewaffnete Wache begleiten.
Sobald sie hörten, daß ich sie in ihrer Sprache anredete, wandten sich alle an mich und fragten, wohin man sie bringen werde. Ich gab eine ausweichende Antwort, doch das nützte nichts. Sie hatten ihr Schicksal längst erraten. ›Liefert uns nicht an die Russen aus. Erschießt uns hier, wenn ihr wollt, aber schickt uns nicht dahin, wo wir gefoltert werden.‹

Beim Einsteigen waren ihre Gesichter fast ausdruckslos gewesen, aber nun wurden sie lebhaft und begannen, sich miteinander zu unterhalten. Ein junger Mann von etwa zwanzig brach plötzlich in Tränen aus. ›Nicht nur wir, sondern auch unsere Familien werden erschossen werden.‹ Dies war das Zeichen für die anderen, vor allem für die in seiner Altersgruppe, und innerhalb weniger Sekunden schluchzte die Hälfte aller Männer im Wagen. ›Läßt sich das mit dem Gewissen der britischen Regierung und des britischen Volkes vereinbaren? Wie könnt ihr uns so etwas antun?‹
Ich gab keine Antwort und versuchte statt dessen, meinen eigenen Gefühlen zu entrinnen und von den Gefangenen wegzusehen, wenn sie mit mir sprachen. Mein Blick fiel auf einige unserer eigenen Soldaten, die auch nicht älter waren als die, deren Leiden sie mitansehen mußten. In ihren Gesichtern spiegelten sich Verwirrung und Mitgefühl wider. ›Es sieht nicht so aus, als ob sie über die Aussicht der Heimkehr sehr begeistert sind‹, sagte einer mit typisch englischer Untertreibung. Ein anderer Russe wandte sich an mich: ›Wir wollen ja nur so leben dürfen, wie ihr auch lebt. Aber wenn ihr uns nicht helfen könnt, dann erschießt uns auf der Stelle und erspart uns die Qualen, die noch vor uns liegen.‹
Das war zuviel für mich. Ich brachte keine Antwort hervor. Ich rang eine Weile um Fassung und stieg dann eilig aus dem Wagen auf den Schotter draußen. Ich hielt das Gesicht vom Zug und meinen Landsleuten abgewandt. Mir liefen längst die Tränen hinunter, doch ich empfand eine gewisse innere Befriedigung darüber, daß Mitgefühl in mir noch nicht erstorben war. Zum Glück kam mir während der nächsten Minuten niemand nahe. Wenn ich in diesem Augenblick hätte sprechen müssen, wäre ich in lautes Schluchzen ausgebrochen. Während der nächsten zwei Stunden kamen immer wieder die Lastwagen herbei und lieferten neue Opfer ab.
Ich hatte meine Lektion beim erstenmal gelernt, und in den anderen Waggons rief ich nur schnell meine Instruktionen und verschwand, ehe die Russen Zeit hatten, Fragen zu stellen. [Ein Mann wurde überredet, seinen Hund zurückzulassen, und ein gutartiger Feldwebel versprach, sich seiner anzunehmen.] Der Mann sah mich an. ›Ich verstehe‹, sagte er, ›jetzt brauche ich keinen Hund mehr.‹

Der Zug war ungefähr um zehn Uhr verladen und blieb bis zur vorgesehenen Abfahrt um halb eins in der Sonne stehen. Der letzte Gefangene kam im Krankenwagen an. Er war aus seinem Krankenbett geholt worden, in dem er die vergangenen fünfeinhalb Monate verbracht hatte. Er litt, wie mir der Regimentsarzt sagte, an einer unheilbaren Nierenkrankheit und sah seiner Zukunft mit Fatalismus entgegen. ›Mir hat das Leben sowieso nichts mehr zu bieten. Wenn ich in Italien geblieben wäre, hätte ich vielleicht höchstens zwei oder drei Jahre weitermachen können, und so ist es besser, wenn meine Leiden verkürzt werden.‹ Ihm wurde ein Lager im Lazarettwagen gegeben, den man zur Behandlung eventueller Selbstmordversuche angekoppelt hatte.
Die Reise von Riccione nach St. Valentin in der Sowjetzone Österreichs dauerte vierundzwanzig Stunden. Ich ging mit Ausnahme von zwei Gelegenheiten, bei denen ich für den Arzt dolmetschen mußte, nicht mehr in die Nähe der Gefangenen. Ich hielt es für besser, nicht mit ihnen zu sprechen. Die Nacht über lagen die meisten von ihnen auf dem Fußboden und schliefen den Schlaf der Erschöpfung. In jedem Waggon befanden sich ein halbes Dutzend Wachen, so daß jeder Fluchtversuch sinnlos war. Als der Morgen kam und wir uns der russischen Zone näherten, verschenkten die Gefangenen ihre Uhren und ihr Geld an unsere Soldaten. Sie rissen ihre Briefe und Familienphotos in kleine Fetzen und ließen sie auf dem Fußboden der Waggons zurück. Einige ließen auch ihre Bibeln zurück. Als ich die Menschen beobachtete, die auf den Bahnhöfen kamen und gingen und ihre Geschäfte versahen, wurde mir bewußt, was in den Köpfen der Unglücklichen vor sich gehen mußte. Dort draußen war die Welt der Freiheit, aber ihnen stand ein anderes Schicksal bevor – Folter, Tod oder im Glücksfall zehn Jahre Arbeitslager.
Wir kamen zur Brücke über die Enns, die die Grenze zwischen der amerikanischen und russischen Zone bildete. Als der Zug über sie fuhr, sahen wir die russischen Wachtposten. Jetzt war alle Hoffnung dahin. Der Zug setzte seine Fahrt noch weitere acht Kilometer fort und hielt dann in St. Valentin. Dort übernahm Oberst Starow, der Chef der Kriegsgefangenen- und Verschleppten-Abteilung der

russischen Sektion der Alliierten Kommission in Österreich, die Gefangenen . . . Ein Waggon nach dem anderen wurde ausgeladen, aber die Gefangenen waren nicht mehr die gleichen, mit denen ich noch vierundzwanzig Stunden zuvor gesprochen hatte. Gestern hatten sie noch Gefühle gezeigt, Furcht und Entsetzen vor der Zukunft, aber jetzt waren sie wie Vieh, so tot war der Gesichtsausdruck eines jeden. Ja, selbst die Zwanzigjährigen, die gestern noch so herzzerbrechend geschluchzt hatten. Sie trugen den Audruck, den die Westeuropäer für die völlige Gleichgültigkeit der Slawen dem Tod gegenüber halten. Ich hatte selbst früher an diese Phrase geglaubt, aber jetzt wußte ich, wie unrecht ich damit gehabt hatte. Bei Aufruf ihrer Namen traten sie vor und hockten sich in Grüppchen auf einem Kleefeld nieder, auf dem in dichten Reihen Wachen postiert waren, um ihre Flucht zu verhindern. Die Namensliste war unzureichend zusammengestellt worden, und es dauerte über eine Stunde, ehe sich feststellen ließ, ob sie vollzählig waren. Außer Oberst Starow waren noch etwa ein Dutzend Sowjetoffiziere anwesend, von denen einige bei der Überprüfung der Namen halfen, während andere nur dabeistanden und zusahen. Der einzige Zivilist war ein dicker, kriminell aussehender Mann, der wie ein Gestapobeamter wirkte. Er erklärte mir, er sei der TASS-Vertreter . . .
Der Zug setzte sich zur Rückfahrt in Bewegung. Auf dem Bahnhof von St. Valentin hatten mir die Österreicher gesagt, daß ein Viehzug bestellt worden war, um die Gefangenen an diesem Abend nach Bruck an der Leitha, in der Nähe der ungarischen Grenze zu bringen, wo die Russen ein großes Lager haben. Dies war das letzte, was ich über ihr Schicksal erfuhr. Was mit ihnen geschehen wird, läßt sich nur mutmaßen. Einige wird man zweifellos erschießen, andere zu fünf oder zehn Jahren Arbeitslager verurteilen. Eines steht jedoch fest: jeder des Denkens und Fühlens fähige Engländer in diesem Zug war über die ihm aufgezwungene Aufgabe beschämt. Hilflose Menschen waren vorsätzlich geopfert worden, nur um den Sowjets einen besänftigenden Köder vorzuwerfen. Ich frage mich noch immer, ob sie uns deswegen größere Achtung entgegenbringen oder sich nur über unsere Naivität ins Fäustchen lachen.«
Major Wainmans Mußmaßungen über das Schicksal der Gefange-

nen waren leider noch zu optimistisch. Major Dalton bemerkte in seinem späteren Bericht, daß Pawel Iwanow und die anderen Offiziere und Unteroffiziere nach gründlicher Prüfung der Namen von den Mannschaften abgesondert wurden. »Ich gewann den Eindruck, daß man mit ihnen recht kurzen Prozeß machen würde.« Was die mutmaßliche Mindeststrafe anging, die den anderen bevorstand, so hatte Stalin zu der Zeit, um die westlichen Liberalen zu versöhnen, gerade die Todesstrafe abgeschafft und sie durch die milde Alternative von *fünfundzwanzig Jahren* Straflager ersetzt.[34] Am nächsten Tag fuhr in Riccione ein weiterer Zug mit neun der verheirateten Gefangenen ab, die über Nacht versucht hatten zu entscheiden, ob Frau und Kinder ihr Schicksal teilen sollten. Drei der ursprünglich zwölf Männer hatte Dennis Hills zurückbehalten und Krankheit und andere Vorwände hierfür gefunden. Den neun wurden als Reisebegleitung eine bewaffnete Gruppe von 45 Soldaten des *Royal Sussex Regiment* mitgegeben, die unterwegs für Disziplin und die Verhinderung von Selbstmordversuchen sorgen sollten. Sie wurden von Major John Stanton angeführt, der sich noch lebhaft an die Reise erinnert. Er erklärt, daß seine Leute, vermutlich als Folge absichtlicher Maßnahmen, keine Zeit hatten, mit den Gefangenen Kontakt herzustellen. Sein Dolmetscher war jedoch auffallend nervös – vielleicht aus ähnlichen Beweggründen wie Alec Wainman. Während der Reise gab es keine ernstlichen Zwischenfälle (außer daß den neun zeitweilig Handschellen angelegt werden mußten), und sie kamen am nächsten Morgen pünktlich in St. Valentin an. Dort wurden sie angewiesen, inmitten offener Felder auf einer Bahnhalde halt zu machen. Etwas weiter unten stand ein Zug diszipliniert aussehender Soldaten der Roten Armee. Kurz darauf erschien Oberst Starow mit seinem Stab in Stantons Abteil. Als er Starow die Liste der neun Gefangenen überreichte, war dieser sichtlich überrascht. Er bezichtigte Stanton, eine große Anzahl Gefangener zurückbehalten zu haben, und wollte vor allem wissen, wo die Frauen und Kinder geblieben seien. Auf alle Fragen konnte Stanton nur erwidern, daß er lediglich der Begleitoffizier sei und keine Kontrolle darüber habe, wer geschickt worden sei und wer nicht. Schließlich schien sich Starow seinen Argumenten zu fügen, erklärte jedoch den Empfang einer so lächerlich kleinen Gruppe nicht bescheinigen zu können, ehe er sich mit Moskau in Verbindung gesetzt habe. Stanton war einverstanden, ein Stabsoffizier sprang aus dem Zug und verschwand. Der Engländer richtete sich auf eine lange Wartezeit ein und bot Starow zu trinken an. Er stellte fest, daß er nur puren Gin bei sich hatte, doch Starow schien damit ganz zufrieden.

Während es draußen höchst geschäftig zuging, tranken die beiden und unterhielten sich freundlich. Der gleiche dicke Zivilist, dem Dalton und Wainman am Vortag begegnet waren, kletterte in das Abteil. Trotz seines leichten Sommeranzugs schwitzte er vor Anstrengung. Es war ein sonniger Maitag. Alle anwesenden Sowjetoffiziere, mit Starow angefangen, brachten diesem »TASS-Korrespondenten« die größte Ehrerbietung dar. Der erklärte Stanton ganz höflich, er sei nach Moskau durchgekommen und habe Erlaubnis erhalten, die neun Gefangenen anzunehmen und dem britischen Zug die Rückfahrt freizugeben. Stanton verspürte hierüber große Erleichterung – er hatte die Rote Armee im Verdacht, es auf die Lokomotive abgesehen zu haben (ein Lieblingstrick), und war noch glücklicher, als der Zug zwanzig Minuten später zurückfuhr. Gleichzeitig kam ihm die Behauptung des Dicken recht fadenscheinig vor, da das Gleis auf offenem Feld lag und nicht einzusehen war, wie er die Verbindung mit Moskau hergestellt hatte. Stanton bemerkte in seinem Bericht: »Meine persönliche Meinung ist, daß er die oberste Instanz war und der Oberst von ihm, und nicht von Moskau, Weisung einholte.«

Bis zum Augenblick seiner Abfahrt war es Stantons Hauptanliegen gewesen, die Operation so glatt wie möglich durchzuführen. Doch jetzt hatte er Zeit, über die Angelegenheit nachzudenken, und fühlte sich immer ungemütlicher. Als man ihm seine Instruktionen gegeben hatte, war betont worden, daß diese Gefangenen gegen die Briten gekämpft hatten (dies traf mit ziemlicher Sicherheit nicht zu)[35], aber es fiel ihm trotzdem schwer, nicht die stillen und widerstandslosen Opfer zu bemitleiden, die von je fünf britischen Wachen umstellt waren, nur um sie daran zu hindern, sich aus Angst die Kehle aufzuschlitzen. Sie hatten ihm alle versichert, daß man sie

nach ihrer Auslieferung erschießen würde – eine Behauptung, die durchaus nicht abwegig klang. Er war mit den Russen nur vierundzwanzig Stunden in Berührung gekommen, sagt aber heute: »Es war eine grauenhafte Erfahrung, die mich nie losgelassen hat.«
Andere Betroffene empfanden ähnlich. Generalmajor James Lunt war damals Stabsoffizier im Hauptquartier. Er hatte die Durchführungsmaßnahmen für die Operation *East Wind* geplant und dabei, wie er heute ehrlich zugibt, kein großes Mitleid mit Leuten empfunden, die er als Kollaborateure ansah. Aber als er dann die Berichte von Hills, Dalton, Stanton und anderen las, wurde ihm das Herz schwer. Dennis Hills' Beschreibung der Qualen der zurückgelassenen Frauen schlug einen schrillen Mißton an, und er fragte sich, ob sie nicht alle in ein eines Soldaten unwürdiges Unternehmen verwickelt gewesen waren. Die Bestrafung Schuldiger war recht und billig, und in jedem Krieg mußten die Besiegten ein gewisses Maß an Unglück in Kauf nehmen, aber er wußte auch, daß sich Grausamkeiten, wie sie in diesen Berichten beschrieben wurden, nicht rechtfertigen ließen.
Ein Kontingent russischer Gefangener aus dem amerikanischen Lager in Pisa war ebenfalls am 9. Mai in St. Valentin angekommen. Ihre Zahl veranschaulicht wiederum, wie unterschiedlich die von den beiden Alliierten angewendeten Kriterien waren. Zu Anfang waren in den Lagern von Riccione und Pisa ungefähr die gleiche Anzahl Gefangener gewesen – jeweils über 400. Sobald Dennis Hills berichtete, er habe die Zahl der Auszuliefernden auf weniger als 200 reduziert, bedeutete man ihm sehr klar, daß diese Grenze nicht weiter unterschritten werden könne. Sein amerikanischer Kollege kam jedoch mit einer Liste durch, auf der nur noch 75 standen.[36]
So endete das Unternehmen *East Wind*, die letzte größere Zwangsrepatriierung, die nach dem Krieg in der Phase der Befriedungspolitik vollzogen wurde. Im Westen löste die Nachricht, daß solch ein Ereignis überhaupt stattfinden konnte, beträchtliche öffentliche Empörung aus, denn inzwischen waren Stalins Welteroberungspläne selbst den liberal Denkenden klar geworden. Die Empörung wurde noch durch Pressemeldungen verschärft, die ausführlich

über die vielen Selbstmorde berichteten und über die rohe Gewalt, mit der die Soldaten die Verladung der Gefangenen in Riccione und Pisa (diese wurden in Livorno verladen) vorgenommen hatten.[37] In London wurden Persönlichkeiten der Öffentlichkeit von einem Komitee, dem die Herzogin von Atholl und Mrs. Elma Dangerfield vorstanden, mit Protesten bombardiert. Ein Weißer russischer Journalist, Anatol Baikalov, versorgte sie hierzu mit reichlichem Beweismaterial, das ihm von Flüchtlingen im Westen geliefert wurde.[38] Am 21. Mai fragte der Labour-Abgeordnete Richard Stokes (der als Verfechter humanitärer Anliegen bekannt war) im Unterhaus an, ob die beunruhigenden Berichte über die letzte Zwangsauslieferung von Flüchtlingen an die Sowjets zutreffend seien. Dies wurde von Christopher Mayhew, dem parlamentarischen Unterstaatssekretär für Auswärtige Angelegenheiten, beantwortet. Er verteidigte die Auslegung des Jalta-Abkommens seiner Regierung und wies zugleich Berichte über Gewaltanwendung und Selbstmordversuche im Zusammenhang mit dieser Unternehmung zurück.[39]

Auf dem ersten Zug hatte es jedoch tatsächlich einen Selbstmordversuch gegeben. Ein verzweifelter Gefangener wollte sich die Kehle aufschneiden und konnte von Major Daltons Begleittrupp erst nach einem kurzen Handgemenge daran gehindert werden. Es wäre jedoch ungerechtfertigt, Mayhew[40] der Unterdrückung des Beweismaterials über diesen Vorfall zu bezichtigen.[40a] Major Dalton hatte diesen in seinem Reisebericht mit keinem Wort erwähnt und geschrieben, daß »während der Reise keine körperliche Gewalt angewendet« wurde und es »keine Zwischenfälle« gegeben habe. Wie Dalton darlegt, widersprach dieser Zwischenfall »meinem Bericht nicht; ich hatte keine ereignislose Reise erwartet, unsere Vorsichtsmaßnahmen wurden getroffen und das Unternehmen planmäßig durchgeführt.«[41]

Ohne Wissen der Öffentlichkeit erhielt die Regierung auch aus einflußreichen Kreisen nachhaltige Proteste. General Burrows, der ehemalige Chef der Militärmission in Moskau, reichte ein Gesuch, den Russen in England Amnestie zu gewähren, an das Kriegsministerium weiter. Es stammte von Graf Bennigsen, Träger des britischen Militärkreuzes und 1919 Verbindungsoffizier bei Burrows in Archangelsk.[42] Major Wainman hatte seinen oben zitierten Bericht über das Unternehmen *East Wind* auf Anforderung von George Young vom MI 6 (Militärischer Geheimdienst) gemacht. Als er Young in seinem Wiener Büro erreichte, war dieser über die Fortführung so brutaler Maßnahmen, die eine offenbare Unmenschlichkeit darstellten, entsetzt. Er unterbreitete das verdammende Beweismaterial Sir Henry Mack, dem britischen politischen Berater. Dieser empfand den gleichen Abscheu und schickte einen scharf abgefaßten Protest an das Foreign Office. Als Antwort kam die Bestätigung, daß weitere Unternehmen dieser Art nicht in Aussicht genommen würden.[43]

Die Zwangsrepatriierung hatte in der Tat ihr Ende gefunden. Im Juni konnte Dennis Hills zwölf Georgier auf der Insel Lipari retten, die in Gefahr schwebten, von den Italienern ausgeliefert zu werden. In der Nacht des 8. Juli entführten die Sowjets sechs alte Emigranten aus einem Lager in Barletta; einer beging Selbstmord, die anderen verschwanden für immer.[44] Die Befriedungspolitik ging jedoch langsam in den Kalten Krieg über. Trotz sowjetischer Proteste wurde die ukrainische Division Galizien gleich nach dem Unternehmen *East Wind* von Italien nach England verlegt.[45] Schon vorher im gleichen Jahr hatte General McNarney verkündet, »Sowjetbürger könnten nun zum erstenmal ihre Staatsbürgerschaft zugeben und trotzdem legal in der amerikanischen Zone Deutschlands bleiben«, eine Entscheidung, die unter anderem auch Tausende von Mennoniten vor der rassischen Verfolgung in der UdSSR rettete.[46] Die Reaktion der Sowjets war vorauszusehen. Auf alle betroffenen westlichen Regierungen hagelte es Beschwerden, die sie jedoch weitgehend ignorierten, obwohl die sowjetische Repatriierungskommission in Frankfurt erst im März 1949 zur Heimkehr gezwungen wurde und dies nur mit dem größten Widerstreben tat.[47] In der Zeit zwischen 1943 und 1947 hatten die westlichen Demokratien nachweisbar 2272000 Sowjetbürger in die UdSSR repatriiert. Ungefähr 35000 Sowjetbürger, Angehörige nationaler Minderheiten (Ukrainer, Weißrussen, Kalmücken, etc.) waren offiziell als vorsätzlich im Westen zurückbehalten registriert.[48] In Wirklichkeit liegt jedoch die Zahl derer, denen es gelang, sich durch gefälschte Dokumente als Polen oder Jugoslawen auszugeben oder auf andere Weise der Repatriierung zu entgehen, höher. Über diese Gruppe lassen sich selbstverständlich keine genauen Statistiken abgeben, aber es ist geschätzt worden, daß sich die Zahl zwischen einer viertel und einer halben Million bewegt.[49]

Die Mehrzahl der Russen wurde im frühen Sommer 1945 repatriiert; von Ende September 1945 bis Anfang 1946 wurde die Zwangsrepatriierung zeitweilig ausgesetzt. Von Januar 1946 bis Mai 1947 wurden lediglich einige Tausende zur Rückkehr gezwungen, die nur einen kleinen Prozentsatz der Gesamtzahlen darstellten. Was viele an diesen späteren Repatriierungen abstieß, war nicht ihr Umfang, sondern daß sie überhaupt stattfanden. Inzwischen war allen, außer einigen wenigen Verblendeten, klar, daß das Land, dem diese Menschen gegen ihren Willen überantwortet wurden, ein erklärter, unerbittlicher Feind des Westens war.

Die vielleicht eindrucksvollste Illustration des Paradoxons der damaligen britischen Politik ist ein Unternehmen, das zur gleichen Zeit wie die Operation *Keelhaul* stattfand. Hierbei handelte es sich um das Unternehmen *Highland Fling*, das dazu diente, andersdenkenden Sowjetbürgern bei der Flucht in den Westen zu helfen. Auf diese Weise wurden Hunderte, die der marxistischen Herrschaft entrinnen wollten, von britischen Truppen bei ihrer Flucht aus der UdSSR unterstützt[50], während andere, die Rußland fünf Jahre zuvor zumeist unfreiwillig verlassen hatten, dem Tod überantwortet wurden.

16

Nationale Kontraste: Repatriierungsmassnahmen in Frankreich, Schweden und Liechtenstein

Bisher sind nur die unter britischer und amerikanischer Ägide durchgeführten Repatriierungen geschildert worden. Wir gingen jedoch mit der Annahme fehl, daß nur diese beiden Länder dem Problem gegenüberstanden. Eine Anzahl anderer Regierungen hatte ebenfalls zu entscheiden, was mit den Russen in ihrem Gewahrsam geschehen sollte, und in jedem Land reagierte man anders.

Frankreich

Nur in Frankreich stand die Regierung einem Problem gegenüber, das dem vergleichbar war, das den amerikanischen und englischen Staatsmännern Kopfschmerzen bereitete. Insgesamt hatten die französische 1. Armee und die Widerstandseinheiten 15000 russische Gefangene, die in der deutschen Armee gekämpft hatten. Weitere 20456 liefen freiwillig zu den Franzosen über. Von den letzteren schlossen sich fast die Hälfte (8000) den Freien Franzosen an und nahmen auf alliierter Seite an den Kämpfen teil.[1] Hinzu kamen mehrere Tausend Flüchtlinge, die von den britischen und amerikanischen Streitkräften Ende 1944 der französischen Kontrolle übergeben wurden. Im Januar 1945 gab es in den Lagern ernsthafte Unruhen, dann stellte das SHAEF den bedrängten Franzosen ausreichende Hilfsmittel zur Verfügung.[2]

Zwei Monate, nachdem Eden auf Stalins Forderung eingegangen war, alle Russen ungeachtet ihrer Wünsche zu repatriieren, machte auch General de Gaulle Besuch in Moskau und wurde ebenfalls zu ähnlichen Zugeständnissen bewogen.[3] Als Folge davon traf eine sowjetische Repatriierungskommission unter der Leitung von General Dragun in Paris ein. Gleich nach der Ankunft war eine seiner ersten Amtshandlungen, bei der Unterdrückung der Unruhen in den Flüchtlingslagern mitzuhelfen und persönlich zehn willkürlich ausgesuchte Personen zu erschießen.[4] Die Kommission setzte sich lediglich aus NKWD-Offizieren zusammen, deren Aufgabe es war, für die sichere Repatriierung aller Russen, derer sie habhaft werden konnten, zu sorgen. Darüber hinaus waren sie beauftragt, der französischen Kommunistischen Partei mit Waffen und Geld auszuhelfen.[5]

Die Russen wurden aus über ganz Frankreich verstreuten Lagern zur Repatriierung ausgewählt und an einen zentralen Sammelplatz in der Reille-Kaserne in Paris gebracht. Von dort kamen sie in ausgewählte Durchgangslager, von denen das wichtigste Beauregard bei Paris war.[6] Während einiger Monate wurden die Sicherheitsvorkehrungen in den Lagern recht nachlässig gehandhabt. Draguns Beamte gaben sich alle Mühe, den Gefangenen zu versichern, daß ihnen bei der Heimkehr ein herzlicher Empfang und eine Amnestie für alle Vergehen zuteil werden würde. Ein Gefangener, der zuvor in dem deutschen Schreckenslager auf Alderney gewesen war, erinnert sich an die Besuche und beruhigenden Ansprachen des sowjetischen Botschafters Bogomolow. Deren Wirkung wurde jedoch durch die finsteren Drohungen, die ein höherer NKWD-Beamter in angetrunkenem Zustand machte, beeinträchtigt. Danach wurden Trunkenheit und Plünderei unter den niedergeschlagenen Gefangenen sehr häufig.[7]

Ein amerikanischer Beamter des CVJM, Donald A. Lowrie, war anläßlich seines Besuches der Botschaft am 20. Oktober 1944 von den sowjetischen Beamten sehr beeindruckt.

»Alle werden ohne Ansehen ihrer jüngsten Vergangenheit nach Sowjetrußland zurückgeschickt«, erklärte Botschafter Bogomolow. »Einige von ihnen«, fuhr er fort, »sind Helden, andere waren vielleicht weniger tapfer. Keine Nation besteht nur aus Helden«, fügte er lächelnd hinzu. »Doch Mutter Rußland wäre keine Mutter, wenn sie nicht alle ihre Söhne liebte, selbst die schwarzen Schafe. Daher werden alle unsere Landsleute im Ausland wieder in der Heimat aufgenommen werden.«

Bogomolow sprach dann über den unerträglichen Druck, dem viele ausgesetzt gewesen waren. »Wenn einige von ihnen diesem Druck nicht standhalten konnten und den deutschen Streitkräften beitraten oder auch Polizisten wurden und ihre Mitgefangenen in den Lagern überwachten, ist dies in vielen Fällen verständlich. Jedem wird eine Bewährungsmöglichkeit gegeben werden . . . Wir nehmen hier alle auf, alle werden heimkehren, alle werden als Söhne des Vaterlandes betrachtet.«

Der Botschafter verbreitete sich dann anerkennend über die Arbeit des Christlichen Vereins Junger Männer. »In ganz Rußland gibt es christliche junge Männer«, bemerkte er nachdenklich, »nur sind sie nicht organisiert.« Lowrie nahm den Eindruck mit, daß der Botschafter tiefes Mitgefühl für die Tragödie der Menschen hatte, die in Ereignisse verwickelt worden waren, die sich ihrem Verständnis und ihrer Kontrolle entzogen. Er glaubte auch, Bogomolow habe »Sinn für Humor« gehabt.[8]

Obgleich Draguns Beamte auf ihrer Suche nach verstreuten Russen überall umherstreiften, unterlag das Lager Beauregard während mehrerer Monate der Verwaltung zweier Lagerinsassen namens Iwanow und Titarenko. Diese waren zuvor enge Mitarbeiter der Nazis gewesen, standen jedoch im Augenblick beim NKWD in Gunst. Wie viele feststellten, fiel diese Übertragung der Loyalität nicht schwer. Gegen Ende Mai wurden jedoch die Sicherheitsmaßnahmen plötzlich verstärkt. Das Lager wurde mit Stacheldraht umgeben und die Wachen verdoppelt. In den vergangenen Monaten war eine Anzahl aus dem Lager in Marseille nach Odessa transportiert worden, doch nun konnten die Vorbereitungen für die erste Repatriierung auf dem Landweg beginnen.[9]

Ein Ukrainer, der sich trotz der Gefahren zur Rückkehr entschloß, hat solch eine Reise beschrieben. Er berichtet, wie er und seine Gefährten »mit Ansprachen, Musik und Fahnen auf Lastwagen gut auf den Weg gebracht wurden . . . Sie wurden zu einem Sammelplatz bei Leipzig gefahren und dort hinter Stacheldraht interniert. Nun gab es anstelle von Musik geladene Maschinengewehre. Die Willkommensrede bestand aus Flüchen und Drohungen. Dann begannen die Verhöre. Jetzt war es nicht mehr die Armee, sondern das NKWD. Sie stellten endlose Fragen, und auf jede Antwort schrie der verhörende Beamte: ›Lügner!‹ Das Essen war miserabel. Die Unterhaltungen der Männer untereinander waren auch nicht tröstlicher; es wurde von dem schrecklichen Schicksal der vorangegangenen Gruppen gesprochen.«

Dem Berichterstatter, den das Gesehene und Gehörte in helle Angst versetzt hatte, gelang es, sich auf einem zurückkehrenden amerikanischen Lastwagen zu verstecken und so zu entkommen.[10]

Außerhalb der Lager begannen Draguns NKWD-Beamte nun mit einer Tätigkeit, die viele als Schreckensherrschaft beschrieben haben. Von der französichen Polizei – anscheinend auf höhere Weisung – ungehindert, begannen sie in Paris mit einer Reihe von Überwachungen, Spitzeleien, Entführungen und Morden.[11] Im März 1946 verschwand ein junger russischer Flüchtling, der unter dem polnischen Pseudonym Lapchinsky lebte, unter geheimnisvollen Umständen aus seiner Pariser Wohnung. Er war Ostarbeiter gewesen und nach seiner Befreiung durch die Amerikaner im November 1944 in die französische Hauptstadt gekommen. Dort nahm sich Graf Ivan Tolstoy, ein entfernter Vetter des Verfassers, seiner an. Eines Abends erschien er bei diesem offenbar völlig verängstigt zum Abendessen. Auf die Frage seines Gastgebers erklärte er, daß er überzeugt sei, man spioniere ihm nach. Sein Gastgeber sowie auch die anderen Anwesenden neigten dazu, über diese Ängste zu lachen, rieten ihm aber trotzdem zur Vorsicht. Lapchinsky hatte diesen Rat kaum nötig. Alle, die ihn kannten, bezeugten, daß er nie Besuchern die Tür öffnete, und bis vor einigen Tagen hatte er auch nie Besuch gehabt. Seine Concierge erinnerte sich später, daß drei »Polen« gekommen waren, um den jungen Mann zu besuchen, doch dieser war ausgegangen.

Beim nächstenmal war er zu Hause. Was wirklich geschah, konnte nie festgestellt werden. Lapchinskys Zimmer wurde in völliger Unordnung angetroffen, überall waren Blutflecke und Anzeichen, daß man versucht hatte, sie zu beseitigen. Ein Augenzeuge hatte beobachtet, daß eine halb bewußtlose Gestalt in ein großes schwarzes Auto gezerrt wurde, das dann schnell in unbekannte Richtung abfuhr. Lapchinsky tauchte nie wieder auf, und die Polizei stand einem anscheinend nicht zu klärenden Verbrechen gegenüber. Es scheint jedoch keinen Zweifel zu geben – trotz der Enthüllungen in der kommunistischen Zeitung *L'Humanité*, es sei alles ein

Komplott der Gestapo gewesen (1946!) –, daß es das Werk des NKWD war.[12] In diesem und dem voraufgegangenen Jahr hatten sie sich vielerorts ähnlich betätigt, und der Fall hatte eine Parallele in den bekannteren Pariser Entführungen der Weißen Generäle Kutyepov und Miller in den Jahren 1930 und 1937.[13]
Schließlich wagte der Innenminister im Mai den mutigen Schritt, sich bei dem sowjetischen Botschafter über die vielen Verbrechen zu beschweren, die offen auf französischem Boden verübt wurden. Die Koalitionsregierung (der auch einige kommunistische Minister angehörten) war jedoch im Bewußtsein der Schwäche Frankreichs zu einer Befriedungspolitik entschlossen und zwang ihn zurückzutreten.[14]
Das französische Heer scheint jedoch, im Gegensatz zur Regierung, mit erstaunlicher Festigkeit auf sowjetischen Druck reagiert zu haben. Nowikow beklagte sich in Potsdam, daß es in der von der 1. Armee besetzten französischen Zone Deutschlands den Emigranten erlaubt sei, unter den sowjetischen Verschleppten Propaganda zu verbreiten, um sie zu überreden, nicht heimzukehren. »In diesem Fall wird diese Tätigkeit mit der aktiven Unterstützung der französischen Militärbehörde der ›Sécurité Militaire‹ betrieben.«[15]
Im folgenden Monat begann NKWD-General Wichorew[16] in der französischen Zone Österreichs Jagd auf Russen zu machen. Er entdeckte ein Lager in Felke, nahe der liechtensteinischen Grenze, in dem er potentielle Beute vermutete, und war schon im Begriff zuzuschlagen, als ein unfreundlicher »Oberstleutnant Fichelier, als Beauftrager für die Flüchtlingslager in dieser Zone, seinen Besuchsantrag in das oben erwähnte Lager mit der Begründung abwies, von Paris hierzu keine Ermächtigung zu haben«.[17]
Ähnliche Überlegungen wie die der Briten und Amerikaner bewogen auch die Franzosen 1947, die Politik der Zwangsrepatriierung einzustellen. In Erwartung dieser Entscheidung führte Moskau heftige Attacken und bezichtigte die Franzosen, Sowjetbürger zu verstecken oder an der Rückkehr zu hindern. Das französische Außenministerium wies diese Klagen mit Bestimmtheit zurück und erklärte überdies, daß die meisten von den Sowjets beanspruchten Flüchtlinge Ukrainer, Balten oder andere nicht-sowjetische Staats-

bürger seien. In einer weiteren Erklärung bestätigte ein französischer Sprecher, daß die sowjetischen Beamten über das Lager Beauregard Polizeigewalt ausübten und gleichzeitig behaupteten, alle Insassen seien freiwillige Heimkehrer. Skeptischen Beobachtern »schienen die Stacheldrahtzäune, die man kürzlich innerhalb der Steinmauern des Lagers gesehen habe, nicht für die freiwillige Anwesenheit der Insassen zu sprechen«.[18] Obwohl die Regierung die Unternehmungen des NKWD auf französischem Boden zu dulden schien, war sie doch im Begriff, diesen Eindringlingen gegenüber eine festere Haltung anzunehmen.

Ein besonders krasser Entführungsfall lieferte den Franzosen den gewünschten Vorwand zur Schließung des Lagers. Der spärliche Zufluß russischer Heimkehrer war immer dünner geworden und kam schließlich fast ganz zum Stocken. Die sowjetische Botschaft bestand aber noch immer auf der Aufrechterhaltung dieses riesigen Lagers, das, wie die erboste französische Öffentlichkeit erklärte, einer sowjetischen Enklave auf französischem Hoheitsgebiet gleichkam. Über den mit roten Fahnen geschmückten Lagertoren war ein Kolossalporträt Stalins angebracht, das nachts mit Scheinwerfern angestrahlt wurde. Es gab berechtigten Grund zu der Annahme, daß das Lager Beauregard ein Mittelpunkt für sowjetische Spionage und Unterwanderungsversuche geworden war. Es war bekannt, daß die Kommunistische Partei Frankreichs auf eine sowjetische Besetzung des Landes hinarbeitete, genau wie sie auch sieben Jahre zuvor zur Zeit des sowjetisch-deutschen Bündnisses Hitlers Invasion unterstützt hatte. Im Jahre 1947 war die Möglichkeit eines bewaffneten kommunistischen Putsches in Frankreich mit Unterstützung sowjetischer Waffen, wenn nicht gar Truppen, keineswegs von der Hand zu weisen, und die Regierung beschloß endlich zu handeln.

Dmitri Spechinsky war ein Weißer Russe mit französischer Staatsangehörigkeit und ließ sich von seiner in Sowjetrußland gebürtigen Frau scheiden. Das Gericht in Nizza hatte die drei Töchter aus dieser Ehe (die selbstverständlich gebürtige Französinnen waren) dem Vater zugesprochen. Kurz darauf verschwanden Mutter und Töchter, und auf Ersuchen des Vaters konnte die Polizei ihre Spur bis ins

Lager Beauregard verfolgen.[19] Hierauf stellte Spechinsky einen gerichtlichen Antrag auf die Auslieferung seiner Kinder. Ein derartiges Gesuch hätte die Behörden etwas früher noch in Verlegenheit gesetzt oder zu Ausflüchten bewogen. Nun machten sie es zu der Gelegenheit, auf die das Kabinett gewartet hatte. (Im Mai waren die Kommunisten von der Ramadier-Regierung ihrer Ministerposten enthoben worden.)

Jetzt wurde, wenn auch verspätet, schnell durchgegriffen. Das geheimnisvolle Lager, in das seit zwei Jahren kein französischer Beamter mehr Zutritt erhalten hatte, wurde mit etwa 2000 Infanteristen, Polizisten und Detektiven umstellt. Für den Fall ernsterer Schwierigkeiten standen auch Panzer bereit. Erst zwanzig Minuten, bevor die ersten französischen Soldaten unter dem Riesenbild des Landesvaters eindrangen, wurde der sowjetischen Botschaft Mitteilung über das Vorhaben gemacht. Die Spechinsky-Kinder und ihre Mutter wurden in einer Kaserne versteckt aufgefunden. Einige Tage später hätten sie bereits im Zug nach Moskau gesessen und von dort ihren Weg nach Karaganda oder Workuta genommen. Maria, Zenobia und Olga wurden ihrem Vater zurückgegeben. Unterdessen stellte die Polizei auf der Suche nach Beweisen sonstiger unrechtmäßiger Tätigkeiten das Lager auf den Kopf.

Im ganzen Lager gab es nur 58 Personen, die angeblich auf ihre Repatriierung warteten, aber in der Kleiderkammer stießen die Detektive auf interessante Funde: 10 leichte britische Maschinengewehre, 2 sowjetische Maschinengewehre, 10 Gewehre, 1 Schrotflinte, 52 Magazine, 49 Trommeln mit Maschinengewehrmunition, 5 Kisten Patronen, 10 Granaten und 7 Revolver. Die sowjetische Botschaft erklärte, es handele sich um Souvenire, die einige der Sowjetbürger als Erinnerung an ihre Dienstzeit bei der *Résistance* zurückbehalten hätten. Uns steht jedoch frei, einen anderen Verwendungszweck zu vermuten.[20]

So fand die Zwangsrepatriierung in Frankreich einige Monate nach dem letzten alliierten Unternehmen in Italien ein Ende. Insgesamt wurden hierbei ungefähr 102481 Russen ausgeliefert. Bei der Beurteilung dieser Zahlen sowie auch der französischen Verantwortung darf man einige wesentliche Gesichtspunkte jedoch nicht außer acht

lassen. Im Vergleich zu den Vereinigten Staaten und Großbritannien war Frankreich aus dem Krieg geschwächt und gespalten hervorgegangen. Hunderttausende französischer Arbeiter, hauptsächlich aus Elsaß-Lothringen, waren von den Deutschen zur Zwangsarbeit verschleppt und später von der Roten Armee befreit worden. Es handelte sich hierbei nicht nur um weit größere Zahlen als im Fall der befreiten englischen und amerikanischen Kriegsgefangenen, um deren Wohlergehen Eden und Stettinius so besorgt waren, sondern als Zivilisten konnten sie auch von den Sowjets sehr viel leichter einbehalten werden als die alliierten Soldaten. England und die Vereinigten Staaten wollten zunächst mit der UdSSR lediglich ein Abkommen über den gegenseitigen Austausch der befreiten Kriegsgefangenen treffen und vereinbarten nur auf sowjetisches Drängen, »ein solches Abkommen auch auf Sowjetbürger und britische Untertanen zu erstrecken, die von den Deutschen interniert und zwangsverschleppt wurden«.[21] Wie die britischen Beamten damals vermerkten, gab es eigentlich keine solchen britischen Untertanen, jedoch mehrere Millionen verschleppter Sowjetbürger. Es ist möglich, daß eine feste britische Haltung die Zivilisten von dem Repatriierungsabkommen ausgeschlossen hätte, dies ist jedoch nicht feststellbar, da das Foreign Office eine andere Politik verfolgte. Im Falle der Franzosen verhielten sich die Dinge jedoch ganz anders. Sie hatten jedes Interesse daran, ihre verschleppten Staatsbürger heimzuholen, und zugleich war ihre Verhandlungsposition weitaus schwächer. Selbst als der Angriff auf das Lager Beauregard geführt wurde, war bekannt, daß die Sowjets noch 23 600 französische Zivilisten als »Geiseln« in der Hand hatten.[22]
Die Lage Frankreichs war auch in anderer Hinsicht unterschiedlich. Man scheint französische Soldaten nicht dazu eingesetzt zu haben, widerstrebende Heimkehrer bewußtlos zu schlagen, um sie auf Lastwagen zu schaffen, oder kleine Kinder mit französischen Bajonetten in die Viehwagen in Richtung Sibirien zu verfrachten. In Frankreich übernahmen die NKWD-Beamten die Ausführung dieser Operationen selbst. Bis zu einem gewissen Grade scheinen hierbei die verschiedenen Arme des Staates eine fast autonome Politik verfolgt zu haben. Während die kommunistischen Regierungsmit-

glieder die Entführer und Mörder unter ihre Fittiche nahmen, behinderte die französische Armee die sowjetische Repatriierungskommission in Deutschland und Österreich auf Schritt und Tritt.

Belgien

Andere Länder sahen sich einem kleineren Russenproblem gegenüber und lösten es mit wieder anderen politischen Mitteln. Das belgische »Jalta-Abkommen« über die Repatriierung wurde am 13. März 1945 unterzeichnet. Bis zur Auflösung des SHAEF unterstanden die Internierungslager der Kontrolle der Zivilabteilung des Hauptquartiers der 21. Armeegruppe. Ein britischer Offizier, der solch ein Lager in Termonde verwaltete, erinnert sich daran, daß viele Insassen nicht heimkehren wollten, aber trotzdem ohne Zwischenfälle auf ihre Züge verladen wurden.[23] Hier war der Chef der sowjetischen Repatriierungskommission ein Oberst Stemasow, der auch die üblichen Beschwerden über die Lebensbedingungen der Gefangenen führte.

Der britische Botschafter vermerkte, »daß die Politik der Sowjets ist, alle in Belgien verstreuten Russen notfalls mit Gewalt auf Sammelplätze zu schaffen und sie dort unter strikter Kontrolle zu halten, bis sich eine Gelegenheit ergibt, sie in die Sowjetunion zu evakuieren.«[24] Im Juli wurde der belgischen Regierung die volle Verantwortung für die Tätigkeit der sowjetischen Beamten auf belgischem Boden übertragen, und die Sowjetbürger wurden aus den früheren SHAEF-Lagern entweder nach Deutschland gebracht oder direkt in die Sowjetunion repatriiert.[25] In Belgien befanden sich jedoch noch immer viele Russen auf freiem Fuß, und es dauerte nicht lange, bis es auch in Brüssel ähnliche Szenen wie in Paris gab. »Man weiß von Schwierigkeiten, die sich ergaben, wenn NKWD-Offiziere im Auftrag des Repatriierungskommissars in der Verfolgung ihrer Ziele zu Entführungen schritten und bei wenigstens einer Gelegenheit sogar am hellichten Tag auf den Brüsseler Straßen. Sowjetische Repatriierungsbeamte waren mehrfach in die Internierungslager gekommen, um die russischen Insassen zur Rückkehr zu ›überreden‹. Solche Aktivitäten führten den belgischen Justizminister am 28. Dezember dazu, ein Rundschreiben an die Polizei und

Gendarmerie zu richten und sie anzuweisen, den Repatriierungsbeamten den Zutritt zu den Lagern ohne ausdrückliche Genehmigung zu versagen, und sie, falls sie ohne Genehmigung eindrängen, mit Gewalt hinauszusetzen. Zudem wurden sie angehalten, die Zivilbevölkerung vor jedem Gewaltakt zu beschützen.[26]
Die Reaktion der belgischen Regierung auf sowjetische Verstöße war, wie wir sehen, sehr viel schroffer als die der Franzosen und Briten.

Holland und Finnland

Von den übrigen westeuropäischen Ländern verfolgten die Holländer eine ähnliche Politik wie die Belgier.[27] In Norwegen, Dänemark, Deutschland, Österreich und Italien waren die Befreiungs- bzw. Besatzungsmächte für die Repatriierung zuständig. Finnland stellte einen Sonderfall dar. Das Vordringen der Sowjets an der Ostfront hatte die Finnen gezwungen, die ihnen mit dem Waffenstillstandsabkommen vom 19. September 1944 von der UdSSR aufgezwungenen Bedingungen anzunehmen. In Helsinki wurde eine alliierte Kontrollkommission ins Leben gerufen, die unvermeidbar zum Sprachrohr sowjetischer Drohungen und Forderungen wurde – Forderungen, denen sich die Finnen gar nicht entziehen konnten. Die Herausgabe mehrerer Tausend russischer Kriegsgefangener in finnischen Lagern wurde gefordert, und den finnischen Behörden blieb keine andere Wahl, als zu gehorchen. Als dies bekannt wurde, gelang es mehreren Hundert Gefangenen zu fliehen. Sie zogen es vor, in den Wäldern wie Wölfe von der Jagd und von Überfällen auf einsame Bauernhöfe zu leben. Es war November in der Arktis, aber selbst solch ein Leben war besser als das, was sie zu Hause erwartete.[28] Dies ist um so bemerkenswerter, als all diese Leute ohne Ausnahme einfache Kriegsgefangene waren, die weder Kontakt mit den Nazis oder anderen Deutschen gehabt, noch die Kriegsbemühungen des Feindes auf irgendeine Weise unterstützt hatten. Dieses Beispiel allein sollte genügen, um dem Argument, die Russen hätten sich vor der Heimkehr gefürchtet, weil sie sich durch die Mitarbeit mit den Nazis schuldig gemacht hatten, zuvorzukommen. Alle, die sich nichts Derartiges hatten zuschulden kommen lassen, bedienten

sich, wenn möglich, noch verzweifelterer Maßnahmen, um ihrer Repatriierung zu entgehen.
Überdies verlangten und erhielten die Sowjets eine Reihe russischer Emigranten, die alle entweder finnische Pässe oder Nansenausweise besaßen. Ebenso wie im Falle der Kosaken-Emigranten, die in Österreich von den Briten ausgeliefert wurden, gelang es dem sowjetischen Staat auch hier, alte Rechnungen zu begleichen, die 25 Jahre zurück lagen. Sewerin Dobrowolski, ein ehemaliger General des Zaren, wurde einige Monate nach seiner Ankunft in Moskau hingerichtet, während Stepan Petrisjenko, der 1921 während der Kronstadter Rebellion Vorsitzender des gegenrevolutionären Seemannsrates gewesen war, zwei Jahre später in einem Gefangenenlager starb.[29] Zwar wurden die Sowjets von finnischen Quislingen unterstützt, aber es wäre kaum gerechtfertigt, der Bevölkerung oder Regierung dieses Landes daraus einen Vorwurf zu machen, da Finnland im Grunde unter Besatzung stand.

Schweiz

In der neutralen Schweiz verhielt sich der Fall ganz anders. Sie stellte einen sicheren Hafen für alle Flüchtlinge aus dem von den Nazis beherrschten Europa dar, und von allen Seiten versuchten die entkommenen Gefangenen, über die Grenzen zu gelangen, entweder um wieder zu fliehen und den Kampf fortzuführen oder unter relativ bequemen Bedingungen interniert zu werden. Darunter befanden sich auch viele Russen. Die Briten hatten bereits im März 1942 erfahren, daß einer ganzen Anzahl die Flucht in die Schweiz gelungen war, und das Foreign Office erwog Mittel, um ihnen zu Hilfe zu kommen. Sonderbarerweise schickte die Sowjetregierung für den Unterhalt ihrer in der Schweiz internierten Soldaten Hilfsgelder.[30] Vielleicht, weil sie glaubte, daß eine Unterlassung unangenehme Kommentare im Westen hervorrufen werde, da die Lagerverhältnisse sowohl von alliierten als auch neutralen Beobachtern überprüft werden konnten. Ein weiterer Gesichtspunkt mag auch gewesen sein, daß man die Gefangenen, mit Lockungen aus den Lagern holen mußte, da die Schweizer Traditionen der Neutralität und des Asylrechts jede gewaltsame Auslieferung ausschlossen.

Mit der Invasion Frankreichs und dem sich daraus für die Alliierten ergebenden Zugang zur Schweizer Grenze nahm eine Gruppe von 804 Russen die Gelegenheit wahr, nach Frankreich zu entkommen. Sie wurden in Marseille über den Nahen Osten nach Rußland gebracht. Einem sowjetischen Repatriierungsbeamten aus Paris namens Tschernjak[31] war es gelungen, sie von dem guten Leben, das sie in der siegreichen Sowjetunion erwartete, zu überzeugen. Eine weitere Gruppe von 500 blieb jedoch mißtrauisch und weigerte sich zu gehen.[32]

Das zunehmende Chaos hinter der deutschen Front, verbunden mit der Bildung der Wlassow-Divisionen, ermöglichte es weiteren russischen Gruppen, in den letzten Kriegsmonaten über die Schweizer Grenze zu kommen. Es wird von einer geschlossenen Einheit berichtet, in der sich auch viele Emigranten befanden, und die unter dem Befehl eines Oberst Sobolew stand. Sie marschierte über die Grenze, um sich in der Schweiz entwaffnen und internieren zu lassen.[33] Ende Mai 1945 befanden sich etwa 9000 Russen auf Schweizer Gebiet. Die Sowjets verfolgten ihre üblichen Aufweichmethoden und schickten zunächst eine Reihe schriller Beschwerden: die Schweizer schlügen die unschuldigen Gefangenen, lieferten sie der Gestapo aus und dergleichen mehr. Der Vorfall, auf dem diese Klagen fußten, scheint die unwirsche Behandlung gewesen zu sein, die einigen betrunkenen Russen von den Schweizer Wachtposten zuteil wurde.[34]

Bald darauf schickte General Dragun eine ganze Repatriierungskommission in die Schweiz, die ihre übliche Mischung aus Überredung und Drohungen mit unterschiedlichem Erfolg anwandte. Im September schickte ein intelligenter Russe in Fribourg ein Gesuch an die britische Legation in Bern. Darin setzte Iwan Klimenko auseinander, daß viele Russen nicht in ihre Heimat zurückkehren wollten, jedoch durch die sowjetische Militärdelegation unter wachsenden und beängstigenden Druck gesetzt würden, dennoch heimzukehren.

Klimenko schloß mit der inständigen Hoffnung, daß die Schweiz weiter ihrer jahrhundertealten Tradition des politischen Asyls treu bleiben und die Alliierten ihren Einfluß geltend machen würden, die ehrenhaften Prinzipien hochzuhalten, für die sie, wie sie sagten, in diesem Krieg gekämpft hatten.[35]

Was dann folgte, wartet noch auf eine gründliche Untersuchung. In der Tat kehrten die meisten Russen zurück, obwohl hierbei von den Schweizer Truppen oder der Polizei keine körperliche Gewalt angewendet wurde. Wie mir jedoch von zuverlässiger Seite berichtet wurde, deuteten die Schweizer den Widerstrebenden gegenüber klar an, daß sie, falls sie nicht freiwillig gingen, Gewalt anwenden würden. Ob sie diese Drohung auch wirklich wahrgemacht hätten, wissen wir nicht. Den verstörten Russen genügte die Drohung. Sie wußten recht gut, was die Briten und Amerikaner im benachbarten Österreich und Bayern taten, und wußten ebenfalls, daß Flüchtlinge, die gezwungenermaßen zurückkehrten, sich auf ein schlimmeres Schicksal gefaßt machen konnten, als es den »Freiwilligen« beschieden war. Die überwiegende Mehrzahl willigte daher in die Rückkehr ein.[35a]

Schweden

Alles in allem scheint die Behauptung gerechtfertigt, daß man dem einfachen britischen und amerikanischen Volk nicht vorwerfen kann, die Vereinbarungen von Moskau und Jalta unterstützt zu haben. Sie wußten von den Umständen nichts, und ihre Regierungen nahmen, zweifellos zutreffend, an, daß sie vor den Maßnahmen zurückgescheut hätten, wenn ihnen die Einzelheiten bekannt gewesen wären. Eine ähnliche Geheimhaltung war auch in Frankreich, der Schweiz und anderen in diesem Kapitel bereits untersuchten Ländern die Regel, und daher läßt sich vermutlich auch in ihren Fällen diese Annahme aufrechterhalten.

In zwei bisher noch nicht angesprochenen europäischen Ländern wurde jedoch die Frage der Zwangsrepatriierung im vollen Licht der Öffentlichkeit diskutiert und entschieden. Zeitungen und Rundfunk debattierten die Frage eingehend, und der volle Sachverhalt wurde der Öffentlichkeit monatelang vor Augen gehalten.

Es handelt sich hierbei um Schweden und Liechtenstein. Obwohl die russischen Soldaten, um die es hier ging, keine »Verratenen von

Jalta« waren, ist der Verlauf der Unternehmung in beiden Fällen aus zwei Gründen der Erörterung wert.

Das Problem, mit dem die schwedische Regierung konfrontiert war, bestand aus einer Gruppe von 167 Menschen: 7 Esten, 11 Litauern und 149 Letten, zumeist Angehörige der 15. Lettischen Division, die Anfang Mai auf den Inseln Gotland und Bornholm eingetroffen waren. In den letzten Kriegswochen war diese Division in ziemliche Unordnung geraten und hatte sich mit dem endgültigen Zusammenbruch der deutschen Streitkräfte in verstreute, fliehende Einheiten aufgelöst. Von denen, die über die Ostsee flohen, waren 126 mit einem Schiff von der Weichselmündung gekommen. Als die Sowjets am 27. März Danzig eroberten, waren sie in drei im Hafen liegenden lettischen Schiffen entkommen und hatten zwei Tage später die von den Deutschen besetzte dänische Insel Bornholm erreicht. Dort waren sie einen Monat geblieben, bis die sowjetischen Luft- und Seestreitkräfte begannen, den Hafen Ronne zu bombardieren. Am 7. Mai fuhren die Balten in Begleitung einer größeren Gruppe Zivilisten in dem schwedischen Hafen Ystad ein. Weitere 41 landeten am nächsten Morgen auf der Insel Gotland. Sie hatten in Kurland zusammen mit der Wehrmacht in der Falle gesessen und sich auf dem Schlepper *Gulbis* in einer nebligen Sommernacht vom Hafen Ventspils aus auf die Reise gemacht.

Die Balten auf Gotland wurden von den schwedischen Behörden auf der Insel in einem Lager in Havdhem interniert. Ihre Landsleute in Ystad verbrachten vierzehn Tage in ähnlicher Internierung in Bökerberg. Bald darauf wurden alle Balten in ein Lager in Ränneslet bei Eksjö in Südschweden gebracht. Dort bekamen sie bequeme Unterkünfte, man tauschte ihre deutschen Uniformen gegen schwedische aus, und sie ließen es sich nun bei einem angenehmen, tätigen Leben in der frischen schwedischen Sommerluft gut gehen.[36]

Diese Balten stellten einen verschwindend kleinen Teil der Flüchtlinge dar, die ihren Weg nach Schweden genommen hatten. Vor allem gab es mehrere Tausend deutscher Soldaten. Am 2. Juni 1945 fragte Madame Kollontai, die sowjetische Botschafterin in Stockholm, bei der schwedischen Regierung an, was man mit diesen internierten Truppen vorhabe. Die Alliierten hätten ihren Waffenstillstandsbedingungen eine Klausel eingefügt, wonach sich die deutschen Truppen dem nächsten alliierten Befehlshaber zu ergeben hätten. Folglich müßten sich alle Deutschen an der Ostfront der Roten Armee ergeben. Die Waffenstillstandsbedingungen träfen auf Schweden selbstverständlich nicht zu, aber seien sie trotzdem bereit, ihre Politik der der Alliierten anzugleichen? Nach kurzer Überlegung wurde dies vom schwedischen Außenminister bejaht, doch die Sache bedurfte noch der Bestätigung durch die Regierung. Das Kabinett trat am 15. Juni zusammen und billigte die Vereinbarung des Außenministeriums. Der Beirat für Auswärtige Fragen hatte die Frage bereits am 11. Juni eingehend diskutiert, und das gleiche geschah nun im Kabinett. Hierbei ging es um zwei getrennte, doch nicht unzusammenhängende Themen: sollte Schweden den alliierten Waffenstillstandsbedingungen nachkommen, die die Übergabe der deutschen Soldaten an jene Länder forderten, denen sie zur Zeit der Niederlage kämpfend gegenübergestanden hatten; und sollte es dem sowjetischen Wunsch stattgeben und die mehr als 36000 baltischen *Zivilisten*, die sich als Flüchtlinge in Schweden befanden, ausliefern? Die zweite Forderung wurde aus humanitären Gründen abgelehnt, das erste jedoch als berechtigt angenommen. Dies bedeutete in der Praxis, alle Deutschen, die nachweislich von der Ostfront geflohen waren, an die UdSSR auszuliefern. Im Kabinett schloß der Außenminister Christian Günther seine Befürwortung der Auslieferung der militärischen Flüchtlinge mit wenigen, aber folgenschweren Sätzen: »Unter den Deutschen befinden sich auch einige andere Gruppen, die zwar Wehrmachtsangehörige, aber keine Deutschen waren. Es gibt zum Beispiel eine Gruppe Balten. Man kann aber nicht von uns erwarten, zwischen ihnen Unterschiede zu machen. Sie haben alle zur deutschen Wehrmacht gehört und sollten auch alle ausgeliefert werden.«

Auf diese beiläufige Weise wurde die Entscheidung über die Balten gefällt. Sie saßen in der gleichen Klemme wie die Deutschen und wurden in diesem Stadium noch nicht als gesondertes Problem betrachtet. Am nächsten Tag wurde der sowjetischen Botschaft die schwedische Regierungsentscheidung bekanntgegeben. Schwedens

Einwilligung war um so bemerkenswerter, als sie auf eine sowjetische *Anfrage* und nicht auf eine Forderung erfolgte. Doch die Angelegenheit war entschieden, und die schwedischen Militärbehörden begannen Besprechungen über Transportfragen. Ihr Verhandlungspartner war der sowjetische Marineattaché Slepenkow, ein Marineoffizier, der von der Seefahrt erstaunlich wenig Ahnung hatte.[37]

Die Angelegenheit ruhte mehrere Monate lang. Die sowjetischen Behörden legten bei der Bereitstellung der Transportmittel die übliche Saumseligkeit an den Tag, und die Balten lebten weiter in ihren Lagern, ohne zu ahnen, daß sich die Falle bereits geöffnet hatte. Dann sickerte im November die Nachricht über die geplante Auslieferung durch. Dem Premierminister der Koalitionsregierung, Per Albin Hanson, gelang es, die Presse zeitweilig mundtot zu machen, doch als die Oppositionsparteien merkten, was in der Luft lag, begann die Hetzkampagne. In England hatte die kriegsbedingte Zensur und die Bereitwilligkeit der Presse, in einer Notstandssituation größte Umsicht walten zu lassen, der Regierung geholfen, der Öffentlichkeit jegliche Informationen über die Repatriierungsunternehmungen vorzuenthalten. Im neutralen Schweden war es jedoch nicht möglich, die Presse zu knebeln, und kurz nachdem der Premierminister am 15. November die Herausgeber der Zeitungen gebeten hatte, das Geheimnis zu hüten, brach der Sturm los, und die Angelegenheit wurde von nun an zu einem Gegenstand öffentlicher Kontroversen. Am 19. November veröffentlichte eine große schwedische Zeitung die Entscheidung des Außenministeriums, und schon am nächsten Tag hagelte es Proteste.

Obwohl der Widerstand gegen die Maßnahmen weitverbreitet und lautstark war, kam er weitgehend aus gewissen erkennbaren Kreisen der Öffentlichkeit, vor allem von seiten der schwedischen Kirche und ihrer Gemeinden. Bereits am 20. November besuchten mehrere Kirchenführer den Außenminister, um dringenden Einspruch zu erheben. Der Minister war der Sozialdemokrat Osten Undén. Er empfing sie frostig. »Diese besondere Sentimentalität den Balten gegenüber ist mir schwer verständlich«, erklärte er Bischof Björkquist.

Die Kirche machte sich jedoch unbeirrt daran, Gelder zu sammeln, Gesuche aufzusetzen und im ganzen Land den Widerstand gegen die beabsichtigte Operation zu entfachen. Der Abscheu vor einer Sache, die man als Verrat an der schwedischen Ehre und als offenkundige Mißachtung der Menschenrechte ansah, wurde von vielen Mitgliedern der kleineren konservativen Oppositonsparteien geteilt. Die schwedischen Soldaten, die das Lager in Rännelätt bewachten, setzten ein Protestschreiben auf, das von allen Offizieren und Unteroffizieren unterzeichnet wurde: »Unsere Treue gegenüber unserem König und unserem Land ist unerschütterlich, und wir werden unseren Befehlen gewissenhaft nachkommen. Doch unser Gewissen und unsere Soldatenehre zwingen uns, auf das eindringlichste unser Gefühl der Beschämung zum Ausdruck zu bringen, da wir es für schmachvoll halten, bei der bevorstehenden Auslieferung mitzuhelfen.«[38]

Der Widerstand war zwar beredt und einflußreich, doch zugleich auf eine Minderheit der Gesellschaft begrenzt, deren Ansichten auf Moralbegriffen beruhten, die unabhängig von den gängigen Vorstellungen waren. Vom christlichen und menschlichen Standpunkt aus war die Auslieferung dieser Unschuldigen – deren Schuld zumindest erst zu beweisen war – in die Hände von Feinden, deren Grausamkeit nur mit der der untergegangenen Nazis vergleichbar schien, daher an sich verabscheuungswürdig. Andere Erwägungen mußten wegfallen, wenn man sie gegen die Grundbegriffe der Moral abwog.

Unterdessen hatten auch die Balten ihre Lage längst richtig eingeschätzt und sie noch verschärft. Auf Veranlassung gewitzter schwedischer Freunde begannen sie am 22. November einen Hungerstreik. Hierbei fasteten sie so drastisch, daß binnen einer Woche alle in südschwedische Krankenhäuser eingeliefert werden mußten. Die Besorgnis der Ärzte über den Gesundheitszustand ihrer Patienten wuchs, doch inzwischen war bereits Schlimmeres geschehen. Am 28. November fand man einen lettischen Offizier namens Oscars Lapa tot in seiner Unterkunft. Er hatte während der Nacht Selbstmord verübt. Das Licht brannte noch, als er morgens gefunden wurde. Spät am vorigen Abend hatte er noch seine Furcht vor dem

NKWD geäußert. Er hatte dafür gesorgt, niemals in dessen Fänge zu geraten.[39]

Ein weiterer Fall war der von Edvard Alksnis, einem jungen Offizier der lettischen Armee. Er glaubte, sein Schicksal sei bereits besiegelt, und hielt es für besser, in Schweden zu sterben, anstatt in den eisigen Lagern, und stach sich einen Bleistift tief in das rechte Auge. Alksnis starb aber nicht, sondern wurde durch ein ärztliches Wunder gerettet. Der Bleistift war fast fünfzehn Zentimeter lang gewesen, doch das Ende sah noch aus seiner blutenden Augenhöhle heraus. Obgleich er durch einen Teil seines Gehirns fast bis zum Hinterkopf gedrungen war, gelang es einem schwedischen Chirurgen, den Stift zu beseitigen und das verletzte Gehirn zu heilen. Fast ein Jahr ging vorüber, dann las er in der Zeitung, daß die Sowjets auf die Auslieferung der verbleibenden lettischen Soldaten drängten. Alle seine alten Ängste stiegen wieder auf; er flüchtete und segelte zusammen mit einigen anderen in einem kleinen Fischerboot durch den bottnischen Meerbusen und die Ostsee. Trotz gefährlicher Stürme gelang es ihnen schließlich, Berwick-on-Tweed zu erreichen. Alksnis wurde in ein nahes Krankenhaus und von dort nach London gebracht. Hier setzten britische Chirurgen die von den schwedischen Kollegen begonnene Heilung fort und hielten den Fall für medizinisch besonders interessant. Heute scheint Alksnis, trotz seines verlorenen Auges, von den erlebten Leiden körperlich nicht mehr behindert zu sein; auch seelisch ist er ausgeglichen und nachdenklich und führt ein stilles Leben mit seiner Familie. Er spricht leidenschaftslos über seine Schreckensnacht und bereut nichts, denn seine Gefährten wurden in das ewige Dunkel geschickt, während ihm, wie er sagt, ein Leben in Freiheit gegönnt ist.[40]

Doch zurück zu Alksnis' baltischen Landsleuten. Der Hungerstreik, der Selbstmord Oscars Lapas, Alksnis' Selbstmordversuch und die Leiden der Letten im Krankenhaus waren in allen Zeitungen Sensationsnachrichten. Wie schon berichtet, hagelte es Proteste, und die Regierung befand sich in einer höchst peinlichen Lage. Das Kabinett beschloß, die Sache auf die lange Bank zu schieben, und verkündete am 26. November einen Aufschub. Trotz der Erleichterung, als schwedische Offiziere den Balten dies mitteilten, ging der Hungerstreik weiter, da man ihnen keine Zusicherungen gegeben hatte, daß man sie nicht zu einem späteren Zeitpunkt ausliefern werde. Ihr Mißtrauen stellte sich als gerechtfertigt heraus: am 4. Dezember trat das Kabinett wiederum zur Erörterung der Sache zusammen und kam zum Ergebnis, die Entscheidung vom 15. Juni aufrechtzuerhalten. Vier Tage später trat der Beirat für Auswärtige Fragen zusammen und bekräftigte diesen Beschluß, wobei nur ein Konservativer dagegen stimmte.[41]

Als einzige Geste wurde der Gegenseite zugestanden, in letzter Minute eine Überprüfung vorzunehmen. Als Folge wurden einige Balten als Zivilisten eingestuft und erhielten als solche Asylrecht. Der Hungerstreik verlief im Sande. Die übriggebliebenen Balten wurden in ein Lager in Gälltofta in Südschweden verlegt und hier von Presse und Öffentlichkeit ferngehalten. Das Lager war mit Stacheldraht umzäunt, streng bewacht und nachts mit Scheinwerfern angestrahlt. Weihnachten ging vorüber, und es wurde Januar 1946. Gälltofta lag auf einer kahlen schneebedeckten Ebene. Aus dem Osten pfiffen eisige Winde um die Eiszapfen am Stacheldraht und trieben die Schneewehen gegen die Hütten der Balten. Es bedurfte weiter keiner großen Phantasie, sich auch ähnliche Lager weit jenseits der vereisten Ostsee vorzustellen.

Am 18. Januar wurde dem schwedischen Außenministerium mitgeteilt, daß sich das sowjetische Schiff *Beloostrow* dem Hafen von Trelleborg nähere. Der Auslieferungstermin für die Balten wurde auf den 23. Januar festgelegt, und aus ganz Südschweden wurden Scharen von Detektiven herbeigeholt. Sie waren bewaffnet und auf heftigen Widerstand vorbereitet, aber die Balten ließen sich ohne Aufhebens abführen. Autobusse brachten sie nach Trelleborg, und erst als sie durch die Straßen der Hafenstadt fuhren, fingen die Unruhen an. Ein Lette stieß plötzlich mit der Faust ein Fenster ein und versuchte, sich an dem zerbrochenen Glas die Handgelenke aufzuschneiden. Die schwedischen Polizisten warfen sich über ihn und zerrten ihn aus dem Bus. Er wurde in einer Erste-Hilfe-Station zusammengeflickt und dann, schreiend, auf einer Bahre an Bord gebracht.

In einem anderen Bus mit zwölf Opfern und neun Polizisten beobachtete einer der Wächter scharf genug und konnte einem Gefangenen die Rasierklinge abnehmen, die dieser gerade aus der Tasche gezogen hatte. Als der Bus jedoch im Hafen von Trelleborg anhielt, stellte sich heraus, daß ein anderer Lette erfolgreicher gewesen war. Während sich alle zum Ausstieg bereitmachten, bemerkte ein Polizist, daß sich einer der Gefangenen sonderbar gebärdete. Er hatte sich halb erhoben und fiel dann auf die Seite. Aus einem Schnitt in seinem Hals strömte Blut. Der Polizist warf sich auf ihn, zerrte ihn auf den Sitz zurück und entwand seinen erschlaffenden Fingern ein Messer, doch im gleichen Augenblick entkam Leutnant Peteris Vabulis seinen Wächtern. Seine Leiche wurde auf den Kai gelegt, während seine lebenden Gefährten an ihm vorbei das Fallreep bestiegen. Eine Woche vorher hatte Vabulis einem Freund geschrieben und beklagt, nicht im Sommer zuvor geflohen zu sein. »Trotz meiner Jugend«, endete er, »habe ich viel gesehen, sowohl in Lettland als auch auf meinen Reisen durch viele andere europäische Länder. Ich habe Länder gesehen, in denen es Sklaverei gibt, und andere, die ihnen die Sklaven ganz offen ausliefern. Da dies in unserem Jahrhundert geschieht, fällt das Sterben nicht schwer, denn wenn es erlaubt wird, daß solche Dinge weiter geschehen, kann das Ende der Welt nicht mehr fern sein. Mir tut es für meine Frau und meine Kinder leid, die nun ihren Ernährer auf eine so grausame Weise verlieren, gerade als die Hoffnung auf ein Wiedersehen am größten war. Aber jeder von uns muß sein Schicksal tragen, und wir können es selbst nicht ändern.«

Peteris Vabulis wurde in Schweden begraben, während seine Landsleute einem neuen Leben entgegenfuhren. Die *Beloostrow* glitt leise aus dem Hafen und fuhr gen Osten. Bald verschluckte sie der nächtliche Nebel, und die schwedischen Zuschauer kehrten nach Hause zurück.[42]

Die Baltenfrage war gelöst, obwohl die Kontroverse über die Entscheidung der schwedischen Regierung seither weitergegangen ist. Selbst als das Schicksal der Balten noch in der Schwebe hing, war das Land wegen heftiger Debatten darüber gespalten. Allgemein kann gesagt werden, daß jene, die sich dafür einsetzten, den Balten Asyl

zu gewähren, zumeist religiöse oder konservative politische Ansichten vertraten. Die sozialdemokratische Regierungspartei, die Gewerkschaften und die linke Presse unterstützten die Auslieferung einmütig. Wie Außenminister Osten Undén ausführte, »bestand nicht der geringste Grund, die sowjetische Regierung der Ungerechtigkeit zu verdächtigen und ... es wäre taktlos, die Sowjetunion als etwas anderes als einen Rechtsstaat zu betrachten«.[43]
Als einziges unter den Ländern, die Zwangsrepatriierung durchführten, veranstaltete Schweden eine Meinungsumfrage. Von der repräsentativen Gruppe der Befragten waren nicht weniger als 71 Prozent der Ansicht, zumindest einen Teil der vielen Tausend internierten Balten (es waren auch viele Zivilisten darunter) »nach Hause« zu schicken. Die angegebenen Gründe unterschieden sich nur im Grad der Härte und der Intoleranz, die dabei zum Ausdruck kamen. Überdies analysierte man auch die Sozialstruktur der Befragten. Hierbei ergab sich, daß eine hohe Proportion derer, die für die Auslieferung waren, der Arbeiterklasse und dem Leserkreis der sozialistischen Presse angehörten.[44]
Es ist beharrlich behauptet worden, die Entscheidung über die Repatriierung der Balten, die während des Hungerstreiks in Ränneslätt getroffen wurde, habe mit der Mitteilung zusammengehangen, daß das sowjetisch besetzte Polen eventuell doch nicht in der Lage sei, die 1000000 Tonnen Kohle zu liefern, die Schweden so dringend benötigte. Daß es einen derartigen Handel gegeben habe, wurde sogar in einer höhnischen Moskauer Propagandasendung angedeutet[45], doch was daran wahr ist, konnte bisher nicht festgestellt werden. Das schwedische Außenministerium hat im Gegensatz zum englischen und amerikanischen die Staatspapiere, die sich auf das Jahr 1945 beziehen, vorläufig noch nicht der Öffentlichkeit freigegeben.
Während des Krieges wurden die Mannschaften dreier sowjetischer Fischerboote in Schweden für die Dauer des Krieges interniert. Mit dem Frieden von 1945 drängte Botschafter Tschernyschew darauf, sie in das Mutterland zurückzuschicken. Sie bekundeten zunächst ihr Mißtrauen und ihr Widerstreben, willigten aber schließlich in die Heimkehr ein. Ein NKWD-Offizier, der später ihre Akten ein-

sah, stellte fest, daß die Mehrzahl für ihre »Verbrechen« zu zehn bis fünfzehn Jahren Arbeitslager verurteilt worden waren. Von den übrigen sahen nur wenige ihre Familien wieder, und alle wurden durch Nichterteilung einer Arbeitserlaubnis bestraft.[46] Es ist unwahrscheinlich, daß ihre Leidensgenossen, die überdies an deutscher Seite gegen die UdSSR gekämpft hatten, nachsichtiger behandelt worden sind. Allerdings wurde ein schwedischer Autor, der ein Buch über die Auslieferung der Balten vorbereitete, 1967 in die Sowjetunion eingeladen, um einige der Überlebenden zu treffen. Sie beschrieben ihm eingehend den herzlichen Empfang, der ihnen bei ihrer Rückkehr zuteil geworden war. Ein NKWD-Offizier habe ihnen eine väterliche Rede gehalten, und bald darauf seien 90 Prozent von ihnen ins Zivilleben entlassen worden. Ein paar wirklich Schuldige habe man in Lager geschickt, aber zum Tode sei keiner verurteilt worden. Während des Interviews deuteten ein oder zwei Männer an, daß sie auch eine andere Geschichte erzählen könnten. Der Autor sah jedoch keinen Grund, den so freimütig abgegebenen Zeugnissen zu mißtrauen, und veröffentlichte sie als Beweis, daß der Widerstand der Balten in Schweden viel Lärm um nichts gewesen sei.[47]

Es ist jedoch lehrreich, diesen Bericht mit dem Solschenizyns zu vergleichen. Ein russischer Zerstörer war 1941 auf der schwedischen Küste aufgelaufen, und die Mannschaft wurde für die Dauer des Krieges interniert. Im Jahre 1945 kehrten diese Seeleute in die Sowjetunion zurück und wurden sofort zu Zwangsarbeitslagern verurteilt. Gerüchte hierüber sickerten schließlich nach Schweden durch und wurden dort in der Presse veröffentlicht. Als Gegenmaßnahme luden die Sowjets eine Gruppe ausgewählter schwedischer Journalisten nach Rußland ein, um diese Leute zu interviewen. Inzwischen hatte man die Gefangenen aus ihren Lagern geholt und in ein Leningrader Gefängnis gebracht. Dort erhielten sie zwei Monate lang gute Ernährung, durften sich das Haar wachsen lassen und wurden anständig eingekleidet. Als die schwedischen Journalisten die Leute interviewten, wurde ihnen gesagt, diese Gerüchte seien völlig falsch gewesen. Alle lebten zufrieden zu Hause bei ihren Familien und zeigten Empörung über die kapitalistischen Verunglimpfungen, die man über sie verbreitet habe. Die Schweden waren von dem Gehörten beeindruckt und widerlegten nach ihrer Rückkehr die früheren Berichte. Was sie jedoch nicht wußten, war, daß man den Seeleuten bedeutet hatte, daß sie, wenn sie taten, wie ihnen befohlen wurde, als besondere Vergünstigung nach Vollendung ihrer ersten Strafzeit keine zweite erhalten würden; wenn sie aber nicht gehorchten, konnten sie mit einer Kugel in den Kopf rechnen.[48]

Liechtenstein

Für Liechtenstein begann das Drama sehr unvermittelt. Spät am Abend des 2. Mai 1945 erfuhr der Befehlshaber der Grenzpolizei, daß eine Militärkolonne im Begriff sei, von Österreich aus über die Grenze zu kommen. Er rief eilig seine kleine Mannschaft zusammen und fuhr auf der Schellenberger Landstraße auf Feldkirch zu. Auf beiden Straßenrändern kamen ihm Reihen bewaffneter Infanteristen entgegen, während sich in der Mitte in einer Staubwolke eine Wagenkolonne langsam näherte. Der Haltbefehl des Polizeioffiziers wurde nicht gehört oder nicht beachtet. Dieser ließ sich jedoch nicht durch das Mißverhältnis zwischen seinem kleinen Trupp und den schwer bewaffneten Eindringlingen beirren und befahl seinen Leuten, Warnschüsse abzugeben. Während die Salve als Echo von den umliegenden Bergen zurückhallte, hielt ein Dienstauto an der Spitze der Kolonne scharf an. Ein Offizier sprang heraus und rief: »Nicht schießen! Nicht schießen! Wir haben einen russischen General hier!«

Der General stieg aus, trat auf den Polizeioffizier zu und streckte ihm die Hand entgegen. Er war ein kleiner, intelligent aussehender Mann, der sich als Generalmajor Boris Alexeievich Holmston-Smyslovsky vorstellte, ehemaliger Angehöriger der Garde seiner kaiserlichen Majestät des Zaren und jetzt Befehlshaber der 1. Russischen Nationalarmee. Seine Truppen hatten auch angehalten und warteten auf weitere Befehle. Über ihnen flatterte die weiß-blau-rote Fahne des kaiserlichen Rußland. In einem anderen Wagen saß der Thronfolger des Herrschers aller Reußen, Großfürst Wladimir Kyrillowitsch, Urenkel des Zaren Alexander II. Der verdutzte

Grenzpolizist kratzte sich am Kopf und ging davon, um seinen Vorgesetzten in Schaanwald anzurufen.

Die Vorgeschichte dieser erstaunlichen Einheit war folgende: Boris Smyslovsky, 1897 in Finnland geboren, wurde Soldat und stieg in der Garde des Zaren zum Rang eines Hauptmanns auf. Nach dem Bürgerkrieg, den er auf Weißer Seite mitgemacht hatte, wanderte er nach Polen und später nach Deutschland aus. Dort trat er der Wehrmacht bei und besuchte die Kriegsakademie. Während dieser Jahre vertrat er die Auffassung, daß man Rußland nur mit fremder Hilfe befreien könne, und hatte sich diesem Ziel gewidmet. Als Deutschlands Krieg mit der Sowjetunion ausbrach, kam Smyslowsky an die Ostfront und wurde zunächst Kommandeur eines Ausbildungsbataillons für russische Freiwillige. Schließlich schwoll dies auf zwölf Einsatzbataillone sowie hinter der sowjetischen Front tätige Partisanengruppen an, die zusammen mehr als 20000 Mann zählten. Im Jahre 1943 verstärkte sie das Oberkommando der Wehrmacht zu einer Division, die den Namen »Sonderdivision R« erhielt. Smyslovsky wurde in diesem Krieg der erste russische Befehlshaber einer antikommunistischen russischen Einheit, die auch bis zum Ende ein regulärer Teil der Wehrmacht blieb. Seine Offiziere waren teils ehemalige Offiziere der Zarenarmee und teils auch ehemalige Offiziere der Roten Armee. Zunächst stießen Temperamente und Weltanschauungen aufeinander, doch nach einer Weile stellten die Weißen und Roten Harmonie her und wurden schlichtweg Russen. Smyslovsky ist noch heute der Meinung, daß wenn sich die Deutschen gegenüber allen gefangenen Russen ebenso anständig benommen hätten, ohne Frage die Idee eines zivilisierten Nationalrußland auch im Mutterland selbst unwiderstehlich gewirkt hätte.

Aber bereits 1943 wurde ihm klar, daß Deutschland den Krieg nicht gewinnen konnte. Für Smyslovsky waren die Niederlage von Stalingrad sowie die Verfehlung der Naziführung, eine kluge antikommunistische Politik zu verfolgen, unweigerliche Anzeichen des nahenden Untergangs. Während eines Besuchs in Warschau suchte er einen Schweizer Journalisten auf und fragte ihn um Rat, wo er, wenn alles fehlschlüge, in Europa Asyl suchen könne. Wie stand es mit der Schweiz? Der Schweizer hielt von dieser Idee nichts und meinte, daß die Schweiz unausweichlichem Druck ausgesetzt werden könnte, die zu den Achsenmächten gehörigen Flüchtlinge auszuliefern. Er riet ihm, es mit Liechtenstein zu versuchen. Es sei das Vorzimmer der Schweiz, ein winziges Land, stehe mit der Schweiz in Zollunion, sei aber völlig unabhängig. Dort ließe sich vielleicht Unterschlupf finden, bis der Sturm vorübergezogen war.

Der Krieg näherte sich dem Ende. Am 10. März, als Himmler und andere Naziführer noch verspätete Versuche unternahmen, mit Hilfe von Wlassow und den Kosaken einen unabhängigen russischen Verbündeten zu schaffen, wurde Smyslovskys Streitkräften der Status der »Russischen Nationalarmee« gegeben und Smyslovsky selbst zum Generalmajor befördert. Zur gleichen Zeit führte Bunjatschenko an der Oder seinen mißglückten Angriff auf die Rote Armee, während sich die Kosaken und die Weißen Russen-Truppen kämpfend aus dem Balkan zurückzogen. Als die anschwellenden Fluten das schrumpfende deutsche Gebiet bedrängten, trafen verschiedene russische und ukrainische Einheiten in Österreich zusammen. Die Mehrzahl von Smyslovskys Streitkräften war zerstoben, und er machte sich nun mit den Überresten auf den Weg nach Westen. Mit Genehmigung seiner Vorgesetzten beabsichtigte er, sich mit dem aus Emigranten bestehenden Belgrader *Russki Corpus* und Schapowalows 3. ROA-Division zu vereinen.[49] Dieser Plan ließ sich jedoch nicht mehr realisieren, da rundum alles mit unerwarteter Geschwindigkeit auseinanderbrach. Er sprach zweimal telefonisch mit General Wlassow (dem er zuvor zweimal begegnet war) und teilte ihm seine Entscheidung mit. Die Unterhaltung verlief freundlich, doch Wlassow beharrte auf seinem Plan, in Böhmen Zuflucht zu suchen. Smyslovsky erinnerte ihn an Admiral Koltschaks Schicksal – den die Tschechen 1920 an die Bolschewiken verraten hatten – und sagte dem ROA-Führer Lebwohl.

Mit der kleinen, ihm verbleibenden Gruppe zog Smyslovsky in die westlichste Ecke Österreichs nach Feldkirch. Dort traf er auf den jungen Großfürsten. Smyslovsky willigte ein, den Großfürsten und sein Gefolge mit über die Grenze zu nehmen. So setzte der letzte Romanow unter dem Schutz der alten russischen Fahne und

umgeben von russischem Militär seine Reise fort. Kurz bevor sie die Grenze erreichten, brach sein Wagen zusammen. General Smyslovsky erinnert sich noch an seine Sorge, als er einen Trupp seiner Leute zusammenrief und sie aufforderte, den Wagen des Großfürsten weiterzuziehen. Es waren junge Leute, die in jungen Jahren von den Lehren des Bolschewismus geformt worden waren. Wie würde ihre Reaktion sein, wenn sie erführen, daß sich der Erbe »Nikolaus des Blutigen« in ihrer Mitte befand? Zu seiner freudigen Überraschung konnte er feststellen, daß die Soldaten begeistert einwilligten. So kam es, daß Wladimir Kyrillowitschs Wagen den letzten Kilometer von ehemaligen Rotarmisten gezogen wurde. Ein bizarrer Zwischenfall, bei dem sich zwei völlig verschiedene Zeitalter begegneten.
Um 23 Uhr überquerte die Kolonne die liechtensteinische Grenze. General Smyslovskys Leute marschierten in militärischer Aufstellung, hatten jedoch strikten Befehl, unter gar keinen Umständen zu schießen. Es war ein gespannter Augenblick, als sie sich den angelegten Gewehren der Schweizer Grenzposten gegenübersahen. Der General hätte sich mit seinen 450 Mann unschwer einen Weg bahnen können, doch damit zugleich jede Asylmöglichkeit verwirkt. Er schätzte, daß die Schweizer im Höchstfall zehn Leute töten und weitere zwanzig verwunden konnten, aber wenn ihre Schüsse nicht erwidert wurden, sich gezwungen sehen würden, ihr Feuer einzustellen. Seine Rechnung ging auf, und als einziger Verlust wurde im Dienstwagen des Generals eine Flasche Martell verzeichnet[50]. Die Ankömmlinge wurden noch in der gleichen Nacht entwaffnet, ihre Waffen wurden nach Vaduz gebracht. (Später wurden sie von den Schweizern in den Bodensee geworfen, wo sie vermutlich noch immer liegen.) Im ganzen zählte die Gruppe 494 Personen: 462 Männer, 30 Frauen und 2 Kinder. Dem Großfürsten und seiner unmittelbaren Umgebung wurde das Asyl verweigert, und er kehrte am nächsten Tag nach Österreich zurück. Er lief jedoch keine Gefahr, an seine Feinde ausgeliefert zu werden. General Smyslovsky kam mit seiner Frau und seinem Stab im Hotel Waldeck in Schellenberg unter, die Mannschaften wurden in zwei leeren Schulhäusern untergebracht, und die Frauen bezogen in einem an-

deren Hotel Quartier. Bald darauf wurden ihnen dauerhaftere Unterkünfte zugewiesen, und der General bezog das Hotel Löwe in Vaduz. Sie wurden vom Liechtensteiner Roten Kreuz versorgt. Es war erst in der gleichen Woche ins Leben gerufen worden, mit der Fürstin von Liechtenstein als Präsidentin und aktiver Mitarbeiterin.[51] Zunächst bestand die große Sorge, daß die französischen kommunistischen Angehörigen der paramilitärischen Widerstandsgruppen, die unter den Rockschößen der französischen 1. Armee kämpften, einige der russischen Offiziere entführen könnten, doch diese Gefahr wich, als das französische Oberkommando diese Banden in den Griff bekam.

Eine noch viel ärgere Gefahr blieb jedoch bestehen. Am 10. Mai richtete General Smyslovsky ein Gesuch an den Fürsten Franz Josef II. von Liechtenstein und bat, ihm und seinen Leuten aus humanitären Gründen das traditionelle Asylrecht zu gewähren. Zwei Tage später traf die Nachricht ein, daß viele von Wlassows Leuten den Sowjets in der Tschechoslowakei in die Hände gefallen waren, und Ende des Monats wurden die noch weit beunruhigenderen Ereignisse bekannt, die in Lienz und weiter östlich in Österreich stattgefunden hatten. Im August führten die Amerikaner ihre brutale Unternehmung in Kempten durch. Die Russen in Liechtenstein sahen, wie sich das Netz immer enger zog. Einige Tage später traf eine sowjetische Mission in Vaduz ein, um die Repatriierung vorzunehmen. Am 16. August versammelte sich das ganze russische Kontingent im Rathaus, um die Abgesandten ihres Heimatlandes anzuhören. Der Zufall wollte es, daß ein Internierter einen der Sowjetoffiziere sogleich als Mitglied des NKWD erkannte, dem er schon in der Heimat begegnet war. Baron Edward von Falz-Fein, der Russisch sprach und bei allen Zusammenkünften als Dolmetscher tätig war, hat mir gesagt, daß sich die sowjetische Delegation fast ausnahmslos aus den untersten Verbrecherschichten zusammenzusetzen schien. Verschiedene Photographien lassen erkennen, daß sein Urteil, was ihr Äußeres anging, geradezu milde war.

Die NKWD-Vertreter wandten ihre übliche Methode – Überredung und Drohungen – an, und es gelang ihnen, während dieses und folgender Besuche etwa 200 Internierte zur Heimkehr zu bewegen.

Wie General Smyslovsky sagt, waren ihre Beweggründe vielschichtig und nicht leicht zu analysieren. Viele schienen von dem Erscheinen dieser Männer, die in ihrem Leben noch wenige Jahre zuvor Macht über Leben und Tod besessen hatten, wie hypnotisiert; andere befürchteten, schließlich sowieso gewaltsam zur Rückkehr gezwungen zu werden; wieder andere glaubten an das sowjetische Versprechen der Amnestie, und viele hatten einfach Heimweh.

Als die sowjetische Mission abreiste, hatten sich im ganzen etwa zwei Drittel freiwillig zur Rückkehr gemeldet. Diese Zahlen sind von großem Interesse, da sie wahrscheinlich auch einen ungefähren Hinweis geben, wie sich ganz generell der Prozentsatz der Russen, die damals heimkehren wollten, zu dem verhielt, der das Exil vorzog. Das scheint die extreme Schätzung Professor Epsteins zu widerlegen, der glaubte, daß keiner der Russen, die in deutscher Uniform gefangengenommen wurden, für seine Repatriierung gestimmt hätte, wenn es eine freie Wahl gegeben hätte.[52] Es zeigt auch, daß den Sowjets, selbst wenn die Alliierten auf freiwilliger Rückkehr bestanden hätten, trotzdem eine beträchtliche Anzahl zugefallen wäre, die vielleicht ausgereicht hätte, das Gesicht zu wahren. Zwar hätte sich der Prozentsatz der Rückkehrer in diesem Fall vermutlich vermindert, denn es war zweifellos die Furcht, eines Tages doch ausgeliefert zu werden, die viele von Smyslovskys Leuten bewog, »freiwillig« heimzukehren. Die Ereignisse in Lienz und Kempten waren nicht ohne Wirkung geblieben, und in Vaduz hielten die NKWD-Vertreter nicht mit Andeutungen hinter dem Berg, daß Ähnliches auch in Liechtenstein geschehen könne.[53]

Die Freiwilligen fuhren mit der Bahn in die österreichische Sowjetzone. Sie versprachen den Zurückbleibenden zu schreiben; einige Briefe kamen noch aus Wien, danach herrschte Schweigen. Seit jenen Tagen hat man nie wieder ein Wort von diesen Heimkehrern vernommen. Die übrigen blieben noch über ein weiteres Jahr in Liechtenstein, und schließlich erklärte sich Argentinien bereit, sie als Einwanderer aufzunehmen. Im Herbst 1947 fuhren ungefähr 100 der übriggebliebenen Russen nach Buenos Aires, um dort ein neues Leben zu beginnen.[54] General Smyslovsky und seine Frau begleiteten sie. In Liechtenstein hatte ihn Allen Dulles, der Chef des amerikanischen Geheimdienstes in der Schweiz, sowie auch andere westliche Militärexperten besucht, die sich aus einer so einmaligen Quelle über die Sowjetunion informieren wollten. Abgesehen von seinen eigenen Kenntnissen hatte Smyslovsky noch Beziehungen zu antisowjetischen Agenten und Widerstandsgruppen in Rußland. Später wurde alles, was von diesem Apparat noch übrig war, der Organisation Gehlen übertragen. General Smyslovsky kamen seine militärischen Fachkenntnisse später als Dozent und als Berater der argentinischen Regierung in der Terroristenbekämpfung zugute.

Obgleich sich einige seiner Leute freiwillig zur Rückkehr meldeten, in der Annahme, die Regierung von Liechtenstein werde eines Tages nachgeben und die sowjetischen Forderungen erfüllen, bestand diese Gefahr in Wirklichkeit nicht. Der damalige Regierungschef Dr. Alexander Frick hat dem Verfasser gegenüber erklärt, daß seine Regierung dies nicht einen Augenblick lang in Betracht gezogen habe. »Wir sind ein kleines Land, aber wir achten unsere Gesetze«, betonte er gelassen. Was wäre aber geschehen, wenn die Sowjets, die Alliierten oder die Schweiz Druck auf Liechtenstein ausgeübt hätten, dem es nicht hätte widerstehen können? Dr. Frick sagt, hierauf sei er vorbereitet gewesen. Solange Liechtenstein die Kontrolle über seine inneren Angelegenheiten behielt, konnte kein Russe unfreiwillig zurückkehren. Hätte man es jedoch mit Gewalt bedroht, wäre seine Regierung zurückgetreten. Er hätte sich an die Weltöffentlichkeit und die Weltpresse gewandt und Beschwerde gegen die Unmenschlichkeit der beabsichtigten Maßnahmen und gegen die Einmischung in die internen Angelegenheiten eines souveränen Staates geführt. Solch ein Druck wurde jedoch nicht ausgeübt. Sowohl der Fürst als auch Dr. Frick haben mir gegenüber betont, daß die gesamte Bevölkerung Liechtensteins in dieser Angelegenheit einer Meinung war. Sogar die Bauern stellten Gesuche an die Regierung, den heimatlosen Wanderern christliche Barmherzigkeit und Hilfe entgegenzubringen.[55] Liechtenstein, als kleines, katholisches und traditionsbewußtes Land, erkannte die menschliche Tragödie und war überzeugt davon, daß dieser Gesichtspunkt

alle politischen Bedenken oder Erwägungen des materiellen Vorteils überwog.
Was den materiellen Vorteil angeht, demonstrierten die Liechtensteiner allerdings eine Gleichgültigkeit, die die schwedischen Sozialdemokraten entsetzt hätte. Ganz Liechtenstein hatte nur 12 141 Einwohner, und sein jährlicher Staatshaushalt belief sich auf zwei Millionen Schweizer Franken. Trotzdem gaben die Einwohner dieses kleinen Agrarlandes über zwei Jahre lang ohne Murren 30000 Franken monatlich für den Unterhalt der Russen aus. Darüber hinaus zahlten sie die Gesamtkosten für die Auswanderung nach Argentinien, die sich insgesamt auf fast eine halbe Million Schweizer Franken beliefen.[56] Drei Jahre später übernahm die westdeutsche Regierung die Verantwortung für diese Kosten und erstattete sie Liechtenstein zurück, doch das war zu jener Zeit nicht vorauszusehen.
Es läßt sich natürlich einwenden, daß die Sowjets im Falle Liechtensteins keine Tauschobjekte in der Hand hielten. Die Regierungen Englands, der Vereinigten Staaten und Frankreichs mußten an die baldige Rückkehr ihrer eigenen befreiten Gefangenen denken, und die Schweden durften ihre polnische Kohle nicht vergessen. Auch begehrte das Land Liechtenstein keine Menschen oder Besitztümer im Osten, und dennoch gab es auch eine sehr materielle Erwägung. Liechtenstein ist ein konstitutionelles Fürstentum, in dem der Fürst großes politisches und persönliches Ansehen genießt. Bis 1945 war jedoch dieser souveräne Staat nur ein kleiner Teil der Ländereien des Fürsten, dessen Landbesitz in Böhmen den Hauptreichtum seiner Familie ausmachte. Der heutige Fürst Franz Josef II. ist auch das erste Mitglied seiner Familie, das in Vaduz residiert. Die 1945 wiederhergestellte tschechische Regierung erkannte das Eigentumsrecht prinzipiell an, obwohl die örtlichen kommunistischen Komitees de facto die Kontrolle über viele seiner Liegenschaften übernommen hatten. Der Fürst strengte ein Gerichtsverfahren auf die Herausgabe seiner Ländereien an, und die Entscheidung des Obersten Gerichts stand noch aus, als 1948 die Kommunisten die Regierung übernahmen und mit einem Schlag Eigentum und Gesetzbarkeit beseitigten. So wäre es verständlich gewesen, wenn es sich der

Fürst zweimal überlegt hätte, ehe er jene vor den Kopf stieß, die ihm sein Eigentum vorenthalten konnten. Doch daran dachte er ebensowenig wie sein bescheidenster Untertan an die Steuerlasten, die ihm für den Unterhalt der Flüchtlinge auferlegt wurden.
So tat ein Land, das kein Heer und nur eine elf Mann starke Polizei besitzt, was kein anderer europäischer Staat wagte. Der sowjetischen Repatriierungskommission wurde von Anfang an nachdrücklich erklärt, daß nur freiwillige Rückkehrer die Ausreiseerlaubnis erhalten würden und eine Abweichung von dieser Haltung niemals in Betracht gezogen werde. Als die Kommission die Auslieferung General Holmston-Smyslovskys forderte, da er sich wegen Kriegsverbrechen vor Gericht zu verantworten habe, verlangte die Regierung höflich, aber bestimmt Beweise. Diese wurden nicht erbracht, und damit war die Sache erledigt. Es ergaben sich keine unliebsamen Folgen, und die sowjetische Kommission reiste schließlich verärgert, aber resigniert ab.
Ich fragte den Fürsten, ob ihm die möglichen Folgen seiner damaligen Politik keine Sorge gemacht habe. Er schien über meine Frage überrascht. »O nein«, erklärte er mir, »wenn man mit den Sowjets hart spricht, sind sie ganz zufrieden. Denn das ist schließlich die einzige Sprache, die sie verstehen.«[57]

17

Sowjetische Massnahmen und Beweggründe

Nicht weit vom Dserschinski-Platz und der Furkassow-Straße in Moskau liegt der Eingang zu den Archiven des KGB. In den unterirdischen Gewölben sind die Einzelheiten über alle wichtigen Aktionen dieser Organisation und ihrer Vorgänger aufbewahrt. In einem der dunklen Gänge müssen auch die Aktenschränke mit den Unterlagen über die Repatriierungsmaßnahmen von SMERSCH und NKWD der Jahre 1943–47 stehen. Selbst wenn das Sowjetregime eines Tages gestürzt werden sollte, ist es unwahrscheinlich, daß diese Dokumente je zugänglich werden. Die Archive sind mit Vorrichtungen versehen, die den gesamten finsteren Katalog der Verbrechen durch Sprengstoffe oder ätzende Säuren zerstören können.[1] Dem Historiker ist daher nur die eine Hälfte des Quellenmaterials zum Thema dieses Buches zugänglich.

Dennoch lassen sich aus anderen Quellen ausreichende Beweise zusammentragen, um ein Bild aufzubauen, das im wesentlichen zutreffend sein wird. Alexander Solchenizyn hat in den sowjetischen Lagern mit vielen der repatriierten Gefangenen gesprochen und ihrer Geschichte im *Archipel Gulag* das Kapitel »Jener Frühling« gewidmet. Andere Insassen der Lager sind in den Westen entkommen und haben ihre Berichte mitgebracht. Offiziere des NKGB und des SMERSCH sind zum Westen übergelaufen und haben von der anderen Seite der Geschichte erzählt. Andere Quellen werfen aus unerwarteten Richtungen Licht auf dunkle Stellen, und man kann wohl behaupten, daß das sich ergebende Bild zwar unvollständig, aber im wesentlichen korrekt ist.

Der erste und wesentlichste Punkt darf nicht aus dem Auge verloren werden – die Sowjetregierung hielt alle ihre Staatsangehörigen, auch wenn sie nur zeitweilig ihrer Kontrolle entzogen waren, für Verräter, gleichgültig welche Umstände zu diesem Kontrollentzug geführt hatten oder wie sie sich im Exil benahmen. Gerald Reitlinger hat versucht, diese Haltung damit zu entschuldigen, daß die Soldaten der Roten Armee in ihrer Empörung über die ihnen und ihrem Land auferlegten Leiden begreiflicherweise gelegentlich in Raserei gerieten und die in deutscher Uniform wieder gefangengenommenen Russen niedermachten.[2] Der Abscheu vor den Verbrechen der Nazis mag viele gegenüber den Ausschreitungen nachsichtiger machen, die unter solchen Umständen verübt wurden, doch im Grunde läßt sich Reitlingers Erklärung nicht aufrechterhalten. Die heimkehrenden Gefangenen unterstanden nicht der Kontrolle der Roten Armee und wurden von den regulären Truppen folglich auch nur sehr selten mißhandelt.

Im Gegenteil, wir können die Möglichkeit glatt von der Hand weisen, daß die Haltung der sowjetischen Regierung gegenüber ihren heimkehrenden Untertanen in irgendeiner Weise durch das Verhalten der verhaßten Nazis beeinflußt war. Der Grundsatz, alle sowjetischen Kriegsgefangenen als Verräter zu behandeln, bestand längst vor der deutschen Invasion Rußlands und war schon angewandt worden, als die Sowjetunion und Hitlerdeutschland noch enge Verbündete waren. Nach dem Ende des finnischen Krieges im März 1940 wurden die russischen Kriegsgefangenen der Finnen entlassen und heimgeschickt. Unter allgemeinem Jubel marschierten sie in Leningrad durch Triumphbögen mit der Aufschrift »Das Vaterland grüßt seine Helden«. Dann marschierten die Helden schnurstracks zu einem Verladebahnhof, wurden dort in Stolypin-Waggons gebracht und in Zwangsarbeitslager transportiert.[3] Ihr Verhalten während des Krieges spielte hierbei keinerlei Rolle; es mochten tapfere Offiziere sein, die der geschickteren Taktik der Finnen unterlegen waren (Hauptmann Iwanow endete in Ustwymlag[4]), oder die arme Katja aus Leningrad, die nach der Gefangennahme für die Finnen als Kellnerin gearbeitet hatte (und in ein Sklavenlager nach Potma[5] kam). Diese Gefangenen hatten dem Feind weder Hilfe noch Unterstützung geleistet und waren von keiner antisozialistischen Ideologie beeinflußt worden. Solche Vergehen wurden ihnen auch nicht zum Vorwurf gemacht. Ihr »Verbrechen« bestand darin, daß sie kennengelernt hatten, wie die nicht-sozialistische Welt lebte.

Die russischen Kriegsgefangenen, die später in deutsche Hände fie-

len, wußten sehr genau, welches arge Schicksal die Menschen ereilt hatte, die zuvor in finnische Kriegsgefangenschaft geraten waren. In einem großen Lager wurde festgestellt, daß keiner je einem Heimkehrer aus finnischer Kriegsgefangenschaft begegnet war. Die Schlußfolgerung war, daß man alle liquidiert hatte.[6]
Die kommunistische Haltung gegenüber Staatsbürgern, die in Feindeshand gerieten, war kein Geheimnis. Der berüchtigte Artikel 58-1b des Gesetzes von 1934 sah für derlei Personen angemessene Strafen vor. Während des Krieges hatte Stalin eine Reihe »Befehle« (*Prikasy*) erlassen, die »Deserteuren« und Kriegsgefangenen drakonische Strafen androhten. Befehl No. 227 zum Beispiel wurde »1942 erlassen, und nicht nur erlassen, sondern auch allen Truppen der Roten Armee verlesen ... Solche Befehle wurden 1943 und 1944 wieder erlassen mit einigen Varianten, die sich auf derzeitige sowjetische militärische Aufgaben bezogen.«[7] Ein russischer Arzt, der 1941 in Gefangenschaft geriet, ignorierte den Befehl, als Sowjetsoldat eher Selbstmord zu begehen, als sich dem Feind zu ergeben, und stellte sich die Frage: »Welcher militärische oder sonstige Nutzen wäre aus solch einer Handlungsweise zu ziehen?«[8] Am Ende des Krieges berichtete ein im Osten freigelassener britischer Gefangener, daß die Soldaten der Roten Armee eine Kopie dieser Befehle mit sich führten.[9] Nach ihrer Befreiung aus der Nazi-Gefangenschaft wiesen die Russen in britischem und amerikanischem Gewahrsam auf diese Befehle hin als auf einen unwiderlegbaren Beweis dafür, daß man sie ungehört *in absentia* abgeurteilt hatte.[10] Weder die Gefangenen noch die westlichen Alliierten konnten sich daher über die sowjetischen Absichten im unklaren sein.
Es genügte, wenn ein russischer Soldat auch nur zweitweilig hinter die deutsche Front geriet (was unter den Bedingungen der Stalin schen Strategie nicht eben schwierig war) und sich wieder zu seiner Truppe durchschlug, wie der arme Schukow in *Ein Tag im Leben des Iwan Denissowitsch*, um sofort bestraft zu werden. Schukow hatte mit seiner zehnjährigen Strafzeit in einem sozialistischen Erziehungslager noch mehr Glück als andere. Swetlana Stalin berichtet, daß Berija »die abscheuliche Liquidierung ganzer, gelegentlich auch sehr großer Truppeneinheiten vornahm«, die 1941 zeitweilig

von den Deutschen abgeschnitten worden waren. Diese Einstellung blieb den ganzen Krieg über unverändert. Im Februar 1943 wurden zwei einfache Soldaten, die von ihren eigenen Leuten gerettet worden waren, auf der Stelle erschossen.[11] Der Mangel an ausgebildeten Kräften bewog Stalin gelegentlich, Gnade vor Unrecht ergehen zu lassen. Zwei Piloten, deren Kampfflugzeuge hinter der deutschen Front abgestürzt waren und die sich wieder zu ihrer Einheit durchgeschlagen hatten, wurden sofort vor den Regimentskommissar geführt und bei Nacht von der Sonderabteilung der Division zu einem weit entfernten »Umschulungslager für Luftwaffenangehörige« in Alkino, bei Ufa im Ural geschickt. Dort wurden sie so lange geschlagen und ausgehungert, bis man glaubte, ihnen die Korruption ausgetrieben zu haben. Daraufhin wurden sie entlassen und zu ihrer Einheit zurückgeschickt, da Mangel an guten Piloten herrschte.[12] Dies waren jedoch die glücklichen Ausnahmen. Alle, die in deutsche Hände gefallen waren und nicht entkommen konnten, sollten entsprechend härter bestraft werden. Eisenhower war entsetzt, als ihm ein Sowjetgeneral erklärte, kriegsgefangene Soldaten seien nutzlose Soldaten, die man besser abschriebe.[13] In dieser Beziehung konnte Stalin wenigstens Unparteilichkeit für sich in Anspruch nehmen. Im ersten Monat der deutschen Invasion wurde sein Sohn Jakow nördlich von Smolensk gefangengenommen. Die ihn verhörenden deutschen Offiziere erklärten ihn für »durch und durch bolschewistisch«. Er hielt die deutsche Eroberung Rußlands für unmöglich, äußerte jedoch die Sorge, daß sich die Russen mit Erfolg gegen die Parteidiktatur erheben könnten. Am 19. Juli schickte er einen kurzen Gruß an seinen Vater, dessen einzige Antwort darauf war, seine Schwiegertochter Julia ins Gefängnis zu werfen. Deutscherseits wurden mehrere Versuche unternommen, ihn auszutauschen, zuerst gegen einige Deutsche, die im Iran steckengeblieben waren, und später gegen Generalfeldmarschall Paulus. Dann schlug Hitler, der mehr Familiengefühl als sein Diktatorkollege besaß, vor, Jakow gegen seinen eigenen Neffen Leo Raubal auszutauschen, der nach Stalingrad in Kriegsgefangenschaft geraten war. Stalin lehnte ab und erklärte nur: »Krieg ist Krieg«. Jakow hörte im Lager, daß ihn sein Vater verstoßen hatte, und war völlig niedergeschlagen. Trotzdem gab er seine bolschewistischen Prinzipien nicht auf, und es heißt, daß er seinem späteren Tod wie ein Soldat begegnete. Bei einem Gartenspaziergang vertraute Stalin eines Tages Marschall Schukow seinen geheimen Kummer an. Die Deutschen hätten seinen Sohn gefangengenommen, doch, so erklärte der Vater streng und stolz, »Jakow wird jede Todesart dem Verrat vorziehen«. Der Marschall war von diesem Beweis der Vatergefühle tief bewegt, konnte jedoch nicht ahnen, wer wen verraten hatte.[14] Jeder, ohne Ansehen der Person, der einen Blick auf das Leben außerhalb der sozialistischen Welt geworfen hatte, war von vornherein suspekt. Die sowjetischen Luftstreitkräfte wurden auf Sondermissionen geschickt, um deutsche Kriegsgefangenenlager zu bombardieren, in denen Russen interniert lagen.[15] Es mußten keineswegs nur Männer leiden. Auch die Frauen wurden unverzüglich in Arbeitslager in die Arktis und andere Gegenden gebracht.[16] Lenins Erben konnten sich nicht vorstellen, daß irgend jemand mit Leuten, die keine Sozialisten waren, in Berührung kommen und seine marxistischen Überzeugungen bewahren könnte. Ein Roter Partisanenführer kämpfte in der Ukraine zwei Jahre lang hinter der deutschen Front, wurde ausgezeichnet und kam dann in das Gefängnis Lubjanka.[17] Der vielleicht beachtlichste Fall war der des Soldaten Lebedew. Er geriet in deutsche Gefangenschaft und wurde nach Auschwitz gebracht. Wie durch ein Wunder überlebte er, obwohl er der Führer der russischen Abteilung der Widerstandsgruppe innerhalb des Konzentrationslagers war. Als die Rote Armee 1945 die wenigen Überlebenden befreite, gehörte Lebedew zu denen, die vom NKWD in Viehwagen gen Osten geschickt wurden, um dort unter GULAGS Obhut für die sozialistische Zukunft zu arbeiten.[18] Nach Roy Medwedews Auffassung läßt sich die Natur des sowjetischen Kommunismus am anschaulichsten an der Tatsache darstellen, daß sowohl die Frau des Präsidenten Kalinin als auch die Frau des Außenministers Molotow eine Zeitlang im Gefängnis zubringen mußten.[19] Man könnte sogar weitergehen und sagen, daß es sich um ein politisches System handelte, dessen Führer allen Ernstes glaubten, daß ein Mann, dessen Erfahrungen der Außenwelt sich auf zwei Jahre Auschwitz beschränkten, unweigerlich Gefahr lief, seinen sozialistischen Prinzipien zu entsagen. Bei anderen Gelegenheiten war die Furcht, daß sich brave Kommunisten von den auffallenden Errungenschaften der westlichen Technologie beeinflussen lassen könnten, ein wesentlicher Gesichtspunkt; wir brauchen uns nur an die alte Frau in Judenburg mit ihrer aufreizenden Singer-Nähmaschine zu erinnern. Doch hierum kann es sich im Fall des Genossen Lebedew nicht gehandelt haben. Diesmal war der marxistische Erfindergeist der kapitalistischen Wissenschaft zuvorgekommen: Gaskammern, wie die in Auschwitz, waren in Workuta bereits 1938 in Gebrauch.[20]

Eines der wenigen in der Sowjetunion veröffentlichten Werke, in denen das Schicksal der heimkehrenden Gefangenen offen beschrieben wird, behandelt eine ähnliche Episode. Im Jahre 1966, während Chruschtschows »Frühling« wurde in Moskau Juri Piljars *Ljudi ostajutsja ljudmi* (*Menschen bleiben Menschen*) veröffentlicht. Piljar hatte mehrere Jahre als deutscher Kriegsgefangener in Mauthausen verbracht. Nach seiner »Befreiung« durch die Rote Armee wurde er in ein Zwangsarbeitslager im Ural geschickt. Dort waren ehemalige Wlassow-Angehörige, Kosaken und echte Kriegsgefangene bunt zusammengewürfelt, ohne daß zwischen ihren »Verbrechen« ein Unterschied gemacht wurde. Seit 1966 ist jedoch die sowjetische Zensur wieder dazu zurückgekehrt, jegliche Erwähnung des Schicksals ehemaliger Kriegsgefangener aus der sowjetischen Literatur auszumerzen.[20a]

Die verwaltungstechnischen Anstrengungen, die die Sowjets für die Heimkehrer unternahmen, waren ebenfalls eindrucksvoll und schon in einem frühen Stadium vorbereitet worden. Alexander Foote, ein sowjetischer Spion, der seinen Vorgesetzten in Moskau Bericht erstattete, machte den leichtfertigen Vorschlag, »eine Sonderkommission ins Ausland zu schicken, um die Verräter an der sowjetischen Sache zu liquidieren. Mit einem verständnisvollen Lächeln wurde mir jedoch erklärt: ›Keine Eile, bald wird es auf der ganzen Welt kein Versteck mehr für diese Verräter geben; sie werden wie reife Äpfel in unsere Hände fallen.‹«[21] Am 24. Oktober 1944 verlautete offiziell, daß zu diesem Zweck eine Repatriierungskommission eingesetzt worden war. Hierbei ist bezeichnend, daß

Eden erst eine Woche zuvor Molotow versprochen hatte, für die Auslieferung aller Exilierten zu sorgen. Zum Chef der neuen Kommission wurde ein Generaloberst Filip Golikow ernannt.[22]
Die Wahl Golikows war bemerkenswert. Die Sowjets standen schließlich auf dem Standpunkt, alle russischen Soldaten in deutscher Kriegsgefangenschaft auf das strengste zu bestrafen, da nur Untüchtigkeit oder Feigheit zu ihrer Gefangennahme geführt haben konnte. Es mag daher widersinnig erscheinen, daß Stalin ausgerechnet den allen Schilderungen entsprechend feigsten und untüchtigsten Offizier der Roten Armee zum Leiter der Repatriierungsunternehmungen wählte. Er war es überdies gewesen, der 1941 die Hauptschuld an dem völligen Mangel sowjetischer Kriegsvorbereitungen trug – was der eigentliche Grund dafür war, daß überhaupt so viele Gefangene in deutsche Hände fielen. Seit Juli 1940 war er Chef des Nachrichtendirektoriums des Roten Generalstabs gewesen und hatte in dieser Rolle eine Reihe nicht wiedergutzumachender Fehler begangen. Er hatte die Verhaftung der Mehrzahl seiner besten im Ausland tätigen Spionageabwehragenten angeordnet und die tüchtigen GUKR-Kader (Militärischer Nachrichtendienst) unterdrückt. Trotzdem kamen ihm reichliche Warnungen über das bevorstehende »Unternehmen Barbarossa« zu. Er wußte jedoch, daß Stalin über den sowjetischen Mangel an militärischen Vorbereitungen ernstlich besorgt war (dies war weitgehend eine Folge der Säuberungsaktion von 1938), suchte seinen Führer durch Abänderungen der bei ihm eingehenden bedrohlichen Berichte zu beschwichtigen und auch sonst die berechtigte Furcht vor den deutschen Absichten zu beschönigen. Als unmittelbare Folge dieser vorsätzlichen Vorspiegelung falscher Tatsachen wurden 1941 so viele Russen gefangengenommen.[23] Später berichtete Chruschtschow von ihm, daß er während der Belagerung Stalingrads angesichts der deutschen Angriffe vor Angst fast von Sinnen gewesen sei und daher seines Kommandos enthoben wurde.[24]
Golikows Stellvertreter in der Repatriierungskommission stand, was seine Persönlichkeit und Vorgeschichte anging, seinem Vorgesetzten in nichts nach. General K.D. Golubew war körperlich ein Riese – eine nützliche Eigenschaft in einer Gesellschaft, die, wie ein

verbitterter Intellektueller in einem Arbeitslager vor dem Krieg geklagt hatte, in vielerlei Hinsicht wieder zu den Werten der Tertiärzeit zurückgekehrt war.[25] Wie der amerikanische General Deane vermerkte, »stand leider seine geistige Statur in keinem Verhältnis zu seiner Körpergröße«. Er war ein gieriger, flegelhafter Einfaltspinsel.[26] Es überrascht daher nicht, daß er zwei Monate nach Ausbruch des Krieges »wegen grober Untüchtigkeit« seines Kommandos enthoben wurde.[27] Der Schluß ist nicht zu umgehen, daß Stalin diese beiden Witzfiguren absichtlich ausgesucht hatte. Machte er sich mit seinem berüchtigten sadistischen Sinn für Humor einen Witz auf Kosten der beiden törichten Generäle oder auf Kosten der heimkehrenden Gefangenen, die nun für ihre angebliche Feigheit und Schuld von den zwei feigsten und schuldigsten Offizieren der ganzen Armee bestraft werden sollten?

Weder Golikow noch Golubew spielten jedoch in der Verwaltung der Repatriierungskommission eine wirkliche Rolle. Als reguläre Offiziere waren sie für diese Abteilung nur ein respektables Aushängeschild. Die wirkliche Arbeit wurde von der Hauptverwaltung der Spionageabwehr, des SMERSCH (GUKR) und des NKGB (militärische Spionageabwehr der Geheimpolizei) erledigt. Das NKGB befaßte sich mit den wieder erbeuteten Sowjetbürgern innerhalb der Sowjetunion, und der SMERSCH mit denen, die sich im Ausland befanden. Seit Juni 1941 hatten diese beiden Organisationen dafür gesorgt, die sowjetische Bevölkerung hinter der Front in einem angemessenen Zustand der Angst zu halten und Menschen (wie Solschenizyn) zu verhaften, die aus deutscher Umzingelung zurückkehrten. Als sich das Kriegsglück nach Stalingrad zu wenden begann, drangen sie in die befreiten Gebiete vor und machten Tausende nieder, die der Untreue verdächtig waren.[28] Im Jahre 1945 bereiteten sie sich auf die überwältigende Aufgabe vor, die Millionen aus dem Westen zurückkehrenden Opfer zu absorbieren.

General Golikows Repatriierungskommission schickte ihre Abgesandten nach ganz Westeuropa.[29] Alle westlichen Offiziere, die mit den Obersten und Generälen, die diese Missionen anführten, in Berührung kamen, machten die gleichen verwirrenden Erfahrungen. Sobald es um militärische Dinge ging, legten die sowjetischen Offiziere Verlegenheit und Unkenntnis an den Tag. So entfuhr es General Wichorew in Paris eines Tages: »Ich gehörte während des Krieges nicht zur sowjetischen Luftwaffe . . . ich habe in einer anderen Abteilung gedient . . .«[30] In Wirklichkeit waren die Mitglieder dieser Mission, wie ein ehemaliger SMERSCH-Offizier berichtet hat, »reguläre Tscheka-Beamte, die zum SMERSCH gehörten«.[31] Wenn Stalin Vergnügen an der Ungereimtheit hatte, Männer wie Golikow in die Lage zu versetzen, gefangene russische Soldaten zu bestrafen, dann mußte ihm die Rolle, die hierbei von ihren Untergebenen gespielt wurde, noch mehr Freude bereiten. Golikow und Golubew waren zumindest reguläre Soldaten, doch kaum einer der SMERSCH-Offiziere hatte sich je im Kampf bewähren müssen. Sie konnten wohl jungen Ukrainerinnen während der Verhöre in die Rippen stoßen oder einen kleinen Jungen erschießen, der aus der Reihe getreten war, um seine Mutter zu sehen[32], aber den Panzern von Sepp Dietrichs 1. SS-Panzer-Korps ins Auge zu sehen, war etwas anderes. Wie Major Scherschun einmal beschämt Czeslaw Jesman gegenüber zugab, hatte seine Arbeit im Krieg darin bestanden, die Maschinen zu begleiten, die weiter nach Osten gebracht wurden.[33] Männer, die solch eine Laufbahn hinter sich hatten, durften die befreiten Kriegshelden in Viehwagen stoßen[34] und sie anschreien: »Warum habt ihr euch gefangennehmen lassen?« – »Warum seid ihr nicht geflohen?« – »Warum habt ihr keine Wlassow-Leute liquidiert?«[35]

Was diesen letzten Schmähruf angeht, so hatte der SMERSCH zweifellos sehr viel mehr Angehörige der Roten Armee umgebracht als alle ROA-Einheiten und Kosaken-Korps zusammengenommen.[36]

In der Verfolgung ihrer verschiedenen Aufgaben wurde den Tscheka-Beamten der Repatriierungskommission erstaunliche Bewegungsfreiheit gewährt.[37] Wo die Befehlsgewalt von SMERSCH behindert war, griff man zu Unterwanderung durch Geheimagenten, verbunden mit Schmeicheleien, Drohungen und Erpressung. Um identifizierter Sowjetbürger habhaft zu werden, bedurfte es keiner Sonderermächtigung, da die Briten und Amerikaner ohnehin in ihre Auslieferung eingewilligt hatten. Es war jedoch auch wichtig, so viele »Freiwillige« wie möglich zur Rückkehr zu bewegen. Nicht nur weil eine weitverbreitete Weigerung Abscheu unter den mit den Repatriierungsmaßnahmen betrauten alliierten Soldaten auslösen konnte, sondern weil es für die britischen Politiker leichter war, ihre Handlungen zu rechtfertigen, wenn sie behaupten konnten, daß sich nur wenige Russen ernstlich der Rückkehr widersetzten. Hinzu kamen noch die umstrittenen Personen, zu deren Auslieferung die Briten und Amerikaner nur bereit waren, wenn sie sich freiwillig meldeten.

SMERSCH- (oder NKWD-) Agenten hatten hierbei zwei Rollen: eine öffentliche, als akkreditierte Vertreter ihrer Regierung, und eine geheime, die sie mit Hilfe von Agenten ausführten, die in die Lager eingeschleust oder unter den Insassen rekrutiert wurden. Patrick Dean notierte, daß in London eine Russin »von einem Sowjetoffizier brutal verhört« worden war.[38] Diese Frau verweigerte ihre Rückkehr nach Rußland trotzdem standhaft; bei anderen führte jedoch schon leichterer Druck zum Erfolg. Ein gewisser Wladimir Olenicz gehörte im Mai 1945 zu denen, die sich freiwillig zur Rückkehr meldeten.

»Später erklärte Olenicz unter Tränen, der ihn verhörende russische Offizier sei ein Mitglied des NKWD (russische Geheimpolizei) gewesen und habe ihn daran erinnert, daß seine Familie auf sowjetischem Gebiet lebe. Es wurden keine Drohungen ausgesprochen und nichts Unpassendes gesagt, aber er wußte, was hinter den Worten des russischen Offiziers steckte, hatte Angst vor ihm und davor, was mit seiner Familie geschehen könnte. Er willigte daher ein, als Sowjetbürger nach Rußland zurückzukehren, und obwohl er sich Sorgen über seine Zukunft machte, war er bereit, zu seiner Entscheidung zu stehen.«

Dieser Mann war im Grunde Pole, hatte aber offensichtlich keine andere Wahl, als zurückzukehren.[39] Im Foreign Office hatte Christopher Warner schon früher seine Zuversicht ausgedrückt, daß ein derartiger Druck des NKWD seine Wirkung nicht verfehlen werde.[40]

In den Lagern schuf der SMERSCH sehr schnell einen »inneren Kreis« aus Agenten und Denunzianten; »Kommissare« standen den

Interniertengruppen vor und sorgten dafür, daß es nur wenige wagten, die Rückkehr zu verweigern.[41] Denunzianten wurden mit den oben beschriebenen Methoden angeheuert, um bei der Aufstellung »schwarzer Listen«, beim Aufspüren flüchtiger Russen und ähnlichem behilflich zu sein. In einem Lager bei Wien erschoß ein soeben entlassener Kriegsgefangener einen Kameraden, da er ihn dieser Tätigkeit verdächtigte. »Er hat seit langer Zeit Listen geführt, um sie bei der Ankunft dem NKWD zu übergeben. Ein Hund verdient auch, wie ein Hund zu sterben.«[42] Die bereits repatriierten Gefangenen wurden selbstverständlich verhört, um von ihnen die Namen aller zu erfahren, die sich der Auslieferung entzogen hatten.[43] Die ROA- und Kosaken-Einheiten waren bereits vor der Waffenniederlegung von Sowjetagenten unterwandert worden.[44] Im allgemeinen führten die SMERSCH-Beamten ihre Untersuchungen mit Hilfe ausgewählter Gefangener durch. In Frankreich waren in General Draguns Mission sechzig NKWD-Leute tätig, von denen die Hälfte reguläre Beamte aus der Sowjetunion waren, während sich die übrigen aus Gefangenen zusammensetzten, die hofften, auf diese Weise straffrei auszugehen.[45] Es ist jedoch kaum anzunehmen, daß ihnen das gelang.

Viele der Russen, die 1944 aus Frankreich nach England gebracht wurden, mußten in Krankenhäuser eingeliefert werden, um sich von den Grausamkeiten zu erholen, die die Deutschen an ihnen verübt hatten. Professor S. Sarkisow von der Mission des Sowjetischen Roten Kreuzes erließ von seiner Wohnung in 65, Inverness Terrace, einen Aufruf, »um die Öffentlichkeit und die verschiedenen englischen Organisationen, denen die Aufenthaltsorte dieser kranken Russen bekannt sind, mit Hilfe der Presse aufzufordern, ihre Namen und Adressen an die Mission in London zu senden.« Kriegsministerium und Innenministerium lehnten es ab, dem Professor bei seinen menschenfreundlichen Bemühungen behilflich zu sein – eine Behinderung »alliierter Vertreter«, wie John Galsworthy im Foreign Office ärgerlich feststellte.[46] Es ist jedoch bekannt, daß das Sowjetische Rote Kreuz zu Lenins Zeiten weitgehend ein getarnter Zweig der Tscheka war. Später spielte es bei NKWD-Operationen im Ausland (wie bei der Ermordung Trotzkis) eine wesentliche Rolle. Heute floriert es unter der Schutzherrschaft des KGB.[47] Sobald die Gefangenen abgesondert und mit britischer und amerikanischer Hilfe nach Hause transportiert worden waren, stand dem NKWD nun als nächster Schritt der Empfang der Geiseln in der UdSSR bevor. Eine große Anzahl kam nicht über die Grenze der sowjetisch besetzten Gebiete hinaus. Die *Times* berichtete am 4. Juni 1945 aus Berlin, daß die »russischen Verräter in Wlassows Heer fast ausnahmslos summarisch bestraft wurden«. In der Austauschzentrale in Torgau »wurde ein ganzer Flügel des Gefängnisses für die zum Tode Verurteilten bestimmt. Sie hatten zumeist in der Wlassow-Armee gedient. Als sie nun vor ihren vergitterten Fenstern standen, riefen sie inbrünstig: ›Wir sterben für unser Vaterland, nicht für Stalin!‹«[48] Von den in Österreich ausgelieferten Kosaken wurde eine große Anzahl (darunter fast alle Offiziere) innerhalb weniger Tage entweder im Judenburger Stahlwerk, im Grazer Sammelplatz oder auf der Straße nach Wien erschossen.[49] Die Zahl derer, die auf diese Weise getötet wurden, war ohne jeden Zweifel beachtlich. Die Selbstmörder hatten vorausgesehen, daß ihnen ein glücklicheres Ende beschieden war. Solschenizyn beobachtete, wie ein Wlassow-Mann von einem SMERSCH-Feldwebel gnadenlos zusammengeschlagen wurde; ein anderer, den man bei Bunzlau gefangen hatte, wurde an zwei herabgebogene Birken gebunden und auseinandergerissen.[50] Wie viele auf diese Weise untergingen, läßt sich nicht feststellen, doch es handelt sich offensichtlich um Tausende.[51]

Die Mehrzahl derer, die man zunächst am Leben ließ, wurden einem eingehenden Siebungsprozeß unterzogen. Wie schon beschrieben, wurde ihnen in Judenburg und andernorts alles Gepäck – sowie auch ein Teil ihrer Kleidung – abgenommen und vernichtet. Männer, Frauen und Kinder wurden sofort voneinander getrennt und in verschiedene Lager transportiert.[52] Am Elbufer beobachtete ein NKWD-Offizier die Ankunft von Flüchtlingen, die die Amerikaner auf Schleppkähnen von Tangermünde brachten. Sie wurden von den NKWD-Leuten mit Umarmungen und Küssen begrüßt, doch sobald die Amerikaner außer Sicht waren, wehte ein anderer Wind. »Jetzt aber los, ihr Verräter. Stellt euer Gepäck ab und stellt euch dort drüben auf!« Scharf abgerichtete Hunde zerrten an ihren Leinen, während die überraschten Gefangenen hastig den Befehlen gehorchten. Dem gleichen Offizier, der später in den Westen überlief und seine Erinnerungen schrieb, war auch ein Blick auf das Schicksal der Frauen möglich. In einem Flüchtlingslager bei Küstrin zeigte ihm der NKWD-Kommandant ein umfriedetes Gehege, in dem sich mehrere Tausend nackter Frauen aller Altersgruppen befanden. Der Kommandant bedeutete ihm: »Wenn du Lust hast ... kannst du jede Frau für zwei Zigaretten haben oder auch für ein Glas Wasser. In ihren Hütten gibt es kein Wasser.«[53]

Zum Empfang dieser unendlichen Massen Heimatloser beschlagnahmten die Sowjetbehörden ehemalige Ostarbeiterlager und andere improvisierte Sammelplätze als Unterkunft. Diese waren sehr unterschiedlich. Die meisten waren mit Stacheldraht umgeben und bewacht, andere mußten jedoch auf einmal einen so großen Zustrom aufnehmen, daß nur oberflächliche Sicherheitsvorkehrungen möglich waren. Im Mai 1945 war Nikolai Komaroff mit einer Gruppe Kosaken in Sillian in Österreich. Er entschied sich aus freien Stücken, in der Sowjetzone Arbeit zu suchen und reiste zum Empfangslager nach Kapfenberg. Dort wurde er jedoch von Zweifeln geplagt und entschloß sich zur Umkehr. Eine fast zufällige Entscheidung, die jedoch bedeutete, daß er dreißig Jahre später noch immer in Freiheit lebt.[54]

Ein anderer, der noch weiter in den Wolfsschlund vordrang, war Schalwa Jaschwili, dessen Abenteuer bereits im ersten Kapitel geschildert wurden. Im Jahr 1945 war er in Italien. Die Briten schickten ihn, zusammen mit anderen Georgiern, in das große sowjetische Lager in Taranto. Jaschwili schenkte Major Gramasows Zusicherungen über die sowjetische Vergebung Glauben, obgleich er im stillen fand, daß es an der Sowjetunion war, die Gefangenen um Vergebung zu bitten, ihre Untertanen ungerechtfertigt im Stich gelassen zu haben. Im August reiste er mit 250 seiner Kameraden nach Norden. Sie wurden von den Briten bewacht, doch es handelte sich hierbei nicht um eine Zwangsrepatriierung. Erst als sie auf einer österreichischen Bahnstation 30 Kilometer innerhalb der sowjetischen Zone ankamen, wurde ihnen klar, daß etwas nicht stimmte.

Jaschwili beobachtete, wie sein georgischer Major den sowjetischen Oberst grüßte. Der Oberst, dem Aussehen nach ein Burjate oder Mongole, erwiderte den Gruß nicht und sagte ein paar Worte, die für die Mannschaft nicht zu hören waren. Der Major wandte sich »mit aschfahlem Gesicht« um. Die Gruppe marschierte aus der Bahnstation und sah sich einem Halbkreis wartender SMERSCH-Leute mit Maschinengewehren gegenüber. Jetzt wußten sie, daß sie in eine Falle gegangen waren.

Die Georgier wurden in ein Lager in der Nähe gebracht und blieben zwei Nächte dort. Jaschwili beschloß sofort, zu flüchten. Er glaubte nicht, daß Menschen aus dem sonnigen Georgien in Magadan große Überlebenschancen hatten. In Taranto hatte er zusammen mit einigen Freunden eine Fußballmannschaft gebildet, die den britischen und amerikanischen Truppen gelegentlich Freundschaftsspiele lieferte. Nun beriet die gesamte Mannschaft, wie die Flucht zu bewerkstelligen sei. Ein österreichischer Jäger, der in der Nähe des Lagers vorbeikam, erbot sich, sie auf Schleichwegen in die britische Zone zu bringen. Aber noch ehe diese Pläne ausreifen konnten, wurde der Abmarsch nach Osten angeordnet.

Nun begann ein langer, schwerfälliger, unordentlicher Marsch. Gelegentlich kamen Lastwagen mit Nahrung, aber es vergingen auch Tage, an denen es nichts zu essen gab. Einmal wurden Jaschwili und zwei seiner Freunde fast auf der Stelle erschossen, da ein rasender NKWD-Offizier die Nachzügler ertappte, als sie sich gerade in einem Bauernhaus etwas kochen wollten. Schließlich kamen sie zu eunem riesigen improvisierten Lager bei Wiener Neustadt, in dem ungefähr 60 000 Heimkehrer saßen. Die Peripherie wurde von Streifen bewacht, aber das Lager war nicht umzäunt, und die wimmelnden Insassen unterlagen keinerlei Kontrollen. Ein täglicher Appell wäre gar nicht durchführbar gewesen. Jaschwili, der unablässig über seine Flucht nachdachte, sah, daß das Lager auf einer Seite von einem Bach begrenzt war. Auf dem jenseitigen Ufer standen Wachen, doch in dem allgemeinen Lärm und Wirrwarr der Menschen schien es nicht unmöglich, an ihnen vorbeizuschlüpfen.

Mit drei georgischen Freunden, die wie er zur Flucht entschlossen waren, beobachtete Jaschwili das Treiben am Bach genau. Die

Aufmerksamkeit der Wachen am anderen Ufer schien zwar unablässig, aber es war auch auffallend, daß sie viel Zeit damit verbrachten, den Frauen zuzusehen, die ihre Wäsche im Fluß wuschen, und Bemerkungen über sie auszutauschen. Die jungen Mädchen hoben lachend ihre Röcke, ehe sie ins Wasser wateten. Die Augusttage waren heiß und schläfrig, der Krieg war vorbei, und man konnte es den Wachen nicht übelnehmen, wenn sie die braungebrannten Arme und Beine ihrer hübschen Landsmänninnen aufmerksamer betrachteten als die vier jungen Männer, die mit aufgekrempelten Hosen in ihrer Mitte herumpaddelten. Es war auch ganz natürlich, daß diese dann auf das andere Ufer kletterten, um sich in der Sonne zu trocknen, und wer bemerkte schon, daß die vier einen Augenblick später verschwunden waren?

Sie hockten sich in das dichte Gebüsch, aßen Dosenfleisch und tranken aus einer Flasche Wein, die sie von einem sowjetischen Lastwagenfahrer gegen eine polnische Mütze eingetauscht hatten. Sobald es Nacht wurde, machten sie sich auf den Weg in die westlichen Hügel. Tagelang zogen sie weiter und orientierten sich nach der Sonne. Sie ernährten sich von Kartoffeln, die sie aus den Feldern gruben und in Helmen, die überall herumlagen, kochten. Schließlich gelangten sie nach vielen gefahrvollen Zwischenfällen in die amerikanische Zone. Heute lebt Jaschwili zufrieden im Westen und ist sich seiner bürgerlichen Freiheiten sehr viel dankbarer bewußt als viele seiner gleichgültigeren Mitbürger.

Jaschwilis Bericht gibt ein Korrektiv für den Gedanken, daß der SMERSCH die Empfangsmaßnahmen überall mit lückenloser Tüchtigkeit vornahm. In Wirklichkeit war diese Organisation von ihrer gewaltigen Aufgabe völlig überfordert. Ein damals in Österreich stationierter SMERSCH-Offizier schilderte:

»Wir hatten in unserer Verwaltung in Baden für eine so gewaltige Operation nicht genug Personal. Aus der Stadt Modling wurden alle Reserven herangezogen, doch trotzdem reichte das Personal nicht aus. Der GUKR-SMERSCH schickte aus seinen Reserveeinheiten auf sowjetischem Gebiet eilig Sonderabteilungen der PFK (Überprüfungskommission) nach Österreich, Deutschland und Ungarn, aber auch das reichte noch nicht aus. Abakumow vom

GUKR-SMERSCH mußte sich von anderen Abteilungen der NKGB-Hauptverwaltung, wie der Geheimen Politischen Abteilung, der Industrie- und Wirtschaftsverwaltung, und sogar von der Operativabteilung Leute ausleihen. Ich weiß aus Dokumenten, die durch SMERSCHs Dritte Abteilung, bei der ich arbeitete, liefen, daß auf Ersuchen Merkulows, des Volkskommissars für Staatssicherheit, selbst Berija mit Personal aushalf und uns Offiziere der NKWD-Polizeiverwaltung, der Untersuchungsabteilung und selbst von der Dritten GULAG-Verwaltung ausleihen mußte. Natürlich hatte man diesen Offizieren, ehe sie zu uns kamen, Militäruniformen gegeben.«

Die PFK-Überprüfungseinheiten hatten die Aufgabe, die Sowjetbürger in die verschiedenen Kategorien einzuteilen, und zwar im wesentlichen in drei Hauptgruppen. Die erste bestand aus denjenigen, die als Feinde der Sowjetmacht angesehen wurden, und schloß selbstverständlich alle ein, die Wlassow- oder Kosakenuniformen getragen hatten. Die zweite Gruppe wurde als »verhältnismäßig sauber« eingestuft, d. h. es war ihnen nichts nachzuweisen. Und die dritte Gruppe bestand aus einer Minderheit, die man für »sauber« und dem Sowjetregime treu hielt. Generell waren für die erste Gruppe Zwangsarbeitslager vorgesehen, die zweite sollte zu Zwangsarbeit außerhalb solcher Lager herangezogen werden und die glücklichere dritte Gruppe »angewiesen« werden, am Wiederaufbau mitzuarbeiten.[55] Dies war der Abriß des Plans, aber in Wirklichkeit war das Ausmaß der Aufgabe überwältigend. Sowohl die Kategorien als auch die Strafen wurden häufig verwischt oder durcheinandergebracht.

Die Überprüfung dauerte Jahre, doch während dieser Zeit blieben die Gefangenen nicht müßig. Ein ehemaliger Gefangener hat berichtet, daß seine Zellengefährten »aus Überprüfungslagern im Donbas kamen, wo sie alle unter Tage gearbeitet haben, um die Kohlenbergwerke trockenzulegen, die während des Krieges von den Deutschen überschwemmt worden waren. Andere kamen aus ähnlichen Lagern im Inneren Rußlands.« Dies wurde jedoch nicht als Strafzeit angerechnet. Ihre Verurteilung zu Zwangsarbeitsstrafen folgte erst später. Von denen, die in der glücklichen Minderheit waren und nicht als Feinde des Sozialismus angesehen wurden, entließ man am Anfang viele in ihre Heimat. »Später landeten sie jedoch alle im Gefängnis.«[56] Ein Oberst, der solch ein Lager leitete, war von der Furcht besessen, daß die Mehrzahl seiner Schützlinge amerikanische Spione seien. Er sorgte dafür, daß so gefährliche Leute in Zwangslager kamen. Doch selbst wenn diese Leute vor oder nach ihrer Verurteilung in ihre Heimat gehen durften, wurden die Gefangenen und ihre Familien als Außenseiter behandelt. Ein Kommissar erklärte: »Wir müssen noch auf Jahre hinaus ein wachsames Auge auf alle werfen, die einmal Kriegsgefangene waren.«[57]

Selbst Menschen, die die Deutschen gewaltsam verschleppt hatten, wurden ebenso verdächtigt. Eine siebzehnjährige Ukrainerin war von den Nazis entführt und gezwungen worden, bei Krupp in einer Munitionsfabrik im Ruhrgebiet zu arbeiten. Dort erkrankte sie an Tuberkulose und hustete ständig Blut. Als sie die Engländer befreiten und heimschickten, freute sie sich auf ihre Zukunft. Sicher würde vieles knapp sein, »aber die Menschen würden sich gewiß um ein Mädchen kümmern, das die Nazis krank gemacht hatten«. In die Ukraine sollte sie nicht wiederkehren. Sie wurde gar nicht erst einer Prüfung unterzogen, sondern auf direktem Wege in einem versiegelten Waggon nach Kolyma gebracht.[58]

Es spielte auch keine Rolle, ob sich die Gefangenen freiwillig zur Heimkehr gemeldet hatten oder nicht. Eine Gruppe, die zwangsweise von der Organisation Todt zur Arbeit am Atlantikwall eingezogen worden war, hörte General Golikows Aufruf im Radio Moskau und zog begeistert zur Grenze. Sie kamen durch die Triumphbögen, bürsteten sich die Blumen von den Schultern und fuhren in Viehwagen geradewegs in den Schlund von GULAG. Ein Jahr später starben sie an Dystrophie.[59]

Die Reise selbst gab einen Vorgeschmack auf das Lagerleben. Im Juli und August 1945 hörten die Einwohner der südpolnischen Stadt Biecz viele mysteriöse Züge durch ihre Bahnstation rollen. Sie kamen jeweils spät am Abend und ratterten mit großer Geschwindigkeit vorbei. Beobachter konnten verriegelte, mit Stacheldraht umgebene Viehwagen erkennen, zwischen die hin und wieder ein offener Güterwagen mit Maschinengewehren gekoppelt war. Eines

Abends hielt solch ein Zug kurz in Biecz an. Wachen sprangen ab und stellten sich mit schußbereiten Waffen im Halbkreis auf. Durch einen Spalt der geöffneten Schiebetüren erkannten die Umstehenden eng aneinandergedrängte Männer von heruntergekommenem Aussehen.

»Wer seid ihr?« riefen die Polen.

»Kriegsgefangene!« antworteten die Männer trübselig.

»Wohin fahrt ihr?«

»Nach Sibirien!«

Die Lokomotive pfiff, die Wachen sprangen wieder auf, und der finstere Güterzug setzte sich in Bewegung. Die Züge benützten die südliche Bahnstrecke über Krakau und Lwow, vermutlich um den Warschauern keine Vorschau auf die Wohltaten des Sozialismus zu bieten.[60]

Als der Winter kam, stiegen die Verlustraten in den ungeheizten Zügen unheimlich an. Die Gefangenentransporte, die in den nördlichen Lagern ankamen, führten jeweils am Ende des Zuges zwei Waggons mit den Leichen der unterwegs Erfrorenen oder Verhungerten mit. Oft gab man sich auch mit den Toten gar nicht ab, sondern bemerkte sie erst, wenn sie am Ankunftsort nicht ausstiegen.[61]

Die Lebenden wurden gnadenlos aller Errungenschaften der westlichen Zivilisation beraubt. Ob alte Drillichjacken, Socken oder Füllfederhalter – alles wurde von den NKWD-Wachen und ihren kriminellen Freunden unter den Lagerinsassen konfisziert.[62]

Im September 1945 fuhr eine Lettin in die Heimat zurück. Sie saß mit 45 Leuten und ihrem Gepäck in einem Güterwagen. »Wir stapelten die Säcke an beiden Enden des Waggons und in einer Reihe in der Mitte auf. Ich saß hoch oben, wie ein Huhn auf der Stange. Neben mir war ein winziges Fenster; es hatte einen Nagel und eine Schnur, an der wir einen Kindernachttopf anbanden. Eine Mutter am anderen Ende hatte die gleiche Vorrichtung. Wenn ihn einer unterwegs brauchte, bat er nur, ihm »die kleine Rose« zu reichen. In unserem Waggon gab es nämlich keine Toilette . . . Nach einigen Tagen kamen wir in Schytomyr an. Wir reisten auf endlosen Umwegen . . . Nicht weit von Schytomyr starb eine alte kranke Dame in unserem Wagen. Als wir in Schytomyr anhielten, baten wir die

Wache um Erlaubnis, sie zu begraben. Sie wurde uns gegeben, und wir gruben ein kleines Grab neben dem Bahngleis, legten es mit einem weißen Tuch aus und betteten das lettische Mütterchen hinein; im letzten Augenblick eilte eine junge Ukrainerin mit ihrem toten Säugling herbei, der in einem anderen Waggon gestorben war; wir legten ihn neben die alte Dame und beerdigten beide. Obenauf steckten wir ein Kreuz und Blumen.

Im gleichen Waggon war auch Professor Šubert, ein in Lettland sehr beliebter Komponist. Er starb am 11. Oktober auf der gleichen Reise. Während der überfüllte Zug weiterrollte, blieb der tote Professor noch sieben Stunden im Gedränge eingekeilt sitzen. Erst in Slobin wurde halt gemacht, und sie baten um die Erlaubnis, ihn zu beerdigen. Sie wurde verweigert, und den Passagieren wurde erklärt, sie sollten ihn nackt auf dem Bahnsteig zurücklassen. Er sollte später zusammen mit zwei anderen Leichen aus dem Zug begraben werden.

»Wir zogen Professor Šubert trotzdem Unterhosen und Socken an, wickelten ihn in einen Zuckersack und verschnürten ihn. Zwei junge Leute aus unserem Waggon trugen ihn ehrerbietig aus dem Waggon und legten ihn auf den Bahnsteig.

Wir mußten dennoch bis zum Mittag des nächsten Tages auf der Station warten. Am Abend und in der Nacht kamen Gewitter mit heftigem Regen. Gegen Abend wurden wir auf ein anderes Gleis geschoben. Am nächsten Morgen sprangen die beiden jungen Leute aus dem Wagen, um nachzusehen, ob Professor Šubert schon beerdigt war. Sie kehrten bleich zurück und erzählten, daß Professor Šubert noch immer völlig ausgeraubt und durchnäßt im Schlamm liege . . . Wir haben es Frau Šubert nicht gesagt.«[63]

Die überwiegende Mehrzahl der repatriierten Gefangenen wurden Zwangsarbeiter. Die in Österreich ausgelieferten Kosaken kamen vorwiegend in einen Lagerkomplex um Kemerowo, südlich von Tomsk im mittleren Sibirien. Die meisten starben unter der unsagbar grausamen Behandlung.[64] Die Wlassow-Soldaten wurden überall verteilt. Ein Finne begegnete einigen von denen, die in England gewesen waren, im berüchtigten Gefängnis Butyrki in Moskau.[65] Andere Überlebende begegneten ihnen auch in Karaganda, Krasnaja, Presen, Marraspred, Workuta und sonstigen sowjetischen Varianten von Majdanek und Auschwitz.[66]

In Workuta traf Aino Kuusinen auf ein der Herde wiedergegebenes Lamm.

»Bald [1945] erschienen wieder viele Tausend Kriegsgefangene. Diesesmal waren es Angehörige von General Wlassows Armee, die zu Verrätern geworden waren und auf der Seite der Nazis gekämpft hatten. Viele lagen in Ketten. Diese Unglücklichen mußten in entfernten Gebieten in Kohlenbergwerken arbeiten. Durch Zufall traf ich einen von ihnen, einen Oberst, der schwer krank in unser Lazarett eingeliefert wurde. Als er hörte, daß ich ein politischer Gefangener war, sagte er mir, daß er damit rechne, bald erschossen zu werden, daß aber sein Haß auf das Regime seinen Tod überdauern werde.«[67] Viele waren ehemalige Militärärzte, denen es nun verboten war, zu praktizieren.[68]

Die Geschichte dieser repatriierten Russen, die in Straflager kamen, ist die Geschichte des GULAG, und wenn wir sie erfahren wollen, brauchen wir nur Solschenizyns *Archipel Gulag* zu lesen. Aber wir werden vermutlich nie erfahren, wie viele der Heimkehrer sich unter den zwanzig oder fünfundzwanzig Millionen Sklaven befanden, die damals in sowjetischen Straflagern gefangen saßen. Statistiken lassen sich nur mutmaßen. Nach offiziellen, 1945 veröffentlichten sowjetischen Berichten waren insgesamt 5 236 130 Sowjetbürger befreit und heimgeführt worden. Von ihnen waren damals noch mehr als 750 000 auf der Durchreise. Die übrigen 4 491 403 hatte man entweder in der Heimat angesiedelt oder an anderen Orten beschäftigt. Der Staat gab ihnen Anleihen, Nahrung und Baumaterial. Besondere Sorgfalt wurde auf die Versorgung der Kinder verwandt, wie es hieß.[69] Ein westlicher Befürworter des Sowjetregimes, der in einem kritischeren Milieu schrieb, gesteht, daß etwa 500 000 Heimkehrer in Lager geschickt wurden. Aber jeder, der einen legitimen Grund für seine Gefangennahme beibringen konnte, sei vor Bestrafung sicher gewesen; »und Offiziere wurden in der Regel nicht bestraft«.[70]

Ein ehemaliger NKWD-Beamter, der Zugang zu den Akten seiner Organisation hatte, hat uns eine Schätzung angegeben, die zutreffender klingt. Im ganzen wurden von 1943–1947 über 5,5 Mil-

lionen Russen aus den ehemals besetzten Gebieten repatriiert.
20 Prozent wurden zum Tode oder zu 25 Jahren in den Lagern verurteilt (im Grunde ein verlängertes Todesurteil);
15–20 Prozent erhielten Strafen von 5–10 Jahren;
10 Prozent wurden für mindestens 6 Jahre in die Grenzgegenden Sibiriens verbannt;
15 Prozent wurden als Zwangsarbeiter in den Donbas, Kusbas und andere verwüstete Gebiete geschickt. Ihnen wurde nach Ablauf der Strafzeit nicht erlaubt, in die Heimat zurückzukehren;
15–20 Prozent durften heimkehren, fanden jedoch (als nichtregistrierte Arbeitskräfte) nur selten Arbeit.
Diese nur annähernden Schätzwerte ergeben noch keine 100 Prozent. Die fehlenden 15–20 Prozent sind vermutlich »Schwund«, Menschen, die in Rußland »untertauchten«, während der Reise umkamen oder flüchteten.
Die Zahl der Leidenden ist allerdings nicht nur auf diejenigen beschränkt, die in deutscher Gefangenschaft gewesen waren. Auch die Verwandten von Personen, die zeitweilig außerhalb der sowjetischen Kontrolle gelebt hatten, blieben für alle Zeit suspekt. Zum Beispiel überredete das NKWD 1950 ein vierzehnjähriges Mädchen, ihren Vater, einen ehemaligen Kriegsgefangenen, zu bespitzeln. Es konnte ebenso leicht umgekehrt sein: die Sicherheitsbehörden erpreßten auch ehemalige Gefangene, Freunde und Verwandte zu denunzieren. Über allen, die mit diesen Leuten Verbindung hatten, hing eine dunkle Wolke. Dem Bruder eines Mannes, der von den Amerikanern repatriiert worden war, wurde aus diesem Grunde eine Arbeit verweigert.[71] Der Roman des sowjetischen Schriftstellers Feodor Abramow, *Zwei Sommer und drei Winter*, spielt in einem russischen Dorf der Nachkriegszeit und schildert als erkennbaren Typus einen ehemaligen Kriegsgefangenen, der für alle Zeit als »Verräter« ausgestoßen bleibt.[72] Im Netz des GULAG verfingen sich auch die weiblichen und männlichen Angehörigen jener, die 1945 aus der Roten Armee in den Westen entkommen waren. Obwohl der sowjetischen Justiz hierbei das Gesetz von 1934 zur Verfügung stand, das auch Sippenhaft vorsah, zog man es im allgemeinen vor, eine abgekartete Anklage zu führen, vielleicht in dem

vagen Bewußtsein, daß mit diesem juristischen Konzept nicht viel Staat zu machen war.[73]

Am 17. September 1955 erließ Chruschtschows Regierung eine Amnestie, die die inhaftierten Heimkehrer betraf. Eine Reihe der Überlebenden wurde entlassen, andere erhielten Strafermäßigung.[74] Einem späteren CIA-Bericht zufolge waren ein Jahr nach der »Amnestie« von 1956 25000 ehemalige Wlassow-Soldaten als Zwangsarbeiter im Atomwerk von Kischtym beschäftigt.[75]

Sicher ist jedoch, daß die Mehrzahl der Gefangenen nach zehn Jahren in sowjetischen Straflagern längst Kälte, Hunger, Krankheit und grausamer Mißhandlung zum Opfer gefallen waren. Einige überlebten, darunter auch etwa 20 alte, von den Briten in Österreich ausgelieferte Emigranten. Sie waren es, die authentische Berichte über die GULAG-Lager in den Westen brachten.

18

Juristische und staatspolitische Aspekte

Die europäischen Traditionen der Gewährung politischen Asyls waren so mächtig, daß anscheinend kein Land es vor 1939 auch nur in Betracht zog, die Heimkehr von Menschen zu erzwingen, deren Leben oder Freiheit dadurch bedroht waren.[1] In jenem Jahr wurde jedoch offenbar das erste Abkommen zwischen zwei Ländern der modernen Geschichte getroffen, das auch die Zwangsrepatriierung der Emigranten vorsah. Nazideutschland und Sowjetrußland unterzeichneten 1939 den berühmten Ribbentrop-Molotow-Pakt. Unter den unveröffentlichten Klauseln des Abkommens gab es auch eine, die vorsah, die politischen Gegner der jeweiligen Regime, die im Hoheitsgebiet des anderen Staates Zuflucht gesucht hatten, zu repatriieren. Auf der Bahnstation von Brest-Litowsk trafen sich Gestapo und NKWD kollegial zum Austausch der gegenseitigen Gefangenen. Die Deutschen übergaben einige antikommunistische Russen, und die Sowjets machten Himmler eine Anzahl marxistischer Juden und Deutscher zum Geschenk, denen sie bislang Asyl gewährt hatten.[2]

Ein weiteres Auslieferungsabkommen wurde ein knappes Jahr später festgelegt. Am 21. Juni 1940 unterbreiteten die siegreichen Deutschen, in Anwesenheit Hitlers, den Abgesandten der französischen Regierung in Compiègne die Waffenstillstandsbedingungen. Frankreich war in einer schwachen Position, sein Heer war besiegt und sein Verbündeter hatte seine Truppen in Dünkirchen zurückgezogen. Trotzdem »widersetzte sich General Weygand vielen deutschen Forderungen hartnäckig. Eine der abscheulichsten zwang die Franzosen, alle in Frankreich und seinen Territorien befindlichen nazifeindlichen deutschen Flüchtlinge an das Reich auszuliefern. Weygand bezeichnete dies in Anbetracht des traditionellen französischen Asylrechts als ehrlos, doch als man am nächsten Tag darüber verhandelte, weigerte sich der arrogante Keitel, diese Klausel zu streichen.«[3] Frankreich war gezwungen, diese Bedingung zu akzeptieren, und bald erschienen die nazistischen Pendants zu Ratows und Draguns Repatriierungskommissionen im Lande und machten sich auf die Jagd nach deutschen Flüchtlingen. Eine Anzahl transportierte die Gestapo ins Unbekannte, andere wurden Zwangsarbeiter beim Bau der Trans-Sahara-Eisenbahn (ironischerweise an der Seite von Russen, die später von den Briten an die Sowjets ausgeliefert wurden). Viele meldeten sich, um dem zu entgehen, unter Druck zur Organisation Todt, die sie wenigstens bezahlte. Indizien dafür, daß diese deutschen Flüchtlinge massenweise umgebracht wurden, gibt es jedoch nicht.[4]

Diese Abkommen waren jedoch Präzedenzfälle, die westlichen Staatsmännern nur Sorgen bereiten konnten. Die Russen in deutschen Diensten waren ganz offensichtlich in einer anomalen Lage. Konnten sie den Schutz der Genfer Konvention anrufen, die ihr Staat nicht unterzeichnet hatte; und wenn ja, würde dies auch ihre Auslieferung wider Willen an die Sowjetunion ausschließen?

Man möchte annehmen, daß der Wortlaut der Konventionen – der Haager Konventionen von 1899 und 1907 sowie der Genfer Konvention von 1929 – eine Klarstellung enthalten hätte, doch leider sind sie, was den zentralen Punkt angeht, nicht präzise: Wenn die russischen Gefangenen als wieder gefangene sowjetische Soldaten oder Zivilisten anzusehen waren, dann konnte es gegen ihre Repatriierung keinen Einwand geben. Selbst wenn die Sowjetunion sie barbarisch behandelte, war dies im juristischen Sinne kein Anliegen der britischen oder deutschen Regierung. Was war aber, wenn diese Russen als Angehörige der deutschen Wehrmacht, die deutsche Uniformen trugen und den Treueeid auf das deutsche Staatsoberhaupt geleistet hatten, als *deutsche* Soldaten galten? War solch ein Anspruch aufrechtzuerhalten und wenn ja, beeinträchtigte er die Rechtmäßigkeit ihrer Auslieferung an die Sowjetunion? Dies sind die Fragen, denen wir uns nun zuwenden müssen.

Die drei betroffenen Parteien – Großbritannien, Deutschland und die Vereinigten Staaten (alle Signatare der Konventionen) – vertraten verschiedene Auffassungen. Der Rechtsberater des Foreign Office, Patrick Dean, legte Großbritanniens Auffassung im September 1944 in einem wohlüberlegten Schriftsatz dar:

»Trotz der Bestimmungen der Genfer Konvention kann ein Soldat, der von seinen eigenen Streitkräften gefangengenommen wird, während er bei den feindlichen Streitkräften kämpft, gegenüber seiner eigenen Regierung und Gerichtsbarkeit den Schutz dieser Konvention nicht anrufen. Wir wären keinesfalls bereit, britischen Untertanen, die als Angehörige der deutschen Streitkräfte in Gefangenschaft geraten, solch ein Recht einzuräumen. Wenn solche Personen von einer alliierten Streitkraft gefangengenommen werden, ist diese alliierte Regierung berechtigt, sie bedingungslos an ihre eigene Regierung auszuliefern, ohne sich selbst dabei einer Verletzung der Konvention schuldig zu machen. Jede andere Verfahrensweise würde uns gegenüber den alliierten Regierungen in eine unhaltbare Position bringen, die dann Klage erheben würden, daß wir potentielle Verräter vor Strafen schützen, die ihnen nach ihren Landesgesetzen zustehen.«[5]
Einige Monate später stellte sich heraus, daß sich in dieser Frage die Haltung der Vereinigten Staaten von der Englands noch immer radikal unterschied. Das Foreign Office erfuhr dies durch eine Mitteilung, die der britische Botschafter in Washington (Lord Halifax) am 28. März weiterleitete.[6] Ein Beamter der britischen Botschaft wies in einem Brief an Bernard Gufler, der in der amerikanischen Abteilung für besondere Kriegsprobleme tätig war, ebenfalls auf diesen Unterschied hin und bat um seine Stellungnahme, da »das Foreign Office der Auffassung ist, daß die Bedingungen des Abkommens zwischen der Regierung Seiner Majestät und der Sowjetunion uns verpflichten, der Sowjetunion selbst diejenigen Kriegsgefangenen auszuliefern, die darauf bestehen, als deutsche Kriegsgefangene zurückbehalten zu werden.«[7]
Patrick Dean (der selbst später Botschafter in Washington wurde) bemerkte zu der amerikanischen Stellungnahme, »daß die Haltung der USA meiner Auffassung nach unrichtig und mit dem Krim-Abkommen unvereinbar ist . . .«[8] Später setzte er seine Ansicht etwas eingehender auseinander: » . . . obwohl [der Wortlaut des Jalta-Abkommens] der Regierung Seiner Majestät keine definitive Verpflichtung auferlegt, diejenigen Sowjetbürger an die Sowjetunion auszuliefern, die nicht gehen wollen, deutet doch der Wortlaut un-

serer Vereinbarung eindeutig darauf hin, daß tatsächlich auch solche Sowjetbürger an die Sowjetbehörden ausgeliefert werden sollen, was immer ihre eigenen Wünsche sein mögen.«[9]
Dieses widersprüchliche Argument beeindruckte Mr. Gufler nicht. Er legte noch einmal die Gründe dar, auf denen die amerikanische Auffassung beruhte, bemerkte dann, daß die Vereinigten Staaten keinen Angehörigen irgendeines Staates zwangsausliefern würden, der Anrecht auf den Schutz der deutschen Uniform hatte, und fuhr fort: »Wie ich mich aus meiner Amtszeit in Berlin erinnere, während derer wir die britischen Interessen in Deutschland vertraten, war unsere Botschaft dort von Ihrer Regierung angewiesen, den deutschen Behörden mitzuteilen, daß das Tragen einer britischen Uniform den vollen Schutz als britischer Soldat unter den Genfer Konventionen darstelle. Wie ich weiß, hat Ihre Regierung diese Haltung, daß eine Uniform den Träger ungeachtet seiner Staatsangehörigkeit beschützt, auch weiter vertreten, und auch die deutsche Regierung dahingehend im Zusammenhang mit dem belgischen Zwischenfall unterrichtet, welcher der Gegenstand deutscher Proteste an unsere beiden Regierungen war. Ich höre ferner, daß Ihre Regierung die deutschen Kriegsgefangenen in Ihrem Gewahrsam, die weder Deutsche noch Sowjetbürger sind, nicht zwingt, sich gegen ihren Willen an ihre jeweiligen Regierungen ausliefern zu lassen.
Unsere Abteilung vertritt die Auffassung, daß unsere Haltung in der Angelegenheit völlig konsequent ist und die Haltung Ihrer Regierung gewisse Widersprüche aufweist, die, was die britische Behandlung der in deutschen Uniformen gefangengenommenen Sowjetbürger angeht, schwer aufrechtzuerhalten ist. Da uns unserer Meinung nach eine Umkehrung unserer gegenwärtigen Politik gegenüber diesen Sowjetbürgern in einen Widerspruch verwickeln und womöglich eine Verletzung des Geistes und der Bedingungen der Genfer Kriegsgefangenenkonvention bedeuten würde, die ja auch für Ihre Regierung bindend ist, wäre das State Department sehr für Ihre Mitteilung verbunden, auf welcher Basis Ihre Regierung diese Angelegenheit in Einklang gebracht hat.«[10]
Die britische Botschaft bat das Foreign Office um »Weisung, wie

diese Diskussion mit dem State Department weiterzuführen ist.«
Ehe er diese Anfrage an den Rechtsexperten weitergab, faßte John Galsworthy seine Ansichten zusammen, die zugleich einen guten Abriß der Argumente des Foreign Office darstellen: »Soweit ich weiß, beruht unsere Auslegung auf Zweckmäßigkeit. Wir haben mit den Russen genug Ärger über jene Kategorien, die sie als Sowjetbürger beanspruchen, während wir sie nicht als solche ansehen [z. B. Polen und Balten], ohne auch noch alle jene hinzuzufügen, die aus persönlichen oder politischen Gründen nicht als Sowjetbürger betrachtet zu werden wünschen – obwohl sie es sind -, sondern als deutsche Kriegsgefangene gelten wollen. Eine Anzahl der letzteren sind überdies auch Menschen, die etwas auf dem Kerbholz haben, da sie aktiv mit den Deutschen gegen die Russen gearbeitet haben, und es würde unsinnig erscheinen, die anglosowjetischen Beziehungen weiteren Belastungen auszusetzen, nur um Personen zu begünstigen, die gegen unseren eigenen ›Verbündeten‹ tätig waren. Dies ist selbstverständlich nicht die ganze Geschichte: einige der Leute, die wir zu übergeben gezwungen sind, haben ohne eigenes Verschulden unter dem Sowjetregime gelitten, haben nicht gegen es gekämpft und versuchen lediglich, ihm zu entrinnen.«[11]
Hier hatte Galsworthy vermutlich die bewegenden und erschrekkenden Beispiele im Sinn, die Brigadegeneral Firebrace im voraufgegangenen Monat an das Foreign Office weitergeleitet hatte.[12] Patrick Dean, an den Galsworthy Guflers Brief zunächst zum Kommentar der rechtlichen Aspekte weiterleitete, beschränkte sich auf die Frage der russischen Wehrmachtsangehörigen, die den Schutz der deutschen Staatsangehörigkeit beanspruchten.
Er begann mit der Feststellung: »Wir haben nie die Auffassung vertreten, daß ein Mann, der aus irgendeinem Grunde die Uniform der Streitkräfte eines Staates anzieht, der Krieg gegen sein eigenes Land führt, dadurch Anspruch auf den Schutz der Genfer Konvention gegen seine eigenen Militärbehörden und die seiner Verbündeten erheben kann. Wenn diese Auffassung vertretbar wäre, könnte sich jeder Verräter der Verantwortung entziehen, sich die Feinduniform anziehen und aktiv gegen sein eigenes Land kämpfen, um den Schutz der Genfer Konvention zu erlangen.«

Abschließend räumte Dean jedoch ein, daß das britische Argument nicht ganz fehlerfrei, das Foreign Office jedoch vor Kritik sicher sei, da es sich gehütet habe, seine Verpflichtungen öffentlich zuzugeben. »Ich stimme mit dem Argument des State Department überein, daß dies streng genommen zu einer Inkonsequenz führt, wenn wir es mit dem vergleichen, was wir über die Bedeutung der Uniform bei Kriegsgefangenen gesagt haben. Aber soweit ich weiß, haben wir es während des ganzen Krieges sorgfältig vermieden, uns über diesen Aspekt zu öffentlichen Erklärungen hinreißen zu lassen.«

»Trotz der Widersprüche«, resümierte Dean, »erscheint mir unsere Auffassung korrekt . . .« Er beeilte sich jedoch hinzuzufügen, daß es keinen Grund gebe, dieses Argument dem streitbaren Gufler zu unterbreiten. »Ich halte es nicht für nötig, dem State Department zu antworten, es sei denn, die Abteilung wünscht es ausdrücklich.«[13]

Der »Widerspruch«, auf den sich Gufler bezog und den Dean zugab, war der Kontrast zwischen der Haltung des Foreign Office gegenüber den russischen Gefangenen und der Politik, die es bisher verfolgt hatte. Als Eden zur Jalta-Konferenz auf der Krim eintraf, telegraphierte ihm das Foreign Office: »In bezug auf die Behandlung Kriegsgefangener herrschte bisher mit wenigen Ausnahmen das Prinzip, das sowohl von der deutschen Regierung als auch von der Regierung Seiner Majestät geachtet wurde, daß es die Uniform und nicht die Staatsangehörigkeit eines Gefangenen ist, die seine Behandlung bestimmt.« Dieses Prinzip war zu Englands Vorteil angerufen worden, als es darum ging, »Tschechen, Polen, Belgier und andere Nationalitäten zu beschützen, die britische Uniform tragen und nun der Befreiung entgegensehen.« Folglich empfahl das Foreign Office, dem beabsichtigten Abkommen einen Wortlaut zu geben, der festlegte, »alle Personen, die [britische oder amerikanische] Uniformen tragen . . . soweit es dieses Abkommen angeht, ungeachtet ihrer Staatsangehörigkeit als Angehörige dieser Streitkräfte zu betrachten.«[14] Etwa zur gleichen Zeit äußerte auch der Vertreter des Foreign Office, Walter Roberts, bei der Konferenz des Kriegsgefangenen-Direktoriums in London die gleiche Meinung.[15] Nach dieser Konferenz schlug Roberts vor, von Molotow

die Bestätigung einzuholen, »in dem schon erwähnten Abkommen alle Personen, die zur Zeit der Gefangennahme durch den Feind den Streitkräften eines der Vertragspartner angehörten, als Bürger oder Untertanen dieses Vertragspartners gelten zu lassen«.[16]
Es erübrigt sich zu erwähnen, daß Molotow für seine Ablehnung dieses Vorschlags gute Gründe hatte. Oberst Phillimore vom Kriegsministerium notierte: »Wir waren widerstrebend gezwungen, den Punkt über alliierte Staatsbürger, die britischen Streitkräften angehören, aufzugeben. Die sowjetischen Verhandlungspartner erklärten, daß dies zu einem sehr späten Zeitpunkt vorgebracht worden sei und sie zur Erwägung mehr Zeit benötigten.«[18]
Wenn es nach den Engländern gegangen wäre, hätte das Jalta-Abkommen genau die Bestimmung enthalten, deren Existenz Dean so mühsam leugnete. Dean scheint stillschweigend zugegeben zu haben, daß es bisher unverändert britische Praxis gewesen sei, »nicht hinter die Uniform zu blicken«. Er behauptete aber, daß die Russen unter eine besondere Kategorie fielen, da sie »die Uniform eines Landes getragen hatten, das mit ihrem eigenen Krieg führte«. Patrick Dean argumentierte, die gefangenen Russen seien in Wirklichkeit keine deutschen Soldaten, sondern lediglich gefangene russische Verräter. England war daher absolut berechtigt, sie an ihr Heimatland auszuliefern, und die Sowjets absolut berechtigt, ihren Verrat zu bestrafen. An diesem Argument ist viel Bestechliches. Läßt sich in Kriegszeiten wirklich erwarten, daß Männer, die eine Feinduniform getragen und gegen ihr Vaterland gekämpft haben, durch den Anspruch, Angehörige der feindlichen Streitkräfte zu sein, ihrer Strafe entgehen? Würde dies nicht einer Ermächtigung zum Verrat gleichkommen? Überdies ergäbe sich daraus der Widerspruch, jeden Staatsbürger, der seine Loyalität auf die Feindmacht überträgt und für diese Macht als *Zivilist* tätig ist, bei seiner Gefangennahme der Bestrafung als Verräter auszusetzen, ihn aber, wenn er noch weiter ginge und gegen sein Land sogar die Waffen erhöbe, durch die Genfer Konvention vor Strafe zu bewahren. Dies klingt allerdings unlogisch.
In der Praxis war es jedoch unwahrscheinlich, daß sich im Kriegsfall zwischen zwei normal regierten Staaten sehr viele entsprechende

Fälle ergeben würden. Laut Artikel 44 der Haager Konvention von 1899 und Artikel 23 der Konvention von 1907 ist es verboten, Angehörige einer feindlichen Macht zu zwingen, an militärischen Handlungen gegen ihr eigenes Land teilzunehmen. So bliebe nach der Konvention »erlaubter Verrat« nur auf Freiwillige beschränkt. Unter auch nur annähernd normalen, zivilisierten Bedingungen ist es unwahrscheinlich, daß große Gruppen von Staatsbürgern eines Landes dazu bewogen werden können, gegen ihre Landsleute zu kämpfen. Noch ist es wahrscheinlich, daß die Militärs sehr begeistert von einer umfangreichen Aufstellung bewaffneter und disziplinierter Angehöriger eines feindlichen Staates hinter den eigenen Linien wären. Allerdings ist dies genau das, was im vorliegenden Fall geschah, denn die Deutschen rekrutierten fast eine Million Russen für ihre Streitkräfte. Der Grund, warum es zu dieser Anomalie kam, war selbstverständlich, daß die Sowjetunion in keinem annehmbaren Sinne des Wortes als zivilisiert gelten konnte. Die Sowjetunion hatte sich geweigert, die Haager und Genfer Konventionen anzuerkennen. Dies führte zu dem ganz außergewöhnlichen Fall, daß die unerhörte Grausamkeit einer Regierung »Verräter« schuf. George Orwell hat über die deutsche Rekrutierung der Russen geschrieben: »Gesetzt den Fall, daß man Kriegsgefangene auf diese Weise nützlich anstellen und ihnen sogar Waffen anvertrauen kann, warum geschah es nur mit russischen Kriegsgefangenen und nicht mit Briten und Amerikanern?«[18]

Hier geht es jedoch um den rein juristischen Gesichtspunkt: Waren die Russen »deutsche« Kriegsgefangene? Patrick Deans Ansicht als Fachmann verneinte dies, und seine Auffassung wurde von der Regierung während der ganzen Repatriierungsunternehmungen als maßgeblich akzeptiert. Wir müssen jedoch diese Auffassung jetzt eingehender prüfen.

Artikel 79 der Genfer Konvention sieht vor, einer Zentrale den »Auftrag zu geben, alle Informationen über Kriegsgefangene zu sammeln ... und diese Information so schnell wie möglich an die Heimatländer *oder die Macht, in deren Diensten sie gestanden haben*, weiterzugeben (Kursiv des Verfassers). Hieraus wird deutlich, daß ein Kriegsgefangener nicht unbedingt ein Staatsangehöriger des

Landes sein muß, in dessen Heer er dient, und aus solchen Gründen ebenfalls kein Unterschied in seiner Behandlung gemacht werden darf. Implicite besagt der Wortlaut überdies, daß die Bestimmung der Staatsangehörigkeit beim Gefangenen und nicht bei der Gewahrsamsmacht liegt.

Die Haager und Genfer Konventionen sind in diesem Punkt leider nicht deutlich. Doch von der britischen Haltung in diesem uns vorliegenden Fall abgesehen, scheinen alle Signatarmächte von Anfang an akzeptiert zu haben, daß nicht hinter die Uniform gesehen werden durfte. Der Grund hierfür ist eindeutig: sobald sich eine kriegführende Macht das Recht anmaßt, einigen der feindlichen Soldaten in ihrem Gewahrsam besonders harte Behandlung zukommen zu lassen, wird es nicht lange dauern, bis vom Feind Vergeltungsmaßnahmen getroffen werden. Beide Seiten können sie steigern, was schließlich zur völligen Außerachtlassung der Konvention führen würde. Die britische Regierung war, wie wir schon gesehen haben, in der Tat besorgt, daß sich die Deutschen, sobald sie erfuhren, was geschah, an den britischen Kriegsgefangenen rächen würden.

Nur sieben Jahre nach der Unterzeichnung des Jalta-Abkommens waren Großbritannien und die Vereinigten Staaten mit einem ähnlichen Problem konfrontiert. Tausende der in Korea gefangengenommenen chinesischen Soldaten weigerten sich heimzukehren. Die britischen und amerikanischen Diplomaten argumentierten konsequent und schließlich auch mit Erfolg, daß es unmenschlich und mit dem Völkerrecht unvereinbar sei, diese Leute zur Rückkehr zu zwingen.[19]

Juristen haben die Argumente Deans im allgemeinen einmütig abgewiesen. Susan Elman zitiert in einer Begutachtung des Falles der chinesischen Malaien, die in Malaia als Angehörige der feindlichen indonesischen Streitkräfte gefangengenommen wurden, verschiedene Präzedenzfälle zum Beweis, daß die frühere Staatsangehörigkeit den Status eines Soldaten als Angehörigen des Heeres, in dem er dient, nicht beeinflußt und folglich auch nicht seinen Kriegsgefangenenstatus.[20] Andere Autoritäten haben ebenfalls befunden, daß Zwangsrepatriierung eindeutig im Widerspruch zum Geist des Völkerrechts und der Genfer Konvention steht.[21]

Ein amerikanischer Jurist zitierte zur Unterstützung der russischen Kriegsgefangenen im Jahre 1945 den bemerkenswerten Parallelfall von Charles Lee. Er kämpfte als britischer Offizier im amerikanischen Unabhängigkeitskrieg, lief zu den Amerikanern über und stieg zum Rang eines Generalmajors auf. Er wurde 1776 von den Engländern gefangengenommen und als Verräter zum Tode verurteilt. Doch General Washington intervenierte persönlich und erklärte, »Lees Status sei der eines Kriegsgefangenen, dem folglich auch alle Privilegien und der Schutz eines solchen zustünden«. Die Engländer gestanden dies zu, und er wurde begnadigt und ausgetauscht.[22]

Für viele wird es trotzdem schwierig sein, einzusehen, aus welchem Grunde die Russen, die in deutscher Uniform gegen ihr eigenes Land oder dessen Verbündete gekämpft hatten, bei ihrer Gefangennahme 1944–45 Anspruch auf den Status gewöhnlicher Kriegsgefangener erheben konnten. Das Foreign Office hatte jedoch von Beginn des Krieges an darauf bestanden, den Ausländern in britischen Diensten diesen Schutz zu gewähren. Viele Franzosen kämpften in britischer Uniform gegen die legal konstituierte Regierung ihres eigenen Landes. Der Einwand, daß die Vichy-Regierung diktatorisch war und den eigenen Landesinteressen zuwider handelte, hieße nur die Parallele noch enger zu ziehen. Die Deutschen fochten den britischen Anspruch nie an, solche Personen im Fall ihrer Gefangennahme als britische Kriegsgefangene zu behandeln.

Die Schwäche der von Dean vorgebrachten Argumente läßt sich vielleicht am besten anhand der Darstellung eines analogen Sachverhalts veranschaulichen. 1944 genehmigte das britische Kriegskabinett die Aufstellung einer rein jüdischen Einheit, der Jüdischen Brigade. Diese Brigade kam gegen Ende der italienischen Offensive von März bis Mai 1945 zum Einsatz.[23] Nehmen wir an, daß Juden deutscher Abstammung und ehemaliger deutscher Staatsangehörigkeit damals in die Hände des Feindes geraten und mißhandelt worden wären. Das Foreign Office hatte bis dato mit Erfolg darauf bestanden, daß jüdische Kriegsgefangene genau wie andere Commonwealth-Gefangene zu behandeln seien.[24] Wenn die deutsche Regierung den Juden deutscher Staatsangehörigkeit den Schutz der

Genfer Konvention nicht gewährt hätte, hätte Patrick Dean dies auch als gerechtfertigt angesehen, mit der Begründung, daß die deutschen Behörden »behaupten könnten, wir schützten potentielle Verräter vor den Strafen, die ihnen nach den Landesgesetzen zustehen«?

In Wirklichkeit scheinen die Argumente des Foreign Office nicht die wahre Rechtfertigung der Politik gewesen zu sein. Die Weigerung, den gefangenen Russen den Schutz der Genfer Konvention zukommen zu lassen, stand im Widerspruch zur vorherigen und späteren britischen Auslegung. Sie war auch für die deutsche[25] und die amerikanische[26] Regierung unakzeptabel. Wie John Galsworthy gestand, »beruht unsere Auslegung auf Zweckmäßigkeit«. Deans Argument, daß die Russen Verräter und als solche von der Konvention ausgeschlossen seien, war offenbar nur für den abteilungsinternen Gebrauch gedacht und wurde weder der amerikanischen noch der deutschen Regierung mitgeteilt. Im Gegenteil, das Foreign Office gab sich größte Mühe, zu verhindern, daß die betroffenen Parteien von seiner neuartigen Auslegung der Genfer Konvention erfuhren, da es selbst offenbar auch kein großes Vertrauen in sie setzte.

Die britischen Soldaten auf dem Posten nahmen weiterhin in aller Unschuld die Übergabe der Wlassow-Einheiten nach den Regeln der Konvention an. Als sich der deutsche Südwest-Befehlshaber, General von Vietinghoff, am 2. Mai 1945 Feldmarschall Alexander ergab, schloß der Wortlaut der Übergabedingungen »Wlassow- und andere militärische und paramilitärische Streitkräfte und Organisationen . . .« ein. Die Übergabe selbst wurde als »Kapitulation« nach den »Haager Regeln« bezeichnet.[27] Die Streitkräfte, auf die hierbei Bezug genommen wurde, schlossen Domanows Kosaken, Gireis Kaukasier und die Turkmenen-Division ein.

Es trifft jedoch zu, daß nach der endgültigen Kapitulation Deutschlands einige Tage später die »Alliierten argumentierten, daß zwar die vor der Kapitulation gefangengenommenen Feindtruppen weiter ihren legalen Status als Kriegsgefangene behalten sollten, jedoch die Streitkräfte, die sich zu der Zeit noch im Feld oder in ihren Heimatgarnisonen befanden, einer Sonderkategorie ›als kapitulierendes

Feindpersonal‹ zuzurechnen seien und als solche keinen Rechtsanspruch auf die in der Genfer Konvention vorgesehenen Bedingungen und Behandlung als Kriegsgefangene hätten«.[28] Daher wurde dem 15. Kosaken-Kavallerie-Korps, das dem deutschen Südwest-Kommando unterstanden hatte (auf Weisung von General McCreery), die Kapitulationsbedingungen nach der Genfer Konvention verweigert.

Das bedeutete an sich noch nichts Schlimmes. Oberst Draper, eine internationale Autorität in Fragen der Rechtslage Kriegsgefangener, führt aus: »Der Grund war einfach. Wir hatten nicht die Mittel, eine so überwältigende Anzahl Kriegsgefangener in Lagern zu ernähren und zu bewachen, und wollten nicht an die beschwerlichen Bedingungen der Genfer Konvention gebunden sein . . .«[29] Es ist allerdings fraglich, ob solch eine Handlungsweise überhaupt Gültigkeit besaß, da Artikel 96 der Konvention vorsieht, daß ein Staat, der die Absicht hat, aus der Konvention auszutreten, eine einjährige Kündigungsfrist einhalten muß. Wie jedoch Professor Draper erklärt, war der Zweck lediglich für die Umgehung der unmöglichen Verantwortung für die Unterbringung und Ernährung des gesamten besiegten deutschen Heeres in dem relativ großzügigen Umfang, den die Konvention vorsieht, zu suchen. Die Absicht war jedoch nicht, die humanitären Bestimmungen der Konvention, die für die Soldaten weiterhin als Leitfaden galten, aufzukündigen.

Den Soldaten an Ort und Stelle stellte sich die Frage, ob das gebotene Niveau der Menschlichkeit einer Neubewertung unterzogen werden sollte, überhaupt nicht. Feldmarschall Lord Harding, der die Frage häufig mit Alexander diskutierte, hat dem Verfasser gegenüber eindeutig erklärt: »Wenn es um die Behandlung Kriegsgefangener geht, betrachte ich die Genfer Konvention als Leitfaden.« Als sich die Kosaken-Einheiten in Österreich ergaben, wandten auch die britischen Offiziere die Bedingungen der Genfer Konvention für die Behandlung der kapitulierenden feindlichen Einheiten an.

Oberst Sir Geoffrey Shakerley war damals Major des *Rifle Corps*. Anfang Mai erhielt er den Befehl, nördlich von Grafenstein in Österreich eine SS-Einheit zur Übergabe zu bewegen. Er erklärt heute: »Ich bin sicher, daß meine Befehle dahin gingen, die Übergabebedingungen nach den Genfer Konventionen festzulegen und auch zu betonen, daß die Übergabe an die britische Armee erfolge. Der Adjutant der deutschen Einheit erwähnte diese Kapitulationsbedingungen während unseres Gesprächs mindestens zweimal.« Nach einer Besprechung mit seinem Kommandeur kam der Adjutant »zurück und fragte, ob sich gleichzeitig auch einige Kosaken, die sich bei ihnen befanden, unter den gleichen Bedingungen ergeben könnten; es seien ungefähr hundert. Ich bejahte. Wir vereinbarten die Einzelheiten, und sie ergaben sich uns am folgenden Morgen.« Diese Kosaken wurden mit anderen, die zur 1. Kavallerie-Division gehörten, in das Lager in Weitensfeld gebracht und später an die Sowjets ausgeliefert. Major Shakerley, der später davon erfuhr, war tief beunruhigt »in Anbetracht meines in gutem Glauben gegebenen Versprechens über ihre Übergabebedingungen«. Die Geschichte hatte ein trauriges Ende, aber sie beweist, daß sich zumindest für die britische Armee an dem, was Feldmarschall Harding »Kriegsetikette« nennt, durch die Sonderkategorie »kapitulierendes Feindpersonal« nichts geändert hatte, sondern daß diese Sonderregelung lediglich aus Verwaltungsgründen eingeführt worden war.

Als Patrick Dean erklärte, die in britische Hände fallenden Russen hätten keinen Anspruch auf den Schutz der Genfer Konvention, übersah er außerdem, daß ihr Status als Kriegsgefangene – und folglich auch ihre völkerrechtliche Position – von den verantwortlichen britischen Behörden von Anfang an akzeptiert worden war. Drei Tage nach der Landung in der Normandie schrieb Oberst Phillimore vom Kriegsministerium, »daß diese Leute, trotz ihrer russischen Staatsangehörigkeit vorderhand als deutsche Kriegsgefangene behandelt werden. Das Foreign Office stimmt überein . . .«[31] Und sollten noch irgendwelche Unklarheiten bestehen, sei darauf verwiesen, daß der Gemeinsame Stab der Alliierten am 9. August 1944 Eisenhower mitteilte: »Alle alliierten Staatsbürger, die als Angehörige einer paramilitärischen deutschen Einheit gefangengenommen werden . . . sind vorderhand in jeglicher Beziehung im Einklang mit der Kriegsgefangenen-Konvention zu behandeln.«[32]

Es wurde sehr bald klar, daß dies eine ernstliche Komplikation schuf: »Wenn wir sie als Kriegsgefangene behandeln, müssen sie nach dem Völkerrecht als solche registriert werden und ihre Namen der Schutzmacht (d.h. der Schweiz) mitgeteilt werden.«[33] Der Stellvertretende Generaladjutant Lord Bridgman wies auf die möglichen unangenehmen Folgen hin.[34] Die Schutzmacht war verpflichtet, die Interessen der Gefangenen so zu vertreten, wie in der Konvention festgelegt, und es war unschwer zu erkennen, wohin dies führen würde. Daher wurden die Rechte der Gefangenen sowohl vor ihnen selber als auch vor der Schutzmacht sorgfältig verborgen. In keinem bekannten Fall hielt man sich zum Beispiel an Artikel 84 der Genfer Konvention: »Der Wortlaut dieser Konvention . . . soll, wenn irgend möglich, in der Landessprache der Gefangenen so angeschlagen werden, daß er allen Gefangenen zugänglich ist.« Wenn man sich wiederum an Artikel 26 gehalten hätte, wäre die »Anwendung von Täuschungsmanövern« wie im Falle der Kosaken und anderer verhindert worden: »Im Falle einer Verlegung muß den Gefangenen über ihren Zielort vorher offiziell Mitteilung gemacht werden . . .« Wenn der Wortlaut der Konvention, laut Artikel 84, in den Lagern angeschlagen worden wäre, hätten die Gefangenen erfahren, daß sie Anspruch darauf hatten, Beschwerden an die Schutzmacht zu richten (Artikel 42). Der Gebrauch, den ein intelligenter Gefangener von diesem Recht machen konnte, läßt sich leicht vorstellen, und dies macht die Sorgen Bridgmans und seiner Kollegen begreiflich.

Die Gefahr drohte nicht allein von seiten der Gefangenen. Sie waren in einem Land aufgewachsen, das nichts von der Genfer Konvention wußte, und konnten daher nicht ahnen, welche Rechte die Westeuropäer – sowie auch ihr Heimatland vor Oktober 1917 – Gefangenen zugestanden hatten. Die Schweiz als Schutzmacht konnte sich überdies sehr wohl für ihre Behandlung interessieren. England war die Gewahrsamsmacht und für gute Behandlung verantwortlich. Es wurde daher beschlossen, das Geschehen vor Deutschland und der Schweiz geheimzuhalten.

Im Dezember 1944 erkundigte sich die deutsche Regierung über die Schweiz nach der Behandlung der in deutschen Kriegsdiensten gefangengenommenen Russen. Am 27. Januar 1945 schrieb Major W.L. James vom Kriegsministerium an Patrick Dean: »Wir stimmen mit Ihnen überein, daß es bei der Beantwortung dieser Nachfrage wichtig ist, jede Erklärung zu vermeiden, die den Deutschen ermöglicht zu sagen, wir ließen die normale Regel außer acht, demnach ein Gefangener, ungeachtet seiner Staatsbürgerschaft, nach der Uniform behandelt wird, die er bei seiner Gefangennahme trug.« Einen Tag nach der Unterzeichnung des Jalta-Abkommens wurde demgemäß eine ausweichende Antwort an die Schweiz geleitet.[36]

Kaum war diese Gefahr gebannt, zog bereits eine neue auf. Das Komitee des Internationalen Roten Kreuzes war verpflichtet, einer kriegführenden Macht die Schaffung einer Zentrale vorzuschlagen, die für Übermittlung von Nachrichten über die Gefangenen sorgen konnte (Artikel 79).

Am 2. Januar 1945 schrieb M. Haccius von der Londoner Vertretung des Roten Kreuzes an das Foreign Office. Er teilte mit, daß er von seinem Genfer Hauptbüro einen Zeitungsausschnitt erhalten habe, der sich auf die Anwesenheit russischer Kriegsgefangener in England bezog, und fuhr fort: »In seinem Begleitschreiben hat unser Genfer Büro gebeten, ihm über den Status der russischen Kriegsgefangenen in England zu berichten und auch, ob ihnen der Schutz der Genfer Konvention zuteil werde. Ich wäre Ihnen dankbar, wenn Sie mir für meine diesbezügliche Antwort Unterlagen geben könnten.«

Dean bemerkte, »eine vorsichtige Antwort sei geboten«, und entwarf einen unverbindlichen Brief. Oberst Phillimore reagierte jedoch im Kriegsministerium mit größter Besorgnis: »In Anbetracht der Note vom 4. Dezember, die wir von der Schweizer Gesandtschaft erhalten haben ... zum Thema unserer nicht-deutschen Kriegsgefangenen, halten wir diese Anfrage für gefährlich. Wir schlagen vor, dem Komitee des Internationalen Roten Kreuzes die Antwort fürs erste schuldig zu bleiben.«

So blieben die Dinge bis zur letzten Kriegswoche liegen, ehe sie John Galsworthy (für Geoffrey Wilson) wiederum mit Phillimore aufnahm.

»Der Brief von Haccius ist nun seit fast vier Monaten unbeantwortet geblieben, und es stellt sich die Frage, ob Sie noch immer Einwände haben, wenn wir ihn im Sinne des beigefügten Briefentwurfes beantworten. Dieser ist, wie Sie sehen werden, sehr vage gehalten und gibt keine spezifische Antwort auf die vom Internationalen Roten Kreuz gestellten Fragen, was jedoch, wie Sie verstehen werden, nicht unbeabsichtigt ist.«

Die Zeit der Gefahr war nun vorüber, und Phillimore gab seine Einwilligung. »Angesichts der bedingungslosen Kapitulation der deutschen Streitkräfte bestehen in dieser Sache nun sicher keine Rückwirkungsgefahren mehr.«

Der Weg war frei, und Geoffrey Wilson schickte Monsieur Haccius eine kurze Antwort. Er entschuldigte sich zunächst für die Verzögerung und stellte dann, entgegen allen Beweisen, fest: »Alle Sowjetbürger, die in deutscher Uniform in unsere Hände fielen, haben eindeutig erklärt, gegen ihren Willen in die deutsche Wehrmacht eingezogen worden zu sein, und werden folglich als befreite Sowjetbürger behandelt . . .«[37]

Schließlich scheinen sogar dem Foreign Office gewisse Zweifel an der Legalität seiner Maßnahmen gekommen zu sein. Es hatte, mit Ausnahme der russischen Wehrmachtsangehörigen, stets die Auffassung vertreten, »daß vom völkerrechtlichen Standpunkt der Status solcher Personen nicht von ihrer Staatsangehörigkeit, sondern von ihrer Zugehörigkeit zu den . . . Streitkräften abhängt«.[38] Überdies gab es privat zu, daß »dieser Aspekt des Jalta-Abkommens . . . natürlich im Widerspruch zu unserer traditionellen Haltung gegenüber politischen Flüchtlingen steht . . .«[39] Schließlich machte John Galsworthy am 23. Juli 1945 die gelassene Aktennotiz: »Einige in deutscher Uniform gefangene Russen (zum Unterschied von sowjetischen Verschleppten und Kriegsgefangenen) . . . beanspruchen, als deutsche Kriegsgefangene betrachtet und nach der Genfer Konvention behandelt zu werden. Die britischen Behörden haben nun dieser Unterscheidung stattgegeben«.[40]

Wir haben diese rein juristischen Aspekte der Zwangsrepatriierung zum Teil ihres objektiven Interesses wegen geprüft. Für die Briten lag die Ungerechtigkeit auf der Hand, Verrätern unter dem Schutz der Genfer Konvention zu ermöglichen, ihrer Strafe zu entrinnen. Für die Amerikaner wogen derartige Erwägungen das Risiko nicht auf, gegen internationale Abkommen zu verstoßen, die dazu beigetragen hatten, die schlimmsten Schrecken der modernen Kriegführung zu mildern. Im allgemeinen respektierten auch die Deutschen diesen Aspekt der Konvention. Daß sie es taten, war für viele Tschechen, Polen, Norweger und anderen Europäer in britischer Uniform ein Segen.

Die einfache Wahrheit ist jedoch, daß das Foreign Office von wichtigen nationalpolitischen Erwägungen beeinflußt war und die Frage der Genfer Konvention im Vergleich dazu nur ein Randproblem darstellte.

Was waren also die eigentlichen Erwägungen, die England dazu führten, seine völkerrechtlichen Verpflichtungen in diesem Ausmaß außer acht zu lassen? Anthony Edens Gründe sind in Kapitel 2 dargelegt worden, und da seither niemand einen anderen wichtigen Faktor erwähnt hat, mögen seine Argumente als repräsentativ gelten.

Der vielleicht überzeugendste Gesichtspunkt galt den britischen und Commonwealth-Kriegsgefangenen, die von der Roten Armee in Osteuropa befreit worden waren. In Jalta schätzte Eden, daß sich ihre Zahl auf ungefähr 50983 belief[41], obwohl die tatsächliche Zahl nur weniger als die Hälfte betrug. Der sowjetische General Golikow gab am 1. September 1945 bekannt, die sowjetischen Repatriierungsbehörden hätten 23744 befreite britische Kriegsgefangene heimgeschickt.[42] Hierbei ging es jedoch nicht so sehr um die Zahlen, sondern um das Prinzip. Inzwischen hat Lord Avon (früher Anthony Eden) geschrieben: »Meine vordringliche Sorge galt der Rückkehr unserer Kriegsgefangenen aus Ostpreußen und Polen, und ich war nicht bereit, etwas zu unternehmen, was dies in Frage gestellt hätte.« Die sichere und rasche Repatriierung dieser Männer war allerdings von größter Wichtigkeit. Doch was hatte Eden befürchtet?

Er hat sich trotz häufiger Anfragen immer geweigert, den oben zitierten Gesichtspunkt weiter zu erläutern. Es ist jedoch kürzlich von anderen behauptet worden, daß Stalin gedroht habe, »die britischen und amerikanischen Kriegsgefangenen als Geiseln zu behalten«, falls die Briten ihm nicht sämtliche Russen in ihrem Gewahrsam ausliefern würden.[43] Dies klingt auf den ersten Blick überzeugend. Dr. John Guy, Historiker an der Universität Cambridge, hat darauf hingewiesen, daß in den britischen Kriegsarchiven kein Beweismaterial aufzufinden ist, das auf britische Furcht vor solchen Repressalien schließen ließe, noch daß die Sowjets sie im Sinn gehabt hätten.[44] Doch gibt es von den Dokumenten des Foreign Office unabhängiges Beweismaterial darüber, daß die Sowjets zu irgendeiner Zeit in Betracht zogen, befreite alliierte Kriegsgefangene als Geiseln für die Auslieferung ihrer eigenen im Westen befreiten Staatsbürger zurückzuhalten? Es trifft in der Tat zu, daß die Repatriierung der in Polen und Preußen befreiten alliierten Kriegsgefangenen Verzögerungen unterlag, während unterdessen die Sowjets laute Ansprüche auf die Auslieferung ihrer angeblich vom Westen zurückgehaltenen Staatsbürger stellten.

Am 6. April wurde das Kriegsgefangenenlager Stalag IIIa in Lukkenwalde, südlich von Berlin, von der Roten Armee befreit. Trotz der Nähe der amerikanischen 9. Armee in Magdeburg erlaubte die Rote Armee den britischen und amerikanischen Kriegsgefangenen nicht, sich selbständig auf den Weg nach Westen zu machen, obwohl sich die Amerikaner um ihre Entlassung bemühten. Einmal erschienen 20 amerikanische Lastwagen, um die alliierten Gefangenen abzuholen. Dies wurde von den sowjetischen Wachen vereitelt, die sogar soweit gingen, über die Lastwagen hinweg zu schießen. Die Gefangenen machten sich immer größere Sorgen, zumal als der örtliche Befehlshaber der Roten Armee von der Möglichkeit ihrer Rückkehr über Odessa sprach. Als sie überdies eine russische Sendung in ihren Lagerradios hörten, in der behauptet wurde, daß die Alliierten ungerechtfertigt versuchten, 800 in der Normandie gefangengenommene Russen zurückzubehalten, kamen viele zu dem Schluß, daß man sie in der Tat als Geiseln behielt. Für viele wurde diese Ansicht auch noch bestätigt, als man sie schließlich an die Amerikaner auslieferte. Einen Monat, nachdem der erste sowjetische Panzerwagen unter dem begeisterten Begrüßungsjubel der Gefangenen die Lagerstraße von Stalag IIIa entlanggefahren kam, wurden sie zu einem Brückenkopf an der Elbe gebracht, wo »wir nacheinander gegen Russen ausgetauscht wurden, die von den alliierten Streitkräften aus deutscher Gefangenschaft befreit worden waren.«[45]

Obwohl sich dies wie ein perfektes Beispiel der Erpressung anhört, die man heute behauptet befürchtet zu haben, war dies jedoch nicht der Fall. Kurz vor der Entlassung der Gefangenen notierte das SHAEF ihre Anwesenheit in Luckenwalde sowie auch die Maßnahmen, die die Rote Armee für ihre Versorgung getroffen hatte. In Wirklichkeit war der Grund der Verzögerung rein administrativ, da sich die Alliierten mitten in Verhandlungen über den Austausch der Gefangenen auf dem Landweg befanden.[47] Ein weiterer Umstand kam hinzu, der die Entlassung der alliierten Gefangenen verzögerte: »Es ist deutlich, daß sich die Sowjets auch Sorgen machten, welche Geschichten die entlassenen Gefangenen über das Benehmen der Roten Armee in den Westen tragen würden.«[47a] Was die 800 einbehaltenen Russen angeht, die in der sowjetischen Sendung erwähnt wurden, so handelte es sich hier um eine Gruppe, die angeblich von den Amerikanern von England in die Vereinigten Staaten transportiert worden war.[48] Dies stellte sich als Irrtum heraus. Überdies können die 800 sich nicht unter den an der Elbe ausgetauschten Gefangenen befunden haben, da sie über Liverpool auf dem Seeweg zurückgeschickt wurden.[49]

Es gab jedoch zwei Fälle, in denen wichtige Sowjetbeamte tatsächlich mit Erpressung drohten. General Ratow, der unangenehme Chef der sowjetischen Repatriierungskommission in England, hatte gegenüber Brigadegeneral Firebrace Gefangene beansprucht, die die Briten nicht als Sowjetbürger ansahen (umstrittene Personen): »Nach dem Mittagessen im Lager versuchte er, die Frage wieder anzuschneiden, und erklärte, wenn wir uns so verhielten, müßten sie 50 entlassene britische Kriegsgefangene in Odessa zurückbehalten. Er fügte hinzu: ›Und wie würde Ihnen das gefallen?‹ Ich erklärte ihm, daß ich über seine Bemerkung an höherer Stelle Bericht erstatten würde. Das machte ihn vorsichtig, und er erwähnte die Sache nicht wieder.« Für den Rest des Tages blieb Ratow kleinlaut.[50]

Im August war Ratow nach Norwegen übersiedelt, um dort die Repatriierung der Russen zu beaufsichtigen. Einmal beanspruchte er hartnäckig eine große Gruppe umstrittener Personen, die nach britischer Ansicht Polen waren. Während einer Konferenz in Trondheim teilte er Brigadegeneral H.G. Smith ärgerlich mit, »daß sich eine halbe Million britisches Personal (entlassene Kriegsgefangene) in russischen Händen befinde, von denen keiner unter fadenscheinigen Vorwänden einbehalten werde. Seiner Meinung nach hätte man sie als Tauschobjekte zurückbehalten sollen, dann hätte die Haltung der britischen Behörden gegenüber den Sowjetbürgern anders ausgesehen«.[51]

Diese zwei Ausbrüche Ratows sind sehr bezeichnend. Nach seiner Drohung an Firebrace war er offensichtlich äußerst besorgt gewesen, daß die Londoner Botschaft oder Moskau erfahren könnten, wie weit er seine Weisungen übertreten hatte. Eine schroffe Verwarnung von Firebrace hatte den erstaunlichen Erfolg, Ratow völlig zum Schweigen zu bringen. Seine ähnliche Beschwerde an Brigadegeneral Smith entsprang offenbar auch einer plötzlichen persönlichen Eingebung. Er hatte die Zahl der britischen Gefangenen zwanzigfach multipliziert und, noch bezeichnender, angedeutet, daß sein Befürworten eines harten Tauschhandels nicht im Sinne seiner Regierung war. Darüber hinaus beweist das erste der angeführten Beispiele, daß Edens angeblich größte Befürchtung sich zwar bewahrheitet hatte, jedoch ohne unangenehme Folgen. Firebrace hatte sich geweigert, Gefangene auszuliefern, die Ratow und seine Regierung als Sowjetbürger ansahen; Ratow drohte Repressalien an, mußte jedoch klein beigeben, als man ihm mit Härte begegnete.

Man kann berechtigt annehmen, daß die Möglichkeit der Einbehaltung britischer Geiseln bei Ratows Beratungen mit seinen Vorgesetzten, falls sie je in Betracht gezogen worden war, sogleich verworfen wurde. Es ist auch nicht wahrscheinlich, daß Stalin die Konfrontation in Erwägung gezogen hat, die Edens heutige Apologeten zur Verteidigung vorbringen. Einer von Stalins wichtigsten Beweggründen, die Rückkehr aller seiner flüchtigen Untertanen zu fordern, war die Sorge, welche Schlußfolgerungen der Westen aus einer weitverbreiteten Weigerung der Heimkehrer gezogen hätte. Die

westliche Öffentlichkeit durch die vorsätzliche Einbehaltung der entlassenen Gefangenen vor den Kopf zu stoßen und zugleich offen zu bekennen, daß dies geschehe, um die Auslieferung Hunderttausender einfacher Russen zu erzwingen, die den Selbstmord der Heimkehr vorzogen, erscheint als Maßnahme Stalins wenig glaubhaft. Schließlich akzeptierte er nach einigen Routineprotesten das Fernbleiben über einer Million umstrittener Personen und entkommener Sowjetbürger, ohne zu stürmischen Gegenmaßnahmen zu greifen.
Es ist in diesem Zusammenhang auch bemerkenswert, daß die sowjetischen Vertreter es aus eindeutigen Gründen sorgfältig vermieden, je öffentlich oder schriftlich zuzugeben, von England und Amerika die gewaltsame Repatriierung der Widerstrebenden zu fordern. Bei einer der seltenen Gelegenheiten, zu der ein Sowjetgeneral in Italien Gewaltanwendung forderte, wurde er von den Engländern gebeten, diese Forderung schriftlich einzureichen. »Generalmajor Suslaparow lehnte ab.«[52] Die Sowjets bemühten sich sehr, die westliche Öffentlichkeit nichts über die Existenz einer derartigen Vereinbarung oder gar deren Notwendigkeit wissen zu lassen. Ein Franzose, der zuviel gesehen hatte, wurde nach Sibirien entführt[53], und die sowjetischen Begleitoffiziere zeigten große Nervosität, wenn ihre Schützlinge in das Blickfeld der britischen Bevölkerung gerieten.[54] Das Foreign Office war sich der sowjetischen Angst vor Aufsehen sehr wohl bewußt, machte sich aber dieses Wissen nicht zunutze.
Die erst dreißig Jahre nach den Ereignissen aufgestellte Behauptung des Foreign Office, daß die Gefahr bestand, Stalin hätte die befreiten britischen Kriegsgefangenen als Geiseln behalten können, muß ohnehin gegen die weitaus größere Gefahr abgewogen werden, die durch die Politik der Zwangsrepatriierung heraufbeschworen wurde, daß nämlich Hitler die Mißhandlung deutscher Kriegsgefangener in Rußland als Vorwand hätte dienen können, zur Vergeltung britische Gefangene (die 1945 der Kontrolle des grausamen SS-Generals Berger unterstanden) niederzumachen. Es ist bekannt, daß er nach einem derartigen Vorwand suchte[56], und hier spielte das Foreign Office mit den gleichen britischen Menschenleben, um die es

so besorgt war – eine Gefahr, die auch damals erkannt wurde. Konnte das Foreign Office die Repatriierung aller oder einiger Widerwilliger verweigern? Da es den Versuch nie in Betracht zog, lassen sich hierüber nur Mußmaßungen anstellen. Es besteht jedoch genügend Beweismaterial, um die vermutliche Richtung solch einer alternativen Politik zu skizzieren. Es ist in diesem Buch gezeigt worden, daß die Amerikaner, die mit dem gleichen Problem konfrontiert waren, völlig anders reagierten. Lange nachdem das Foreign Office im Oktober 1944 die sowjetischen Forderungen angenommen hatte, sträubten sich die Vereinigten Staaten noch immer gegen die Zwangsrepatriierung. Und noch länger hielten sie sich an die Bestimmungen der Genfer Konvention. Nach dem ersten blutigen Zwischenfall in Kempten stellten sie die Gewaltanwendung zeitweilig wieder ein, und als sie im Januar 1946 wieder eingeführt wurde, traf sie nur auf gewisse, begrenzte Kategorien zu. Offiziell zogen die Vereinigten Staaten nie Gewaltanwendung gegen Zivilisten oder gar Frauen und Kinder in Betracht. Die Idee, Weiße russische Emigranten zu täuschen oder zur Rückkehr zu zwingen, hielten sie für empörend. Soweit bekannt, versuchten die Sowjets jedoch nie, sich dafür an den befreiten amerikanischen Kriegsgefangenen in ihren Händen zu rächen. Kein einziger amerikanischer Soldat mußte als Folge der Politik seiner Regierung fünf Minuten länger auf seine Repatriierung aus Odessa oder Torgau warten.

Alle Indizien weisen daher darauf hin, daß eine festere Haltung bei den Verhandlungen von 1944 und 1945 sehr wahrscheinlich Erfolg gehabt hätte. Es läßt sich darüber diskutieren, welche Alternativen damals offenstanden. Man hätte zum Beispiel darauf dringen können, die Austauschabkommen von Jalta nur auf die gegenseitige Auslieferung der befreiten Kriegsgefangenen zu beschränken und somit die zahllosen russischen Zivilisten, die von den Alliierten aufgefunden wurden, auszuschließen.[57] Man hätte weitere Repatriierungstransporte einstellen können, sobald die ersten Berichte über die Greueltaten in Odessa eintrafen. Die Gewaltanwendung hätte von Anfang an nur auf gewisse Kategorien Gefangener beschränkt sein können, so wie es schließlich (ohne nachteilige Wirkung) in der McNarney-Clark-Direktive festgelegt wurde. Das Foreign Office

hätte sich auch durchaus weigern können, Unternehmungen anzuordnen, die Brutalität gegen Frauen und Kinder zur Folge hatten. Es gab gewiß andere Möglichkeiten, als den sowjetischen Forderungen voll und ganz stattzugeben.
Zufällig ergab sich etwa zur gleichen Zeit eine ähnliche Situation auch in Ungarn. Es wurde entdeckt, daß die beiden nazifreundlichen Staatssekretäre Baky und Endre ungarische Juden in deutsche Konzentrationslager geschickt hatten. Als der Reichsverweser Admiral Horthy davon und vom grausamen Schicksal dieser Deportierten erfuhr, befahl er außer sich vor Zorn die sofortige Einstellung der Transporte und entließ die beiden Staatssekretäre, die er als »widerliche Sadisten« bezeichnete. Mit seiner Weigerung, dieses Opfer zuzulassen, nahm er ein großes Risiko auf sich, denn die mächtigen Heere des ungarischen Verbündeten standen an den Grenzen und waren durchaus in der Lage, die Regierung entweder direkt zu stürzen, oder einen Putsch der faschistischen Pfeilkreuzler zu unterstützen.[58]
Auf Einwände dieser Art hätten die Beamten des Foreign Office zweifellos geantwortet, daß jedes Zeichen britischer Festigkeit das äußerst wichtige Jalta-Abkommen in Frage stellen konnte. Doch worin lag der Wert dieses Abkommens? Es bleibt eine Tatsache, daß die Sowjets es von Anfang an als »nur ein weiteres Stück Papier« ansahen und fast jede darin enthaltene Bestimmung ignorierten. Im Juli 1945 stellte das Foreign Office ein umfangreiches Dossier zusammen, in dem die sowjetische Nichteinhaltung fast sämtlicher vereinbarter Maßnahmen aufgeführt wurde. Sie reichte vom »Mangel an Hilfestellung für britische Verbindungsoffiziere« bis zur »Mißhandlung« britischer Gefangener. In dem Bericht hieß es zusammenfassend: »Die Sowjetbehörden haben völlig verfehlt, verschiedene der wichtigsten Vereinbarungen des Jalta-Abkommens in die Tat umzusetzen.«[59] Die Amerikaner führten ähnliche Beschwerden, wobei General Deane unumwunden erklärte, daß »gegen jede Vereinbarung über die Behandlung der von der Roten Armee befreiten amerikanischen Kriegsgefangenen verstoßen wurde . . .«[60]
Es ist möglich, daß das Foreign Office mit einer festeren Haltung

größere Unbequemlichkeiten oder Unannehmlichkeiten für die befreiten britischen Kriegsgefangenen riskiert hätte. Es läßt sich jedoch ebensogut argumentieren, daß die britischen Kriegsgefangenen, die sich noch in deutscher Hand befanden, infolge der Repatriierungspolitik der weitaus bedrohlicheren Gefahr der Repressalien seitens der SS ausgesetzt waren. Der Umstand, daß die Engländer frühere Wehrmachtsangehörige nach Rußland schickten, die dort gefoltert und ermordet wurden, hätte Deutschland noch in letzter Minute zum Vorwand für Greueltaten dienen können. Dies geschah zwar nicht, doch konnte das Foreign Office nicht vorher wissen, daß Deutschland sich so zurückhaltend verhalten würde. In keinem Parallelfall war solch ein Risiko eingegangen worden.[61]
Die baldige Repatriierung der britischen Gefangenen galt als wichtigste Rechtfertigung für die vom Foreign Office fast drei Jahre lang unerschütterlich befürwortete Politik, und doch bestand diese Rechtfertigung nur während der ersten Monate der Zwangsrepatriierung. Bereits am 20. Juni 1945 konnte Walter Roberts aus dem Foreign Office berichten, daß nicht nur »kein Fall der Repressalien gegen unsere Kriegsgefangenen oder ihre Frauen bekannt war«, sondern auch solch eine Gefahr kaum noch bestand, da die überwiegende Mehrzahl bereits zurückgekehrt sei.[62] Im August ergab sich mit dem sowjetischen Eintritt in den Krieg mit Japan kurz vor Toresschluß zeitweilig ein neuer Gesichtspunkt. Einige britische und amerikanische Kriegsgefangene wurden von der Roten Armee in der Mandschurei befreit, und die westlichen Alliierten erhielten die sowjetische Zustimmung, das Jalta-Abkommen auch auf die im Fernen Osten befreiten Kriegsgefangenen auszudehnen.[63] Doch Anfang September 1945 wurde im Kriegsministerium vermerkt, »daß unser Interesse, den sowjetischen Forderungen nachzukommen, jetzt sehr viel schwächer ist als früher. Diese Verhandlungen begannen, als wir noch beabsichtigten, eine große Anzahl früherer Kriegsgefangener in russischer Hand zurückzubekommen, während jetzt nur noch wenige übrig sind. Dies schafft einen sehr triftigen Grund aus der Welt, der der Weigerung, diese unglücklichen Menschen an die Russen auszuliefern, entgegenstand.«[64] Daher verhärtete sich auch, wie wir gesehen haben, die Auffassung der bri-

tischen und amerikanischen Militärs gegen die Fortführung einer Politik, die von Anfang an unmenschlich und nun auch überflüssig war.

Doch gerade von diesem Zeitpunkt an verdoppelten die Beamten des Foreign Office ihre Anstrengungen, auch nicht einen Russen entkommen zu lassen. Gewiß, die Mehrzahl derer, die der Repatriierung unterlagen, war bereits ausgeliefert worden. Die Jagd auf kleine Gruppen verängstigter Männer, Frauen und Kinder – gelegentlich selbst auf Einzelpersonen – schien nun auf das Niveau persönlicher Rachsucht gesunken zu sein. Das ist bereits in den Kapiteln 14 und 15 geschildert worden und bedarf keiner Wiederholung. Über ein Jahr lang wurden die größten Anstrengungen unternommen, die Amerikaner zur Aufgabe ihres christlicheren Standpunktes zu bewegen. Es scheint in der Tat, daß die – widerstrebenden – amerikanischen Zugeständnisse weitgehend auf britischen Druck zurückzuführen sind.

Das Foreign Office war sich über das Schicksal, das die russischen Gefangenen erwartete, keineswegs im unklaren. Als Thomas Brimelow seinen Weihnachtsbericht über den jungen Kalkany verfaßte, wußte er sehr gut, was diesem bevorstand. Die Berichte über die Metzeleien in Odessa und Murmansk waren schon frühzeitig in Whitehall aktenkundig geworden. Es war bekannt, daß das Schicksal der Männer und Frauen, die Gesuche gegen ihre Repatriierung einreichten oder versuchten, auf die umstrittene Liste zu kommen, hiermit auch besiegelt war. Über einen Russen, den das Foreign Office ausliefern wollte, schrieb Patrick Dean, daß »er bei seiner Rückkehr zweifellos hingerichtet wird«.[65] Im November 1945 berichtete die britische Botschaft aus Moskau über die sowjetische Mißhandlung der heimkehrenden Russen, die allgemein als suspekt galten, massenweise in den Osten abtransportiert »und roh behandelt wurden, schlimmer noch als die deutschen Kriegsgefangenen«. John Galsworthy kommentierte: »Die Berichte, die von den britischen Begleitoffizieren der Heimkehrer zurückgebracht werden, sowie auch zufällige Informationen aus anderen Quellen, lassen keinen Zweifel daran bestehen, daß die ... Repatriierten ... vom Mutterland auf gefühllose und oft brutale Art empfangen werden; sie sind durch die Berührung mit dem Ausland infiziert und daher sehr suspekt.«

Isaiah Berlin, damals an der Botschaft in Moskau, berichtete über eine Unterhaltung mit einem ungewöhnlich offenherzigen General der Roten Armee, der zugab, daß »unsere Leute in jedem Winkel suchen, um unsere Kriegsgefangenen [im Westen] aufzustöbern – und wenn wir sie erwischen, werden sie recht roh behandelt, abgesondert und so weiter«. – »Vom NKWD?« fragte Berlin. Er erhielt nur einen bedeutungsvollen Blick zur Antwort. Dieser Bericht wurde von Unterstaatssekretär Sir Alexander Cadogan gelesen, doch seinen Gleichmut störte er nicht.

Für Leser des *Archipel Gulag* mag zum Vergleich auch Sir Alexander Cadogans Bericht über diese historische Institution interessant sein: »Arbeitslosigkeit stellt in Rußland kein Problem dar. Die Arbeitslosen werden eingesammelt und zur Arbeit abtransportiert – sogar viele Hundert Kilometer entfernt – um die großen Bodenschätze Rußlands, die seit Jahrhunderten vernachlässigt wurden, zu entwickeln.«[66] Dies traf zu. Von den 1945 repatriierten Kriegsgefangenen und Verschleppten sowie anderen deportierten Nationalitäten (Esten, Polen, Georgiern, Chinesen, etc.) wird angenommen, daß mindestens zweieinhalb Millionen zur Zwangsarbeit herangezogen wurden.[67] Dies wiederum stellte Arbeitskräfte frei, die benötigt wurden, um die Rote Armee im besetzten Osteuropa zu verstärken.[68] Im Januar vermerkte Cadogan: »Es ist nicht leicht, sich von ihrer (der sowjetischen) Sorge um die armen Teufel beeindrukken zu lassen, da sie vermutlich eine beträchtliche Anzahl von ihnen bei der Ankunft in Rußland erschießen werden.«[69]

Die Beamten des Foreign Office können über diesen Aspekt der Maßnahmen, die sie aufrechterhielten, nicht glücklich gewesen sein. Aber sie hielten sie für ein notwendiges Opfer, das der Verfolgung wesentlicher diplomatischer Ziele gebracht werden mußte.

Zunächst bestand die Notwendigkeit, die Allianz gegen Deutschland aufrechtzuerhalten; als der Krieg vorüber war, schien eine enge Zusammenarbeit mit der Sowjetunion die einzige Möglichkeit, eine neue internationale Ordnung auf den Trümmern der alten zu schaf-

fen. Selbst das Schicksal mehrerer Tausend russischer Flüchtlinge durfte diesem großen Entwurf nicht entgegenstehen.
Dies war keine zynische Realpolitik. Eden und seine Ratgeber versuchten nicht, die unausweichliche Konfrontation mit Rußland hinauszuschieben, sondern glaubten ehrlich an Stalins guten Willen. Eden selbst empfand für Stalin große Sympathie und Achtung. Diese Gefühle wurden auch von seinen Beamten geteilt, die ihm bei der Abfassung zweier wichtiger Berichte über die Sowjetpolitik vom 14. Juni und 9. August 1944 für das Kabinett zur Seite standen. Im ersten wurde der »enthusiastische« Wunsch der Sowjets betont, mit den Briten und Amerikanern zusammenzuarbeiten. Der zweite legte eingehend die Überzeugung des Foreign Office dar, daß nach dem Krieg sowjetische Einmischung in die Angelegenheiten ihrer Nachbarstaaten unwahrscheinlich sei. Man war zum Beispiel der Auffassung, daß »Polen echte Unabhängigkeit erhalten und frei von übertriebener russischer Einmischung in seine internen Angelegenheiten sein wird«. Abschließend hieß es: »Die Sowjetregierung wird es mit einer Politik der Zusammenarbeit mit uns, den Vereinigten Staaten (und China) versuchen, entweder im Rahmen einer Weltorganisation oder, falls diese nicht verwirklicht wird, auch ohne sie«. Es wurde auch der Versuch einer Analyse des Mächtespiels innerhalb der Sowjetunion unternommen, die sich auf das Urteil der Fachleute in der Moskauer Botschaft und der Abteilung Nord stützte: »Es mag sehr wohl sein, daß es in der Sowjetunion noch immer zweierlei Meinungsgruppen gibt: eine, die Zusammenarbeit (mit dem Westen) vertritt, während die andere der Ansicht ist, daß die Sowjetunion niemandem trauen könne oder dürfe und sich auf die eigene Stärke verlassen müsse sowie auf den Nutzen, den sie aus ihren Freunden im Ausland ziehen kann. Zum Glück scheinen alle Anzeichen darauf hinzudeuten, daß Stalin der ersteren Schule angehört und diese den größeren Einfluß hat.«[80]
Jeder Versuch, dieses Boot ins Schwanken zu bringen, konnte nur die beabsichtigte konstruktive Zusammenarbeit gefährden und womöglich Stalins nichtliberalen Gegnern erlauben, zuviel Einfluß zu gewinnen. Die – wenn auch noch so geschickt vertretene – Auffassung, daß die Sowjetunion eine potentielle Drohung darstelle,

wurde von den Fachleuten in der Abteilung Nord, wie John Galsworthy und Christopher Warner, ins Lächerliche gezogen.[71] General Martell, der bis März 1944 Chef der Militärmission in Moskau gewesen war, glaubte, daß die Politik des Foreign Office weitgehend darin bestehe, »den Bolschies die Stiefel zu lecken«. Daß jemand, der solche Ansichten vertrat, eine Rede über »Unternehmungen in Rußland« vor der *Royal Central Asian Society* halten sollte, besorgte Warner sehr: »Ich kann nicht umhin, diese Aktivität lieber unterbunden zu wissen.« Martell hatte vorgeschlagen, daß sich auch Großbritannien in seinen Verhandlungen mit den Sowjets von Zeit zu Zeit behaupten solle.[72]

Eden war so sehr von der Notwendigkeit überzeugt, abweichende Meinungen zu unterdrücken, daß es ihm sogar gelang, auch dem Kabinett Ansichten vorzuenthalten, die von seinen eigenen abwichen. Am 1. September brachte Winston Churchill ein faszinierendes Dokument über die Sowjetunion unter seinen Kabinettskollegen in Umlauf. Hierbei handelte es sich um einen ausführlichen Bericht von Ronald Matthews, der von 1942 bis 1944 Moskauer Korrespondent des *Daily Herald* gewesen war, über »Tatsachen und Tendenzen im Krieg, 1944«. Er war Sozialist und mit einer Russin verheiratet. Seine Bewegungsfreiheit in der Sowjetunion war zwar streng begrenzt, aber es war ihm doch gelungen, ein erstaunlich genaues Bild der sowjetischen Politik und Gesellschaft zu zeichnen. Obwohl inzwischen dreißig Jahre lang sowjetische Studien betrieben worden sind, hat Matthews' scharfsinnige Analyse auch heute noch Gültigkeit. Er beschrieb zunächst den totalitären Stalinismus des Landes und die Drohung, die Stalins Außenpolitik für die Zukunft darstelle, und fuhr dann fort: »Es ist von allergrößter Wichtigkeit, daß es den Westmächten gelingt, den Russen zu Ende des Krieges . . . ein Gefühl der Sicherheit zu vermitteln. Obwohl ich es für ebenso wichtig halte, hierbei keine Zugeständnisse zu machen, die sie für ungerechtfertigt halten würden. Derartige Zugeständnisse könnten nur weiteren unterschwelligen Mißmut hervorrufen. Ich glaube auch nicht, daß uns die Russen je wirklich trauen werden, wenn wir ihnen in unseren Verhandlungen außer Versöhnlichkeit nicht auch Festigkeit zeigen. Ich mag Unrecht haben, bin aber trotzdem der Ansicht, daß unsere Zugeständnisse in Punkten, in denen wir von unserem Recht überzeugt sind, eine doppelt unglückliche Wirkung haben würden. Erstens verlören wir damit ihre Achtung (die Russen respektieren und reagieren auf hartes Verhandeln). Und zweitens könnte es leicht sein, daß dies ihr Vertrauen in uns nicht stärkt, sondern ihnen das Gefühl gibt, wir hätten ihnen nur Zeit abgewonnen, genau wie die Deutschen und sie sich im August 1939 gegenseitig Zeit abgewannen.«

Churchill war von diesem Bericht sichtlich beeindruckt, doch das von Matthews gezeichnete Bild stand in so krassem Widerspruch zur Interpretation der Lage des Foreign Office, daß es in dem begleitenden Vermerk des Dokuments hieß: »Auf Vorschlag des Außenministers gab der Premierminister Weisung, diesen Bericht aus dem Umlauf zu ziehen.«[73]

Die britische und amerikanische Haltung in bezug auf Zwangsrepatriierung kann nicht isoliert beurteilt werden. Sie war ein Aspekt der Gesamtpolitik gegenüber der Sowjetunion und mußte im Vergleich zu den Hauptanliegen einen zweiten Platz einnehmen. Das Foreign Office vertrat die Auffassung, daß Stalins Absichten gegenüber dem Westen freundlich waren und Zusammenarbeit mit ihm nicht nur möglich, sondern auch im Interesse Englands wesentlich war. Das Schicksal der Russen, die zur Rückkehr gezwungen wurden, war ein unseliges, doch unvermeidliches Opfer, das größeren Zielen gebracht werden mußte.

Nachwort

Das vorliegende Buch wurde in England unter dem Titel *Victims of Yalta* am 6. Februar 1978 veröffentlicht. Mehrere Wochen lang lösten die darin enthaltenen Enthüllungen in der Öffentlichkeit, in der Presse, in Radio und Fernsehen große Unruhe aus. Es folgten Anfragen im Parlament und Gesuche an den Außenminister, eine öffentliche Untersuchung anzuordnen.

Am 20. Februar erschien ein langer Leitartikel in der *Times*, der die Anklagen gegen das Foreign Office noch einmal rekapitulierte und betonte, daß eine Form der nationalen Wiedergutmachung gefunden werden müsse.

»Britische Beamte und Politiker werden angeklagt, falschen Rat gegeben, eine falsche Politik gefördert und den Tod vieler Unschuldiger verursacht zu haben. Sie sollten ... dem Parlament und der Öffentlichkeit ihre Version der Zwangsrepatriierung vermitteln ... Mr. Harold Macmillan sollte, als Staatsminister für den Mittelmeerbereich in den Jahren 1944–45, angesichts dieser Enthüllungen sein großes Ansehen in die Arena bringen und alles berichten, was er darüber weiß ... Die Verteidigung, falls es eine gibt, steht noch aus.«

Zwei Tage später lehnte der Außenminister eine öffentliche Untersuchung mit der Begründung ab, daß dies einen unliebsamen Präzedenzfall schaffen könne, wenn der Öffentlichkeit weitere Archive zugänglich werden, die bisher entsprechend der 30jährigen Geheimhaltungspflicht noch Verschlußsache sind. Er fügte jedoch hinzu: »Die Untersuchung und Überprüfung ist Sache der Öffentlichkeit. Soweit die Leute noch leben, steht es ihnen frei, Stellung zu nehmen, und auch anderen steht es frei, aufgrund der vorhandenen Dokumentation Stellung zu nehmen.«

Als ich meine Recherchen für die *Verratenen von Jalta* machte, wandte ich mich an die Herren Brimelow, Dean, Galsworthy und Macmillan mit der Bitte um Informationen. Alle lehnten ab. Sir Thomas (heute Lord) Brimelow erklärte (am 21. August 1973): »Ich bin noch immer Staatsbeamter und als solcher an den *Official*

Secrets Act (das Gesetz über Staatsgeheimnisse) gebunden . . . Ich bedaure daher, daß es mir nicht möglich ist, Stellung zu nehmen . . .«

Dieser Vorwand ist, dank der Genehmigung des Außenministers, nun aus der Welt geschafft worden, doch die früheren Diplomaten und Staatsmänner bleiben so wortkarg wie eh und je. Sir Nicolas Cheetham, John Galsworthys Vorgänger als Botschafter in Mexico, stellte in einem Leserbrief an die *Times* die sanfte Frage: »Als ehemaliger Kollege dieser Herren, der selbst gewisse Beziehungen zu Weißen Russen hat, wäre ich an ihren Kommentaren und Erläuterungen äußerst interessiert. Ich bin sicher, daß dies auch auf viele Ihrer Leser zutrifft.«

Zur gleichen Zeit erschien Sir Patrick Dean (Botschafter in Washington von 1965–69 und heutiger Vorsitzender der *English-Speaking Union*) in einem Fernsehdokumentarbericht über flüchtige deutsche Kriegsverbrecher. Als ehemaliger Ankläger in den Nürnberger Prozessen beklagte er, daß nicht mehr Deutsche der gerechten Strafe überantwortet worden seien.

Dean kam 1946 nach Nürnberg, nachdem er einer der Hauptbefürworter der Zwangsrepatriierung der Russen gewesen war. Seine Rolle als Ankläger rief daher in England, Deutschland und anderen Ländern ironische Kommentare hervor. Die Verfassungsurkunde des Internationalen Militärgerichts hatte (am 8. August 1945) als eines der wichtigsten Kriegsverbrechen folgendes festgelegt:

»Verstöße gegen Kriegsrecht und Kriegsbräuche. Zu solchen Verstößen zählen Mord, Mißhandlung oder Deportation zur Zwangsarbeit . . . der Zivilbevölkerung . . . oder der Kriegsgefangenen . . .«

Trotz dieser anscheinend genauen Parallele enthüllte ein früherer Kollege von Sir Patrick Dean: »Ich kann mich nicht erinnern, daß er unter Gewissensqualen litt«, weil er bei Maßnahmen mithalf, deren Folge war, daß mehr als eine Million osteuropäischer Männer, Frauen und Kinder ohne Gerichtsverfahren in den Tod, in die Folterung oder die Sklaverei geschickt wurden. (Geoffrey McDermott, *The Spectator*, 18/2/78)

Wenn wir jedoch die Reaktionen zum Maßstab nehmen, die 1978

von den Enthüllungen über das, was 1945 in Englands Namen geschah, ausgelöst wurden, scheint es wenige zu geben, die nicht eine Maßnahme verabscheuen, die so viel unnötige Grausamkeit zur Folge hatte.

Eine Ausnahme zu dieser Empörung ist die Antwort eines ehemaligen britischen Offiziers, Shaun Stewart: »Im Sommer 1945 wurde mir und meiner Kompanie aufgetragen, diese (Kosaken) einzutreiben, die aus ihren Lagern in die Berge östlich von Lienz entkommen waren. Ich kann mich nicht erinnern, daß einer von uns dachte, die von uns Gefangenen hätten nicht jegliches Schicksal verdient, das ihnen bevorstand. Ich persönlich war ganz sicher nicht der Ansicht und bin es auch heute nicht.«

Diese Kosaken, die Stewarts Leute und andere Streifen gefangennahmen, wurden am 15. September auf Lastwagen zum sowjetischen Empfangsplatz in Graz gebracht. Zufällig gelang es mir, kurz nachdem ich Stewarts Brief gelesen hatte, einen Zeugen des Schicksals dieser Kosaken zu finden. Feldwebel Donald Lawrence fuhr in einem der begleitenden Panzerwagen des 56. *Reconnaissance Regiment* und hat mir seine Erfahrungen geschildert.

Als die Gefangenen in Graz ankamen, sah er, wie eine der vielen Frauen, die auch dabeiwaren, auf das Geländer eines Viadukts über die Mur zulief. Zuerst warf sie ihr kleines Kind in den Fluß, und dann stürzte sie sich selbst hinunter. Die übrigen Gefangenen, Männer und Frauen, wurden in ein großes, mit Stacheldraht umgebenes Konzentrationslager getrieben. Feldwebel Lawrence sah, daß die betrunkenen sowjetischen Wachtposten am Zaun Maschinengewehrsalven in die dichte Menge abgaben. Er selbst konnte eine dieser Frauen in seinem Panzerwagen zurück nach Lienz schmuggeln, aber er hat den Alptraum dieser Reise nie vergessen.

Man fragt sich, welche Reaktion es ausgelöst hätte, wenn Mr. Stewarts Bericht von einem deutschen Offizier geschrieben worden wäre.

Diese Haltung scheint jedoch nicht typisch für die britischen Reaktionen zu sein, die mehr zu der Meinung von Professor Robin Kemball – dem Rußlandexperten und früheren Marineoffizier – tendieren: »Dieses düstere, unselige Kapitel unserer Geschichte ist an sich schon für das Gewissen anständiger Briten schwer erträglich. Der Versuch, sich der Verantwortung mit der Begründung zu entziehen, daß man nicht wußte, was es beinhaltete, oder den ›Geist jener Zeit‹ anzurufen, macht die Sache nur noch ärger . . . Unsere Politik . . . war vollkommen unverzeihlich, und es wäre angemessener – ich würde sagen christlicher –, wenn wir den Tatsachen, wie sie sind, ins Gesicht sähen und unser Kreuz in stummer Scham auf uns nähmen, anstatt nach fadenscheinigen Entschuldigungen zu suchen.«

Die Vereinigten Staaten vermieden zum Glück viele der gemeineren Aspekte der britischen Maßnahmen. Doch es gab brutale Vorfälle in Fort Dix, Kempten, Plattling und Dachau, und die Frage, wie und ob eine solche Tragödie gutzumachen ist, bleibt noch offen.

Die zaghafte oder selbstsüchtige Politik der Weströmer hatte das östliche Kaiserreich den Hunnen überlassen. Der Hunnenkönig ... kam zu dem Schluß – und Attilas Schlüsse hatten die Kraft unumstößlicher Gesetze –, daß die Hunnen, die der Fahne Attilas abtrünnig geworden waren, ohne Bedingungen oder Versprechen der Begnadigung zurückgegeben werden müßten. Bei der Ausführung dieses grausamen und schmachvollen Vertrags waren die kaiserlichen Offiziere gezwungen, verschiedene treue und edle Überläufer, die sich weigerten, in den sicheren Tod zu gehen, niederzumetzeln; und die Römer verwirkten durch dieses öffentliche Eingeständnis, daß es ihnen entweder an Anstand oder Macht fehlte, die Bittsteller zu schützen, die sich dem Thron Theodosius' ergeben hatten, jeglichen berechtigten Anspruch auf die Freundschaft der Skythen ... Es wäre allerdings merkwürdig gewesen, wenn sich Theodosius durch diesen Ehrverlust einen sicheren und untermauerten Frieden erkauft hätte; oder wenn seine Zahmheit nicht zu einer Wiederholung des Unrechts aufgefordert hätte.

Edward Gibbon *Niedergang und Fall des Römischen Reiches.*

Anhang

Einleitung

1 Ein hervorragender Bericht über die Kapitulation der Kosakeneinheiten in Österreich wurde von dem Polen Josef Mackiewicz veröffentlicht: *Tragödie an der Drau oder Die verratene Freiheit*, München 1957. (Ich bin meinem Freund Mr. Constantine Zelenko verbunden, der mir neben anderer wertvoller Hilfe auch dieses Buch schenkte). 1964 gab mein Freund Peter Huxley-Blythe einen Abriß der Ereignisse in *The East Came West*, Caldwell, Idaho 1964. Vor allem aber gibt es die von General Vyacheslav Naumenko hervorragend herausgegebenen Memoiren in zwei Bänden: Великое предательство : Выдача казаков в Лиенце и других местах (1945 - 1947), New York 1962 - 70 sowie das bibliographische Werk von M. Shatov Библиография освободительного движения народов России в годы Второй Войны, New York 1961. Alle diese Bücher fußen weitgehend auf den Aussagen russischer Emigranten. Auf das unerläßliche Werk Jürgen Thorwalds: *Wen sie verderben wollen: Bericht des großen Verrats*, Stuttgart 1952, folgten in Deutschland verschiedene wichtige Berichte über die Wlassow-Bewegung. In jüngerer Zeit sind weitere Studien erschienen, von denen einige bisher vernachlässigtes oder unzugängliches britisches und amerikanisches Material enthalten und mit dem wichtigen Prozeß beginnen, die tragischen Ereignisse in die rechte Perspektive zu setzen. Die bemerkenswertesten Veröffentlichungen auf diesem Gebiet sind bisher: Mark. R. Elliott, *The United States and Forced Repatriation of Soviet Citizens, 1944 - 47*, in: *Political Science Quarterly*, 1973, lxxxviii, S. 253 ff.; Julius Epstein, *Operation Keelhaul: The Story of Forced Repatriation from 1944 to the Present*, Old Greenwich, Connecticut 1973; Nicholas Bethell, *Das letzte Geheimnis – Die Auslieferung russischer Flüchtlinge an die Sowjets durch die Alliierten 1944 - 47*, Frankfurt 1975; (eine nützliche Besprechung aller drei Veröffentlichungen von Ralph T. Fisher jr. erschien in *Slavic Review*, 1975, xxxiv, S. 823 f.); Edgar M. Wenzel, *So gingen die Kosaken durch die Hölle*, Wien 1976.

2 BBC-Interview am 17. November 1974 mit Mr. Janis Sapiets, der mir freundlicherweise eine Abschrift zur Verfügung stellte.

3 *The Prevention of Literature*, in: *Polemic*, Januar 1946, ii, S. 7

3a Guy Burgess, der sich später als Verräter herausstellte, arbeitete in der Nachrichtenabteilung des Foreign Office, als Deans Empfehlung, die Berichte über die russischen Selbstmorde zu verheimlichen, so erfolgreich war.

4 FO. 371/47897,5.

5 Vgl. WO. 32/11137, 186A, 225A, 257A, 263A, 298A.

6 FO. 371/47909, 181.

7 Ib., 191

8 *Parliamentary Debates (Hansard) House of Lords Official Report* 1976, ccclxix, S. 313. Ein anderer ehemaliger Diplomat, Lord Campbell of Croy, argumentierte ähnlich (S. 320).

9 *East-West Digest*, 1976, xii, S. 719 f.

10 Alexander Solschenizyn, *Der Archipel Gulag*, Bern 1974, S. 231 f.

1

1 Als eines der unzähligen Beispiele mangelnder sowjetischer Kriegsvorbereitungen gibt Roy Medwedew den Umstand an, daß „die Flugplätze für die neuen Flugzeugtypen vergrößert werden mußten, Baukompanien des NKWD gleichzeitig auf fast sämtlichen Militärflugplätzen mit der Arbeit begannen und diese so bis zum Spätherbst unbrauchbar machten". (*Let History Judge: The Origins and Consequences of Stalinism*, London 1972, S. 449). Vgl. John Erikson, *The Road to Stalingrad*, London 1975, S. 70.

2 Über den chronischen Mangel an Transportmitteln der Roten Armee zur Beförderung von Artilleriemunition zu dieser Zeit, siehe *The Road to Stalingrad*, S. 73.

3 David Littlejohn, *The Patriotic Traitors*, London 1972, S. 296; siehe auch *The Road to Stalingrad*, S. 82, 109. Ein ähnliches Beispiel der Waghalsigkeit, wie das von Jaschwili geschilderte, vgl.E. H. Cookridge, Gehlen: *Spy of the Century*, London 1971, S. 87 f.

3a Der Verfasser eines sowjetischen Pamphlets behauptet von der Genfer Konvention von 1929, „sie wurde von der UdSSR nicht unterzeichnet." Denn: „In einer ihrer Bestimmungen war vorgesehen, daß Kriegsgefangene in Lagern nach dem Rassenmerkmal unterzubringen seien." (Nikolai Jakowlew, *Solschenizyns Lügenarchipel*, Moskau 1974, S. 40.). Westliche Leser werden vergeblich nach dieser Klausel suchen; in der UdSSR ist die Konvention der Öffentlichkeit unzugänglich.

4 *Report of the International Committee of the Red Cross on its Activities during the Second World War (1. September 1939 - 30. Juni 1947)*, Genf 1948, i, S. 409 ff., 417, 419 f.

5 Ib., S. 420 f.

6 Ib., S. 415 f., 418 f.

7 Ib., S. 421 f.; iii, S. 56 ff.

8 Ib., i, S.424 f.

9 Gerald Reitlinger, *Ein Haus auf Sand gebaut*, Hamburg 1962, S. 105, 116 f.

10 Hans Buchheim, Martin Broszat, Hans-Adolf Jakobsen, Helmut Krausnick, *Anatomie des SS-Staates*, Bd. II, München 1967, S. 146. Dr. Jacobsen wendet ein, die Sowjetunion habe Deutschland (mit Hilfe der schwedischen Regierung) am 17. Juli 1941 informiert, daß sie sich an die Haager Konvention von 1907 halten werde, und Deutschland habe dieses Angebot bewußt ignoriert (ib. S. 161 f.). Doch dieses Angebot war offensichtlich fiktiv, da sich die Sowjets zur gleichen Zeit weigerten, die wesentlichen Klauseln 14 (Austausch der Gefangenenlisten), 15 (dem Roten Kreuz Zugang zu den Lagern zu gewähren) und 16 (Post- und Paketdienste) anzuwenden. (Vgl. *Les Conventions et Declarations de la Haye de 1899 et 1907*, New York 1918, S. 112 ff.). Die UdSSR erwähnte die Angelegenheit nie wieder, trotz wiederholter Aufforderungen des Roten Kreuzes, der Achsenmächte und der westlichen Alliierten, sich an die Konvention zu halten. Hierbei sei auch auf den maßgeblichen Text in *The Great Soviet Encyclopedia* verwiesen: „Bezüglich der Regeln über Kriegsgefangene hält sich die Regierung der UdSSR an keinerlei internationale Vereinbarungen

gebunden..." (zitiert in David J. Dallin und Boris I. Nicolaevsky, *Forced Labor in Soviet Russia*, London 1948, S. 282 f.; vgl. Hermann Raschofer, *Political Assasination. The Legal Background of the Oberländer and Stashinsky Cases*, Tübingen 1964, S. 101.

11 „N. N. N. ", На фронте 1941 года и в плену, Buenos Aires 1974, S. 60 f.

12 Marcel Junod, *Warrior without Weapons*, London 1951 , S. 222 ff.

13 Rudolf Semmler, *Goebbels – the Man next to Hitler*, London 1947; Allan Bullock, *Hitler*, Düsseldorf 1969, S. 769. Einen ähnlichen Vorfall hatte es 1940 gegeben (Willi A. Boelke [Hrsg.] *Wollt Ihr den totalen Krieg? Die geheimen Goebbels - Konferenzen 1939 - 1943*, Stuttgart 1967, S. 47. Im Jahre 1945 hatte SS-General Berger die Kontrolle über die Kriegsgefangenenlager im Reich [Heinz Höhne, *Der Orden unter dem Totenkopf*, Hamburg, Gütersloh 1967, S. 499].)

14 Lt.-Gen. N. N. Golovine, *The Russian Army in the World War*, Yale 1931, S. 78, 89; Daniel J. McCarthy, *The Prisoner of War in Germany*, London 1918, S. 14, 36 ff., 64 f., 75, 126 ff.; 140, 187 f. 192 ff., 216; vgl. W. Dögen, *Kriegsgefangene Völker*, Berlin 1919; *Der Archipel Gulag*, I, S. 233 f. Eine Anzahl britischer Päckchen wurden auch über Bern empfangen (FO. 371/37060).

15 V. D. Nabokov (Hrsg.), Письма Императрицы Александры Федоровны къ Императору Николаю II, Berlin 1922, S. 411, 433, 487, 488, 522, 541, 543, 572, 581, 585, 586, 591, 600, 612, 628 f. Paul. P. Gronsky und Nicholas J. Astrov, *The War and the Russian Government*, Yale 1929, S. 258 f.

16 *The Russian Army in the World War*, S. 87 ff., 102 f.; vgl. statistische Analyse, S. 95 ff.

17 Alexander Dallin, *Deutsche Herrschaft in Rußland 1941 - 45*, Düsseldorf 1958, S. 440.

18 *Ein Haus auf Sand gebaut*, S. 114, 526.

19 *The Prisoner of War in Germany*, S. 130, 132.

20 *The Russian Army in the World War*, S. 92, 205.

21 W. E. D. Allen, *The Ukraine, a History*, Cambridge 1940, S. 273. Die Gesamtziffer der Ukrainer unter den Russen belief sich auf ca. 700.000 bis 800.000.

22 *Ein Haus auf Sand gebaut*, S. 140; vgl. *The Patriotic Traitors* S. 301 f.

23 *Ein Haus auf Sand gebaut*, S. 303 ff.; vgl. John A. Armstrong, *Ukrainian Nationalism: 1939 - 1945*, New York 1955, S. 123 ff.; Malcolm J. Proudfoot, *European Refugees*, London 1957, S. 78 ff.

24 *Deutsche Herrschaft in Rußland*, S. 440; *Ein Haus auf Sand gebaut*, S. 526

25 Frank H. Epp, *Mennonite Exodus*, Altona 1966, S. 357 ff. Ich bin Dr. Epp dankbar, daß er mir sein wissenschaftlich fundiertes Werk geschenkt hat. Professor Proudfoot gibt die Zahl der evakuierten Volksdeutschen mit 350.400 an (*European Refugees*, S. 38).

26 Vgl. Bericht eines Kuban - Kosaken in Великое предательство i, S. 63 f.

27 Vladimir Petrov, *It happens in Russia: Seven Years Forced Labour in the Siberian Goldfields*, London 1951, S. 369 f. Vgl.

Jürgen Thorwald, *Wen sie verderben wollen: Bericht des großen Verrats*, Stuttgart 1952, S. 130 ff. Dieses Buch gibt eine wertvolle Übersicht über die deutsche Politik 1941 - 1945 gegenüber den russischen Widerstandsbewegungen. „Jürgen Thorwald" ist das Pseudonym des Schriftstellers Heinz Bongartz (*Spy of the Century*, S. 316).
28 *It Happens in Russia*, S. 377 f.
29 Konstantin Cherkassov, Генерал Кононов: Ответ перед историей за одну попытку, Melbourne 1963, i, S. 120 ff.; *Wen sie verderben wollen*, S. 70 ff.
30 Michael Koriakoff, *Ich wollte Mensch sein*, Olten 1948, S. 133 f.

2

1 FO. 371/43382, 6 - 9. Andere Berichte vermerken den verzweifelten Widerstand, den die Wlassow - Truppen an der Front von Smolensk leisteten, sowie die Anwesenheit armenischer Truppen im Department Lozère.
2 Alfred D. Chandler (Hrsg.), *The Papers of Dwight David Eisenhower: The War Years*, Baltimore 1970, iii, S. 1870 f.
3 FO. 371/43382, 54.
4 Original der Antwort Molotows ib. 55. Vgl. John R. Deane, *The Strange Alliance*, London 1947, S. 186 f.
5 FO. 371/ 43382, 4 - 5, 7, 27, 31.
6 *European Refugees*, S. 114.
7 Am 17. Juni erhielt das Kriegsministerium eine Zusammenfassung der aus diesen Verhören ermittelten Informationen (WO. 32/11137, 3 A).
8 Einen Bericht der Leiden der Russen auf Alderney, siehe Outlaw: *The Autobiography of a Soviet Waif*, London 1955, S. 222 ff.
9 Imperial War Museum, Photographie B. 6267. Vgl. B. 6266. Der zweite dieser Turkestanis wird als Usbeke aus Namangan beschrieben.
10 S. Orwell und I. Angus (Hrsg.), *The Collected Essays, Journalism and Letters of George Orwell*, London 1968, iii, S. 252 f.
11 Joseph Scholmer, *Vorkuta*, London 1954, S. 119.
12 WO. 32/11137, 19 A.
13 FO. 371/43382, 59.
14 Ib. 75.
15 *Ein Haus auf Sand gebaut*, S. 412.
16 WO. 32/11137, 20 B.
17 Vgl. WO. 32/11119, 1A - 8A, 13A - 14C, 35A, 36A.
18 *The Papers of Dwight David Eisenhower*, iii, S. 2031.
19 Louis P. Lochner (Hrsg.) *The Goebbels Diaries 1942 - 1943*, New York 1948, S. 283; vgl. Ronald Seth, *Jackals of the Reich: The Story of the British Free Corps*, London 1972.
20 Vgl. Walter Bedell Smith, *Moscow Mission 1946 - 1949*, London 1950, S. 14, 115; *Foreign Relations of the United States ... 1944*, iv, S. 1264. Eine ähnliche Furcht, daß die deutschen Eroberer 1941 Beweise des Zwangsarbeitssystems aufdecken könnten, hatte die Niedermetzelung oder eilige Evakuierung Tausender Zwangsarbeiter durch

das NKWD zur Folge (Vladimir und Evdokia Petrov, *Empire of Fear*, London 1956, S. 98; Antoni Ekart, *Vanished without Trace: The Story of seven years in Soviet Russia,* London 1954, S. 99; Viktor Kravchenko, *I chose freedom*, London 1947, S. 405; Joseph Scholmer, *Vorkuta,* S. 168; *It happens in Russia,* S. 356 f.; Joseph Czapski, *The Inhuman Land,* London 1951, S. 69 ff. Die repatriierten Gefangenen mußten 1945 ermordet oder in Lagern abgesondert werden, um in Rußland keine Geschichten über die Freiheit und den Wohlstand des Westens zu verbreiten (*Moscow Mission, 1945 - 1949*, S. 279 f.; *Der Archipel Gulag,* S. 42 f., 229 f.; Ronald Hingley, *Joseph Stalin: Man and Legend*, London 1974, S. 370 f.).

21 PREM. 3.364/8, 296.

22 WO. 32/11137, 53 B.

23 Ib. 53 A.

24 Im Imperial War Museum gibt es Photograpien befreiter russischer Zwangsarbeiter, die im Mai 1943 in Enfidaville in Tunesien aufgenommen wurden (NA. 2818 - 21). 120 von ihnen waren ehemalige Angehörige der spanischen Internationalen Brigade, die 1939 nach Frankreich geflohen waren und 1941 in Algerien interniert wurden. Vollständiger Bericht siehe *European Refugees,* S. 94; FO. 371/33042; WO. 32/11137, 33A. 33C, 43A, 45A, 49B. Im Dezember 1943 kamen vier Russen, Angehörige einer „antibolschewistischen Legion", mit einem Maschinengewehr über die spanische Grenze; nach ausgedehnten Verhandlungen wurden sie ein Jahr später über Gibraltar und Neapel repatriiert (FO. 371/43349). Oberst E.P.L. Ryan, Chef des Militärischen Geheimdienstes in Persien und im Irak, bezeugt die Willigkeit, mit der viele Gefangene zurückkehrten (*Sunday Telegraph*, 30. Nov. 1975).

25 *Der Archipel Gulag*, S. 88 f.

26 Das Imperial War Museum hat Photographien solcher Gefangener, die während der Anzio - Offensive gefangengenommen wurden. (vgl. NA. 15317 - 8).

27 WO. 32/11137, 34A.

28 Ib. 9A, 12A - 15A.

29 Ib. 29B.

30 Ib. 10A.

31 Ib. 46A. 56A.

32 Ib. 6A.

33 Ib.

34 Ib. 110

35 Ib. 39A

36 Vgl. Kritik des Kriegsministeriums in ib. 96.

37 Vermutlich folgte dies auf Goebbels'Befehl vom 28. April 1942, daß „Einzelfälle bolschewistischer Menschenfresserei und anderer Greueltaten ... nunmehr in größtem Stile ... gebracht werden". *Wollt Ihr den totalen Krieg?*, S. 235.

38 Ich bin dem Earl of Selborne zu großem Dank verpflichtet, da er mir den Zugang zu den Kabinettsdokumenten seines Großvaters gewährt hat. Sie sollen später der Bodleian Library übergeben werden.

39 PREM. 3. 364/8, 293 ff.

40 FO. 371/40444.

41 Information von L. H. Manderstam, die durch dokumentarisches Material bestätigt wird. Im Foreign Office herrschten Ressentiments gegen diese Tätigkeiten und auch gegen die Existenz der SOE als solche. Dies wurde mir vom verstorbenen Generalmajor Sir Colin Gubbins, dem ehemaligen Chef der SOE, geschildert.

42 WO. 32/11137, 56A.

43 *Report of the.... Red Cross,* 1, S. 423 ff, iii, S. 55.

44 FO. 371/33000.

45 FO. 371/37060

46 *Political Science Quarterly*, lxxxviii, S. 258.

47 FO. 371/33000. Maclean war schon während des Studiums in Cambridge als kommunistischer Agent rekrutiert worden (*Empire of Fear*, 271).

48 *New York Times*, 24/7/45; *The Times*, 16/8/45, vgl. *Foreign Relations of the United States: Diplomatic papers 1945,* v, *Europe* Washington 1967, S. 1066 f.

49 WO. 32/11137, 71B.

50 WO. 32/11683. Ein ehemaliger russischer Unterseebot-Kommandant, der eine Einheit angeführt hatte, wurde von der französischen Regierung ausgezeichnet (Alexander Foote, *Handbook for Spies*, London 1964, S. 145). Vgl. Alfred J. Rieber, *Stalin and the French Communist Party1941 - 1947,* New York 1962, S. 84. Russen, die den deutschen Streitkräften unter Druck beigetreten waren, aber zu den Alliierten überlaufen wollten, wurde jeder vernünftige Beweggrund hierzu genommen. Dennoch, und trotz der weitverbreiteten Kenntnis, was mit denen geschah, die sich bereits ergeben hatten, nahmen sehr viele Russen die erste Gelegenheit wahr, für die westlichen Alliierten zu arbeiten. Im September 1944 brachten einige unter deutschem Befehl in Jugoslawien stationierte Kaukasier ihre Offiziere um und liefen zu den Partisanen über. (Julian Amery, *Approach March: a Venture in Autobiography*, London 1973, S. 376 ff. Amery konnte zwei dieser Leute vor der Zwangsrepatriierung retten (S. 404 f.). In Italien „holte das 1. Btn. 314. Regiment, von seinen russischen Offizieren ermuntert und angeführt, weiße Flaggen hervor und ging mit Waffen auf seine deutschen Befehlshaber los.“(WO. 170/4240 (2/4/45)). Zwei Angehörige von „Popskis Privatarmee“ wurden ebenfalls aus desertierten Russen rekrutiert. (Lt.- Col Vladimir Peniakoff, *Private Army*, London 1950, S. 367 f., 412), während sich ein Turkmene namens Tinio im Apennin als so ausgezeichneter Guerillakämpfer hervortat, daß er von einem amerikanischen Divisionskommandeur einen Ehrenausweis erhielt (*Operation Keelhaul,* S. 105 ff.). Photographien im Imperial War Museum zeigen entkommene Russen, die im November 1944 auf Seite der Alliierten in Italien und Kreta kämpften. In Frankreich hörte der alliierte Nachrichtendienst bereits 1943, daß die armenischen Truppen planten, „ihre Waffen gegen die deutschen Unterdrücker zu wenden, sobald die Zeit hierfür reif war“ (FO. 371/43382,26). Nach den Landungen im Juni 1944 lief ein hoher Prozentsatz der „Russen“, sobald es ging, zu Eisenhowers Streitkräften über. Auf der holländischen Insel Texel wurde 700 georgischen Soldaten am 6. April 1945 befohlen, sich einer voraussichtlichen alliierten Landung zu widersetzen. Sie meuterten gegen die Deutschen und hielten sich in

dreitägigen, erbitterten Kämpfen gegen eine Garnison von 4.000, ehe sie gezwungen wurden, die Waffen zu strecken. Ein kanadischer Militärbericht vermerkte: „Diese Gruppe hatte sich zuvor mit der holländischen Untergrundbewegung in Verbindung gesetzt, eng mit ihr zusammengearbeitet und auf ihre Anweisung in einem gewissen Bereich Minen geräumt; dies erwies sich bei der späteren Landung der kanadischen Truppen als äußerst wertvoll." (FO. 371/47902, 111 - 14; FO. 371/47902; WO. 32/11139,340A. Die Nachricht über diese Meuterei löste in General Wlassows Hauptquartier Bestürzung aus (*Wen sie verderben wollen*, S. 463f.). Die Briten repatriierten Alexander Rado, den Mann, der für die sowjetische Kriegsspionage in der Schweiz verantwortlich gewesen war, mit Gewalt aus Ägypten. (David J. Dallin, *Soviet Espionage*, Yale 1955, S. 228 f.; vgl. FO. 371/50606, 149 - 53). Es ist bezeichnend, daß Rados vor kurzem veröffentlichte Memoiren (Sandor Rado, *Codename Dora*, London 1977) nicht erwähnen, wie er nach seiner Rückkehr nach Rußland behandelt wurde. FO. 371/47991; FO. 371/48006.

51 Brief vom 26.5.1949 von Monseigneur Soulas, Generalvikar des Bischofs von Valence (Drôme), an Monsieur de Saint-Prix.

52 Eine Quelle gibt an, daß die „Mongolen" „Turkestan" und „Aserbaidschan" auf ihren Ärmeln trugen (Jean Veyer, *Souvenirs sur la Resistance dioise 1941 - 1944*, (Die Drôme) 1973, S. 71).

53 „Voinov" , (*Outlaw*, S. 227 f.) gibt einen Bericht über Iwanow, den M. de Saint-Prix bei der Entlassung seiner Gefangenen antraf. Bezüglich des Gebrauchs, den die Sowjets von Nazikollaborateuren machten, vgl. die gegen Major Grusdjew vorgebrachten Klagen (FO. 371/47904, 154). Dieser Bericht fußt auf Informationen, die mir M. de Saint-Prix und M. Vistel, Anführer der Widerstandsgruppen im Rhônetal, freundlicherweise zur Verfügung gestellt haben. Beide zitieren zuzügliches Material anderer Augenzeugen.

54 FO. 371/43382, 79 - 83.

55 WO. 32/11137, 101A (6B); FO. 371/40444.

56 WO. 32/11137, 18A; ib. 10A, 11A, 40A, 234A, (2B). Eden räumte später in seinem Kabinettsdokument vom 3. September ein, daß diejenigen, die sich geweigert hatten zu gehen, zurückbehalten worden seien. Doch da er das Material über den vom NKWD auf die „Freiwilligen" ausgeübten Druck zurückhielt, konnte er die Anzahl der widerstrebenden Rückkehrer als nicht ins Gewicht fallend darstellen.

57 Robert E. Sherwood, *Roosevelt and Hopkins: An Intimate History*, New York 1948, S. 717. Vgl. Saul Friedländer, *Counterfeit Nazi*, London 1969, S. 150 ff.; „Ungarisches Angebot, den Juden die Ausreise aus Ungarn zu erlauben" (CAB. 66/53, 167 ff.). Schon 1939 hatte das Foreign Office versucht, die Auswanderung der in Deutschland, Polen und Rumänien verfolgten Juden zu verhindern; die Beamten befürchteten, daß dieser Auszug Ibn Saud verärgern würde. (Dr. Martin Gilbert hat mir mitgeteilt, daß er an einem Buch über dieses Thema arbeitet.)

58 PREM. 3.364/8, 287 - 92.

3

1 *Let History Judge*, S. 448.
2 WO. 32/11137, 101A (9A, 11A, 12A).
3 Ib., 94A.
4 IB., 6A.
5 Ib., 92A; vgl. 67. Grigg unterließ es, dieses Thema in seiner Autobiographie *Prejudice and Judgement*, London 1948, zu erwähnen.
6 WO. 32/11137, 98A - B.
7 CAB. 66. 54, 168 - 9.
8 CAB. 65, 43, 126.
9 Selborne Papers.
10 *The Parliamentary Debates (Hansard) House of Lords*, London 1948, clvi, S. 1152 ff.
11 *Ein Haus auf Sand gebaut*, S. 332 f. Der britische Nachrichtendienst, der seit 1942 mit einem Programm beschäftigt war, die Fremdarbeiter in Deutschland aufzuwiegeln („Operation Trojanisches Pferd"), schätzte, daß es am Vorabend der Normandie-Landung 1.500.000 russische Arbeiter und 700.000 Kriegsgefangene und internierte Zivilisten gab; „In ganz Deutschland. Vor allem in der Landwirtschaft und in der Waffenindustrie beschäftigt". Es wurde auch Beweismaterial zitiert über die Furcht der Nazis vor einem Aufstand oder einer allgemeinen Umsturztätigkeit (FO. 898/340). Weiteres Beweismaterial - vgl. Hans Bernd Gisevius, *Bis zum bitteren Ende*, Hamburg 1947, S. 516. Der deutsche Widerstand war erstaunt, daß die Zwangsarbeiter vor dem Zusammenbruch keinen Aufstand machten. (ib. S 400).
12 FO. 371/43382, S. 104 - 5.
13 IB., 64 - 7. Es ist gelegentlich behauptet worden, daß sich die Russen in Folge alliierter Flugblätter ergaben, die ihnen versprachen, vor der Rückkehr in die UdSSR sicher zu sein. Das amerikanische Dokument, das Professor Epstein hierzu als Beweis zitiert (*Operation Keelhaul*, S. 28 f.; vgl. *The Ukrainian Quarterly*, x, S. 360; Alan Brownfeld, *„Operation Keelhaul"*, *Human Events*, 1971, S. 765; John Barrett, *Operation Keelhaul: An Unknown Allied War Crime*, in: *East-West-Digest*, 1972, viii, S. 195), ist jedoch eindeutig an deutsche Soldaten gerichtet. Die amerikanische Propaganda versprach gelegentlich sogar arglos die Rückkehr nach Rußland als Ansporn zur Kapitulation! Dr. Erhard Kröger hat mir die Belustigung General Wlassows beschrieben, als er hörte, daß die Amerikaner auf diese Weise den Widerstand der russischen Verteidiger von Brest noch gesteigert hatten (vgl. auch Wilfried Strik-Strikfeldt, *Gegen Stalin und Hitler*, Mainz 1970, S. 204 ff.). Die Engländer hatten bereits in einem früheren Stadium darauf verzichtet, eine Amnestie zu versprechen (FO. 371/43382,51; vgl. 32 - 49). 1944 über Frankreich abgeworfene Flugblätter waren in russischer und armenischer Sprache gedruckt. Sie riefen die „nicht - deutschen Soldaten der Wehrmacht" zur Kapitulation auf, und das Flugblatt selbst garantierte ein sicheres Geleit, das die alliierten Truppen respektieren würden. Der einzige Bezug auf die Übergabebedingungen war eine Anweisung an die Gewahrsamsmächte: „Jeder Soldat, der diesen Schein vorzeigt ... muß gemäß dem Völkerrecht behandelt werden." (FO. 818/456); Über armenische Truppen im Lozèregebiet

wurde am 7. März 1944 berichtet (FO. 371/43382,26). Dieses Flugblatt wurde auch bei Russen gefunden, die nach England transportiert wurden und sich beklagten, daß man ihnen nicht mehr versprochen habe (ib., 81). Die SOE hatte andere Flugblätter herausgegeben (Ib. 105), und Mr. Manderstam hat mir gesagt, daß einigen tatsächlich Asyl angeboten wurde. Eines dieser Flugblätter ist in FO. 371/56715 erhalten geblieben; dann wird den russischen Überläufern versichert, daß die Anglo-Amerikaner „jedem ein freies und unabhängiges Leben garantierten". 900 ROA-Angehörige in Namur ergaben sich auf dieses Versprechen hin.

14 Ib. 80. Ein Appell an Eden (18. August) traf vermutlich auf ebenso unfruchtbaren Boden (Selborne Dokumente).

15 H. A. R. Philby, *My Silent War*, London 1968, S. 8.

16 Vgl. jedoch Churchills Kommentar zur sowjetischen Taktik, zitiert in James F. Byrnes, *All in One Lifetime*, London 1960, S. 383; sowie auch Zitat aus Gogol auf S. 386.

17 FO. 371/43382, 138 - 42. Mr. L. H. Manderstam hat diese Berichte freundlicherweise aus eigenen Erinnerungen ergänzt.

18 CAB. 66.54,7.

19 WO. 32/11137, 115.

20 Ib. 109A.

21 Ib. 111A

22 Ib., 110, 111, 113A.

23 Ib., 114, 116 - 7.

24 *The Strange Alliance*, S. 183; CAB. 66/60, 203.

25 *The Strange Alliance*, S. 183 f.

26 WO. 32/11137, 136A.

27 Ib. 137A.

28 Ib. 138 - 40.

29 Ib., 149A. 152 - 3, 160A, 163A, 165A, 174A.

30 Ib., 170A.

31 Ib., 181A.

32 Ib., 187A.

33 Ib., 183A.

34 Ib., 189A.

35 The Earl of Avon, *The Eden Memoirs: The Reckoning*, London 1965, S. 479 ff.

36 WO. 32/11137, 192A, 193A, 194A, 195, 196, 198A.

37 Prem. 3.364/8,276 - 7. Vgl. WO 32/11137, 198A.

38 W. S. Churchill, *The Second World War*, London 1954, vi, S 186 ff.; Sir Llewellyn Woodward, *Britisch Foreign Policy in the Second World War*, London 1962, S. 307 f.

39 The Earl of Avon, *The Eden Memoirs: Facing the Dictators*, London 1962, S. 153. Edens Besuch in Moskau fand während des Höhepunktes der Kirow-Säuberungsaktion statt.

40 PREM. 3.364/8,269. Vgl. *The Reckoning*, S. 483 ff.

41 PREM. 3.364/8, 270.

42 WO. 32/11137, 225A.

43 PREM. 3.364/8, 266 - 7; Attle, als stellvertretender Premierminister wurde am 13. Oktober unterrichtet (268); WO 32/11137, 226A.

44 Ib., 203C.
45 Ib., 204.
46 PREM. 3.434/4, 34 - 5, 63. Vgl. IB. 434/7, 47; WO. 32/11137, 203 D.
47 WO. 32/11137, 219A, 220A.
48 PREM. 3.434/2 (17. Oktober).
49 WO.32/11137, 222A.

4

1 *The Times*, 7/3/31. Churchill hielt bald danach eine ähnliche Rede in Chingford (ib. 23/4/31).
2 *Forced Labour in Russia*, S. 54, 84ff.
3 PREM. 3/51/1; 61 - 2. Im Fernen Osten war es jedoch ein englisches Schiff, in *Nikolai Jeschow* umgetauft, das die Zwangsarbeiter zu den Goldbergwerken von Kolyma beförderte (*It happens in Russia*, S. 172).
5 CAB. 88/30; 451.
6 WO. 32/ 11137; 19A, 51A.
7 Ib.,75B.
8 Ib., 58A; *Foreign Relations of the United States*, 1944, iv, S. 1244.
9 Ib., S. 1245 f.; *The Strange Alliance*, S. 185.
19 WO. 32/ 11137, 77A; *Foreign Relations of the United States, 1944*, iv, S. 1245, 1246 - 7.
11 Ib., S. 1251 - 3, 1255, 1263; WO. 32/ 11119, 268A. Die Briten erhielten die gleichen Beschwerden zur selben Zeit (WO. 32/11137, 162A; WO. 32/11119, 26B).
12 *Foreign Relations of the United States, 1944*, iv, S. 1247 ff.
13 Zu Kirks moralischer Gesinnung und Kenntnis sowjetischer Verhältnisse siehe Charles E. Bohlen, *Witness to History*, London 1973, S. 56 ff.
14 *Foreign Relations of the United States, 1944*, iv, S. 1250; WO 32/ 11137, 164A - C, 166A. Der amerikanische Vertreter im Mittelmeergebiet wurde häufig von seinem britischen Gegenüber über die alliierte Politik unterrichtet. (Vgl. Robert Murphy, *Diplomat Among Warriors*, London 1964, S. 207).
15 WO. 32/ 11137, 156B, 213A, 214A, 234A, 240A.
16 *Foreign Relations of the United States, 1944*, iv, S. 1253 f.
17 WO. 32/ 11137, 168A.
18 *Foreign Relations of the United States, 1944*, iv, S. 1257 ff.
19 Ib., S. 1261.
20 Ib., S. 1267 ff.
21 *Foreign Relations of the United States, 1944*, iv, S. 1259 f.
22 CAB. 88/ 30,451. Die Mission war im Monat zuvor aus England gekommen. (WO. 32/ 11119, 41A).
23 Ib.,256A.
24 CAB. 88/ 30,449 - 50.
25 *Foreign Relations of the United States, 1944*, iv, S. 1252 f.
26 Ib., S. 1262.

27 Brief an den Verfasser vom 20.5.74. Vgl. *Witness to History*, S. 199.
28 WO. 32/ 11137, 302A.
29 *Foreign Relations of the United States, 1944*, iv, S. 1264.
30 Ib.,S. 1265 - 7; *The Strange Alliance*, S. 188.
31 Molotows Beschwerde war eine Wiederholung der Beschwerde, die der sowjetische Botschafter am 2. November gegenüber Stettinius gemacht hatte (*Foreign Relations of the United States, 1944*, iv, S. 1261). Um das Maß voll zu machen, erhielten auch die Briten vier Tage später eine strenge Strafpredigt (WO. 32/ 11119, 138C).
32 *Foreign Relations of the United States, 1944*, iv, S. 1270 ff.
33 Ib., S. 1267 ff. Zur sowjetischen Liste der Lager, in denen die Gefangenen bisher interniert waren, siehe S. 1260. Am 2. November hatte Admiral Leahy (Roosevelts Stabschef) Übereinstimmung mit der britischen Politik nahegelegt (S. 1262).
34 Ib., S. 1272 ff.
35 *Foreign Relations of the United States; Diplomatic Papers 1945, v, Europe*, Washington 1967, S. 1068. Vgl. *Das letzte Geheimnis*, S. 52.
36 *Vorkuta*, S. 172
37 FO. 371/43382, 136 - 7.
38 Diesen Bericht hat mir Oberst Frankau freundlicherweise zur Verfügung gestellt. Zur Reise der 2.000 Russen an Bord der *Franconia* vgl. CAB. 88/30,458; FO. 371/47895.
39 *The Strange Alliance*, S. 184; *Foreign Relations of the United States, 1944*, iv, S. 1251.
40 Ib., S. 1270, 1272; *The Strange Alliance*, S. 188.
41 Ib., S. 188 - 9; WO. 32/11681, 1A; *Foreign Relations of the United States, Diplomatic Papers: The Conferences at Malta and Yalta 1945*, Washington 1955, S. 416 ff.
42 WO. 32/ 11137, 322A, 327A.
43 Ib., 380A - 382A; SO. 32/11681, 8A, 13, 21A.
44 CAB. 66/ 61, 111 - 2; CAB. 65/49, 55.
45 WO. 32/ 11681, 6A, 20A.
46 *Witness to History*, S. 416.
47 *The Conferences at Malta and Yalta*, S. 416 .
48 Ib., S. 418; Edward R. Stettinius, jr., *Roosevelt and the Russians: The Yalta Conference*, London 1950, S. 37, 41.
49 PREM. 3.51/ 6.
50 WO. 32/ 11681, 168B. Dies ist die Kopie eines Dokuments, dessen anscheinend noch andauernde Geheimhaltung Professor Epstein bedauert (*Operation Keelhaul*, S. 44).
51 *Foreign Relations of the United States, 1945*, v, S. 1067 ff.
52 *The Strange Alliance*, S. 191 f.
53 PREM. 3.364/ 9,435; *Roosevelt and the Russians*, S. 68; *The Reckoning*, S. 510 f.
54 WO. 32/ 11681, 52A.
55 PREM. 3.51/ 3, 7, 27 - 31.
56 WO. 32/ 11137, 252A; CAB. 88 - 30, 460 - 2. Die Briten hielten 18.496 (WO 32/11119, 218A).
57 *The Conferences at Malta and Yalta*, S. 691 ff.

58 Ib., S. 693 ff.
59 Ib., S. 697, 756 f.
60 Ib., S. 754 ff.; CAB. 88 - 30, 463. Der Textentwurf wurde mit einem sowjetischen Vertreter am folgenden Tag erörtert. Nur geringfügige Änderungen wurden vorgeschlagen (*The Conferences at Malta and Yalta*, S. 863 ff.)
61 PREM. 3.51, 9; PREM. 3.364/ 9, 390, 392 - 5.
62 CAB. 66/ 63, 109 - 10, 115. Trotzdem konnte der *Daily Telegraph* zwei Tage später einen vollen Abriß und Textauszüge veröffentlichen (13/ 2/ 45).
63 Piers Dixon, *Double Diploma: The Life of Sir Pierson Dixon, Don and Diplomat*, London 1968, S. 146 f.
64 CAB. 65/ 49, 76.
65 Robert Conquest, *Stalins Völkermord – Wolgadeutsche, Krimtataren, Kaukasier*, Wien 1970, S. 114 ff.
66 G. A. Tokaev, *Comrade X*, London 1956, S. 257.
67 H. R. Trevor-Roper (Hrsg.), *Hitlers Table Talk 1941 - 44*, London 1953, S. 548, 599; *Ein Haus auf Sand gebaut*, S. 218 f.
68 Ib., S. 100.
69 FO. 371/ 47900.
70 WO. 32/ 11681, 99A.
71 *Witness to History*, S. 199.
72 W. Averell Harriman und Elie Abel, *Special Envoy to Churchill and Stalin*, New York 1975, S. 416 f.
73 Roosevelts Krankheit oder Eitelkeit hatte zur Folge, daß sowohl er als auch das State Department sehr unvorbereitet zur Konferenz kamen (James F. Byrnes, *Speaking Frankly*, New York 1947, S. 23. Vgl. Eisenhowers Bemerkungen, *Crusade in Europe*, New York 1948, S. 439).
74 *Foreign Relations of the United States, 1945*, v, S. 1067 ff., 1075 ff. Aus irgendeinem Grund war dieser wesentliche Band Professor Epstein nicht zugänglich (vgl. *Operation Keelhaul*, S. 41 ff.). Da er inzwischen zugänglich ist, sind viele seiner Mutmaßungen überflüssig geworden.
75 *Foreign Relations of the United States, 1945*, v, S. 1083 f. Den Generälen Eisenhower und McNarney wurde am 29. März ein volles Resümee dieses Briefes übermittelt (WO. 204/ 897, 145A).
76 *Foreign Relations of the United States, 1945*, v, S. 1093 f. Am gleichen Tag gab das State Department eine beherzte Verteidigung seiner Politik gegenüber den russischen Gefangenen heraus (WO. 32/ 11119, 297A); dies geschah als Antwort auf eine sowjetische Rundfunksendung vom 30. April (ib., 284A).
77 FO. 371/ 47899, 89.
78 *Polemic*, Sept. - Okt. 1946, v, S. 48 f.
79 Zu britischen Vorschlägen siehe WO. 32/ 11681, 190A (9A - 17A); WO 32/ 11139, 335A.
80 *Foreign Relations of the United States*, 1945, v, S. 1092.

5

1 WO. 32/ 11137, 51A, 182A.
2 Ib., 144A. Vgl. WO. 32/ 11119, 32A.
3 Ein Beispiel für die zynische stillschweigende Folgerung des Statuswechsels ist General Wassiljews Geständnis, daß er die Gefangenen innerhalb umzäunter Lager wissen wolle: sie sollten nur nicht als Gefangene bezeichnet werden (ib., 62A).
4 *Foreign Relations of the United States, 1944,* iv, S. 1254 f; vgl. S. 1261.
5 WO. 11137, 128A, 129A, 145A, 147A; WO. 32/ 11647, 1C.
6 Ib., 207A.
7 Ib., 215A; WO. 32/ 11119, 62A.
8 WO. 32/ 11137, 179A.
9 Ib., 194A; PREM. 3.364/ 8, 270.
10 Professor Trevor-Roper bringt diese als die zwei Erwägungen vor, die zur britischen „Behauptung der Notwendigkeit" führten *(Das letzte Geheimnis,* S. 10).
11 WO. 32/ 11137, 225A.
12 Ib., 220A; PREM. 3.434/ 4, 34 - 5, 63.
13 PREM. 3.364/ 8, 250 - 6.
14 Vgl. *Joseph Stalin: Man and Legend,* S. 270.
15 WO. 32/ 11137, 119A, 120A, 162A, 185A, 188A, 217A.
16 Ib., 301A. Sowjetische Berichte hatten zuvor erklärt, daß „Terroristenmethoden angewendet würden, um Sowjetbürger für die Fremdenlegion zu rekrutieren" (*Foreign Relations of the United States, 1944,* iv, S. 1263 f.)
17 „Voinov", *Outlaw,* S. 241; FO. 371/ 56719. Im Januar 1946 befürchtete das NKWD, daß der Westen im Begriff sei, eine russiche Emigrantenarmee zur Eroberung Rußlands zu entsenden (*Outlaw,* S. 241).
18 *Foreign Relations of the United States, 1944,* iv, S. 1251 f.
19 WO. 32/ 11137, 263A.
20 WO. 32/ 11119, 105A - B. Am 28.1.46 drückte Brimelow die gleiche Ansicht aus (FO. 371/ 57835).
21 WO. 32/ 11137, 379A.
22 Ib., 298A.
23 Ib., 303A, 310A; 311A. Eden hatte jedoch von einer derartigen Bezeichnung am 16. Oktober 1944 gegenüber Molotow nachlässig Gebrauch gemacht (PREM. 3.43, 34).
24 WO. 32/ 11137, 312A; vgl. 313 A. Zu Kommentaren des Innenministeriums über diesen Vorschlag siehe 320A.
25 FO. 371/ 37010.
26 WO. 32/ 11137, 321A, 322A.
27 Ib., 383A.
28 WO. 32/ 11681, 9A; vgl. 11A; WO. 32/ 11137, 327A.
29 Ib., 390A (Wortlaut des Abkommens).
30 WO. 32/ 11681, 144A; vgl. FO. 371/ 47895.
31 WO. 32/ 11647, 11A; FO. 371, 47897.
32 WO. 32/ 11647, 10A, 11A.
33 Vgl. CAB. 88/ 30, 452; WO. 32/ 11137, 257A.

34 Ib., 327A.
35 WO. 32/ 11683, 107A.
36 „Desertierter Zivilist": ein kurioser Begriff, der vielleicht unbewußt die Haltung des Foreign Office gegenüber politischen Flüchtlingen illustriert.
37 FO. 371/ 47908, 253 - 9; vgl. FO. 371/ 47907. Faschenko war am 15.5.28 geboren (WO. 32/ 11119, 99D). Vgl. ib., 177A, FO 371/ 56711.
38 FO. 371/ 47909, 191 - 4; vgl. FO. 371/47910. Krochin selbst ergab sich später im gleichen Jahr unter etwas merkwürden Umständen, die das Foreign Office annehmen ließen, es habe sich bei ihm um einen sowjetischen Trick gehandelt. (FO. 371/ 47910, 222).

6

1 Die Photographie einer solchen Gruppe erschien mit einem naiven Kommentar in einer stalinfreundlichen britischen Publikation, sehr passend *The Leader* betitelt (14/ 4/ 45, S. 6). Derartige Aufmerksamkeit der Presse war selten.
2 FO. 371/ 43382, 59.
3 Ib., 80 - 81.
4 Ib., 75.
5 Ib., 79.
6 WO. 32/ 11119, 14B - D, 17B.
7 Ib., 13A; vgl. 12A.
8 Ib., 10A, 17A - B, 18A; WO. 32/ 11137, 103A - 105A.
9 Ib., 107A.
10 WO. 32/ 11119, 26A - B, 29A.
11 Wie gezeigt werden wird, war Soldatenkow ein Renegat in sowjetischen Diensten, der in diesem Falle zweifellos für sie tätig war.
12 Великое предательство, ii, S. 227 ff; WO. 32/ 11119, 42A - B; FO. 371/ 56714. Geoffrey Wilson im Foreign Office war von der „Verschwörung" beeindruckt (WO. 32/ 11119, 26A). Als Rechtfertigung der Sorgen des Foreign Office und der sowjetischen Botschaft sei zugegeben, daß wenn eine lautstarke und aktive Weiße russische Gruppe mit den Gefangenen Kontakt aufgenommen hätte, die weitverbreiteten Ängste der Gefangenen an die Öffentlichkeit gedrungen wären und dies wiederum zu massenweisen Fluchtversuchen und Protesten geführt hätte, die sehr wahrscheinlich auch das fadenscheinige Gesetz über die Alliierten Streitkräfte gesprengt hätten.
12a N. M. und M. V. Zernov (Hrsg.), За рубежом, Paris 1972, S. 346. Dr. Nikolai Zernov, ein emigrierter russischer Priester, hat mir berichtet, daß verschiedene Gefangene sein Londoner Haus besuchten und am Ostertag 1945 in der russisch-orthodoxen Kirche in der Buckingham Palace Road zur Kommunion kamen.
13 WO. 32/ 11119, 18A, 21A, 22A, 27A, 36B; WO. 32/ 11137, 108 A, 114A, 115; Berichte von Brigadegeneral Firebrace und Mr. Jes-

man. Einige Tage später besuchten sowjetische Offiziere auch das Lager in Kempton Park und gaben den Gefangenen bei dieser Gelegenheit noch positivere Zusicherungen (WO. 32/ 11119, 38A - B).

14 Ib., 24A, 25A, 39A - B.

15 Ib., 52D.

16 Ib., 65A; vgl. 19A.

17 PREM. 3/ 364, 277; vgl. WO. 32/ 11137, 226 A.

18 PREM. 3/ 364, 276.

19 Ib., 270.

20 WO. 32/ 11141, 11A.

21 Ib., 21A, 5A.

22 WO. 32/ 11119, 88A; WO. 32/ 11141, 20A; vgl. WO. 32/ 11137, 218A.

23 Oberstleutnant Tamplin, Mr. C. Jesman.

24 C. Jesman.

25 WO. 32/ 11141, 2A.

26 Ib., 33A - 35A, 48A, 49A; WO. 32/ 11119, 96A. Ein weiteres Telegramm befahl dem Kommandanten, keine Gewalt anzuwenden, wenn sich Gefangene weigerten, das Lager zu verlassen; statt dessen sollten sie bestraft und den Sowjetbehörden gemeldet werden (WO.32/ 11141, 38A).

27 Ib.,47B.

28 Ib., 51A.

29 FO. 371/ 43382, 174.

30 WO. 32/ 11119, 184A - B; FO. 371/ 43382, 185 - 6. Major Cregeens Bericht wurde von einem anderen Augenzeugen, dem amerikanischen Botschaftssekretär John F. Melby, bestätigt *(Foreign Relations of the United States, 1944*, iv, S. 1264). Vgl. *The Times,* 11/11/44. Die arbeitsfähigen Männer wurden sofort an die Nordwestfront geschickt, während Invaliden und alte Leute in sibirische Arbeitslager kamen (Великое предательство, ii, S. 231 f.).

31 WO. 32/ 11119, 145A.

32 PREM. 3/ 364, 255.

33 Ib., 250. Gleichzeitig empfahl Sir Orme Sargent den Stabschefs, die Schiffstransporte für die übrigen zu beschleunigen (WO. 32/11137, 280A).

34 Mr. H. Haley, ein russisch sprechender Marineoffizier, hat mir geschrieben, daß er einer verzweifelten Gruppe behilflich war, Spielkarten in einem Laden in Leeds zu kaufen. Nach ihrer Rückkehr werden die Gefangenen festgestellt haben, daß die Manie des Glücksspiels in den russischen Lagern überall verbreitet war (H.Becker, *Devil on My Shoulder,* London 1955, S. 155f.).

35 Vgl. David Caute, *The Fellow-Travellers: A Postscript to the Enlightenment*, London 1973, S. 61 f. Im Juli 1944 vermerkte ein Bericht des Geheimdienstes, daß eine große Anzahl der Kriegsgefangenen in Devizes „einige Ausbildung besitzen, während eine etwas kleinere Gruppe Analphabeten sind“ (FO. 371/ 43382, 80).

36 Stalin gab die Wiedereinführung der Schulterstücke für Offiziere der Roten Armee am 6. Januar 1943 bekannt.

37 Die Quellen für den vorangehenden Bericht sind WO. 32/ 11119, 211A & B, 216A, 219A, 220A; FO. 371/ 50606, 144 - 5, 214 - 9;

sowie Informationen, die mir Mr. und Mrs. Backshall zur Verfügung stellten.

38 WO. 32/ 11683, 96A

39 Die gleiche Szene wurde mir auch von Oberstleutnant Tamplin beschrieben.

40 WO. 32/ 11141, 64A, 71A, 80A, 118A.

41 Unto Parvilahti, *Beria's Gardens*, London 1959, S. 57; vgl. *Let History Judge*, S. 274; *Empire of Fear*, S. 65 f.; *It happens in Russia*, S. 193.

42 *Der Archipel Gulag*, S. 420

43 Vgl. „A. I. Romanov", *Nights are Longest There: Smersh from the Inside*, London 1972, S. 46.

44 *The Times*, 12/3/45. Der Moskauer Korrespondent wurde von Ronald Matthews, vom sozialistischen *Daily Herald* als „kritikloser Freund der Sowjetunion" beschrieben (CAB. 66/54, 125). Am 31. Dezember 1943 hatte *The Times* einen Artikel veröffentlicht, der begeistert über die öffentliche Hinrichtung deutscher Gefangener in Charkow berichtete. An verschiedenen Stellen kommt der latente Sadismus zum Ausdruck, der der westlichen Bewunderung der sowjetischen Diktatur so häufig zugrundegelegen zu haben scheint (vgl. Arthur Koestler, *Der Yogi und der Kommissar*, Esslingen 1950, S. 223 ff.).

45 WO. 32/ 11141, 20A.

46 Um TASS zu zitieren (FO. 371/43382, 174).

47 WO. 32/ 11119, 186A.

48 WO. 32/ 11141, 113B.

49 Ib., 104B.

50 Briefe vom 29.4.74 und 24.7.74.

51 Interview mit Mrs. Josef Garlinski, 14.5.74.

52 Prinz Lieven und Mr. Jesman; Denis Hills bemerkte die gleiche Praxis im Frühling 1945.

53 Vgl. den Bericht von Ronald Matthews (CAB. 66/54, 127).

54 Elinor Lipper, *Elf Jahre in sowjetischen Gefängnissen und Lagern*, Zürich 1950, S. 234 ff.; Robert Conquest, *Am Anfang starb Genosse Kirow*, Düsseldorf 1970, S. 408 ff. Averell Harriman scheint diese Reise noch immer nach der ihm zugekehrten Außenseite zu beurteilen (*Special Envoy to Churchill and Stalin*, S. 331 f.)

55 Milovan Djilas, *Gespräche mit Stalin*, Frankfurt 1962, S. 97.

56 FO. 371/ 409, N. 7584.

57 Die Quellen für diesen Bericht über die Fahrt der *Almanzora* sind eine Beschreibung, die Mr. Jesman dem Verfasser gab, sowie sein damaliger Bericht, der in WO. 32/ 11119, 323C enthalten ist.

58 WO. 32/ 11137, 141A.

59 WO. 32/ 11119, 64A, 78A.

60 Ib., 112A.

61 Ib., 93A - B.

62 IB., 230A, 231A.

63 Ib., 240A - B, 241A - F, 265A - D; WO. 32/ 11683, 5B.

64 FO. 371/ 47897, 5 - 6.

65 FO. 371/ 43382, 75.

66 FO. 371/ 47897, 108 - 9.

67 Ratow irrte sich: Hunderte entkamen während der Invasion (vgl.

Forced Labour in Soviet Russia, S. 107; Bernhard Roeger, *Katorga: An Aspect of Modern Slavery*, London 1958, S. 21. *Gegen Stalin und Hitler*, S. 18 ff. Einige traten der Wlassow - Bewegung bei; dies erinnert an die römischen Sklaven, die im Jahre 409 aus der Stadt flohen und sich der eindringenden Armee Alarichs anschlossen (J. B. Bury, *History of the Later Roman Empire*, London 1923, i, S. 177).

68 FO. 371/ 47897, 111 - 3.

69 Informationen, die Mr. E. G. Henson zur Verfügung gestellt hat, dem hierüber von einem britischen Offizier der Begleitmannschaft berichtet wurde.

69a Ein Augenzeugenbericht über die harte Behandlung der Gefangenen, die ungefähr am 21. Mai 1945 in Odessa aus der *Ascanius* ausgeschifft wurden, erschien in *The Daily Telegraph*, 22/ 2/ 78.

70 WO. 32/ 11119, 323B.

70a „Am Ende des Krieges bestand das Erschießungskommando aus flachshaarigen, schmächtigen Burschen, die fast noch Kinder waren... Es gingen Gerüchte um, daß sie die Söhne von Tscheka - Angehörigen waren, die für ihre sichere Beschäftigung als Schergen gesorgt hatten, um sie vor dem Dienst an der Front zu bewahren". (Dimitri Panin, *The Notebooks of Sologdin*, London 1976, S. 230).

71 WO. 32/ 11119, 323A.

72 FO. 371/ 47901, N. 7586.

73 FO. 371/ 48908, 162. Er argumentiert weiter, daß Edens Versprechen bei der Tolstoi - Konferenz und die bisherige konsequente Anwendung der Zwangsrepatriierung der Politik eine ansehnliche Legalität verliehen.

74 Siehe auch als Beispiel Augenzeugenberichte von Offizieren der Roten Armee (*Ich wollte Mensch sein*, S. 71 ff.; *Comrade X*, S. 289.

75 FO. 371/ 47944, N. 5856.

76 *Elf Jahre in sowjetischen Gefängnissen und Lagern*, S. 240 ff. Eine 21jährige Polin bekam Syphilis und Gonorrhoe, nachdem sie in Magadan von zwanzig Kriminellen vergewaltigt worden war (S. 130).

77 FO. 371/ 47901, 44.

78 Ib., 48.

79 *The Dark Side of the Moon*, London 1946, S. 99; vgl. Anita Priess, *Verbannung nach Sibirien*, Manitoba 1972, S. 55f. Photographien der hungernden Kinder in GULAG - Lagern, siehe Elma Dangerfield, *Beyond the Urals*, London 1946.

80 *Verbannung nach Sibirien*, S. 61.

81 *Elf Jahre in sowjetischen Gefängnissen und Lagern*, S. 98 ff. Es ist lehrreich, die Behandlung der Kinder der Sträflinge in vorrevolutionärer Zeit zum Vergleich heranzuziehen; vgl. James Young Simpson, *Side - Lights on Siberia: Some Account of the Great Siberian Railroad, the Prisons and Exile System*, London 1898, S. 249f., 295.

82 Auf einige seiner früheren Aktivitäten auf diesem Gebiet wird in FO. 371/ 29515, N. 4115 hingewiesen. Im Dezember zuvor lag Sabline sehr daran, Informationen über die Bemühungen russischer Emigranten zu erhalten, die den soeben befreiten Sowjetbürgern helfen wollten (FO. 371/ 51130).

83 WO. 32/ 11119, 26B.

84 FO. 371/ 47895, 128 - 30. M. Sabline und das Russische Haus waren natürlich den Mitgliedern der Londoner Weißen russischen Gemeinde seit langem bekannt.
85 FO. 371/ 47910, 222.
86 WO. 32/ 11647; Informationen von Mrs. Child, meinem verstorbenen Onkel, Mr. Auguste Bergman (Gesandter an der estländischen Legation) und von der lettischen Gesandtschaft in London. Wie mir Brigadegeneral Firebrace erklärte, führte das voraussichtliche Schicksal jener, die sich erfolglos darum bemühten, auf die umstrittene Liste zu kommen, dazu, daß viele nicht - sowjetische Staatsbürger die Repatriierung akzeptierten und ihrem Glück vertrauten.
87 FO. 371/ 47904, 154 - 9.
88 WO. 32/ 11647, 15A - 16A.
89 WO. 32/ 11683, 126A, 146A - B, 147 A. Ein verwaltungstechnischer Irrtum hatte die Repatriierung dieser Gruppe verzögert; sie war im August zu Sowjetbürgern erklärt worden (ib., 166).
90 Ib., 296A, 298A, 299A.
91 Akte zu Ende ib., 12A.
92 Nach September wurden sie in Lagern auf dem Kontinent interniert (WO. 32/ 11137, 302A).
93 Kindergruppen sind zum Beispiel in WO. 32/ 11119, 27A und WO. 32/ 11141, 26A angeführt.

7

1 Im Imperial War Museum befinden sich Photographien solcher Gefangenen (Karteiziffer: N. A. 15317 - 8, 7584, 16230 - 1, 16437, 19205).
2 Seit den dreißiger Jahren hatten die Kosaken auf Hilfe vom Ausland gewartet (*Ich wollte Mensch sein,* S. 201 f.).
3 Великое предательство, i, S. 63 f.
4 Dies ist selbstverständlich eine sehr kurze Fassung der Geschichte des *Kasatschi Stan.* Reichliche Dokumentation ist in ib., S. 19 - 110, 256 ff. enthalten; *Tragödie an der Drau,* S. 110 ff. Ich erhielt wertvolles zusätzliches Material von Mrs. Tatiana Nikolaevna Danilievitch, die sich mit ihrem Mann in Nowogrudok zu den Kosaken gesellte und sie nach Tolmezzo und später nach Lienz begleitete.
5 Diese ebenfalls kurze Zusammenfassung fußt auf Berichten des kaukasischen Befehlshabers, Sultan Keletsch Girei (WO. 170/4461), und eines ossetischen Kavallerieoffiziers, G. Tuajew (Великое предательство, ii, S. 96 ff.). „Jaschwili“ (dessen Geschichte im Kapitel 1 geschildert wurde) arbeitete für das georgische Komitee in Berlin, als dieses im Februar 1945 nach Norditalien verlegt wurde. Ich habe auch Hilfe von Mr. Witalis Ugrechelidze erhalten, einem Georgier, der damals zeitweilig in der Paluzzo - Siedlung war.
6 Dies hat mir Mr. Patrick Martin - Smith berichtet, der damals zu einer örtlichen SOE - Einheit gehörte. Die Verbrechen der „Kosaken“ in der Carnia wurden am 10/ 11/ 74 im *Sunday Telegraph* als Leser-

brief von Mr. Richard Darwall veröffentlicht. Wenn dieser Bericht zutrifft, so gehörten sie in den Rahmen der bewußten deutschen Politik und stellen höchstens eine weitere Entschuldigung der Kosaken dar, da sie im Gegensatz zu den Kaukasiern nicht deutschen Befehlshabern unterstanden. Unter den Kaukasiern gab es Männer der gleichen Stämme, die zur gleichen Zeit die grauenhaften Verbrechen in Südfrankreich verübten. Eine verläßliche Kosaken - Quelle gibt die Schuld eindeutig den undisziplinierten Kaukasiern (Nikolai Krasnow, *Verborgenes Rußland,* Berlin 1962, S. 10). In Anbetracht des ritterlichen Betragens von Marschall Giovanni Messes Korps in Rußland, wäre jegliche Ausschreitung der Kosaken als um so ehrenloser anzusehen (vgl. Peter J. Huxley-Blythe, *The East Came West,* Caldwell, Idaho 1964, S. 37ff.).

6a Mr. Patrick Martin-Smith hat mir inzwischen geschrieben und darauf hingewiesen, daß der Kontakt zwischen den Kosaken und den Briten im Herbst 1944 aufgenommen worden war und die Kosaken den Deutschen bei der „Säuberungsaktion" gegen die Partisanen halfen.

7 WO. 170/ 4988. Leider haben die Kriegstagebücher keine Seitenzahlen, aber im allgemeinen ist das Datum ein ausreichender Hinweis.

8 Die niederen georgischen Fürsten leiteten, wie die Edelleute des frühgeschichtlichen Irland, ihren Rang aus der Anzahl des Viehs in ihrem Besitz ab.

9 WO. 170/4461; WO. 170/5022; FO. 371/47955. Ungefähr zu dieser Zeit erschien eine junge Georgierin in Udine, die sich als Sekretärin der georgischen Befreiungsbewegung bezeichnete, und nahm Kontakt mit der dortigen SOE - Einheit auf. Sie war gekommen, um die Alliierten zu bitten, Georgien vom sowjetischen Joch zu befreien und war den ganzen Weg aus Georgien „per Anhalter" gereist! (Information vom verstorbenen Mr. Edward Renton).

10 Великое предательство, i, S. 114, ii, S. 21f.

11 Ib., ii, S. 100. Die gleichen Deutschen machten zunächst den vergeblichen Versuch, den Auszug zu verbieten (S. 171).

12 *Tragödie an der Drau,* S. 156 ff.; Великое предательство, i, S. 258.

13 Mauthen und Kötschach sind zwei nur von der Gail getrennte Dörfer und können als ein Ort betrachtet werden.

14 Vgl. Великое предательство, i, S. 115. Ein Korrespondent der *Times* war, wie berichtet wird, in der Gegend (ib., S. 23, 29 f.). Nicholas Bethell glaubt, daß die Deutschen den Kosaken befahlen, anzuhalten, aber nicht in der Lage waren, für die Durchführung des Befehls zu sorgen (*Das letzte Geheimnis,* S. 118 f.).

15 Великое предательство, i, S. 135. Zu Berichten über die grauenvolle Reise von Tolmezzo nach Lienz siehe ib., S. 112 ff., 132 ff., 258; ii, S. 21 f.; *The East Came West,* S. 117 ff.; *Tragödie an der Drau,* S. 161 ff.; T. Kubansky, *A Memento for the Free World,* Paterson, N. J., 1960, S. 39 ff.

16 Vgl. *Verborgenes Rußland,* S. 27.

17 Великое предательство, ii, S. 20ff.; *Verborgenes Rußland,* S. 12.

18 Bethell nimmt an, daß das Treffen auf dem Bahnhof stattfand (*Das letzte Geheimnis,* S. 122), aber in Wirklichkeit handelte es sich um das weitaus bequemere Hotel Bahnhof.

19 Великое предательство, ii, S. 28ff; WO. 170/4461.
20 Великое предательство, ii, S. 23. Leider enthalten die Archive der *Times* und *Daily Mail* keinen Hinweis auf diese Interviews mehr; auch die Berichterstatter, die damals dort gewesen sein könnten, sind nicht mehr am Leben. Aber der Artikel *Babel Round Trieste* in der *Times* vom 15. Mai 1945 mag auf diesem Interview gefußt haben.
21 WO. 170/ 4461. Im Imperial War Museum befindet sich eine Photographienserie der Kosakenlager um Lienz, die am 9. und 10. Mai von einem Feldwebel Levy aufgenommen wurden (NA. 24983 - 7). Es existiert auch ein kurzer Film, der am 10. Mai gedreht wurde (A 924/ 12).
22 WO. 170/ 4461.
23 Великое предательство, i, S. 139, 142, 170. Eine Namensliste war sieben Monate zuvor (am 8. September 1944) in Gemona aufgenommen worden (ib., ii, S. 95f.). Da Domanow am 27. Mai eine Liste der Offiziere anforderte (ib., S. 211 f.), scheint es, daß seinem Stab keine neuere Ziffer zur Verfügung stand.
24 Ib., S. 101. Am 26. Mai hielten die *Buffs* eine Zählung der Kaukasier ab (WO. 170/ 4993), aber Oberstleutnant Malcolm hat mir gesagt, daß die Kosaken nicht gezählt wurden. Hierfür spricht auch der Umstand, daß die Kosaken am 27. Mai selbst eine Liste der Offiziere nach dem damaligen Stand aufstellten (Великое предательство, i, S. 212).
25 Nicholas Bethell geht mit der Annahme fehl, daß Musson den Kosaken Befehl gab, in eine Gegend westlich von Lienz zu ziehen *(Das letzte Geheimnis*, S. 123); ihre vorgeschobenen Einheiten waren bereits dort eingetroffen, wie Mussons Befehl vom 7. Mai zeigt (WO. 170/ 4461).
26 WO. 170/ 4993.
27 Brig. H. N. H. Williamson, *Farewell to the Don,* London 1970, S. 148; S. A. Malsagoff, *An Island Hell: A Soviet Prison in the Far North,* London 1926, S. 14; V. Naumenko (Hrsg.), Сборник материалов о выдаче казаков в Лиенце и других местах в 1945 году, Orangeburg 1956, xiii, S. 10.
28 Informationen von Prinz Azamat Guirey.
29 WO. 170/ 4388; WO. 170/ 4988.
30 WO. 170/ 4389.
31 Великое предательство, i, S. 140.
32 Peter Kenez, *Civil War in South Russia, 1918,* Berkeley 1971, S. 271 f. Zur Rekrutierung russischer Kriegsgefangener in Deutschland siehe John Silverlight, *The Victor's Dilemma,* London 1970, S. 321.
33 Zu General Krasnows Leben zwischen den Kriegen siehe *The East Came West,* S. 45 ff.; *Civil War in South Russia, 1918,* S. 46, 140 ff., 269 ff.; *The Victor's Dilemma,* S. 275.
34 WO. 170/ 4396.
35 WO. 170/ 4461; WO. 170/ 4988; *Tragödie an der Drau,* S. 188 ff.
36 *Farewell to the Don,* S. 68 f., 105f.; vgl. S. 20 f., 107; *Civil War in Soth Russia, 1918,* S. 181 ff.
37 Sven Steenberg, *Wlassow: Verräter oder Patriot?,* Köln 1968, S. 128. Seine Ansichten über die Rolle und Organisation der Kosaken

scheinen intelligent gewesen zu sein (ib., S. 135), werden aber vermutlich wenig Gewicht gehabt haben.

38 Es ist erfreulich, mitteilen zu können, daß diese alte Dame nicht repatriiert wurde, und Major Davies erinnert sich, daß sie einige Monate später noch immer in Peggetz lebte.

39 Великое предательство , ii, S. 48f.; *Tragödie an der Drau,* S. 185 f.

40 Ib., S. 183; Великое предательство, i, S. 140.

41 WO. 170/ 4988.

42 *The East Came West,* S. 147; Великое предательство, i, S. 140.

43 *Tragödie an der Drau,* S. 186 f.; Великое предательство, i, S. 140; ii, S. 37.

44 WO. 170/ 4993; WO. 170/ 4241.

45 Великое предательство, i, S. 122. In Anbetracht der Ereignisse des nächsten Tages können wir diese Version als nur allzu wahrscheinlich gelten lassen. Vgl. S. 140. Domanow glaubt, daß die britische Aktion die Folge der von den Kaukasiern verübten Ausschreitungen war (*Verborgenes Rußland,* S. 18, vgl. S. 15 f.). Die Waffen waren ohnehin knapp (WO. 170/ 4241 -- sie werden in WO. 170/ 4988 aufgeführt).

46 WO. 170/ 4396. Gleichzeitig wurde ein umfassender Befehl an alle im Drautal stehenden Truppen gegeben, der Alarmbereitschaft vorsah sowie Streifen, um Fluchtversuche oder Widerstand gegen die Entwaffnung zu unterbinden (ib.).

47 „Es besteht kein Zweifel, daß die Offiziere beider Streitkräfte alles Mögliche getan haben, um für die Ausführung des Entwaffnungsbefehls zu sorgen, den ihnen die britischen Bataillone erteilt hatten.“ (WO. 170/ 4461).

48 *Verborgenes Rußland,* S. 19 ff.

49 Великое предательство, i, S. 141, 273 f.

50 Ib., S. 275; „In Afrika“, wie Alexander Shparengo mutmaßte (S. 161).

51 Ib., S. 244 ff.

52 Ib., S. 179 f.

53 Ib., S. 153 f., 181.

54 Zu Krasnows und Domanows Vertrauen zu den Briten siehe *Verborgenes Rußland,* S. 15, 17 f.

55 Великое предательство, i, S. 158 f.

56 Ib., S. 142.

57 WO. 170/ 4461. Eine interessante Analyse der Statistiken siehe in Великое предательство, i, S. 144 f.

58 Ib., S. 150 f.; ii, S. 196.

59 Ib., i, S. 149 f.

60 Ib., S. 159 ff.

61 Bericht von General Sir Geoffrey Musson. Zu den Geschehnissen am 28. Mai vgl. *Tragödie an der Drau,* S. 194 ff.

8

1 Dieser Bericht sowie auch viele andere Einzelheiten in diesem und dem voraufgegangenen Kapitel fußen auf Informationen von General Sir Geoffrey Musson, Oberstleutnant Alec Malcolm und Major W. R. Davies.
2 Великое предательство, i, S. 141, 148; ii, S. 21, 41 f., 299.
3 *Das letzte Geheimnis,* S. 161. Die Anklage, daß der *Kasatschi Stan* erbittert im Krieg gekämpft habe, wird auf S. 136, 200 und 241 wiederholt, ebenso von Professor Trevor-Roper in seiner Einleitung (S. 12).
4 WO. 170/ 4461; vgl. Kriegstagebuch der *Buffs,* Eintragung 13. Mai (WO. 170/ 4993).
5 *The East Came West,* S. 72, 206.
6 Er kam am 12. Februar aus Berlin in Tolmezzo an (Великое предательство, i, S. 99).
7 Information von Mrs. Tatiana Danilievitch. Zum Glück konnte sie mit ihrem Mann den Repatriierungen in Lienz entgehen.
7a Zoe Polaneska (die heute in Schottland lebt) war damals 17 und stammte aus Odessa. Sie war aus Auschwitz befreit worden und kam erst eine Woche vor der Auslieferungsaktion in Peggetz an. Sie wurde im Handgemenge schwer verletzt und vom Bataillonsarzt, Dr. Pinching, zusammengeflickt. Er beobachtete, wie sie zweimal auf einen Lastwagen geworfen wurde. Trotzdem gelang es ihr, in dem allgemeinen Wirrwarr zu entkommen. Dies war ihr einziger Kampf gegen die Alliierten.
8 WO. 170/ 4388; WO. 170/ 4396.
9 WO. 170/ 5025.
10 WO. 170/ 4993; WO. 170/ 4461; Великое предательство, i, S. 106.
11 Ib., ii, S. 66.
12 *Das letzte Geheimnis,* S. 172.
13 Ib., S. 160; *The East Came West,* S. 127, 183 f.; *Verborgenes Rußland,* S. 41 f. Domanows Adjutant und Dolmetscher Butlerow glaubt, daß Domanow böse Vorahnungen gehabt habe, jedoch wegen mangelnder Beweise der Meinung gewesen sei, daß es zu Unruhen geführt hätte, wenn er hierüber offene Mutmaßungen angestellt hätte, und damit britische Unterdrückungsmaßnahmen gerechtfertigt worden wären. (Ib., S. 18f.)
14 Information von Oberstleutnant Malcolm.
15 Великое предательство, i, S. 166, 178.
16 Ib., S. 278, 300; *Verborgenes Rußland,* S. 26; *The East Came* West, S. 206. Die Verfasser von *The East Came West* geben fälschlich an, daß die Gesuche Oberstleutnant Malcolm übergeben wurden; sie wurden jedoch Oberstleutnant Bryar ausgehändigt. Der Brief an Alexander erinnerte noch einmal an den gemeinsamen Kampf gegen die Bolschewiken (Великое предательство, i, S. 269).
17 Ib., S. 176; ii, S. 67 f.
18 WO. 170/ 5025.
19 Великое предательство, i, S. 191 f; vgl. S. 194 ff. Man kann sich denken, daß dieser Vorfall den absurden Verdacht schürte, General Domanow habe die Kosaken verraten. Hierzu ist nur zu sagen,

daß wenn Vertrauen zu den Briten Verrat war, General Krasnow ebenfalls verdächtigt werden müßte, da auch er auf ihre Ehrenhaftigkeit baute (*Verborgenes Rußland,* S. 14f.).

20 Великое предательство, i, S. 166; ii, S. 300.

21 Keletsch Girei gab eine ähnliche Antwort, als man ihn aufforderte, seinen Kaukasiern einen derartigen Befehl zu erteilen (ib., i, S. 169).

22 ib., i, S. 178.

23 Ib., S. 167, 270; ii, S. 278 f., 300 f.

24 WO. 170/ 5025. Vgl. *Verborgenes Rußland,* S. 28 ff.

25 BBC-Sendung, 29. Oktober 1974 (Siehe *Radio Times*, 24/10/74, S. 13); Великое предательство, i, S. 166, 270. Der Offizier, der den Selbstmordversuch machte, hieß Sutulow, er wurde in ein Lazarett gebracht (ib., ii, S. 300).

26 Ib., S. 167 ff.

27 WO. 170/ 4461; WO. 170/ 5034; Von einem Offizier wurde gesagt, er sei auf der Reise geflohen (Великое предательство, i, S. 169 f.).

28 Ib., 167, 269.

29 Ib., S. 301; WO. 170/ 4461 (Berichte von Major Goode vom 56. *Recconnaissance Regiment* und Feldwebel Charters von den 2. *Lancashire Fusiliers);* BBC-Sendung, 29. Oktober 1974.

30 WO. 170/ 5025.

31 Brief vom 7.11.74; vgl. auch *The Sunday Express,* 25/ 8/ 74. Weitere Berichte über die Verlegung der Kosakenoffiziere von Lienz nach Judenburg siehe *Tragödie an der Drau,* S. 226 ff.; *The East Came West,* S. 132 ff.; *Das letzte Geheimnis,* S. 168 ff.; *„The Kensingtons": Princess Louise's Kensington Regiment,* London 1952, S. 225 ff. Statistiken über die Offiziere siehe Великое предательство, i, S. 144 ff.

32 Information von General A. Holmston-Smyslovsky, der Nikolai Krasnow in Buenos Aires kannte. Ich bin dem verstorbenen Oberstleutnant Graf Stepan Zamoyski zu Dank verpflichtet für die Leihgabe der englischen Ausgabe von Nikolai Krasnows Memoiren.

33 Великое предательство, i, S. 174; Photographien der Brücke und des Stahlwerkes sind in Bd. ii, zwischen den Seiten 128 f., enthalten. Der ermordete Offizier hieß Kraus (*So gingen die Kosaken durch die Hölle,* S. 54).

34 *Nights Are Longest There*, S. 153 f.; diese Beschreibung stimmt selbst in nebensächlichen Einzelheiten mit der von Nikolai Krasnow überein und ist ein schlagender Beweis für die Genauigkeit des Berichts von Krasnow. Schkuro war jedoch mit dem Britischen Empire - Orden und nicht dem St. Michael- und St. George - Orden ausgezeichnet worden.

35 *Der erste Kreis* schließt mit einem ironischen Kommentar über dieses Thema; vgl. auch *Der Archipel Gulag,* S. 496 f. Solche Lieferwagen wurden auch benützt, um die Leichen aus dem Gefängnis Lubjanka zu schaffen. (Peter Deriabin und Franz Gibney, *The Secret World,* London 1960, S. 138).

36 *Verborgenes Rußland,* S. 75; vgl. S. 228 ff.

37 Vgl. besonders *Nights are Longest There,* S. 236 ff.

38 Z. Stypulkowski, *Invitation to Moscow*, London 1951, S. 266, 294.
39 *Verborgenes Rußland*, S. 139 f.
40 Zitiert in Великое предательство, ii, S. 296 f.
41 *Verborgenes Rußland*, S. 78 f.; vgl. S. 129. Einige weitere Einzelheiten über den Aufenthalt der Generäle in der Lubjanka wurden von einem Mitgefangenen geschildert, einem deutschen Rundfunkkommentator (Erich Kern, *General von Pannwitz und seine Kosaken*, Ohlendorf 1971, S. 196). Das Museum enthält zweifellos auch die Gruppenphotographie, die in Baden bei Wien aufgenommen wurde.
42 *Verborgenes Rußland*, S. 78 f., 256 f., 334 f.
43 *Nights Are Longest There*, S. 151, 236, 248. Siehe auch die Ängste des Verfassers (S. 240).
44 *Moscow Mission 1946 - 1949*, S. 115.
45 *All in One Lifetime*, S. 378 f. Der MWD schuf die besondere „EM" Abteilung, um die Emigranten zu überwachen *(Empire of Fear*, S. 257, 261 ff., 287).
46 *Ein Haus auf Sand gebaut*, S. 460.
47 Nikolai Krasnows Verhörbeamte im Gefängnis Lefortowo bemühten sich besonders, ihn zu dem Geständnis zu bringen, daß er „ein Saboteur und Terrorist" gewesen sei *(Verborgenes Rußland*, S. 102 f.).

9

1 Великое предательство, i, S. 156.
2 Ib., S. 181 ff.
3 Ib., i, S. 183 ff. Wo möglich, habe ich Olga Rotowas wertvollen Bericht mit Major Davies überprüft. Zu Major Davies Behauptung am Morgen des 29. Mai, er habe nicht gewußt, daß die Offiziere nicht zurückkehren würden, vgl. Bericht einer anderen englisch sprechenden Kosakin (ib., S. 123).
4 WO. 170/ 4461.
5 Великое предательство, i, S. 124, 147, 199; ii, S. 60.
6 *Tragödie an der Drau*, S. 234 f. Великое предательство, i, S. 124.
7 Ib., S. 124 ff.
8 Ib., S. 186; *Tragödie an der Drau*, S. 236.
9 WO. 170/ 4461.
10 Великое предательство, i, S. 106 f.; ii, S. 171 ff.
11 WO. 170/ 4461.
12 Ib.; WO. 170/ 4993.
13 *I Chose Freedom*, S. 405. Viktor Kravchenko hörte über diesen Vorfall, als er für *Sownarkom*, die Behörde, die derartige Werke unter Kontrolle hatte, tätig war.
14 WO. 170/ 4993; WO. 170/ 4461.
15 Vgl. *Forced Labor in Soviet Russia*, S. 271.
16 Великое предательство, ii, S. 74 ff. Vgl. die rührende Ge-

schichte über den Abschied, den ein Astrachan - Kosak von seinem Kamel nahm, in *The East Came West.*, S. 71 f.

17 Великое предательство, i, S. 190.

18 Ib., S. 259.

19 *Die Kosakische Tragödie, Nationalzeitung* (30/ 5/ 75). S. 6.

20 WO. 170/ 4461; Великое предательство, i, S. 225 f.

21 WO. 170/ 4461; Великое предательство, i, S. 229.

22 Ib., S. 200 ff. Lord Bethells Auffassung, daß die Soldaten „versuchten, die Leute von der Brücke zu stoßen" *(Das letzte Geheimnis,* S. 211) ist irrig. Reverend Kenneth Tyson hat mir gesagt, daß er gesehen habe, wie die *Argylls* versuchten, „sie daran zu hindern, über die Brücke in die ‚Freiheit' zu gelangen".

23 Великое предательство, i. S 227 ff.

24 Ib., S. 209. Dr. Pinching kann sich an diesen kurzen Wortwechsel nicht erinnern, sagt aber, daß er zu seinem damaligen Geisteszustand passe. Er sah, daß selbst der robuste stellvertretende Befehlshaber des Bataillons, Major Leask, weinte.

25 Ib., S. 205 f., 228 f.; ii, S. 54.

26 WO. 170/ 4461.

27 WO. 170/ 4988.

28 *Nationalzeitung,* 6/ 6/75.

29 Великое предательство, ii, S. 110 ff. Zu dem Vorfall mit dem Hund siehe auch ib., i, S. 233.

30 Ib., i, S. 134, 201, 233; ii, S. 54; *Nationalzeitung,* 30/ 5/ 75.

31 Великое предательство, i, S. 210.

32 Ib., S. 233. Dr. Pinching erinnert sich an ein „vier- oder fünfstöckiges Krankenhaus in Lienz", kann aber die Authentizität dieses Berichtes weder bestätigen noch verneinen. Am 29. Juni „teilte ein Militärarzt im Krankenhaus von NUISDORF dem dortigen Kompanieführer mit, daß die Mehrzahl der Leute die Absicht hätten, Selbstmord zu verüben." (WO. 170/ 5018).

33 Kosaken-Quellen, die die Namen der Familie angeben, erwähnen nur zwei Kinder (Великое предательство, i, S. 233; ii, S. 111).

34 Ib., i, S. 234.

35 Ib., S. 210.

36 Interviews in *Nationalzeitung* 6/ 6/ 75 und *Kleine Zeitung* (Klagenfurt 29/ 5/ 75). Als sich die Ereignisse des Morgens entwickelten, läuteten, wie berichtet wird, die empörten Österreicher die Kirchenglocken in Dölsach und an anderen Orten (Великое предательство, i, S. 221. Weitere Berichte über Selbstmorde siehe *So gingen die Kosaken durch die Hölle,* S. 19 f., 26).

37 Vgl. A. Petrovsky, *Unvergessener Verrat,* München 1965, S. 287.

38 WO. 170/ 4396.

39 Bethell hat versehentlich die zwei Episoden zusammengezogen (*Das letzte Geheimnis,* S. 197).

40 „In OBERDRAUBURG liegen die Leichen von acht KOSAKEN, die auf der Flucht erschossen wurden." (WO. 170/ 4389).

41 Kosaken - Berichte behaupten, in Peggetz habe es Panzerwagen („Tanketki") gegeben (Великое предательство, i. S 228). Dies stimmt nicht, aber ein Schwadron des 56. *Reconnaissance Regiment* kam den

West Kents zu Hilfe (WO. 170/ 4396). Wiederum wurden die zwei Warnsalven nicht in Peggetz abgegeben (wie in **Великое** предательство, i, S. 200, 225, behauptet wird), sondern in Oberdrauburg.

42 Der Bericht über die Unternehmungen bei Oberdrauburg ist den Kriegstagebüchern entnommen: WO. 170/ 5022; WO. 170/ 5018; WO. 170/ 4461.

43 Великое предательство, i, S. 206 f.

44 Information von Major J. W. French, der damals stellvertretender Bataillonskommandeur war. 60 Pferdeknechte der Kosaken wurden zurückbehalten, um für die Pferde zu sorgen, die die britische Armee in jenem Sommer zu Point-to-Point Rennen verwendeten (Великое предательство, ii, S. 81 ff. Zur Geschichte dieser Pferde und der schönen Stute Katinka vgl. Oberstleutnant A. D. Malcolm *History of the Argyll and Sutherland 8th Bataillon 1939 - 47*, London 1949, S. 252 ff; Oberstleutnant G. I. Malcolm of Poltalloch, *Argyllshire Highlanders 1860 - 1960*, Glasgow 1960, S. 116 f).

45 Vgl. Великое предательство, S. 55 f.

46 WO. 170/ 4461. An anderer Stelle im gleichen Dokument wird die Ziffer „auf etwa 4.100" geschätzt.

47 Великое предательство, i, S. 191.

48 WO. 170/ 4396; WO. 170/ 4461.

49 Eine lebendige Darstellung der Gefahren einer solchen erfolgreichen Überquerung siehe in Великое предательство, i, S. 201 ff. Nikolai Krasnows Frau Lily hielt sich in den Bergen versteckt und kehrte erst nach Peggetz zurück, als sie von der Amnestie hörte, die den alten Emigranten verspätet gewährt worden war. Ihr Mann hörte dies Jahre später von einem Kosaken im Kamyschlag - Lagerkomplex in der Nähe von Omsk (*Verborgenes Rußland,* S. 228, 340). Und Mrs. Tatiana Danilievitch mit mir erzählt, daß sie während der kritischen Zeit in einem Keller in Lienz versteckt lag.

50 WO. 170/ 4396.

51 WO. 170/ 4461; vgl. *Das letzte Geheimnis*, S. 224 ff.

52 WO. 170/ 4461; Information von Mr. Duncan Macmillan, dem Befehlshaber des Konvois.

53 Ich bin Mr. Reg Gray für die lebendige Schilderung seiner Erfahrungen verpflichtet sowie für die Gastlichkeit, die er mir in seinem Gasthaus zuteil werden ließ (The Ship, in Handbridge, Chester). Vgl. *Cheshire Observer*, 2/ 11/ 73.

10

1 *General von Pannwitz und seine Kosaken*, S. 161; *Unvergessener Verrat!* S. 145 f., 243 f.

2 Ib., S. 137; *General von Pannwitz und seine Kosaken,* S. 20 f. Bethell geht mit der Vermutung fehl, daß „Pannwitz ein russisch sprechender Balte" war *(Das letzte Geheimnis*, S. 118).

3 *Ein Haus auf Sand gebaut*, S. 403 ff.

4 *General von Pannwitz und seine Kosaken*, S. 126 ff. Zur Geschich-

te des Kosaken - Korps vgl. auch Oberst C. Wagner, *Zur Geschichte des XV. Kosaken - Kavallerie - Korps,* in: *Deutsches Soldatenjahrbuch 1972,* München 1972, S. 117 ff.

5 *General von Pannwitz und seine Kosaken,* S. 159 ff.

6 Vgl. Великое предательство, ii, S. 320.

7 Information von Oberst Sir Andrew Horsbrugh-Porter, Bart.

8 *The King's Royal Rifle Corps Chronicle, 1945,* Winchester 1946, S. 55; WO. 170/ 5026. Photographien der Waffenablieferung sind in der Sammlung des Imperial War Museum enthalten, 25020 - 2; und Film A 927/ 2.

9 Photographie im Imperial War Museum, Nr. 25019.

10 Information von Mr. Garry Maufe.

11 Zur Verteilung des 15. Kavallerie - Korps nach der Übergabe siehe WO. 170/ 4184; Великое предательство, ii, S. 172 f., 321; *Unvergessener Verrat!,* S. 147, 225.

12 Mitteilung von Brigadegeneral Hills an den Verfasser. Ein Bericht über Hills' Vorgeschichte in *The East Came West*, S.97, ist unrichtig und scheint auf einer Verwechslung der Personen zu beruhen.

13 Information von Mr. Jeremy Pemberton. Oberst von Renteln wurde am 28. Mai an das NKWD in Judenburg ausgeliefert. Eine Zeitlang war er in einem Lager in Stalinsk, südiich von Nowosibirsk, und soll später im Gefängnis gestorben sein (Великое предательство, ii, S. 325). Feldmarschall Alexander hat später erklärt, daß sein Status als Abgesandter nicht verletzt worden sei, da man ihm kein sicheres Geleit zugesagt hatte *(Wlassow: Verräter oder Patriot?,* S. 229).

14 Information von dem verstorbenen Mr. Edward Renton.

15 Information von Major Arthur Radley. Major Radley war Verbindungsoffizier beim Stab der 8. Armee und traf den Offizier, einen Major Himmighofen, bei Klagenfurt.

16 WO. 204/ 7211; Великое предательство, ii, S. 146.

17 WO. 170/ 4241.

18 Die Verlegung fand am 22. Mai statt (WO. 170/ 4241; Information von Brigadegeneral Clive Usher, der den Grund für die Verlegung bestätigt).

19 WO. 170/ 4352.

20 WO. 170/ 7211.

21 WO. 170/ 4352.

22 Ib.; WO. 170/ 4241.

23 Великое предательство, ii, S. 137 f., 141, 321.

24 Ib., S. 137, 145.

25 WO. 170/ 4241. Verschiedene deutsche Offiziere entkamen zu dieser Zeit. Zur „Gesucht" - Liste der 46. Division, vgl. WO. 170/ 4353.

26 Vgl. *Verborgenes Rußland,* S. 35, 57; *General von Pannwitz und seine Kosaken,* S. 195 f. Der Kosaken - Bericht über Pannwitz' Schicksal nach seiner Ankunft in Judenburg (Великое предательство, ii, S. 138 ff.) scheint eine Legende zu sein.

27 WO. 170/ 4352.

28 Information von Mr. M. A. C. Frewer.

29 *Wlassow: Verräter oder Patriot?,* S. 217; Information von Oberst

Constantin Wagner. Er bezeichnet Cherkassovs Kononov - Biographie als unzuverlässige Hagiographie.

30 WO. 204/ 7211.

31 Zu Augenzeugenberichten von Kosaken über diese Episode–siehe *Unvergessener Verrat!*, S. 102 ff., 267 ff.; Великое предательство, ii, S. 175 ff.

32 Information von Oberstleutnant Denys Worrall, vgl. ebenfalls WO. 170/5000; Laurence E. Stringer, *The History of the 16th Battaillon the Durham Light Infantry 1940 - 1946*, Graz o. J., S. 63 f.

33 *Unvergessener Verrat!*, S. 103. Eine Analyse der Gesamtzahlen ist in WO. 170/ 4353 enthalten. Über 7.000 Pferde wurden zur gleichen Zeit zurückgeführt. Nach der Auslieferung an die Sowjets wurden die Pferde noch eine Zeitlang von Pferdeburschen der Kosaken versorgt. Generalmajor Sir John Winterton erinnert sich, daß er Pferdekolonnen sah, die von Kosaken innerhalb der Sowjetzone geführt wurden.

34 Information von Generalmajor K. C. Cooper.

35 *Katorga*, S. 47. Es ist möglich, daß es sich hier um die Gruppe handelt, auf die auf Seite 163 Bezug genommen wird.

36 Information von General Sir Horatius Murray und Oberstleutnant Robin Rose Price; WO. 170/ 4337; WO. 170/ 4982; WO. 170/ 5026.

37 Information von Brigadegeneral Clive Usher, Brigadegeneral James Hills und Oberst Constantin Wagner.

38 Mitteilung von Brigadegeneral Hills.

39 Information von Mr. Garry Maufe.

40 WO. 170/ 4631; vgl. WO. 170/ 4832.

41 Der Vorfall im Lager Weitensfeld fußt auf den veröffentlichten Memoiren der Kosakenoffiziere V. Ostrovsky, A. Sukalo (Великое предательство, ii, S. 143 ff. und A. Protopopow (*Unvergessener Verrat!*, S. 73. f.); sowie auf Augenzeugenberichten von Major George Druzhakin, Brigadegeneral Clive Usher, Brigadegeneral James Hills, Oberstleutnant Robin Rose Price, Oberstleutnant Henry Howard und Reverend T. M. H. Richards. Vgl. auch WO. 170/ 5026. Das Imperial War Museum besitzt einen Film der Parade der *Welsh Guards* in Klagenfurt am 21. Mai (A 933/ 2).

42 Information von Reverend T. M. H. Richards, der mir überdies gesagt hat, daß damals viele Photographien aufgenommen wurden. Leider sind sie inzwischen zerstreut oder zerstört worden. Der Regimentsadjutant der *Welsh Guards*, Major D. R. P. Lewis, hat mir mitgeteilt, daß in den Archiven des Regiments keine Photos erhalten sind.

43 WO. 170/ 4629; Information von Oberst Sir Andrew Horsbrugh-Porter.

44 Великое предательство, ii, S. 152.

45 Informationen von General Sir Horatius Murray, Brigadegeneral Clive Usher, Brigadegeneral James Hills und Oberstleutnant Henry Howard.

11

1 WO. 32/ 11119, 230A.
2 BM. 3928/ PW1, 298A.
3 WO. 32/ 11119, 27A.
4 Ib., 103A.
5 WO. 32/ 11137, 6A.
6 Ib., 51A.
7 FO. 371/ 43382, 69; vgl. FO. 371/ 47903, 240.
8 WO. 32/ 11119, 153A.
9 WO. 204/ 2877.
10 FO. 371/ 4785; FO. 371/ 47896; FO. 371/ 47901; FO. 371/ 47902.
11 *Unvergessener Verrat!,* S. 104; *The East Came West,* S. 206.
12 Великое предательство, ii, S. 242, 246.
13 *Nights Are Longest There,* S. 154.
14 *Parliamentary Debates (Hansard) House of Lords Official Report,* London 1976, ccclxix, Spalte 314. Lord Hankey war jedoch 1945 nicht in der Abteilung Nord tätig, und das Beweismaterial deutet darauf hin, daß das Foreign Office keinen direkten Anteil an der Auslieferung alter Emigranten hatte.
15 *Das letzte Geheimnis,* S. 104.
16 *Tragödie an der Drau,* S. 230 f.; Vasil Ivanic, Стежками життя, Neu Ulm – Minnesota 1962, S. 294 f. Vgl. Statistiken in Великое предательство, i, S. 143 ff, 270 ff.
17 Ib., ii, S. 103.
18 Ib., S. 104.
19 Information von Major W. R. Davies. Vgl. Великое предательство, i, S. 231, 261.
20 WO. 170/ 4461. Der Umstand, daß viele der georgischen Offiziere aus Paris kamen, wurde ebenfalls vermerkt.
21 Information von Generalmajor P. B. Gillett, Sekretär der Central Chancery of the Orders of Knighthood.
22 Vgl. Robert Jackson, *At War with the Bolsheviks: The Allied Intervention into Russia 1917 - 1920,* London 1972, S. 180; *The Victor's Dilemma,* S. 277.
23 Theoretisch hatte er den Befehl über die Ausbildungseinheit des 15. Kosaken - Kavallerie - Korps, obwohl der effektive Befehlshaber in Döllersheim ein Oberstleutnant Stabenow war (Information von Oberst Wagner). Schkuro hatte, wie schon erwähnt, einen Wanderauftrag. Am 2. Mai 1945 war er nicht bei seiner Einheit. Der ukrainische General Shandruk begegnete ihm, völlig betrunken, in Völkermarkt (Generalleutnant Pavlo Shandruk, *Arms of Valor,* New York 1959, S. 273).
24 WO. 170/ 4241. Die „Ataman - Gruppe" bezieht sich höchstwahrscheinlich nicht auf Domanow und seinen Stab (der anderswo als „Hauptquartier Kosaken - Armee" bezeichnet wird (WO. 170/ 4988), sondern auf eine besondere Fallschirm - Sabotageeinheit, die als „Ataman - Gruppe" bekannt war (Великое предательство, i, S. 145). Zu General Schkuros „Reserveeinheiten" vgl. *General von Pannwitz und seine Kosaken,* S. 161; *Tragödie an der Drau,* S. 186 f.

25 *Das letzte Geheimnis,* S. 148; vgl. S. 178.
26 WO. 170/ 4241.
27 WO. 170/4388.
28 Information von Oberstleutnant Alec Malcolm.
29 Vgl. Cyril Ray, *Algiers to Austria: A History of 78. Division in the Second World War,* London 1952.
29a Brigadegeneral Musson muß seine mündlichen Befehle, welche die vorherige Anweisung, die Weißen abzusondern, außer Kraft setzte, vor dem 26. Mai erhalten haben, denn an diesem Tag erklärte er seinem Bataillonskommandeuren, daß sämtliche Kosaken zurückzuschikken seien (vgl. S. 243). Die Weisungen im Divisionsbefehl vom 28. Mai, Überprüfungsmaßnahmen zu treffen, sowie die Erklärung in Mussons Bericht vom 3. Juli, daß diese stattgefunden hätten, waren daher absichtlich irreführend. Aber wer sollte hierbei getäuscht werden? Vermutlich jemand, der noch über Keightley stand und von dem man erwartete, daß er den Mangel an Überprüfungsvorkehrungen beanstanden würde. Dies deutet darauf hin, daß es Alexander war, der auf diese Weise in Unkenntnis gelassen werden sollte. Ich habe mit Oberst Oddling-Smee darüber gesprochen, der mir bestätigt hat, daß er zu keiner Zeit auch nur eine Andeutung über die Möglichkeit einer Überprüfung erhielt.
30 WO. 170/ 4183, 460, 487.
31 Zu einem russischen Bericht über eine derartige Unternehmung in Ancona, Mitte Mai 1945, siehe Великое предательство, ii, S. 202; vgl. S. 220 f.
32 Zur Geschichte der ukrainischen Division siehe *The Patriotic Traitors,* S. 327 ff., 332. Ich habe mich hier auch auf einen eingehenden Bericht gestützt, den mir ein ehemaliger Angehöriger der Division, Mr. Mykola Wolynskyj, gegeben hat. Zur Potsdamer Konferenz und der späteren Geschichte der Division bis zu ihrer Freilassung, vgl. WO. 204/ 440; FO. 371/9804; FO. 371/ 47903; BM. 3928/ PW 1; FO. 371/ 57880.
34 Man kam einem letzten Wunsch nach und beerdigte General Wrangels Leichnam „in der kleinen russischen Kirche in Belgrad, die er als den letzten Zufluchtsort der Weißen Bewegung ansah". (*The Victor's Dilemma,* S. 359).
35 Die Geschichte über das Benehmen des Schutzkorps im zweiten Weltkrieg ist in D.P.Vertepov, Русский корпус на Балканах во время II Великой войны zu lesen; vgl. auch *Wen sie verderben wollen,* S. 251 f.; George Fisher, *Soviet Opposition to Stalin,* Harvard 1952, S. 97; *Tragödie an der Drau,* S. 202; *It Happens in Russia,* S. 412 ff., 427 f. Am 13. Mai hielt das 5. *Corps* „4.433 Weiße Russen" gefangen (WO. 170/ 4243), und es ist anzunehmen, daß sich dies auf das Schutzkorps bezieht, da es zu diesem Zeitpunkt in Österreich keine anderen überprüften Weißen russischen Gruppen gab. Im August, heißt es jedoch in einem Bericht, waren nur 2.700 in Klein St. Veit (FO. 371/ 47903, 184); viele mögen in der Zwischenzeit geflüchtet sein. Vgl. Ib., 185. Die letzten Tage des Schutzkorps vor der Übergabe sind von Ara Deljanic beschrieben worden (*Wolfsberg 375,* San Francisco 1975.) Vgl. FO. 371/ 5789, 5 - 6, FO. 371/ 56711.
36 Великое предательство, ii, S. 160. Die Sowjets überreichten

den Briten in Potsdam eine Beschwerde, daß Rogozhin bei Klagenfurt eine antisowjetische Streitkraft anführe (FO. 934/ 5 (42), 92).

37 *It Happens in Russia,* S. 400 ff.

38 Великое предательство, i, S. 250, 253; ii, S. 157, 159, 160, 204, 338; *Tragödie an der Drau,* S. 209 f. Die willkürliche Klassifizierung wird durch Major Ostrovskys Fall beleuchtet. Er wurde als Angehöriger des 15. Kavallerie - Korps als repatriierbar angesehen, während sein Bruder im Schutzkorps nicht der Auslieferung unterlag! (Великое предательство, ii, S. 160).

39 *Arms of Valor,* S. 291; *Foreign Relations of the United States: The Conference of Berlin,* i, S. 797. Am 22. Mai verwendete sich der Vatikan in ähnlicher Weise für andere Flüchtlinge (ib.)

40 Information von Mr. Oleg Kravchenko. Trotz eingehender Erkundigungen beim Hauptbüro des Britischen Roten Kreuzes und an anderen Stellen (ich bin der Archivistin Mrs. J. Fawcett für wertvolle Unterstützung zu Dank verpflichtet), ist es mir nicht gelungen, diesen ritterlichen Offizier ausfindig zu machen. Der Bericht über „Oberst Hills" in *The East Came West,* S. 97, scheint den echten Oberst Hills (der nie in Rußland gedient hat) mit dem Retter des Schutzkorps zu verwechseln. Beide Offiziere waren im gleichen Bereich tätig, aber Brigadegeneral Hills kann sich heute nicht mehr an den anderen erinnern. Es gibt jedoch gute Gründe zu der Annahme, daß es sich bei dem Retter des Schutzkorps um den verstorbenen Sir John Selby-Bigge gehandelt hat. Dies ist die Auffassung von Lady Falmouth (der ehemaligen stellvertretenden Vorsitzenden der British Red Cross Society). Hinzu kommt, daß wenigstens zwei weitere Fälle bekannt sind, in denen er General Keightley im Zusammenhang mit ähnlichen Ereignissen entgegentrat.

41 Information von Mr. Bruce Marshall.

42 Diese Rekonstruktion der Ereignisse des 28. und 29. Mai fußt auf Unterhaltungen mit Brigadegeneral Usher, Oberstleutnant Howard und Rose Price sowie Major Druzhakin; siehe auch WO. 170/4982 und WO. 170/ 5026.

43 Brigadegeneral G. L. Verney hatte angenommen, der erste Kosakengeneral, dem er bei seinem Vordringen nach Österreich begegnete, müsse notwendigerweise ein Kriegsverbrecher sein. Trotzdem schloß er sich während der Besprechung bei Brigadegeneral Usher den übrigen an, die sich dem Abtransport der Gefangenen entgegensetzten, da dies einem Todesurteil ohne Gerichtsverfahren gleichkommen konnte (maschinengeschriebene Memoiren von Generalmajor G. L. Verney, DSO, MVO, S. 142, die mir sein Sohn, Major Peter Verney, freundlicherweise zur Verfügung gestellt hat).

44 WO. 170/ 4396.

45 WO. 170/ 4988.

46 Hierzu sei bemerkt, daß sie sich nun außerhalb des Befehlsbereichs von Brigadegeneral Musson befanden.

47 WO. 170/ 4461.

48 *Verborgenes Rußland,* S. 332, Великое предательство , i, S. 238 ff.

49 Ib., ii, 56 f.

50 Information von Generalmajor H. E. N. Bredin und Brigadege-

neral C. E. Tryon-Wilson. Zur Aufgabe, die den *London Irish Rifles* übertragen war, siehe WO. 170/ 5045. Bethells Bericht (*Das letzte Geheimnis,* S. 222 f.) ist konfus; er hat anscheinend Oberst Bredins damaligen Aufgabenbereich nicht klar erkannt.

51 WO. 170/ 4461; WO. 170/ 4396; Великое предательство, i, S. 138, 240 f.

52 WO. 170/ 4461; Великое предательство, i, S. 208; ii, S. 35 f.

53 Auszüge aus einer Unterredung mit General Sir Horatius Murray. Vgl. seinen Leserbrief an *The Times,* 7/ 12/ 74.

54 1.225 wurden als „Pferdeburschen" geführt, die man später verschwinden ließ (Information von General Murray und Brigadegeneral Usher; die Zahl ist in WO. 170/ 4982 enthalten). Bethell zitiert ein Beispiel vom Verschwinden einiger 1.700 anderer (*Das letzte Geheimnis,* S. 199). Oberst Wagner meint, er habe etwa 10.000 Mann bei sich gehabt; weniger als 4.000 wurden am 29. und 30. Mai nach Judenburg geschickt (WO. 170/ 4982).

55 Der Einfachheit halber zitiere ich die englische Version (*Verborgenes Rußland,* S. 19 f). Hierin ist jedoch aus unerklärlichen Gründen der Name „Stone" anstelle von Major Davies gesetzt (vgl. N. N. Krasnow, Незабываемое 1945 - 1956, San Francisco 1957, S. 27).

56 Великое предательство , i, S. 141; vgl. S. 139, 142; *Tragödie an der Drau,* S. 195.

57 Im Jahre 1958 erinnerte sich Oberst Malcolm, daß zu jener Zeit Nachrichtenoffiziere des Divisionsstabs in Lienz anwesend waren (*The East Came West,* S. 212).

58 Великое предательство, i, S. 175.

59 In der Royal Library von Windsor befindet sich weder eine Abschrift noch eine Eintragung über den Erhalt (Information vom Bibliothekar, Sir Robert Mackworth-Young); ebenso steht es in der Bibliothek von Lambeth Palace (Information vom Bibliothekar Mr. E. G. W. Bill) und im Hauptbüro des Komitees des Internationalen Roten Kreuzes (Information von M. P. Vibert, Chef der Dokumentenabteilung).

60 *Verborgenes Rußland,* S. 33; Великое предательство, ii, S. 279. Dieser Bericht über den sowjetischen Empfang von Krasnow und Schkuro wird auch von einem anwesenden britischen Offizier bestätigt (*Das letzte Geheimnis,* S. 181).

61 WO. 170/ 4461.

62 *A Memento for the Free World,* S. 42.

63 WO. 170/ 4461.

64 *Civil War in South Russia,* S. 182; *Farewell to the Don,* S. 20; WO 170/ 4461; *Verborgenes Rußland,* S. 26; Великое предательство , i, S. 169 (vgl. S. 168), 172, ii, S. 104.

65 Ib., S. 169. Diese Waffen sind auf dem in Band ii zwischen S. 128 - 9 enthaltenen Photo Schkuros zu sehen.

66 WO. 170/ 4389. Alle Kosaken- und Kaukasier - Offiziere mußten am Morgen des 27. Mai ihre Säbel abliefern (Великое предательство, S. 122). Diese wurden gesondert von der übrigen Ausrüstung der Offiziere aufbewahrt, und Domanows Säbel wurde auf Befehl an die Sowjets nach Judenburg geschickt (WO. 70/ 4388). Der britische Offizier, der ihn ablieferte, bemerkte, daß der sowjetische Offizier

„sehr enttäuscht war", da es nicht sein „Paradesäbel" war (WO. 170/ 5025). Nicht übergeben wurde der schöne Kosakendolch (Kinschal), den Zar Nikolaus II, General Krasnow geschenkt hatte. Diesen bot Lydia Krasnow nach der Abfahrt ihres Mannes Major Davies an, der ihn jedoch höflich zurückwies.

67 WO. 170/ 4993; Великое предательство, i, S. 180; ii, S. 301; WO. 170/ 5025. Die Liste wurde im SMERSCH - Büro in Baden bei Wien geprüft, ehe sie nach Moskau weitergeleitet wurde *(Nights are Longest There,* S. 154).

68 FO. 371/ 51227. Das Interview ist vom 18.7.45 datiert, aber Lady Limerick erklärt mir, daß sie sich zwar an die Unterredung mit General Keightley erinnert, aber bei Durchsicht ihrer Tagebücher feststellt, im Juli nicht in Österreich gewesen zu sein. Das Interview hat anscheinend in England stattgefunden, wobei Keightley vielleicht nach England flog, um Selby-Biggs Anklagen zurückzuweisen.

69 Er war stellvertretender Generaladjutant in der Unterabteilung der Generaladjutantur zur Kontrolle der Verwaltungsdienste in Wien; später war er in der Verschleppten- und Kriegsgefangenenabteilung der Alliierten Kontrollkommission tätig. (Information von Major P. H. Hordle, Stab der *Grenadier Guards).*

70 *Unconditional Surrender in Austria,* in: *Journal of the Royal United Service Institution,* 1954, xcix, S. 265.

71 WO. 170/ 4241. Ein Wochenschaufilm von einem Besuch, den General Keightley am 12. Mai bei einem Sowjetgeneral in Wolfsberg machte, ist im Imperial War Museum (A 927/ 3).

72 Verteidigunsministerium Akte BM. 3928, 2A, 31A.

73 Ib., 18D. Andere gefangene Russen wurden damals an die Sowjets in Österreich ausgeliefert; den Sowjets war zur Zeit der deutschen Kapitulation in Italien zugesichert worden, daß „Wlassow" - Truppen wie bisher ausgeliefert würden (WO. 204/ 1596).

74 PREM. 3/ 364, 741 - 2.

75 BM. 3928, 4A.

76 Ib., 8A, 15A.

77 Ib., 7A, 24A, 26A, 40A; WO. 32/ 11119, 325A, 326A; BM. 3928, 37A.

78 Ib., 40B; vgl. 18C, 19A.

79 WO. 170/ 4241.

80 Dies ist Bethells Ansicht (*Das letzte Geheimnis,* S. 113).

81 WO. 214/ 4183; WO. 214/ 359.

82 WO. 170/ 4183, 487.

83 Nigel Nicholson, *Alex,* London 1973, S. 47 ff.

84 PREM. 3/ 364, 750; *The Second World War,* vi, S. 647. Vgl. *The Patriotic Traitors,* S. 365. Das Kriegsministerium wurde am gleichen Tag um die Information gebeten (BM. 3928, 9A - 11 A).

85 PREM. 3/ 364, 748.

86 BM. 3928, 18A, 22A.

87 PREM. 3/ 364, 254.

88 CO. 730/ 13; ich bin Dr. Martin Gilbert zu Dank verpflichtet, da er mir dieses und das folgende Zitat zur Verfügung gestellt hat.

89 15. Juli 1921 (CO. 730/3).

90 Vgl. Harold Macmillan, *The Blast of War: 1939 - 1945,* London

1967, S. 609 (dt. Auszüge in Harold Macmillan, *Erinnerungen*, Frankfurt - Berlin 1972).
91 *Tides of Fortune: 1945 - 1955*, London 1969, S. 17. Die britischen Gefangenen wurden nicht „ausgetauscht"; ihre Auslieferung hatte seit einigen Wochen reibungslos stattgefunden (vgl. BM. 3928, 18C, 19A).
92 Vgl. WO. 32/ 11137, 62C; 388A. Macmillan kann sich wohl kaum auf Weißrussen bezogen haben, da sich unter den Kosaken keine befanden.
93 *The East Came West*, S. 202 ff.; *Sunday Times*, 26/ 2/ 78.

12

1 Dieser Bericht über das Ende der ROA fußt auf Reitlinger, Thorwald, Dallin, Fischer und Steenberg. Die führenden Teilnehmer, die im Text erwähnt werden, haben es mir ermöglicht, die bisher veröffentlichten Berichte zu erweitern und zu berichtigen. Überdies war mir hierbei der 283 Seiten lange Bericht eines hohen deutschen Offiziers sehr nützlich: *Die Behandlung des russischen Problems während der Zeit des NS - Regimes in Deutschland*. Professor John Erikson hat mir eine Photokopie des in seinem Besitz befindlichen Originaltextes zur Verfügung gestellt.
2 *The Goebbels Diaries*, S. 330, 347 f. Zu Wlassows späterem Treffen mit Goebbels siehe *Gegen Stalin und Hitler*, S. 110 f.
3 Ib., S. 194 ff.
4 Das folgende stützt sich weitgehend auf den Bericht der Ereignisse, den Dr. Eberhard Kroeger dem Verfasser gegeben hat. Dr. Kroeger bestätigt, daß Reitlingers Behauptung, das Treffen sei auf den 19. Juli festgesetzt gewesen (*Ein Haus auf Sand gebaut*, S. 423), unzutreffend sei, sowie daher auch seine daraus gezogenen Schlußfolgerungen.
5 *Gegen Stalin und Hitler*, S. 199 ff.
6 Ib., S. 210 ff. *The Times* vermerkte diese Umkehrung in Himmlers Haltung am 11/10/44.
7 Ein wohlwollender Bericht über Wlassow und sein Gefolge in Dahlem ist in *It Happens in Russia*, S. 435 ff., zu lesen.
8 „Voinov", *Outlaw*, S. 230 f.
9 *Verborgenes Rußland*, S. 230; *Katorga: An Aspect of Modern Slavery*, S. 156; *The Notebooks of Soloqdin*, S. 260. Zu Berichten über das Prager Treffen vgl. *The Patriotic Traitors*, S. 309, 323 ff.; *Soviet Opposition to Stalin*, S. 88 f.; 194 ff. *The Times* vom 15/11/44 enthielt einen kurzen Bericht der Prager Versammlung. Später, am 8/4/45, veröffentlichte *The Observer* einen langen und gründlich recherchierten Artikel über Wlassow und seinen Lebenslauf.
10 Armstrong, *Ukrainian Nationalism*, S. 179 ff.
11 Zur Bildung des KONR und der ROA siehe *Soviet Opposition to Stalin*, S. 94 ff. *The Times* brachte einen Bericht am 16/ 12/ 44.
12 *Wlassow: Verräter oder Patriot?*, S. 186 f.; *Ein Haus auf Sand*

gebaut, S. 441 f. Dr. Kroeger sprach mit einigen der Deserteure am Tag nach ihrer Übergabe.

13 Das Foreign Office erhielt einen Bericht über diesen Marsch von einem entkommenen britischen Kriegsgefangenen (FO. 371/ 47955).

14 Für den nachfolgenden Bericht bin ich Professor Oberländer zu Dank verpflichtet. Er konnte überdies Namen und Daten in seinem Tagebuch überprüfen. Sowohl Reitlingers (*Ein Haus auf Sand gebaut,* S. 453) als auch Steenbergs (*Wlassow: Verräter oder Patriot?* S. 227) Version dieser Ereignisse enthielten Ungenauigkeiten, die nun berichtigt worden sind.

15 *Pravda* 2/ 8/ 46. Epstein behauptet, daß er vor seiner Auslieferung einen Selbstmordversuch machte (*Operation Keelhaul,* S. 72). Vgl. *Wlassow: Verräter oder Patriot?,* S. 240.

16 *Das letzte Geheimnis,* S. 13 f.

17 *Wlassow: Verräter oder Patriot?,* S. 194 f.

18 *Gegen Stalin und Hitler,* S. 234 ff.

19 Der Aufruf wurde am 6. Mai um 6.50 Uhr gesendet (Details siehe Rudolf Ströbinger, *Wlassow auf der Seite der Tschechen,* in: *Die Welt* 26/ 2/ 74).

20 Dieser Bericht über Bunjatschenkos Unternehmungen in Prag fußt weitgehend auf Dr. Kroegers Erinnerungen sowie auf den bereits zitierten Veröffentlichungen.

21 Die Beschreibung von Wlassows Bewegungen vor seiner Gefangennahme beruht auf Steenbergs eingehendem Bericht (*Wlassow: Verräter oder Patriot?,* S. 216 ff.). Dieser fußt auf wichtigen Augenzeugenberichten, die vorher unzugänglich waren, und überholt die früheren Berichte von Fischer, Thorwald und Reitlinger.

22 FO. 371/ 47955.

23 *Foreign Relations of the United States: Diplomatic Papers, 1945,* v, S. 1099.

24 New York Herald Tribune 2/ 6/ 46.

25 *Nights Are Longest There,* S. 152.

26 *Wlassow: Verräter oder Patriot?,* S. 240.

27 Information von General A. Holmston-Smyslovsky.

28 Obwohl das KGB erst im September dieses Jahres eine Abschrift des Manuskripts in Händen gehabt zu haben scheint (vgl. Новое Русское Слово 7/ 9/ 73), ist es trotzdem wahrscheinlich, daß es schon zuvor wenigstens einen Teil des Inhalts kannte. Gewiß löste Solschenizyns „Verteidigung" Wlassows in offiziellen Kreisen Empörung aus (George F. Kennan, *Between Earth and Hell,* in: *The New York Review,* (21/3/74), S. 3).

29 Ich zitiere aus der Zusammenfassung und den Auszügen, die von Radio Free Europe herausgebracht wurden: *General Wlassows Last Hours,* Radio Free Europe *Research,* 27/ 4/ 73.

30 Vgl. *The Road to Stalingrad,* S. 352 f. Der pensionierte Generaloberst der Roten Armee Iwan Korownikow wiederholte die sowjetische Anklage in einem Leserbrief an *The Times* vom 26/ 2/ 74. Meine Antwort, in der ich den Charakter Wlassows verteidigte, wurde ebenfalls in der *Times* am 1. März 1974 veröffentlicht.

31 Dieser Bericht steht in krassem Widerspruch zum Wortlaut der

sowjetischen Verlautbarung über Wlassows Hinrichtung im Jahre 1946. Darin wurde erklärt, daß er und seine Genossen „als Agenten des deutschen Spionagedienstes angeklagt waren ... und alle Angeklagten ihre Schuld gestanden hatten ..."

13

1 Vgl. *Ein Haus auf Sand gebaut,* S. 358 ff., 396 f., 406 f., 461 f.
2 „Schalwa Jaschwili" war zu dieser Zeit im Lager Taranto interniert und sagt mir, daß viele Gefangenen Major Gramasows beständigen Versicherungen glaubten, Stalin habe allen Heimkehrern Straffreiheit zugesichert. Zu Details der Schiffsreise vgl. FO. 371/ 47895.
3 Das SHAEF - Hauptquartier hatte seit einer Weile darauf gedrängt, die Repatriierung auf diesem Wege vorzunehmen (CAB. 88/ 30, 457, 460). Zum Lager in Marseille siehe *Outlaw,* S. 230.
4 *Das letzte Geheimnis,* S. 285.
5 *The East Came West,* S. 180 f.
6 *Wen sie verderben wollen,* S. 572 ff.
7 *Katorga,* S. 173.
7a Diese Geschichte mag ganz unbewußt etwas *ben trovato* sein. Es hört sich nach einer regulären Überprüfungsmaßnahme an, die vielleicht heimlich ausgeführt wurde, um sowjetischen Protesten aus dem Wege zu gehen.
8 *Arabs seek to aid Soviet Deserts,* in: *New York Times,* 15/ 12/ 46.
9 WO. 32/ 11139, 335A, 337A; vgl. WO. 32/ 11681, 190A (15A, 17A).
10 Wortlaut des Haller Abkommens und Details in *European Refugees,* S. 207 ff.
11 *Ich wollte Mensch sein,* S. 163 ff.
12 *European Refugees,* S. 210 f.; F.S.V. Donnison, *Civil Affairs and Military Government North-West Europe 1944 - 1946,* London 1961, S. 350. Vgl. Gen. Golikows Bemerkungen, die von TASS berichtet wurden (FO. 371/ 47900).
13 Auszüge aus einem Bericht, den Generalmajor Wilson schrieb und den mir seine Tochter, Mrs. Julian Wathen, zur Verfügung stellte.
14 Jean E. Smith (Hrsg.), *The Papers of General Lucius D. Clay: Germany 1945 - 1949,* Indiana 1974, i, S. 30 f.
15 Information von Mr. N. F. Chawner.
16 Information von Mr. Michael Bayley.
17 *Invitation to Moscow,* S. 285.
18 Brief vom 22/ 10/72 an den Redakteur des *Sunday Oklahoma,* der mir leihweise überlassen wurde.
19 Information von Mr. Geoffrey Dunn. Viele Russen starben auf der Fahrt, weil sie Fusel tranken, der aus Kartoffeln gebraut war. Der ständige Drang, sich bewußtlos zu trinken, scheint sich auf das gesamte Spektrum der sowjetischen Gesellschaft erstreckt zu haben, von den Zwangslagern in Kolyma bis zu Stalins Festen im Kreml (vgl. *Elf*

Jahre in sowjetischen Gefängnissen und Lagern, S. 188, 215 ff.; *Gespräche mit Stalin,* S. 100 ff.).
20 *European Refugees,* S. 210 ff.
21 Mitteilung von Mr. Michael Bayley.
22 Mitteilung von Major W. Thompson.
23 Mitteilung von Hauptmann J. Pereira.
24 Ein flüchtiger sowjetischer Offizier traf im Mai 1945 in Deutschland auf viele umherwandernde Russen, die den Wunsch ausdrückten, heimzukehren *(Ich wollte Mensch sein,* S. 209).
24a Etwa zur gleichen Zeit hatte Major Wolfe den Befehl über die deutsche Polizei in Delmenhorst bei Bremen. In der Gegend waren Tausende von Russen in Verschlepptenlagern, die von der sowjetischen Repatriierungskommission gruppenweise „überprüft" wurden. Die „Überprüfung" fand auf sehr willkürliche Weise in einer früheren Kirche statt; danach wurden die Ausgewählten auf britischen Lastwagen in die Sowjetzone befördert. Die entsetzten Fahrer berichteten Major Wolfe, daß sie Zeugen waren, wie alle Gefangenen (Männer und Frauen), die über sechzig oder unter sechzehn waren, niedergemetzelt wurden. Viele kleine Kinder wurden auf diese Weise umgebracht.
25 Mitteilung von Mr. Anthony Smith.
26 *European Refugees,* S. 211 f.
27 *Scotsman,* 2/ 3/ 46.
28 CAB. 88/ 39, 84.
29 Ib., 89 ff.
30 Forrest C. Pogue, *The Supreme Command,* Washington 1954, S. 510 f.
31 Auszüge aus Major I. A. Nicholls damals verfaßtem Tagebuch, das er dem Verfasser freundlicherweise geliehen hat. Zur harten schwedischen Behandlung der durchreisenden Russen vgl. Pev Olov Enquist, *The Legionnaires,* London 1974, S. 86.
32 *The Times,* 12/ 6/ 45; *New York Times,* 12/ 6/ 45.
33 General Thornes Weisungen über die Repatriierung finden sich in FO. 371/ 47904. Die Schätzungen des SHAEF in Bezug auf Zahlen und Orte sind in CAB. 88/ 39, 87 - 8, (22/ 6/ 45) enthalten.
34 FO. 371/ 47904, 80 - 2.
35 Ib., 149.
36 Der Bericht über die Reise der *Aba* fußt auf Informationen von Mr. Britniev und Mr. Jesman sowie auf Oberstleutnant Lloyd-Williams' Bericht (FO. 371/ 47904, 150 - 3). Prinz Leonid Lieven reiste auf dem Schwesterschiff *Stella Polaris* und hat die Einzelheiten dieses Berichtes bestätigt.
37 CAB. 88/ 39, 85.
38 FO. 371/ 47904, 82 - 3. Vgl. General Thornes ausführlichen Bericht über das gesamte Unternehmen in FO. 371/ 47903. Die Gesamtziffer der Repatriierten wird als 83.580 angegeben. Am 8.8.45 wurde ein ausführlicher Bericht an den neuen Außenminister Ernest Bevin geschickt (FO. 371/ 47904).
39 FO. 934/ 5 (42), 108. Sie schickten auch eine detaillierte Beschwerde (14.8.45), daß den Rückkehrern unzureichende Kleidung zugeteilt worden sei! (FO. 371/ 47903, 170 - 2). Prinz Lieven konnte

beobachten, daß ihnen die von den Briten gelieferte Kleidung am Kai von Murmansk weggenommen wurde.

40 FO. 934/ 5 (42), 103 - 4.

41 Beweismaterial ist in FO. 371/ 47904 und FO. 371/ 47905 erhalten geblieben.

42 Siehe auch Sorgen, die der britische Botschafter zum Ausdruck brachte (FO. 371/ 47904, 78 - 80).

43 7.800 wurden von Dänemark aus abgeschickt (FO. 371/ 47905); auch müssen die zu jener Zeit von Frankreich, Belgien, Schweiz, Italien und Griechenland Repatriierten in Rechnung gestellt werden.

14

1 *Foreign Relations of the United States, Diplomatic Papers: The Conference of Berlin (Potsdam Conference) 1945*, Washington 1960, i, S. 800 f.

2 Wortlaut in *European Refugees,* S. 460 ff. Vgl. Julius Epstein, *Forced Repratriation: Some unanswered Questions,* in: *Russian Review,* S. 209 f.

3 Zitiert in *Operation Keelhaul,* S. 100 f.

4 *Foreign Relations of the United States, Diplomatic Papers 1945,* v, S. 1097 f.

5 FO. 371/ 47902, 26. Bis zum 8. Juli hatten die amerikanischen Militärbehörden den Russen noch eine Wahl gelassen (FO. 371/47902, 27 - 8).

6 WO. 32/ 11137, 168A. Es scheint ein bewanderter Deutscher gewesen zu sein, der seine russischen Mitgefangenen aufklärte (WO. 204/ 897, 145A).

7 WO. 32/ 11119, 297A - B.

8 *Foreign Relations of the United States, Diplomatic Papers 1945,* v, S. 1094 f.

9 Ib., S. 1905 f.

10 Ib., S. 1069, 1084.

11 Die russischen Gefangenen waren seit dem vorangegangenen Oktober in Fort Dix interniert *(Foreign Relations of the United States ... 1944,* iv, S. 1260), und eine Anzahl war bereits als „Antragsteller auf sowjetische Staatsbürgerschaft“ abgesondert worden (WO. 204/ 897, 23A). Die Entscheidung, die ursprünglichen 118 Personen zu repatriieren, war vom Gemeinsamen Stab am 8. Juni getroffen worden *(Foreign Relations of the United States...1945,* v, S. 1103).

12 *New York Times,* 30/ 6/ 45; *New York Herald Tribune,30/6/45;* FO. 371/ 47905, 52 - 5.

13 *New York Times,* 1/ 7/ 45; *New York Herald Tribune,* 1/ 7/ 45. Prof. Epstein erklärt, die Männer seien bereits an Bord der *Monticello* gebracht worden, hätten aber, kaum dort angekommen, die Schiffsmotoren beschädigt und so ihre Abfahrt verhindert. Dies scheint jedoch eine Wiederholung eines zuvor in Seattle geschehenen Zwischenfalls zu sein (*Operation Keelhaul,* S. 103). Es kann sein, daß es auf

Weisung des State Department zu einer Änderung der Pläne kam. Professor Epstein bezieht sich auf einen Brief, den mir Grew schrieb, der „den Umstand dokumentiert, daß Grew, als amtierender Außenminister, das Schiff auf hoher See umkehren ließ, nachdem er vom Selbstmord einiger russischer Heimkehrer gehört hatte." (Ib., S. 46). Epstein weist zum vollen Wortlaut des Briefes auf den Anhang hin, hat ihn jedoch aus unerfindlichen Gründen weggelassen. Leider starb er, kurz bevor ich diesen Punkt mit ihm klären konnte.

14 FO. 371/ 47905, 52 - 5.

15 *Foreign Relations of the United States ... 1945*, v, S. 1098 f.

16 Ib., S. 1100 ff.

17 Ib., S. 1103 f.

18 *Operation Keelhaul*, S. 104. Zu weiteren Details über die Vorfälle in Fort Dix siehe *Das letzte Geheimnis*, S. 243 ff.

19 FO. 371/ 47900, 266 - 72.

20 WO. 32/ 11119, 317A - 321A.

21 WO. 204/ 2877. Zum Cinecittà - Lager vgl. C. R. S. Harris, *Allied Administration of Italy 1943 - 1945*, London 1957, S. 170, 442.

22 WO. 170/ 4461.

23 Великое предательство, i, S. 240, 264; ii, S. 56 ff. Ich habe diese Kosaken - Berichte mit Major W. R. Davies und Hauptmann Duncan Macmillan überprüft. Aus einer Eintragung in das Kriegstagebuch der *Argylls* scheint hervorzugehen, daß diese Kosaken am 29. Juni ausgeliefert werden sollten (WO. 170/ 4988.) Vermutlich wurde diese Unternehmung auf Weisung Alexanders hinausgeschoben.

24 FO. 371/ 47903, 12 - 16, 238 - 41. Vgl. FO. 371/ 47955.

25 FO. 371/ 47906.

26 FO. 934/ 5 (42), 79 - 84. Im Monat zuvor hatte Churchill die Zahlen der gefangengenommenen und ausgelieferten Russen angefordert und auch erhalten (PREM. 3.364, 746).

27 FO. 934/ 5 (42), 85 - 9, 97 - 102; PREM. 3/ 364, 710 - 6; *Foreign Relations of the United States, Diplomatic Papers: The Conference of Berlin (The Potsdam Conference) 1945*, Washington 1960, ii, S. 1162 ff.

28 Der Brief eines dieser Offiziere wurde in der *Sunday Times*, 13/ 1/ 74, veröffentlicht.

29 Information von Mr. Tom Gorringe. „Die ukrainische Division wurde in Riccione zunächst von dem 80. (*Scottish Horse) Medium Regiment, Royal Artillery* bewacht. Der Kommandeur, Oberst R. Campbell-Preston, hat mir gesagt, er sei entsetzt gewesen, als er über die Behandlung der Kosaken in Lienz gehört habe,und habe seine diesbezüglichen Ansichten seinem Brigadegeneral mitgeteilt, die dieser wohlwollend aufnahm. Überdies habe er die Ukrainer bewogen, alle kompromittierenden Hinweise auf ihre Staatsangehörigkeit zu vernichten."

30 Am 11. Juli (WO. 204/ 440).

31 *Foreign Relations of the United States ... (The Potsdam Conference)*, i, S. 797, 801; FO. 371/ 47902, 100 - 1.

32 Aus diesen Gründen fällt es mir schwer, die Behauptung der

Kosaken zu akzeptieren, die erklären, „wenn Churchill schon drei Wochen später nicht mehr an der Regierung gewesen wäre, hätte er mit ziemlicher Sicherheit einen Kurswechsel in dieser grauenhaften Angelegenheit vorgenommen". (*On revealing the ‚Last Secret'*, in: *Encounter* 1975, xiv, S. 82).

33 Vgl. *Double Diploma,* S. 174.

34 In dieser Beziehung scheint sich Herbert Feis zu irren (*From Trust to Terror: The Onset of the Cold War, 1945 - 1950,* New York 1970, S. 57).

35 *Foreign Relations of the United States ... (The Potsdam Conference),* i, S. 794 ff.; ii, S. 1165 f.; FO. 934/ 5 (42), 90 - 6, 103 - 6.

36 Mitteilung von Ian Bogaert.

37 Er wußte es tatsächlich (vgl. WO. 32/ 11119, 328A); vgl. *The Legionnaires,* S. 233.

38 Information von Mr. Antonevics.

39 So ist es ihm in der Erinnerung geblieben, aber es ist wahrscheinlicher, daß das Dokument die übliche Definition der sowjetischen Staatsbürgerschaft laut britischer Auffassung enthielt.

40 Information von Mr. Shorland Ball.

41 Siehe S. 118.

42 *Foreign Relations of the United States ... 1945,* v, S. 1103 f.

43 Великое предательство, i, S. 8.

44 Augenzeuge war Mr. A. C. Lord, der damals als Flüchtling in Kempten war.

45 Zu den Ereignissen in Kempten habe ich mich auf den ausführlichen Augenzeugenbericht einer Überlebenden gestützt, die damals 17 Jahre alt war. Sie wurde von Miß Natalie R. Lukianova interviewt, die diese Geschichte an Mr. Jack Taylor jr. weitergab. Ich bin ihm sehr dankbar, mir eine Abschrift zur Verfügung gestellt zu haben. Vgl. *Basler Nachrichten,* 2/ 10/ 45; Великое предательство, ii, S. 378, *Das letzte Geheimnis,* S. 249 ff. Offiziell durfte die UNRRA bei Zwangsrepatriierungen keine Unterstützung geben. Aber das Bestreben der UNRRA, die Flüchtlinge in ihre Heimatländer zu repatriieren, sowie die unberechtigten Handlungen einiger kommunistischer Infiltranten führten dazu, daß sie gelegentlich Operationen unterstützte, die mit ihren humanitären Zielen unvereinbar waren (vgl. *European Refugees,* S. 292 f.; *The Ukrainian Quarterly,* x, S. 361 f.; *Operation Keelhaul,* S. 93 f., 195; *The East Came West,* S. 186 ff). Solche Tätigkeiten wurden schließlich von General Clay unterbunden (*Arms of Valor,* S. 313).

46 *Foreign Relations of the United States ... 1945,* v, S. 1106 f.

47 *Speaking Frankly,* S. 67.

48 *Foreign Relations of the United States ... 1945,* v, S. 1104 f. Murphy erinnerte sich an dieses Ereignis, als er einige Jahre später mit einer ähnlichen Situation in Korea konfrontiert war. Diese Episode hatte jedoch einen glücklichen Ausgang (*Diplomat Among Warriors,* S. 437).

49 WO. 32/ 11681, 189A.

50 FO. 371/ 47903, 235 - 7.

51 Ib., 234.

52 FO. 371/ 37904.
53 Ib., 147 - 8.
54 WO. 204/ 440.
55 WO. 214/ 63A.
56 WO. 204/ 440; WO. 204/ 359; WO. 32/ 11119, 324A.
57 Ib., 327 A. Alle Beschuldigungen wurden in einem eingehenden Bericht widerlegt, den General Templer an das Kriegsministerium schickte (ib., 328A).
58 *Sunday Times,* 13/ 1/ 74.
59 Mitteilung von Oberst Alex Wilkinson. Die beabsichtigte Auslieferung der sowjetischen Staatsbürger war die Folge eines Abkommens zwischen britischen und sowjetischen Offizieren, das am 13. 8. in Leoben getroffen worden war (WO. 170/ 4243). Am 9. Mai 1975 war ich Gast bei einem Erinnerungsessen der Military Government Association des Landes Steiermark, und Oberst Wilkinsons unverblümter Bericht wurde mir bei dieser Gelegenheit von allen Seiten bestätigt.
60 Information von Oberstleutnant R. B. Longe. Die Befürchtungen der 21. Armeegruppe bezüglich der Anwendung der Genfer Konvention waren am 13. und 15. August von Galsworthy und Dean abgetan worden (FO. 371/ 47903, 116). Vgl. auch *European Refugees,* S. 214 ff.
61 Der Flensburger Vorfall bedarf besserer Dokumentation. Der Kommandeur war ein Offizier namens Willis (WO. 32/ 11119, 328 A), den ich bisher jedoch nicht ausfindig machen konnte. Zur Ermordung des Polen Hrebinka siehe Bericht in FO. 371/ 47906. Es ist möglich daß die zwei Morde, auf die Bezug genommen wird, Berichte über den gleichen Fall sind.
62 Mitteilung von Mr. Fred Ralph. Es kann isch hierbei um eine Einheit von Oberst Treschenkos ukrainischen „freien Kosaken" gehandelt haben (vgl. *Arms of Valor,* S. 254).
63 Information von Oberstleutnant Shadwell, erweitert durch seine Korrespondenz aus der damaligen Zeit.
63a Mein kurzer Bericht in Absatz drei wird durch die Aussage eines russischen Berichterstatters bestätigt, dessen Namen nicht genannt werden darf. Er wurde von den Deutschen aus der Krim verschleppt und mußte in Wiesbaden Zwangsarbeit leisten. Drei Jahre später lag Wiesbaden in der amerikanischen Zone. „Am Anfang war es noch möglich, nicht zum Sammelplatz (für die Repatriierung) zu gehen, da die Amerikaner recht nachsichtig waren". Es gelang ihm, den Hauptrepatriierungen zu entgehen, er wurde aber später doch nach Osten geschickt. Zum Glück konnte er in der Sowjetzone entkommen und wieder nach Wiesbaden zurückkehren.
63b Ein Bericht aus erster Hand über die damaligen Einsprüche der Angestellten des Roten Kreuzes siehe in Elizabeth Sullivans Leserbrief in *The Listener* (9/ 3/ 78), S. 308.
64 FO. 371/ 47905, 167 - 72. Die Weisungen an den Politischen Berater in Deutschland (Christopher Steel) wurden am 25. August abgeschickt (FO. 371/ 47904).
65 Wortlaut in *European Refugees,* S. 216 f.
66 Ib., S. 217 f. In Schleswig - Holstein war dies so sehr an der

Tagesordnung, daß Shadwell der Ansicht war, Bevin habe die Zwangsrepatriierung völlig eingestellt. Ein mitleiderregendes Gesuch einiger bedrohter Russen wurde vom Foreign Office kommentarlos zu den Akten gelegt (FO. 371/47905, 30 - 1).

67 WO. 204/ 440. Alexander telegraphierte am 30. August an den Gemeinsamen Stab der Alliierten, um Weisung über Gewaltanwendung einzuholen, und drückte zugleich seine Abneigung gegen solch eine Maßnahme aus (FO. 371/ 47904, 196 - 8).

68 Zu den Gründen dieses Aufschubs siehe FO. 371/ 47906, 276.

69 FO. 371/ 47904, 162 - 7, 190; FO. 371/ 47905, 25.

70 WO. 32/ 11119, 326A. Lord Brigman schlug zwar Verzögerungstaktik vor, hatte aber auch resigniert (ib., 325A). Ein Leitartikel im *Manchester Guardian* (31/ 8/ 45) befürwortete eine ähnliche Politik wie die insgeheim im Kriegsministerium vorgeschlagene: keine Zwangsrepatriierung ohne bewiesene Kriegsschuld.

71 FO. 371/ 47905, 26 - 7; WO. 204/ 440.

72 FO. 371/ 47903, 242; FO. 371/ 47905, 23; FO. 371/ 47906, 98, 110 - 112. Molotow hatte darum gebeten, die Beschleunigung der Repatriierung als Diskussionsthema bei der Londoner Konferenz auf die Tagesordnung zu setzen (ib., 90 - 7).

73 FO. 371/ 47906, 233, 240, 243, 248.

74 Ib., 234, 237 - 9, 250, 260; FO. 371/ 47904, 206 - 7.

75 FO. 371/ 47906, 232, 254 - 9; FO. 371/ 47907, 56 - 60.

76 FO. 371/ 48906, 251; *Foreign Relations of the United States... 1945*, v, S. 1106 ff.

77 FO. 371/ 47907, 62, 106 - 10, 125.

78 FO. 371/ 47906, 272 - 5, 279; FO. 371/ 47907, 112.

79 Ib., 98 - 9.

80 FO. 371/ 47910, 15.

81 FO. 371/ 47908, 242 - 3; FO. 371/ 47910, 14 - 21.

82 John Barrow, *The Life and Correspondence of Admiral Sir William Sydney Smith, G. C. B.*, London 1848, i, S. 263 f.; vgl. M. H. Keen, *The Laws of War in the Later Middle Ages*, London 1965, S. 156 ff.

83 Brief an den Verfasser.

84 *Moscow Mission 1946 - 1949*, S. 12 ff.; *Operation Keelhaul*, S. 50. Patch hatte sein Mitgefühl für Malyschkin, Wlassows Helfer, sechs Monate zuvor ausgedrückt (vgl. S. 395).

85 *European Refugees*, S. 212.

86 Information von Oberstleutnant David B. Rooke. Vgl. David Daniell, *The Royal Hampshire Regiment*, Aldershot 1955, S. 265. Dieses Unternehmen fand im November oder Dezember 1945 statt, d.h. *nach* Montgomerys Erlaß. Da Gewaltanwendung nicht nötig war, betrachtete man es vielleicht als unter die neue Regelung fallend. Andernfalls ist es auch möglich, daß es eine Folge der jüngsten Mitteilung war, die das Kriegsministerium etwa am 11. Dezember an Montgomery in bezug auf die Fortführung der Politik der Regierung Seiner Majestät geschickt hatte.(FO. 37/ 47910, 13, 20).

87 Major Lloyd (FO. 371/ 47907) und Mr. Hynd (FO. 371/47909, 104 - 6). Ein Gesuch der Ukrainer wurde von Thomas Brimelow als „sehr töricht“ apostrophiert (FO. 371/ 47908, 290 - 1); er war eben-

so irritiert über das Lob, das ein russischer Emigrant der Haltung Eisenhowers zollte (FO. 371/ 47907, 119 - 20).

88 FO. 371/ 47908, 162 - 4; FO. 371/ 47910, 117 - 8. *New York Herald Tribune,* 18/ 11/ 45.

89 FO. 371/ 47908, 156; FO. 371/ 47909, 42 - 4, 50. Über die Zusammensetzung der berühmten „55“ herrschte gewisse Unklarheit (FO. 371/ 47910, 34).

90 Ib., 13, 20.

91 Ib., 74 - 8, 81 - 2, 85 - 6.

15

1 Georgi K. Schukow, *Erinnerungen und Gedanken,* Stuttgart 1969, S. 644 f.

2 *Moscow Mission 1946 - 1949,* S. 12 ff.

3 *Foreign Relations of the United States (1945),* v, S. 1108 f.

4 Ihr Einspruch wurde am 24. Dezember erlassen (ib., ii, *General: Political and Economic Matters,* Washington 1967, S. 800 f.; vgl. S. 1161.

5 FO. 371/ 47910; vgl. ib., 164, 167 - 70; FO. 371/ 56712; FO. 371/ 56716.

6 *Foreign Relations of the United States, 1945,*v, S. 1110 f.

7 Ib., *Diplomatic Papers: The British Commonwealth, Western and Central Europe 1946,* Washington 1969, v, S. 133 f., 152; FO. 371/ 47910, 74 - 5, 83 - 4, 87 - 8; BM. 3928/ PW1, 63A, 66A - 68A.

8 *Foreign Relations of the United States ... 1946,* v, S. 141 f.; *New York Times,* 20/ 1/ 46; *Daily Mail* 21/ 1/ 46; *Sunday Expreß,* 20/ 1/ 46; *Das letzte Geheimnis,* S. 274 ff. Eine Photographie des Lagers unmittelbar nach der Unternehmung wurde in der *Nationalzeitung,*29/ 11/ 74, veröffentlicht.

9 *Operation Keelhaul,* S. 213 ff.; *New York Times,* 25/ 2/ 46; *The Times,* 27/ 2/ 46. Russische Emigranten in Amerika kritisierten unausgesetzt die neue Politik. Die hervorragenden Persönlichkeiten hierbei waren Prinz Serge Belosselsky-Belozersky und Erzbischof Vitaly (Во Время Россий, New York 1965, S. 31 ff.). Ein Jahr später stellte der ehemalige russische Premierminister Kerensky ein öffentliches Gesuch, Asyl zu gewähren (*New York Times,* 21/ 1/ 47).

10 Bethell glaubt, daß sie nach Westen gefahren wurden, doch er hat offensichtlich die bayerische Hauptstadt mit einer kleinen Stadt gleichen Namens im östlichen Bayern verwechselt (*Das letzte Geheimnis,* S. 280).

11 *Wen sie verderben wollen,* S. 577 f.; Ernst von Salomon, *Der Fragebogen,* Hamburg 1951, S. 785 f., 791 f.; *Das letzte Geheimnis,* S. 277 ff.; *Stars and Stripes,* 6/ 3/ 46; *The Times,* 26/ 2/ 46; *New York Times,* 26/ 2/ 46; Зарубежье, München März - Juni 1976, Teil 1 - 2, S. 27. Der Film befindet sich in den National Archives and Record Service in Washington, Nr. 111 ADC 5824.

12 *Yorkshire Post,* 14/ 5/ 46.
13 *New York Times,* 15/ 2/ 47.
14 *Foreign Relations of the United States, 1946,* v, S. 154 ff., 170.
15 Vgl. Ib., S. 171.
16 BM. 3928/ PW1, 68A; WO. 32/ 11119, 331A.
17 Information von Lord Hankey; FO. 371/ 56711.
18 FO. 371/ 56710.
19 *History and Human Relations,* London 1951, S. 203.
20 CAB. 129/ 10, 52 - 4. Das sowjetische Außenministerium wurde am 8. Juli informiert (WO. 32/ 11141, 185A; vgl. 181A - 184A). Vgl. FO. 371/ 56714; FO. 371/ 56716; FO. 371/ 56717; WO. 32/ 11119, 330A, 331A. Vgl. 181A, 184A. Vgl. FO. 371/ 56714; FO. 371/ 56716. FO. 371/ 56717.
21 *Foreign Relations of the United States, 1946,* v, S. 193 f.; WO. 32/ 11141, 186A; BM. 3928/ PW1, 104A, 120A.
22 Ib., 298A.
23 Anscheinend schon von einem sehr frühen Zeitpunkt an. Vgl. Austin Lane Poole, *From Domesday Book to Magna Carta,* Oxford 1951, S. 438.
24 *Crusade in Europe,* S. 518.
25 Vgl. Churchills Wahl „Argonaut" für die Jalta - Konferenz (PREM. 3.51/ 1, 67). Ein amerikanischer Beamter bezeichnete die in Italien repatriierten Russen als „keelhauled" (WO. 0100/ 12A/ 309).
26 FO. 371/ 47907, 30, 35.
27 Zur Operation „Keelhaul" siehe Великое предательство, ii, S. 192 f., 211; WO. 204/ 1593; WO. 0100/ 12A/ 308.
28 *Foreign Relations of the United States ... 1946,* v. S. 197 f.
29 FO. 371/ 47905; vgl. in WO. 214/ 63A Alexanders Kommentar. Mr. J. H. S. Ashworth hat mir seine Erfahrungen in Triest Anfang 1946 beschrieben. Er mußte den sowjetischen Repatriierungsoffizier, Major Nossow, begleiten und seine Versuche, die britischen Militäreinrichtungen zu bespitzeln, vereiteln. Zu den Repatriierungskommissionen als Spionagezentren siehe *Soviet Espionage,* S. 331 f., 348; *Nights are Longest There,* S. 171.
30 BM. 3928/ PW1, 232A - 233A, 250A - 251A.
31 z.B. WO. 0103/ 8571, 71A.
32 Während der Kabinettsitzung vom 6. Juli 1946 hatte Ernest Bevin das Gesuch abgewiesen, frühere Angehörige der Organisation Todt von der Repatriierung auszuschließen (WO. 32/ 11119, 331A)
33 WO. 170/ 4241.
34 *Verborgenes Rußland,* S. 109 ff., 247 f., *Der Archipel Gulag,* S. 94 f.
35 Von den neun waren mehr als die Hälfte Kosaken und hatten daher vermutlich nicht gegen die Briten gekämpft (Великое предательство, ii, S. 222).
36 Dieser Bericht fußt auf den mir persönlich gemachten Mitteilungen von Mr. Tom Gorringe, Mr. Denis Hills, Generalmajor James Lunt, Oberstleutnant J.R.G. Stanton und Professor Alexander Wainman. Die Berichte der russischen Gefangenen sind in Великое предательство, ii, S. 192 ff. enthalten; ich bin sie mit Mr. Hills sorgfältig durchgegan-

gen, der ihre Genauigkeit bestätigt, mit Ausnahme der offenbar fiktiven Berichte über große Verluste während der Verladungen am 8. und 9. Mai. „Merten“ bezieht sich auf den Lagerkommandanten, Oberstleutnant Martin; während es sich bei „Hauptmann Samit“ um einen Malteser namens Zammit handelte. Denis Hills' Bericht ist aus der vervielfältigten Abschrift, die Professor Epstein in Umlauf setzte, zitiert; eine Kurzfassung wurde im *Sunday Oklahoma* am 21/1/73 veröffentlicht. Befehle und Berichte sind in den Akten des Kriegsministeriums, WO. 0100/ 12A/ 308 - 9, enthalten. Die Titel einer Reihe wesentlicher Akten, die noch unter die dreißigjährige Geheimhaltung fallen, werden im *Index to Combined Chiefs of Staff Committee Memoranda 1942 - 1947* (E1.60) aufgeführt. Vgl. auch *Das letzte Geheimnis,* S. 283 ff. Oberst Starow, der die Gefangenen in St. Valentin in Empfang nahm, hatte seit Januar 1945 Repatriierungsoperationen (in Ägypten) durchgeführt (WO 32/11139, 304A).

37 Vgl. *New York Times,* 6/ 7/ 47. Britische Zeitungen berichteten, offenbar zum ersten Mal, über diese Unternehmungen.

38 Великое предательство, ii, S. 221.

39 *Parliamentary Debates (Hansard) House of Commons,* London 1947, ccccxxxviii, Spalte 2318 - 9. Wie mir Denis Hills gesagt hat, stammten die grausigen Presseberichte von einem unierten Priester, der Zugang zum Lager hatte. Es war Hills, der den Bericht verfaßte, den das Kriegsministerium für Mayhews Antwort im Parlament angefordert hatte. Er sagt: „Da ich von den Zwischenfällen, die während der Eintreibung der Gefangenen im Lager Rimini und ihrem Transport an die Bahnstation von Riccione geschahen, keine Ahnung hatte, bestand natürlich für mich auch kein Grund, sie für meinen Bericht zu erfinden ...” (vgl. meinen Leserbrief an *The Times,* 27/ 4/ 78).

40 *Das letzte Geheimnis,* S. 293.

40a Trotz dieser eindeutigen Erklärung wurde die Anklage, daß das Parlament vorsätzlich getäuscht wurde, in dem Leitartikel der *Times* vom 20/ 2/ 78 wiederholt sowie auch von Lord Bethell in einem Brief an diese Zeitung (3/ 3/ 78). Mr. Mayhew hat persönlich darauf erwidert (22/ 2/ 78), doch wie ich schon am 9/ 3/ 78 ausführte, war seine Entschuldigung zwar ehrenvoll, aber überflüssig. Es hatte sich nicht um eine vorsätzliche Täuschung gehandelt.

41 WO. 0100/ 12A/ 309; Mitteilung von Oberst Dalton.

42 WO. 32/ 11683, 318A - 322A. Bennigsens Gesuch wurde an das Foreign Office weitergeleitet, und ein Treffen zwischen ihm und Thomas Brimelow kam zustande.

43 Information von Mr. R. G. Young. Wainmans Bericht wurde auch an Sir Stewart Menzies, den Chef von MI 6, weitergereicht.

44 Великое предательство, ii, S. 221 f.

45 WO. 01303.8571, 80 A; *The Times,* 24/5/47.

46 *New York Times,* 15/ 2/ 47. Zu den rein rassischen Beweggründen der sowjetischen Maßnahmen gegen die Mennoniten, vgl. *Katorga,* S. 141 f.; *It Happens in Russia,* S. 296 f.

47 *European Refugees,* S. 417 f.

48 Ib., S. 217 f.

49 *Soviet Opposition to Stalin,* S. 111f.; *Ein Haus auf Sand gebaut,* S. 461; vgl. S. 334; *Joseph Stalin: Man and Legend,* S. 371; *Political*

Science Quarterly, lxxxviii, S. 255. Ein Bericht im *Scotsman* (2/3/46) schätzte, daß 40 Prozent aller Russen im Westen nicht zurückkehren wollten.

50 Information von Major James Scott-Hopkins, M. P., der damals als Offizier an der *Operation Highland Fling* teilnahm. Er sagt, alle Beweise deuteten darauf hin, daß die Unternehmungen dieser Einheit den Widerstandskreisen innerhalb der UdSSR bekannt waren.

16

1 WO. 32/ 11683.

2 *Civil Affairs and Military Government North - West Europe 1944 - 1946*, S. 346 f.; WO. 32/ 11137, 301A.

3 *Ich wollte Mensch sein*, S. 191 ff. Der Verfasser dieses viel zitierten Buches war von Mai 1945 bis März 1946 an der sowjetischen Botschaft in Paris tätig. Ein reguläres Abkommen, im „Jalta - Stil" wurde zwischen beiden Lädern am 29. Juni 1945 getroffen. Vgl. FO. 371/ 56714.

4 *European Refugees*, S. 129 f.

5 *Forced Labor in Soviet Russia*, S. 293; *Ich wollte Mensch sein*, S. 191 ff.

6 Ib., S. 199 f.

7 *Forced Labor in Soviet Russia*, S. 293 f.

8 WO. 32/ 11119, 103A.

9 *Outlaw*, S. 226 ff. Zu Einzelheiten über Marseille-Odessa Konvois vgl. FO. 371/ 47895.

10 *Forced Labor in Soviet Russia*, S. 294 f. Zu weiteren beunruhigenden Berichten über die Repatriierungen aus französischen Lagern vgl. Великое предательство, ii, S. 189 ff.

11 Zwei Berichte aus erster Hand vgl. *Outlaw*, S. 236 ff; *I'll Never Go Back*, S. 197 f.; 210 ff. (in der deutschen Ausgabe *Ich wollte Mensch sein* nicht vorhanden).

12 Ib., S. 205; vgl. französische Zeitungsberichte in *Le Populaire*, 8/ 3/ 46; *Combat*, 9/ 3/ 46; *L'Humanité*, 11/ 3/ 46.

13 Geoffrey Bailey, *The Conspirators*, London 1961, S. 89 ff., 227 ff.

14 *Ich wollte Mensch sein*, S. 194; *Forced Labor in Soviet Russia*, S. 295.

15 FO. 371/ 47903.

16 Vgl. *Ich wollte Mensch sein*, S. 191 f.

17 FO. 371/ 47905, 242. Was A. I. Romanovs Behauptung angeht, daß die französische Regierung und das Militär „so gut wie niemanden ausgeliefert haben" (*Nights are Longest There*, S. 236), trifft dies nur auf letzteres zu. Romanovs Tätigkeit in der Dritten Abteilung der KRU wird ihm vermutlich Zugang zu den Berichten aus den französischen Besatzungszonen gegeben haben, aus denen er unzutreffende

Schlüsse über die Politik in Frankreich selbst zog. Ein ukrainischer Freund des Verfassers, Mr. Constantine Zelenko, war in einem Flüchtlingslager in der französischen Zone Österreichs und bezeugt, welchen ausgezeichneten Ruf die französische Armee wegen ihrer hartnäckigen Haltung gegenüber der sowjetischen Repatriierungskommission in Innsbruck unter den Flüchtlingen genoß.

18 *New York Times,* 28/5/47; *Le Monde,* 5/6/47.

19 Die Repatriierungskommission hatte seit langer Zeit Druck auf sowjetische Frauen ausgeübt, die mit Franzosen verheiratet waren, um sie zur Heimkehr zu bewegen *(I'll Never Go Back,* S. 196).

20 Zur Razzia im Lager Beauregard siehe *Le Figaro,* 16 - 17/11/47; *Le Monde,* 16 - 17/11/47; *New York Herald Tribune,* 16/ 11/ 47; *The Sunday Times,* 16/ 11/ 47.

21 WO. 32/ 11681, 51A.

22 *European Refugees,* S. 418.

23 Information von Oberstleutnant L. S. Ford.

24 WO. 32/ 11137, 300 A.

25 FO. 371/ 47902, 106 - 8.

26 *The Scotsman,* 2/ 3/ 46. Vgl. FO. 371/ 56710; FO. 371/ 56712; FO. 371/ 56713.

27 FO. 371/ 56712.

28 *Chicago Daily News,* 13/ 11/ 44.

29 *Beria's Gardens,* S. 21, 285.

30 FO. 371/ 32986; FO. 371/ 33023. Am 2. Juli 1942 ertranken drei Russen bei dem Versuch, über den Rhein zu schwimmen (ib.).

31 WO. 32/ 11119, 103A.

32 FO. 371/ 43364. Zur Reise der 800 Heimkehrer siehe S. 89 f.

33 *Combat,* 18/ 3/ 46.

34 FO. 371/ 47859; FO. 371/ 47893.

35 FO. 371/ 47859.

35a Ein heute in London lebender Russe, Vladimir Chugunov, erinnert sich, daß er 1945 als achtjähriger mit seiner Familie Zuflucht in der Schweiz suchte. Er wurde von einem verlegenen Schweizer Soldaten wieder über die Grenze in ein russisches Lager in der französischen Zone in Deutschland gebracht. Er stellte jedoch fest, daß er dem Schicksal seiner Landsleute entronnen war, die unter gewaltsamen Umständen am Tage zuvor auf Lastwagen in die UdSSR abtransportiert worden waren. (vgl. *Tribune de Genève,* 21/ 4/ 78).

36 O. Freivalds und E. Alksnis, *Latviešu Karaviru Tragèdija Zviedrijà* , Copenhagen 1956, S. 9 ff. Ich bin Mr. John Antonevics für die Leihgabe dieses wichtigen und reich illustrierten Buches über den Aufenthalt der Balten in Schweden zu Dank verpflichtet.

37 *The Legionnaires,* S. 89 ff., 96 ff., 103 ff.

38 Ib., S. 174 ff., 193 f., 217 ff., 252 f.; 256 f., 259 f.

39 Ib., S. 179 ff., 195 ff., 280 ff., 293 f., 311 ff; *Latviešu Karaviru Tragèdija Zviedrijà,* S. 139 ff.

40 Information von Mr. Edvard Alksnis. Mir wurde ein weiterer Bericht aus erster Hand über den Schwedenaufenthalt der Balten von Mr. Eriks Zilinksnis gegeben, der der Repatriierung entging, weil er mit Erfolg Anspruch auf den Status eines Zivilisten stellen konnte.

41 *The Legionnaires,* S. 226 f., 321 ff.

42 Ib., S. 376 - 400; *Latviešu Karaviru Traģedija Zviedrijā,* S.139 ff.
43 *The Legionnaires,* S. 172.
44 Ib., S. 273 f.
45 Ib., S. 227 f., 235, 446.
46 *Empire of Fear,* S. 195 ff.
47 *The Legionnaires,* S. 416 ff. Johan Bergenstrahle hat dieses Buch verfilmt. Es wurde in Schweden unter dem Titel *Baltutlämningen* und im Ausland unter dem Titel *A Baltic Tragedy* gezeigt. Für das Verständnis der nachhaltigen moralischen Wirkung der Sozialdemokratie auf das schwedische Volk ist Roland Huntfords hervorragende Studie *The New Totalitarians,* New York 1972, unerläßlich.
48 *Der Archipel Gulag,* S. 89. Ein ähnliches Beispiel, wie westliche Besucher hinters Licht geführt wurden, ist in Aino Kuusinen, *Before and After Stalin,* London 1974, S. 51 f. enthalten.
49 Noch eine weitere Emigranten - Armee hatte sich zu der Zeit unter General Kramer in die Berge zurückgezogen (*It Happens in Russia,* S. 464 ff.).
50 Bei dem obigen Bericht und allem folgenden hat mir General Holmston-Smyslovsky sehr geholfen. Seine Kaiserliche Hoheit Großfürst Wladimir hat mir ebenfalls über seine Erlebnisse berichtet. Weitere Einzelheiten finden sich in: General B. A. Holmston-Smyslovsky, Избранные статьи и речи, Buenos Aires 1953, S.11 ff.; Claus Grimm, *Internierte Russen in Liechtenstein,* in: *Jahrbuch des Historischen Vereins für das Fürstentum Liechtenstein,* lxxi, S. 44 ff., 59 ff. Diese Monographie ist ein Modell an Gelehrtenarbeit und ist in der Tat der einzige befriedigende Bericht über die Zwangsrepatriierung, der bisher im Druck erschienen ist. Ein interessanter, wenn auch wirrer, Bericht über diese Ereignisse erschien in der französischen Zeitung *Combat,* 18/ 3/ 46.
51 Dr. Emil Heinz Batliner, *25 Jahre Liechtensteinisches Rotes Kreuz: 1945 - 1970,* Vaduz 1970, S. 27 f.
52 *Operation Keelhaul,* S. 34.
53 Eine bösartige Drohung dieser Art wurde von einem Offizier der sowjetischen Mission am 29.11.45 geäußert (*Jahrbuch des Historischen Vereins für das Fürstentum Liechtenstein,* lxxi, S. 89).
54 Ib., S. 94 ff.; *Neue Züricher Zeitung,* 12/ 9/ 47; *The Manchester Guardian,* 12/ 9/ 47.
55 Zu Beispielen dieser Gesuche siehe *Jahrbuch des Historischen Vereins für das Fürstentum Liechtenstein,* lxxi, S. 82, 84, 86, 92 ff.
56 Ib., S. 80, 96.
57 Ich bin Seiner Durchlaucht zu großem Dank verpflichtet für die Hilfe, die er mir während meines Aufenthalts in Liechtenstein zukommen ließ; ebenso seinem Kabinettsdirektor Dr. Robert Allgäuer, der mir während einer langen Zeit jegliche Hilfe leistete. Weiteres nützliches Material wurde im *Liechtensteiner Volksblatt,* 7/ 5/ 75 und 10/ 5/ 75 veröffentlicht.

17

1 *Nights are Longest There,* S. 136.
2 *Ein Haus auf Sand gebaut,* S. 462 f.
3 *Joseph Stalin: Man and Legend,* S. 303 f.; *Ich wollte Mensch sein,* S. 131; *Der Archipel Gulag,* S. 84. Zu einzelnen Beispielen siehe *Beria's Gardens,* S. 65; *Outlaw,* S. 195.
4 *Der Archipel Gulag,* S. 234 f.
5 *Before and After Stalin,* S. 200 f.
6 На фронте 1941 года и в плену, S. 75.
7 Information von Professor John Erikson, dem ich für eine eingehende Erläuterung des Charakters dieser *Prikasy* sehr verpflichtet bin. Vgl. *Der Archipel Gulag,* S. 88. Andere „Befehle", auf die Bezug genommen wird, sind Nr. 260 und 270 von 1942 (*Operation Keelhaul,* S. 149; *Forced Labor in Soviet Russia,* S. 283). Vgl. auch *Gegen Stalin und Hitler,* S. 22, 27, 103).
8 На фронте 1941 года и в плену, S. 38.
9 *Daily Mail,* 30/ 5/ 45.
10 Russische Gefangene in Ägypten zitierten den Briten den Befehl Nr. 131 (WO. 32/ 11137, 45A, 56A); in Fort Dix in den Vereinigten Staaten reichte Oberst Rogers einen ähnlichen Bericht weiter (*Das letzte Geheimnis,* S. 246).
11 *Only one Year,* S. 353; *The Secret World,* S. 49.
12 *Why I Escaped,* S. 154 ff., 180. Noch mehr Glück hatten ein Divisions-Stabschef und ein Oberst, die nach ihrer Rückkehr lediglich verfolgt und bespitzelt wurden. Aber dies geschah in der noch kritischen Zeit Anfang 1943 *(The Secret World,* S. 51). Nur auf die einfachen Soldaten konnte man völlig verzichten.
13 *Crusade in Europe,* S. 468 f.
14 *Gegen Stalin und Hitler,* S. 24 f.; FO. 371/ 47925; Swetlana Allilujewa, *Zwanzig Briefe an einen Freund,* Wien 1974, S. 217 ff. *Only One Year,* London 1969, S. 193 f., 349; *Let History Judge,* S. 468; *Schukow, Erinnerungen und Gedanken,* S. 572.
15 *Outlaw,* S. 216 f.
16 *Verborgenes Rußland,* S. 209, 233; *Nights Are Longest There,* S. 84 f.
17 *Beria's Gardens,* S. 38.
18 Information von Mr. Josef Garlinski (auch ein Überlebender aus Auschwitz) und Herrn Hermann Langbein, Sekretär des Comité International des Camps. Das gleiche Schicksal erwartete die Gefangenen, die aus Buchenwald befreit wurden. *(Der Archipel Gulag,* S. 234 f.). Eine Beschreibung Buchenwalds unmittelbar nach der Befreiung vgl. *Ich wollte Mensch sein,* S. 178; und zu Fällen anderer Kriegsgefangener, die in den GULAG gerieten, Edward Buca, *Vorkuta,* London 1976, S. 18, 30, 54, 175; *Notebooks of Soloqdin,* S. 245 f., 261, 278.
19 *Let History Judge,* S. 349.
20 *Samizdat: Voices of the Soviet Opposition,* S. 171.
20a Stephen Carter, *The Politics of Solzhenitsyn,* London 1977, S. 77, 83.
21 *Soviet Espionage,* S. 231; Alexander Foote, *Handbook for*

Spies, London 1964, S. 155. Der „Direktor" hatte privilegierten Zugang zu Stalin (S. 153).

22 *European Refugees,* S. 154.

23 V. Petrov (Hrsg.), *‚June 22, 1941', Soviet Historians and the German Invasion,* Columbia 1968, S. 180, 252 ff., 257; *Let History Judge,* S. 447, 452; *Der Archipel Gulag,* S. 231 f.

24 *Khruschev Remembers,* S. 194 f. (Deutsch: Chruschtschow erinnert sich, Hamburg 1971). Eine Photographie des Helden – siehe in Geoffrey Jukes, *Kursk: the clash of armour,* London 1968, S. 8.

25 Ivan Solonevich, *Russia in Chains,* London 1938, S. 302 f.

26 *The Strange Alliance,* S. 188 f.

27 *The Road to Stalingrad,* S. 202.

28 *Nights Are Longest There,* S. 119 f.; 169 f.; *I Chose Freedom,* S. 427 f.; *Let History Judge,* S. 466 f.; *The Road to Stalingrad,* S. 176.

29 Details über die Missionen, ihre Organisation und Mitgliedschaft, usw. finden sich in *European Refugees,* S. 154, 157, 213 f., 290; WO. 32/ 11119, 158A - 160A, 228A; WO. 32/ 11139, 7A, 83A, 216A - 217A; WO. 32/ 11647, 13A; usw.

30 Zu einer repräsentativen Auswahl solcher Begegnungen siehe *The Legionnaires,* S. 108 (in Schweden); *Ich wollte Mensch sein,* S. 191 f. (in Paris). Czeslaw Jesman bestätigt, daß Wassiljew und Scherschun keine Kriegserfahrung hatten; Denis Hills erinnert sich, daß es mit Oberst Jakowlew und seinen Gehilfen in Italien nicht anders stand.

31 *Nights Are Longest There,* S. 171.

32 *Elf Jahre in sowjetischen Gefängnissen und Lagern,* S. 68 f.

33 Dies war ebenfalls die Aufgabe von „A. I. Romanov" (*Nights Are Longest There,* S. 34). Berija hatte 1941 die Kontrolle über diese Transporte übernommen (*I Chose Freedom,* S. 404); sie wurden weitgehend von Zwangsarbeitern ausgeführt.

34 Zu Beispielen solcher Soldaten, die alle sehr viel größere Kriegshärten durchlebt hatten als die SMERSCH - Beamten, siehe *Let History Judge,* S. 467 f.

35 *Forced Labor in Soviet Russia,* S. 286.

36 Siehe Bericht über das Massaker in *Nights Are Longest There,* S. 167 ff.

37 Vgl. *European Refugees,* S. 156 f., 271.

38 FO. 371/ 47901, 43.

39 FO. 371/ 47899.

40 WO. 32/ 11137, 101A (6B).

41 Ib., 45A, 46A, 56A (Alexandria); WO. 32/ 11119, 14D (Lager Butterwick); FO. 371/ 43382, 83 (Kempton Park). Zahlreiche andere Beispiele sind im vorliegenden Buch enthalten

42 *It Happens in Russia,* S. 452 f.

43 WO. 32/ 11683, 196A.

44 *Nights Are Longest There,* S. 127; Великое предательство, i, S. 186.

45 *Outlaw*, S. 241.

46 WO. 32/ 11119, 210A; FO. 371/ 47896; FO. 371/ 50606, 189 - 94.

47 Antony G. Sutton, *Wall Street and the Bolshevik Revolution*, New Rochelle 1974, S. 87; *Soviet Espionage, S. 122, 406 f.; KGB*, S. 11 f.
48 *Verbannung nach Sibirien*, S. 24.
49 Великое предательство, i, S. 146 f., ii, S. 355.
50 *Der Archipel Gulag*, S. 248 f. *Ich wollte Mensch sein*, S. 138.
51 In England wurde angeblich behauptet, daß die Hälfte (5.000) der 1944 nach Murmansk transportierten Gefangenen ermordet wurde. (WO. 32/ 11119, 240B). Es ist höchst unwahrscheinlich, daß diese Zahl so hoch anzusetzen ist.
52 Vgl. *Outlaw*, S. 239; Великое предательство, ii, S. 53.
53 Anatoli Granovsky, *All Pity Choked: The Memoirs of a Soviet Secret Agent*, London 1955, S. 212 ff.
54 Information von Mr. Nikolai Borisovitch Komaroff.
55 *Nights Are Longest There*, S. 172 ff.; *Forced Labor in Soviet Russia*, S. 284. Berichte über den ersten Empfang der Kosaken in Österreich finden sich in Великое предательство, i, S. 173 ff., ii, S. 240 ff.; 277 ff.; *Unvergessener Verrat!*, S. 249 f.
56 *Vanished without Trace*, S. 302 f.
57 *Why I Escaped*, S. 223 ff.
58 *Elf Jahre in sowjetischen Gefängnissen und Lagern*, S. 246 ff.
59 *Vanished without Trace*, S. 236 f. Ein ähnlicher Fall wird von Edward Buca beschrieben (*Vorkuta*, S. 184).
60 Mein Informant muß geheim bleiben, da er noch Verwandte im sowjetisch besetzten Polen hat. Vgl. die Beschreibung von John Fischer, *The Scared Men in the Kremlin*, London 1947, S. 118 f.
61 *Der Archipel Gulag*, S. 538.
62 Ib., S. 478.
63 Dieser Augenzeugenbericht von Mrs. Liepins wurde mir von ihrer Verwandten, Mrs. Jana Hale, freundlicherweise zur Verfügung gestellt. Vgl. *European Refugees*, S. 218 f.; Fischer beschreibt einen der Umschlagplätze in der Nähe des Flughafens von Charkow (*The Scared Men in the Kremlin*, S. 117 f.).
64 Zu einem eingehenden Bericht siehe Великое предательство, ii, S. 237 ff., 297 ff., 319 ff., *Unvergessener Verrat!*, S. 261 f., 336.
65 *Beria's Gardens*, S. 60 f.
66 Vgl. *Verborgenes Rußland*, S. 118 ff., 141 ff., 170 f.: *Katorga*, S. 7; Urszula Muskus, *Dugi Most: Moje Przezycia w Związku Sowieckim 1939 - 1956*, London 1975, S. 124 f. Ich bin Mr. Jan Pirozynski dankbar, daß er mir dieses bewegende Buch gegeben hat.
67 *Before and after Stalin*, S. 177. In einem Gefängnis in Lwow wurden sie nackt in die Zellen geworfen (Buca, *Vorkuta*, S. 11).
68 Scholmer, *Vorkuta*, S. 141.
69 *International Labour Review*, Montreal 1945, lii, S. 533 f. Am 28. August veröffentlichte die *Pravda* einen langen Artikel, in dem die Leiden der Russen unter deutscher Oberherrschaft beschrieben wurden sowie die Maßnahmen, die zur Rehabilitierung der Überlebenden getroffen wurden. Hierbei wurde die Notwendigkeit betont, diese Menschen politisch neu zu indoktrinieren, „die viele schwere Jahre lang von ihrer Heimat abgeschnitten waren". (FO. 371/ 47905, 38 - 41).

70 Alexander Werth, *Russia: The Post - War Years,* London 1971, S. 24 f.; vgl. S. 105. Zu dieser Behauptung siehe *Der Archipel Gulag,* S. 239 ff.; sowie *I Chose Freedom,* S. 427 f.; *Only One Year,* S. 254 f.
71 *The Secret World,* S. 77 f., 99, 101 f. Ein Beispiel für die 15 Prozent, denen die Heimkehr erlaubt wurde – vgl. den Fall des Krüppels in *Why I Escaped,* S. 104 f.
72 *Russia: The Post - War Years,* S. 22. Weitere literarische Behandlung dieses Themas siehe Alexander Werth, *The Khruschchev Phase,* 1961, S. 202 f., 205. Erst nach Chruschtschows Amnestie im Jahr 1955 konnte eine andere Beschreibung gewagt werden (vgl. Roman Kolkowicz, *The Soviet Military and the Communist Party,* New Jersey 1967, S. 120).
73 *Devil on my Shoulder,* S. 173; vgl. *Zwanzig Briefe an einen Freund,* S. 249.
74 Der Wortlaut ist in Великое предательство, ii, S. 318 f. wiedergegeben.
75 Ich danke Mr. D. Dixon, der mir eine Photokopie des CIA - Dokuments 491, B über das Werk in Kischtym gegeben hat.

18

1 So gut wie alle sowjetischen Abkommen, die nach dem ersten Weltkrieg unterzeichnet wurden, enthielten ein ausdrückliches Verbot der Zwangsrepatriierung (Jan F. Triska und Robert M. Slusser, *The Theory, Law and Policy of Soviet Treaties,* Stanford 1962, S. 201; vgl. *Operation Keelhaul,* S. 14 f.).
2 Zwei dieser Opfer, die in deutsche Konzentrationslager kamen, haben über ihre Erfahrungen berichtet: Alex Weisberg, *Conspiracy of Silence,* London 1952, S. 493 ff.; Margarete Buber, *Als Gefangene bei Stalin und Hitler,* Stuttgart 1951, S. 209 ff. (London, 1949). Vgl. R. J. Sontag und J. S. Beddie, *Nazi - Soviet Relations 1939 - 1941,* Washington 1948, S. 138. Das NKWD hatte bereits im Jahr 1936 einen marxistischen jüdischen Flüchtling nach Deutschland deportiert (*I Chose Freedom,* S. 210).
3 *The Rise and Fall of the Third Reich,* S. 744.
4 *The Yogi and the Commissar,* S. 87 ff.
5 WO. 32/ 11137, 164A - C.
6 WO. 32/ 11681, 168C.
7 FO. 371/ 47899, 93.
8 FO. 371/ 47896.
9 FO. 371/ 47908, 162.
10 FO. 371/ 47899, 94 - 6.
11 Ib., 89 - 90.
12 FO. 371/ 47897, 108 - 13. Vgl. Kapitel 6, S. 187 ff.
13 FO. 371/ 47899, 90. Deans Ansichten wurden am 12. Juni an die Botschaft in Washington weitergeleitet (97 - 8).
14 PREM. 3.364/ 9, 433; vgl. WO. 32/ 11681, 60B.

15 Ib., 117A.
16 Ib., 120A - B.
17 Ib., 127D. Weitere Anstrengungen in dieser Richtungen wurden vorgeschlagen (WO. 32/ 11119, 230A), doch später fallengelassen.
18 *Polemic,* v, S. 49.
19 *Witness to History,* S. 300, 349 ff.; *Diplomat Among Warriors,* S. 436 f., Dean Acheson, *Sketches from Life of Men I Have Known,* New York 1961, S. 101 ff.; vgl. *Present at the Creation,* London 1970, S. 652 ff.; Bohlen, Murphy und Acheson waren alle seit 1945 mit dem Problem der russischen Repatriierung eng vertraut gewesen.
20 *Prisoners of War under the Geneva Convention,* in: *The International and Comparative Law Quarterly,* London 1969, xviii, S. 178 ff.
21 Myres S. McDougal und Florentine P. Feliciano, *Law and Minimum World Public Order,* Yale 1961, S. 88f.; vgl. *Operation Keelhaul,* S. 13 ff. Vgl. Christiane Shields Delessert, *Release and Repatriation of Prisoners of War at the End of Active Hostilities,* Zürich 1977.
22 Brief von Mr. Herbert A. O' Brien, *New York Herald Tribune,* 2/ 12/ 45.
23 *Encyclopaedia of Zionism and Israel,* London 1971, S. 618 f. Für diesen und den folgenden Hinweis habe ich Mr. Jack Barnett, dem Direktor von Israel - Information, zu danken.
24 C. C. Aronsfeld, *The ‚Special Treatment‘ of Jewish Prisoners of War,* in: *Wiener Library Bulletin, 1964, xviii, S. 23.*
25 WO. 204/ 897, 145A.
26 *Foreign Relations of the United States...1945,* v, S. 1084. Die Vereinigten Staaten verstießen im Fall der Fort Dix - Gefangenen gegen die zuvor eingenommene Haltung. Dies war jedoch ein vereinzelter (wenn auch zynischer) Kompromiß; vgl. *The Strange Alliance,* S. 187.
27 WO. 204/ 1596.
28 *Journal of the United Service Institution,* xcix, S. 262.
29 Brief an den Verfasser. Proudfoot erklärt nebenbei, daß die „sowjetischen Soldaten, einerlei ob sie den deutschen Arbeitsorganisationen angehörten oder nicht ... kaum die normalen Rechte der Kriegsgefangenen nach der Genfer Konvention in Anspruch nehmen konnten, da ihr Heimatland sie nicht unterzeichnet hatte“. *(European Refugees,* S. 109). Dies trifft nicht zu; Artikel 82 stellt eindeutig fest, daß „in Kriegszeiten, auch wenn einer der Kriegführenden nicht der Konvention angehört, ihre Bedingungen dennoch zwischen den Kriegführenden, die Signatarmächte sind, als bindend anzusehen sind“.
30 Brief an den Verfasser.
31 FO. 371/ 43382, 33; vgl. WO. 32/ 11137, 14A.
32 CAB. 88/ 30, 438; WO. 32/ 11137, 101A (6B), 187A.
33 Ib., 34A.
34 Ib., 105A.
35 Vgl. Великое предательство, ii, S. 146 f.
36 FO. 371/ 50606, 224 - 7.
37 WO. 32/ 11119, 198A, 200A, 280A, 282A, 302A; FO. 371/ 50606, 15, 138 - 9.
38 WO. 32/ 11681, 164A.
39 FO. 371/ 47902, 100.

40 Ib., 106.
41 PREM. 3/ 364, 394.
42 FO. 371/ 47905, 190.
43 Nicholas Bethell, *A Brutal Exchance*, in: *Sunday Times*, 6/ 1/ 74; Brief von Lord Hankey und Lord Coleraine (*Observer*, 7/ 12/ 75).
44 *The Times*, 7/ 12/ 74.
45 Information von Mr. Tom Slack und Mr. Neil Macdonald, zwei Offizieren der Royal Air Force und der Südafrikanischen Air Force, die aus Luckenwalde befreit wurden. Mein Brief an *The Times* (30/ 11/ 74) zog einen, wie sich jetzt herausstellt, falschen Schluß aus dem unzureichenden Beweismaterial, das ich damals zur Hand hatte.
46 WO. 32/ 11139.
47 *Das letzte Geheimnis*, S. 102.
47a Adam B. Ulam, *Expansion and Coexistence: The History of Soviet Foreign Policy, 1917 - 67*, London 1968, S. 380.
48 WO. 32/ 11139, 309A.
49 Am 28. März (vgl. WO. 204/ 897, 148A).
50 FO. 371/ 47897 (11. April 1945).
51 Konferenz vom 16.8.45 im Zonenhauptquartier (Mr.V. Britniev, der damals im Kriegsgefangenen - Austauschdienst tätig war, hat mir freundlicherweise eine Abschrift des Protokolls zur Verfügung gestellt).
52 WO. 204/ 2877.
53 *Der Archipel Gulag*, S. 487.
54 FO. 371/ 47904, 154.
55 FO. 371/ 47901, 45.
56 *Hitlers Table Talk*, S. 696 f.
57 Dieser Unterschied wurde von einem sowjetischen Unterhändler während der Tolstoi - Konferenz zugestanden. (PREM. 3/ 364, 256).
58 C. A. Macartney, *October Fifteenth: A History of Modern Hungary 1929 - 1945*, Edinburgh 1957, ii, S. 301 ff. Finnland lehnte es ebenfalls ab, seine Juden zu verfolgen; Jahre später wurde einem Finnen in einem sowjetischen Straflager von einer Gruppe Juden Dank gesagt für die Standhaftigkeit, die sein Heimatland an den Tag gelegt hatte (*Beria's Gardens*, S. 116 ff.).
59 FO. 371/ 47964; vgl. WO. 32/ 11139.
60 *The Strange Alliance*, S. 34, vgl. S. 189 ff.; *Foreign Relations of the United States...1945*, v, S. 1101. Bethells Ansicht: „Im Sommer 1945 sah es so aus, als hielte sich Stalin an die Krim-Beschlüsse." (*Das letzte Geheimnis*, S. 79) geht völlig fehl: vgl. Bemerkung von Stettinius, der das Abkommen für die Vereinigten Staaten unterzeichnete (*Roosevelt and the Russians*, S. 274).
61 WO. 32/ 11137, 87, 100A.
62 FO. 371/ 47901, 45. Im September wurde angenommen, daß alle zurückgekehrt waren (FO. 371/ 47904).
63 Ib. 162 - 3; WO. 32/ 11681, 189A: *Foreign Relations of the United States...1945*, v,, S. 1105.
64 WO. 32/ 11119, 325A.
65 FO. 371/ 47901, 43.
66 FO. 371/ 47858.
67 S. Swianiewicz, *Forced Labour and Economic Development*,

Oxford 1965, S. 23, 42 ff.; vgl. *Verborgenes Rußland,* S. 72: *Beria's Gardens,* S. 111 f.; *Der Archipel Gulag,* S. 262 f.; *I Chose Freedom,* S. 404 ff.; Scholmer, *Vorkuta,* S. 139 f.; *Vanished Without Trance,* S. 228, 254 f.; *Forces Labor in Soviet Russia,* S. 297 f.

68 Vgl. Scholmer, *Vorkuta,* S. 202

69 FO. 371/ 50606, 185.

70 CAB. 66, 114, 173 ff.

71 Sir Thomas Preston, der zur Zeit der Ermordung der Zarenfamilie britischer Konsul in Jekaterinenburg war, hatte über dieses Thema ein gutes Dokument unterbreitet (FO. 371/ 43336; vgl. auch FO. 371/ 43335).

72 FO. 371/ 43361.

73 CAB. 66, 121 - 31. Zu Churchill über die Methoden des Foreign Office siehe *Winston Churchill: The Struggle for Survival 1940 - 1945,* S. 201.

ADDENDUM

Die Akten des Verteidigungsministeriums, auf die in den obigen Anmerkungen als WO. 0100/ 12A/ 308, WO. 0100/ 12A/ 309 und BM 3928/ PW 1 Bezug genommen wird, sind inzwischen im Public Record Office zugänglich, als WO. 204/ 1593B und C.

Abkürzungen in den Anmerkungen:

FO	=	Foreign Office
WO	=	War Office (Kriegsministerium)
PREM	=	Premierminister
CAB	=	Kabinettsdokumente

Personenregister

Abakumow 87, 268
Abramow, Feodor 573
Acheson, Dean 481
Alexander, Feldmarschall, 212, 217, 231, 233, 235, 238, 243, 245, 250, 315, 354, 360, 368, 377ff., 380ff., 456ff., 461, 463, 468, 473, 480ff., 485, 488f., 504, 585f.
Anders, General 357, 464
Anderson, General A. V. 460, 475
Anochow, NKWD-Kommissar 283
Arbuthnott, General Robert 217, 224, 232, 238, 257, 270, 365, 367, 372
Artemjew, Oberst 413f.
Aschenbrenner, General 394, 399ff., 403
Attlee, Clement 129
Avon, Lord, s. Eden, Anthony

Bailey, Leutnant Michael 433
Balfour, Sir John 143
Ball, Shorland 467
Balobokow, Major 66
Basilow, General J. D. 354, 473, 478, 480
Baxter, Oberst 62
Basykin, 1. Sekretär der Botschaft 107
Berger, SS-General 388f., 396, 596
Berija, L. P. 22, 41, 87, 129, 262ff., 269, 510, 555, 568
Bethell, Lord Nicholas 26, 245, 249, 348f., 355
Bevin, Ernest 22f., 472, 477, 479ff., 491, 501f.
Bishop, Generalmajor Sir Alec 484ff.
Blagoweschtschenski 417f.
Blomfield, General 479
Bogaert, Ian 465f.
Bogomolow, Sowjetischer Botschafter 522f.
Bohlen, Charles 126
Bovenschen, Sir Frederick 92, 99
Bojarski, General Wladimir 391
Bradley, General Omar 105, 114
Bredin, General 352, 365
Bridgeman, Lord 588
Brimelow, Thomas 147ff., 192, 443, 456f., 460, 484, 489, 492f., 502, 505, 599, 604
Britniev, Vladimir 442
Brooke, Feldmarschall, Sir Alan 377f., 473
Bryar, Oberst 247, 251, 370
Bunjatschenko, General Sergei 390f., 394ff., 406ff., 412f., 415ff., 545
Burrows, General 93ff., 223, 517
Butlerow, Leutnant 229, 235, 237, 241, 245, 248, 346, 368
Butterfield, Sir Herbert 502
Byrnes, James F. 455, 468, 471, 480, 485, 493

Cadogan, Sir Alexander 99, 138f., 163, 186, 462, 472, 600

Cameron, Sir J. 185
Cavendish-Bentinck, Victor 55, 57
Chawner, Hauptmann N. F. 429, 430
Cheetham, Sir Nicolas 605
Chruschtschow, Nikita 269, 383, 558
Churchill, Sir Winston 28, 64, 70, 74, 77, 80, 84, 96, 101 ff., 119, 122 f., 126, 128 ff., 138 f., 167, 180 f., 216 f., 223, 225 f., 245, 267, 279, 298, 354, 379 f., 382, 461, 463 f., 479, 602
Clark, General Mark W. 492, 504
Clark Kerr, Sir Archibald 57, 108, 111
Clay, General Lucius 429, 432, 491
Cooper, Brigadegeneral K. C. ›George‹ 325
Creegan, Major S. J. 163
Crichton, Hauptmann 202
Cripps, Sir Stafford 73

D'Alquen, Gunther 387 ff.
Dalton, Major Ben 509 f., 514 ff.
Dashwood, Oberst 176
D'Astier, Emmanuel 70
Davies, Major W. R. (›Rusty‹) 229 ff., 235, 237, 239, 244 f., 249, 273 ff., 283 ff., 289 f., 295, 297 ff., 299, 300, 301, 346, 350, 368 f., 458 f.
Dean, Sir Patrick 23 f., 62, 68, 75, 83, 110, 112, 130 f., 141 ff., 145, 152, 159, 171 f., 185 f., 192, 200, 344, 457, 462, 562, 576, 577 ff., 587, 589, 599, 604 f.
Deane, General 120, 560, 597
de Gaulle, General Charles 521
Deniken, General 50, 496
Devers, General 105
Dixon, Sir Pierson 129, 462
Dolmatow, General 345
Domanow, General Timofei 209, 213, 216 ff., 222, 226, 229, 232 ff., 246 f., 251 f., 258 f., 270 ff., 299, 307 f., 321, 322, 345 f., 354, 356, 358, 368 f., 371, 393, 398, 585
Donaghue, Hauptmann S. 411 ff.
Dragun, General 466, 521, 522 ff., 576
Draper, Oberst Gerald 586
Druzhakin, Major George Nikolaevich 311, 338 f., 360
Dulles, Allen 549
Dunn, Geoffrey 432

Eden, Anthony (später Lord Avon) 22, 25, 28, 64, 68, 70 ff., 91 f., 96 ff., 105, 112, 122 f., 125 ff., 129 ff., 138, 160, 167, 263, 282, 447, 462, 472, 521, 528, 559, 580, 591, 594, 601, 602
Eisenhower, General Dwight D. 29, 56, 63, 104, 114, 126, 128, 380, 412, 471, 482, 483, 491, 494, 496, 556, 587
Epstein, Julius 548

Falz-Fein, Baron Edward von 547
Faruk, König 426
Firebrace, Brigadegeneral 93 f., 153, 167, 181, 186, 191 f., 201, 593, 594

Foote, Alexander 558
Forrestal, James V. 451
Frank, Staatsminister 400, 408
Frankau, Oberst J.H. 119
Franz Josef II., Fürst von Liechtenstein 547, 550, 551
Freitag, SS-General 353
Frick, Alexander 549

Galsworthy, John 24, 132, 147, 153, 172f., 177, 200, 459, 480ff., 489, 563, 579, 585, 590, 599, 604, 605
Gepp, General E.C. 110, 160, 163, 177f., 460
Girei, Sultan Keletsch 213, 222, 248, 259, 346
Goebbels, Joseph 44, 385, 389, 390
Göring, Reichsmarschall 47, 390
Goff, Major Bruce 331, 335ff.
Golikow, General Filip 443, 463, 559ff., 569
Golubew, General K.D. 454, 559ff.
Gorringe, Hauptmann Tom 464, 506
Gramasow, Major 422, 565
Gray, John 447
Gray, Reg 302ff.
Grew, Joseph, C. 28, 124f., 127, 130ff., 417, 454f.
Grigg, Sir James 28, 83ff., 93, 123
Grodezki, Oberst 157
Gromyko, Andrei 107, 111, 114ff., 131, 140
Grusdjew, Major 202
Gubbins, General Sir Colin 224
Gufler, Bernard 113f., 557, 578, 580
Gussew, Botschafter 68, 70, 82, 91,f., 95, 97, 99, 101, 108, 472
Guy, Dr. John 592

Haccius, M. 589f.
Halifax, Lord 105, 111, 481f., 577
Hamilton, G.C. 178
Hammer, Oberst 146f.
Hanbury-Tracy-Domville, Major Claud 256
Hankey, Robert (später Lord Hankey) 24, 345, 501
Harding, Lord Feldmarschall 586f.
Harriman, Averell 107f., 111, 116, 120, 123, 448
Hartman, George 425
Henrici, General 396
Herre, Heinz 395
Herson, Ted 190
Hetherington, Leutnant E.B. 293
Hill, Brigadegeneral George 89, 317, 328, 329
Hills, Denis 357, 422ff., 458, 505ff., 510, 514, 516, 518
Hills, Oberst James 331, 341
Himmler, Heinrich 41, 47f., 85, 130, 385ff., 389f., 395f., 400, 545, 575
Hitler, Adolf 43f., 54, 61, 85, 130, 140, 385, 388, 390, 393f., 405, 407, 556, 575, 595
Hoare, Sir Samuel 146
Holan, General 222
Holmston-Smyslovsky 551

Horsbrugh-Porter, Oberst Andrew 314
Hoth, General Fritz 406
Howard, Major Henry 315f., 341, 360
Hull, Cordell 79, 104, 107ff., 111, 120, 123, 140
Hynd, J.B. 501

Ironside, General Lord 224
Ismay, General Sir Hasting 103, 379
Iwanow, Major 77

Jakowlew, Oberst 507f.
Jakuschew, Kommissar 415ff.
James, Major W.L. 589
Jaschwili, Schalwa 30f., 45f., 48, 566f.
Jesman, Czeslaw 61, 151, 161, 181, 186, 201ff., 561
Judenitsch, General 217, 314, 379

Kalinin, Präsident 557
Kalkany, Valentin 599
Kapustin, Alexander 112
Keightley, General 347ff., 365, 372, 374, 376, 383
Keitel, Feldmarschall 400, 575
Kemball, Robin 606
Kennan, George, 115f., 132
Kennedy, General 401ff.
Kerr, Clark 138
Kesselring, Feldmarschall 421
Killearn, Lord 223
Kirk, Alexander, C., 28f., 109ff., 117, 468, 491
Kleist, General von 308
Kleschanow, Oberst 148
Knupffer, George 153f.
Köstring, General 395
Kollnitz, Julian 214ff.
Kononov Major Ivan Nikitich 51f., 323, 409
Kornilow, General 50
Kotschak, Admiral 223
Krasnow, General Peter 209, 214ff., 222, 224ff., 230f., 237f., 246, 248, 250f., 253, 258ff., 262, 267, 269f., 299, 309, 311, 321f., 346, 356, 368, 370, 373, 379, 398, 406
Ehefrau Lydia: 238, 259f., 273ff.
Krasnow, General Semjon (Sohn von General Peter Krasnow) 248, 259f., 264ff., 346
Krasnow, Leutnant Nikolai (Enkel von General Peter Krasnow) 217, 257, 258ff., 263, 267ff., 345
Kroeger, Erhard 388, 390, 394f., 400, 404, 419
Krotow, Konsul 186
Kuusinen, Aino 572

Lambert, Mr. N. 434
Lambsdorff, Graf 395
Landis, Oberst John 454
Lawrence, Donald 606
Leahy, Admiral 114
Lenin, Wladimir Iljitsch 63, 265, 387, 420
Lewis, Harry 164f., 173, 183
Lieven, Prinz Leonid 166ff., 173, 175f.
Limerick, Lady 374f.
Lipper, Elinor 196

Lockhart, Sir Robert Bruce 55
Löhr, General von 312
Longe Oberst, R.B. 475
Low, Brigadegeneral, Toby (jetzt Lord Aldington) 318, 369, 384
Lowrie, Donald, A. 522
Ludendorff 387
Lunt, Generalmajor James 516

Mack, Sir Henry 518
Maclean, Donald 74
Macmillan, Hauptmann Duncan 459
Macmillan, Harold 109 f., 376, 383 f., 496, 604
Malcolm, Oberst Alec D. 222, 229, 244 f., 249, 278, 284, 290, 297, 300, 364
Malyschkin, General Wassili 400, 404 f., 417
Malzew, General Wladimir 394, 398 ff., 417 f.
Manderstam, Major L.H. 72 f., 78, 87 ff.
Martell, General 602
Marshall, Bruce 359
Marshall, General George 455
Martin-Smith, Patrick 211
Matthews, H. Freeman 471
Matthews, Ronald 602
Maufe, Leutnant Garry 329
Mayhew, Christopher 517
McCreery, Sir Richard 312 f., 318, 489, 494, 586
McDermott, Geoffrey 380 f., 605
McNarney, Joseph T. 492, 499 f., 518
McNarney-Clark 501, 503, 505
Meandrow, General 409, 496 ff.
Mechersky, Prinzessin 153
Mefreth, Major 281
Merkulow, General W.N., 263 ff., 369, 374, 568
Mischtschenko, Oberst 413 f.
Molotow, Wjatscheslaw 57, 73 f., 82, 97, 100 f., 105, 116, 120, 127 ff., 138 f., 445, 456, 461 ff., 478, 481, 489, 557, 575, 580 f.
Montgomery, Feldmarschall Viscount 28, 105, 483, 488
Morrison, Herbert 167
Morton, Major Desmond 70
Moyne, Lord 65 f., 73, 139
Murphy, Robert 28, 124, 471, 491, 495 f.
Murray, General Horatius ›Nap‹, 318 f., 326 f., 331, 340 f., 352, 366 f.
Musson, Brigadegeneral (später General) Geoffrey 218 ff., 229, 233 f., 241 ff., 248 f., 270, 278, 298, 307, 345–47, 362, 363
Narishkin, Hauptmann 157 f.
Naumenko, General Vyacheslav 209, 301, 309
Newsam, Sir Frank 144 f.
Nicholls, Major Ian 439 ff.
Nowikow, Nikolai 125, 138, 141, ff., 451, 525

Oberländer, Theodor 399 ff., 418
O'Casey 325
Odling-Smee, Oberst 248, 280
Orwell, George 23, 59, 132, 582
Osis, Oberst 466
Ostrovsky, Major Vladimir 328, 330 ff., 357, 360 ff., 367

Pannwitz, General Helmuth von 259, 270ff., 307ff., 312ff., 328, 353, 356, 367, 393, 398
Paren, General Paul 463
Patch, General 404f., 485, 491
Patton, General George S. 402, 418
Paulus, Generalfeldmarschall 556
Pawlow, Ataman 208, 308
Pereira, Hauptmann J. 434
Phillimore, Oberst Henry 94, 110, 126, 143, 171, 381, 581, 587, 589, 590
Piljar, Juri 558
Pinching, Dr. John 300
Polsky, Michael 154f., 157 f.
Polunin, Feldwebel Kusma 274, 278f., 284
Price, Oberst Robin Rose 328, 333ff., 337, 361

Ratow, General 144, 169, 175, 177, 184, 186f., 189, 191, 201, 344, 419, 445, 576, 594
Reitlinger, Gerald 553
Renteln, Oberst von 314, 317
Ribbentrop 390, 575
Richards, Rev. T.M.H. 340
Roosevelt, Franklin, D. 74, 122f., 131, 180
Roberts, Sir Frank 479
Roberts, Sir Walter 580, 598
Rogozhin, Oberst Anatol 340, 355ff., 374, 393
Rooke, Oberst David 486, 487
Rosenberg, Alfred 385, 390
Rotowa, Olga 217, 219f., 229, 236f., 251, 273ff., 278f., 288, 292, 298f., 301, 346
Rowan, General Sir Leslie 462, 463

Sacharow, Oberst 395
Sarejew, Oberst 113
Sargent, Sir Orme 91f., 98f., 185f.
Sartre, Jean Paul 325
Sabline, Monsieur 198ff.
Sauckel, Fritz 47
Schenkendorff, General Graf von 51ff.
Scherebkow, Juri 403
Scherschun, Major 182, 443f., 508, 561
Schilenkow, Grigori 391, 417
Schkuro, General Andrei 226f., 229, 251ff., 258ff., 270, 309, 321f., 346ff., 368, 370ff.
Schörner, General 398
Shparengo, Alexander 240f.
Schukow, Marschall, 394, 412, 429, 432, 491, 557
Selbourne, Lord 28, 68ff., 123
Shadwell, Oberst Laurence 475f.
Shakerley, Oberst Sir Geoffrey 586
Shandruk, General Pavlo 353ff., 358, 374, 393
Shaw, Bernard 97, 300
Shields, Leutnant R. 294
Smith, Admiral Sir Sydney 485
Smith, Bedell 29, 485, 391
Smith, Brigadegeneral H.G. 594
Smith, Hauptmann Anthony 435, 436
Smyslovsky, Boris Alexeievic 543ff.
Sobolew, Oberst 141

Sokolowski, General 484
Solamachin, General 346, 370
Soldatenkov, Hauptmann 153, 198f.
Solschenizyn, Alexander 23, 27, 177, 179, 203, 418, 453, 560, 564, 572
Spechinsky, Dimitri 526f.
Spender, Stephen 300
Stalin, Josef 24f., 43, 45, 52f., 58, 61, 63, 74, 82, 96ff., 101ff., 112, 116, 122, 128ff., 138, 140, 155, 157, 162, 167, 180, 193, 200f., 220, 230, 262,f., 266, 269, 276, 284, 332, 335, 345, 354, 356, 386f., 389, 416, 419, 446, 461, 510, 514, 516, 521, 555ff., 559ff., 591, 594, 595, 601, 603
Stalin, Swetlana 555
Stanton, Major John 514ff.
Starow, Oberst 514 ff.
Stauffenberg, Graf Schenk von 388
Steifon, General 355
Stein, Major Oswald 376, 401
Stemasow, Oberst 529
Stettinius, Edward R. 107, 111, 115ff., 123, 125ff., 130, 448, 450, 528
Stewart, Korporal Edward 256
Stewart, Shaun 606
Stokes, Richard 517
Stohlberg, Graf 329
Strik-Strikfeldt, Wilfried 404f.
Stypulkowski, Führer der polnischen Untergrundbewegung 248
Sudakow, General 66, 421
Suslaporow, Generalmajor 595
Swerew, General 394, 398f., 408ff., 417f., 496

Thompson, Major W. 433f.
Tichozki, General 253
Tito, Marschall 310, 355
Tolbuchin, Marschall 356, 376, 381
Treisch, Oberstleutnant G.M. 452f.
Trotzki, Leo 63
Truchin, Feodor 390, 409ff., 417f.
Truman, Harry S. 267, 476
Tschernyschew 541
Tschitschajew 87ff.
Tyson, Rev. Kenneth 273, 285, 291, 296f., 300, 302

Ulagai, General Kutschuk 346
Undén, Osten 541
Usher, Brigadegeneral Clive 326ff., 340f., 360ff., 367

Vietinghoff, General von 421, 585
Villiers, Major Charles 313ff., 317ff.

Wagner, Oberst Konstantin 228, 311, 316,f., 321, 326ff., 357, 367
Wainman, Major Alexander 510, 513ff., 518
Wallace, Henry 180
Wallis, Major 146
Warner, Christopher 56, 72, 78, 87, 186, 192, 344, 459, 472f., 501, 562, 602
Warner, C.F.A. 163

Washington, Dr. 471
Wassiljew, General 93f., 141, 153, 155ff., 161, 163, 177f., 182, 184, 217f., 220, 259, 343, 346
Wathen, Hauptmann Julian 315
Werbitzki, Professor 250f., 283
Weygand, General 575
Wichorew, General 561
Wilkinson, Alexander 474, 494
Williamson, Brigadegeneral 227
Wilson, Geoffrey 56, 58, 68, 90, 163, 185f., 201, 428f., 431, 590
Wlassow, General Andrei 52ff., 140, 218, 231, 323, 385ff., 393, 394, 396f., 403f., 406f., 409ff., 415ff., 496, 545
Wolfe, Major Jack 437f.
Wolynskyj, Mykola 357
Worral, Oberst Denys 324
Wrangel, General 222
Wyschinski, Andrei 96, 120, 426

Youmatoff, Kapitän 189, 191, 193

Anmerkung: Die Namen der Osteuropäer, die seit Kriegsende im Westen leben, werden in der Schreibweise ihrer westlichen Heimatländer angegeben.

Zeittafel

1941

22. Juni	»Unternehmen Barbarossa« – deutsche Offensive gegen Rußland
22. August	Kononovs 436. Infanterieregiment gliedert sich freiwillig der deutschen Wehrmacht an.

1942

8. November	von Pannwitz erhält Oberbefehl über die Kosakeneinheiten.

1943

2. Februar	Die 6. Armee ergibt sich in Stalingrad.
21. April	Aufgebot der ersten Kosakendivision in Mlawa.
September	Einrichtung einer Kosaken-Flüchtlingssiedlung in Nowogrudok. Das Kosaken-Korps wird von der Ostfront nach Jugoslawien versetzt.
10. Oktober	Hitler gibt den Befehl, alle Russen in deutschen Diensten nach Westeuropa zu verlegen.

1944

6. Juni	Landung der Alliierten in der Normandie.
21. Juli	Lord Selborne erhebt Einspruch gegen die Zwangsrepatriierung russischer Kriegsgefangener.
4. September	Das britische Kabinett beschließt die Zwangsrepatriierung.
16. September	Himmler trifft Wlassow.
16. Oktober	Anläßlich seines Moskaubesuchs macht Eden Mo-

	lotow Zusicherungen bezüglich der Repatriierung der Russen, ungeachtet ihrer eigenen Wünsche.
31. Oktober	Der erste Schiffstransport der Russen verläßt Großbritannien in Richtung Murmansk.
8. November	Stettinus sichert zu, alle die »Anspruch« auf russische Staatsangehörigkeit haben, zu repatriieren.
14. November	Wlassow und das KONR (Russische Befreiungsbewegung) veröffentlichen das Prager Manifest über die Menschenrechte der Russen.
29. Dezember	Der erste Schiffstransport repatriierter Russen verläßt die Vereinigten Staaten.

1945

28. Januar	Die deutsche Regierung erkennt die »Unabhängigkeit« des KONR an.
11. Februar	Abkommen in Jalta über die Repatriierung der Kriegsgefangenen.
22. Februar	Erweiterung des Gesetzes über die Alliierten Streitkräfte in Großbritannien, das nun auch russische Kriegsgefangene einbezieht.
22. März	Erster Schiffstransport Turkmenen von Italien nach Odessa.
18. April	Massaker der Gefangenen, die mit der *Almanzora* nach Odessa kamen.
8. Mai	Deutsche Kapitulation.
9. Mai	Der *Kasatschi Stan* und das 15. Kosaken-Kavallerie-Korps ergeben sich den Briten in Österreich.
12. Mai	Die Sowjets nehmen General Wlassow in Böhmen gefangen.
22. Mai	Halle-Übereinkommen über den Austausch der westlichen und östlichen Staatsbürger in Deutschland.
29. Mai	Krasnow, Schkuro und andere Kosakenoffiziere werden in Österreich an die Russen ausgeliefert.

1. Juni	Beginn der Auslieferung der Kosaken in Peggetz an die Sowjets in Judenburg.
29. Juni	Französisch-sowjetisches Abkommen über den Austausch der gegenseitigen Staatsbürger.
12. Juli	Mit den Selbstmorden in Kempten erleben die Amerikaner den ersten ernsthaften Widerstand gegen die Repatriierung.
23. Juli	Churchill widersetzt sich in Potsdam vergeblich der Zwangsrepatriierung.
29. Oktober	Montgomery folgt dem Beispiel Eisenhowers in der amerikanischen Zone und verbietet weitere Zwangsrepatriierungen der Russen in der britischen Zone.
21. Dezember	Die Vereinigten Staaten erlassen die McNarney-Clark-Direktive, in der festgelegt wird, welche Gruppen russischer Gefangener weiterhin der Zwangsrepatriierung unterliegen.

1946

19. Januar	Die Amerikaner vollziehen Zwangsrepatriierungen in Dachau.
25. Januar	Schweden liefert baltische Flüchtlinge an Rußland aus.
24. Februar	Amerikaner vollziehen die Repatriierung in Plattling.
6. Juni	Entscheidung des britischen Kabinetts, die Definitionen der McNarney-Clark-Direktive zu übernehmen.
29. Juni	Russische Selbstmorde in Fort Dix als Reaktion auf amerikanische Anstrengungen, die Zwangsrepatriierung zu vollziehen.
12. August	Die Sowjets geben die Hinrichtung Wlassows und seiner Kameraden bekannt.
14. August	Die Aktion *Keelhaul* beginnt in Italien. Untersuchung all jener Russen, die laut McNarney-Clark-

	Direktive der Auslieferung an Rußland unterliegen.

1947

12. Januar	Die Sowjets geben die Hinrichtung der Generäle Krasnow, Schkuro, Domanow und von Pannwitz bekannt.
8. u. 9. Mai	Die letzten Russen werden in Italien in der Aktion *Eastwind* von den Briten und Amerikanern an die Russen ausgeliefert.
14. November	Frankreich schließt das sowjetische Lager Beauregard bei Paris.